Hans J. Mayland

Korallenfische
und Niedere Tiere

Hans J. Mayland

Korallenfische
und Niedere Tiere

Landbuch

Dank

Dank zu sagen ist nicht nur eine selbstverständliche Pflicht, es ist mir auch ein Bedürfnis, denjenigen zu danken, denen ich seit Jahren verbunden bin. Verbindungen, die sich über mehr als ein Jahrzehnt oder länger gehalten haben und durch eine Zahl oft gegenseitiger Besuche gestützt wurden.

Dr. GERALD R. ALLEN (Western Australian Museum, Perth, Australien);

Dr. WARREN E. BURGESS (Neptune, N.J., USA);

PETER CHLUPATY (München);

Prof. Dr. BRUNO CONDÉ (Musée de Zoologie et Aquarium Tropical, Nancy, France);

PETER und PAMELA FISCHER (Cairns/Queensland, Australia);

Prof. Dr. JOHN E. RANDALL (Bernice Bishop Museum, Honolulu, Hawaii, USA);

Dr. DENIS TERVER (Musée de Zoologie et Aquarium Tropical, Nancy, France);

Dr. MICHAEL TÜRKAY (Forschungsinstitut Senckenberg, Frankfurt am Main);

HORST ZETZSCHE (Forschungsinstitut Senckenberg, Frankfurt am Main);

Unterstützung mit lebendem oder totem Material oder in anderer Weise gaben mir:

Aquarium Dietzenbach, Inh. Günter Hofmann und Herbert Nigl, 6057 Dietzenbach 2

Tagis-Aquarium, Inh. Klaus Grom, 6079 Sprendlingen

Biotop-Aquaristik, Sankt Augustin-Hangelar

Gehäuse- und Korallenimporte Heinrich Platow, Inh. Horst Platow, 2000 Hamburg

Waikiki-Aquarium (University of Hawaii), Dir. Dr. Leighton Taylor, Kalakaua Avenue, Honolulu, Hawaii 96815, USA

Scripps Aquarium (University of California), Cur. Charles J. Farwell, La Jolla, California 92037, USA

Aquarium Tropical (Université de Nancy I – Ville de Nancy), Dir. Prof. Dr. Bruno Condé, Rue Sainte Catherine, 54 000 Nancy, France

Steinhart Aquarium, Golden Gate Park, Cur. David C. Powell, San Francisco, California, USA

Wilhelma-Aquarium, Stuttgart/Bad Cannstadt

Landbuch-Verlag GmbH, Hannover, 1989

Alle deutschen Rechte vorbehalten, Reproduktionen, Speicherung in Datenverarbeitungsanlagen, Wiedergabe auf elektronischen, fotomechanischen oder ähnlichen Wegen, Funk und Vortrag – auch auszugsweise – nur mit Genehmigung des Verlages.

Lektorat: Dr. Helge Mücke, Hannover
Farblithos: h + c repro inter ag, Zürich/Schweiz und
ReproDukt GmbH, Langenhagen
Satz, Druck und buchbinderische Verarbeitung:
Landbuch-Verlag GmbH, Hannover

ISBN 3 7842 0361 2

Ratschläge in diesem Buch sind vom Autor und Lektorat sorgfältig erwogen und geprüft, dennoch kann keine Garantie übernommen oder daraus ein Rechtsanspruch abgeleitet werden. Eine Haftung des Autors, des Lektors oder des Verlages und deren Beauftragte für Personen-, Sach- oder Vermögensschäden ist ausgeschlossen.

Bildquellennachweis

Technische Zeichnungen: Alois Bleichner, Gießen;
Zora Davidović, Kiedrich/Rheingau; Fritz Windscheif, Kassel;
Werkgraphik Tunze, Penzberg.

Fischzeichnungen:
Alois Bleichner, Gießen; Burkard Kahl, Oberstenfeld.

Wissenschaftliche Zeichnungen: Alois Bleichner, Gießen

Farbfotos: Dr. Gerald R. Allen, Perth/Westaustralien; Johannes Birkholz, Köln; Dr. Gerald Busch, Bad Homburg; Peter Chlupaty, München; Neville Coleman, Caringbah, NSW/Australien; Manfred Drosch, Berlin; Charles J. Farwell, San Diego-La Jolla, Kalifornien/USA; Peter Fischer, Cairns, QLD/Australien; Michael Friedel, Dietramszell; U. Erich Friese, New York, N. Y./USA; Hilmar Hansen, Berlin; Dr. Hugo Herkner, München; Burkard Kahl, Oberstenfeld; D. R. King, Natal/Rep. Südafrika; Merritt S. Keasey, Tucson, Arizona/USA; Peter Kopp (†), München; Edith Korthaus (†), Hagen-Dahl; Hans J. Mayland, Oberursel; Arend van den Nieuwenhuizen, Heemstede/Holland; David C. Powell, San Francisco, Kalifornien/USA; Helen Randall, Honolulu, Hawaii/USA; Dr. John E. (›Jack‹) Randall, Honolulu, Hawaii/USA; Dr. Denis Terver, Nancy/Frankreich; William A. Tomey, Den Haag/Holland; Dr. Fujio Yasuda, Tokyo/Japan; Len Zell, Toowong, QLD/Australien; Horst Zetzsche, Frankfurt.

Inhaltsverzeichnis

Helen Randall

Zum Geleit …

Korallenriffe und ihre Vielzahl an Bewohnern sind sicherlich die prächtigste und schönste Schöpfung im Meer. Die Gemeinschaft von Tieren und Pflanzen, wie sie im Riff lebt, ist von unendlicher Vielfalt. Soeben erst haben wir begonnen, die Verflechtung von tierischem und pflanzlichem Leben im Riff zu begreifen. Bis jetzt ist unser Wissen über dieses Verhalten der Meerestiere, besonders aber über ihre Ernährungs- und Fortpflanzungsgewohnheiten, nur bruchstückhaft. Nicht selten liegt selbst ihr wissenschaftlicher Name im dunkeln. Sogar Meeresbiologen müssen eingestehen, daß sie nicht immer in der Lage sind, jedes Mitglied einer Familie zu benennen. Es ist schon paradox, wie die Menschheit ihre Aufmerksamkeit dem Weltraum zuwendet, während noch so viele Dinge im Meer unerforscht sind, obgleich es vier Fünftel unseres Planeten bedeckt.

Mit der Erfindung von Tauchgeräten und mit Hilfe anderer technischer Neuerungen der letzten Jahre konnten die Möglichkeiten des Wissenschaftlers gesteigert werden, das Meer noch genauer zu studieren. Gleichzeitig gab es erhebliche Fortschritte in der Aquarientechnik. Die modernen Tauchgeräte erleichtern das Sammeln von lebenden Meeresfischen, und dank eines weitgespannten Flugliniennetzes ist ein schneller Transport garantiert. All das hat zu einer bemerkenswerten Entwicklung der Meerwasser-Aquaristik beigetragen.

Diejenigen, denen es nicht möglich ist zu schnorcheln oder zu tauchen, können trotzdem Meerestiere zu Hause beobachten. Gerade die Wahrnehmungen ernsthafter Aquarianer haben der Wissenschaft schon oft geholfen. Das Aquarium selbst ist eine zusätzliche und wohl auch neuartige Hilfe, das Leben im Meer ergründen zu können. Leider ist der Taucher allzuoft ein Eindringling in die Unterwasserwelt, der bei den meisten schnellreagierenden Meeresbewohnern nur Furcht auslöst. Die Bequemlichkeit für den Aquarianer zu Hause und das Gefühl, auf diese Weise den Tieren im Aquarium nicht als fremd zu erscheinen, erleichtert das Beobachten.

Natürlich ist es unmöglich, den Aquarientieren die vergleichbare heimische Umgebung genau wiederzugeben. Deshalb dürften verschiedene Verhaltensformen auch denen der Natur nicht entsprechen. Daher ist Vorsicht geboten, allzu leichtfertig aus dem Verhalten der Tiere im Aquarium Rückschlüsse auf ihr Verhalten im natürlichen Lebensraum zu ziehen. Damit soll gesagt sein, daß sich die Erkenntnisse von Tauchern und Aquarianern immer ergänzen müssen.

Der Autor dieses prächtigen Buches ist sich dieser Notwendigkeit wohl bewußt.

Mein Kompliment gilt der Herausgabe eines Buches, das von den bizarren Bewohnern des Korallenriffs, aber auch über das Leben im Aquarium berichtet.

Jack Randall

Dr. John E. Randall
Bernice P. Bishop Museum, Honolulu, Hawaii, und
Professor der Biologie an der Universität von Puerto Rico

Vorwort

In dieser völlig überarbeiteten Neuauflage dieses bereits im Jahre 1975 zum ersten Mal erschienenen Titels will der Autor an dem Versuch festhalten, dem Aquarianer über die Schilderungen der Riffe als Lebensraum von Korallenfischen und Niederen Tieren einen Eindruck zu vermitteln, dessen Verständnis schließlich Voraussetzung für bestimmte Abläufe auch für das Leben in einem Meerwasseraquarium sein soll.

Viele chemische und biologische Prozesse, die in einem solchen Aquarium ablaufen, lassen sich deshalb nicht leicht erklären und für viele Leser noch weniger leicht verstehen, weil sie für das Auge kaum oder gar nicht feststellbar sind. So sollen Zeichnungen dazu beitragen, wenigstens teilweise chemische, biologische wie auch technische Zusammenhänge erkennen zu lassen — das System erkennbar zu machen.

Mehr als ein Dutzend Jahre ist seit der erwähnten ersten Auflage ins Land gegangen, und viele Dinge, die damals als neu galten, sind heute schon kein ›alter Hut‹ mehr, vielmehr sind sie derart überholt, daß junge Meeresaquarianer sie kaum noch kennen. Dies gilt auch für viele der sogenannten Korallenfische, von denen damals immer mehr neue Arten eingeführt wurden. Heute hat die ›grüne Woge‹ uns im Rahmen neuer Artenschutzbestimmungen auch hier Beschränkungen auferlegt, die einen grundsätzlichen Denkprozeß, besonders bei den Freunden der Meerwasseraquaristik, in Gang gesetzt haben muß. Ohne den Schützern nach dem Mund reden zu wollen, kann man behaupten, daß die normale Entwicklung ohnehin bereits dazu geführt hatte, schwer zu pflegende, empfindliche Fischarten, die dazu noch eine stattliche Größe erreichen können, seltener oder gar nicht in das Wunschprogramm der Aquarianer aufzunehmen.

Der Handel hat sich längst darauf eingestellt, weil man ja heute auch kostenbewußter seiner Liebhaberei nachgeht, als man das vielleicht noch vor zehn Jahren getan hat. Gewisse Trends (die es auch hier gibt!) lassen erkennen, daß die Schönheit eines Meerwasseraquariums den meisten Pflegern dieser aquaristischen Sparte wichtiger erscheint, als Prestigedenken in der Richtung,

bestimmte Kaiser- oder Schmetterlingsfische halten zu müssen. Umsatzeinbußen hat deshalb kein zoologisches Fachgeschäft hinnehmen müssen!

Nun — wie Leser der ersten Ausgabe wissen — war die Palette der abgebildeten Fische, die inzwischen von den Schutzmaßnahmen erfaßt wurden und deshalb nicht mehr eingeführt werden dürfen, in der ersten Auflage nicht gerade gering. Wenn Verlag und Autor andererseits davon ausgehen, daß Naturfreunde, wie es die Aquarianer ja allgemein sind, trotz solcher Beschränkungen diese Fische gern sehen, bestand keine Veranlassung, vorhandene Fotos der ersten Ausgabe in diesem Prachtband nicht mehr zu zeigen.

Mit fortschreitender Verbesserung der Aquarientechnik hat sich gerade auch die Haltung Niederer Tiere — der Wirbellosen — mehr und mehr durchsetzen können. Sie sind nicht von den verschiedenen Krankheiten derart stark bedroht, wie verschiedene der inzwischen mit einer Importsperre belegten empfindlichen *Chaetodon-, Chelmon-, Forcipiger-, Heniochus-, Apolemichthys-, Centropyge-, Chaetodontoplus-, Geniacanthus-, Holacanthus-, Pomacanthus-, Pygoplites-* und *Zanclus*-Arten. So findet man denn heute auch bei ›alten Hasen‹ herrlich anzuschauende Meerwasseraquarien, bei denen der Schwerpunkt auf die Pflege bestimmter Wirbelloser, wie Krustenanemonen, Horn- und Lederkorallen oder Blumentiere (Anemonen und andere) gelegt ist und nicht zu große Fische als ›schmückendes Beiwerk‹ das Becken beleben.

Auch wenn man immer noch davon ausgehen muß, daß die Fische die ›Herren im Aquarium‹ sind: Bedingt durch die Tatsache, daß sich die meisten der größer werdenden Arten (noch?) nicht zur Nachzucht bringen lassen, sei ihnen so lange Schutz gewährt, bis sich die Situation ändert. Möglich wär's. Ob aber alles nur ein frommer Wunsch bleibt, muß die Zukunft zeigen. Wir Aquarianer wollen trotzdem unsere schöne Liebhaberei pflegen und werden vielleicht eines Tages wie in der Süßwasseraquaristik erreichen, daß durch menschliche Zuchten mehr Jungtiere überleben, als sie dazu in ihrem natürlichen Biotop eine Chance hätten.

Hans J. Mayland

Oberursel, 1989

Einleitung

Meerwasseraquaristik ist ein Thema, mit dem die aquaristische Liebhaberei in den meisten Fällen ihren Höhepunkt erreicht. Wenn man als heranwachsender Mensch mit Guppys, Helleries und Platys beginnt, so handelt es sich bei diesen relativ anspruchslosen Pfleglingen sozusagen um ›Einsteigmodelle‹, seriöser ausgedrückt um Anfängerfische. Man steigert sich im Verlauf der folgenden Jahre, und — je nach persönlicher Mentalität — endet der erste Abschnitt aquaristischen Strebens mit der Pflege des ›Königs‹ unter den Aquarienfischen, mit Diskusfischen.

Aquaristische Erfahrung ist im Hinblick auf die Haltung von Meerestieren sicher sehr hilfreich; man darf dabei allerdings nicht von dem Fehlglauben ausgehen, daß eine Süßwasseraquaristik, die noch nach Altvätersitte betrieben wird, unbedingt dazu geeignet wäre, für die Haltung von Meerestieren als Vorbild zu dienen.

Meeresaquaristik kann man sicherlich auf verschiedene Weise betreiben, wobei der Dicke des Geldbeutels ohne Zweifel eine gewisse Bedeutung zukommt. Der Handel bietet heutzutage viele hilfreiche Geräte an, die dem ›High-Tec-Fan‹, dem Freund höchsten technischen Standards, viel zu bieten haben. Man kann ›es‹ aber auch ein paar Nummern bescheidener angehen, ohne gänzlich auf moderne technische Hilfen verzichten zu müssen. Die geschickte Wahl der Räumlichkeit kann gerade für den Umgang mit Salzwasser von Bedeutung sein, weil sich erstens ein Meerwasserbiotop nur schlecht in einem 60- bis 80-Liter-Aquarium gestalten und funktionsfähig erhalten läßt und zweitens Salz ein aggressiver Partner ist. Da sich in den meisten Fällen für die Ehepartner das Mitbestimmungsrecht durchgesetzt hat, könnte es sich im vorbereitenden ›Wahlkampf‹ als günstig erweisen, auf die Sauberkeit am Arbeitsplatz hinzuweisen. Für die Planung eines Meerwasseraquariums gilt daher das alte englische Sprichwort: »Ein Lot Vorbeugung ist besser als ein Pfund Heilung«.

Meeresaquaristik hat bei den Aquarianern nie den Stellenwert gehabt wie die Aquaristik des Süßwassers. Das mag am etwas größeren pflegerischen Aufwand liegen und liegt vor allem aber auch daran, daß viele Eltern ihren Kindern das Aufstellen eines kleinen Süßwasseraquariums ohne weiteres gestatten. Für ein Aquarium mit Meerwassertieren würden sicher die meisten Eltern eine Menge Gründe der Verweigerung finden — und das auch dann, wenn beispielsweise der Herr Papa die Rolle des ›Chefideologen‹ übernehmen könnte.

Es gibt leider noch viel Verunsicherung durch Halbwissen. Auch genügend Vorurteile mögen dabei eine Rolle spielen. Als größtes Handicap sehe ich jedoch die Tatsache an, daß in unserer Zeit das Negative intensiver Verbreitung findet als das Positive — man braucht nur die Zeitung aufzuschlagen. Mit anderen Worten: Aquaristische Pannen sprechen sich schneller herum als jahrelang ungestörtes aquaristisches Leben in wunderschön eingerichteten und hervorragend gepflegten Meerwasseraquarien.

Es soll und kann hier nicht behauptet werden, dieser Teil der Vivaristik sei kinderleicht — das ist nämlich die Süßwasseraquaristik ebenfalls nicht, legt man strengere Maßstäbe an! Nur sind die im Süßwasser lebenden Bewohner ihren im Grunde lebensfreundlicheren Biotopen auf natürliche Weise besser angepaßt. Das gilt aber auch hier nicht für alle, wie die Züchter wissen. Anpassung an vorhandene Wasserwerte ist für Meerestiere deshalb nicht so wichtig, weil Härte- bzw. Dichte-, pH- und andere Werte weltweit beinahe identisch sind. So liegt beispielsweise der günstige pH-Wert in allen Meeren im Bereich zwischen 8,2 und 8,4. Wie wir aus Berichten vieler profilierter Autoren wissen, gibt es im Süßwasser dagegen wahrhaft riesige Unterschiede von unteren (4,5 bis 4,8 pH) bis oberen (9,0 bis 10,5 pH) Extremen. Meerestiere unterliegen demnach wesentlich früher bestimmten Schädigungen, die auf Haltung in falschem Wasser zurückzuführen sind. So haben auch fehlgeleitete Abläufe chemisch-biologischer Prozesse im Meerwasseraquarium häufig eine schlimmere Folge als im Süßwasserbecken.

Ein Meerwasseraquarianer ist somit ein Vivarianer, der seine Liebhaberei mit einem Schuß Professionalismus betreiben muß — ohne deshalb zum ›Narren‹ zu werden, wie böse Zungen gern und voreilig behaupten. Es gibt eben Steckenpferde, die man im müden Gang reiten kann und andere, bei denen sich der Galopp als die passendere Gangart erweist. Die Überwachung ist bei der Meerwasseraquaristik ein wichtiges Element für das Gelingen. Im Falle eines Fehlers stellen sich negative Folgen früher ein als in einem Süßwasseraquarium. Dies mag einer der Gründe dafür sein, daß geplagte berufstätige Meerwasseraquarianer heute den Einsatz teurerer, aber für sie wichtiger ›High-Tec-Geräte‹ dann als kontrollierende Elemente vorziehen, wenn aus dem erwähnten Grund die eigene Disziplin nicht ausreichen kann.

Die Welt der Riffe – Heimat der Korallentiere

Wer sich nur wenig mit dem Meer und seinen Bewohnern beschäftigt, kennt die Riffe nur aus Gruselgeschichten früherer Zeiten, als die Schiffe von Eroberern oder Piraten die Weltmeere durchforschten und die Riffe zu ihren ärgsten, weil oft unsichtbaren Feinden zählten.

„Was sind Korallenriffe? Wie entstehen sie? Das können doch nicht allein die kleinen Dingsda, diese Blümchen, bewerkstelligen!?" Solche oder ähnliche Fragen stellen Unwissende, wenn sie zum ersten Mal nähere Bekanntschaft mit einem Riff machen – vor allem auch unterhalb der Wasseroberfläche!

Die Erbauer der Riffe sind in erster Linie die Steinkorallen. Es sind die kleinen und großen verzweigten Gebilde, von denen man zuweilen auch tote, weiße Gerippe als Dekorationsmaterial verwendet. Es ist in der Tat fast unverständlich, wie die in diesen Steinaufbauten sitzenden Milliarden und aber Milliarden kleiner Organismen solche Arbeit leisten können.

Stein- oder Riffkorallen gehören dem Stamm der Nesseltiere (Cnidaria) an, sind in der Klasse der Blumen- oder Korallentiere (Anthozoa) zusammengefaßt und bilden hier die Ordnung Madreporaria.

Korallenriffe kommen in tropischen und subtropischen Meeren vor. Aus mitteleuropäischer Sicht befinden sich die nächsten Korallenriffe im Roten Meer, wo sie diesen schlauchartigen Teil des westlichen Indischen Ozeans auf beiden Seiten, auf ganzer Länge, wie auch in Gebieten um eine Reihe von Inseln besiedeln. Bei der geringen Größe der Korallenpolypen und der oft enormen Ausdehnungen der Riffe kann man sich vorstellen, daß in vielen Fällen Millionen von Jahren notwendig waren, um derartige Kalkwälle zu erbauen. Selbst für die Entstehung kleinerer Riffabschnitte sind Zeiträume anzusetzen, die zeitlich über ein Menschenleben hinausreichen. Korallenpolypen bilden Kolonien – sie arbeiten also im Kollektiv. Neben diesen Nesseltieren wirken noch andere Baumeister bzw. Hilfskräfte am Bau und vor allem an der Verfestigung des Riffs mit. Je höher ein Riff emporragt, um so schwerer wird sein Kalkkörper. Korallenlarven benötigen, bevor sie eine Ansiedlung einrichten, ein hartes Substrat, auf dem ein erstes Festsetzen möglich ist. Nur an bestimmten Stellen sind auf dem Meeresboden die Voraussetzungen dafür vorhanden. Ist aber schließlich eine Ansiedlung gelungen, stellt diese nach einiger Zeit eine Schutzzone dar, die weitere Siedler anlockt, darunter andere Korallenarten, Muscheln, Krebstiere und Würmer. Entscheidend für das Gedeihen dieser neuen Kolonie sind vor allem auch die Qualitäten des Standortes: Seichtes, nicht zu rauhes, sauberes und lichtdurchlässiges, gut durchwärmtes (25 bis 29 °C) Wasser. Bis man schließlich die ersten Zusammenhänge für ein Riff erkennen kann, dürften mehrere Jahrzehnte vergangen sein.

Wie nun ist es den winzigen Korallenpolypen möglich, tonnenschwere Bauwerke, die dazu noch Jahrtausende überdauern können, zu errichten? Philosophen und Staatsmänner haben mit ihren Aussprüchen oft Zitate geprägt, um die Menschen zur Gemeinsamkeit anzuhalten. So sprach schon Homer, der griechische Dichter, viele Jahrhunderte vor Christus aus: „Wirkt doch vereinigte Kraft auch wohl von schwächeren Männern!" (Ilias) oder Macchiavelli, der italienische Staatsmann und Geschichtsschreiber, stellte im 15. bis 16. Jahrhundert fest: „Durch das Wohl aller, nicht durch das Wohl des Einzelnen, kann ein Staat mächtig werden!" Sicher kann man solche Weisheiten, die der Natur abgeschaut erscheinen, auch auf die Welt der Korallen anwenden.

Von den Stein- oder Riffkorallen der bereits erwähnten Ordnung Madreporaria kennt die Wissenschaft rund 2 500 Arten, deren Bauten verschiedene Formen aufweisen. Die Polypen der stockbildenden Korallen bleiben klein oder gar sehr klein und erreichen kaum mehr als 1 bis 30 mm. Mit ihrer Fußscheibe scheiden alle Polypen eines Stockes zeitlebens Kalk zu den bekannten Skeletten ab, den sie dem Wasser entzogen haben. Diese Absonderungen bestehen zu (beinahe) hundert Prozent aus Kalziumkarbonat ($Ca[HCO_3]_2$). Wird den Polypen der Kelch, in dem sie leben, zu tief, so ziehen sie sich nach oben und schließen den Kelch nach unten hin durch eine Querstrebe ab, die dann wieder die Fußscheibe trägt.

Auf diese Weise wächst das Skelett immer höher, im Jahresdurchschnitt 1 bis 3 cm – einzelne Arten schaffen auch ein Vielfaches dieser Leistung. Das Skelett wird immer nur in seinem obersten Abschnitt bewohnt.

Symbiotische Algen, die sogenannten Zooxanthellen, sind für den Stoffhaushalt der Steinkorallen (aber auch für den anderer Hohltiere, wie Weich- und Lederkorallen oder Muscheln) von Bedeutung. Wie der Name

Rifflandschaft in der Umgebung von Green Island (Great Barrier Reef)
bei der selten eintretenden Tiefebbe   m. fr. Genehm. d. Green Island Aquariums

›Symbiose‹ (griech. *symbiosis* = Zusammenleben)
erkennen läßt, leben diese bräunlich-grünlichen Einzeller (*Gymnodinium microadriaticum*) mit den Steinkorallen in einer Gemeinschaft (Endosymbiose), wie sie in
diesem Fall enger kaum sein kann – so eng, daß es sogar
zu einem Nährstoffaustausch kommt. Damit sind sie
auch entscheidend an der Kalkbildung der Steinkorallen
beteiligt. Zooxanthellen sind besonders lichthungrig,
weshalb Steinkorallen, die mit ihnen in Symbiose leben,
nur im lichtdurchfluteten Wasser der obersten Meeresschichten (etwa bis 50 m Tiefe) leben können. In größeren Tiefen wird ihre Arbeit von anderen Arten übernommen, die ohne symbiotische Algen auskommen.
Die mikroskopisch kleinen Zooxanthellen kommen in
Einheiten von etwa 1 Million auf einen Quadratzentime-
ter Polypkörper vor. Überschüssige Algen werden ausgestoßen, können jedoch im freien Wasser nicht weiterleben. Der vorher erwähnte Nährstoffaustausch kann so
weit gehen, daß die Symbiosetiere der Zooxanthellen
von äußerer Ernährung völlig unabhängig werden. Nur
so ist es möglich, daß viele Steinkorallen in engen Riffen
trotzdem weiterwachsen, obgleich die sonst übliche

11

Planktonnahrung nicht zu ihrem Standort vordringt oder einfach nicht in den benötigten Mengen vorhanden ist. Die Nahrung der Steinkorallen besteht in erster Linie aus Zooplankton, also fleischlichen (tierischen) Mikroorganismen. Nun aber ist die Verbreitung planktischen Lebens vorzugsweise in den Gewässern anzutreffen, in denen kühles bis kaltes Wasser vorherrscht. So kann es vorkommen, daß in bestimmten Lebensräumen mit Korallenriffen, in denen nachts Millionen von Korallenpolypen nach Plankton gieren, weit aus dem Skelett hervorstehen und auf Nahrung warten, diese nicht in dem Maße vorhanden ist, wie sie gebraucht würde. Hier kann nun die Symbiose mit den Zooxanthellen helfen, die darauf angelegt ist, gelöste (!) Stoffwechselprodukte der symbiotischen Algen den Korallen nutzbar zu machen. Das sind organische Verbindungen wie Aminosäuren, Phosphate, Nitrate und andere. Der bei der Photosynthese der Algen abgegebene Sauerstoff kommt ebenfalls den Korallen zugute, die dafür ausgeatmetes Kohlendioxid (CO_2) abgeben, das wiederum für die Assimilation der Symbiosealgen wichtig ist.

Werden Zooxanthellen mit ihren Symbiosetieren ins Aquarium gebracht, so ist es wichtig, auf ihre Ansprüche zu achten, soll der Lebensrhythmus der Koralle oder eines anderen Hohltieres, in dem sie in Symbiose leben, nicht nachhaltig gestört werden. Dazu gehört neben kräftigster Beleuchtung eine ausreichende Wasserbewegung mit entsprechender Anschwemmung von Nährstoffen. Inwieweit das Kalk-/Kohlensäure-Gleichgewicht durch die vielleicht nicht ganz ungefährliche Gabe von gelöstem CO_2 (Kohlendioxid gelöst = Kohlensäure) auf günstigerem Stand gehalten werden kann, muß erst noch klar erwiesen werden. Hier sind die Empfehlungen für den CO_2-Einsatz noch nicht einheitlich – vor allem wohl, weil Dosierungsfehler (Säure drückt bekanntlich den pH-Wert) schlimme Folgen haben könnten.

Riff-Formen können sehr verschieden sein. Um diese Unterschiede zu erklären, muß man ihre Lage zur Küste in Betracht ziehen. Dementsprechend unterscheidet man Saum- oder Strandriffe, Barriere- oder Kanalriffe, Plattform- und Ringriffe oder Atolle. Bereits der hinreichend bekannte englische Naturforscher CHARLES DARWIN machte sich Gedanken über die Entstehung und Formen der Riffe unserer Erde und verfaßte im Jahre 1842 die erste Ausgabe seines Buches über die Korallenriffe, dem etwas mehr als 30 Jahre darauf die zweite Auflage folgte, in welcher der Autor eine Reihe von Korrekturen vornehmen und neue Ansichten darlegen konnte. Von ihm stammen auch die heute noch oft zitierten Theorien, wie sie Autoren in mehr oder weniger veränderter Form übernommen haben.

Saum- oder Strandriffe gehören zu dem Rifftyp, den wir besonders häufig dort antreffen, wo das Riff in unmittelbarer Nachbarschaft zur Küste verläuft, sie säumt. Wie breit ein solches Riff ist, hängt vom Abfall der Litorals ab: Je früher der Küstensockel in die Tiefe abfällt, um so schmaler bleibt das Riff. Die Höhe eines solchen Riffs wird dagegen vom jeweils auftretenden mittleren Niedrigwasserstand bestimmt. Es kann zwar passieren, daß bei zeitweise vorkommenden extremen Niedrigwasserständen (sogenannten Tiefebben) ganze Rifflandschaften trocken liegen, wie man das gelegentlich auf Fotos vom Great Barrier Reef vor der Küste von Queensland (Australien) erkennen kann, doch sind das Ausnahmen. Lagunen bilden sich dabei dort, wo das Riff an der dem Land zugewandten Seite erodiert, die Korallen zu Sand zermahlen werden und auf diese Weise flache Buchten mit Sandgrund entstehen, denen das mehr oder weniger weit vorgelagerte Saumriff Schutz gegen das offene Meer verschafft. Da sich bei flachem Grund das Riff immer weiter seewärts weiterentwickelt und seine rückwärtige Seite weiterer Erosion ausgesetzt ist, kommt es im Laufe der Zeit zu Bewegungen, die das Riff von der Küste entfernen.

Barriere- oder Kanalriffe liegen wie ein breiter Wall vor der jeweiligen Küste. Beim Vergleich mit dem vorgenannten Saum- oder Strandriff fällt zunächst der Größenunterschied auf, weil der Abstand Barriereriff – Küste oft viele Kilometer beträgt und zwischen Riff und Küstenzone keine flache Lagune, sondern ein ebenso viel breiterer und vor allem einige -zig Meter tiefer Kanal liegt. Man kann auch nicht davon ausgehen, daß ein Barriereriff aus einem meerwärts gewanderten Saumriff entstanden wäre. Das Barriereriff verdankt seine Entstehung vielmehr äußeren, umweltlichen Einflüssen, wobei meist davon ausgegangen werden muß, daß sich der Meeresboden in früheren Zeiten viel weiter oben, näher dem Wasserspiegel, befunden hat und im Verlauf der Jahrhunderte unter dem sich ständig verstärkenden Druck des Riffgewichtes mehr und mehr nachgab. Wir werden mit ähnlichen Zusammenhängen auch bei der Entstehung der Atolle konfrontiert. Um festzustellen, wann die Bildung derart massiver Riffe wie das größte Barriereriff unserer Erde, das Great Barrier Reef vor der nordostaustralischen Küste, eingesetzt hat, muß man bis in ferne erdgeschichtliche Zeit zurückgehen, und dabei die verschiedenen Eisperioden und andere Naturereignisse mit unterschiedlich hohen Wasserständen der Weltmeere berücksichtigen.

Plattformriffe sind als Verwandte der beiden vorgenannten Rifftypen anzusehen. Im Gegensatz zu diesen

fehlt ihnen allerdings die Nähe einer Küste. Sie stehen noch auf dem unterseeischen Teil einer Kontinentalplatte (Schelf), über der sich ein Flachmeer ausgebreitet hat, doch fehlt ihnen das benachbarte Land. Da ragt nur ›mitten im Meer‹ ein Riff empor, das eine ähnliche Entstehung wie das vorgenannte Barriereriff gehabt haben mag, aber isoliert und ohne Bezug zum Land geblieben ist. Es ist fast immer ähnlich belebt wie andere Riffe auch, da seine Bewohner ja nicht von der Nähe des Landes abhängig sind.

R i n g r i f f e   o d e r   A t o l l e haben eine Entstehung aufzuweisen, die nach der Darwinschen Theorie in den meisten Fällen das Vorhandensein von frei im Meer emporgehobenen Vulkankegeln voraussetzt. Solange der Vulkan noch weit aus dem Ozean herausragt, beginnen die angespülten bewimperten Larven sich festzusetzen und zum Primärpolypen zu entwickeln. Mit der dann einsetzenden Kalksekretion beginnt der Bau des Fundamentes. Dieses erste kreisförmige Riff, das sich um den Kegel bildet, bleibt in seiner Form erhalten und wächst weiter, während sich die Vulkaninsel mehr und mehr absenkt.

Ringriffe oder Atolle wie diese stellen eine besonders interessante Riffwelt dar, und viele Tauchfreunde der Unterwasserwelt unternehmen heute Reisen ins ›Reich

Atoll-Landschaft der Malediven   Friedel

Außenriff vor der Whitsunday-Insel (Great Barrier Reef)   Mayland

13

der tausend Atolle‹, wie einst der bekannte Wissenschaftler, IRENÄUS EIBL-EIBESFELDT, die Malediven nannte, der die Korallenriffe dieser Inselgruppe zu den Naturwundern dieser Erde zählt. Viele mehr oder weniger bekannte Inseln und Inselgruppen des Südpazifiks gehören dazu, allen voran Bora Bora, bei der das umgebende Riff aus der Luft sehr gut erkennbar ist. Die Tahiti nahegelegene Insel Moorea ist ebenfalls vulkanischen Ursprungs, doch liegen hier die umgebenden Riffe noch unterhalb des Wasserspiegels – aber bereits durch Lagunen vom Land getrennt. Die große Insel ist noch nicht so weit wie Bora Bora abgesunken. Nur die beiden großen Buchten im Norden, die Cook Bay und die Opunohu Bay, lassen erkennen, daß es sich bei ihnen um ertrunkene frühere Täler handelt.

Nicht jedes Atoll dürfte im Sinne der vorher angeführten Darwinschen Theorie, nämlich mit einem Vulkankegel als ursprünglichem Zentrum, entstanden sein. Das hat auch Charles Darwin bereits damals herausgefunden, als er in der zweiten Auflage seines Buches (Übersetzung J. Victor Carus, 1899) beispielsweise über die Korallenriffe der Melediven und benachbarter Inselgruppen schreibt: „...Endlich ist im Indischen Ocean der Archipel der Maldivas 470 Meilen lang und 60 breit und der der Laccadivas 150 bis 100 Meilen: da sich eine niedrige Insel zwischen diesen beiden Gruppen findet, so kann man sie als eine einzige Gruppe von 1000 Meilen Länge betrachten. Diesem läßt sich noch die Chagos-Gruppe niedriger Inseln hinzufügen, welche 280 Meilen entfernt in einer vom südlichen Ende der Maldivas verlängerten Linie liegt. Diese Gruppe mißt mit Einschluß der untergetauchten Bänke 170 Meilen in der Länge und 80 in der Breite. Die Gleichförmigkeit in der Richtung dieser drei Archipele, deren sämtliche Inseln niedrig sind, ist so auffallend, daß Capt. MORESBY in einem seiner Aufsätze von ihnen als Theilen einer einzigen großen, 1500 Meilen langen Kette spricht. Ich bin daher vollständig zu wiederholen berechtigt, daß ungeheure Räume sowohl im Stillen als auch im Indischen Ocean mit Inseln überstreut sind, von denen sich keine über die Höhe erhebt, bis zu welcher die Wellen und Winde in einem offenen Meere Substanz anhäufen kann.

Auf welchen Grundlagen sind nun die Riffe und Corallen-Inselchen errichtet worden? Ein Grund muß ursprünglich unterhalb jeden Atolls in derjenigen begrenzten Tiefe vorhanden gewesen sein, welche für das erste Wachsthum der riff-bildenden Polypenstöcke unentbehrlich ist. Es wird vielleicht eine Vermuthung gewagt werden, daß die erforderlichen Grundlagen durch die Anhäufung großer Sediment-Bänke dargeboten worden sein dürften, welche in Folge der Wirkung oberflächlicher Strömungen, möglicherweise unterstützt durch die wellenförmige Bewegung des Meeres, nicht ganz bis zur Oberfläche reichen. Dies scheint factisch an einigen Stellen des westindischen Meeres der Fall gewesen zu sein. Aber in der Lage und Form der Atoll-Gruppen findet sich nichts, was diese Meinung unterstützte; und die Annahme, daß eine Anzahl ungeheurer Haufen von Sediment auf dem Grunde des Stillen und Indischen Oceans in ihren centralen Theilen weit vom Lande entfernt angesammelt worden sind, wo die dunkel blaue Farbe des durchsichtigen Wassers für seine Reinheit spricht, kann auch nicht einen Augenblick zugestanden werden.

...und wenn wir bedenken, wie viele Theile der Oberfläche der Erde innerhalb neuerer geologischer Zeiten erhoben worden sind, so müssen wir auch annehmen, daß es in entsprechendem Maßstabe Senkungen gegeben hat, denn im anderen Falle würde die ganze Erde geschwollen sein. – Einige der Archipele von niedrigen Corallen-Inseln sind Erdbeben ausgesetzt; Capt. MORESBY theilt mir mit, daß sie in der Chagos-Gruppe, welche eine centrale Lage im Indischen Ocean einnimmt und weit von irgendeinem nicht aus Corallen-Bildungen bestehenden Lande entfernt ist, häufig, wennschon nicht sehr heftig sind.“

Man könnte die Darwinschen Überlegungen noch lange fortsetzen, muß dazu allerdings eines wissen: Als Charles Darwin vor über einem Jahrhundert seine Überlegungen anstellte, gab es weder Schwimmflossen, noch derart wasserdichte Tauchmasken und Schnorchel, geschweige denn Atemgeräte, wie wir sie heute kennen. All die Dinge, die heute für Freizeit-, Sport- oder Militärtaucher selbstverständlich sind, mußten erst entwickelt werden. Als einer der Pioniere ist der weltweit bekannte Forscher Prof. Dr. HANS HASS zu nennen, der Ende der 30er Jahre mit der Entwicklung modernen Tauchzubehörs begann. Charles Darwin sah dagegen nie ein Atoll von seiner Unterwasserseite. Er war eher ein Mann gründlichen und logischen Nachdenkens. Wie recht er mit seinen in Ausschnitten zitierten Theorien hatte, zeigen Bohrungen neuerer Zeit, wie etwa solche auf Atollen der neuen ›US Territories‹ im westlichen Nordpazifik, etwa dem Eniwetok-Atoll im Archipel der Marshall-Inseln: Erst unter einer Schicht von sage und schreibe 1300 Metern Korallentrümmern stieß man auf Gestein vulkanischen Ursprungs, auf einen abgesunkenen Vulkankegel, der einmal in erdgeschichtlichen Urzeiten (man rechnet mit 60 Millionen Jahren) die damalige Wasseroberfläche durchbrochen haben muß, und dessen ursprüngliches Riff sich seither durch fortwährende Weiterentwicklung erhalten und zum heutigen Atoll herausgebildet hat.

Das Riff hat Feinde! Aquarianer kennen – zum Teil aus eigener, aquaristischer Erfahrung – einige von ihnen: Solche, die zur Tageszeit die Polypen fressen und andere, die sich nachts über sie hermachen. Solche Feinde gehören in der Hauptsache den Schnecken, Muscheln, Schwämmen und Algen einerseits, den Seesternen andererseits und schließlich den sogenannten Korallenfischen an.

Von den Schnecken sind es aquaristisch kaum bekannte Arten, die sich entweder als frei bewegliche oder eingewachsene Tiere den Korallenpolypen und ihren Bauwerken gegenüber als schädlich erweisen. Was geschieht, wenn Algen Korallenkolonien überwuchern, kennen viele alteingesessenen Meerwasseraquarianer aus Erfahrung: Die Polypen ersticken und sterben ab. Die Wirkung angesiedelter zerstörerisch wirkender Algen kann aber auch andersgeartete Folgen haben.

Unter den Schwämmen gehören die Bohrschwämme zu den Feinden des Riffs. Ein rein paradiesisches Leben hat es auch im Garten Eden wohl nie gegeben! Parasiten sind überall, doch zermürben die Bohrschwämme mit ihren Tunnelbauten innerhalb der Korallenskelette die Stabilität der Stöcke und machen sie bei starkem Wasserdruck zerbrechlich.

Bestimmte Seesterne gehören der zweiten Gruppe der Riff-Feinde an. Unter ihnen sind die größten ausgerechnet diejenigen, die wuchtig werden, darunter Vertreter der Gattung *Acanthaster, Choriaster* und *Culcita*.

Acanthaster planci wurde durch eine Reihe wissenschaftlicher Untersuchungen als einer der ärgsten Feinde aus diesem Kreis ermittelt. Von diesem dornenbesetzten Seestern, der deshalb auch mit dem Namen ›Dornenkrone‹ belegt wurde, kennt man den riffgefährdenden Verzehr Tausender Polypen bei einer Mahlzeit. Dabei arbeitet sich der Stern bis auf die Oberfläche eines Korallenstocks vor, stülpt seinen Magen heraus und über eine Polypenkolonie. Die Hohltiere werden von den Verdauungssäften zersetzt und darauf verdaut, und von der Pracht der vorher ›blühenden‹ Korallenwelt bleibt nur noch das weiße Skelett – das Kalkgerippe – an dieser Stelle übrig. Berichten zufolge konnten sich im australischen Great Barrier Reef die Sterne in Massen vermehren, daß manche Wissenschaftler um den Weiterbestand einzelner Riffpartien fürchten müssen.

Ein Seesternvertilger ist die kleine Harlekingarnele *Hymenocera picta*, die auch gelegentlich mit den üblichen Importen in unsere Aquarien gelangt. Diese bunten Feinde der Armfüßler entwickeln ungewöhnliches Geschick, wenn es gilt, die Sterne, welche die Garnelen an Größe und Gewicht um ein sehr viel Mehrfaches übertreffen, zu attackieren. Ein Kampf also, der an den des David mit dem Riesen Goliath erinnert! Dabei ist

der Goliath, der große Seestern, das Opfer, weil es sich gegen die Hebelkräfte der fast immer zu mehreren angreifenden Garnelen nicht wehren kann. Die Harlekine bewohnen ihre dunklen Verstecke meist paarweise, um sich ›im Bedarfsfall‹ beim Nähern eines Seesternes, den sie mit ihrem Geruchssinn wahrnehmen, in Bewegung zu setzen. Ihre Beweglichkeit macht sie zudem den Sternen überlegen. Ob die Garnelen rotfarbene Arten als Beute bevorzugen, kann ich nicht sagen. Zumindest bei Aquarienbeobachtungen wurde jedoch roten Sternen gegenüber andersfarbenen stets der Vorzug gegeben. Die Garnelen heben einen Arm des Sternes hoch und stemmen sich darunter. Dabei ist ihr Kopf nach unten gerichtet. Auf diese Weise kommt der Stern in eine immer vertikalere Stellung bis er schließlich umkippt und auf den Rücken zu liegen kommt. Erst jetzt beginnen die bunten Jäger, ihr Opfer mit Hilfe der Freßscheren ›anzuschneiden‹. Ein Stern stirbt nicht gleich, ist er doch in der Lage, beschädigte oder verlorengegangene einzelne (!) Gliedmaßen wieder nachzubilden. Fressen die Garnelen allerdings lebenswichtige Organe des Sternes oder setzen sie außer Funktion, so ist der Stachelhäuter nicht mehr lebensfähig. In Gefangenschaft gepflegte Garnelen halten über einen langen Zeitraum aus, falls es sich der Aquarianer leisten kann, sie mit Seesternen zu bedienen. Andernfalls gehen die Garnelen — nach meinen Feststellungen zumindest — nach kurzer Zeit ein.

Ein weiterer Feind der Dornenkrone ist eine groß werdende Schnecke: das Tritonshorn (*Charonia tritonis*). Durch übertriebene Sammelleidenschaft der Freunde solcher Gehäuse wurden die Bestände in vielen Gebieten unserer Erde derart dezimiert, daß ihre ›bremsende Wirkung‹ auf diesen Seestern eingeschränkt wurde. Heute ist die Schnecke geschützt.

Schwimmende Freßfeinde der Korallenpolypen kennen wir alle in einer Reihe von besonders spitzmäuligen Korallenfischen, hauptsächlich wohl Vertretern der Gattung *Chaetodon, Chelmon* und *Forcipiger*. Während die Spezialisten dieser Gattungen (und einiger anderer) mit kleinem Mäulchen sozusagen Polypen für Polypen vernaschen, gibt es unter den Lippfischen (Labridae), den Feilenfischen (Balistidae) und Papageifischen (Scaridae) bestimmte Arten, die mit ihren starken Gebissen entweder ganze Polypenkolonien auf einmal abschaben oder gleich ganze Brocken aus den oberen Skeletten abbeißen, zerkauen und den fein zermahlenen Kalk durch Maul- oder Kiemenöffnung wieder nach außen befördern.

Der Mensch als Riff-Feind wurde bisher nicht genannt. In den seitherigen Jahrtausenden seiner Exi- 15 stenz auf diesem Globus hat sich sein zerstörerischer Trieb den Riffen gegenüber zwar in Grenzen gehalten, aber, wie wir alle inzwischen wissen: Die Zeiten ändern sich! Die Entstehung der Riffe geht in viel weitere erdgeschichtliche Zeiträume zurück als die Entwicklung des Menschen. In Ländern wie dem bevölkerungsreichen Inselstaat Japan hat der Jahrzehnte während wirtschaftliche Aufschwung dem umgebenden Meer großen Schaden angetan. In anderen Inselstaaten wie den Philippinen oder Indonesien könnte eine solche Schädigung der umgebenden Meere besonders auch den schützenden Riffen schaden. In vielen Ländern, deren Landschaft ohne natürliches Hartgestein oder lehm- bzw. tonhaltige Böden ist, um daraus Baustoffe zu machen, bedient man sich des Korallengesteins zum Bauen von Häusern, Straßen und Mauern. Diese letztgenannten Entnahmen können den Riffen jedoch kaum ein solches Verderben bringen wie industrielle Ansiedlungen in Küstennähe.

Das Riff hat vielerlei Gestalt, die man nach der Form der gebildeten Zonen unterscheidet. Diese Zonen werden durch Umwelteinflüsse erzeugt, wobei die Wasserbewegung in horizontaler wie auch in vertikaler Richtung für das Leben und damit die Entwicklung im Korallenstock den größten Einfluß haben dürfte. Der bekannte feine weiße Korallensand ist nichts anderes als fein zerriebenes Korallenskelett – ein Zeichen dafür, welchen physikalischen Belastungen ein Riff besonders an der Brandungsseite ausgesetzt ist. Da Ebbe und Flut natürlich auch in Riffgebieten zum Alltag ihrer Bewohner gehören, müssen sie, je nach Lebensraum im Riff, besonders angepaßt sein. Bei abfallendem Wasser liegt die Riffkrone oft frei – sehr zur Freude der Riffwanderer. Durch zusätzliche Sonneneinstrahlung und nicht vorhandene Kühlung sind die hier ansässigen Lebewesen großen körperlichen Belastungen ausgesetzt. Steigt später das Wasser wieder, kommen auch die Wellen zurück. So mußten die verschiedenen Tierarten Methoden entwickeln, sich gegen dieses ›natürliche Übel‹ zu schützen.
An Stellen, wo das Riff Kontakt mit dem Land bekommt, bilden sich Schlickzonen. Hier arbeiten sich die verschiedenen Mangrovenarten mit ihren unterschiedlichen Wurzelsystemen vor. Stelz- und Luftwurzeln durchziehen dann den schlammigen Grund und bieten hier beispielsweise den auffälligen Winkerkrabben *Uca* und Schlammspringern (Periophthalmidae) viele Unterschlupfmöglichkeiten im weichen oder löcherigen Boden. Viele solcher Küstenzonen sind daher an vom Schlick und Schlamm bedeckten Flächen im Gezeitensaum mit ausgedehnten Mangrovenwäldern bedeckt.

Unter den Bäumen, die mit dem Sammelnamen ›Mangroven‹ belegt sind, versteht man eine Reihe von Arten, die dem Leben im salzhaltigen, wasserdurchtränkten Boden angepaßt sind. Die Salzkonzentration bleibt nicht immer gleich, ist gezeitenabhängig, und der Boden liegt abwechselnd trocken oder unter Wasser. Dies wird besonders verständlich, wenn man daran denkt, daß sich Mangroven auch gern in den Mündungstrichtern von Süßwasserläufen ansiedeln.

Mangrovengebiete sind, wie erwähnt, auch die Lebensräume von Winkerkrabben und Schlammspringern. Jungtiere dieser Krabben sind eine beliebte Nahrung der Schlammspringer. Die Winkerkrabben haben ihren Namen, weil sie einen großen Teil ihrer Beschäftigung der Balz widmen. Von ihren beiden Scheren ist eine wesentlich größer. Mit dieser großen Schere, der ›Winkschere‹, bemühen sie sich häufig um die Aufmerksamkeit anwesender Weibchen. Normalerweise heben und senken sie die Schere in gleichmäßigem Rhythmus. Nähert sich ihnen ein Weibchen, wird das Winken immer ›aufgeregter‹ – die Winkfrequenz steigert sich. Das Weibchen wird in die Wohnhöhle des Männchens gelockt.
Man nennt die Schlammspringer glotzäugig, weil ihre Augen praktisch in kugeligen Hauttaschen auf dem Kopf sitzen, wie wir das auch von einigen Froscharten kennen. Die Fische führen eine amphibische Lebensweise und robben an Land mit Hilfe ihrer kräftigen Brustflossen nicht nur über den trockenliegenden Boden, sondern erklimmen bei der Nahrungssuche sogar Mangrovenwurzeln, die sich viele Zentimeter über den Grund wölben. Bei Gefahr reagieren sie blitzschnell und können mit Hilfe ihres kräftigen Schwanzes gewaltige Sätze vollführen, um sich Nachstellungen zu entziehen. So sind sie auch in der Lage, Verfolgern beim Schwimmen nahe der Wasseroberfläche durch entsprechende Sprünge über dem Wasserspiegel zu entweichen. Sind sie zu lange an Land, müssen sie ihre Haut anfeuchten. Im Gebrauch ihrer Brustflossen sind sie außerdem so geschickt, daß sie damit beispielsweise eine Fliege vom Kopf wischen können. Neben den erwähnten jungen Winkerkrabben ernähren sie sich von vielerlei fleischlicher Kost, darunter auch von Insekten.
Schlammspringer werden gelegentlich auch als Aquarientiere eingeführt, benötigen zum Wohlbefinden allerdings ein großflächiges Aquaterrarium (Wasser- und Landteil mit Höhlenbaumöglichkeiten) mit Brackwasser oder reinem Meerwasser. In beiden Teilen wie auch im Luftraum darüber soll gleichmäßige Wärme herrschen. Die Fische sind territorial, richten Reviere ein. Sie nehmen alle möglichen Arten fleischlicher Kost.

Die ›Dornenkrone‹ *Acanthaster planci* ist ein Seestern, der als Zerstörer der Riffe einen schlechten Ruf hat, weil er sich überwiegend von Korallenpolypen ernährt.

17

Ein Riff voll Leben

Hält man in einem Riff den Kopf unter die Wasseroberfläche, so ist man erstaunt über die Vielfalt der ›blühenden‹ und schwimmenden Fauna. Viele Süßwasseraquarianer kennen ähnliche Lebensräume in Binnengewässern höchstens aus Beschreibungen vom Leben in zentralafrikanischen Seen, wenngleich sich beides kaum miteinander vergleichen läßt. Die Fülle der Hohl- oder Blumentiere fehlt im Süßwasser beispielsweise. Ein Begriff hat aber aus beiderlei Biotopen bereits Einzug in die Aquaristik gehalten:
der Begriff von der ökologischen Nische.
Überall dort, wo es in einem Lebensraum ein besonderes Gedränge gibt, müssen sich die Bewohner organisieren, in ihren Ernährungsgewohnheiten anpassen — spezialisieren. Diese Spezialisierung führt zu einem Evolutionsdruck und damit zur Bildung immer neuer, besonders angepaßter — spezialisierter — Arten. Nur auf diese Weise ist es möglich, daß eine solch große Menge lebender Individuen auf engem Raum existieren kann.
Auch wenn Riffe oft eine gewaltige Ausdehnung haben können, sind es doch immer wieder besondere Zonen des Lebens, die von bestimmten Tieren nicht überschritten werden können, wollen sie nicht Opfer von Beutejägern werden. Innerhalb solcher Lebensräume kommt es zu einer starken Bindung an Reviere, die dazu führt, daß solche Reviere sozusagen als persönliches bzw. familiäres Eigentum angesehen und entsprechend verteidigt werden. Viele der Arten, die wir als Korallenfische bezeichnen, gehören der Ordnung der Barschartigen (Perciformes) an, sind also mit den Buntbarschen des Süßwassers verwandt. Von denen können viele Aquarianer dann ›ein Lied singen‹, wenn es im Aquarium zu Revierkämpfen kommt. Bekannte Korallenfische, wie etwa die kleinen und oft so interessant gemusterten Riffbarsche, können sich in einem nicht zu großen Meerwasserbecken zu großen Tyrannen aufspielen. Die Bekämpfung von Eindringlingen in ihren Lebensraum gehört zu ihrem Selbsterhaltungstrieb im Riff — sie kennen das nicht anders! Jeder Aquarianer ist deshalb gut beraten, die Auswahl der Fische, die sein Aquarium bevölkern sollen, unter bestimmten Gesichtspunkten zutreffen.
Wie erwähnt: Der Entwicklungsstand allen Lebens im Riff ist das Ergebnis stammesgeschichtlich erworbener Anpassungen. Alle Lebewesen in diesem Bereich haben, jedes auf seine Weise, jene Vollkommenheit im Körperbau und im Verhalten entwickelt, die ihr Entstehen diesem langen Werdegang verdankt. Man bewun-

dert den Flug eines Vogels oder das Schwimmen eines Fisches und kann immer nur fasziniert feststellen, daß Vogel wie Fisch optimale Konstruktionen sind, die den Anforderungen ihres Lebensraumes maximal entsprechen. Das Forschungsgebiet, das Einblick in diese Wirkungszusammenhänge und den Werdegang solcher Anpassungen verschafft, ist ungemein fesselnd.
Die meisten Tierliebhaber werden an ihren Pfleglingen bestimmte Verhaltensmerkmale, ja Signalgebungen bemerkt haben, mit denen etwa ein Haustier einen Wunsch oder seinen Unwillen zu verstehen gibt. Auch die Halter von Aquarienfischen — besonders aber die Meeresaquarianer — sind zwar meist ungeschulte, aber doch sehr wissensdurstige Interessenten solchen Verhaltens. Der entsprechende (streng wissenschaftlich betriebene) Forschungszweig mit tiefem Einblick in die Entwicklung gerade der höchstentwickelten organischen Systeme kann einmal zu einem wichtigen Beitrag werden, den die Biologie auch für das Verständnis der ökologisch-soziologischen Situation des Menschen und seiner Umgebung liefert. Dazu gehören natürlich auch die Studien an Tieren eines Lebensraumes, wie es das Korallenriff darstellt. Es wurde inzwischen schon wiederholt erläutert, daß das Korallenriff einer der wenigen Lebensräume unserer Erde ist, in dem eine schier märchenhafte Fülle von Arten und verschiedener stammesgeschichtlicher Konstruktionen nebeneinander existiert. Im Riff herrschen harte Auslesebedingungen vor, und über die vielseitigen Wechselbeziehungen der Arten zueinander sollen Sie jetzt einige Beispiele kennenlernen:

Ritterfestungen gleich sind viele Abschnitte im Riff. Hier haben die bereits erwähnten kleinen Riffbarsche (*Abudefduf, Chromis, Dascyllus, Pomacentrus* u.a.) ihr Revier. Sie zählen wirklich zu den Unerschrockensten, wenn man ihre oft unbeschreibliche Verteidigungswut kennt, die sie manchmal auch an Gegnern doppelter und dreifacher Größe rücksichtslos einsetzen. Die Fische bilden meist größere lockere Trupps und leben im Schutz der vielen Verästelungen von Baum- oder ähnlich strukturierten Korallen.
Ebenfalls zu den Riffbarschen sind die Anemonenfische zu rechnen, die sich im Aquarium etwas ›gesitteter‹ als die meisten Riffbarsche verhalten, bei denen bereits die ›aggressive deutsche Namensgebung‹ wie »Hauptfeldwebel« oder »Preußenfisch« auf ihren Charakter hinzuweisen scheint. Wie sehr der Schein trügt, zeigen andere

Amphiprion sandaracinos   Kahl

Namen wie »Demoiselle« (= Fräuleinfisch) oder »Mönchsfisch«. Anemonenfische haben einen Schutzvertrag auf Gegenseitigkeit mit ihren Wirtstieren, den Anemonen geschlossen. Die Blumentiere schützen ihre Untermieter mit ihren giftigen Tentakeln und lassen sie dabei ungeschädigt durch den Wald der Tentakelfinger gleiten.

Man hat sich lange gefragt, welches wohl die Gegenleistung der Fische sei. Es wurde gerätselt, ob sich die Fische der Gattung *Amphiprion* etwa an der Nahrungsversorgung für die Anemone beteiligen. Das ist natürlich grundsätzlich nicht so, denn sonst müßten alle Blumentiere ohne Untermieter sterben.

Es hat sich vielmehr gezeigt, daß auch die Vertreter dieser Gattung von Riffbarschen einen Polizeidienst für ihren Partner, die Anemone, übernommen haben. Auch die Tentakelträger haben ja Feinde, wie bereits ausgeführt wurde. Bei den größeren Anemonenarten sind es vor allen die Riffvagabunden − Schmetterlings- oder Falterfische (Chaetodontidae) − die keinen größeren Leckerbissen kennen, als die Tentakelspitzen von Blumentieren. Die Niederen würden wohl ständig belästigt, wenn nicht aus den meisten in Blitzesschnelle ein ›Wachhund‹ herausschösse, um den Piraten zu vertreiben.

Wie ist es nun möglich, daß bestimmte Arten vom Gift der Nesselkapseln in den Tentakeln nicht geschädigt werden, das gleiche Gift aber für andere den Tod bedeuten kann? Untersuchungen haben ergeben, daß die Blumentiere einen Schutzstoff entwickelt haben, um die eigenen Tentakel vor dem gegenseitigen Nesseln zu bewahren. Jeder Finger ist mit einer dünnen Schleimschicht dieses Stoffes überzogen. Hiervon machen die *Amphiprion*-Arten Gebrauch. Sie versehen sich durch vorsichtiges Berühren mit diesem Schutzstoff. Wenn man beispielsweise einen Anemonenfisch fängt, ihm mit einem Lappen die Schutzschicht von der Oberhaut wischt und ihn danach in die gleiche Anemone gibt, aus der er kam, wird er schwer genesselt und möglicherweise von dem Blumentier getötet. Ist er dagegen selbst an den Tentakelwall herangeschwommen, wird er ebenfalls kurz genesselt, bemerkt seine Situation aber schnell und versucht nun, vorsichtig – über Stunden hin – sich erneut mit dem Schutzstoff der Anemone zu versehen.

Putzstationen. Eine andere Art der gegenseitigen Hilfeleistungen haben manche Fische und Garnelen entwickelt. Weil die meisten Fische von Hautparasiten geplagt werden, sich aber nicht kratzen oder die Parasiten fangen können, haben sich die Putzer diese ›Marktlücke‹ (man könnte auch von einer ›ökologischen Nische‹ sprechen) zu eigen gemacht. Sie befreien nun größere und kleine Fische von den Plagegeistern; das wissen die Fische durchaus zu schätzen. Manche Garnelenarten (*Lysmata*) lassen nur vor ihrem Felsversteck

Erst nach Einsetzen der Dämmerung verlassen Garnelen ihr Versteck. Hier ein Trupp *Lysmata amboinensis*   Kahl

die langen weißen Antennen blicken als Zeichen dafür, daß sich hier eine Putzstation befindet. Bald bildet sich vor dem Versteck eine kleine Ansammlung ›putzsüchtiger‹ Fische. Die Garnele gibt ein Signal und der Fisch, den sie ausgewählt hat, versteht die Sprache: Er stellt sich vor der Station in Positur, wobei er wie erstarrt steht und Flossen und Kiemendeckel abspreizt. Er wird zuerst einmal von der Garnele mit den Antennen betastet und meist kurz darauf geputzt. Selbst große Räuber, für die ein Putzerfisch oder eine solche Garnele ein Leckerbissen sein müßte, reißen ihr riesiges Maul auf und lassen den Putzer sogar das Innere nach Parasiten absuchen! Ähnliche Putzgewohnheiten, wie vorher geschildert, haben neben der *Lysmata* so bekannte Garnelen wie *Stenopus hispidus* und Verwandte sowie eine Reihe von gestreckten, blaugemusterten Fischen (*Labroides dimidiatus, L. quadrilineatus, L. phtirophagus, Elacatinus oceanops*) entwickelt.

Auch im Aquarium kann man erleben, wie wenig vorteilhaft sich oft das Fehlen eines Putzers auswirkt. Weil die Parasiten in der Fischhaut offenbar einen Juckreiz hervorrufen, versuchen die Tiere, etwas dagegen zu tun. Sie schwimmen seitlich an Steine oder Korallen heran, um sich zu kratzen. Das ist auf die Dauer gesehen nur ein Notbehelf für die Fische, denn die Parasiten lassen sich dadurch natürlich nicht abschütteln bzw. -kratzen. Ich hatte in einem meiner Becken seit etwa drei Jahren ein ›Paar‹, einen *Paracanthurus hepatus* (Paletten-Seebader), der sich mit einem Putzer der Art *Labroides dimidiatus* so sehr angefreundet hatte, daß die beiden

Der Kaiserfisch *Pomacanthus imperator* läßt sich unter dem hochgestellten Kiemendeckel von *Labroides dimidiatus* putzen   Hansen

beinahe den ganzen Tag über Putzen und Stillhalten betrieben. Andere größere Tiere im gleichen Becken, wie etwa ein Kaiserfisch, hatten offenbar nur halb soviel Kummer und wurden vom Putzer nur ein- bis zweimal am Tag vorgenommen.

Für viele Fische im Meer, besonders aber für die oft so freßgierigen Räuber, sind Putzer aller Spezies also keine Beute. Wie sehr alle Fische in einem Riff-Abschnitt auf die Hilfe der Putzer angewiesen sind, ergaben Untersuchungen an Ort und Stelle: Man fing in einem begrenzten Gebiet alle diese reviertreuen Putzerfische und -garnelen weg. Das hatte zur Folge, daß bald darauf auch

die übrigen Fische, die sich sonst putzen ließen, ihr Revier wechselten, wenn es sich nicht gerade um besonders angepaßte Riffbewohner handelte. Daraus kann man ersehen, daß die Putzsymbiose nicht etwa nur eine Laune der Natur ist. Spielereien gibt es in der Anpassung an ökologische Nischen nicht! Sie wären in den meisten Fällen dieser Art tödlich!

Stachelwälle. Jeder kennt Seeigel — bei manchem werden böse Erinnerungen wach, besonders, wenn er schon einmal auf einen Igel getreten ist. Das ist natürlich ein besonderes Pech, ...wenn man nicht aufpaßt. Schließlich sind die Stacheln die Abwehrwaffen dieser Tiere. Ein Seeigel hat es nicht immer leicht. Er ist ziemlich unbeweglich, und seine Stachelwehr nützt ihm

Kardinalfische, wie die schwarz gestreiften *Paramia quinquelineata* und *Apogon cyanosoma*, suchen Schutz zwischen den Stacheln von Diadem-Seeigeln   Kopp (UW)

nicht viel, wenn er auf seinen Todfeind, den Drücker-fisch, trifft. Viele Fische würden liebendgern das schmackhafte Fleisch der Igel fressen; doch hauptsächlich der Drückerfisch und noch einige andere beißfreudige Gesellen sind in der Lage, mit einigem Geschick die Igel ›aufs Kreuz zu legen‹ und ihren Panzer zu knacken. Es gibt viele Arten von Igeln: langstachelige, kurzsta-

chelige, dünnstachelige, dickstachelige und solche, die (fast) keine Stacheln haben. Nicht alle schmecken den Drückern so gut wie die langstacheligen Diadem-See-igel, die in den flachen Sandzonen oft zu Millionen vorkommen. Hat ein so starker Fisch erst einmal einen Igel allein auf dem Sandgrund vor sich, so ist dieser rettungslos verloren. Der Drücker wird ihn solange bearbeiten, bis das Opfer mundgerecht zum Verspeisen vor ihm liegt. Demnach wäre der Stachelschutz ohne Sinn, und alle Diadem-Seeigel wären den Drückern ausgeliefert!?

Die Fische haben Techniken erfunden, mit denen sie, ohne selber Schaden zu nehmen, an die Mundscheiben der Igel herankommen. Dann werden diese aufgebissen, und der Inhalt des jeweiligen Igelhauses liegt wie in einer Schüssel vor ihnen. Der Erfindungsreichtum der Fische ist groß, wenn nur die Nahrung schmackhaft genug ist. Einige unter den Drückerfischen beißen die Stacheln Stückchen für Stückchen ab, bis sie das Gehäuse erreicht haben. Das ist verständlicherweise ein nicht nur mühsamer, sondern für den Fisch auch gefährlicher, weil nicht dornenloser, Weg. Da macht es die Technik einer anderen Drücker-Art schon besser: Hier packt der Fisch den Igel schnell bei einem Stachel, wirbelt ihn so herum, daß er auf den Rücken zu liegen kommt und beißt ihn dann in die Mundscheibe. Andere Überraschungskünstler greifen den Igel ebenfalls an einem Stachel, schwimmen mit ihm aber mehrere Meter in die Höhe, lassen ihn los, um dann das langsam herabsinkende Tier blitzschnell von unten her zu attackieren und zu töten. Eine weitere Methode ist es, einen frei auf dem Sandboden liegenden Igel einfach ›umzupusten‹. Dabei wird ein Wasserstrahl derart unter den Igel geblasen, daß dieser sich überkugelt. Liegt der Igel dann mit der Unterseite nach oben (was passieren kann, weil sich die langen Stacheln im Sand verheddern), ist er schnell das Opfer des Fisches. Hungrige Jäger wie die Drückerfische können recht ungeduldig werden, wenn sie nicht so recht an ihre Opfer herankommen. Natürlich müssen sich die Igel gegen ihre Feinde besonders schützen. Sie tun das, indem sie entweder sehr eng zusammenrücken, bis sich ihre Stacheln, einem Wall gleich, ineinanderschieben, oder sie kriechen in kleinste Höhlen, in denen sie sich vor Drückern und Lippfischen sicher fühlen. Nun kommt es aber vor, daß sich ein Igel eine so kleine Höhle ausgesucht hat, in die nur sein Körper paßt, nicht aber das zusammemgerückte Bündel seiner Stacheln. Dann kann man bisweilen beobachten, wie der Fisch alles nur Erdenkliche mit Ausdauer versucht, den Igel schließlich doch zu erlegen. Da werden Stein- oder Korallenstücke weggetragen, Stacheln abgebissen, und bei der geringsten Unaufmerksamkeit des Igels ist es um ihn geschehen.

Ein Stachelwall, wie er von Hunderten von Diadem-Seeigeln gebaut wird, bildet auch in einem von Räubern bevölkerten Riff noch Wohnraum für andere Schutzbedürftige, zum Beispiel für bestimmte Kardinalfischarten. Für sie heißt es: Je länger die Stacheln, um so besser. Da diese Langstachler meist nachts auf Nahrungssuche gehen, um vor ihren Feinden sicher zu sein, liegen sie während des Tages ruhig, doch zusammengerottet, an einem Platz und dienen so ganzen Schwärmen von Fischen mit ihren Stachelwäldern als Unterschlupf.

Aber nicht nur die Oberseite der Igelbarrieren ist bevölkert, auch in den verbleibenden Zwischenräumen oder im Sand unter den Igeln lebt allerlei, meist jedoch nur niederes Getier. So nehmen auch diese Stachelhäuter (zu ihnen gehören die Seeigel) eine wichtige Schutzfunktion für mancherlei Jungfische ein, die ohne diese Igelwälle bald irgendeines Fisches Beute würden.

Blütengärten gleich kommen dem Taucher die bisweilen unübersehbar erscheinenden geöffneten Polypen der Korallen vor. Die Steinkorallen sind die eigentlichen Baumeister der Riffe. Doch nicht allein sie bestimmen das Bild der Unterwasserlandschaft. Auch die Vertreter anderer Familien aus der großen Gruppe der Niederen Tiere (auch Wirbellose oder Invertebraten genannt) sind vor allem bei Nacht dabei, die Fangarme, Tentakel oder bewimperten Anhängsel nach vorüberziehendem Plankton auszustrecken, das man als Grundstoff des Lebens dieser Arten bezeichnen kann.
Nun glaube man aber nicht, daß nur diese feinfiedrigen Gebilde, die so zerbrechlich scheinen (und es oft auch sind), die Bevorzugten für den Genuß dieser Kleinstnahrung sind. Starke und robuste Fische, denen es man kaum zutrauen würde, ernähren sich ausschließlich von diesen oft mikroskopisch kleinen Lebewesen. Der weitaus größte unter den Planktonfiltrierern ist der hellgefleckte Walhai *Rhincodon typus*. Die bis zu 18 Meter langen Fische haben ein riesiges endständiges Maul, das bis zu 2,50 Meter breit werden kann. Im übrigen ist auch das größte Lebewesen, das je unseren Globus bevölkert

›Blühende‹ Krustenanemonen (*Palythoa*) im Aquarium   Mayland

hat und noch bevölkert (aber wie lange noch?), ein Kleinstnahrungfresser. Der Blauwal *Balaenoptera musculus* wird bis etwa 33 Meter lang und kommt dabei auf rund 130 Tonnen Gewicht. Ein Säugetier wie dieser Riese kann nur im Wasser leben, weil Knochen und Muskulatur nicht in der Lage wären, diese Massen an Land zu tragen und zu bewegen. Der zur Unterordnung der Bartenwale gehörende Blauwal ernährt sich von kleinen Krillkrebsen, die in seinem Lebensraum in ungeheuren Mengen vorkommen.

Ebenso zählt der lebendgebärende und gesellig lebende Manta-Rochen *Manta biristris* zu den bekannten Planktonverzehrern. Oft sieht man die Fische, die eine Spannweite von 6 bis 7 Metern aufweisen, im freien Wasser des Meeres mit weit geöffneten Mäulern schwimmen, wobei ihre beweglichen Kopfflossen wie Hörner waagerecht nach vorn gerichtet sind, als sollten sie den großen Eingang für die Nährtiere noch verlängern.

Auch viele der Schwarmfischarten, deren Namen wir oft auf den Speisekarten unserer Restaurants finden, ernähren sich von den kleinen Lebewesen. Sie aber sind es nicht, die den Taucher mit aquaristischen Ambitionen fesseln. Vielmehr sind es die Stein-, Leder- und Hornkorallen, die Krusten- und Scheibenanemonen, Haarsterne, Röhrenwürmer und Zylinderrosen, die sein Herz höher schlagen lassen. Tiere also, von denen wir (zumindest bei einigen) noch bis vor einer Reihe von Jahren glaubten, sie kaum einmal über einen längeren Zeitraum im Aquarium halten zu können.

Arten, die als ausschließliche Planktonernährer gelten, darunter Horn- und Steinkorallen, Schlangensterne und andere, ließen sich wegen des fehlenden Planktons (noch) nicht pflegen. Das hat sich in letzter Zeit grundlegend geändert, seit tiefgefrorenes Plankton erhältlich ist, das man zudem mit Cyclops und ähnlich kleinen Süßwassernährtieren mischen kann. Größere Exemplare in einem Heimaquarium, wie bestimmte Anemonen und Zylinderrosen, kann man dagegen auch mit groberem Futter ernähren.

›Blühende Aquarien‹ können, wie man weiß, auch im Wohnzimmer Wirklichkeit werden, doch empfiehlt sich hierbei immer die Haltung der Niederen Tiere ohne

Die ›blühende‹ Unterwasserwelt hat viele Formen und Farben. Hier nur wenige bescheidene Beispiele, die kaum einen Eindruck von der Vielfalt in einem Riff vermitteln können. 1 − *Galaxea*, 2 − *Goniopora*, 3 − *Tubastrea*, 4 − *Bryozoa*, 5 − *Platygyra*, 6 − *Favia*

alle Drosch (UW)

Dieser etwa 30 cm große und auffällig gefärbte Großaugenbarsch (*Priacanthus hamrur* [FORSKÅL]), hat Schutz unter dem ›Tisch‹ einer riesigen *Acropora*-Koralle gefunden (Malediven)   Dr. Busch (UW)

oder nur mit sehr schwachem Fischbesatz. Oft findet man in relativ kleinen Anemonen Paare von *Amphiprion*-Arten, deren Tiere 10 bis 20 cm groß sind und sich ständig in den für sie viel zu kleinen Tentakelwald kuscheln. Bei solch einer Unausgeglichenheit müssen sich die Blumentiere belästigt fühlen, denn sie zeigen es allein dadurch, daß sie sich nie voll entfalten, mit der Zeit mehr und mehr zusammenschrumpfen und darauf eingehen. Es versteht sich von selbst, daß man derart zarte Geschöpfe nicht mit ihren Feinden zusammen pflegen darf, will man sie nicht als Futtertiere opfern. In früheren Jahren wußte man oft keinen anderen Rat, als besonders heikle *Chaetodon*-Arten wie etwa *C. larvatus*, *C. ornatissimus*, *C. trifasciatus* oder seinen nahen Verwandten, *C. austriacus* aus dem Roten Meer, in einem Niedere-Tiere-Becken zu pflegen, wo die Nahrungsspezialisten dann auch von dem Angebot Gebrauch machten. Nun weiß jeder fortgeschrittene Meerwasser-Aquarianer, daß besonders als heikel geltende Fische eher von den bekannten Krankheiten wie *Cryptocarion irritans* oder *Oodinium ocellatum* befallen werden. Da man jedoch in einem Becken, das überwiegend mit Wirbello-

sen besetzt ist, unter keinen Umständen (!) mit Medikamenten arbeiten kann, hatte sich dieser fatale Weg bald totgelaufen.

In einem meiner ersten Niedere-Tiere-Becken, das ich etwa Anfang der sechziger Jahre einrichtete, versuchte ich ebenfalls, Wirbellose und Fische zusammen zu pflegen, setzte jedoch am Anfang nur ›süße kleine Riffbarsche‹ dazu, also hauptsächlich Vertreter der Gattungen *Abudefduf*, *Chromis*, *Dascyllus* und *Pomacentrus*. Es dauerte nicht lange, da konnte ich endlich die Tiere erwerben, die ich mir erträumt hatte, doch mußte ich bald feststellen, daß es besonders die Vertreter der Gattung *Dascyllus* waren, die dies nicht zuließen. Immer wieder schossen sie aus ihrem Versteck mit blitzartigen Angriffen auf die Neuankömmlinge zu, rammten und bissen sie. Die Aggression dieser Fische trug schließlich dazu bei, daß ich das Becken ausräumen und diese Riffbarsche entfernen mußte.

Von Lebensgemeinschaften, sogenannten Symbiosen, spricht man, wenn ungleiche Lebewesen zu gegenseitigem Nutzen zusammenleben. Über das Verhältnis der Clownfische *Amphiprion* zu den Anemonen wurde bereits im Abschnitt ›Ritterfestungen‹ gesprochen. Es ist zwar eine der bekanntesten, doch bei weitem nicht die einzige Symbiose, zumal man ja auch das

25

Putzen als einen Zweig der Symbiose ansehen muß. Hier begegnen sich mitunter ein Räuber und ein Fisch üblicher Beutegröße, ein Putzer – zum Vorteil beider. Weiter durch viele Publikationen bekannt sind das Zusammenleben von Schiffshaltern (Familie Echeneidae) mit Haien oder anderen Großfischen, einer Garnele (*Alpheus*) mit einer Grundel (*Cryptocentrus* u.a.), die kleinen Anemonen, die sich auf den Gehäusen von Einsiedlerkrebsen ansiedeln, das bereits erwähnte Heranwachsen junger Krebse und Fische im oder unter dem Wall der Seeigel-Stacheln oder die noch unterschiedlich beurteilte Lebensweise mancher Garnelen- oder Krabbenarten in den Tentakelwäldern der verschiedenen Anemonenarten.

Diese Wechselbeziehungen der Tiere zueinander sind es, die erst das Zusammenleben ermöglichen. Solche Partnerschaften sind natürlich auch nicht kurzfristig entstanden, sondern haben sich über viele Generationen derart entwickelt, daß man sie heute zum Erbgut zählt. Es gibt auch viele Beispiele für Partnerschaften zwischen Tier und Mensch, und jeder, der dies jetzt liest, hat sicher sein eigenes Erlebnis zur Hand. Eine Partnerschaft, allerdings getragen von starker Abhängigkeit, hat sich auch zwischen Mensch und Haustier entwickelt. Eine solche Partnerschaft darf aber auch nicht fehlgedeutet werden, etwa dann, wenn ein Igelfisch seinen Pfleger nach dem Öffnen des Aquariumdeckels ›freudig‹ mit einem Wasserstrahl begrüßt. Das hat verständlicherweise mit einer Symbiose herzlich wenig zu tun: Das Verhalten des Fisches ist vielmehr erworbenes Erbgut und erlerntes Können: Der Fisch ist von Natur aus gewohnt, seine Nahrung (Schnecken und anderes Kleingetier, das sich im sandigen Boden verbirgt) aus seinem Versteck zu ›blasen‹. Das macht das Tier nicht mit Luft, sondern mit einem Wasserstrahl. Kommt nun diese Nahrung im Aquarium von oben und der Fisch ist hungrig, so spritzt er den Strahl – über den Wasserspiegel hinaus – dem Pfleger entgegen.

Lebensgemeinschaften sind nichts anderes, als Schutz- und Trutzbündnisse zwischen Andersartigen – das wurde bereits angeführt, und dafür gibt es viele Beispiele. Anpassungen solcher Art, wie sie nun einmal notwendig sind, können sich evolutionär, das heißt stufenweise und über einen langen Zeitraum entwickeln. Als Beispiel sei auf den Putzernachahmer *Aspidontus taeniatus* hingewiesen, der eine ›Marktlücke‹ darin fand, daß er sein Farbkleid und auch sein Schwimmverhalten dem des echten Putzers *Labroides dimidiatus* nachahmt, aber diesem gegenüber ein wesentlich stärkeres Gebiß hat, denn seine wissenschaftlichen Bestimmungsmerkmale gruppieren ihn zu den Schleimfischen. Durch seine Färbung und sein Schwimmverhalten ist der Imitator mit

den ›positiven Merkmalen‹ der Putzer ausgestattet, und kein Mitbewohner seines Meeresabschnittes erkennt, daß sein Maul unterständig und nicht vorderständig wie das des echten Putzers ist. So macht sich der Nachahmer an die ahnungslosen doch putzwilligen Fische heran, die auch prompt die typische Stellung einnehmen. Der kleine Räuber sammelt jedoch keine Parasiten, sondern beißt seinen Opfern blitzschnell Hautstücke ab. Wenn der so geschädigte Fisch den Irrtum bemerkt, kann er den Imitator gerade noch in die Flucht jagen.

Es gibt aber auch harmlosere ›Anpassungen‹ dahingehend, daß eine neue, andere Nahrung der gewohnten und vielleicht mühsam zusammengesuchten bestimmten Fischen besser schmeckt – wenn auch vielleicht nicht besser bekommt. So ein Nahrungsbetteln kann jeder feststellen, wenn er an einem Meeresabschnitt Urlaub macht. Viele Arten menschlicher Nahrung werden auch von Fischen nicht verschmäht – Aquarianer wissen das oft aus Erfahrungen mit den eigenen Beckenbewohnern. Bei einem kürzlichen Aufenthalt auf einer Malediveninsel stellte ich fest, daß immer, wenn ich mich 8–10 Meter weit (oder mehr) vom Ufer im Wasser befand, ein großer Orangestreifendrücker *Balistapus undulatus* um mich herumschwamm und mich nicht aus den Augen ließ. Das sah wie Betteln aus. Vielleicht hatte sich der Fisch angewöhnt, auf frühere Badegäste zu warten, die ihn einmal gefüttert hatten. Am Abend bot die Küche des Hotels Crêpes, jene feinen Eierpfannkuchen, als Nachtisch an. Ich aß meine Portion nicht, hob sie für den Fisch auf. Dasselbe machte ich mit den beiden hartgekochten Frühstückseiern, die mir am anderen Morgen serviert wurden und ging nach dem Morgenkaffee ins Wasser. Prompt erwartete mich mein ›Freund‹, der mich jetzt, wie ich annahm, noch aufgeregter umschwamm. Sah er etwa die Pfannkuchen in meiner Hand? Ich hielt ihm einen des zu einer Rolle zusammengelegten Nachtischs unter Wasser entgegen: Er schwamm heran und biß ab – kaute, prüfte, befand für gut, schwamm erneut heran und biß wieder ab! So geschah es übrigens auch mit einem halben Ei, von dem ich vorher die Schale abgepellt hatte. Hiervon bevorzugte er allerdings mehr das Gelbe vom Dotter. Die Fütterung blieb allerdings von den nahen Korallenstöcken aus nicht unbeachtet, und bald war ich von vielen Fischen umgeben, allen voran die Picassodrücker-Konkurrenz *Rhinecanthus aculeatus* und viele Sattelstreifen-Junker *Thalassoma hardwickii*. Was mich dabei jedoch am meisten überraschte war die Tatsache, daß eine Gruppe der schwarzweiß gestreiften Preußenfische *Dascyllus aruanus* mir nicht nur zur Nahrungsaufnahme entgegenschwamm, sondern mir auch noch ein Stück rückwärts, in Richtung Land, folgte, so daß sie schließlich 10 bis 15 Meter von ihrer Behausung entfernt waren. Dabei sind doch diese Fische für ihre starke Bindung an ihren Korallenstock bekannt. Eine Verwechselung der Art ist dabei ausgeschlossen. Man sieht, im Meer vollzieht sich manches eben anders, und feste Verhaltensprogramme lassen sich in ein paar Tagen eben auch nicht analysieren. Die meisten Tierdressuren laufen über eine Belohnung in Form eines Futterstückes ab, doch sollte sich deshalb ein Fischfütterer im Meer nicht gleich als Dresseur fühlen – und eine Symbiose ist solch ein Zusammenleben, wie zwischen dem Drückerfisch und mir geschildert, nun bestimmt auch nicht! Der Drückerfisch und ich, wir waren schließlich so gute Freunde, daß ich den Eindruck gewann, er wäre am liebsten mit mir ins Restaurant gegangen – Verzeihung: geschwommen –, aber das war nun einmal nicht möglich.

Die meisten Fische und Niederen Tiere sind bewaffnet, meist in einer für uns Menschen unangenehmen Weise. So hätte mich auch der vorher erwähnte Drückerfisch kräftig beißen können. Zu meinem Glück tat er das nicht. Oft wird eine hastige menschliche Bewegung vom Fisch falsch interpretiert und löst auf unseren scheinbaren Angriff eine Gegenreaktion aus. Wer da nicht aufpaßt, der hat sein ›Fett‹ weg. Wer im Meer barfüßig auf einen Seeigel tritt, ist nicht nur unaufmerksam, sondern

auch unvorsichtig. Wer mit bloßen Händen in einem Rotfeuerfischbecken hantiert, darf sich nicht wundern, wenn der gestörte Fisch diesen vermeintlichen Angriff auf seine Weise abzuwehren versucht. So können ja nicht nur die bekannten Skorpionfische unangenehm stechen. Sehr viele Fische sind ähnlich bewaffnet – nur: die einen stechen, andere beißen, dritte scheiden ein Sekret aus ... jeder hat seine Methode.

Die Raubritter des Riffs werden oft als besonders beißfreudig geschildert. Es handelt sich in solchen Fällen keinesfalls um Haie, sondern um große Barsche und Muränen. Beide stehen tagsüber in ihren Unterständen – in Höhlen oder Röhren. Der große Zackenbarsch ist ein Bulle unter der Riffbewohnern. Entsprechend plump, aber wirkungsvoll ist sein Angriff auf Beute. Er kann warten, bis sich ein Opfer in seine Nähe vorgewagt hat. Seine starke Muskulatur befähigt den Barsch, alle Kraft auf einen kurzen, aber schnellen Angriff zu konzentrieren. Was das große Maul mit den dicken Lippen einmal erbeutet hat, gibt es nicht mehr her. Andererseits kann der Fisch das Angriffstempo nicht über einen

Als ungebetener räuberischer Gast: In einem Schwarm von Schnappern *Lutjanus kasmira* pirscht sich der ähnlich gefärbte gelbe Trompetenfisch *Aulostomus chinensis* an seine Beute heran (Malediven)   Dr. Busch (UW)

Blauflecken-Zackenbarsch *Cephalopholis argus*   Drosch (UW)

längeren Zeitraum, etwa zu einer ausgedehnten Verfolgung, durchstehen. Kann nämlich das vermeintliche Opfer dem schnellen Angriff entkommen, setzt der Riese kaum noch nach, weil er über eine längere Distanz eben keine Chance mehr hätte.

Noch versteckter lebt die Muräne. Diese schlangenartigen Fische sind dem Höhlenleben ideal angepaßt. Sie besitzen keine Einzelflossen, sondern Flossensäume, ähnlich den Messerfischen oder bestimmten Welsen des Süßwassers. Sie geben dem Tier die Möglichkeit, sich auch in engsten Spalten zu bewegen. Dabei kann der Fisch nicht nur vorwärts, sondern auch rückwärts schwimmen, wie es die Gegebenheiten erfordern. Muränen können recht groß werden, doch haben viele der Arten einen nur kleinen Kopf entwickelt. Welche Körperlänge und Stärke sich hinter dem aus einer Höhle hervorschauenden Kopf verbirgt, kann nur der ermessen, der sich unter Wasser bestens auskennt. Zwar sind Muränen nach neueren Erkenntnissen nicht giftig, doch genügt ein Zupacken der kräftigen Kiefer mit den langen Fangzähnen, um Mensch oder Tier ernsthafte Schäden zuzufügen. Für die Heimaquaristik sind deshalb

Zackenbarsche wie Muränen nur bedingt geeignete Pfleglinge. Sie lassen sich als Jungtiere zwar eine Zeitlang halten, doch nehmen sie entweder nur Lebendfutter, also Fische, oder andere Arten grober fleischlicher Nahrung. Bei Muränen werden gelegentlich auch kleinerbleibende Arten eingeführt, wie etwa die Geistermuräne, über die noch in einem späteren Kapitel zu lesen sein wird.

Von großen Zackenbarschen und Muränen wissen wir, daß sie sich in ihrem heimatlichen Biotop mit Vorsicht und Einfühlungsvermögen soweit an den tauchenden Menschen gewöhnen können, daß sie relativ zahm werden — im besten Fall sogar dem fütternden Taucher entgegenschwimmen. Man sieht: Auch hier geht die ›Liebe‹ durch den Magen, und Leckerbissen wissen auch solche großen Fische zu schätzen. Es gibt sie, die Delikatessen, offenbar auch nicht jeden Tag für die Raubritter im Riff.

Einen ganz besonders raffinierten Trick hat ein Räuber einstudiert, der seinen Vorteil im Anpirschen sucht — als ›Wolf im Schafspelz‹ sozusagen. Es ist der Trompetenfisch (Familie Aulostomidae), von dem zwei Arten bekannt sind, eine im Indischen Ozean (*Aulostomus chinensis*) und die andere in der Karibischen See

(*A. maculatus*). Sie werden 50 bis 90 cm lang. Ihre Jagdmethoden bestehen erstens darin, sich kopfabwärts zwischen die Äste der beweglichen Hornkorallen zu stellen und so, in Verbindung mit ihrer guten Tarnfärbung und -musterung ziemlich unerkannt zu bleiben. Zweitens nutzen sie vorbeischwimmende große Einzelfische oder gar ganze Gruppen, um sich auf diesen ›reitend‹ oder in den Trupps versteckend an ahnungslose Opfer heranzupirschen, um dann aus nächster Nähe Beute zu machen. Der bekannte Wissenschaftler I. EIBL-EIBESFELDT schreibt darüber in einem seiner Bücher: „Der Trompetenfisch ist ein Räuber, den alle kleinen Fische fürchten. Läßt er sich sehen, dann flüchtet alles. Er lauert daher meist ruhig in Korallenstöcken oder an den Pfählen einer Mole. Von Zeit zu Zeit muß er aber sein Versteck wechseln, denn bald wissen die Kleinfische, wer hinter dieser Deckung lauert. Will er nun beim Ortswechsel jagen, benutzt er Friedfische zur Tarnung. Kommt ein Papageifisch oder ein anderer großer Friedfisch vorbei, so legt er sich der Länge nach über dessen Rücken und schwimmt mit. Frißt nun der Papageifisch, dann kommen von allen Seiten kleine Fische herbei, um abfallende Brocken oder aufgescheuchte kleine Beutetiere zu schnappen. Den gefürchteten Trompetenfisch nehmen sie nicht wahr, und so werden sie dessen leichte Beute. Bis zu einem gewissen Grade können sich die Trompetenfische in ihrer Farbe an ihr Roß anpassen. Wir sahen auf dunklen Kaninchenfischen dunkle Trompetenfische reiten, auf gelben dagegen gelbe. Bei der Kokosinsel (Costa Rica) beobachtete ich einen gelben Trompetenfisch, der sich in einem Schwarm ebenso gelber Seebader tarnte."

Trompetenfische haben eine sehr gestreckte Körperform. Ihr ebenso gestreckter Kopf wird von einem weit nach vorn gezogenen Röhrenmaul beherrscht. Die hartstrahlige Rückenflosse besteht nur aus einzelnen Stacheln, die über der Körpermitte emporragen. Der Antrieb erfolgt über die zweite, weichstrahlige Rückenflosse und die Afterflosse, die, sich beide gegenüberstehend, am Ende des Körpers vor dem Schwanzstiel sitzen.

Giftstachler und Tarnkünstler sind viele Riffbewohner. Beide Schutzmethoden dienen seltener dem Nahrungserwerb – eher der Defensive, der Verteidigung. Die bekanntesten Giftstachler wie auch Tarnkünstler gehören der Gruppe der Skorpionfische an. Ihr giftigster Vertreter ist der Steinfisch, ihr bekanntester der Rotfeuerfisch. Alle Arten dieser Familie zeichnen sich durch eine sehr stachelige Beflossung aus, deren Spitzen mehr oder weniger giftig sind. Nur wenige schwimmen noch dauernd in den oberen Wasserschich-

Tarnung ist das halbe Leben – Drachenkopf   Drosch (UW)

ten; die meisten sind zu Bodenbewohnern geworden. Bei ihnen hat sich die Schwimmblase, welche die Fische normalerweise zum dauernden Schwimmen oberhalb des Bodens befähigt, zurückgebildet. Diese Fische sitzen am Boden, verlassen sich auf ihre gute Tarnung und fangen von Zeit zu Zeit eine Beute. Meist geschieht das durch plötzliches Aufreißen des Maules; es geht über die gesamte Kopfbreite. Die so erzeugte Implosion, verbunden mit dem Wassersog in den Rachen des Fisches, macht dem Opfer ein Entkommen schwer. Professor Konrad LORENZ, der bekannte naturwissenschaftliche Nobelpreisträger, hat sich im Rahmen seiner Forschungen auch mit diesen Stachelträgern beschäftigt. Seine Arbeit gibt uns viel Wissen über die Rotfeuerfische und ihre Verwandten.

Wie alle Mitglieder ihrer Familie, bildeten auch die Rotfeuerfische die Schwimmblase zurück. Weil sie aber auch im freien Wasser des Riffs jagen, mußten sie sich auf andere Weise anpassen: Ihre Brustflossen verlängerten sich wesentlich und sind durch Membranen, Schwimmhäuten ähnlich, verbunden. Für einen Fisch ist das sicher verwunderlich. Da Rotfeuerfische aber trotz dieser Hilfsmittel nicht allzu schnell sind, benutzen sie zusätzlich noch die nach vorn gespreizten Brustflossen, um das gewählte Opfer gegen eine Wand oder einen Korallenstock in die Enge zu treiben und es dort besser packen zu können.

Nun sind die bekannten Rotfeuerfische noch nicht die besten Tarnkünstler. Sie gehören nicht zu den ausgesprochenen Bodenhockern. Ihrer steinähnlichen Tarnung nach könnte man einige ›einfache‹ Arten der   29

Steinfische (Familie Synanceidae) an die Spitze einer Wettbewerbsliste stellen, allen voran *Synanceia verrucosa*, während andere Arten wie *Inimicus filamentosus* zuweilen ihre auffällige Beflossung zeigen, damit aber ihre Tarnung mehr oder weniger aufgeben. Aus der Gattung *Rhinopias* wurden aquaristisch erst in den letzten Jahren einige Arten bekannt, bei denen Körperanhänge, Hautlappen und Filamente den Tieren ein zwar skurriles, aber in ihrem Lebensraum tarnendes Aussehen geben.

Ein anderer Tarnkünstler ist der Anglerfisch oder Armflosser (Familie Antennariidae). Die Vertreter dieser Familie haben sich, bedingt durch ihr schlechtes Schwimmvermögen, so anpassen müssen, daß sie ihren Opfern Fallen stellen müssen: Sie ›angeln‹ – gut getarnt. So kann sich beispielsweise der Sargassofisch

Histrio histrio dem Gewirr der Sargasso-Tange in tropischen Meeren derart anpassen, daß ihn weder Feind noch Opfer im rechten Augenblick bemerken. Die Fische sind verständlicherweise reviertreu; sie haben sich für das Leben in diesen Biotopen hoch spezialisiert. In einem solchen Tangwald kann man nicht schwimmen! Deshalb müssen sich die Fische mit Hilfe ihrer Brustflossen vorwärts bewegen, weshalb man sie auch als Armflosser bezeichnet.

Eine andere Konstruktion der Natur stellt die ›Angel‹ dar. Sie besteht aus einer Umbildung des ersten Strahles der extrem weit nach vorn gestellten Rückenflosse, der direkt über der Oberlippe sitzt – unmittelbar oberhalb des breiten Maules. Der feine Strahl ist an seinem Ende mit einem fransen- oder wurmartigen Hautlappen versehen, so daß alles zusammen wie eine Angelrute erscheint. Dieser Fetzen am Ende der ›Rute‹ kann vom Fisch, unabhängig von einer anderen Kopfbewegung, in Schwingung versetzt werden und täuscht einem vorüber-

Inimicus filamentosus, ein ›beängstigend gut getarnter‹ Skorpionfisch aus dem Roten Meer und dem Indischen Ozean   Dr. Terver

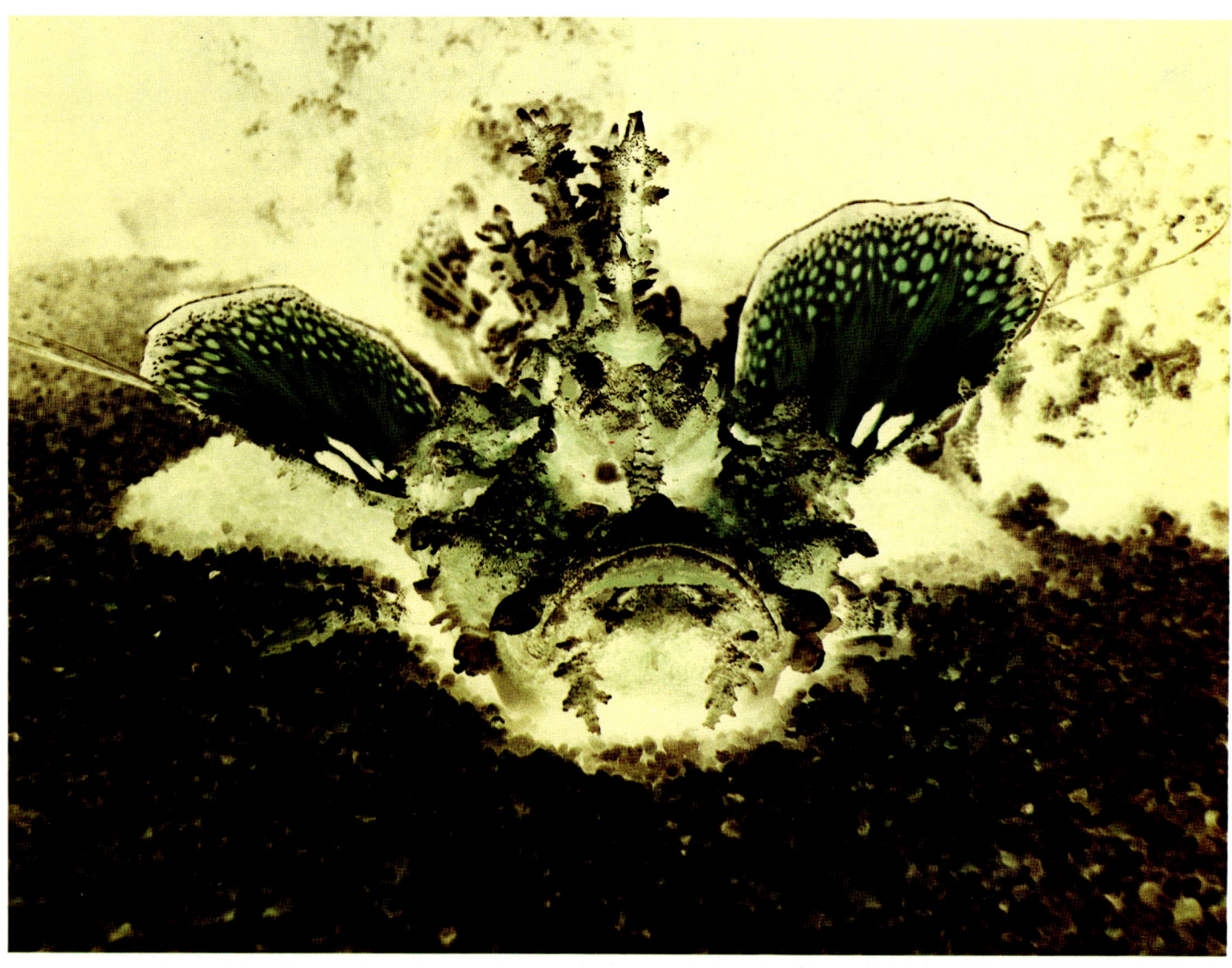

schwimmenden Fischchen einen Futterbrocken vor. Nun ist das noch nicht alles, was der Fisch an Absonderlichkeiten zu bieten hat: Die Austrittsöffnungen der sehr großen Kiemenhöhlen befinden sich unter der Basis der Brustflossen. Durch starkes Auspressen des Wassers aus den Höhlen wird ein Rückstoß erzeugt, der den Fisch nach vorwärts-aufwärts schnellt; nicht weit, doch weit genug, sein Opfer mit weitgeöffnetem großen Maul zu packen.

Derart spezialisierte Fische sind auf die Dauer natürlich keine idealen Aquarienbewohner, eher ›ein Fall‹ für Spezialisten, die ihnen auch den für sie lebenswichtigen Biotop entsprechend gestalten. So werden diese Tiere auch nur selten eingeführt, gewissermaßen als Beipack. Ihre Eingewöhnung kann Schwierigkeiten machen. Anders dagegen ist es mit Rotfeuerfischen: Sie lassen sich besser eingewöhnen, und schon bald nehmen sie passend zurechtgeschnittene Fleischstückchen als Ersatznahrung an. Es versteht sich von selbst, daß der Aquarianer die Wahl der Mitbewohner solcher Fische sehr sorgfältig treffen muß, weil er anderenfalls Gefahr läuft, diese eines Tages nicht mehr zu finden.

Ein Beispiel: Vor einer Reihe von Jahren besuchte ich häufig einen Importeur, der zu dieser Zeit stets viele Neuzugänge in seiner Anlage hatte. Der Raum in den Becken wurde knapp, und er mußte Platz für einen Steinfisch von etwa 15 cm Länge finden. Man gesellte ihn in ein Aquarium, das zwei der wunderschönen, selten eingeführten und deshalb zu hohen Preisen gehandelten Juwelbarsche *Cephalopholis miniatus* beherbergte. Die Barsche wiesen eine Länge von etwa 18 cm auf, waren also etwas größer als der Steinfisch. Einige Tage lang schien alles in Ordnung – bis eines Morgens die roten Barsche verschwunden waren – beide! Nur aus dem Maul des Steinfisches ragte noch der Rest einer Schwanzflosse heraus. Auch am Körperumfang des Giftstachlers konnte man erkennen, was passiert war. Unglaublich: Er hatte beide der ihn an Länge überragenden Fische verschlungen. Wahrlich ein teures Futter!

Giftstachler gibt es indes nicht nur bei Fischen. Recht giftig sind beispielsweise die Kegel- oder Konusschnecken. Die Vertreter dieser Familie (Conidae) tragen in der Spitze ihres tütenförmigen Gehäuses einen rüsselartigen Körperfortsatz, durch den sie eine Art Giftnadel in ihre Opfer schießen können, um ihnen das Gift – es stammt aus den Speicheldrüsen – zu injizieren. Ihr wissenschaftlicher Name Toxoglossa kann auch mit ›Giftzüngler‹ übersetzt werden. Natürlich gibt es, wie bereits erwähnt, noch viele giftige Tiere wie Quallen, Seeschlangen und andere. Als Taucher sollte man sich allemal vorsehen und Handschuhe tragen. Für den

Kleiner Trupp Korallenwelse *Plotosus lineatus*   Kahl

Aquarianer sind solche giftigen Gesellen kaum interessant. Wer sich allerdings mit der Pflege von Rotfeuerfischen oder anderen Scorpaeniden befaßt oder befassen will, der sollte entsprechend vorbereitet sein und zumindest im voraus wissen was zu tun ist, wenn ihm einmal ein Mißgeschick widerfährt.

S c h w ä r m e r fühlen sich nur im großen Verband, im Schwarm sicher. Es gibt mehr schwarmbildende Arten, als man glauben möchte. Leider läßt sich in unseren Aquarien das Schwarmverhalten kaum aufrechterhalten. Das liegt erstens an der zu geringen Menge der

Schwarmverhalten erschwert den Beutemachern das Jagen   Kopp (UW)

31

Zu den ›Schwärmern‹ muß man auch die Doktorfische (hier *Acanthurus leucosternon*) rechnen, die zuweilen in riesigen Zahlen auftreten (Malediven)   Dr. Busch (UW)

eingesetzten Fische einer Art, vor allem aber an der viel zu geringen Größe der Aquarien. Um Schwarmverhalten zu zeigen, brauchen die Fische Raum – viel Raum. Viele dieser Schwarmfische sind Planktonfresser; auch das spricht gegen eine aquaristische Haltung zur Erreichung natürlicher Verhaltensweisen. In ihrem freien Lebensraum, also im Meer, ist das Schwarmverhalten für die Fische im Verlauf der Evolution zu einer Schutzeinrichtung geworden. Nicht jedoch die Riesenschwärme des Freiwassers sollen uns hier interessieren. Auch im Riff gibt es viele Fische, die sich zu Schwärmen zusammenfinden. Taucher wie Aquarianer kennen die wimmelnde Schar kleiner Korallenwelse *Plotosus lineatus*, etwa 5 Zentimeter langer Jungfische aus dem Indischen und dem Indopazifischen Meer. Die kleinen Schwärmer tragen Barteln und tragen kräftige Stacheln an den Enden ihrer gesägten Rücken- und Brustflossen. Diese Stacheln können, besonders bei größeren Fischen, dem unachtsamen Pfleger üble Wunden reißen, zumal sie noch mit einer Giftdrüse in Verbindung ste-

hen. Vertreter anderer Arten, wie die von Schnappern, Doktorfischen, Anthias, Grunzern, aber auch die kleinen Riffbarsche der Gattungen *Abudefduf, Dascyllus, Chromis* und nahe Verwandte rotten sich dann und wann – mal länger, mal kürzer – zu Schwärmen oder zumindest großen Trupps zusammen. Dieses Verhalten dient in erster Linie der Sicherung vor Raubfischen. Man sollte annehmen, daß sich Raubfische vom ständigen Wechseln der Schwimmrichtung, vom Auseinandergehen und wieder Zusammenballen – von der ständigen Veränderung der Schwarmformation also – tatsächlich verwirren lassen. Raubfische lieben entweder den plötzlichen ruckartigen Überfall, gewissermaßen aus dem Stand, oder sie jagen pfeilschnell auf längere Distanz, wie die Barracudas, Halbschnabelhechte, Hornhechte, Bonitos und viele andere Räuber des freien Wassers. Sie nehmen sich einen einzelnen Fisch aufs Korn und lassen sich von der Menge (dem Schwarm) nicht verwirren.

Stille Killer sind Jäger, die ihr Opfer in aller Ruhe töten – oft im Schutze der Dunkelheit. Sie gibt es auch im Riff. Manchmal gelingt es der belauerten Beute, im letzten Augenblick zu entkommen, meist ist jedoch eine Flucht nicht mehr möglich, weil entweder der Jäger wendiger ist als das Opfer oder weil der Angriff so schnell erfolgt, daß keine Rettung mehr bleibt. Auch im Aquarium wird die Räuber-Beute-Beziehung oftmals aufrechterhalten. Eine unglückliche Zusammensetzung des Beckenbesatzes trägt dazu oft bei. Ist zum Beispiel ein Aquarium mit Zylinderrosen besetzt, kann man nur gesunde Fische – im Vollbesitz ihrer Kräfte und mit allen schwimmerischen Fähigkeiten – dazugesellen. Gelegentlich werden ›günstige Angebote‹ (meist sind das leider kümmernde Fische) erworben und sogleich eingesetzt. Solche Neulinge fühlen sich ohnehin als Fremdkörper unter anderen Fischen und den Blumentieren. Sie werden dann in einer der kommenden Nächte den gierigen Fangarmen eines Blumentieres zur Beute. Ähnlich kann es auch Seesternen ergehen, wenn sie mit stärkeren fleischfressenden Exemplaren der gleichen Familie zusammengebracht werden.

Natürlich gibt es auch Spezialisierung bei den Wirbellosen im Meer. Man weiß, daß der Tintenfisch zwei Möglichkeiten hat, sich einem Gegner zu entziehen: Er kann sich anpassen und seine Färbung und Musterung der Umgebung angleichen. Genügt das nicht, so schwimmt er mit ›Düsentempo‹ davon, stößt dabei eine Wolke ›Tinte‹ aus und sichert sich auf diese Weise noch zusätzlich ab. Wer schon einmal versucht hat, eine Anemone oder Zylinderrose vom Sandgrund im Meer zu lösen, der wird wissen, daß das einige Übung voraussetzt. Weil sich beispielsweise Zylinderrosen vor ihren natürlichen Feinden in Sicherheit bringen müssen, haben sie eine lange Röhre aus verhärtetem Schleim, in der sich ihr Fuß befindet, tief im Boden verankert. In diese tiefe Röhre können sie sich bei Gefahr blitzschnell weit zurückziehen.

Bestimmte Muschelarten (Herz-, Jakobs-, Feilenmuschel) sind eine begehrte Beute von Seesternen. Hat der Stern erst einmal seine Arme über sie gelegt, sind die Muscheln verloren. Nun hat ein Stern aber (zumindest kleine) Füßchen, mit denen er sich zwar langsam, doch beständig in Richtung auf sein Opfer bewegen kann. Diese Muscheln haben sich dem jedoch angepaßt: Sie nehmen den Feind mit Hilfe des Geruchssinns wahr. Ist er ihnen gefährlich nahe gekommen, drücken sie plötzlich ihre beiden Schalen in schneller Folge zusammen – jetzt wird ein Rückstoß erzeugt – und hüpfen ein wenig taumelnd davon.

Das Riffdach im Gebiet der Heron-Insel (Great Barrier Reef) bei Ebbe. Hier handelt es sich um eine Kolonie von *Porites nigrescens*. Die der Landseite zugewandten Teile dieses Riffabschnittes zerbrechen und werden zu Sand zermahlen   Coleman

Bekannte Riffregionen der Weltmeere

Das Rote Meer liegt dem europäischen Kontinent zwar am nächsten, doch halten die politischen Querelen der letzten Jahrzehnte viele Tauchfreunde davon ab, in diese Region zu reisen. Obgleich das Rote Meer im Süden eine große Verbindung zum Indischen Ozean hat (die etwa 27 km breite Straße von Bab el Mandeb) und durch den Suezkanal mit dem Mittelmeer verbunden ist, muß man dieses Meer als einen in sich abgeschlossenen Ozean ansehen, in dem beispielsweise die Dichte des Wassers im Durchschnitt um einiges höher liegt als in den übrigen bekannten Riffgebieten unserer Erde (42 ‰ zu 35 ‰).

Das Rote Meer bildet den nördlichen Teil des afrikanischen Grabensystems, das sich nach Norden hin weiter über den Golf von Akaba, das Tote Meer und das Jordantal bis an den Rand der taurischen Faltungen verfolgen läßt. In südlicher Richtung reicht der vielfach abgeknickte Graben bis in das Sambesital und bildet unter anderem die beiden zentralafrikanischen großen Seen (Malawi- und Tanganjikasee), aus dem Cichlidenfreunde unter den Aquarianern seit Jahren interessante (Süßwasser-)Buntbarsche beziehen. Die Entstehung dieser Brüche ist in erdgeschichtlich jungen Zeiten zu vermuten, und Geologen gehen davon aus, daß dies nicht vor Ende des Tertiärs geschah. Von den verschiedenen Süßwasserseen im afrikanischen Grabensystem

Zum Seychellen-Archipel gehören neben den 45 Granitinseln auch 54 Koralleninseln, wie hier ›Bird Island‹   Mayland

hat der Tanganjikasee mit 1 470 m die größte Tiefe. Der 2 200 km lange und 250 bis 300 km breite Schlauch des Roten Meeres erreicht dagegen mit rund 2 600 m eine wesentlich größere Tiefe, womit das System hier seine größte Tiefe hätte. Der hier herrschende höhere Salzanteil ist daraus zu erklären, daß die umgebenden Wüstengebiete und die dadurch entstehende größere Wärme eine höhere Verdunstung des Meereswassers erwirken, während andererseits kaum eine Süßwasserzufuhr aus dem umgebenden Land erfolgt und der Wasseraustausch über die Verbindung mit dem Indischen Ozean nur über die oberen Meeresschichten erfolgen kann, weil nur der Graben die erwähnte Tiefe aufweist, nicht aber die daran anschließenden Meeresgebiete außerhalb. Den erwähnten hohen Temperaturen in den Gebieten um das Rote Meer und seinem entsprechend angepaßten warmen Wasser ist es andererseits zuzuschreiben, daß dieser so weit nach Norden vorgeschobene Teil der tropischen Weltmeere noch eine derart große Ausbreitung an Riffkorallen aufweist. Andere vergleichbare, so weit nördlich vorgeschobene Riffgebiete wie die zu Südjapan gehörenden Gebiete um die Ryukyu-Inseln (Kuroschiostrom) oder die der nordamerikanischen Ostküste vorgelagerten Bermudas (Golfstrom) profitieren von dem warmen Wasser, das diese Strömungen schicken.

Ein durchgehender Tiefwasserschlauch ist das Rote Meer keineswegs, wie ja auch die ebenso gestreckten beiden erwähnten zentralen großen Grabenseen nicht nur aus einer tiefen, mit Wasser gefüllten Schlucht bestehen. Inseln gibt es auch im Roten Meer zur Genüge — das wird leider zu oft übersehen, weil nur Karten mit entsprechend geringen Maßstäben sie ausweisen. Die Faunenfülle an Riffkorallen ist im Roten Meer überraschend groß. Sie geht sogar soweit, daß sich hier durch die relative Isolation eine Reihe von endemischen Arten entwickeln konnte, was übrigens auch für die schwimmenden Mitbewohner gilt.

Der westliche Indische Ozean mit seinen Riffgebieten und Inseln gehört inzwischen zum bevorzugten Erholungsgebiet fernreisender Mitteleuropäer. Besonders die Riffe der Malediven haben sich in den letzten Jahren immer mehr zu bevorzugten Zielen der Hobbytaucher entwickelt.

Entlang der ostafrikanischen Küste, also praktisch in südlicher Verlängerung des Roten Meeres, etwa von den Küsten vor Kenia bis zu denen vor Moçambique,

Granitfelsen bilden die atemberaubende Szenerie für viele Seychellenfotos, hier von der Insel La Digue, wo der Einfluß von Wind und Wasser gut erkennbar ist   Friedel

treffen wir in der Hauptsache Saumriffe an. In diesen küstennahen Riffgebieten liegen so bekannte Festlandinseln wie Sansibar, Pemba oder Mafia. Weiter vom Kontinent entfernt, nur getrennt durch die Moçambique-Straße, liegt die große Insel Madagaskar, die in erdgeschichtlicher Zeit — man lese und staune — mit dem heutigen Subkontinent Indien verbunden war. Um diese Insel herum gibt es keine besonders auffälligen und daher bekannten Riffe. Nossi Be im Nordwesten der Insel gilt als gutes Tauchrevier, weil sich in diesem Gebiet ein abgesunkenes Barriereriff befindet.

Nördlich der großen Insel Madagaskar gibt es einige Flachmeere, aus deren Wasser sich kleine Inselgruppen wie die vulkanischen Komoren (Saumriffe) am Ende der Moçambique-Straße, und die atollreiche Aldabra-Gruppe erheben.

Weiter östlich verläuft der nach Osten ausgebogte Maskarenen-Rücken, ein unterseeischer Höhenzug von 2 400 bis 2 600 km Länge in Nordsüdrichtung. Er steigt aus großen Tiefen hoch empor und reicht in bestimmten

Zonen verhältnismäßig dicht unter den Meeresspiegel. In seinem nördlichen Teil befindet sich das landferne, halbmondförmige Seychellenschelf, das die einzelnen, aus Granit bestehenden gleichnamigen Hauptinseln trägt. Auf einem nach Südwesten reichenden Arm des Schelfs erheben sich die (politisch zu den Seychellen gehörenden) Amiranten auf einer ausgedehnten Bank — alle von Riffen umgeben, wie übrigens auch die rund 40 Granitinseln der Seychellen-Gruppe.

Bekannte, weil atemberaubende Prospektbilder kennt der Freund der Seychellen weniger von den umgebenden Korallenriffen als vielmehr von den Granitfelsen einiger Seychellen-Inseln, die oft direkt aus dem smaragdgrünen Meer emporzuwachsen scheinen. Das Eruptivgestein dieser Granitinseln ist ein körniger Syenit, ein Tiefengestein, wie wir es auch aus dem oberen Ägypten als Baumaterial kennen. Ob hier die erdhistorischen Überreste eines uralten, vor mehr als 600 Millionen Jahren versunkenen Kontinents ihre Häupter aus dem Meer erheben? Geologen wollen es uns glauben machen. Auf den Inseln Mahé und Silhouette hat das Gestein eine rötliche, auf La Digue und Praslin dagegen eine rosa Färbung, was sich besonders auch im seitlichen Licht der auf- und untergehenden Sonne zeigt.

35

Bei Betrachtungen der Seychellen-Inselgruppe wird meist übersehen, daß in ihr neben den erwähnten rund 40 Granitinseln auch etwa 50 Koralleninseln zusammengefaßt sind. Sie liegen verstreut im Indischen Ozean und sind von der Hauptinsel Mahé relativ weit entfernt. Wegen ihrer unterschiedlichen Größe hat man sie in Gruppen zusammengefaßt. Neben den bekannteren Inseln Bird und Denis seien hier die Poivre-Gruppe, die Saint-Joseph-Atolle, die Aldabra-, Farquhar- und die Amiranten-Gruppe genannt.

Eine zum Teil endemische Fauna und Flora (über Wasser) könnte einem Mut machen, an die Abstammung von einem früheren Kontinent zu glauben. Zu den bekanntesten Unikaten der Inseln dürfte die Elefantenschildkröte *Testudo (Aldabrachelys) gigantea* gehören, die etwa 120 cm lang und bis zu 500 kg schwer werden kann. In ihrem Aussehen erinnern sie an die wohl bekannteren Riesenschildkröten von den Galápagos-Inseln. Die rund 1 200 km von Mahé entfernten Aldabra-Inseln haben eine Größe von 155 km² und gelten seit 1982 als Schutzgebiet für diese Schildkröten. Neben zigtausenden der urzeitlichen Bewohner leben nur sehr wenige (10 bis 15) Menschen auf diesem so abseits gelegenen großen Atoll.

Eine weitere Rarität, die nur hier vorkommt, ist die zur Legende gewordene Meereskokospalme (*Lodoicea maldivica*, Syn.: *L. sechellarum*). Ihre Frucht, die 30 bis 40 cm große ›Coco de Mer‹, ist die größte Baumfrucht unserer Erde; sie kann bis zu 30 kg wiegen und braucht zu ihrer Entwicklung rund sieben Jahre. Saumriffe umgeben die meisten Inseln, und die Artenvielfalt der hier angesiedelten Korallen ist kaum weniger groß als die im Bereich der Malediven.

Die Seychellen wurden 1609 zum ersten Mal von dem Journalisten John Jourdan erwähnt und 1744 von Lazare Picault zum zweiten Mal von der ›Ile de France‹ (Mauritius) aus besucht. Bei dieser Gelegenheit benannte er die Hauptinsel nach dem Gouverneur von Mauritius (Mahé de La Bourdonnais): Mahé. Die Seychellen bleiben bis 1814 bei Frankreich, werden dann aber (1. Pariser Frieden) an England abgetreten, das sie 1903 zur Kronkolonie macht. Nach einigen politischen Zwischenstufen werden die Seychellen am 28.6.1976 in die Unabhängigkeit entlassen.

Den südlichen Abschluß des unterseeischen Maskarenenrückens bilden so bekannte Inseln wie Mauritius und Réunion, die allerdings (und noch deutlich erkennbar!) vulkanischen Ursprungs sind. Als einzige Insel des Zentralindischen Rückens gilt Rodrigues.

Tief im Südwesten außerhalb des indischen Subkontinentes liegt der Lakkadiven-Chagos-Rücken. Er ist beinahe so lang wie der Maskarenen-Rücken, hat jedoch eine gerade, in Nordsüdrichtung verlaufende Form. Bei den hier angesiedelten Lakkadiven-, Malediven- und Chagos-Archipelen handelt es sich um Gruppen von Atollen und atollförmigen Bänken. In den Laccadiven ist die atollartige Struktur weniger gut ersichtlich als in den auch bekannteren Malediven, die sich bei dieser ›Zweitausend-Inseln-Gruppe‹ auch im Süden besser erhalten hat als in ihrem Norden.

EIBL-EIBESFELDT erklärt den Namen dieser Korallenrepublik „...aus einer Verschmelzung der Worte ›Mahal‹ und ›Diva‹, was Palastinsel heißt. Die Malediven wären demnach die Inseln, die zur Palast- oder der Sultansinsel gehören." Nach Ansicht der Malediver stammt der namengebende Begriff dieser auf der Welt wohl einmaligen Atoll-Landschaft – das Wort ›Atoll‹ – aus der eigenen Sprache, dem Dhivehi, und wurde von dem Wort ›atholhu‹ abgeleitet. Eine Malediven-Atoll-Landschaft siehe Seite 13 oben.

›Faro‹ nennt man in der Landessprache die kleinen Atolle, die sich innerhalb der unterschiedlich geformten großen Ringwälle bilden. Ein Blick auf die Kette der maledivischen Großatolle zeigt, daß die im Norden eher eine gestreckte, die im Süden eine mehr runde Form aufweisen. Zählt man die Inseln im Raum der 20 größten Atolle, so kommt man sicher auf eine Zahl um die 2 000. Das liegt daran, daß sich innerhalb eines jeden Großatolls viele kleinere Atolle – eben die Faros – gebildet haben. Von den vielen Inseln, die zusammen eine Fläche von rund 298 Quadratkilometer ausmachen, sind kaum mehr als 200 bewohnt. Felsgestein wie auf dem Festland gibt es hier nicht, das heißt: Jeder Wall, jede Mauer, jedes Haus ist aus dem Kalkgestein bzw. einem Konglomerat aus zusammengebackenen Kalkskeletten erbaut. Selbst die Basen von Flugzeuglandebahnen werden aus solchem Material erstellt. Es versteht sich, daß dafür Teile der Riffe verwendet und abgebaut werden müssen. Auf diese Weise wird immer wieder ein Stückchen Natur dem geopfert, was man heute Wohlstand nennt. Unter den Großatollen sind die beiden Kaafu- oder Male-Atolle (Nord-Male und Süd-Male) heute durch den Tourismus die bekanntesten. Erst relativ neu dem Tourismus erschlossen ist das optisch attraktive Alif- oder Ari-Atoll, das südwestlich der beiden Male-Atolle liegt. Weiter im Süden – und genau unter dem Äquator – liegt das Suvadiva- oder Gaaf-Atoll, das mit einem umschlossenen Raum von mehr als 2 200 qkm nicht nur das größte Atoll der Malediven, sondern (neben dem von Truck in den Karolinen [Mikroncsien]) aller tropischer Meere unseres Globus ist. Es wurden bereits seit langem Interessen laut, auch in diesem Atoll den Tourismus anzusiedeln.

Südlichster Punkt der Malediven, die seit dem 26. Juli 1965 unabhängig sind und seit dem 11. November 1968 als Republik eine selbstgewählte Staatsform ausriefen, ist das Seenu- oder Addu-Atoll mit der Insel Gan. Atoll und Insel wurden hauptsächlich bekannt, als man dem United Kingdom im Gegenzug für militärischen Schutz gestattete, hier für die Royal Air Force einen strategischen Stützpunkt einzurichten, der erst im Jahre 1976 von den Briten aufgegeben wurde.

Der östliche Indische Ozean reicht von Sri Lanka bis an die Straße von Malakka und den Saum der westaustralischen Küste heran. Zu den bekanntesten Riffregionen dieses Raumes gehören im Norden die Adamanen und die Nikobaren im Golf von Bengalen. Südlich der indonesischen Großinsel Sumatra schließt sich jenseits des tiefen Sundagrabens das nordwestaustralische Becken (ein Teil des zentralindischen Beckens) an. In diesem ersten Becken ragt eine Reihe von Erhebungen aus dem tieferen Meeresboden empor, die vulkanischen Ursprungs sein dürften. Nur an zwei Stellen erheben sich Gipfel dieser unterseeischen Gebirge über den Meeresspiegel hinaus und bilden die Cocos/Keeling- und die Christmas-Inseln.

Die große Insel Sri Lanka (früher Ceylon) liegt am südöstlichen Zipfel des indischen Subkontinents. Während der Küstensaum des südöstlichen Indiens keine guten Ansätze für eine Riffbildung zeigt (viel verschlammter Grund), sind die Küsten Sri Lankas meist von Saumriffen umgeben. Bekannte Gebiete liegen vor allem im Südwesten der Insel, wo auch der Strandtourismus am stärksten ausgeprägt ist. Weitere interessante Riffzonen liegen im Nordosten, nahe der Stadt Trincomale.

Adamanen und Nikobaren sind Inselgruppen, die sich aus einem Rücken erheben, der die unterseeische Verbindung zwischen dem westbirmesischen Hochland und der großen Insel Sumatra darstellt. Zwischen diesem Gürtel einerseits und der malaiischen Halbinsel andererseits liegt die Adamanen-See, die im Süden in der Straße von Malakka endet. Die Kette dieser beiden Inselgruppen ist rund 1 000 km lang. Soweit bekannt, weisen alle Inseln dieser beiden Ketten Saumriffe auf, die mal näher, mal weiter entfernt von der Küste liegen.

Zwei landferne Inseln, die sich auch heutzutage nur mit besonderem Aufwand erreichen lassen, sind die bereits erwähnten Cocos/Keeling-Inseln und die Christmas-Insel. Der Name ›Cocos‹ allein sollte nicht verwirren, denn vor Costa Rica liegt auf pazifischer Seite eine Insel gleichen Namens, und auch eine Christmas-Insel gibt es ein zweites Mal: Sie liegt südlich von Hawaii, etwa 2 200 km von Oahu, der Hauptinsel, entfernt. Cocos-Keeling

dagegen liegt rund 1 200 km südwestlich der Küste von Sumatra (Indonesien). Auf seiner Weltumsegelung mit dem H. M. S. Beagle zwischen 1831 und 1836 erreichte Charles DARWIN am 1. April 1836 die Keeling-Inseln, das einzige Atoll, das er auf dieser fast fünfjährigen Reise besuchte und genauer untersuchen konnte. Auf diesen Untersuchungen beruhen auch seine bekannten Theorien zur Entstehung der Atolle. Der Autor Darwin bemerkt dazu unter anderem: „Das Keeling- oder Cocos-Atoll liegt im Indischen Ozean unter 12°5' S. Br. und 90°55' östl. L.; die größte Breite ist neun und eine halbe Meile (englisch). Sein Bau ist in den meisten Beziehungen characteristisch für die Classe, zu welcher es gehört, mit Ausnahme der Seichtigkeit der Lagune. Ich muß aber zuerst bemerken, daß die riffbildenden Corallen, da sie nicht zwischen den Fluthgrenzen lebende Thiere sind, beständig untergetaucht oder von den brandenden Wellen umwaschen werden müssen. Mr. LIESK, ein intelligenter Bewohner dieser Inseln, ebenso wie einige Häuptlinge in Tahiti haben mir versichert, daß, wenn die Thiere eine kurze Zeit lang den Strahlen der Sonne ausgesetzt sind, dies ausnahmslos ihre Zerstörung verursacht. Es ist daher nur unter allergünstigsten Bedingungen, wie sie eine ungewöhnlich niedrige Ebbe und glattes Wasser darbieten, möglich, den äußeren Rand zu erreichen, wo die Corallen lebendig sind. Es gelang mir nur zweimal, diesen Theil zu erreichen; ich fand ihn beinahe gänzlich aus einer lebenden Art von *Porites* zusammengesetzt, welche große unregelmäßig abgerundete Massen (wie die von *Astraea*, nur größer) von vier bis acht Fuß Breite und einer nur wenig geringeren Dicke bildet. Diese Hügel werden von einander durch schmale gekrümmte Canäle von ungefähr sechs Fuß Tiefe geschieden, von denen die meisten die Linie des Riffs im rechten Winkel schneiden. An dem weitesten Hügel, welchen ich mit Hilfe einer Springstange erreichen konnte und über welchen das Meer mit ziemlicher Heftigkeit brach, trotzdem daß der Tag ganz ruhig und die Ebbe niedrig war, waren die Polypen in den obersten Zellen sämmtlich todt; aber zwischen drei und vier Zoll weiter hinab an seiner Seite waren sie noch am Leben und bildeten einen vorspringenden Rand um die obere und abgestorbene Fläche. Da die Corallen hierdurch in ihrem Wachsthum nach oben gehemmt werden, breiten sie sich seitlich aus; es hatten daher die meisten Massen, besonders diejenigen ein wenig weiter nach innen, breite abgeplattete und abgestorbene Gipfel. Andererseits konnte ich während des Rückgangs der großen Wellen sehen, daß einige wenige Yards weiter nach der See hinaus die ganze convexe Oberfläche der *Porites* lebendig war, so daß der Punkt, wo wir standen, beinahe genau an der oberen und strandwärts gelegenen Gränze für die Existenz derjenigen Corallen lag, welche den äußeren Rand des Riffes bilden."

Diesen Beschreibungen folgen weitere. Grund für den hier wörtlich zitierten Text ist, die exakte Beobachtungsgabe trotz der – im Vergleich mit heutigen Möglichkeiten – sehr bescheidenen Hilfsmittel darzulegen, deren man sich vor rund 150 Jahren noch zu bedienen gezwungen sah.

Die ersten beweiskräftigen Bohrungen wurden bereits kurz nach Darwins Tod (1882) vorgenommen, als man 1896-98 auf dem Atoll Funafuti in der Gruppe der Ellice-Inseln (nördlich von Fidschi) im Pazifik einen Bohrkern von 347 Metern Länge hochbrachte – der nur aus Korallengestein bestand. Es wurden in der Folge immer weitere Bohrungen durchgeführt, wovon die meisten ähnlich positiv im Sinne von Darwins Theorie waren. So bohrte ein US-amerikanisches Team (damals mit hauptsächlich nuklearem Hintergrund) im Jahre 1947 an sechs Stellen im Bereich des Bikini-Atolls (Marshall-Inseln) und erreichte Tiefen bis zu 720 Metern. Darauf erfolgte dann die bereits an anderer Stelle erwähnte Bohrung im Eniwetok-Atoll derselben Inselgruppe mit Tiefen bis über 1400 Meter, deren Bohrkerne ausschließlich Korallen oder Überreste davon enthielten.

Über die Christmas-Insel liegen keine nennenswerten Informationen vor. Es handelt sich hierbei um ein ehemaliges Atoll, unter dem sich der Grund jedoch wieder angehoben hat, so daß man heute von einer riffgesäumten Insel mit Erhebungen von über 350 m Höhe sprechen kann. Sie liegt rund 1000 km östlich der Cocos/Keeling-Inseln und etwa 400 von der Insel Java im Sunda-Archipel entfernt.

Die Gewässer um den indoaustralischen Archipel, also die Übergangszone zwischen Indischem und Pazifischem Ozean werden von den Philippinen im Norden, den Sundainseln, Neuguinea sowie dem australischen Kontinent im Süden begrenzt. Ein riesiges Gebiet größter und kleinerer Inseln, von denen Sumatra, Borneo und Java, die größten, auf dem sogenannten Sunda-Schelf liegen, jenem unterseeischen Plateau, das mit dem asiatischen Kontinent in Verbindung steht, wobei diese Inseln nebst einigen kleineren nur die höheren, aus dem Meer ragenden Erhebungen darstellen. Die Riffgebiete in diesen Regionen halten sich in Grenzen; an vielen Stellen sind sie vorhanden, aber nicht so ausgeprägt, daß sie mit anderen, die weltbekannt wurden, mithalten könnten. Auch die Zonen um Borneo sind relativ riffarm, und die Küsten weisen außerordentlich viele und dichte Mangrovensümpfe auf (was auf

größere Verschlämmungen der Uferzonen hinweist). Doch muß man dies alles in Veränderungen jüngerer erdgeschichtlicher Zeit sehen. Von diesen Gebieten weiß man, daß sie in jüngster Zeit emporgehoben worden sind. Somit wären große ältere Riffe ertrunken. Interessant sind in diesem Zusammenhang die Entdeckungen des englischen Zoologen Alfred Russel WALLACE (1823–1913), der herausfand, daß es zwischen dem erwähnten Sunda-Schelf (zum asiatischen Festlandsockel gehörend) und dem sich im Osten anschließenden Sahul-Schelf (dem Australien-Neuguinea-Tasmanien-Sockel angehörend) eine Fauna- und Flora-Grenze gibt, die sogenannte, nach dem Wissenschaftler benannte Wallace-Linie. Sie führt zwischen den beiden kleinen Sundainseln Bali und Lombok hindurch nordwärts und trennt Borneo (Sunda-Schelf) von Sulawesi (= Celebes), das auf dem Sahul-Schelf liegt. Wallace belegte die beiden Gebiete mit den Namen Indomalaiische und Austromalaiische Region. Am Beispiel der Insel Neuguinea erkennt man, daß die heutigen politischen Grenzen in dieser Region von früheren kolonialen Besitzverhältnissen abgeleitet und ohne Rücksicht auf natürliche, auch ethnologische (= völkerkundliche) Verhältnisse entschieden wurden.

Mit dem Übergang zu den Philippinen einerseits und der erwähnten austromalaiischen Region andererseits setzen wir die Füße bereits an den Rand des pazifischen Ozeans. Jenseits der nun bekannten Wallace-Linie ist der Ozean in verschiedene Meere aufgeteilt: die Banda-See, die Timor-See, die Arafura-See und den Golf von Carpentaria, der tief in den australischen Kontinent hineinreicht. Schaut man dieses Gebiet auf einer Karte an, so kann man durchaus den Eindruck bekommen, daß dieses relativ flache Meer mit der sehr geringen Tiefe einem üppigen Korallenwuchs förderlich sein müßte. Leider ist das nicht der Fall, wovon ich mich selber überzeugen konnte, als ich von der Stadt Darwin im Norden Australiens nicht nur nach Regenbogenfischen in Arnhemland, sondern auch nach Korallenriffen vor der Küste suchte. Es gab viel Schlamm und Mangroven in Küstennähe, gelegentlich auch ein begrenztes, ausgedünntes Korallenrevier – alles in allem enttäuschend.

Ganz anders sieht es dagegen im Gebiet des philippinischen Inselreiches aus. Hier, am westlichen Rand der sogenannten philippinischen Platte, ist die vulkanische Tätigkeit noch groß. In den Regionen der 7 000 Eilande, deren größte Mindanao im Süden und Luzon im Norden sind, finden sich Korallenriffe in großer Zahl. Vor allem besticht hier der Artenreichtum an Korallen (über 60 Gattungen), von denen man hier nach den Malediven die vielfältigsten Bestände antrifft. Jahrelang galten die

Auch vor der Südküste Japans liegen ausgedehnte Riffe, wie hier die vor den Ryukyu-Inseln
Mayland

Philippinen auch als das Exportland für begehrte Korallenfische und Wirbellose. Leider hat die Fangwut die Fischer in den letzten Jahren dazu verführt, sich immer häufiger bestimmter Betäubungsgifte zu bedienen, deren wirkliche Schädlichkeit sich erst später während des Lufttransportes oder in den Becken der Importstationen herausstellte.

Der westliche tropische Nordpazifik liegt nördlich des Äquators und beginnt an den Ostflanken der Philippinen, wo der Philippinengraben mit über 11000 Metern Tiefe in diesem Bereich das relativ flache Meer um den Inselstaat beendet. Über Taiwan und die südjapanischen Ryukyu-Inseln zieht der Flachmeergürtel nach Norden, um hier den Riffzonen die nördlichsten Verbreitungsregionen zu bieten. Im Vergleich kann man feststellen, daß die Ryukyu-Inseln unter dem 32. bis 33. Breitengrad etwa auf gleicher Höhe liegen wie der nördliche Teil des Roten Meeres. Ihre gute Riffbildung verdanken sie aber zweifellos dem warmen Wasser des Kuroshio-Stromes, der als Verlängerung des nach Norden gewandten Nordäquatorialstromes die Meeresräume um diese Inseln bestreicht.

Weiter südöstlich verläuft ein leicht gebogener Rücken, der an seinem Ostabhang vom Marianengraben begrenzt wird, dessen größte Tiefen (9600 bis 11000 Meter) in seinem Süden liegen. Die sich hier aus dem Meer erhebende Inselgruppe der Marianen (Guam, Saipan und andere) sind alle vulkanischen Ursprungs, denn

dieser Raum bildet den Ostrand der vorher erwähnten philippinischen Platte und hat eine ebenso vulkanreiche Geschichte. Saumriffe umgeben diese Inseln, deren größte (Guam) heute der stärkste US-Stützpunkt im westlichen Pazifik ist.

Zu den schönsten Korallenrevieren, die ich je sah, gehören die der Inselgruppen Mikronesiens, darunter solche wie die der Marshall-, Gilbert-, Phönix-Inseln und vor allem die der Karolinen; weniger die bereits erwähnten Marianen. Die Marshall-Inseln bilden eine doppelte Kette von Atollen, die etwa 208 km auseinanderliegen, bestehend aus 34 Inselchen und rund 870 Riffen, die zwischen 5. und 15. Grad nördlicher Breite und dem 162. und 173. Grad östlicher Länge angesiedelt sind. Man spricht hier von der ›Rataks-Kette‹ (= Sonnenaufgang) im Osten und der ›Ralik-Gruppe‹ (= Sonnenuntergang) im Westen. Keine dieser Inseln ragt mehr als wenige Meter über den Meeresspiegel hinaus. Das gesamte Areal des Archipels umfaßt rund 170000 qkm mit dem Majuro-Atoll (60 Inselchen) als Verwaltungszentrum. Kwajalein ist das größte Atoll der Gruppe mit etwa 90 Inselchen auf dem Riff, das eine Lagune einschließt, die mit ihren 1684 qkm zu den größten unserer Erde zählt. Seit der Besetzung durch die Japaner (als die Verbündeten Englands) zu Beginn des ersten Weltkrieges ist den Bewohnern dieser Inseln bis zu Zeiten der US-amerikanischen Atomtests viel Unrecht widerfahren.

Bei den Inseln im großen Karolinenbecken unterscheidet man die West- und die Ostkarolinen. Die Zahl von rund 2100 Inseln und Inselchen Mikronesiens erklärt den aus dem Griechischen abgeleiteten Namen (= kleine Inseln). Die Spanische Krone verkaufte Ende des vergangenen Jahrhunderts die Inselgruppen Mikronesiens für den Preis von 18 Millionen Goldmark an das Deutsche Kaiserreich, doch brachten die ›Deutschen Schutzgebiete in der Südsee‹ den Regierenden eine Menge Ärger während der nur kurzen Herrschaftszeit, die schließlich mit der Mandatsübertragung an Japan nach dem ersten Weltkrieg endete. Heute gehören die Inseln zusammen mit anderen zu den US Trust Territories, und sie werden von US-Stellen verwaltet. Von dieser ›Verwaltung‹ zeugen vor allem die Trümmer aus der Zeit US-amerikanischer Atomversuche auf den Marshall-Inseln, von denen Bikini und Eniwetok dabei den größten ›Ruhm‹ ernteten.

Bekannteste Tauch- und somit auch korallenreiche Reviere im Bereich der Ostkarolinen sind die Vulkaninsel Ponape (mit dem danebenliegenden Kosrae) und die Lagune von Truck. Als ich die letzte besuchen wollte (1982), hat man mir leider die Einreise wegen der herrschenden Cholera verweigert. Trotzdem: diese Plage ist lange ausgerottet, aber die herrlichen Riffe mit den ebensolchen Tauchgründen sind geblieben. Geblieben sind auch die Trümmer des 2. Weltkrieges auf dem Grund der wohl größten Atoll-Lagune unserer Erde, die vor über fünfzig Jahren einmal die Basis der japanischen Streitkräfte in diesem Teil des Pazifiks war, weshalb Wracktaucher hier ein ideales Betätigungsfeld vorfinden: Es war am 16. Februar 1944, als amerikanische Bomber hier über 60 Schiffe auf den Grund setzten. Innerhalb der riesigen Lagune und auf dem Ringriff selbst liegen etwa 90 Inseln, von denen Moen, inmitten der Lagune, das Distriktzentrum ist.

Ponape, die östlichste der Karolinen, weist für eine Insel dieser Region eine respektable Höhe von beinahe 800 Metern auf. Die vier, oft nebelverhangenen Gipfel halten die Wolken auf und sorgen dafür, daß Ponape zu den niederschlagsreichsten Inseln des Pazifiks gehört. Die Hauptinsel ist von einem Saumriff umgeben. Acht Atolle und rund 25 kleine Inseln, teils vulkanischen Ursprungs, liegen um Ponape herum. Bekannt sind auf dieser sehr urtümlichen Insel die Ruinen von Nan Madol, einer ehemaligen Lagunenstadt aus gewaltigen Blaubasaltsäulen, über deren Herkunft immer noch Unklarheit herrscht.

Yap und Palau gehören den Westkarolinen an. Die Yap-Inselgruppe besteht neben der Hauptinsel aus zwei kleinen bewohnten Einzelinseln, neun bewohnten Atollen sowie vier mehr oder weniger unbewohnten Inseln oder Atollen. Die vier Teile der Hauptinsel, durch enge Kanäle separiert, sind noch sehr urtümlich. Heute haben die Bewohner ihre Graskleidung abgelegt und kleiden sich nach westlichem Vorbild. Dem oft zitierten Steingeld – oft übermannshohe Scheiben aus Korallengestein mit einem Loch in der Mitte – ist heute eine Art Denkmalschutz zugewiesen. Saumriffe umkränzen die Insel, aber auch weite Mangrovengebiete. Nicht der beste Platz zum Tauchen.

Palau (auch Koror oder Belau) ist in manchen Belangen ein Traumarchipel. In der Gruppe gibt es hohe Felseninseln vulkanischen Ursprungs, dazu angehobene, ursprünglich unter Wasser entstandene Korallenriffe. Ein Ringriff umschließt den größten Teil des Flachwasserarchipels. In seinem Norden gibt es zwei Atolle. Auffällig und auf der Welt wohl einmalig sind die ungezählten, meist mit Mangrovendschungel bedeckten, hoch aus dem Meer ragenden weiten Wälle aus Riffgestein, die besonders im Süden der Hauptinsel Babeldaob angetroffen werden. Bis zur südlichsten Insel des Archipels (Pepeliu) sind es knapp 50 km. Auch in diesem Gebiet fanden im 2. Weltkrieg viele kriegerische Handlungen statt, die ihre Spuren (auch unter Wasser) hinterlassen haben. Ein Riffgebiet von besonderer Schönheit!

Nauru ist eine Insel, die gänzlich allein im Westpazifik liegt – direkt unter dem Äquator. Auch über diese, nur knapp 22 qkm große Insel wurde eine Zeitlang viel berichtet, denn man sagt ihren Bewohnern nach, daß sie das höchste Pro-Kopf-Einkommen unserer Erde hätten. Nauru hat auch eine kolonialdeutsche Vergangenheit. Quelle des Reichtums sind die hochgradigen Phosphatvorkommen, die sich im Verlauf von Jahrtausenden aus abgelagertem Vogeldung unter dem Einfluß des Meerwassers gebildet haben. Die Insel liegt in einem eng begrenzten Flachmeer, aus dem sich ein runder Korallenriffblock gehoben hat. Auf den Phosphatfeldern im Inneren der Insel kann man das stark gegliederte Riffgestein deutlich erkennen. Heute ist die Insel von einem Saumriff umgeben.

Der westliche Südpazifik schließt in seinem relativ flachen Meer die Inselgruppen Melanesiens ein und reicht im Osten etwa bis an die Tonga- und Kermadec-Gräben (Tiefen bis über 10 600 Meter) heran. Zu Melanesien gehören so bekannte Inselgruppen wie Neu-Irland, Neu-Britannien, Bougainville und die Salomonen, die Neuen Hebriden, Neukaledonien, die Fidschi-Inseln, die Ellice-Inseln, West-Samoa und das unabhängige Königreich Tonga mit seinen rund 150 Inseln und Inselchen. Auch wenn es bei oberflächlicher Betrachtung so scheinen könnte: Keine dieser Inseln liegt auf der australischen Festlandplatte, wie Faunenbeispiele zeigen. So kommen die in Australien und Neuguinea beheimateten (Süßwasser-)Regenbogenfische auf keiner dieser Insel vor, selbst nicht auf den so nah gelegenen Inseln von Neu-Britannien.

Wie das von Norden nach Süden (oder von NW nach SO) weisende Bild von Gräben und Inselgruppen zeigt, haben sich solche Höhen und Tiefen des pazifischen Ozeans in erdhistorischer Zeit gebildet, wobei es sich in diesem Raum um das Zusammentreffen der Pazifischen Platte mit der Indischen Platte handelt. Eine rege vulkanische Tätigkeit, verbunden mit Erdbeben hat somit die Zonen von der australischen Ostküste bis zu den erwähnten beiden Gräben geprägt und an vielen Stellen Inselgruppen geschaffen.

Die Kette, die sich von Neu-Irland, Neu-Britannien über Bougainville und die Salomonen mit den sich daran anschließenden Neuen Hebriden bis Neukaledonien zieht, stellt eine solche Bruchkante dar, aus der sich durch Vulkanausbrüche das Erdinnere emporarbeiten konnte. Zu den beiden Ketten der Salomonen, deren Hauptinsel Guadalcanal ist, zählt man auch die Gruppe der Santa Cruz-Inseln im Südosten sowie Ontong Java, ein Atoll im Norden. Dieses wird zuweilen noch in der Literatur als Lord-Howe-Atoll (wie es Captain Hunter

Der hinreißend schönen Region um die Insel Palau wird ein Alter von etwa 70 Millionen Jahren nachgesagt. Die Riffe vieler längst abgesunkener Vulkane hoben sich nach Erdbeben und bilden heute eine faszinierende Landschaft aus zerklüfteten Klippen, bizarren pilzförmigen Gebilden sowie pittoresken größeren, kleineren und kleinsten (siehe rechts) Inseln

alle Mayland

41

1791 taufte) benannt, doch darf es nicht mit der Lord-Howe-Insel verwechselt werden, die weiter südlich allein weit vor Australiens Ostküste liegt!

Die Neuen Hebriden schließen sich im Südosten an die Salomonen an. Auch sie bilden eine Doppelkette von rund 80 größeren und kleineren Inseln, von denen Espiritu Santu mit 112 km Länge und 72 km Breite die größte ist. Das Verwaltungszentrum liegt allerdings auf der südlicheren Insel Efate in der Ortschaft Vila. Die meisten Inseln weisen Vulkane auf - einige davon sind noch aktiv, wie der Yasur-Krater auf der südlichen Insel Tanna. Um die Inseln gibt es Riffgebiete, allerdings fehlen große und ausgedehnte repräsentative Ring-, Saum- oder Barriereriffe.

Neukaledonien stellt mit der Hauptinsel Noumea auch die größte Insel im Pazifik (16 118 qkm); weiter gibt es noch ein paar kleinere, von denen die im Süden gelegene Ile des Pins (Kunie) die nächstwichtige ist. Daneben gibt es noch die etwa 100 km entfernt parallel im Osten verlaufende Gruppe der Loyalty-Inseln, die sich aus gehobenen Korallenformationen (Atollen) gebildet haben. Die bis zu 1 628 Meter hohen Gebirge der 400 km langen ›Zigarre‹ sind vulkanischen Ursprungs, und ebenso weit reicht dieser Rücken - dann allerdings unterhalb des Wasserspiegels - noch einmal weiter nach Nordwesten. Zwei Barriereriffe begleiten den Rücken in seiner gesamten, etwa 800 km langen Bahn zu beiden Seiten.

Die Fidschi-Inseln mit der Hauptinsel Viti Levu schließen sich etwa 1 300 km weiter östlich an. Dieser herrliche Archipel mit seinen rund 320 meist kleineren Inseln (rund die Hälfte bewohnt), ist vulkanischen Ursprungs. Trotz starker touristischer Aktivitäten sind asphaltierte Straßen auf den Überlandstrecken keine Selbstverständlichkeit, so daß an vielen Stellen dieser Region noch urtümliche Zustände herrschen - trotz der Ansammlung von 4- bis 5-Sterne-Hotels an einigen Plätzen. Am Rande einer nordwestlichen Inselkette verläuft ein etwa 200 km langes Barriereriff, im übrigen findet man überall ein kräftiges Leben unter Wasser und Riffe aller Typen und Entwicklungsstufen.

Die Lord-Howe-Insel ist die einzige Insel der gleichnamigen Schwelle die, etwa 500 km vor der australischen Ostküste - 670 km nordöstlich von Sydney - liegt (30°30'S, 159°50'W). Sie, die kleine und scheinbar so unscheinbare Insel wird hier aus besonderem Grund erwähnt. Gestreckt und leicht gebogen hat sich das 11 km lange und 800 m breite Pünktchen im großen Ozean wegen seiner Fauna und Flora Beachtung erworben. Zwei Lavakuppen (bis 840 m Höhe) krönen den Korallenkalk des sonst flachen Eilandes. Von den über 200 Pflanzenarten ist ein Drittel endemisch. Früher einmal waren hier 17 Vogelformen beheimatet - 8 davon sind bereits ausgerottet. Studien wie diese haben auch die Ichthyologen neugierig gemacht, und sie untersuchten die umgebenden Riffe und die benachbarten kleinen Koralleninseln. Interessant dabei: Eine Reihe der bei den Lord-Howe-Inseln angetroffenen Arten werden in vielen Fällen ausnahmslos auch bei den weitere 500 km nordöstlich gelegenen Norfolk-Inseln angetroffen, eine Tatsache, die auf erdgeschichtliche Zusammenhänge hinweist. So ist beispielsweise der Halbgebänderte Lyrakaiserfisch (*Genicanthus semicinctus*, siehe Farbfotos) in den Gewässern um die Inseln endemisch. Eine Art aus der Gruppe der Pinzettfische, wurde nach ihrem Vorkommensgebiet benannt, der Lord-Howe-Pinzettfisch *Chelmonops howensis*; er lebt dort jedoch nicht endemisch.

Westsamoa und das Königreich Tonga liegen noch westlich des tiefen Tonga-Grabens, der den Westpazifik vom Zentralpazifik trennt und hier einen Teil im Verlauf der Datumsgrenze bildet. Westsamoa besteht im Grunde nur aus den beiden großen Inseln Upolu mit der Hauptstadt Apia und Savai'i - dazu kommen verschiedene sehr kleine (zusammen 2 900 qkm). Im Gegensatz dazu umfaßt das Königreich von Tonga (Mitglied des britischen Commonwealth) über hundert mittelgroße, kleine und kleinste Inseln und Atolle, die in die Gruppen Tongatapu, Ha'apai und Vava'u aufgeteilt sind. Dazu kommen noch einige Inseln weiter im Norden, doch macht die Landfläche zusammen nicht mehr als 671 qkm aus. Die Rifflandschaft um diese Inseln läßt sich schlecht charakterisieren, weil in dieser Region praktisch alle Rifftypen vertreten sind.

Der zentrale Südpazifik schließt sich im Osten an. Zu den bekanntesten Inselgruppen gehören das östliche (US-)Samoa, die Cook-, Tubuai- und Gesellschafts-Inseln, der Toamotu-Archipel, die Gruppe der Marquesas sowie die Phönix-Inseln.

Das relativ kleine Ostsamoa mit der Hauptstadt Pago Pago auf der Hauptinsel Tutuila verfügt daneben über sechs weitere Inseln mit einer Landfläche von (nur) 197 qkm. Es gehört zu den US-Territories im Pazifik. Die umgebenden Riffgebiete dieser Festlandinseln entsprechen denen von Westsamoa.

Die Cook-Inseln haben eine eigene Regierung, die eng mit der von Neuseeland zusammenarbeitet. Auf der Hauptinsel Rorotonga liegt das Verwaltungszentrum Avarua. Insgesamt 15 Inseln gehören der Gruppe an. Alle sind vulkanischen Ursprungs, doch ist bei vielen (nach klassischer Darwinscher Theorie) der Festlandkern abgesunken, und die umgebenden Ringriffe sind als Atolle oder Inselfragmente davon übriggeblieben

(Beispiele sind Aitutaki, Palmerston, Suwarrow). Viele Korallenriffe aller Arten im Gebiet dieser Inselgruppe.

Die Tubuai- oder Austral-Inseln werden, wie auch die Gesellschafts- und die Mangareva-Inseln (letzte auch unter dem früheren Namen Gambier-Inseln bekannt), das Tuamotu-Archipel und die Marquesas, zu Französisch-Polynesien gerechnet. Zwischen den nördlichen und den südlichen Inseln dieser Gruppen liegen allerdings knapp 2000 km. Die Tubuai- oder Austral-Inseln liegen, wie der Name (*austral* = süd...) bereits erkennen läßt, im südlichen Teil von Französisch-Polynesien. Die Gruppe umfaßt fünf bewohnte Festlandinseln vulkanischen Ursprungs (Rurutu, Tubuai, Rimatara, Raivavae und Rapa), daneben wenige unbewohnte. Das Flachmeer um diese Inseln weist nur eine relativ bescheidene Riffbildung auf – immerhin sind dies aber auch die südlichsten Korallenriffe des zentralen Pazifiks.

Die Mangareva-Inselgruppe schließt sich knapp 1500 km nordöstlich von der Tubuai-Gruppe an. Die größten sind neben Mangareva noch Taravai, Aukena und Akamaru – alle vulkanischen Ursprungs. Als südöstliche Verlängerung des Rückens, auf dem auch die Atollwelt des Tuamotu-Archipels liegt, muß man feststellen, daß diese Inseln von dem einzigen großen Ring eines Barriereriffs umschlossen sind, in dessen Innerem das Meer nicht tiefer als 70 Meter ist, was für ein langsames Anheben des Meeresbodens sprechen könnte.

Das südliche Ende dieses Rückens bildet eine kleine Inselgruppe, die bereits nicht mehr zu Französisch-Polynesien gehört, sondern als britisches Schutzgebiet ausgewiesen ist: die Pitcairn-Inseln, welche durch die oft wiederholte ›Meuterei auf der Bounty‹ Berühmtheit erlangten. So hat sich bei der Bevölkerung der Name ›Christian‹ bis heute gehalten. Neben der im Küstenbereich unregelmäßig gegliederten, etwa 3 km langen und 1,5 km breiten Hauptinsel gibt es drei unbewohnte Nachbarinseln, die zwischen 120 km (Oeno) und 470 km (Ducie) entfernt nördlich (Oeno) bzw. östlich im Pazifik liegen. Bei allen handelt es sich um Inseln korallinen Ursprungs, wobei die Oeno und Ducie ihren Atoll-Charakter bewahrt haben, wogegen von der Henderson-Insel nur ein etwa 7 km langer Kalksockel aus dem Meer schaut. Pitcairn mit dem Hauptort Adamstown ist von tiefem Wasser umgeben, wodurch eine Riffbildung in Inselnähe und vor allem nahe der Wasseroberfläche nicht möglich war.

Die Gesellschaftsinseln gruppieren sich seitlich und nördlich um die Hauptinsel Tahiti. Man hat sie unterteilt in die ›Inseln vor dem Winde‹ (Iles du Vent/Windward Islands) und die ›Inseln unter dem Winde‹ (Isles sous le Vent/Leeward Islands). Zu den ersten gehören Tahiti, Maiao, Mehetia, Moorea und Tetiaroa; zu den zweiten Bora Bora, Huahine, Maupiti, Raiatea, Tahaa sowie die Atolle Manuae, Mopelia, Motu One und Tubai.

Tahiti, die mit 1042 qkm größte und wirtschaftlich wichtigste im Territorium, zerfällt in die durch einen Isthmus verbundenen Vulkaninseln Tahiti Nui (die größere) und Tahiti Iti. Die Hauptstadt Papeete liegt an der Nordwestseite der ersten. Die Doppelinsel ist im Abstand von rund 2000 Metern (fast) völlig mit einem Riff umgeben. Moorea (früher Eimeo), die nur 17 km von Tahiti entfernte und benachbarte große Insel, ist besonders im Norden durch die beiden Buchten (Opunohu- [oder Papetoai-] und Paopao- [oder Cooks-] Bucht) gekennzeichnet, bei denen es sich um eingesunkene Flußtäler handelt. Die Insel wird von mehreren hohen Bergen vulkanischen Ursprungs überragt, allen voran der Mont Tohivea (1207 m), der Mont Rotui (899 m) und der Mont Muaputa (880 m). Das Riff, das die Insel ringförmig umgibt, weicht unterschiedlich weit von der Küste ab. Tetiaroa hat keine Insel mehr im Inneren der Lagune, ist also ein Atoll, auf dem man eine Kokosplantage angesiedelt hat. Der größere Landteil befindet sich auf der dem Wind zugewandten Seite. Insgesamt besteht das Atoll aus 13 Inseln.

Raiatea und das nördlich davon gelegene kleinere Tahaa sind zwei Inseln, die sich beide auf demselben unterseeischen Sockel befinden und nur durch einen etwa 3 km breiten Kanal getrennt sind. Beide sind vulkanischen Ursprungs. Der höchste Berg (Mont Toomaru, 1032 m) liegt auf Raiatea. Beide Inseln sind von einem gemeinsamen schmalen Riff umgeben, das zum Teil über dem Wasserspiegel liegt.

Huahine ist eine vulkanisch gebildete Doppelinsel: Huahine Nui (= Groß-Huahine) und Huahine Iti (= Klein-Huahine), die durch eine Brücke miteinander verbunden sind. Auf der nördlichen größeren Insel liegt zwischen einer breiten Riffplattform und dem höheren Land ein See, der Lac Fauna; Fare ist zwar der Hauptort, in dem auch das Verwaltungszentrum liegt, aber die am See gelegene Ortschaft Maeva ist dagegen viel interessanter: Sie ist auf Stelzen gebaut und damit die einzige ihrer Art in Polynesien. Um die Doppelinsel herum liegt ein Barriereriff, das zum größten Teil etwas abgesunken ist und in seinem nördlichen Teil nur wenig belebt scheint. Darüber liegt im Nordosten eine Sandbank; das südliche Riff zeigt dagegen eine weniger verlandete Oberfläche.

Bora Bora, Maupiti, Maiao und einige andere Inseln weisen ein ringförmiges Riff auf, in deren Lagune der alte vulkanische Festlandkern bereits weit abgesunken ist. Das Absinken geschah jedoch noch nicht so weit, als daß die Festlandmasse nicht einen sehr reizvollen, weil im Küstenbereich vielfach gegliederten Inselteil und damit wieder eine aktive Bereicherung der Darwinschen Atolltheorie erkennen läßt.

Der Tuamotu-Archipel ist, ähnlich wie die Atoll-Gruppen der Malediven, am besten aus dem Flugzeug zu erkennen. Man gewinnt Eindrücke, um die einen Charles Darwin beneidet haben müßte! Zu den größten Atollen dieser Flachinselgruppe gehören neben dem bekannteren Rangiroa noch Fakarava, Hao und Makemo, die alle eine Längsausdehnung von rund 50 km aufweisen. Die gesamte Tuamotu-Atollwelt überdeckt ein Meergebiet von etwa 900 qkm. Der französische Einfluß ist auch hier noch unverkennbar. Ich erinnere mich an die bescheidene Pension der Mama Tapue, in der jedoch auf gute Verpflegung großer Wert gelegt wurde. Nach dem morgendlichen Baguette, wurden die reichlichen Reste der stabförmigen Brote zerschnitten und in mannshohe, mit feinem Maschendraht umwundene Reusen auf den Boden der Lagune befördert. Bereits eine Stunde vor dem Mittagessen konnten die Fanggeräte, in denen sich inzwischen viele große Doktorfische *Acanthurus* spec. gefangen hatten, eingeholt und (ausschließlich!) die Filets der Tiere fritiert serviert werden. Auf diese Weise wanderten allein hier täglich zwischen 12 und 20 Tiere in den Topf!

Es gibt in diesem Archipel auch Inseln, die durch viele französische Atombombenversuche zu zweifelhaftem Ruhm gekommen sind. Zu ihnen gehört die Basis Hao mit den Versuchs-Atollen Mururoa und Fangataufa. Über Mururoa, einem der südlichst gelegenen Atolle der Gruppe, fand Mitte 1966 der erste Test in der Atmosphäre statt. Das Atoll Manihi liegt dagegen im äußersten Nordwesten des Archipels und gehört zu seinen produktivsten Inseln und ist über seine 22 km Länge stark mit Kokospalmen bewachsen.

Die Inselgruppe der Marquesas setzt sich aus zehn vulkanischen Inseln zusammen, deren sechs größte Hiva Oa, Nukuhiva, Ua Pou, Ua Huka, Tahuata und Fatuiva sind. Wer hier große Korallenriffe sucht, ist falsch beraten! Es ist kaum zu glauben — wenn man einen Blick auf die Karte wirft, aber (was bereits Darwin bekannt war!): Das Wasser um die Inseln, in den weiten und engen Buchten wie auch den wenigen, ungegliederten Küstenstreifen, ist tief. Obgleich also keine regelmäßigen Riffe existieren, gibt es natürlich — wie in diesen Zonen üblich — Wuchs riffbildender Korallen. Nukuhiva ist die Hauptinsel des Archipels und auch Sitz des Verwaltungszentrums (Taiohae). Rund 112 km südlich davon liegt Hiva Oa mit der Ortschaft Atuona, in welcher der berühmte französische Maler Paul Gauguin sich 1901 ansiedelte und zwei Jahre später auch begraben wurde. Nahe seinem Grab sind die sterblichen Überreste des französischen Sängers Jacques Brel beigesetzt.

Der zentrale tropische Nordpazifik hat nur eine Inselgruppe, deren Riffgebiete weltweit bekannt sind. Sie liegen auf dem Hawaii-Rücken und tragen neben der bekannten Gruppe der Hawaii-Inseln im nordwestlichen Anschluß noch die Midway-Inseln und die Insel Kure. Weniger bekannt dürfte eine Flachmeerzone sein, in der die Gruppe der Äquator-Inseln (oder Line Islands) gehört, die verwaltungsmäßig zum Teil (!) den weit südwestlich davon gelegenen Gilbert-Inseln (selbständig regiert, unter dem Schutz der britischen Krone) unterstellt sind. Ein anderer Teil ist in US-amerikanischem Besitz.

Die Hawaii-Gruppe ist ein Staat der USA und besteht aus 8 großen und — man höre und staune — 124 kleinen und kleinsten Inseln. Alle in der mehr als 1 700 km langen Reihe sind vulkanen Ursprungs, angefangen von der zentralen Insel Oahu mit der Hauptstadt Honolulu bis zur südlichen ›Big Island‹, der die Gruppe ihren Namen verdankt: Hawaii. Hier liegen auch die gelegentlich noch aktiven Vulkane, allen voran der kleinere Kilauea (1247 m) an der Südseite der Insel, dann, weiter im Zentrum, der Mauna Loa (4 170 m) und der Mauna Kea (4214 m). In der Kealekakua-Bucht auf der Westseite dieser Insel war es auch, wo der Weltumsegler und Entdecker James Cook am 14. Februar 1779 durch ein Mißverständnis mit den Einheimischen den Tod fand.

Die Vulkanreihe, die sich über die Hawaii-Inseln zieht, ist unterschiedlichen Alters, und — wie die Aktivitäten zeigen — ihre jüngsten Vulkane liegen im Süden. Die schmalen Saumriffe, welche Teile der Inseln umgeben, sind daher im (älteren) Norden besser ausgebildet. Hier sind es die als besonders schön beschriebene Insel Kauai und die im Privatbesitz befindliche Nachbarinsel Niihau, welche die größten zusammenhängenden Riffgebiete aufweisen, während um die Inseln Oahu, Molokai, Maui, Kahoolawe und Lanai wie auch Hawaii Riffe nur in Teilen auftreten. Hier im Süden, bei der Insel Hawaii, der mit 10 456 qkm größtenVulkaninsel im Pazifik, liegt auch das Ende des Hawaii-Rückens.

Nach Nordwesten erstreckt sich der unterseeische Höhenzug dagegen noch viele -zig Kilometer weiter über die letzte der großen Inseln (Kauai) hinaus. Das Ende dieses Rückens bilden die Midway-Inseln und die Insel Kure. Das Midway-Atoll mit seinen 25 km Umfang gilt als das am weitesten nach Norden vorgeschobene Bauwerk tropischer Korallen. Nach interessanter Geschichte, besonders um die Zeit des 2. Weltkrieges, ist das Atoll heute zum Wildschutzgebiet für bestimmte Vogelarten erklärt worden.

Die Äquator-Inseln (oder Line Islands) liegen auf einem schmalen unterseeischen Rücken, rund 1 500 km südlich von der Hawaii-Gruppe, der, wie die meisten Rücken im Pazifik, von Nordwesten nach Südosten verläuft. Zu den Äquator-Inseln (Line Islands) gehören von Norden nach Süden die Koralleninseln: Kingman Reef, Palmyra, Washington, Fanning, Christmas (nicht zu verwechseln mit der gleichnamigen Insel im Indischen Ozean westlich von Java!), Jarvis, Malden, Starbuck, Caroline, Vostock und Flint, von denen Kingman, Palmyra und Jarvis zu den USA gehören und während des 2. Weltkrieges als Marinestützpunkte genutzt wurden. Die Washington-Insel ist 4 km lang, 2 km breit und liegt nur 3 m über dem Meer. Auf ihrer Ostseite gibt es einen großen Süßwassersee, in dem ›schlaue Weltverbesserer‹, wie in vielen Teilen unserer Erde, afrikanische Tilapien ausgesetzt haben. Bei der Christmas-Insel mit rund 160 km Umfang dürfte es sich um die größte Insel der Welt handeln, die sich aus reinen Korallenformationen zusammensetzt.

Der Ostpazifik ist relativ arm an Inseln und Korallenwuchs. Das gilt besonders für den Süden des Riesenmeeres. Als wohl bekannteste liegt hier die Osterinsel (Isla de Pascua/Easter Island). Sie gehört politisch zu Chile, doch liegt sie mit 3 790 km westlich der Hauptstadt Santiago weit abgelegen. Das 117 qkm große Eiland ist vulkanischen Ursprungs, wie sich an vier flachen Kratern gut erkennen läßt. In diesem Jahrhundert wurde die Insel hauptsächlich durch die Forschungen von Métraux und Heyerdahl wieder ins Bewußtsein vieler Übersee-Interessenten gerufen und weist einen bescheidenen Tourismus auf. Durch ihre geographische Lage hat die Osterinsel ein subtropisches Klima, doch führt das umgebende Meer kein derart warmes Wasser, daß sich Korallenwuchs hier voll entfalten könnte. Das hat allerdings die Ichthyofauna nicht abgehalten, sich hier mit einigen Arten aus der Gruppe der sogenannten Korallenfische zu verbreiten (unter anderem *Centropyge hotumatua*, *Forcipiger flavissimus* und *Chaetodon litus* RANDALL & CALDWELL, 1973), von denen der letzte, der Osterinsel-Falterfisch, sogar endemisch ist.

Besonders bekannt durch viele Publikationen wurde die ›Arche Noah im Pazifik‹, der Galápagos-Archipel unter dem Äquator, rund 1 000 km vor der Küste des südamerikanischen Staates Ekuador. Der Reichtum an Fischen in diesen Regionen ist auf die Planktonfracht des kalten Humboldtstromes zurückzuführen, der etwa bis in Höhe von Peru an der kontinentalen Küste entlang nach Norden zieht, um sich dann nach Nordwesten und Westen zu wenden, so daß besonders die westlichen Seiten der Galápagos-Inseln von dem kühlen Wasser bestrichen werden. An den Nordseiten des Archipels ist dagegen das Wasser wärmer, was eine bescheidene Ausbreitung von Korallenwuchs zuläßt. Beide Faktoren – Nahrungs-

reichtum und Korallenwuchs – mögen dafür verantwortlich sein, daß von den Arten, die wir gemeinhin als Korallenfische ansprechen, einige ihre Biotope bis hierher ausgebreitet haben (*Chaetodon falcifer* HUBBS & RECHNITZER, 1958; *C. humeralis* [GUENTHER, 1860] und *Holacanthus passer* VALENCIENNES, 1846).

Wenn man sich mit den Galápagos-Inseln näher befassen will, muß man sich mit den Bezeichnungen der Inseln auskennen, die in älterer, meist eher wissenschaftlicher Literatur mit den englischen, in der neueren mit den spanischen Namen ausgewiesen sind. So steht heute Isabela (Albemarle) für die größte Insel, Santa Cruz (Indefatigable) für die am meisten bewohnte Hauptinsel, San Cristóbal (Chatham) für die am weitesten östlich gelegene Insel, auf der sich die vom Festland kommenden Schiffe bei den Behörden anmelden müssen. Die meisten Gebiete und Inseln stehen unter dem strengen Schutz eines Nationalparks, somit also auch weitere große Inseln wie Española (Hood), Santa Maria oder Floreana (Charles), Santa Fé (Barrington), San Salvador (James), Fernandina (Narborough) und Genovesa (Tower). Siehe auch aus demselben Verlag MAYLAND: ›Galápagos‹.

Weit nördlich des Galápagos-Archipels, vor der Küste des mittelamerikanischen Staates Costa Rica, liegt die Cocos-Insel, halten sich Korallenwuchs, vor allem aber Riffbildung in Grenzen, wie bereits Charles Darwin anmerkt: „... Selbst in dem Meerbusen von Panama, wo Corallen blühend gedeihen, finden sich keine echten Corallen-Riffe ...“ Dagegen ist die rund 2 900 km einsam vor der Küste Panamas gelegene Clipperton-Insel ein Atoll, das unter französischer Hoheit steht. Der ungeöffnete Ring des Riffs hat einen Umfang von etwa 8 km.

Durch verschiedene eingeführte Korallenfischarten wurde die unter mexikanischer Hoheit stehende Gruppe der Islas Revilla Gigedo bekannt, die, etwa in Höhe der mexikanischen Hauptstadt, 550 km von der Küste entfernt im Pazifik liegt. Die drei Inseln Clarion (oder Santa Rosa, 8 km lang), Sacorro (oder Santo Tomás, 13 km lang) und San Benedicto (5 km lang) liegen weit voneinander verstreut. Sacorro, die größte der drei Inseln vulkanischen Ursprungs zeigt eine einzelne Vulkanspitze von 1051 m Höhe. Alle Inseln wie auch ein westlich von Sacorro gelegener Fels (Roca Partida, 90 m lang und 45 m breit) sind von Saumriffen umgeben. Über die vulkanische Insel Guadalupe, 380 km vor der Westküste des mexikanischen Niederkaliforniens (Baja California) liegen mir keine Angaben vor. Diese unbewohnte und 264 qkm große Insel ist als Schutzgebiet ausgelegt, und es bedarf einer besonderen Genehmigung, hier zu landen bzw. zu ankern.

Obgleich wir eine relativ geringe Zahl sogenannter Korallenfische kennen, deren Verbreitung vom zentralen in den Ostpazifik hineinreicht, muß festgestellt werden, daß es hier beispielsweise keinen Vertreter der Anemonenfische *Amphiprion* mehr gibt und zumindest die Kaiser- und Falterfische, die hier leben, besonderen, beinahe endemisch zu nennenden Arten angehören.

Das Große Barriereriff ist mit einer Ausdehnung von etwa 2 000 km das längste und größte Riff unserer Erde. Es erstreckt sich entlang der Küste des australischen Staates Queensland etwas südlich von der Stadt Gladstone bis vor die Küsten Neuguineas. Die Breite des Riffs ist abhängig von der des Festlandsockels vor der nordostaustralischen Küste. Er ragt im Süden mit einer Breite von etwa 320 km ins Meer hinaus und läßt hier (etwa östlich von Mackay) das Riff ebenso breit werden. Andererseits verjüngt er seine Form, wird immer schmäler und läßt das Riff in der Höhe von Cape Melville (rund 350 km nördlich der Stadt Cairns) auf eine Breite von nur 12 bis 16 km schrumpfen. Man darf

sich das Great Barrier Reef nicht als eine von Süden nach Norden durchgezogene Unterwasserbank vorstellen, denn es setzt sich aus Riffpartien unterschiedlicher Größe und Ausdehnung zusammen. Es ist also kein ›Barriereriff‹ in engster Auslegung des Begriffes Darwinscher Theorie. Viele Teile davon reichen bis zum Wasserspiegel und müssen hier ihr Wachstum nach oben einstellen, weil die Ebbe immer wieder weite Teile des Riffdaches frei der Sonne ausgesetzt sein läßt, was dazu führt, daß die oberen Polypenkolonien sich nicht mehr in die Höhe vermehren können. An den Stellen jedoch, wo das Riff immer schmaler wird, macht es seinem Namen besondere Ehre und bildet – etwa ab einer Zone nördlich von Cairns – einen durchgehenden Riffwall von beinahe 1000 km. Wie gewaltig die von den winzigen Korallenpolypen aufgebauten Riffgruppen sind, kann man am besten von einem Kleinflugzeug aus betrachten, wenn man die einzelnen Riffpartien aus geringer Höhe überfliegt.

Als Captain Cook am 7. Mai 1770 mit seiner ›Endeavour‹ von Botany Bay, wenige Meilen vom heutigen Sydney entfernt, nach Norden aufbrach, kannte er die Gefahren noch nicht, die weiter nördlich mit den Riffen auf ihn warteten. Von ihm und seinen Leuten unbemerkt war das Schiff während der Fahrt in die Riffka-

Lady Elliot Island, vom Riff umgeben, ist die südlichste Koralleninsel im Großen Barriere-Riff und liegt etwas nördlich der Höhe der Stadt Bundaberg. Das größte Riff unserer Erde nimmt etwa von hier aus seinen Verlauf nach Norden   Zell

näle hineingeraten. Unter dem Datum des 11. Juni, eines Montags, schrieb er in sein Logbuch: „... ich bereitete alles zum Ankern vor, aber ich hatte damit kein Glück, denn wir waren sofort wieder im tiefen Wasser. Daher glaubte ich aber auch, daß keine unmittelbare Gefahr drohen könnte, wenn wir weiter segelten. Vor 10 Uhr hatten wir 20 und 21 Faden und bewegten uns in dieser Tiefe weiter bis einige Minuten vor 11, als wir plötzlich nur mehr 17 Faden hatten. Bevor der Lotse das Senkblei wieder auswerfen konnte, stieß das Schiff auf Grund und steckte fest. Sofort holten wir alle Segel ein, setzten die Boote aus und loteten rund um das Schiff. Wir waren auf dem südöstlichen Rand eines Korallenriffs aufgefahren, hatten an einigen Stellen drei oder vier Faden Wasser, an anderen nicht einmal so viele Fuß, und nach Steuerbord (das Schiff lag mit dem Bug gegen Südosten), ungefähr eine Schiffslänge von uns entfernt, waren 8, 10 und 12 Faden ... Wir warfen unsere Kanonen über Bord, all unseren Eisen- und Stein-Ballast, Faßreifen, Faßdauben, Ölkrüge, verdorbene Vorräte usw. Diese ganze Zeit über drang nur wenig oder gar kein Wasser in das Schiff ein. Um 11 Uhr Vormittag herrschte Flut, und wir versuchten, das Schiff hochzubekommen, aber ohne Erfolg. Es hob sich kaum mehr als einen Fuß, obwohl

wir bereits 40 oder 50 Tonnen Gewicht über Bord geworfen hatten. Wir fuhren daher fort, es auf jede nur erdenkliche Weise zu erleichtern. Als die Flut fiel, begann Wasser einzudringen, gerade so viel, wie zwei Pumpen bewältigen konnten. Nachmittag hing das Schiff bereits stark nach Steuerbord über.
Dienstag, 12. Juni. Glücklicherweise hatten wir diese ganzen 24 Stunden hindurch wenig Wind, schönes Wetter und ruhige See, was uns die Möglichkeit gab, am Nachmittag die zwei Buganker auszuwerfen, den einen Steuerbord und den anderen achtern. Takelage auf die Ankerkette aufgebracht, Falltaue nach achtern geschafft und ausgeworfen. Inzwischen war es 5 Uhr Nachmittag geworden, die Flut setzte wieder ein, und das Leck vergrößerte sich, was uns zwang, die dritte Pumpe einzusetzen, und wir hätten auch die vierte gebraucht, aber sie war nicht in Gang zu bringen. Um 9 Uhr richtete sich das Schiff auf, und das Leck gewann beträchtlich Oberhand gegenüber den Pumpen. Das war ein alarmieren-

der, ja ich kann sagen schrecklicher Umstand, durch den uns die sofortige Zerstörung drohte, sobald das Schiff flott sein würde. Gleichwohl beschloß ich, alles zu riskieren und das Schiff wenn möglich hochzuhieven. Dementsprechend zog ich alle Männer, die nur irgendwie entbehrt werden konnten, von den Pumpen ab und beorderte sie zum Ankerspill und zur Winde. 20 Minuten nach 10 Uhr wurde das Schiff vom Wasser hochgetragen, und wir stießen es in tiefes Wasser ab. Zu dieser Zeit hatten wir 1,14 m Wasser im Schiffsraum.«

Die großen Entfernungen zwischen Außenriff und Festland und dem dazwischenliegenden Fahrwasser erklären, warum Cook erst dann auf ein Riff lief, als die Passagen enger und enger wurden. Das geschilderte Auffahren geschah erst, als die ›Endeavour‹ (wahrscheinlich) den heute so benannten Capricorn Channel durchquert hatte und Captain Cook das Riff bei Low Island entdeckte, ein Inselchen, das sich rund 60 km nördlich von der heutigen Stadt Cairns entfernt ein wenig aus dem kalkreichen Grund erhebt. Das Riff, auf das es einen Tag darauf auflief, wurde nach Cooks Schiff ›Endeavour-Reef‹ benannt. Eine provisorische Reparatur des Schadens gelang den Zimmerleuten an Bord des Schiffes in einer Bucht nahe einer kleinen Flußmündung (heute ›Endeavour River‹) nahe der heutigen Stadt Cooktown – lehrreiche Geschichte! Einen weiteren Seefahrer verschlug es übrigens mehr oder weniger unfreiwillig ebenfalls in diese Region: Captain William Blight von der Bounty, vorher Offizier auf der ›Resolution‹ unter Captain Cook auf dessen zweiter Reise, landete 1789 auf Restauration Island, 26 Tage nachdem ihn sein meuternder erster Offizier mit einigen Begleitern ausgesetzt hatte. Von hier aus brach Blight dann nach Timor auf.

Von den vielen Inseln im Großen Barriereriff sind vor allem Heron Island im Süden bekannt (von Gladstone aus erreichbar) – eine geschützte Koralleninsel mit dem Sitz einer biologischen Forschungsstation. Für Green Island nahe der Stadt Cairns wurden zwar auch Schutzmaßnahmen ergriffen, doch mußte ich bei verschiedenen Aufenthalten auf der Insel feststellen, daß der Tourismus von der nahegelegenen Stadt diesen Schutz mehr und mehr aushöhlt. Besser ist es dagegen auf Lizard Island gestellt: Auch diese Insel ist geschützt, aber man kann sie wegen ihrer abseitigen Lage nur mit einem Flugzeug und entsprechendem höheren finanziellen Einsatz erreichen. Die meisten der übrigen auf dem Riff liegenden Inseln sind nicht korallinen Ursprungs. Man könnte sie eher als ›kontinentale Inseln‹ bezeichnen, Festlandinseln also.

Wie bereits an anderer Stelle erwähnt: Ebbe und Flut lösen sich auch vor der Ostküste Australiens ab. In bestimmten Zeitabschnitten gibt es hier eine sogenannte Tiefebbe, bei der das Wasser extrem niedrig fällt und die sonst stets vom Wasser des Pazifik umspülten Korallenformationen freilegt. Das ist dann die Zeit der hier ansässigen Fotografen, Aufnahmen von diesem Naturereignis zu machen, bei dem der Unterschied zwischen Hoch- und Niedrigwasser zwischen 4 und 5 m betragen kann (siehe Fotos Seite 11). Verständlicherweise sind dann die Wassermenge und auch die Geschwindigkeit, mit der diese zurückweicht, beträchtlich. Viele schlecht beweglichen Wirbellosen, wie Seesterne oder Seeigel, kann man dann noch an der Oberseite des Riffs sehen, dazu die verschiedensten Steinkorallentypen, Familien- und Gattungsvertreter wie *Stylophora*, *Seriatopora* und *Pocillopora* (Pocilloporidae); *Acropora* und *Montipora* (Acroporidae); *Fungia* und *Herpolitha* (Fungidae); *Goniopora* und *Porites* (Poritidae); *Favia*, *Favites*, *Oulophyllia*, *Goniastrea*, *Platygyra*, *Leptoria*, *Montastrea*, *Leptastrea* und *Echinopora* (Faviidae); *Lobophyllia*, *Symphyllia*, *Homophyllia*, *Parascolymia* und *Acanthophyllia* (Mussidae); *Galaxea* (Oculinidae); *Tubastrea*, *Turbinaria* (Dendrophylliidae) und wie sie noch alle heißen mögen. Dazu kommen Orgel-, Leder- und Weichkorallen, von den letzten solch schöne rotweißen wie Vertreter der Gattung *Telesto* (Telestidae), *Dendronephthya* (Nephtheidae) oder *Siphonogorgia* (Nidaliidae), dazu noch Gorgonien (= Horn- oder Rindenkorallen) der Familie Gorgonacea (*Melithaea*, *Paramuricea* und andere).

Das Große Barriereriff überdeckt eine Fläche von mehr als 200 000 qkm – ein riesiges Areal, das um so bemerkenswerter erscheint, wenn man bedenkt, daß diese gigantischen Riff-Formationen von solch winzigen, stecknadelkopfgroßen Polypen aufgebaut worden sind. Das haben die kleinen Hohltiere natürlich nicht in einem überschaubaren Zeitabschnitt geschafft: Durch Versteinerungen konnte nachgewiesen werden, daß die Urahnen unserer heutigen Korallen bereits vor 400 Millionen Jahren (!) ausgedehnte Riffe aufgebaut haben.

Der nördliche Westatlantik stellt mit den karibischen Inseln, der Inselgruppe der Bahamas und den Bermudas Riffgebiete, die vergleichsweise nah beieinander liegen.

Das karibische oder westindische Becken hat in erdhistorischer Zeit eine Reihe von Veränderungen erlebt, die sich in diesem Raum besonders in Randzonen der sogenannten karibischen Platte ereigneten. Es kam zum Absinken oder Anheben der Böden und zu Vulkanausbrüchen, wie wir sie in noch konzentrierterer Form aus westlichen Randgebieten beider amerikanischer Subkontinente und der dazwischenliegenden mittelamerikanischen Kontinentalbrücke kennen. So müssen die aus fossilem Korallenkalk bestehenden Festlandsockel von Florida, Kuba und der mexikanischen Halbinsel Yucatán einmal in Verbindung gestanden haben, weil diese Gebiete in ihrem Aufbau Beziehungen zueinander aufweisen. Andererseits läßt ein Blick auf eine Meereskarte erkennen, daß ein unterseeischer Rücken, von Venezuela ausgehend, sich in die Richtung auf Florida bzw. Yucatán zubewegt. Da stört auch nicht, daß einige dieser Zonen inzwischen durch abgesunkene Gräben wieder voneinander getrennt wurden. Von früheren europäischen Entdeckern und ihren Karavellen, die heute auf dem Grund der Karibik liegen, wissen wir, daß es an Korallenriffen in diesem Raum nicht mangelt, wobei in diesem warmen Meer jede Insel ihre eigenen Riff-Formationen aufweist. Als besonders wuchtige Riffe sind die vor der nord- und südkubanischen Küste bekannt — durchgehende Barrieren.

Von der Insel Jamaika zieht eine breite, relativ seichte Meereszone sich bis vor die Küsten der mittelamerikanischen Staaten Honduras und Nicaragua. In diesem Gebiet gibt es eine Vielzahl kleiner und kleinster Inseln und Riffe (Cays oder Cayos und Banks genannt), von denen die meisten korallinen Ursprungs sind. Jamaika, die vielleicht schönste aus der Gruppe der Großen Antillen, ist eine Festlandinsel mit hohem Kalkgesteinanteil und einer höchsten Erhebung von 2 256 m. Es gibt Riffbildungen auf dem schmalen nördlichen Festlandsockel, aber auch im Süden. Die nordwestlich von Jamaika gelegene Insel Grand Cayman ist von einem Saumriff umgeben, das etwa 1 km von der Küste entfernt verläuft. Riffe finden sich bei Puerto Rico nur im Süden der Insel, während die nördliche Seite kaum nennenswerte Riff-Formationen aufweist.

Die in einem doppelten Bogen angeordneten Kleinen Antillen sind unterschiedlichen Ursprungs, und zumindest von der westlichen Reihe kann festgestellt werden, daß sie von Vulkanen aufgebaut wurden. Bestes Beispiel ist die unter französischer Verwaltung stehende Doppelinsel Guadeloupe, deren Vulkane nicht nur von Zeit zu Zeit ausbrechen, sondern in ihrem unterirdischen Sektor auch für Erdbeben sorgen. Ähnlich ist es auf der weiter südlich gelegenen französischen Insel Martinique, deren 1290 m hoher Gipfel des Mont Pelée (= Flammender Berg) seinem Namen in diesem Jahrhundert wiederholt mit starken Ausbrüchen und Erdbeben Ehre machte. In den Gewässern um all diese Inseln ist die Riffbildung bisher recht unterschiedlich verlaufen bzw. in ihrer erdgeschichtlich beeinflußten Entwicklung wohl immer wieder hemmend unterbrochen worden, so daß man hier meines Wissens heute nirgends derartig zusammenhängende Formationen findet wie etwa im

pazifischen Raum. Stellt man Vergleiche an mit dem Artenreichtum der hauptsächlich vertretenen Steinkorallen im Indischen und Pazifischen Ozean, so lassen die Zahlen (nach SCHUHMACHER, 1976) die relative Riff- und Atollarmut im karibischen und angrenzenden atlantischen Raum logisch erscheinen:

	Indischer und Pazifischer Ozean	Atlantischer Ozean
Zahl der Atolle	300	10
Zahl der Korallenarten	500	84
Zahl der *Acropora*-Arten	200	3
Zahl der *Porites*-Arten	30	6
Zahl der *Fungia*-Arten	46	—
Zahl der Fischarten	2 200	600

Die Ichthyofauna des karibischen Raumes weist aus der Gruppe der sogenannten Korallenfische keine Arten auf, die auch im Indischen oder Pazifischen Ozean verbreitet sind. Alle Kaiserfische, die im Karibischen Meer vorkommen, fehlen beispielsweise in den vorher genannten Ozeanen und umgekehrt. Für die Falterfische und Riffbarsche gilt dasselbe. Aquaristisch so beliebte Pfleglinge wie die Clown- oder Anemonenfische fehlen im karibischen Raum gänzlich. Bei den Korallenformationen fallen die für diesen Raum typischen Elchgeweihkorallen *Acropora palmata* sofort ins Auge, die in Biotopen des Indischen und Pazifischen Ozeans nicht zu finden sind.

Die auf der Großen und der Kleinen Bahamabank gelegenen Inseln befinden sich fast schon außerhalb des riesigen Kessels, den man das Karibische Meer nennt — auf dem nördlichen Wendekreis, dem Wendekreis des Krebses. Sie sind dem kühleren Wasser des Atlantiks näher, profitieren aber aufgrund ihrer günstigen geographischen Lage von dem ankommenden Fluß des warmen atlantischen Nordäquatorialstromes und dem durchlaufenden Fluß des Golfstromes. Ob es sich um siebenhundert oder um dreitausend Inseln handelt, ist eine Frage der Definition. New Providence mit dem Regierungssitz Nassau ist die Hauptinsel (200 qkm). An Ausdehnung ist ihr Andros (5 750 qkm) weit überlegen. Bimini ist mit 22 qkm die kleinste (unter den ›großen‹), dafür aber auch lebendigste Insel.

Die relativ niedrigen Bahama-Inseln liegen auf einem fossilen Korallensockel und jenem Kalkgestein, das man oolithisch nennt und sich aus Kalkkugeln (Rogenstein) zusammensetzt, wie sie bei der Zersetzung von Riffen und anderem kalkhaltigen Material (zum Beispiel Muschelschalen) entstehen. Es wird oft auch als Baumaterial verwendet und läßt sich sägen. Die Inseln sind selten höher als 45 m, und die umgebenden Gewässer sind durchweg seicht. Es laufen jedoch tiefe Rinnen wie der Providence Kanal durch die Inselgruppe, und ein anderer, den man ›Tongue of the Ocean‹ (= Zunge des Ozeans) nennt, liegt auf der Ostseite von Andros und erreicht stellenweise eine Tiefe von 1600 m. Von Kuba getrennt werden die Inseln durch den Alten Bahama-Kanal.

Die Bahama-Inseln haben keine nennenswerten Flüsse. Das hat für das umgebende Meer den Vorteil, daß es nicht durch eingetragene Sedimente verschmutzt werden kann und außerordentlich klar ist. Diese Umstände haben auch die Schatzsucher für sich ausgenutzt, um nach gesunkenen Gold- und Silberschiffen vergangener spanischer und portugiesischer Eroberungsepochen Ausschau zu halten. Den Inselgruppen sind die für diese Regionen typischen Cays (= koralline Inselchen), wie man sie bereits vom südlichen Florida kennt, hauptsächlich im Osten vorgelagert.

Die britisch verwaltete Inselgruppe der Bermudas liegt rund 1100 km östlich der US-Ostküste in Höhe des 32. Breitengrades auf einem Plateau, das sich in erdgeschichtlicher Zeit aus großer Meerestiefe durch vulkanische Tätigkeit aufgebaut hat. Die Bermuda-Inselwelt hat sich auf dieser Plattform von 35 bis 45 km Durchmesser im Durchzugsgebiet des Golfstromes aus Riffgestein und gehobenem Vulkangestein entwickelt. Lebende Riffe unregelmäßiger Strukturen säumen heute die Inseln. Wie die Ichthyofauna zeigt, hat die Fischwelt Anschluß an die der karibischen oder westindischen Inseln bekommen (oder ihn nicht verloren), wie das Beispiel des Bermuda-Engelsfisches *Holacanthus bermudensis* erkennen läßt, eine Form, die von einigen Wissenschaftlern auch als Kreuzungsprodukt zwischen *H. ciliaris* und *H. isabelita* angesehen wird. Alle hier erwähnten Arten kommen normalerweise im Bereich der Bahamas wie auch im Karibischen Meer vor.

Das Belize-Barriereriff liegt vor der Küste dieses Staates, der früher die Bezeichnung ›British Honduras‹ trug. Geographisch handelt es sich bei diesem Abschnitt im Karibischen Meer um die Ostküste der Halbinsel Yucatán, wo sich der Festlandsockel ins Meer vorschiebt und den Korallen die Möglichkeit bot, hier ein solch mächtiges Barriereriff aufzubauen. Zoogeographisch muß man die hier vorkommenden Riffbewohner dem karibischen Raum zuordnen.

Der südliche Westatlantik und die vor Venezuela, den Guayana-Ländern und Nordostbrasilien liegenden Küstenabschnitte werden zwar von den warmen Strömungen des Atlantischen Südäquatorialstromes wie des Brasilstromes bestrichen, trotzdem aber kann man in diesem Raum nicht von einer guten Riffbildung sprechen. Daran mögen zu einem großen Teil die hier einmündenden Flüsse mit ihrer Sedimentfracht die Schuld tragen, die das küstennahe Meerwasser ungleichmäßig wie unregelmäßig verdünnen und trüben. So ist es verständlich, daß die wenigen Riffe, die sich hier ausbreiten konnten, nicht sonderlich erwähnenswert erscheinen.

Der südliche Ostatlantik liegt vor der westafrikanischen Küste. Riffbildungen kommen hier praktisch nicht bzw. in nicht erwähnenswerten Größenordnungen vor. Die Fische dieser Zonen sind auch farblich (fast) alle nicht sonderlich attraktiv entwickelt, was an der Besonderheit ihres Lebensraumes liegen kann. Wir müssen bei der Betrachtung ostatlantischer Biotope erstens die küstennahen Zonen – etwa von Senegal bis Angola – einbeziehen, zweitens die wenigen, zum Teil weit vom Land entfernten Inselgruppen. Da wären einmal die Kapverdischen Inseln oder Kapverden. Sie sind vulkanischen Ursprungs, gehören politisch zu Portugal (Provincia Ultramarina) und liegen rund 500 km westlich der Hauptstadt des afrikanischen Staates Senegal, Dakar. Der Archipel umfaßt neun größere bewohnte und sechs kleinere, unbewohnte Inseln. Die Inseln sind in eine nördliche und eine südliche Gruppe aufgeteilt, deren größte (Santiago) und höchste (Fogo, 2829 m) im Süden liegen. Ascension ist eine etwa 88 qkm große britische Felseninsel vulkanischen Ursprungs im südlichen Ostatlantik. Sie liegt knapp 3000 km westlich der angolanischen Hauptstadt Luanda im Meer. Noch weiter im Süden liegt die 122 qkm große britische Insel Saint Helena mit der Hauptstadt Jamestown, die wohl hauptsächlich als Verbannungsort Napoleons (1815 bis 1821) bekannt wurde. Sie liegt auch noch fast 1000 km von der Küste Südangolas entfernt. Um diese Insel lebt beispielsweise *Chaetodon sanctaehelenae*, der bereits 1868 von GUENTHER erstbeschrieben wurde. Eine beinahe endemisch zu nennende Art, die nur um die beiden zuletzt genannten Inseln vorkommt. Aus dem gleichen Lebensraum kennen wir auch *C. dichrous*, den der genannte Autor ein Jahr darauf beschrieb. Bei dem erst 1974 gesammelten und 1975 erstbeschriebenen *Centropyge resplendens* LUBBOCK & SANKEY handelt es sich um einen Endemiten, dessen Lebensraum nach augenblicklichen Erkenntnissen nur um die Insel Ascension liegt. Ein Zwergkaiserfisch, dessen Färbung stark an seine karibische (*C. argi* und *C. aurantonotus*) und südostafrikanische (*C. acanthops*) Verwandtschaft erinnert – vielleicht ein Bindeglied zwischen beiden Großbiotopen.

Natürliches Meerwasser

Drei Viertel unserer Erde sind mit einer zusammenhängenden Wassermasse bedeckt. Das Meer und seine Wellen sind in dauernder Bewegung. Von rollendem, sich überstürzendem Seegang und in Verbindung mit den Gezeiten wird das Wasser ständig wie von einer riesigen Hand umgerührt. Dazu kommen die Meeresströmungen; sie sind meist an den Ostküsten der Kontinente wärmer als an deren westlichen Seiten. Die Vorliebe der Korallenpolypen für warmes Wasser hat das Entstehen ihrer Bauwerke – der Riffe – an den Ostseiten der Erdteile begünstigt. Das Meerwasser wird nicht nur an der Oberfläche bewegt! Derartige Vorstellungen entsprechen nicht den Tatsachen! Es gibt mancherorts starke unterseeische Strömungen. Mancher Taucher weiß ein Lied davon zu singen und zu berichten, daß man in einer derartigen küstennahen Turbulenz regelrecht seekrank werden kann. Die Unterwasserwelt hat außerhalb der Korallenregionen ebensolche Landschaften, wie man sie auf dem Festland kennt: Riesige Gebirgszüge, große breitflächige Ebenen mit wüstenähnlichen Bereichen sowie schmale Täler und tiefe Gräben. Was der Unterwasserlandschaft indes fehlt, ist das Licht in größeren Tiefen. Hier herrscht ständig Nacht, und die Lebewesen, die in diesen Zonen existieren, haben lernen müssen, sich anzupassen – wie die Bewohner der Riffe.

Nun spielt sich der überwiegende Teil des Lebens im Meer in seinen oberen und obersten Schichten ab, in den Gebieten also, in denen die Meerespflanzen noch soviel Licht bekommen, daß sie durch Photosynthese Nahrung erzeugen können. Hauptsächlich in diesen Gebieten spielt sich auch die Forschung ab, vor allen Dingen aber die uns interessierende Verhaltensforschung. Dieser Zweig der Wissenschaft ist noch recht jung. Im Verlauf der folgenden Kapitel soll versucht werden, neueste Erkenntnisse, die teilweise auch auf aquaristische Verhältnisse übertragen werden können, wiederzugeben.

Was den Aquarianer zuerst interessieren muß, ist das Wasser: Das Element, in dem die Fische und Wirbellosen leben, hat eine komplizierte Zusammensetzung. Natürlich kann man das fertig und passend gemischte Salz kaufen, das nur noch dem Süßwasser zugesetzt werden muß – der normale Weg. Leider ist heutzutage das Ausgangsprodukt für unser selbst hergestelltes Meerwasser – das Leitungswasser – nicht überall von gleich guter Qualität. In vielen Gegenden hat das Wasser aus dem häuslichen Hahn, das eigentlich nitratfrei sein sollte, bereits einen Wert von 50–70 mg/l. Weitere Inhaltsstoffe, die wir von Fall zu Fall nicht kennen, die dann aber durch ›Unfälle‹ bei der chemischen Industrie zumindest in Spuren auch das Trinkwasser belasten, können bei den Fischen und Niederen Tieren Probleme verursachen, deren Herkunft man sich nicht erklären kann. Im Verlauf der folgenden Kapitel wird über dieses Thema und Gegenmaßnahmen noch zu lesen sein.

Selbst das beste, selbst angesetzte Meerwasser erfährt im Aquarium mit der Zeit eine Veränderung durch selbständige Beimischung von Stoffwechselprodukten. Ohne weitere Auffrischung durch einen Teilwasserwechsel wird das Wasser immer schlechter (nitratreicher) und schließlich für eine weitere Haltung von Tieren unbrauchbar. Das sind Schwierigkeiten, mit denen sich der Pfleger auseinandersetzen muß. Deshalb erscheint es zunächst einmal geraten, die Verhältnisse zu begreifen, in denen unsere Aquarienpfleglinge in der freien Natur leben. In den bereits erwähnten warmen Zonen der Meere, in denen das Wasser entweder durch die Äquatornähe oder als Folge warmer Strömungen die nötige Temperatur hat, findet man Riffe (fast) rund um den Erdball. Die schönsten dieser Gebiete sind begreiflicherweise auch schon seit langem Freizeitgebiete für uns Menschen geworden. Aber dort, wo es in diesen Zonen Ballungen an Urlaubern gibt, muß bereits der Schutz der Natur einsetzen, denn ein nahe einer Insel gelegenes Riff verträgt es begreiflicherweise nicht, wenn jahraus, jahrein die Fäkalien Hunderter oder gar Tausender Menschen ungeklärt ins Meer geleitet werden. Es ist schon schlimm genug, wenn Riffe zum Zweck des Häuserbaues demontiert werden.

Es gibt viele Beispiele, ob wir da an die Malediven, die Seychellen, die Bahamas, die Bermudas denken oder gar die weite Inselwelt Ozeaniens ins Visier nehmen: Wo wir Menschen in Massen auftreten, ist Gefahr im Verzuge! Noch findet man überall Korallenwälle, Riffe also, die man zu den bemerkenswertesten Bauwerken der Natur zählen muß. In ihnen sind bunte Gärten mit Milliarden von Knospen, von denen die meisten auf Steinen, den Kalkskeletten, sitzen. Wer sich nicht schon mit diesen Korallenbauten beschäftigt hat, kann sich kaum vorstellen, daß dieses schöne und seit Millionen von Jahren existierende riesige Reich von Tieren geschaffen wurde, die bei ihrer Geburt kaum größer als ein Stecknadelkopf waren und auch später die Größe eines Quadratzentimeters meist nicht überschreiten. Die riffbildenden Korallenpolypen, die solche gigantischen Leistungen vollbringen, sind sehr abhängig von der Qualität und der Temperatur des sie umgebenden Wassers – was gleichzeitig auch für ihre leichte Gefährdung spricht. Regionen, die in Äquatornähe liegen und daher meist gleichmäßiger erwärmtes Wasser haben, bringen umfangreichere Korallenbildungen mit wesentlich mehr Arten und Gattungen hervor als andere, die am Rande solcher Zonen liegen. Ebenso wie von der Wasserwärme sind diese kleinen Baumeister der Riffe abhängig vom Sonnenlicht, mit dessen Hilfe die in den Polypen lebenden Algen (Zooxanthellen) die Abbauprodukte verarbeiten.

Wegen der riesigen Wasservorräte, die unsere Meere haben, besitzen auch die Teile, in denen sich die Riffe befinden, sehr stabile Werte in der Dichte. Ebenso kommt es durch die dauernde Wasserbewegung und seine Regenerierung niemals zu derartigen Abnutzungserscheinungen, wie man sie aus so kleinen Reservoiren wie den Aquarien kennt. Weder ein Fisch noch ein wirbelloses Tier hat in seinem Leben derartig negative Verhältnisse angetroffen, mit denen solche Lebewesen möglicherweise in einem Aquarium konfrontiert werden. Das ist einer der Gründe dafür, weshalb die von der Natur in dieser Beziehung so verwöhnten Geschöpfe sich meist nicht so gut anpassen können, wie das der Aquarianer von vielen Süßwasserfischen gewöhnt ist, bei denen Anpassung mit zu den Voraussetzungen für eine bestimmte Verbreitung gehört.

Als Folge der leichten Handhabung der erhältlichen Tests für die Wasserbeschaffenheit, besonders aber auch durch die Ergebnisse exakter wissenschaftlicher Forschung in allen Meeren der Welt wissen wir heute, daß die Dichte des Meerwassers – sein Salzgehalt – überall sehr gleichbleibend ist. Lediglich in sehr engen Meeresabschnitten mit hoher Verdunstung infolge Sonneneinstrahlung steigt der Salzgehalt an. Im Mittel liegt er bei 35 Gramm Salz pro Liter Wasser oder bei 3,5 Prozent. Aquarianer sprechen von 35 Promille, was einer Dichte von 1,0235 bei 25 °C entspricht.

In Meeren oder Meerengen, die durch den Zufluß großer Süßwassermassen stark angesüßt werden, liegen die Werte darunter. Das gilt ebenso für Meere, die – nach Abschnürung oder Ausbuchtung – vom übrigen Ozean getrennt sind. Das im Meer gelöste Salz ist überwiegend Kochsalz (Natriumchlorid), das zusammen mit Magnesiumchlorid ($MgCl_2$), Magnesiumsulfat ($MgSO_4$), Calciumsulfat ($CaSO_4$), Calciumcarbonat ($CaCO_3$), Kaliumsulfat (K_2SO_4) und Kaliumbromid (KBr) den Hauptbestandteil der im Meerwasser gelösten Salze bildet. Daneben gibt es viele Spurenelemente, Stoffe also, die in nur sehr geringen Mengen im Wasser vorkommen.

Meerwasser kann wegen seiner sehr hohen Dichte weniger Sauerstoff aufnehmen als Süßwasser. Für das Meer ist es natürlich unerheblich, da man, besonders in den oberen, sonnendurchfluteten Schichten, einen hohen und recht gleichmäßigen Anteil an gelöstem Sauerstoff in seinem Wasser vorfindet. Dieses geringere Lösungsvermögen des Salzwassers aber ist es, das im Aquarium manchmal so schwerwiegende Folgen haben kann. Unterlaufen dem Pfleger beim Einpendeln der Dichte Einstellfehler – etwa daß sich der Salzgehalt des Wassers vergrößert – so wird dadurch auch die Fähigkeit, Sauerstoff zu binden, eingeschränkt. Ebenso kann aber auch das Wasser fehlerhaft übersättigt, also über 100 Prozent mit Sauerstoff angereichert werden. Diese hundertprozentige Sättigung entspricht bei einem Salzgehalt von 35 Promille und einer Temperatur von +20 Grad Celsius etwa 5,36 gelöstem Sauerstoff je Liter Wasser. Die Änderung der Temperatur oder der Dichte nach oben setzt also das Sättigungsvermögen herab, im umgekehrten Fall wird es gesteigert. So können beispielsweise bei den angegebenen Wärme- und Dichtewerten und bei hundertprozentiger Sättigung folgende Sauerstoffmengen gelöst sein:

Temperatur in Grad C	Sauerstoff in ccm/Liter bei einer Dichte von		
	1,0225	1,0245	1,0255
10	6,54	6,46	6,37
15	5,94	5,87	5,80
20	5,44	5,38	5,31
25	4,99	4,94	4,85
30	4,56	4,50	4,44

Im Bereich der Riffe mit ihren idealen Verhältnissen kann zuweilen eine Sauerstoffübersättigung vorhanden sein und liegt dann zwischen 10 und 20 % über dem Sättigungswert von 100 %.

Der pH-Wert, die Wasserstoffionenkonzentration, deren Neutralpunkt bei 7,0 liegt, ist im Meerwasser meist sehr gleichbleibend und damit – im Vergleich mit Verhältnissen im Süßwasser – eng begrenzt. Er schwankt zwischen den Werten 8,2 und 8,4. Wegen der vielen gelösten Salze neigt sich der Wert in Richtung ›alkalisch‹.

Unter außergewöhnlichen Bedingungen, wie sie manchmal in den Randgebieten der Meere, in Buchten und Gezeitentümpeln, vorkommen, kann dieser Standardwert aber schwanken. das geschieht, weil der Wasseraustausch sich in diesem Gebiet nicht wie üblich vollziehen kann und als Verdunstungsfolge anteiliges Süßwasser entweicht. Die gelösten Salze bleiben dagegen zurück, und es kommt zu vermehrtem Salzgehalt. Das in diesem Bereich meist zur Ruhe kommende Wasser bildet einen höheren Kohlensäuregehalt, wodurch der pH-Wert schnell abfällt – in Richtung ›sauer‹. Das ist aber nur eine der Möglichkeiten. Es gibt auch Umstände, unter denen der pH-Wert stark ansteigen kann. Das ist beispielsweise in Gezeitentümpeln der Fall oder im Flachwasser hinter dem Riff bei Ebbe, besonders wenn bei starkem Pflanzenbewuchs in diesem Gebiet derart viel Kohlensäure für die Assimilation benötigt wird, daß als Folge des starken Verbrauchs der pH-Wert außergewöhnlich ansteigt.

Wasservergiftungen, wie wir sie vom Aquarium her kennen, findet man im Meer so gut wie nie. Wieso auch? Damit sind natürlich in erster Linie Vergiftungen durch Ammoniak und Nitrat zu verstehen, mit denen das Aquarienwasser, bedingt durch das Ausscheiden der Verdauungsrückstände, fortwährend verunreinigt wird. Im Meer sinken all diese Ablagerungen in die tieferen Wasserschichten oder werden mit der Strömung hinaus ins Freiwasser gespült. Diese Gifte sind aber im Vergleich der ungeheuren Wassermenge zu den darin vorkommenden Lebewesen derart gering, daß sie chemisch meist gar nicht nachzuweisen sind. Hinzu kommen Tange und Schwebealgen, die zusätzlich einen Teil der Ausscheidungsprodukte der Bewohner aufnehmen.

Viel Plankton lockt meist auch viele Fische herbei, doch müssen vorhandene große Mengen dieser winzigen Nahrungstiere für die Fische und die Niederen nicht immer auch ein Zeichen für ideale Wasserwerte aus der Sicht von Korallenriffbewohnern sein. Im Gebiet der Galápagos-Inseln etwa treffen sich die warme Strömung aus dem Norden und die kalte vom Süden (Humboldtstrom), wobei das kalte antarktische Wasser aufgewärmt wird. Dadurch werden viele Planktontiere abgetötet, da sie ja mit dem Wasser aus kalten Zonen erst nach hier befördert wurden. Das Überangebot an Nahrung führt zur Entwicklung riesiger Fischschwärme, deren Mitglieder von diesen feinen Partikeln leben. Vermehrt sich das Plankton, etwa als Folge von Wasserverschmutzung (das Wasser kann dadurch unter Umständen nährstoffhaltiger werden), so hat diese Erscheinung, die man an manchen Küstenabschnitten findet, nichts mehr mit idealem Meerwasser zu tun.

Fernab von jeder menschlichen ›Zivilisation‹ ist das Meerwasser auch heute noch sehr rein. Das schließt aber nicht aus, daß es auch in solchen Gebieten wie den beschriebenen in bestimmten Zeiträumen zu naturbedingten Katastrophen kommt. So kennt man beispielsweise an der fischreichen peruanischen Küste den ›Niño‹, eine Naturerscheinung, die dafür sorgt, daß – etwa alle sieben Jahre – die Strömung des aus dem

Riesenmuscheln können auch bei Tiefebbe überdauern, wenn das Wasser nicht zu tief absinkt und der Korallenblock zu sehr erwärmt wird. Riffpartie bei Green Island/GBR   Mayland

Norden kommenden Warmwasserstromes (der den kalten Humboldtstrom zum verfrühten Abdrehen gen Westen zwingt) kräftiger als üblich ist. Das hat zur Folge, daß mit dem Wasser auch das Plankton bereits viel weiter südlich von der Küste fortgetrieben wird und die Sardinenschwärme in diesem Jahr dann auch nicht so weit nördlich erscheinen. An den Küsten(=Guano-)inseln, die wir als Brutstätten vieler Seevögel kennen, wird nun die erwähnte Katastrophe sichtbar: Keine Nahrung für die Altvögel und auch keine für die Jungen. Der Tod hält Einzug. Es war im Jahre 1973, einem ›Niño-Jahr‹, als ich mich in Perús Hauptstadt Lima und dem vorgezogenen Hafen Callao aufhielt. Ich war sehr überrascht, daß riesig erscheinende Pelikane reihenweise auf Hausdächern saßen, über verkehrsreiche breite Straßen watschelten und dabei gelegentlich auch überfahren wurden. Es war die Hungersnot, welche die sonst eher scheuen Tiere so aufdringlich werden und in die Städte kommen ließ. Trotz dieses Ausweichens in dicht bewohnte Gebiete starben in diesem Jahr wieder Millionen Vögel an diesem naturgegebenen Ausleseprozeß.

Bakterien, die auch in Aquarien eine segensreiche Arbeit verrichten, leben natürlich nicht nur im Süßwasser, sondern auch im salzhaltigen Meerwasser. Ihre Zahl ist im Meer jedoch vergleichsweise so gering, daß in diesen ›sauberen‹ Gebieten meist wesentlich weniger als 200 je Kubikzentimeter zu finden sind. Lebensraum und Nahrungsangebot allein können also nicht für diesen Umstand maßgebend sein. In Küstennähe und im Bodenschlamm steigert sich die Zahl der Bakterien allerdings auch hier erheblich. Natürlich benötigen diese

53

kleinen Lebewesen für ihre Existenz ein Arbeitsfeld, das sie niemals im freien Wasser finden können; ihr Lebensraum ist abhängig von der Art des Untergrundes, von einem Substrat also (siehe auch ›Biofilter‹). Daraus kann man folgern, daß Bakterien in der freien Natur überall dort leben, wo sie nötig sind. Da man die Lebensräume im Meer und im Aquarium ohnehin nicht miteinander vergleichen kann, ist eine Gegenüberstellung sinnlos. Im Aquarium bietet sich Substrat in Mengen an: mit dem Bodengrund wie auch der rückwärtigen Dekoration. Leider ist in den meisten Fällen das Aquarienwasser kaum mit der Qualität guten Meerwassers, wie wir es am Riff finden, zu vergleichen. So bleibt zu überlegen, ob man der Bakterienwelt, die darauf angesetzt ist, anfallende Giftstoffe im Wasser ab- und umzubauen, nicht einen zusätzlichen ›Arbeitsraum‹ und zusätzliche Substrate für diese Arbeit anbieten soll, um eine noch bessere Qualität des Wassers zu erreichen und dadurch weniger an aufwendigem Teilwasserwechsel durchführen zu müssen.

Zur richtigen ›Umwelt‹ im Aquarium gehört auch das Thema Licht. Man kann es heute für das Aquarium passend dosieren − auch in höheren Stärken. Ebenso ist eine gleichmäßige Wassertemperatur notwendig, die man mit den heute üblichen technischen Hilfsmitteln

ebenfalls mühelos erreichen und schalten kann. Was aber viele Aquarianer oft nicht genügend beachten, ist die Wasserbewegung. Das Wasser der Ozeane ist − auch oder besonders im Bereich der Riffe − ständig in Bewegung. Dieses ›Umrühren‹ der Wasseroberfläche besorgt der Wind. Strömungen an der Oberfläche und tief darunter sorgen dafür, daß es nicht nur bei einer oberflächigen Bewegung bleibt. Nicht nur für den Austausch von Gasen sind diese Strömung und das Aufwirbeln wichtig: Auch die Lebewesen benötigen diese Bewegung, denn sie ist in vielerlei Hinsicht lebensnotwendig. Man denke nur an die vielen Wirbellosen, die ja nicht auf ihre Nahrung losschwimmen können, sondern festsitzen; die ihre Arme ausstrecken müssen und die diese Wasserbewegungen brauchen, damit die Nahrung ihnen entgegengespült wird. Würde dieses Wasser still stehen, würde auch der Gasaustausch (also auch die Atmung) von dem um sie durch stehendes Wasser gebildeten Mantel sehr behindert. Es ist also besonders wichtig, für ausreichende Strömung auch im Aquarium zu sorgen, damit keine ›toten Ecken‹ entstehen.

Junge Afrikaner kehren vom erfolgreichen Fang ohne den Einsatz von Gift zurück. Im Hintergrund erkennt man schwach die Gischtkrone des Außenriffs (Kenia)
Mayland

Ein Aquarium ist kein Mini-Ozean

Wie man aus dem vorstehenden Kapitel und der darin enthaltenen kleinen Tabelle bereits erkennen konnte, ist Meerwasser ein recht kompliziertes Gemisch. Bei genauerem Studium wird man jedoch feststellen, daß die meisten der in dieser Mischung eingeschlossenen Elemente nur in sehr geringen Spuren vorhanden sind. Einige Hersteller käuflicher Salzmischungen geben daher auch diese Spurenelemente auf der Packung an, obwohl ein Beweis oder chemischer Nachweis dafür nicht immer erbracht werden kann. Doch soll hier nichts gegen die Salze gesagt werden – im Gegenteil: nach langjährigem Bemühen kann man feststellen, daß die heute angebotenen Seesalzmischungen fast immer gut ausgewogen sind. Wenn es im Aquarium einmal zu einem ›Unfall‹ kommt: Am Salz liegt es dann wohl kaum! Im Gegensatz zu vielen Niederen Tieren vertragen fast alle Fische einen gelegentlichen kleineren Wechsel in der Dichte ohne erkennbaren Schaden. Wenn man bedenkt, daß es bei dem ständigen Wasserumschichten im Meer auch bisweilen zu kleineren Schwankungen kommt, kann der Dichte-Unterschied, wie er sich beispielsweise beim Wassernachfüllen im Aquarium einstellen kann, durchaus als nicht schädlich angesehen werden. Wie bereits an anderer Stelle beschrieben, hat das Wasser der Meere einen durchschnittlichen Salzgehalt von 35 Gramm je Liter. Das sind 3,5 Prozent oder 35 Promille. Dieser Wert entspricht einer Dichte von 1,0235 g/ml bei einer Temperatur von + 25 °C. Nun, unter passenden Voraussetzungen, auf die ich noch an anderer Stelle zu sprechen komme, ist es also heute nicht mehr problematisch, Meerwasser an fast jedem Platz der Welt nachzuahmen – vorausgesetzt, das dafür verwendete Süßwasser ist sauber bzw. chemisch rein genug. Mit Hilfe eines Dichtemessers (Aräometer) und eines Thermometers wer-

den die entsprechenden Werte ermittelt. Die Eintauchtiefe des Dichtemessers zeigt auf einer eingebauten Skala den jeweiligen Meßwert an. Es ist darauf zu achten, auf welchen Temperaturgrad der Aräometer geeicht ist (Angabe meist am unteren Ende der Skala). Dichte und Wasserwärme stehen in einem engen Zusammenhang, und wer die Temperatur außer acht läßt, wird kaum zu genauen Meßergebnissen kommen. Als Hilfsmittel soll die unten beigegebene Tabelle dienen, die das Verhältnis von Wassertemperatur zu Salzgehalt und Dichte angibt.

Künstlichem Meerwasser ist in den meisten Fällen der Vorzug vor echtem aus den Meeren ›vor unserer Haustür‹ zu geben. Wer in Meeresnähe wohnt, sollte gar nicht erst überlegen, ob er sein Becken mit jener Flüssigkeit – mancherorts ›Meerwasser‹ genannt – füllen will. Das gilt heute sogar für abgelegene Stellen oder wenn man die Möglichkeit hat, mit einem Boot weiter hinauszufahren. Ebensowenig sollte man sich darauf verlassen, daß der Wind mit einer frischen Brise für eine Zufuhr frischen und sauberen Meerwassers hätte sorgen können.

Korallenfische und Wirbellose sind heikle Geschöpfe, weil sie Dinge wie ›Dünnsäureverklappung‹ und ähnliche naturzerstörende Eingriffe gedankenloser (?) wie profitbewußter Industriewerke nicht kennen können. Sie reagieren daher sehr empfindlich, wenn ihnen nur leicht chemikalienverseuchtes Wasser angeboten wird. Kein ernstzunehmender Aquarianer wird seine meist teuren Fische einer solchen Gefahr aussetzen.

Wer nun etwa meint, den Fischen durch die Zufuhr echten Meerwassers Futtertiere (Plankton und andere) zukommen zu lassen, der tut ihnen damit keinen Gefallen. Erstens kann es vorkommen, daß diese Futtertiere Rückstände aus eigener, mit Gift angereicherter Nah-

Temperatur in + Grad C	28	29	30	31	Salzgehalt in Promille 32	33	34	35	36	37
20	1,0193	1,0200	1,0208	1,0215	1,0223	1,0231	1,0239	1,0246	1,0253	1,0259
21	1,0191	1,0198	1,0206	1,0214	1,0221	1,0229	1,0237	1,0244	1,0251	1,0258
22	1,0189	1,0197	1,0204	1,0212	1,0219	1,0227	1,0235	1,0242	1,0249	1,0256
23	1,0187	1,0195	1,0202	1,0210	1,0217	1,0224	1,0232	1,0240	1,0248	1,0254
24	1,0184	1,0193	1,0200	1,0207	1,0215	1,0222	1,0230	1,0238	1,0245	1,0252
25	1,0182	1,0190	1,0197	1,0205	1,0213	1,0220	1,0228	1,0235	1,0242	1,0250
26	1,0179	1,0187	1,0194	1,0202	1,0210	1,0217	1,0224	1,0232	1,0239	1,0247
27	1,0175	1,0184	1,0191	1,0199	1,0206	1,0213	1,0221	1,0229	1,0237	1,0243
28	1,0172	1,0180	1,0188	1,0195	1,0203	1,0210	1,0218	1,0225	1,0233	1,0240
29	1,0169	1,0176	1,0184	1,0192	1,0200	1,0207	1,0214	1,0221	1,0229	1,0237
30	1,0165	1,0172	1,0180	1,0188	1,0195	1,0202	1,0210	1,0217	1,0225	1,0233

Beispiel: Will man bei einer Temperatur von + 25 °C eine Dichte von 35 ‰ einstellen, so muß der Dichtemesser (geeicht bei + 25 °C!) auf „1,0235" absinken.

rung, gespeichert haben und zweitens bringt man mit solchem Wasser oft eine Vielzahl unkontrollierbarer Organismen ins Aquarium. Wenn man in früheren Jahren frisch angesetztes künstliches Meerwasser noch mit echtem impfte und sich davon etwas versprach, so muß man heute aus den verschiedenen erwähnten Gründen auch davon abraten.

Das Impfen von frisch angesetztem Wasser wird trotzdem empfohlen! Was versteht man darunter? Nun, das künstlich zusammengestellte Wasser ist noch verhältnismäßig steril, denn die vorher im Süßwasser lebenden Mikroorganismen wurden mit dem hohen Salzzusatz erst einmal abgetötet, so daß das nun vorhandene Wasser weder Bakterien noch Spuren pflanzlichen Lebens enthält. Das ›Impfen‹ bewirkt, daß (Mikro-) Leben in das neu eingerichtete Aquarium gelangt. Bis sich allerdings aus einem Impfvorgang volle biologische Verhältnisse im Wasser entwickelt haben, muß man der Natur Zeit geben, das Wasser sich entwickeln lassen. Erwärmung, Beleuchtung und Strömung im Aquarium werden dabei auch bereits ohne Besatz an Tieren vorausgesetzt. Für Aquarianer, denen diese Einlaufzeit von mehreren Wochen zu lange erscheint, bietet der Handel inzwischen Stämme von Nitrifikationsbakterien – sozusagen für einen Schnellstart von 1–2 Wochen – an (›ab-Aquabiobacter‹), die auch im Anschluß an eine medikamentöse Behandlung im Becken nach dem Wasseraustausch helfen können. Impfen kann man ein neu eingerichtetes Aquarium natürlich auch mit Wasser aus einem bereits länger in Betrieb befindlichen, einem Stein daraus oder der Ranke einer Alge (*Caulerpa* spec.). All das kann man auch beim spezialisierten Händler erwerben.

Verdunstetes Aquarienwasser senkt den Wasserspiegel im Becken ab und muß ersetzt werden. Weil das Salz nicht mitverdunstet, entweicht praktisch nur reines Wasser (ohne die darin gelösten Mineralien). Daraus ergibt sich die logische Folgerung, daß das im Becken verbleibende Meerwasser in seiner Dichte steigt, ein Auffüllen allein aus diesem Grund unumgänglich ist und nicht auf die lange Bank geschoben werden sollte. Streng genommen wäre es richtig, nur destilliertes Wasser nachzufüllen. Daß es sich dabei um Süßwasser handelt, geht bereits aus dem Wort ›destilliert‹ hervor. Da viele Meerwasseraquarianer heute bereits dem unaufbereiteten Leitungswasser nicht trauen (zu hoher Nitratgehalt, Kieselsäure, Schwermetallrückstände) und verwendetes Süßwasser grundsätzlich vor der Verwendung durch einen Kationen- und Anionenaustauscher schicken, stellt sich für diese Leute die Frage nicht. Wichtig für den Anfänger ist, überhaupt erst einmal zu wissen, daß grundsätzlich nur Süßwasser nachzufüllen ist. Das gilt natürlich nicht für einen Teilwasserwechsel!

Wer das Nachfüllen lieber ›modern‹ möchte, dem sei der Einsatz eines Osmolators, wie ihn zum Beispiel Tunze unter dem Motto ›...denn Abbaubakterien lieben osmotisch-stabiles Wasser ...‹ bietet, empfohlen, über den in einem späteren Kapitel Näheres zu erfahren ist. Ein gutes Beispiel dafür, daß das im Wasser gelöste Salz nicht mitverdunstet, sind Salzwasserspritzer, die man übersehen hat: Nach dem Verdunsten des Wassers bleibt ein schwacher, weißlicher Fleck – das Salz – zurück. Derartige Flecke sind wegen ihres Salzgehaltes sehr aggressiv gegenüber Oberflächen von Möbeln, Teppichen und anderen Wohngegenständen. Wer also die Hausfrau nicht gegen diese Art der Aquaristik aufbringen möchte, sollte vorsichtig hantieren und sofort danach eine optische Kontrolle durchführen und bespritzte Stellen sogleich mit einem (süßwasser-)feuchten Schwammtuch abreiben. Das gilt besonders auch für Fußbodenbeläge und deren Nähte (wenn sie nicht verschweißt sind), weil eindringendes Meerwasser in die Klebefugen zieht und das enthaltene Salz die Klebefähigkeit zerstört. Für Klebstoffe und ähnliche Materialien ist ein Salzgehalt von 35 Gramm je Liter Wasser schon eine beträchtliche Menge. Das wird jedem spätestens dann bewußt, wenn er einmal 35 Gramm Salz neben ein Gefäß mit einem Liter Wasser plaziert. Für die Fische ist andererseits diese Zusammensetzung lebenswichtig. Ihr Körper ist auf diese Werte von der Natur eingestellt. Erfahrene Aquarianer werden diese Salzkonzentration jedoch häufig unterschreiten und auf 32 bis 35 Promille absenken. Dabei ergibt sich dann eine Dichte (bei + 25 °C) von 1,0213 bis 1,0220. Das soll den Vorteil haben – ich kenne jedoch niemanden, der es bewiesen hätte –, daß bestimmte Hautparasiten in dem etwas schwächeren konzentrierten Salzwasser weniger gute Lebenschancen vorfinden. Parasiten haben andererseits die unangenehme Eigenschaft, anpassungsfähiger gegenüber Umwelt-Unbillen zu sein als andere Lebewesen.

›Unfälle‹ in frisch angesetztem Meerwasser können gelegentlich vorkommen. So etwas ist beispielsweise dann der Fall, wenn der Aquarianer seine Wohnung gewechselt hat und sich die Qualität des Ausgangswassers entscheidend verändert. Die sogenannte deutsche Härte ist ein Begriff, der eher die diskuszüchtenden Süßwasseraquarianer interessiert als die Betreiber einer Meerwasseranlage. Wenn der erste ein Wasser mit 20 °dH für seine Verhältnisse als ›hart‹ bezeichnet, was soll dann der Meerwasseraquarianer sagen, dessen angesetztes Meerwasser wesentlich härter ist und bei 360 bis 380 °dH läge, würde eine derartige Wertermittlung hier überhaupt ins Gewicht fallen? Tendieren die pH-Werte beim ersten im Bereich ›sauer bis leicht sauer‹ (etwa zwischen 6,0 und 6,8 pH), so ist ein saures Wasser im marinen Denken des zweiten nicht vorstellbar. Ist ein Meerwasser nicht hart genug oder sein pH-Wert sinkt wesentlich unter die Mindestmarke von 8,0, so hat dieser Pfleger nicht lange Freude an seinen Fischen und Wirbellosen. Die Haut der Fische bekommt einen grauen Belag – und meist ist das bereits der Anfang vom Ende.

„Woran kann das nur liegen?" fragt sich dann der Aquarianer (mir selber ging es einmal so). Aus meiner Leitung kommt beispielsweise ein Wasser mit einer Härte von 2 bis 5 °d und einem pH-Wert um 7,0 bis 7,2. Also ein (beinahe) ideales Wasser zur Pflege und Zucht heikler südamerikanischer Süßwasserfische. Zum Ansetzen von Meerwasser ist es dann nicht ideal, wenn man nicht für genügend ›Pufferkapazität‹ sorgt. Die Stabilität des pH-Wertes ist abhängig von der im Wasser vorhandenen Karbonathärte. Früher war man der Meinung, daß härtebildende Substanzen wie Korallensand, Muschelgrus oder tote Korallenstöcke ausreichten und das Wasser allein durch ihre Anwesenheit in einem akzeptablen Gleichgewicht hielten. Das kann insofern allein nicht stimmen, als sich die in diesen Materialien enthaltenen Substanzen erst bei einem pH-Wert lösen, der weit im sauren Bereich liegen muß. Das ist in einem Meerwasseraquarium nicht der Fall. Andererseits werden dem Ausgangswasser mit dem künstlichen Meerwassersalz Hydrogencarbonate beigegeben (durchschnittlich 100 mg/l), die normalerweise ausreichen sollten, die in den meisten Meeren unserer Erde gemessene Karbonathärte zwischen 7 und 9 °d einzustellen. Wird diese Karbonathärte nicht erreicht, weil möglicherweise das Ausgangswasser sehr weich oder durch den Lauf über Kunstharzfilter (Kationen- und Anionenfilter) völlig entmineralisiert wurde, so muß man nach dem Ermitteln des Wertes

Neben der Feilenmuschel (*Lima scabra*) ein Röhrenwurm, weiße Glasrosen und die Blattalge *Caulerpa setularoides*   Chlupaty

In gesundem Wasser mit wenig Fischbesatz gedeiht nicht nur die Blattalge *Caulerpa prolifera* ausgezeichnet (hier mit dem Anemonenfisch *Amphiprion sebae* und einem Seestern. Kräftiges Licht ist für die meisten Riffbewohner der oberen Schichten auch im Aquarium für die Photosynthese der Pflanzen (also auch der in vielen Wirbellosen lebenden Zooxanthellen!) eine wichtige Energiequelle   Mayland

feststellen, um wieviel Grad die Karbonathärte noch aufgestockt werden muß. Der Handel bietet inzwischen solche KH-Bildner an, die dazu angelegt sind, die vorhandene Karbonathärte im Meerwasser zu erhöhen.

Es ist also wichtig, will man den pH-Wert stabil erhalten, sich mit der vorhandenen Karbonathärte zu befassen – sie zu messen und, im Falle nicht ausreichender Höhe, mit den richtigen Materialien nachzudosieren. Der Eintrag des vorher erwähnten Bodengrundes oder Hintergrundmaterials bleibt dabei unberücksichtigt. Beide dienen als Substrate für die Nitrifikationsbakterien. Es ist durchaus möglich, daß man in einem, seit längerem in Betrieb befindlichen Aquarium den pH-Wert nicht stabil erhalten kann, weil in der Lebensgemeinschaft seiner Bewohner laufend geringe Säuremengen produziert werden, die Karbonate binden, welche der pH-Wert-Pufferung verlorengehen.

Aquarianer fragen sich oft, wieso in einem normal geführten Becken der pH-Wert fallen kann. Es ist ihnen bekannt, daß als Endprodukt des Stickstoffabbaus Nitrat steht. Nitrate aber sind die Salze der Salpetersäure (HNO_3), einer starken Mineralsäure, die sich dann, wie erwähnt, an Karbonate bindet und damit deren Pufferkapazität herabsetzt. Auf diese Weise stellt sich im Aquarienwasser ein Abfall des pH-Wertes ein. Fehlende Karbonathärte macht Leitungswasser ›weich‹, wie jede Hausfrau bestätigen wird. Weist das Leitungswasser dagegen eine hohe Karbonathärte auf, so mag es

Einige Arten von Blattalgen:

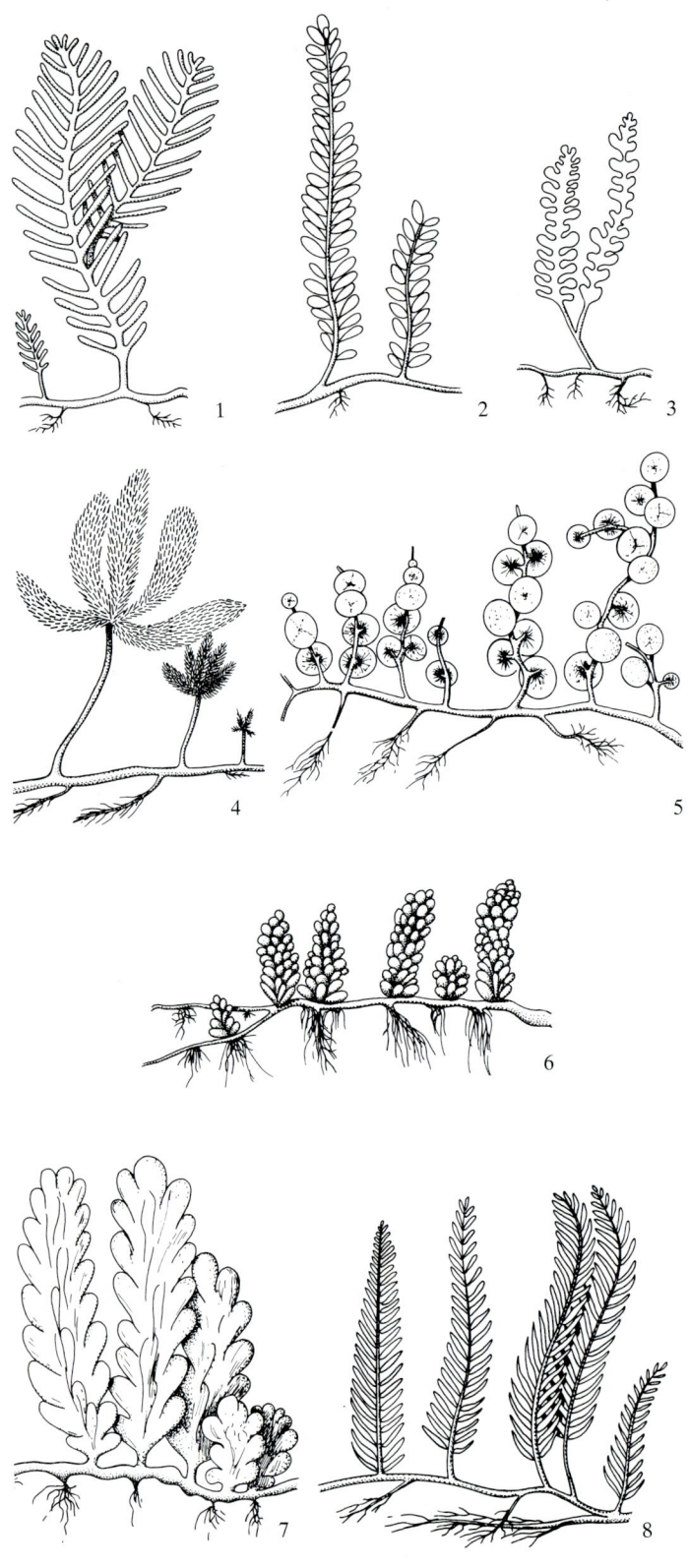

1 – *Caulerpa ashmeadii*, 2 – *Caulerpa cactoides*, 3 – *Caulerpa crassifolia*, 4 – *Caulerpa macrodisca*, 5 – *Caulerpa racemosa*, 6 – *Caulerpa paspaloides*, 7 – *Caulerpa scalpelliformis*, 8 – *Caulerpa setularoides* Bleichner

für die Hausfrau weniger ideal sein, für das Ansetzen von Meerwasser ist es hingegen bestens geeignet. Vergessen wir den vorher erwähnten Begriff der Gesamthärte. Er hilft uns hier nicht weiter. Die Karbonathärte läßt sich mit den im aquaristischen Handel erhältlichen Schnelltests problemlos ermitteln. Ist ein pH-Wert einmal abgesunken, so kann man ihn mit einem KH-Bildner (zum Beispiel von Dupla) wieder auf die gewünschte Höhe bringen. Der Hersteller empfiehlt allerdings, in einer vorausgegangenen Analyse die Gründe dafür festzustellen, warum die Karbonathärte im Aquarienwasser nicht stabil ist.

Ein Aquarium ist kein Mini-Ozean, das sollte jedem bewußt sein! Die Größenverhältnisse zwischen Aquarium und Ozean bereiten hingegen – trotz vielerlei Aufklärung – einigen Aquarianern Probleme, wenn diese nicht einsehen wollen, daß sich beispielsweise ein sehr hohes Vorkommen an Fischen, wie man es von bestimmten Riffabschnitten persönlich oder auf Fotos kennengelernt hat, nicht ohne weiteres auf aquaristische Verhältnisse übertragen läßt. Was aber ist eine ›ausgewogene Fischmenge‹? Theoretisch könnte man die Zahl der Fische für eine bestimmte Menge Wasser nach deren Gesamtgewicht bestimmen. Das hätte aber sicher wenig Sinn, denn die Fische verändern ihr Gewicht, weil sie wachsen und – wer wiegt schon Fische? Man kann sich also nur auf eigene Schätzungen verlassen, wobei man ›im Zweifelfalle für den Angeklagten‹ entscheidet, was heißen soll, daß man die Menge des Wassers kaum verändern kann, dafür aber die Menge der eingesetzten Tiere möglichst klein halten. Wie stellte bereits der Dichter Lessing fest (der kein Meerwasseraquarianer sein konnte)? „Weniger wäre mehr!" Dabei muß man berücksichtigen, daß viele kleine Fischchen wahrscheinlich nur eine quantitativ geringe Menge Kot usw. abgeben. Ein (gewichtsmäßig) etwa gleichwertiger größer werdender Fisch, der sich noch im Wachstum befindet und daher ein besonders guter Fresser ist, kann dagegen das Wasser durch seine Kotabgaben stärker belasten. Die Wasserverschmutzung m u ß also nicht eine Frage der Quantität an Fischen sein.

Um das Wasser auch nur einigermaßen in einem Gleichgewicht zu halten, sollten sich der Anfall an Giftstoffen (verursacht durch Verdauungsrückstände der eingesetzten Tiere), ihre mögliche Entfernung aus dem Wasser (Filtern und Abschäumen) sowie der bakterielle Abbau (Mineralisation) soweit wie möglich die Waage halten. Je größer dabei die zur Verfügung stehende Wassermenge ist, um so einfacher ist es, diesen Prozeß erfolgreich in Gang zu halten. Wem es beispielsweise möglich ist, ein Zimmeraquarium mit einem im Freien befindlichen oder starkem Kunstlicht ausgesetzten Algenbecken (ohne Fischbesatz) mit Hilfe einer Pumpe in den Kreislauf zu bringen, hat bereits gute Voraussetzungen dafür geschaffen. Höhere Pflanzen, wie man sie etwa im Süßwasseraquarium als Gehilfen für die Wasserverbesserung wie auch aus optischen Gründen einsetzt, kennen wir im Meerwasseraquarium nicht. Anstelle der höheren Pflanzen sind aber die verschiedenen Algenarten im Einsatz, denen es allerdings auch oft so ergeht wie den höheren Pflanzen im Süßwasserbecken: Sie werden von den Bewohnern verspeist. Zu denjenigen, die ein teilweise (!) vegetarisches Leben führen und daher gelegentlich von den verschiedenen Algenarten naschen, gehören in erster Linie Doktorfische und bestimmte Arten von Seeigeln.

Algen produzieren mit Hilfe des Lichts aus anorganischen Substanzen über das Blattgrün organische Stoffe (Eiweiße, Stärken und Zucker). Diese Fähigkeit hat die Pflanze (eine ›höhere‹ wie eine ›niedere‹) den Tieren voraus. Bei der Assimilation – so wird der Umwandlungsprozeß genannt – wird mehr Kohlensäure benötigt, als die niedere Pflanze oder Alge abgibt (ausatmet) und mehr Sauerstoff frei als sie braucht (einatmet). Da die Fische mehr Kohlensäure ausatmen als die Algen, kommt diese Kohlensäure der Assimilation zugute, während das bei diesem Vorgang abgebaute Mehr an Sauerstoff der Fischatmung zustatten kommt. Algen und Fische ergänzen einander ebenso, wie das die höheren Pflanzen und die Fische in einem Süßwasseraquarium tun. Dabei wird vorausgesetzt, daß sie in einem ausgewogenen Verhältnis zueinander stehen. Theoretisch wäre in diesem Fall das vielstrapazierte ›biologische Gleichgewicht‹ tatsächlich hergestellt. Leider wirken aber zu kleine Becken einerseits oder zu starker Fischbesatz andererseits dem meist entgegen. Ich konnte auch schon Becken begutachten, die, bedingt durch den Einsatz eines großräumigen, in sich aber gut abgeschotteten Rieselfilters, dem Ideal recht nahe gekommen waren.

Sollen bestimmte Algenarten in einem Aquarium gezielt kultiviert werden, so stößt man oft auf Schwierigkeiten. Das ist auch meist nur mit höheren Grünalgen möglich, die sich hauptsächlich dann erhalten oder vermehren lassen, wenn relativ geringer Fischbesatz vorhanden ist. Nur Fische und Niedere (wie Seeigel), die sehr wenig Algen fressen oder sie auch sonst nicht schädigen, kann man in solchen Becken halten. Sehr gut lassen sich daher einige der bekannteren Algenarten in speziellen Niedere-Tiere-Becken ansiedeln. Natürlich sind auch hier die der Familie der Grünalgen (Chlorophyceae – mit etwa 5 000 Arten, davon die weitaus größere Zahl im Süßwasser) zu bevorzugen, wie *Caulerpa prolifera*, *C. ashmeadii*, *C. crassifolia*, *C. fastigiata*, *C. macro-*

Stypopodium zonata aus dem Indischen Ozean und aus der Karibik in den unterschiedlichen Wachstumsphasen

Tomey 59

disca, C. paspaloides, C. sertularoides, C. simplex, C. racemosa und wie sie alle heißen mögen. Besonders die zuerst genannte Art hat häufig Einzug in die Aquarien gefunden, während die anderen mehr den Spezialisten vorbehalten bleiben. Diese *Caulerpa*-Arten nennt man auch ›Kriechsproßalgen‹; sie vermehren sich durch kriechende Triebe. Dabei können sie Felsen und Korallenstöcke überziehen, aber auch ganze Sand- oder Grusflächen mit ihren Trieben förmlich bedecken. Die aufrecht im Wasser stehenden wedelnden Triebe dieser Algenarten können sehr unterschiedlich sein. Lange Proliferatriebe erinnern an Schraubenvallisnerien des Süßwassers, Sertularoides- und Ashameadiitriebe erinnern an feine Tannenzweige, während *C. paspaloides* in den USA beispielsweise als ›Meeres-Christbaum‹ gehandelt wird. *Stypopodium zonata* (vergleiche Farbbilder) erinnert dagegen in ihren unterschiedlichen Wuchsformen an verschiedene Kakteenarten- oder -hybriden, wie wir sie als ›Weihnachts- oder Osterkaktus‹ (*Zygocactus [Epiphyllum], Rhipsalidopsis*) kennen.

Zur Freude vieler Algenpfleger brauchen die *Caulerpa*-Arten nicht allzuviel Licht; sie wuchern allerdings an den Stellen, an denen die Beleuchtung kräftiger einstrahlt, was bei Niedere-Tiere-Becken mit ansteigenden Steinaufbauten meist am rückwärtigen oberen Aufbau der Fall ist.

Algen haben Feinde, und Algen können andere Lebewesen schädigen. Zu ihren Feinden gehören bestimmte Seeigel, wie beispielsweise *Tripneustes gratilla*, der gelegentlich eingeführt wird. Solche bei gutem Algenwuchs meist ausgezeichnet haltbaren Pfleglinge können, zu mehreren in einem nicht zu großen Becken, einen *Caulerpa*-Rasen in kurzer Zeit ›abernten‹, weshalb ein Zusammenleben im ungünstigen Verhältnis zueinander immer zugunsten der Seeigel ausgehen muß. Viele der Tiere tarnen sich mit den blattartigen Trieben, indem sie sich darin einwickeln.

Algen brauchen Ruhe, um gut zu gedeihen. Auf starke Sauerstoffanreicherung und das damit verbundene Ansteigen des Redoxpotentials reagieren die Caulerpen (und eine Reihe anderer Algen) ebenso empfindlich wie auf intensive Filterung mit frischer Aktivkohle, die ihnen – logischerweise – die Nährstoffe entzieht. Andere Grünalgen, und hier besonders die grünen Fadenalgen, erweisen sich in der Pflege stets dann als heikel, wenn das gewohnte Milieu verändert wird. Das muß nicht nur eine Frage des Lichtes sein, sondern kann auch – wie erwähnt – durch Einsatz einer frischen Filtermasse, Ozonisierung (Sauerstoffanreicherung), Verwendung von UV-Licht, Ersatz von verdunstetem Wasser oder ganz einfach durch einen – meist größeren – Fisch hervorgerufen werden.

Auf Gifte, wie das in früheren Jahren häufiger verwendete Kupfersulfat oder ähnliche Lösungen reagieren die meisten Algen negativ. Die Becken zeigen dann bald nach der Anwendung ein trostloses Bild. Ehe danach wieder Algen wachsen, muß schon einige Zeit vergehen! Daß Algen nicht nur gute Freunde sein müssen, wissen vor allem auch die Süßwasseraquarianer. Wenn hier bisher von den beliebteren Grünalgen im Meerwasseraquarium die Rede war, so muß man erstens daran denken, daß es auch Vertreter anderer Gruppierungen gibt, die den Aquarianer das Fürchten lehren können, und zweitens können auch die erwähnten Grünalgen dann Schaden anrichten, wenn sie an den falschen Stellen überhand nehmen und beispielsweise kleinbleibende Wirbellose mit ihren kriechenden Sprossen ersticken. Dies ist leider häufiger der Fall, als man gemeinhin annehmen könnte.

In kleineren Becken kann ein besonders starker Algenwuchs auch negative Folgen haben. Das ist dann der Fall, wenn das Aquarium zum Beispiel über lange Zeit starker Sonnenbestrahlung ausgesetzt ist und nur wenige Tiere darin gepflegt werden. Ein Extremfall – sicher, aber man sollte so etwas wissen. In einem solchen Fall kann sich der pH-Wert in gefährliche Höhen von 8,6 bis 8,8 steigern. Ein langes, vor allem aber extrem kräftiges Beleuchten kann einen ähnlichen Effekt hervorbringen, weil das überdimensionierte Licht dann die Photosynthese zu stark anregt.

Es gibt Freunde der Meerwasseraquaristik, die schwören auf die Wirkung eines sogenannten Algenfilters bei der Wasseraufbereitung. Nun, die Wasseraufbereitung kann viele Wege gehen, und der Einsatz eines solchen Filters, bei dem das vom Hauptbecken abgeleitete Wasser durch ein weiteres Becken läuft, das einen starken Algenwuchs aufweist, ist einer davon. Eine zweite Möglichkeit besteht darin, das abgeleitete Wasser über eine sehr breite, rauhe, nur schwach abfallende Fläche zu leiten und diese kräftig zu beleuchten, so daß sich hierauf Algen bilden können. In beiden Fällen sind die jeweiligen marinen Algentypen (im ersten Fall *Caulerpa*-Algen, im zweiten Fadenalgen) in der Lage, bestimmte Stoffe, die sich mit der Zeit schädlich konzentrieren, abzubauen.

Steigt nun, wie erwähnt, durch eine zu hohe Lichtdosierung der pH-Wert in überdurchschnittliche Höhen, so wäre es möglich, durch zusätzliche CO_2-Gaben den gewünschten Durchschnittswert wieder auf 8,2–8,4 zu senken. Der Eintrag von Kohlendioxid (zu Kohlensäure gelöst) hat sich in der Süßwasseraquaristik sehr zum Vorteil der Aquarienpflanzen durchgesetzt. Wie man weiß: (Kohlen-)Säure drückt den pH-Wert. Man muß sich deshalb die Frage stellen, ob es sinnvoll und den (erwünschten) Algen wirklich dienlich ist, auch im Meerwasser-Aquarium CO_2 einzusetzen. Ein Thema, das im Abschnitt über die meeresaquaristische Wasserpflege erneut aufgegriffen wird.

In neueingerichteten Aquarien stellt sich bei kräftiger Beleuchtung und ebensolcher Wasserumwälzung bereits nach einer Reihe von Tagen bzw. wenigen Wochen Algenwuchs ein. Das ist besonders dann der Fall, wenn das Beckenwasser ›geimpft‹ wurde. Fast immer handelt es sich bei diesem ersten Bewuchs um Kiesel- oder Spaltalgen. Kieselalgen (Diatomeen) bilden sich abhängig von der im Ursprungswasser vorhandenen Menge an Kieselsäure, aufgebaut aus Siliziumdioxid (SiO_2-Ionen) und Wasser.

Ist nach einiger Zeit der Vorrat an dieser Säure verbraucht, bilden sich auch diese Algen zurück. Je nach Wohngebiet kann die im Leitungswasser gelöste Menge an Kieselsäure recht unterschiedlich sein (sie schwankt meist zwischen 5 und 40 mg/l). Mit jedem Nachfüllen verdunsteten Wassers gelangt eine weitere Menge dieser Säure ins Aquarium. Da in vielen Gebieten das Ausgangs(= Leitungs)wasser nicht nur reich an Kieselsäuren ist, sondern auch Nitrate und Phosphate noch zu hohe Werte aufweisen, sind auch viele Meerwasseraquarianer inzwischen dazu übergegangen, voll entsalztes Wasser zu verwenden.

So häßlich die als ›Schmieralgen‹ bezeichneten Bewüchse im Aquarieninneren auch sind, eine biologische Funktion durch starke Assimilation erfüllen sie schon. Der Einsatz von modernen HQI- oder Halogen-Metalldampflampen fördert das Wachstum der Kieselalgen, ihre starke Sauerstoffproduktion läßt sich deutlich an der Blasenbildung erkennen — oft ist diese Produktion unerwünscht hoch und schadet verschiedenen Blumentieren.

In Aquarien, in denen das Wassermilieu in der erwähnten Weise gestört ist, zählen die Kieselalgen meist zu den mit einfachen Mitteln am wenigsten zu vertreibenden, weil härtesten Algenarten. Früher half man sich durch Einsatz von Ozon und dem damit verbundenen Anheben der Oxidationsstufe. Diese Methode konnte sich jedoch weniger durchsetzen, weil sie das Übel zwar bekämpft, seine Ursache jedoch nicht abstellt. Die einzig sinnvolle Möglichkeit besteht darin, die Kieselsäure gar nicht erst ins Aquarienwasser gelangen zu lassen bzw. ihren Gehalt im verwendeten Ausgangs- bzw. Leitungswasser auf unter 10 mg/l zu halten. Dies gilt verständlicherweise auch für das Nachfüllen verdunsteten Wassers.

Vor der Weiterverwendung vollentsalzten Wassers, dem bei diesem Vorgang auch die Karbonathärte entzogen wird, muß jedoch darauf geachtet werden, daß in dem daraus angesetzten künstlichen Meerwasser wieder ein Karbonatgehalt um 7−9 °dH eingestellt wird, wie man ihn meist in tropischen Meeren antrifft. Nur so ist die Gewähr dafür gegeben, daß der pH-Wert nicht abfällt, sondern sich im natürlichen Bereich zwischen 8,2 und 8,4 einpendelt.

Im Gegensatz zu Kieselalgen treten die Spaltalgen in vielen Farben auf. Sie können ockerfarben, hell-, mittel- oder dunkelgrün, rot, violett oder braun sein. Ihre Assimilationspigmente ermöglichen so das Ausnützen der verschiedenen Lichtfarben (siehe ›Beleuchtung‹). In der Zeit des ›Einfahrens‹ eines neu eingerichteten Aquariums und möglicherweise dazu noch eines ebenfalls neu eingerichteten Biofilters kann man nicht erwarten, daß die Natur ein kurzfristiges Wunder vollbringt: Alles braucht seine Zeit, und die Biologie von Becken und Filter muß sich Schritt für Schritt formieren. Da kann der pH-Wert nicht vom ersten Tag an stimmen, weil die anfallenden CO_2-Mengen im Verbund mit der vorhandenen Karbonathärte dafür verantwortlich sind, die ersten aber mit der Bildung aerober Bakterienkolonien mehr und mehr anfallen, den pH-Wert unter dem gewünschten Wert halten und gleichzeitig die Algen düngen. Andererseits sorgen diese Algen bei hoher Assimilation durch entsprechenden Kohlensäurebedarf für eine entsprechend starke Sauerstoffabgabe. Leider muß man in diesen Algen aber auch einen Feind der eventuell eingesetzten *Caulerpa*-Arten sehen, die sie mit einem dunklen Mantel überziehen können und somit zum Absterben bringen. Abgelöste ›Fladen‹ dieser Algen können sich in einer Aquarienecke sammeln und zersetzen, oder unter ihrem blasenartig abgehobenen Polster bilden sich Gase, die das bestehende Wassermilieu dann erheblich stören.

Nehmen solche Algenpakete im Becken überhand, so muß man sie entfernen. Das einfachste Mittel dazu ist ein Stück von einem Gartenschlauch, das man gegen die Algenpartie hält und mit dem man die locker sitzenden Stücke absaugt, wobei man das (gute) Wasser verständlicherweise nicht fortschüttet, sondern auffängt und dem Beckenwasser wieder zuführt. Auf diese Weise kann man nicht nur einzelne Algenpartien, sondern auch alle im Aquarium vorhandenen Stein- oder Korallenpartien von den ungeliebten Algenfladen befreien.

Man sieht, daß der von vielen Meerwasser-Aquarianern gebrauchte Satz: „Je schöner, um so heikler..." nicht allein für die Fische zutrifft sondern auf viele Bereiche anwendbar ist. Auch die unsichtbaren Prozesse, auf die noch in folgenden Abschnitten einzugehen ist, können Probleme aufgeben, deren Herr zu werden oft keine Kleinigkeit ist.

Das Aquarium – ein Meerwasserbehälter

Unser Meerwasseraquarium ist ein winzigkleiner Behälter, wenn man die Verhältnisse im Riff zugrunde legt – selbst wenn das Becken noch so groß ist. Für die ›Umwelt‹ in der Wohnung bedeutet der Zusatz ›Meer‹, daß im Umgang mit dem salzhaltigen Wasser größere Sorgfalt geübt werden muß als man das vom Süßwasseraquarium gewohnt ist: Meerwasser ist sehr aggressiv gegenüber fast allem, mit dem es in Berührung kommt. So ist es logisch, daß versehentlich ausgeflossenes Salzwasser einen wesentlich höheren Schaden anrichten kann als Süßwasser, einen Schaden, der gegebenenfalls noch lange Folgen zeigt. Der Abschluß einer ausreichenden und speziellen Haftpflichtversicherung ist daher jedem Aquarianer dringend anzuraten.

Die einschlägige Industrie hat in den letzten Jahren ein umfangreiches meerwasserfestes Zubehör entwickelt, und wer die Entwicklung der letzten Jahrzehnte mitverfolgt hat, weiß, welche Umwege viele Hersteller von Aquarien und Zubehör gehen mußten, bevor sich neu entwickelte und resistente Kunststoffe anboten.

Nicht nur für die Süßwasseraquaristik brachten neue Kunststoffe riesige Vorteile: Die oft gescholtene chemische Industrie schuf in vielen Fällen erst die Voraussetzungen für problemlose Hälterungsmöglichkeiten. Was wäre die Aquaristik heute beispielsweise ohne den Silikonkautschuk? So sind es auch heute überwiegend die sogenannten Nur-Glas-Aquarien, mit denen die Aquarianer ihre Liebhaberei betreiben. Nur-Glas-Aquarien haben sich über Jahrzehnte als überaus stabil erwiesen, vorausgesetzt, sie wurden solide – um nicht zu sagen ›professionell‹ – hergestellt. Gegenüber den ehrwürdigen Behältern mit Eisenrahmengestell wirken diese Becken wesentlich eleganter, was man übrigens auch von den neueren Rahmengestell-Aquarien (mit eloxierten Alu-Profilen) sagen kann.

Es gibt im Handel nach wie vor Leuchtkästen als Abdeckung für Meerwasseraquarien, doch hat sich in den letzten Jahren ein Trend zu relativ großen Becken durchgesetzt, bei denen die angebotene Lichtmenge aus den erwähnten Abdeck-Leuchtkästen nicht mehr ausreicht. Wenn man sich also vor der Anschaffung Gedanken über die Größe eines Meerwasseraquariums macht, soll man die Beleuchtung dieses Beckens nicht außer acht lassen. Wie auch bei der Süßwasseraquaristik ist die Beleuchtungsanlage ein entscheidender Faktor – nicht nur in der Anschaffung, sondern auch bei den laufenden Kosten.

Besonders große und vor allem eingebaute Becken kann man nach wie vor aus Asbestzement bauen. Diese Behälter haben den Vorteil, daß sie weniger stoß- und spannungsempfindlich sind, und sich dicke Platten neben dem Kleben noch verschrauben lassen. Der Nachteil solcher Aquarien liegt allein darin, daß sie nur eine Sichtscheibe an der Vorderseite aufweisen.

Es hat sich inzwischen herumgesprochen, daß man Vorsicht beim Zersägen und Bohren von Asbestzement walten lassen muß. Die feinen Staubpartikel sollen krebserregend sein. In der einschlägigen Industrie werden daher besondere Vorsichtsmaßnahmen im Umgang mit dem Material getroffen, wenn es gesägt oder gebohrt wird. Man soll daher die Teile genau ausmessen, um sie fertig und maßgerecht zu beziehen. Einmal zusammengesetzt, verklebt und mit Flüssigkunststoff isoliert und deckend gestrichen, stellt das Material keine Gefahr dar. Über den Umgang mit dem Glas und Eternit (= Asbestzement) und die Herstellung solcher Becken informiert Sie ein kleines und preiswertes Buch (MAYLAND: ›Aquarianers Bastelbuch‹, Philler-Verlag, Lehrmeister-Bücherei, Minden).

Aquarienabdeckung? Ob man ein Aquarium abdeckt oder nicht, ist eine Ermessensfrage. Beide Methoden haben Vor- und Nachteile. Bei großflächigen Becken benötigt man auch relativ großflächige Abdeckscheiben, die aus stabilerem (sprich: kräftigerem – dickerem) Glas hergestellt sein müssen und somit schwerer sind. Scheiben haben den Nachteil, von innen zu beschlagen, Salz setzt sich ab und verhindert das Eindringen des Lichts aus den Lampen darüber. Andererseits stellen Abdeckscheiben einen Isolator dar, der verhindert, daß erstens verdunstendes Wasser und zweitens Wärme aus dem Becken entweichen.

Läßt man Abdeckscheiben fort, geht ein Teil der erwähnten Isolation verloren – aber so schlimm ist es nun auch wieder nicht! Ein wichtiger und unübersehbarer doppelter Vorteil zeigt sich: der direkte Zugriff zum Becken und der von keinem Hemmnis beeinträchtigte Lichteinfall. Wasser, das verdunstet, kann man nachfüllen, und von ständig sprudelnden Ausströmern, wie man sie noch vor Jahren für unentbehrlich hielt, ist man inzwischen auch abgekommen. Eines sollte man jedoch bei größeren wie bei kleineren Becken ohne Abdeckscheibe beachten: Es gibt Fische und Niedere Tiere, die bei Bedrohung zuweilen ›über Bord‹ flüchten möchten. Um dem vorzubeugen, setzt man einen Glas- oder

Kunststoffzargen rings um das Becken, und nur demjenigen, der Tintenfische (*Octopus* spec.) pflegen möchte, wird ein Zargen wenig nützen, weil die Kopffüßer sich mit Hilfe ihrer Saugfüße darüber hinwegsetzen könnten. Für diese Tiere ist eine Abdeckscheibe zwingend notwendig.

Die Einrichtung des Aquarieninneren ist, wenn alles ›passen‹ soll, nicht immer so einfach, wie man annehmen könnte. Es ist nämlich nicht mit ›... man nehme ...‹ getan. Zunächst soll einmal geprüft werden, welches Einrichtungsmaterial zur Verfügung steht oder was wirklich zu beschaffen ist. Sicher haben die meisten Aquarianer vor dem Einrichten ihres Beckens eine bestimmte Vorstellung, etwa weil sie schon einmal bei Freunden oder in einem Zoo bestimmte Anregungen bekommen haben.

Bei der Einrichtung gibt es verschiedene Punkte zu beachten: Sie muß vom Material her den späteren Bewohnern genehm und zudem biologisch einwandfrei sein, sie muß einigermaßen gut zu handhaben sein, und ihr Gewicht − ja, das ist eine besondere Sache. Wenn ich von der Einrichtung spreche, dann sind Steine oder Korallen gemeint. Hinzu kommt der Bodengrund. Steine? Aber was für welche? Ja..., und dann die herrlichen Korallen! Riffe bestehen doch nur aus Korallen und Korallengestein!

Natürlich kann man Gerippe toter Steinkorallen ebenso wie Hornkorallen bei bestimmten Händlern erwerben. Korallenbruch vielleicht noch am preisgünstigsten; sogenannte Schaustücke zu einem weitaus höheren Preis. Nun, tote Korallen sind sicher für viele schöne Dekorationsgegenstände, und die Fische halten sich auch gern im Bereich dieser (dann meist lebenden) Kalkgeäste auf. Dem Aquarianer aber, der vielleicht schon bald einen kranken Fisch aus dem Becken fangen muß, sind Korallengerippe dabei dann große, fast unüberwindliche Hindernisse. Das sind natürlich alles Erfahrungsergebnisse, die hier mitgeteilt werden. Kalksteine, wie man sie bei vielen Importeuren ebenfalls kaufen kann, haben sich dagegen als naturgegebener, in der Handhabung mit Netzen praktischer und als dekoratives Element fast ebenso brauchbar erwiesen. Nun sind die erwähnten Steine nicht Kalksteine schlechthin. Die richtigen standfesten Stücke sind zuweilen teurer als Korallenskelette, da sie als ›Lebende Steine‹ hier ankommen. Nach einer gewissen Zeit, wenn aus irgendeinem Grund das Leben erlischt, werden sie aussortiert und zu reduzierten Preisen verkauft. Solche Steine sind am besten geeignet. Zuweilen wird aber auch einfaches trockenes Riffgestein importiert, wie es die Bewohner im Bereich von Riffgebieten zum Bau von Straßen und Mauern verwenden, das ebenfalls gut zur Einrichtung geeignet ist.

Eine besondere Bedeutung hat für viele Aquarianer das Loch- oder Dolomitgestein. Es ist nicht direkt dem Meer entnommen, hat jedoch eine große Dichte und ist entsprechend schwer. Der Vorteil dieser gewichtigen Steinbrocken sind ihre oft kreisrunden Durchbrüche, die Unterstände für die Fische und bestimmte Wirbellosen bilden und somit von diesen gern besetzt werden. Beim Einbringen solch schwerer Steine ist besonders darauf zu achten, daß durch die punktförmige Belastung der Bodenscheibe keine Spannungen entstehen, die feine Risse im Glas zur Folge haben könnten. Man hilft sich dadurch, daß man die Auflagen solcher Steine ›abpuffert‹, sie mit einer Kunststoffplatte aus Hart-PVC oder Plexiglas unterlegt und so das Gewicht verteilt.

Tuffgestein gehört für viele zum bevorzugten Material für den Unterbau. Es ist auch oft durchlöchert und bietet sich Blumentieren und anderen Wirbellosen als Substrat an.

›Lebende Steine‹ sind ein Begriff für ein Konglomerat der Riffe, ein Gemisch aus abgestorbenen Korallenpartien und existierendem niederen Leben. Steine können natürlich nicht leben, wie der Name glauben machen könnte. Doch soll mit diesem Begriff auch nur ausgedrückt werden, daß sich Leben auf ihnen und in ihren Höhlungen befindet. Diese Steine sind nämlich nicht so dicht wie etwa ein Granitblock, sondern grob porös mit vielen Löchern und Durchgängen. Untersucht man diese Steine näher, so stellt man fest, daß sie aus vielerlei Abfallprodukten des Meeres bestehen, die hier in einem natürlichen Prozeß zusammengepreßt und -gewachsen sind: Korallentrümmer, leere Schnecken- und Muschelgehäuse, leere Kalkröhren und Ähnliches. Meist haben Kalkalgen bei einem solchen Zusammenschluß mitgewirkt. Viele solcher Steine haben sogenannte Einbrüche; Hohlräume, in denen früher ein Tier gelebt hat, und dessen Wohnröhre nach dem Absterben verfallen und eingebrochen ist. Diese röhrenartigen und sich durch den Stein ziehenden Gänge kommen verständlicherweise den Aquarienbewohnern sehr zustatten. Sie beziehen, ist der Kanal groß genug, hierin ihr Versteck − bei Gefahr ein guter Unterschlupf. Das Leben auf und in den Steinen besteht hauptsächlich aus Mikroorganismen und vielen Algenarten, aber auch größere Wirbellose, wie etwa kleine Krabben, Borstenwürmer, Seescheiden, Schwämme, Moostierchen und Hydropolypen siedeln sich an. Mit den Steinen wird ein kleines Stück Leben aus dem Meer ins Aquarium gebracht. Wer sich die nicht gerade billigen ›Lebenden Steine‹ anschafft, will in erster Linie Mikroleben in die Gesteinswelt seines neu eingerichteten Aquariums inplantieren, vielleicht auch eine Basis schaffen für später einzusetzende heikle Fischarten, die während der

Eingewöhnungsphase nur schwer an Ersatznahrung zu gewöhnen sind. Würde man dagegen ein derart eingerichtetes Becken mit Spezialisten für kleine Nahrung bevölkern, so wäre alles Leben, zumindest auf der freien Oberseite, sehr schnell zu Ende und der gewollte Effekt, eine reichhaltige Mikrowelt sich entwickeln zu lassen, vertan. Wie praktisch von allen Niederen Tieren bekannt, hört auch das Leben in solchen Steinen mit der ›Behandlung‹ durch Kupferlösungen und ähnlichen Giften sehr bald auf.

Zum Aufbau der Einrichtung gehört, daß man die zusammengestellten Stücke je nach Verschmutzungsgrad reinigt und anschließend wässert. Für ›Lebende Steine‹ trifft dies natürlich nicht zu. Je nach Größe und Optik baut man die solideren Stücke derart über der Bodenplatte des Aquariums zusammen, daß sie später und bei größerer Belastung durch weitere Steinaufbauten nicht verrutschen können. Soll eine Kabel-Bodenheizung eingebracht werden, muß darauf geachtet werden, daß die Leitungen nicht von aufliegenden Steinen punktuell zerdrückt werden. Bestimmte Schwachstellen im Steingefüge können im trockenen (!) Zustand mit Silikonkautschuk zusammengehalten und möglicherweise sogar mit der rückwärtigen Scheibe verbunden werden. ›Lebende Steine‹ werden erst dann ins Becken gegeben, wenn der Aufbau unter Meerwasser gesetzt und dieses über einen angemessenen Zeitraum ›eingefahren‹ ist.

Nicht jeder sieht für sein Meerwasseraquarium einen Aufbau aus lose aufeinandergeschichteten Steinen vor oder richtet auf ähnlicher Basis ein spezielles Niedere-Tiere-Becken ein. Für diejenigen, die ein Becken mit viel Schwimmraum möchten, sei auch an dieser Stelle noch einmal die innere Rück- und Seitenwand aus Sedimentgestein und/oder Korallenbruch erwähnt, wie ich sie bereits in der ersten Auflage dieses Buches vor über einem Dutzend Jahren schilderte:

Wenn ein Aquarium eine gewisse Größe von mindestens einem Meter Länge hat und ihm neben genügend Schwimmraum auch ein abenteuerliches, doch natürliches Aussehen verliehen werden soll, verfährt man wie folgt. Zuerst benötigt man eine etwa 4 Millimeter starke Eternitplatte, die genau die Größe der inneren Beckenrückwand haben soll. Man versiegelt sie mit einem transparenten Kunstharz. Nach dem Aushärten der Versiegelung kann der Aufbau des Gesteins und/oder der Korallen auf der Platte beginnen. Dazu rührt man ein Zement-/Sand-Gemisch von 1:3 halbflüssig an und gibt es so dick auf die waagerecht liegende Platte, daß die Schicht etwa einen halben bis einen Zentimeter hoch wird. Die Steine oder Korallen werden Stück an Stück derart in den Brei gedrückt und gegeneinandergeschoben, daß sie später fest zueinander stehen. Man muß dabei beachten, daß die Eternitplatte später, nach dem Aushärten des Zement-/Sand-Gemisches, aufrecht im Becken steht: Die Korallenstücke müssen immer (wie gewachsen) mit den Astspitzen nach oben zeigen, das wirkt natürlich. Stets sollte man auch weiterhin den späteren Stand des Einbaues vor Augen haben und den Aufbau zur Beckenmitte hin so gestalten, daß einzelne Partien weiter ins Becken hineinragen, wodurch diese für den darunterliegenden Teil einen schützenden Überhang bilden. Hier können später Fische stehen, die das helle Tageslicht scheuen und sich auch in ihrem natürlichen Lebensraum tagsüber am Fuße eines Korallenstockes oder gar in einem Versteck darunter aufhalten.

Will man im Anschluß an die Arbeit an der Rückwand auch eine oder beide Seitenwände ähnlich einrichten, so muß man bereits früh genug darauf achten, daß an den Berührungsstellen der Auftrag des Zement-/Sand-Gemisches wie auch des Gesteins und der Korallenstücke so gering ist, daß beide Seiten sich später ohne weiteres zusammenfügen lassen. Nach dem Abbinden des Gemisches, für das man mindestens eine Woche vorsehen sollte, werden die Rückwand-, wie auch mögliche Seitenplatten in trockenem (!) Zustand mit Hilfe von rundum führenden Silikonkautschuk-Wülsten gegen die normalen Rück- bzw. Seitenplatten des Beckens geklebt. Auf diese Weise ist es nötigenfalls später immer möglich, mit Hilfe eines langen Messers beide auch wieder voneinander zu trennen.

Nach mehreren Tagen ist der Kautschuk durchgehärtet, und man kann zum ersten Mal Wasser einlassen – Süßwasser. Ihm gibt man soviel Salzsäure bei, daß eine Lösung von 2 bis 3 % entsteht. Die Säure löst mögliche organische Bestandteile aus den Korallen, Schmutz aus Steinen sowie andere – möglicherweise giftige – Fremdstoffe aus dem Zement. Vorsichtshalber habe ich ein solches Bad mehrere Wochen stehen lassen und zwischenzeitlich erneuert. Mit einer stärkeren Dosierung kann man den Wässerungsprozeß abkürzen. Im Umgang mit der Säure ist selbstverständlich Vorsicht geboten. Bei zu starker Konzentration schäumt die Salzsäure beim Zusammentreffen mit dem Kalk des Zements heftig, giftige Dämpfe entstehen, die nicht nur die Schleimhäute der Augen, sondern zum Beispiel auch verchromte Teile wie Badezimmerarmaturen angreifen. Ist die lange Wartezeit verstrichen, wird das Becken mehrere Male gut mit Süßwasser gespült (jeweils einen Tag stehen lassen). Darauf kann Meerwasser angesetzt werden, und die übliche Einfahrzeit beginnt.

Wie die weitere Einrichtung erfolgt, bleibt der Phantasie des einzelnen überlassen. Über Geschmack läßt sich bekanntlich nicht streiten. In früheren Zeiten (und heute noch in verschiedenen Ländern) fand und findet man es schön, Korallenstöcke bunt einzufärben. Soweit ich das beurteilen kann, ist man in letzter Zeit mehr und mehr davon abgekommen, den bunten Fischen die Schau zu stehlen, und läßt naturgegebenen Farben den Vorrang.

So findet man heute kaum noch tote Korallenstöcke als Teile der Einrichtung in unseren Becken. Sie stören die Fische zwar keinesfalls, doch wenn man einmal mit dem Netz im Becken hantieren muß, entpuppen sich die Stöcke als sehr hindernd, weil sich das Netzmaterial zu oft darin verheddert.

Wer trotz dieser Warnung nicht davon abzuhalten ist, tote Korallenteile in ein Meerwasserbecken zu geben, der achte darauf, daß diese vor dem Einbringen gut zu reinigen sind – und wenn sie noch so ›rein‹ und weiß leuchten mögen. Für jeden, der einmal mitangesehen hat, welche organischen Rückstände (der abgestorbenen Korallenpolypen) aus den Poren der Skelette noch herauskommen, eine Selbstverständlichkeit. Stücke, die bereits in einem Aquarium verwendet wurden, dürften dagegen sauber sein.

Man verwendet zur Reinigung der Steinkorallen (und nur für diese, nicht aber für Hornkorallen!) entweder einen im einschlägigen Handel käuflichen Korallenreiniger oder nimmt dazu Ätznatron. In beiden Fällen handelt es sich um eine ätzende Substanz, die im Wasser (Eimer oder kleine Wanne) zu lösen ist. Bei der Ver-

Verschiedenfarbige Zylinderrosen (*Cerianthus* spec.) und der Kissenstern *Protoreaster lincki*
Mayland

65

wendung von Natronlauge löst man etwa 200 Gramm Ätznatron in 10 Liter Wasser und rührt mehrere Male gut um. Vorsicht dabei!

Gibt man die Korallenstöcke dann hinein (Gummi- oder Plastikhandschuhe überstreifen), so verwandelt sich die Lösung bald in eine stinkende Brühe – ein Zeichen der beginnenden Zersetzung organischer Rückstände in den Skeletten. Der Behälter, in dem man die Korallen über eine knappe Woche stehen läßt, ist aus Sicherheitsgründen unter Verschluß zu halten. Bei besonders stark ›duftenden‹ Stücken kann man die Badezeit auch verlängern. Darauf wird die Koralle mehrere Male gewässert und anschließend noch einmal mit einer Handdusche kräftig durchgespült. Dann kann sie im Aquarium verwendet werden.

Der Bodengrund wird, wie üblich, erst nach dem Einbringen der übrigen Einrichtungsgegenstände eingetragen. In einem Meerwasseraquarium verwendet man dazu keinen kalkfreien Kies (von dem bei Einrichtungsvorschlägen für Süßwasserbecken meist die Rede ist), sondern nimmt natürlichen Korallensand aus dem Meer oder das etwas gröbere Muschelgrus. Die Frage, ob man den Grund in unterschiedlicher Höhe anbringt, stellt sich nur in der Theorie. Meist ist Terrassenbau unerwünscht; auf andere Weise lassen sich aber verschiedene Höhen ohnehin nicht anbringen, weil Fische und einige Wirbellose unterschiedlich hoch eingetragenen Grund ohnehin in kürzester Zeit einebnen.

Eine weitere Frage, nämlich die nach einer Bodendurchflutung zusammen mit der Filterung, ist zwar auch schon häufiger diskutiert worden, doch gehen die Meinungen bei diesem Thema weit auseinander und – zumindestens ich glaube, daß die meisten der in den Raum gestellten Behauptungen am Thema vorbeiführen und eine Argumentation, eine Beweisführung, nicht gegeben werden kann. Kaum ein Bodenfilter arbeitet nach einer gewissen Zeit so, wie es der Hersteller verspricht. In jedem Becken herrschen voneinander abweichende Verhältnisse, die von individuellen Dingen, wie etwa dem Aufbau der Einrichtung, abhängig sind und zum Beispiel auch den Wasserdurchlauf verändern.

Nun ist es aber oft so, daß für bestimmte Wirbellose, wie etwa Zylinderrosen, eine gewisse Mindestgrundhöhe empfohlen wird. Dazu ist anzumerken, daß Zylinderrosen nicht zu den typischen, eigentlichen Riffbewohnern gehören, sondern sich in relativ seichtem Wasser in sandigen oder auch schlammigen Grund einbohren. Dazu muß dieser Grund eine gewisse Mindesttiefe haben. Paßt ihnen die Stelle, in die man sie eingesetzt hat, zum Leben nicht, so beginnen sie zu wandern, sich einen neuen Platz zu suchen, was im Aquarium oft genug zu verschiedensten Problemen führt. Dies mag sicher einer der Gründe dafür sein, daß Zylinderrosen heute kaum noch in sogenannten Niedere-Tiere-Becken gepflegt werden. Wer es doch versuchen möchte, der sollte den Tieren eine abgeteilte freie Stelle abgrenzen, in welcher der feine Sand 10–15 cm hoch liegt, damit die Zylinderrosen hier eine Mindesttiefe für ihre Schleimröhre haben, in die sie sich bei Gefahr zurückzuziehen pflegen.

Die normale Höhe des Bodengrundes muß nicht mehr als 2 bis 3 cm betragen, bei der Einrichtung mit einer Boden-Kabelheizung vielleicht etwas mehr, um das nicht besonders attraktive Kabel zu bedecken. Viele Fische suchen gern den Grund nach allerlei Freßbarem durch; von verschiedenen Lippfischen und auch einigen Arten aus anderen Familien wissen wir, daß sie sich gern in den weichen Grund einbuddeln. Fische sind aber nicht die alleinigen Besiedler des Grundes, vielmehr ist es ein großer Kreis von Organismen, der hier vorkommt, darunter auch aerobe Bakterien, wie wir sie als Helfer bei der Wasseraufbereitung brauchen. Sie können jedoch nicht in einem zusammengepappten, von Fäulnisprodukten durchsetzten, weil zu dick aufgetragenen Grund leben und brauchen zur gesunden Existenz Sauerstoff. Es hat daher wenig Sinn, Bodengrund aufs Geratewohl in der für Zylinderrosen vorgeschlagenen Höhe von 10 bis 15 cm über den gesamten Beckenboden zu verteilen.

Das verwendete Bodenmaterial – feiner Korallensand, Muschelgrus oder eine Mischung aus beiden – muß vor dem Einbringen sehr gut gewaschen werden, damit sich keine schädlichen Rückstände mehr darin befinden können. Es versteht sich, daß auch der Waschbehälter (vielleicht ein Plastikeimer) vor dem Einsatz auf seine Ungefährlichkeit überprüft werden muß. Rückstände eines Putzmittels, Fette oder Ähnliches sind nicht dazu angetan, mit dem Bodengrund ins Aquarium überführt zu werden.

Lockerer Bodengrund wird nach dem Einsatz lebender Tiere stets mit Mulm angereichert werden und muß von Zeit zu Zeit gereinigt werden. Das macht man am einfachsten mit Hilfe einer sogenannten Mulmglocke aus Glas oder Kunststoff, an deren einem Ende ein Schlauch angeschlossen wird. Man zieht eine Portion Wasser mit dem Mulm ab, filtert über ein Sieb oder ein Tuch und gießt das so vom Mulm befreite Wasser darauf wieder ins Becken zurück.

Es gibt viele Wege, dieses oder jenes zu tun. Eigene Ideen, falls sie gut und logisch durchdacht sind, sollte man in die Tat umsetzen, da sie ja meist den individuellen Gegebenheiten angepaßt sind und bei den Überlegungen anderer gar nicht in Erwägung gezogen werden können.

Meeresaquaristische Wasserpflege

Im Gegensatz zu der früher vielfach verbreiteten Meinung, daß ein gut geführtes Meerwasseraquarium nur Geld koste und man ›den ganzen Tag‹ daran arbeiten müsse, weiß man heute, daß Meeresaquaristik einen gewissen technischen Aufwand erfordert (der seinen Preis hat), sich dagegen aber die Arbeit am und mit dem Becken doch sehr in Grenzen hält.

Voraussetzung dafür, ein Aquarium gleich welchen Genres, pflegeleicht einzurichten, ist der Einsatz moderner Technik. Dazu gehören in der Hauptsache Filterung, Abschäumung und Wasserbewegung, Heizung und Beleuchtung. Um alle Funktionen, vor allem die nicht sichtbaren, genauestens überwachen zu können, benötigt man ein Meßsystem oder einen Satz von Meßzubehör, dessen Qualität nicht auf dem untersten (sprich billigsten) Niveau angesiedelt sein sollte, weil Qualität ihren Preis hat und nicht durch ungenau funktionierende fernöstliche oder auch einheimische Billigartikel zu ersetzen ist.

Filterung und Wasseraufbereitung

Beginnen wir mit der Filterung des Aquarienwassers – und da müssen wir bereits bis zu dem Punkt zurückgehen, wo wir den ersten Tropfen Wasser ins Aquarium geben: bei der Aufbereitung des Leitungswassers. Es gibt viele Wege der Wasseraufbereitung, der Filterung. Filtern heißt, mit Hilfe einer besonderen Vorrichtung etwas zurückbehalten. Da man sich heutzutage dabei fast immer der Kraft einer motorgetriebenen Pumpe bedient, wird diese Kraft auch dazu genutzt, das Aquarien- und Filterwasser zu bewegen, es zum Strömen zu bringen und auf diese Weise auch für eine Sauerstoffanreicherung zu sorgen. Nur in Ausnahmefällen verwendet man heute noch Ausströmer und Luftpumpen, die oft doch nur optische Schaumschlägerei betreiben und ›ganz nebenbei‹ auch noch für Verunreinigungen durch Spritzwasser in unmittelbarer Nachbarschaft des Beckens sorgten und Abdeckscheiben nach kurzer Zeit für das Licht nur schwer durchdringbar machten.

Erfahrene Aquarianer trennen sich jedoch nur ungern von solchen Dingen, denn: ...man kann nie wissen! Absolut frei von Pannen ist auch die beste Technik nicht, und da erscheint es immer geraten, funktionierende Geräte, auch wenn sie im Augenblick überflüssig erscheinen, für Notfälle einsatzbereit zu halten.

Wenden wir uns den verschiedenen Filtermethoden zu. Da wäre zunächst einmal der Kreisel- oder Umlauffilter

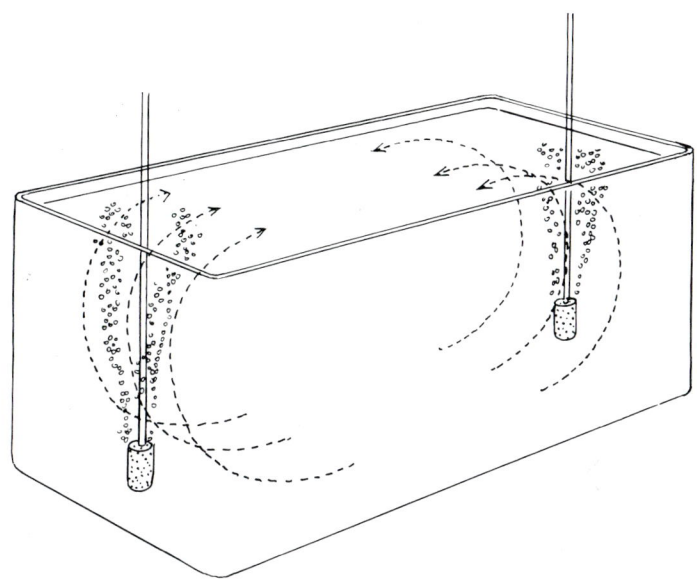

Ins Aquarium gehängte Ausströmer aus porösem Stein- oder Lindenholzmaterial sorgen in erster Linie für Wasserumwälzung. Ihr Nachteil liegt darin, daß die über den Wasserspiegel hochgerissenen Wasserspritzer auch nach dem Verdunsten auf der Abdeckscheibe oder auf Möbeln ihre schädliche Salzkruste hinterlassen   Windscheif

zu nennen. Meist handelt es sich dabei um einen runden Filtertopf unterschiedlicher (weil fabrikatsbedingter) Färbung, dem eine Pumpe aufgesetzt ist. Eheim (grün) bietet hier Altbewährtes und dürfte über die längste Erfahrung im Bau derartiger Geräte verfügen. Ein

Bei den herkömmlichen Langsamfiltern, wie man sie bereits seit Jahrzehnten kennt, wird das gefilterte Aquarienwasser mit Hilfe von Lufthebern (Zeichnung) oder neuerdings auch mit der Kraft einer schwachen Motorpumpe wieder in das Becken zurückbefördert. Der Betrieb solcher Filter ist nur sinnvoll, wenn ihr Behälter ein großes Volumen hat und weitere (Motor-)Pumpen zum Erzielen der im Beckeninneren erforderlichen Wasserbewegung eingesetzt sind   Windscheif

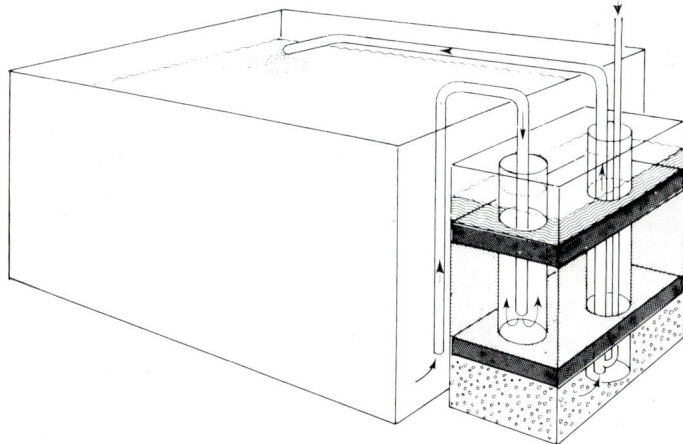

Schlauch- oder Rohrleitungssystem, mit abdichtenden Trennvorrichtungen versehen, sorgt für problemloses Abklemmen des Filters zum Zwecke der Reinigung. Geräte wie beispielsweise die A u ß e n f i l t e r (also auch die mit Kreiselpumpen ausgestatteten von Eheim) haben vor allen Dingen die Aufgabe, den groben

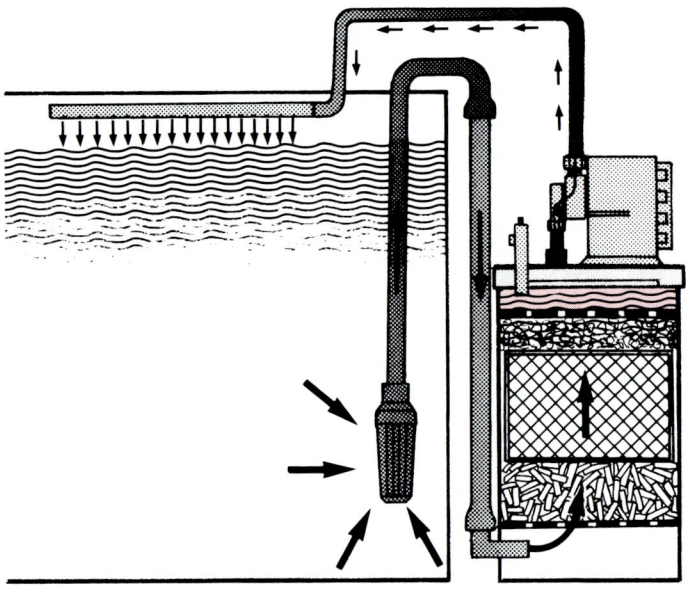

Ein motorbetriebener Außenfilter mit Düseneinspritzrohr. Eheim bietet Deckel an, an deren Unterseite sich ein steuerbares Heizelement befindet. Ob es sinnvoll ist, Filterung und Heizung in einem Gerät zu haben (was tun bei Defekt des einen?), muß jeder selber entscheiden   Bleichner

System eines motorbetriebenen Außenfilters (Eheim) mit Durchlüftersatz und Diffusor. Hierbei wird das Wasser bereits im Becken vorgefiltert. Dies soll verhindern, daß zuviel grober Schmutz durch die Ansaugleitung geführt wird. Es ist jetzt möglich, die zur Belüftung eines sich bildenden Bakterienrasens mit eingeführte Luft auf separatem Wege wieder entweichen zu lassen (Außenleitung). Die über einen Hahn regulierbare Ansaugluft wird über einen Diffusor geleitet und fein im Becken verteilt   Bleichner

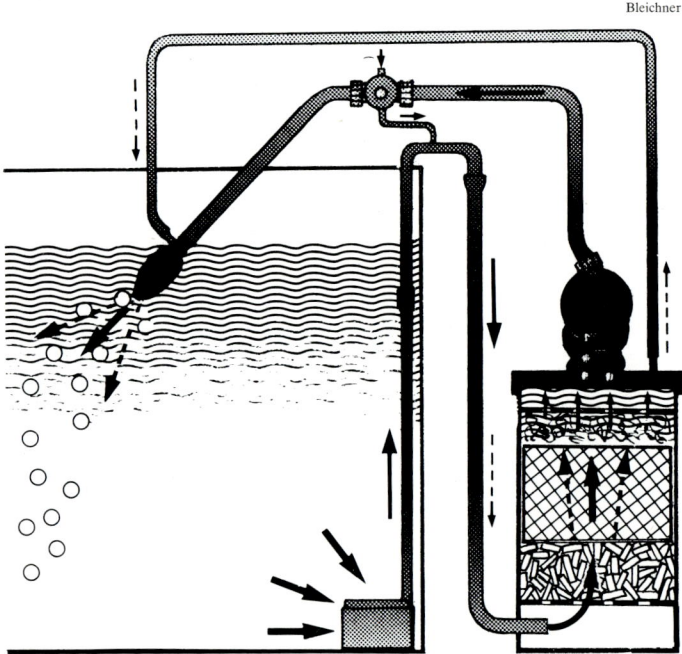

Schmutz aus dem Aquarienwasser zu entfernen. Dazu gehört in erster Linie der bereits erwähnte und praktisch dauernd anfallende Mulm, wie er durch Verdauungsrückstände, abgestorbene und treibende Algen usw. verursacht wird. Normalerweise verwendet man dann als Filtermaterial synthetische Watte, wie wir sie als Perlonwatte im Handel erwerben können. Es hat sich gezeigt, daß es vorteilhafter ist, dieses Material nach der Verschmutzung nicht in einem längerwierigen Prozeß zu reinigen, sondern einfach fortzuwerfen und durch neue Watte zu ersetzen.

Nur in besonderen, aber deshalb keinesfalls unwichtigen Fällen wird über Aktivkohle gefiltert. Spielereien im Einsatz mit den verschiedenen Filterkohlen sind unsinnig, vor allem, wenn man davon ausgeht, daß eine Verwendung von Aktivkohle im Schnellfilter dem Wasser nicht nur den unerwünschten Gelbstich (verursacht durch Harn- und Aminosäuren) entzieht, sondern auch wichtige Spurenelemente. Zudem wird die im Aquarienwasser angestrebte hohe Oxidationsstufe abgebaut, was vielen Grünalgen nicht bekommt. Es empfiehlt sich daher, Aktivkohle nur aus gegebenen Anlässen kurzfristig einzusetzen, beispielsweise dann, wenn durch eine größere plötzliche Verunreinigung (versteckt gestorbener Fisch oder − noch schlimmer − eine tote gammelnde Muschel oder Anemone) das Wasser über ein akzeptables Maß hinaus belastet ist und vom Abschäumer vermutlich nicht allein in kurzer Zeit aus dem Kreislauf befördert werden kann. Akivkohle entfernt neben den erwähnten Trübstoffen und organischen Verschmutzungen auch Spuren von Metallen (was ebenfalls nicht immer erwünscht ist).

Schnellfilter wie die erwähnten können auch als Innenfilter eingesetzt werden. In der Meerwasseraquaristik gibt man jedoch im Dauereinsatz fast immer dem Außenfilter den Vorrang.

S y s t e m f i l t e r nennt Tunze eine neu entwickelte Kombination, deren Herz die seit Jahrzehnten − besonders bei Meerwasserfreunden − im Einsatz befindliche Turbelle ist. Hinzu kommen Schnellwechsel-Filterpatronen, Bio-Reaktoren, ein Osmolator und Abschäumer in extrem flacher Bauweise. Doch während die Turbellen noch in den siebziger Jahren mit einem langen, tief ins Becken hineinragenden Rohr versehen waren, an dem unten der Filtertopf angesetzt wurde, ist die gesamte reinigende und wasserverbessernde Technik beim neuen Systemfilter zum großen Teil über die Wasseroberfläche verlegt worden. Basierend auf einer Anregung, wie ich sie bereits in der ersten Auflage dieses Buches (›Korallenfische und Niedere Tiere‹, 1975, Seite 60) unter der Bezeichnung ›Geräteplattform‹ vor mehr als einem Dutzend Jahren machte, haben Pumpe, Filterpatronen, Bio-

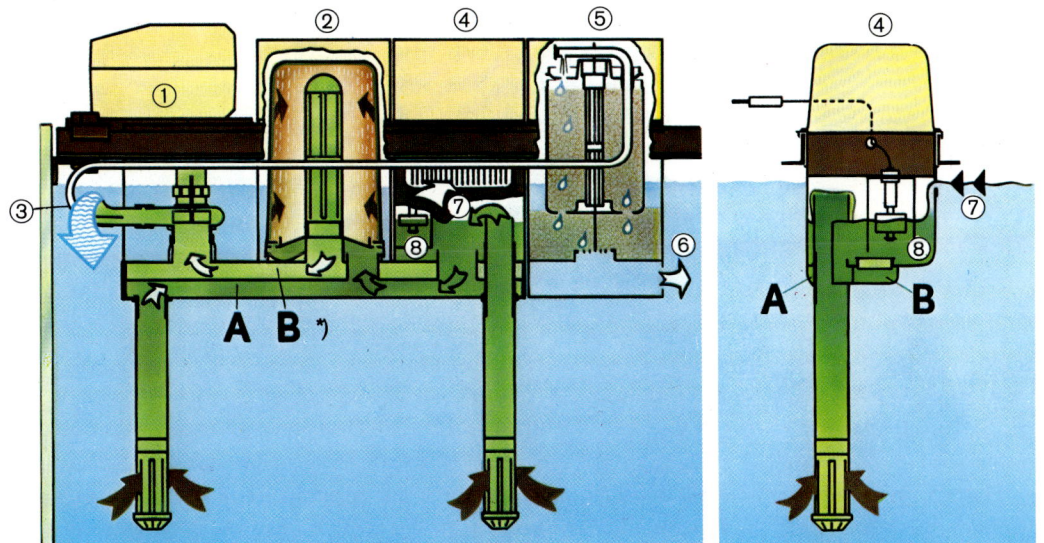

Der Tunze-Systemfilter: Werkgraphik Tunze

① Turbelle-Tauchkreiselpumpe

② Schnellwechselfilter

③ Verteiler: Filter-Biowasser

④ Osmolator

⑤ Bioreaktor
Tropfkörper + Sauerstoff

⑥ Reinwasser-Ablauf

⑦ Oberflächen-Absaugung

⑧ Verdunstungs-Sensor

*) A/B zur besseren Veran-
schaulichung wurde links der
Kanal A unter B gelegt.

Reaktoren, Osmolator und Abschäumer jetzt auf einer solchen Plattform ihren Platz, der wunschweise zu jeder möglichen Größe ausgebaut werden kann. Die Plattform kann auf einer beliebigen Seite des Haupt- oder eines Nebenbeckens eingepaßt werden, und die Reinigung bzw. Auswechslung der Filterpatrone kann nun praktisch ›im Sonntagsanzug‹ erfolgen. Ein einstellbarer Regulator für elektronische Pulsautomatik (›Powertimer‹), verbunden mit einer Futterzeitautomatik, rundet das diesbezügliche Angebot ab.

Der Begriff O s m o l a t o r ist in der Aquaristik relativ neu. Wie sieht sowas aus und was versteht man darunter? Der Name ist von dem Begriff der Osmose abgeleitet. Wir alle wissen, daß ein Teil jedes Aquarienwassers verdunstet. Das Nachfüllen in einem Meerwasserbecken ist zwar kein Problem, weil ›nur‹ das Destillat (reines Süßwasser) verdunstet und die gelösten Salze im Beckenwasser zurückbleiben. Dieses Zurückbleiben der im Wasser gelösten Mineralien ist es aber, denn: Je mehr Wasser verdunstet, um so größer wird unerwünschterweise die Salzkonzentration. Verdunstung schafft somit eine ständige Veränderung des Salzgehaltes, und das in durchaus meßbaren Größenordnungen. Wird nach Tagen wieder mit Süßwasser aufgefüllt, kommt es zu einer erneuten Veränderung – nur in umgekehrter Richtung. Je nach Zusammensetzung des nachgefüllten Wassers (es entweicht praktisch ein Destillat, nachgefüllt aber wird meist mit undestilliertem Wasser) werden zusätzliche Mineralien eingebracht. Man kann mit Hilfe eines Leitwertmessers diese Angaben nachprüfen und wird feststellen, daß – etwa innerhalb einer Woche, und je nach Abdeckung oder nicht – der Leitwert um 5 bis

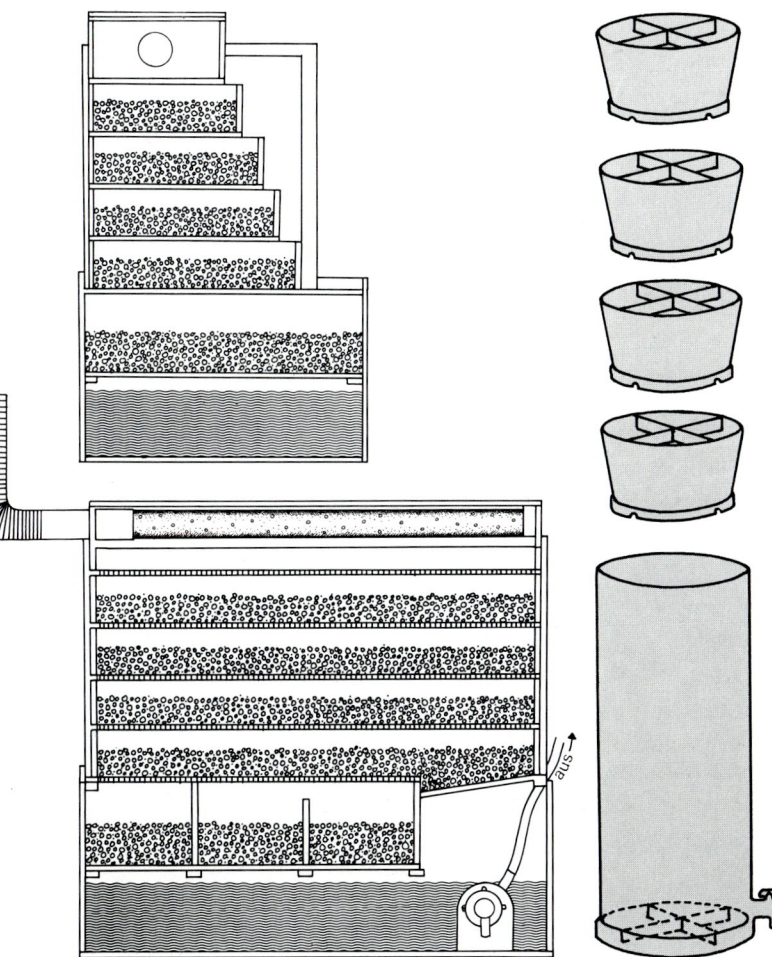

Rieselfilter gibt es in verschiedenen Bauformen, und meist findet man bei den Aquarianern solche, die im Eigenbau hergestellt sind. Über die Frage, welches Substrat (etwa Lavalit oder die sogenannten Biobälle aus Kunststoff) man verwenden soll, gehen selbst die Meinungen anerkannter Experten auseinander. Hier ein Rieselfilter in bewährter Terrassenbauweise und ein anderer in rohrförmiger Bauweise (abdeckbar, daher weniger Wasserverdunstung). Bei jeder Bauform ist es wichtig, daß das Aquarienwasser von einer Etage zur anderen rieselt und dabei Sauerstoff aufnehmen kann. Auch bei diesen Filtern zeigt sich, daß ein Rieselfilter kein Riesenfilter sein muß, nur – trockenliegen darf er auch gelegentlich nicht, weil dann die Bakterienbestände absterben Davidović

69

10 % ansteigt. Für den Organismus der Fische, vor allem aber auch bestimmter empfindlicher Wirbellosen, erfordert jede Änderung der osmotischen Verhältnisse ein ständig neues Anpassen. Derartige Belastungen führen zu Streßsituationen und mancher Pfleger macht sich Gedanken, weshalb dieser oder jener Ablauf im Aquarium nicht so erfolgt, wie das nach seiner Erfahrung der Fall sein müßte.

Kontinuität ist ein Begriff, der für ›Ausgeglichenheit‹ oder ›Gleichmäßigkeit‹ steht und von unseren Politikern oft mit Wunschdenken kombiniert wird. Für Lebewesen aus dem Riff ist Kontinuität, soweit sie die Wasserqualität betrifft, selbstverständlich (von den umweltverschmutzenden Ausnahmen soll hier nicht die Rede sein!). Leitwertmessungen in den Riff-Biotopen, zu denen man wegen der hohen Salzkonzentrationen besondere Geräte verwenden muß, zeigen trotz großer Entfernungen bekannter Rifflandschaften voneinander recht einheitliche Durchschnittswerte zwischen 45 000 und 49 000 µS bei 25 °C, in Ausnahmefällen – etwa in isolierten Becken – kann der Wert sich bis auf 55 000 µS erhöhen oder auch bis etwa 43 000 µS absenken. Dies würde, auf den Durchschnittswert bezogen, einer Dichte von 1,023 bis 1,024 g/ml entsprechen.

Doch zurück zum Osmolator. Diese Geräteeinheit besteht aus einer Sensorbox, einer damit verbundenen Dosierpumpe und einem Kunststoffbehälter für das Nachfüllwasser. Der Sensor registriert den Soll-Wasserstand direkt an der Wasseroberfläche. Ein schwimmender Magnetschalter nimmt den abfallenden (Ist-) Wasserstand wahr und schaltet über einen elektrischen Kontakt die Dosierpumpe ein. Ist der Soll-Wasserstand wieder erreicht und der schwimmende Kontakt ist an seinem oberen Punkt angelangt, wird die Pumpe wieder abgeschaltet.

Auf diese Weise wird nicht nur der Wasserspiegel stets auf gleicher Höhe gehalten und das ›Blitzen‹ durch ausfallendes Licht am oberen Beckenrand entfällt – es gibt auch keine breiten Kalkränder mehr. Das Nachfüllwasser kann nach Belieben eingestellt, es kann somit auch destilliertes Wasser verwendet werden oder solches, dem man Spurenelemente, Puffersubstanzen (vergleiche Thema ›pH-Wert‹) oder ähnliche Zusätze beigemischt hat. Ein dauerndes Auf und Ab in der Veränderung des Salzgehaltes wird vermieden, weil der empfindliche Sensor die Dosierpumpe bereits bei kleinsten Abweichungen in Betrieb setzt. Osmotische Stabilität tritt an die Stelle andauernder Unausgeglichenheit.

Sogenannte B i o f i l t e r , B i o - R e a k t o r e n o d e r R i e s e l f i l t e r sind im Prinzip durchaus keine Erfindungen neuerer Zeit. Im Laufe der vergangenen Jahre konnte ich eine Reihe von Modellen unterschiedlicher Arbeitsweise kennenlernen, vom sogenannten Durchlauffilter bis zum Rieselfilter und Bio-Reaktor. Alle sind der biologischen Abwasserreinigung bzw -aufbereitung entlehnt, bei der man den Bakterien den entscheidenden Teil der Arbeit überläßt. Aus diesem Grund wurde auch früher für die damaligen, vielleicht noch nicht so effektiven Modelle der Name ›Bakterienfilter‹ geprägt. Ein Biofilter – gleich welcher Bauart – ist kein Schnellfilter, denn die Bakterien können ihre Arbeit nicht im Expreßtempo durchführen. Es geht also bei einem solchen Filter darum, den Bakterien einen genehmen Arbeitsraum zu schaffen, in dem sie sich ansiedeln können. Das aufzubereitende Beckenwasser wird dann langsam an diesen Bakterienkolonien vorbeigeführt. Die wichtigste Feststellung hierbei ist, daß die dann folgenden Abbauprozesse aerob – unter Mitwirkung von Sauerstoff – und nicht anaerob (= ohne Sauerstoff) erfolgen müssen. Um das zu verstehen, müssen wir wissen, daß aerob lebende Bakterien zur Atmung freien Sauerstoff benötigen. Diese kleinen Helfer können organische Substanzen bis zu Wasser, Kohlendioxid und Mineralsalzen abbauen. Anaerob lebende Bakterien dagegen brauchen keinen freien Sauerstoff – er würde auf sie eher wie Gift wirken. Diese Bakterien entnehmen den Sauerstoff in gebundener Form aus sauerstoffhaltigen Verbindungen. Anaerober Abbau ist nicht absolut und kann daher auch zu giftigen Verbindungen führen. Faulschlamm, wie man ihn aus Seen und Flüssen kennt, ist ein typisches Ergebnis anaeroben, also unvollständigen Abbaus.

Es muß also dafür gesorgt werden, daß aerob lebenden Bakterien in ihrem angebotenen Arbeitsbereich stets genügend Sauerstoff zugeführt wird. In einem Rieselfilter, bei dem das Wasser ›abgerieselt‹ wird, nimmt es ohnehin genügend Sauerstoff auf. Leben die Bakterien jedoch dauernd untergetaucht, so muß für eine zusätzliche Belüftung ›im Gegenstrom‹ gesorgt werden. Man kann das – je nach Bauweise des Filters – am besten durch Einbringen einer Luftleitung über dem Filterboden (gegebenenfalls mit feinporigen Holzausströmern) tun. Da das Wasser in diesen Filtern stets von oben nach unten fließt, Luft aber das Bestreben hat, nach oben zu strömen, spricht man hier von einer ›Belüftung im Gegenstrom‹.

Auch wenn manch einer behaupten mag, der Einsatz von sogenannten Biofiltern in der Aquaristik sei ein ›alter Hut‹ und beim Einsatz von Abschäumern völlig überflüssiger Ballast, so sei darauf hingewiesen, daß große chemische Werke, die sich heute mehr denn je um die Klärung ihrer Abwässer kümmern müssen, dies auch (und immer noch!) mit Hilfe von Bakterienfiltern tun. Dabei stellte sich heraus, daß man derartige biologische

Kläranlagen nicht nur in die Breite, sondern auch in die Höhe bauen kann, wobei die Vorteile ein geringerer Flächenbedarf, ein geringeres Geruchsaufkommen und ein geringerer Energiebedarf sind.

Biofiltern wird gelegentlich der Fehler angelastet, daß sie eine zu hohe Verdunstungsrate von ±10 % je Woche aufwiesen, was bei einem breitflächig aufgebauten Rieselfilter stimmen kann. Es kommt jedoch auf die Konstruktion eines solchen Rieselfilters an, denn es gibt auch in der Aquaristik solche, die über einen langen schmalen Weg – etwa in einem 30 bis 40 cm breiten, oben abdeckbaren, Kunststoffrohr – arbeiten, anstatt über einen breitflächigen; und bei diesen Rieselfiltern ist die Verdunstungsrate gering. Darüber hinaus ist es auch möglich, mit Hilfe des erwähnten Osmolators selbst kleinere Absenkungen im Wasserspiegel auszugleichen. Für Durchlauffilter stellt sich die Frage nicht, denn man kann auch sie voll abdecken, allerdings, wenn sie im Gegenstrom belüftet werden, wird die Abdeckscheibe unter Lichteinwirkung veralgen – wen stört's? Eines aber sollte jeder, der einen Biofilter betreibt, beherzigen: Biofilter arbeiten mit mindestens einer Wasserpumpe. Fällt sie mit einem Schaden aus, tritt meist auch sofort ein Stillstand im Filterkreislauf ein. Die sauerstoffbedürftigen Bakterien können ersticken, sterben ab, und es dauert lange, bis sich diese Kolonien neu gebildet haben und erst dann wieder arbeiten. Es ist daher unbedingt notwendig, eine Ersatzpumpe mit gleicher Leistung bereitzuhalten, die im Fall eines Ausfalls der Hauptpumpe deren Arbeit ohne lange Unterbrechung übernehmen kann.

Abgesehen von der unstrittigen Leistung des Abschäumers, über die im Anschluß an dieses Thema zu sprechen ist, kann ein zusätzlicher Biofilter für die Meeresaquaristik wichtig sein. Beim Süßwasser kann man ohne große Kosten einen Wasserwechsel vornehmen, wenn das Lebenselement der Fische nicht mehr in Ordnung ist. Salz zum Ansetzen des Meerwassers ist dagegen eine um so kostspieligere Sache, je größer das Aquarium ist. Abschäumer schaffen 60 bis 80 % der organischen Verschmutzung aus dem Kreislauf. Bleiben noch 40 bis 20 % Arbeit für den Biofilter, wobei zu berücksichtigen ist, daß die Entfernung des Nitrats nach wie vor als problematisch gilt, auch wenn Kunstharze oder Ionenaustauscher (Lewatit MP 600) angeboten werden, denen man dieses Entfernen nachsagt. Sie tauschen jedoch nur aus: Nitrat gegen Natriumchlorid-(=Kochsalz-)Ionen und sorgen damit dann wieder für eine Störung in der Konzentration der Salzionen und damit im osmotischen Niveau.

Abschließend noch ein Hinweis: Nach meiner Feststellung machen Biofilter das Wasser (ob süß oder salzig)

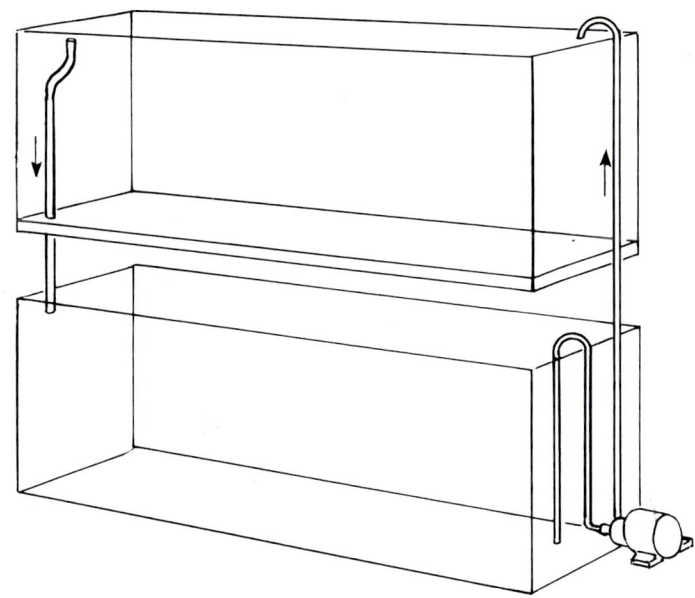

Das System, zwei Becken übereinander zu plazieren und dabei ein Überlaufen des unteren zu vermeiden ist dann einfach, wenn das obere Becken einen reichlich dimensionierten (!) durchgebohrten Überlauf besitzt. Der Wasserspiegel im oberen Becken bleibt auf diese Weise immer konstant, und nur im unteren Becken zeigen sich Verdunstungsminderungen im Wasserstand. Hier kann auch sehr gut mit einem Rieselfilter gearbeitet werden   Windscheif

sauer, drücken also den pH-Wert. Im Süßwasser nimmt man das oft hin, sieht diesen Umstand zuweilen unter dem Aspekt: „Amazonaswasser ist auch sauer" oder führt einfach einen Teilwasserwechsel durch. Bei der Haltung von Malawi- und Tanganjika-Buntbarschen sieht die Sache unter Umständen schon anders aus, weil man dabei keinesfalls einen sauren pH-Wert haben kann. Noch wichtiger ist die Einhaltung eines eng umgrenzten pH-Wertes bei der Haltung von Riffbewohnern aus dem Meer. Was man tun kann, um dem abfallenden pH-Wert (vor allem auch gegebenenfalls mit Hilfe eines Osmolators!) entgegenzuwirken, das heißt die Karbonathärte im Wasser nicht zu weit absinken zu lassen und damit eine Alkalireserve zu schaffen, können sie im Abschnitt ›pH-Wert‹ nachlesen.

A b s c h ä u m e r sind heute in der Meerwasseraquaristik unumstritten. Auch bei ihnen haben wir es mit einer Filterung zu tun, nur ist das System anders als gewohnt: Während herkömmliche Filter mit einer bestimmten Rückhaltemasse (Aktivkohle, Bakteriensubstrat) beschickt werden müssen, nutzt dieses Gerät die schaumbildenden Eigenschaften der Eiweißverbindungen (Stoffwechselprodukte, Futterreste und anderes), die nach dem Aufschäumen in den Schaumbecher gedrückt und damit direkt aus dem Wasserkreislauf genommen werden. Die Wirkung der auf dem Markt befindlichen Abschäumer wurde in den letzten Jahren

SKS 210 reicht bis 500 l
Meerwasser　　**SKS 220** reicht bis 1000 l
Meerwasser

Pflegeleichte Abschäumerautomaten mit Hochdruckpumpe und Über-
laufregelung sind in jedem Meerwasseraquarium für die Abschäumung
des Eiweißes wichtig. Tunze stellt sie in extrem flacher Bauweise für
Innen- und Außenabschäumung her　　　　　　　　Werkgraphik Tunze

laufend verbessert, so daß man heute die Geräte der
beiden Marktführer (Tunze und Sander) als durchaus
leistungsfähig empfehlen kann. Für Becken ab rund 200
Liter Inhalt bieten sich die beiden innen oder außen
anzubringenden Rotations-Schäumer-Automaten (bis
600 und bis 1200 Liter) in Verbindung mit einer starken
Turbelle (Tunze) an. Sie lassen sich zudem auch im
bereits erwähnten Tunze-Filtersystem einbauen, weshalb wohl auch ihre besonders flache Bauweise entwik-
kelt wurde. Diese Geräte sind mit kräftigen Pumpen
(2 500 l/h – 46 W bzw. 4 000 l/h – 56 W) ausgestattet.
Für Becken über 1000 Liter Inhalt gibt es voluminösere
Lösungen.

Vergleicht man die verschiedenen P u m p e n s y s t e m e
miteinander, so stellt man fest, daß neben den bekannten luftgekühlten Geräten für den Einsatz über Wasser
auch Pumpen für den Unterwassereinsatz angeboten
werden. Hierbei bieten sich zwei Kühlungsarten an: Öl
und Wasser. Je nachdem, wie diese Pumpen eingesetzt
werden sollen, über welche Steighöhe die Wassersäule
gedrückt werden muß und wie hoch die normale Stan-
dardtemperatur im Aquarienraum herrscht, muß man
entsprechende Pumpen auswählen. Die von den Pumpen als Gegenleistung zur Kühlung eingetauschte
Wärme kommt dem Aquarienwasser zugute, auch das
muß man vor der Anschaffung in Erwägung ziehen. Ich
habe unter anderem in Laufe der Jahre auch verschiedene ölgekühlte Eheim-Unterwasserpumpen im Einsatz
gehabt, die mir – solange sie liefen – keine Probleme
brachten. Im Gegensatz zu den vergleichsweise schnell

selber zu reparierenden luftgekühlten Pumpen, für die
es eine breite Palette von Ersatzteilen im Handel gibt,
ist eine Reparatur der ölgekühlten Modelle komplizier-
ter, und man muß sich auf einen längerzeitigen Ausfall
gefaßt machen, da sie in den meisten Fällen zum Hersteller eingesandt werden müssen.

Die u n g e l i e b t e K i e s e l s ä u r e , die besonders in neu
eingerichteten Aquarien Ärger durch unerwünschten
Algenwuchs bereitet, kann vor der Verwendung des
Leitungswassers, mit dem man das Meerwasser ansetzt,
entfernt werden. Es mag dem Unerfahrenen seltsam
anmuten, wenn er liest, daß man dazu einen Entsal-
zungsfilter, einen Anionen- und Kationenaustauscher
verwendet.

„Wozu entsalzen, wenn man anschließend wieder Salz
ins Wasser gibt?" Bei nur oberflächlicher Betrachtung
eine vielleicht berechtigt erscheinende Frage. Nur muß
man berücksichtigen, daß es sich bei den Salzen, die der
Filter aus dem Wasser nimmt, nicht ausschließlich um
Natriumchlorid, also Kochsalz, handelt, sondern um die
gelösten Mineralien (Salze) verschiedener Stoffe.

Bei dem erwähnten Anionen- und Kationenfilter handelt es sich um dasselbe Doppelsäulengerät (oder auch
einen sogenannten Mischbettfilter), wie man ihn zur
Herstellung destillierten Wassers verwendet. Das Wasser wird auf diesem Wege also völlig entmineralisiert
(vergleiche Thema ›Trinkwasser-Nachaufbereitung‹ in
MAYLAND, »Diskusfibel« [1987] im selben Verlag). Wie
bereits an vorausgegangener Stelle erwähnt, werden
dem Wasser bei dieser Gelegenheit auch die Karbonate
entzogen, die später für die Pufferung des pH-Wertes
notwendig sind. Dazu beachte man die Ausführungen
beim Thema ›Natürliches Meerwasser‹ in diesem Band.
Für viele Aquarianer gilt der D i a t o m f i l t e r , eine US-
amerikanische Entwicklung (Vortex), als Besonderheit
für gewisse Hilfsmaßnahmen, die in einem Aquarium
gelegentlich einmal notwendig sind. Der Name ist von
den Kieselalgen (Diatomeae), in diesem Fall Diatom-
Erde, abgeleitet. Diese Erde dient als Filtermasse und
hält alle Schmutzteilchen, die größer als ein Mikron
(= 1 µ) – also ein tausendstel Millimeter (0,001 mm) –
sind, zurück. Das entsprechend fein pulverisierte und
somit dicht liegende Filtermaterial kann nur mit Hilfe
einer besonders kräftigen Pumpe durch diese Masse
gedrückt werden. Ein Diatom-Filter soll keinen anderen
Filter ersetzen! Er wird nur bei besonderen Anlässen
(Notfällen) eingesetzt, wobei man am besten eine frische Füllung wählt. Es werden, wie gesagt, auch feinste
Schwebstoffe wie Bakterien, Infusorien, Sporen von
Krankheitserregern (*Oodinium ocellatum, Cryptocarion
irritans* usw.) aus dem Beckenwasser entfernt. Man muß
davon ausgehen, daß ein mit einer frischen Füllung

versehener Filter (je größer der Verschmutzungsgrad, um so geringer die Durchlaufleistung) ungefähr 700 l/h leistet. Da er bei der Bekämpfung von Krankheiten über einen längeren Zeitraum eingesetzt werden muß (3 bis 4 Wochen), sollte die Füllung öfters ausgewechselt werden. Es versteht sich, daß bei einer solchen Filterung das Beckenwasser besonders klar wird.

Strömung wird heute fast immer schon durch die Kraft des einströmenden Wassers, also mit Hilfe der Pumpen erzielt. Oft genug hat es sich aber gezeigt, daß die erzeugte Strömung, besonders in großen Becken, nicht ausreicht. Da stellt man sich die Frage, wie groß die Wasserbewegung denn sein muß und was alles man mit ihr erreichen will.

Es kommt im Meer kaum einmal vor, daß die Strömung über einen längeren Zeitraum ohne Pause aus ein und derselben Richtung und mit stets gleichbleibender Kraft anhält. Die Strömungsverhältnisse ändern sich, was man beispielsweise bereits an Ebbe und Flut erkennt. Man stelle sich die oft turbulente Wasserbewegung in einem Riff vor, die sich aus zwei Komponenten zusammensetzt: 1. die kräftige Oberflächenbewegung des Wassers durch den Wind (Wellen) und 2. die durch Temperatureinflüsse und die Gezeiten hervorgerufenen Strömungen unterhalb des Wasserspiegels. Strömungen und Oberflächenbewegungen ändern sich, wobei sich nicht nur ihre Richtung, sondern auch ihre Kraft und der Strömungsimpuls (= Kraft und Dauer des Strömungsschubes) verändern. Von Ausnahmen abgesehen ist das Meer nachts ruhiger als bei Sonneneinstrahlung.

Um es noch einmal zu definieren: Es geht bei der Arbeit einer Pumpe nicht allein darum, das Beckenwasser vom Filterbehälter (gleichgültig, ob Bio- oder Wattefilter) zurück ins Aquarium zu befördern – das ist lediglich der eine Arbeitsprozeß! Für eine kräftige Wasserbewegung zu sorgen heißt aber, viel Wasser zu transportieren, und das kann man beispielsweise dann nicht, wenn das Wasser (nicht zu schnell!) von einem Biofilter ins Becken zurücktransportiert wird, denn ein Biofilter ist ein Langsamfilter. Bei der Strömung, gekoppelt mit Pulsation, geht es darum, auch im Aquarium Verhältnisse für die Lebewesen (besonders auch der festsitzenden Wirbellosen) zu schaffen, wie sie in deren heimatlichen Biotopen ähnlich sind.

Wenn man einmal davon ausgeht, daß die meisten Meerwasser-Aquarianer über ein Becken mit einem durchschnittlichen Fassungsvermögen von 300 bis 400 Litern verfügen, und die Faustregel wählt, daß das Wasser je Stunde mindestens dreimal (besser noch öfter) umgewälzt werden soll, so müßten hier zwei Pumpen eingesetzt werden, die jede zwischen 1000 und 2000 Liter in der Stunde schaffen. Dabei muß man auch

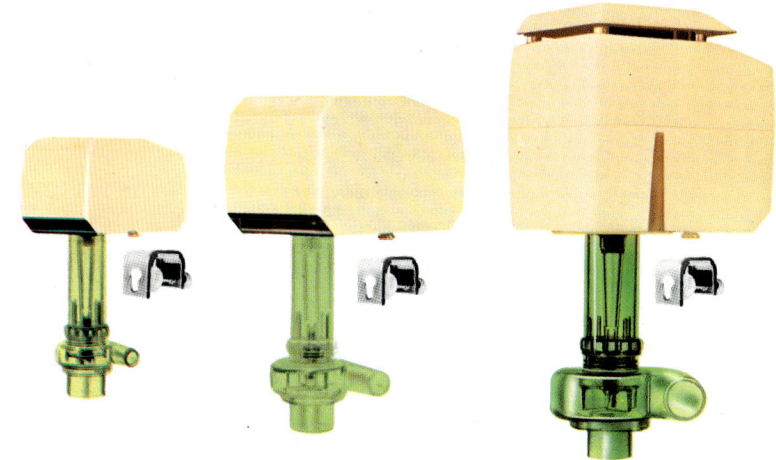

Tauchkreiselpumpen (wie hier diese Turbellen von Tunze) sind regulierbar und in unterschiedlichen Leistungsstufen erhältlich. Sie haben einen sehr geringen Stromverbrauch   Werkgraphik Tunze

den Filterwiderstand berücksichtigen, der um so größer wird, je mehr die Filtermasse verschmutzt und damit den Wasserdurchlauf bremst. Die beiden Pumpen werden so geschaltet, daß sie sich nach 5–6 Stunden in der Fließrichtung abwechseln. Eine Pulsautomatik (zum Beispiel der erwähnte regulierbare ›Powertimer‹ von Tunze) sorgt außerdem für unterschiedliche Pulslänge, die während der Nacht (über eine Photozelle) aus dem erwähnten Grund abgeschaltet wird.

Wie wirkt sich nun die kräftige Strömung aus unterschiedlichen Richtungen, verbunden mit Strömungsimpulsen, aus?

● Mulm jeglicher Herkunft kann sich nicht mehr in Ecken festsetzen und wird in den Kreislauf des Filters gespült.

● Stillwasserzonen im engeren Lebensraum um festsitzende Wirbellose entfallen.

● Größere Wasserbewegung auch an der Oberfläche schafft eine bessere Sauerstoffanreicherung.

● Gleichmäßigere Wärmeverteilung im Wasser, keine Bildung unterschiedlicher Wärmezonen.

● Die meisten Fische haben in dem relativ beengten ›Lebensraum Aquarium‹ zu wenig Bewegung (wie ein Mensch mit einem sitzenden Beruf); die kräftige und dazu nicht gleichmäßige Wasserbewegung verlangt von Fischen und Wirbellosen zusätzliche ›körperliche Arbeit‹, wodurch viele Körperfunktionen zusätzlich angeregt werden.

● Höheren Algen, gleich an welchem Standort, kommt die Wasserbewegung ebenso zugute wie festsitzenden Wirbellosen.

Durchlüftung und Sauerstoff müssen nicht unbedingt voneinander abhängig sein, denn ein reichlicher Sauerstoffgehalt im Wasser kann sich auch ohne das, was wir in der Aquaristik gemeinhin unter ›Durchlüftung‹ verstehen, einstellen, wie im vorausgegangenen Absatz erklärt wurde. In früheren Jahren hat man Membranluftpumpen und Lindenholzausströmer eingesetzt, doch hatte diese Kombination oft nur den Effekt einer kräftigen Wasserdurchmischung, führte zudem aber meist auch zu Sprüh- und Spritzwasserschäden durch das aggressive Salzwasser, die den Aquarianern dann Ärger mit der Hausfrau eintrugen.

Für denjenigen, der auf diese ›Hilfen‹ verzichten und trotzdem sichtbar Luft von außen ins Beckenwasser eingetragen haben will, bieten sich Diffusoren oder Lufteinzugsdüsen für die verschiedenen Pumpensysteme an. Sie schaffen eine echte Anreicherung mit Luftsauerstoff und stellen nicht nur eine optische Parallele zu den feinen Luftbläschen dar, wie man sie unter Wasser sieht, wenn im Riff die Wellen schlagen – vorausgesetzt, die Kraft der Pumpe reicht aus. Was geschieht? Durch die Kraft der Pumpe und der damit einhergehenden kräftigen Wasserförderung von angenommenen 2000 l/h wird – durch den auftretenden Wasserdruck hinter dem Pumpenrad – mit dem ausströmenden Wasser Luft durch das kleine Ansaugrohr in der Düse angerissen. Durch die damit einhergehende Zuführung eines normalen Luft-Sauerstoff-Gemisches kann man den normalen Sauerstoffgehalt im Becken stützen. Das Meerwasser hat wegen seines hohen Salzgehaltes eine geringere Fähigkeit, Sauerstoff zu lösen, und weil in den meisten Aqua-

rien ein Sauerstoffnachschub durch Pflanzen oder höhere Algen fehlt, wird damit ein mögliches Sauerstoffdefizit abgewendet.

Die mit Hilfe eines solchen Zusatzgerätes angesaugte Luft kann dem Zimmer entnommen oder mit Hilfe einer Luftleitung aus dem Freien angesaugt werden. Dabei muß man natürlich berücksichtigen, daß die auf diese Weise zugeführte Luft aus dem Zimmer eines Rauchers, der Freiluft eines Industriegebietes oder einer Straßenseite mit hoher Abgasverdichtung nicht dem entspricht, was man unter ›frischer, sauberer Luft‹ versteht.

Ein Durchlauf-Luftfilter bietet sich an. Sein Einsatz ist problemlos und garantiert eine von Unreinheiten gefilterte Luft, aus der selbst Anti-Insektenspray absorbiert wird. Solche in der Luft enthaltenen Giftstoffe werden ohne Filterung in das Aquarienwasser gewaschen und tragen dann keineswegs dazu bei, das Milieu stabil und die im Becken gepflegten Lebewesen gesund zu erhalten. Dann hilft auch das Zuführen von Medikamenten nicht, wenn Tiere und Pflanzen bereits Vergiftungserscheinungen zeigen. Filterung über hochaktive Gasadsorptionskohle mit einer möglichst langen Filterstrecke ist angeraten. Dazu wurde bereits vor über einem Jahrzehnt der erwähnte Durchlauf-Luftfilter entwickelt (KS-Filter, München), bei dem ein U-förmiges Filterrohr mit Ein- und Ausgang für einen Luftschlauch (wie abgebildet) mit hochaktiver Filterkohle versehen wird. Ein solcher Kohlefilter von etwa zweimal 30 cm Höhe und 4 cm Rohrdurchmesser hat einen Luftdurchlaß bis zu 600 l/h, und die wirksame Oberfläche der Kohle (700 cm^3) in Makro- und Mikroporen beträgt etwa 300 000 m^2. Das kann als ausreichend für eine trockene Standzeit von maximal einem Jahr angesehen werden.

Wasserstoffperoxid (H_2O_2) wirkt den meisten Stoffen gegenüber als Oxidationsmittel. Wir alle wissen, daß es von Zeit zu Zeit gewisse Trends auch in der Aquaristik gibt – Modeerscheinungen. Dazu gehört wohl auch das ›Wundergerät‹, der vom Hersteller als ›revolutionierende Neuheit‹ angebotene Sauerstoffspender (›Oxydator‹), aus dem mit Hilfe von Wasserstoffperoxid „aktivierter und normaler Sauerstoff" als neue Hilfsmittel des Aquarianers eingesetzt werden sollen. Wir müßten unsere Damen befragen (mögliche ›Wasserstoffblondinen‹ früherer Jahrzehnte), welchen Schaden dieses Mittel bei falscher Behandlung (im Dauereinsatz) hätte haben können: Die Oxidation verbrennt nicht nur tote, sondern auch lebende Materie!

Stellt man daher die Frage, ob Wasserstoffperoxid für den Dauereinsatz im Aquarium – und speziell im Meerwasserbecken – geeignet ist, so kann es nur eine klare Antwort geben: „Nein!"

Wer gezwungen ist, unsaubere Luft für die Belüftung des Aquarienwassers zu verwenden, kann diese mit Hilfe eines Durchlauf-Luftfilters mit Füllung aus Aktivkohle (trocken) vorreinigen. Nippel zum Anschluß der Aus- und Eingangsschläuche müssen auf beiden Seiten vorhanden sein

Bleichner

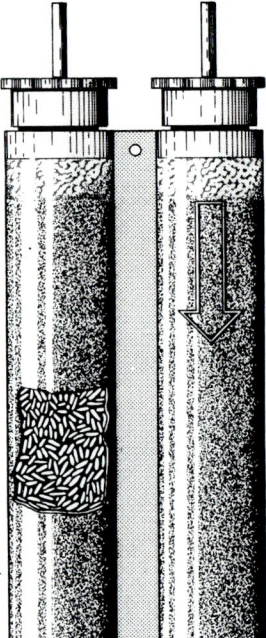

Dazu von mir befragt, antworteten bekannte deutsche Wasserkundler: „... Ich halte von einem länger dauernden Einsatz von Wasserstoffperoxid nichts. Es wirkt toxisch und würde von mir – wenn überhaupt – nur gezielt eingesetzt (Prof. Dr. R. GEISLER)". Oder (Dr. E. VARESCHI, München): „Wasserstoffperoxid als Sauerstofflieferanten zu nehmen ist sicher unsinnig: Sauerstoff aus der Luft zu beziehen ist einfacher. Nebenwirkungen sind zu erwarten ..."

Über die Wirkung von Ozon (O_3) im Meerwasser ist hinlänglich von Experten diskutiert worden. Die Ozonisierung (= Anreicherung mit einer besonderen, dreiatomigen Form des Sauerstoffs zum Zwecke der Keimverminderung) kann nur dann den vorausgesagten Erfolg haben, wenn sie sinnvoll und ohne die oft übliche Übertreibung eingesetzt wird. Dazu merkt HÜCKSTEDT in seinem Buch ›Aquarienchemie‹ (1963) scherzhaft an: „Je nachdem, wie man die Ozonisierung versteht und betreibt, ist sie entweder eine sinnvolle höchst elegante Maßnahme, oder aber eine meist unschädliche technische Spielerei. Viele fühlen sich schon auf dem Weg der Besserung, wenn nur der Name Ozon fällt, besonders, wenn ihnen vorher nichts gefehlt hat. Es entsteht die Assoziation: »Ein Duft nach Sauberkeit und Frische.« Dieser Aspekt ist chemisch und physiologisch recht uninteressant."

Ozon mit seiner starken Oxydationswirkung wird in den Ozongeräten (die Firma Sander ist hier führend) durch Ladung aus dem in der Luft befindlichen Sauerstoff gewonnen. Das Ozon-Luft-Gemisch hat einen stechenden Geruch, den man selbst bei größerer Verdünnung auch mit einer weniger empfindlichen Nase noch wahrnehmen kann. Bei der Arbeit des Gerätes spielen Temperatur, Feuchtigkeit und Staubreinheit der zugeführten Luft eine Rolle, die letztlich auch seine Leistung bzw. Ergiebigkeit beeinflussen. Der Hersteller empfiehlt daher auch das Vorschalten eines Lufttrockners.

Wie und in welchen Mengen soll nun Ozon dosiert werden? Vor allem müßte die erste Frage lauten: Welche Art der Dosierung soll man unterlassen! Dafür gibt es eine klare Antwort: Ozon darf unter keinen Umständen direkt in das Aquarienwasser gegeben werden. Seine Wirkung ist hier im Dauereinsatz (und dabei dann oft noch in höherer Dosierung) für alle Bewohner schädlich, wenn nicht sogar tödlich.

Keimverminderung soll nicht heißen, Krankheitserreger direkt am Fisch zu bekämpfen. Dabei würden bestimmte Organe der Tiere wohl ebenso geschädigt wie die Erreger selbst. Da Ozon alle organischen Substanzen angreift, wird auch bei Überschüssen lebendes Gewebe angegriffen. Aus diesem Grunde dürfen der Einsatz dieses Gas-Luft-Gemisches und damit die Oxy-

dationsvorgänge nur in einem eigens dafür vorgesehenen Gerät, dem sogenannten Ozon-Reaktor, stattfinden.

Das im Ozonisator erzeugte Ozon wird mit der aus einer Membranluftpumpe durch den Ozonisator geleiteten atmosphärischen Luft vermischt. Der Druck der Pumpe soll ausreichen, das Ozon-Luft-Gemisch über einen Ausströmer in das Wasser des Ozonreaktors zu drükken. Bei diesem Kontakt mit dem Meerwasser setzt ein Oxydationsprozeß ein, wie er in dieser Stärke ohne Ozon nie stattfinden würde. Diese Reaktion des Ozons, der Zerfall in zweiatomigen Disauerstoff (O_2) und ein Sauerstoffatom (O) oxydiert – im Meerwasser gründlicher und schneller als im Süßwasser – Eiweißstoffe zu Ammoniak und Ammoniak zu Salpetersäure (dessen Salz das Nitrat darstellt). Es empfiehlt sich somit, auf den pH-Wert zu achten, denn Säure drückt diesen Wert nach unten – sofern die Pufferung nur ungenügend schwach ist. Normalerweise ist dies aber in einem gut geführten Meerwasseraquarium nicht der Fall.

Es hat sich gezeigt, daß es vorteilhafter ist, wenn man den Ozon-Reaktor in einem separaten Becken unterbringt. Sollte sich einmal eine kurzfristige Überdosierung von Ozon einstellen, so kann das Wasser in diesem Becken dann mit Hilfe eines Aktivkohlefilters von freiem und überschüssigem Ozon befreit werden. Man kann selbstverständlich auch grundsätzlich einen Kohlefilter hinter den Reaktor schalten, so daß die Bildung von freiem Ozon gar nicht erst stattfinden kann.

Wie hoch soll und kann man Ozon dosieren? Das Angebot des Handels an Ozongeräten reicht über verschiedene Baustufen von 10, 25, 50 bis 100 mg O_3/h (= Milligramm Ozon/Stunde) und darüber hinaus (250 mg, 1,2 g und 2,0 g). Genaue Dosierungsvorschläge sind schwer zu geben, weil sie von verschiedenen Kriterien abhängig gemacht werden müssen. Mit der Messung des Redoxpotentials (gemessen in Millivolt = mV) kann man die Summe der oxydierenden und reduzierenden Kräfte im Aquarium feststellen. Beide stehen miteinander in Verbindung, reagieren in gegenseitiger Abhängigkeit voneinander.

Einen negativen Einfluß haben die reduzierenden Stoffe auf das Aquarienwasser. Sie zehren Sauerstoff und sind fast immer die Ursache für giftige Verbindungen wie Ammoniak und Nitrit. Zu diesen Stoffen gehören die häufiger erwähnten organischen Substanzen (Eiweißverbindungen wie Blut, Nahrungsreste, Körperausscheidungen der Fische und Wirbellosen). Sie lassen das Redoxpotential abfallen, worunter die Wasserqualität leidet. Zu den oxydierenden Stoffen gehört neben dem besonders intensiv wirkenden Ozon auch der Sauerstoff. Mit der Hilfe des Ozons sollen die negativen Abläufe, die durch die reduzierenden Stoffe im Aquarienwasser stattfinden, (möglichst kontrolliert) beschleunigt werden. Das Ozon müssen wir demnach als ›Mann mit der Peitsche‹ ansehen, aber − wie das mit ›Gewalttätern‹ so ist: Auch sie muß man im Zaum halten!

Ein verwirrendes Spiel, dessen Wirkung zu begreifen nicht einfach ist? Ich höre nun wieder die Aquarianer stöhnen, daß die Naturwissenschaften für sie (zumindest in bestimmten Punkten!) ein Buch mit sieben Siegeln seien. Verlassen wir uns auf Angaben nach Faustregeln? Kommen wir damit aquaristischer Realität am nächsten? Ich glaube, diese Frage muß man für viele Aquarianer bejahen, denn nicht jeder kann sich auf ein paar Semester Studium der Physik und Chemie besinnen.

Bei dem erwähnten Ozon-Reaktor handelt es sich in den meisten Fällen um nichts anderes als um einen Eiweißabschäumer üblicher − weil einfacher − Bauart, mit langem Plexiglasrohr und ohne Wasserpumpe zu betreiben. Sander bietet auch diese Geräte in verschiedenen Baugrößen an. Es ist möglich, solche Ozon-Reaktoren und das dadurch beeinflußte Redoxpotential über entsprechende Meß- und Regelgeräte (von Sander, Selzle und anderen) zu steuern, den Ozon-Einsatz somit vom gewünschten Redoxpotential abhängig zu machen. Je höher das Redoxpotential (ausgedrückt in mV = Millivolt), um so sauberer das Wasser! 150 bis 250 mV können wir als unteren Wert einer Wunschliste ansehen. Ein normales Trinkwasser, wie es mit einem Durchschnittswert aus den Hausleitungen kommt, hat 250 bis 350 mV. Besonders rein ist unser Meerwasser bei 350 bis 450 mV. Während der Nacht fallen die Werte allgemein etwas ab. Im übrigen beachte man stets genau die Herstellerhinweise für den Einsatz der einzelnen Geräte (vergleiche ›Die Unterhaltung des Aquariums‹).

Ohne ein entsprechendes Meßgerät ist der Aquarianer beim Ozoneinsatz aber nun keinesfalls aufgeschmissen, auch wenn ihm freilich die genaue Kontrolle fehlt. Man sollte sich allerdings ohne Kontrolle nicht verleiten lassen, zuviel Ozon einzusetzen. Für Becken von 600 bis 800 Liter Inhalt reicht ein 25-mg-Gerät völlig aus. Ist das Wasservolumen geringer, kann auch das 10-mg-Gerät Verwendung finden. Dabei ist zu berücksichtigen, daß bei diesen Geräten der Wert ihrer oberen Leistungsgrenze angegeben ist und sie bis zu diesem Wert in Stufen schaltbar sind.

Ultraviolettes Licht (UV-Licht) wird in einer zu diesem Zweck konstruierten Lampe erzeugt. Um die keimhemmende Wirkung dieses Lichts voll ausnützen zu können, muß das Wasser so nah wie möglich an diesem Licht vorbeigeführt werden, wobei seine Fließgeschwindigkeit nicht hoch sein soll. Es gibt verschiedene Lampensysteme, bei denen der eigentliche Leuchtkörper

sich im Inneren der Lampe befindet und im Abstand von 6 bis 15 mm von einem weiteren Glasmantel umgeben ist. Durch den entstandenen Hohlraum wird das Wasser geleitet. Die Verschiedenheit der Konstruktionen ist darin zu finden, wie das Wasser den Hohlraum durchläuft: entweder wird es mit Hilfe eines Luftausströmers senkrecht nach oben an der Lampe vorbeigewirbelt, oder aber eine Kreiselpumpe drückt das Wasser durch den Hohlraum um den Leuchtkörper (Abb.). Wie tief das Licht in das Wasser eindringen kann, ist auch von der Wassertemperatur abhängig. Bei hohen Temperaturen dringt UV-Licht tiefer durch als bei niedrigen und erreicht bei etwa 40 °C seine beste Wirkung. Da das Aquarienwasser diese Temperatur niemals erreichen darf, kann auch leider die beste Wirkung nie erreicht werden.

UV-Lampen sind nun nicht gerade billig, weil bei ihrer Herstellung kostspielige Glassorten verwendet werden müssen. Der Mantel der inneren (der eigentlichen) Lampe besteht aus Quarzglas. Dieses Glas läßt die ultraviolette Strahlung ungehemmt durch und so an das Wasser gelangen. Der äußere Mantel besteht ebenfalls aus einem speziellen Glas, das die schädliche Wirkung des UV-Lichtes außerhalb des Gerätes hemmen soll. In jedem Fall ist eine UV-Lampe so zu montieren, daß weder Tier noch Mensch in die schädlichen Strahlen schauen oder von ihnen getroffen werden können.

Nach neueren Erkenntnissen darf man im UV-Licht allerdings nicht nur einen Keimhemmer und damit Helfer im biologischen Haushalt des Aquariums sehen, der beispielsweise beim Auftreten einer Algenblüte einen durchschlagenden Erfolg bringt. In bestimmten Fällen kann der ungehemmte Einsatz dieses Lichtes auch Nachteile mit sich bringen, weshalb man die Dosierung in Grenzen halten sollte. Für ein Becken mit 600 bis 800 Liter Inhalt reicht ein 8-Watt-Gerät (meist von ›hw‹) im Langzeiteinsatz (10 bis 14 Tage) aus. Für einen kürzeren Einsatz kann man auch ein 15- oder 30-Watt-Gerät verwenden.

Licht und Beleuchtung
sind bekanntlich zwei Dinge. Beim ersten geht es um die Strahlung unterschiedlicher Wellenlänge und damit um die notwendige Energie, die bei den Pflanzen für die Photosynthese wie auch für Wachstum und Entwicklung notwendig ist. Auch für Tiere ist das Licht von ähnlicher Bedeutung, doch haben sie eine unterschiedliche Anpassung, die auch im Aquarium möglichst mit den Bedingungen ihres natürlichen Lebensraumes übereinstimmen sollte. Das gilt besonders auch für die Wirbellosen, die festgewachsen sind und sich einer zu hohen oder zu geringen Dosierung nicht durch Fort- oder Hinbewegung vom oder zum Licht anpassen können.

Zudem kennen wir für Fische und Niedere auch die Begriffe von Tag- und Dämmerungs- bzw. Nachtaktivität.

Wir müssen Lichtqualität und Lichtintensität unterscheiden. Unter dem ersten versteht man die Lichtquelle und die Art ihrer Strahlung (Wellenlänge, Farbzusammensetzung, UV-Anteil, usw.), das zweite meint die Kraft des Lichts (Lichtstärke, Einfallwinkel) sowie seine Leuchtzeit. Bei den Wasserbewohnern (und hier speziell denen im Meer) gibt es zudem Lebensräume, die – je nach Tiefe – nicht allein vom herrschenden Druck, sondern auch vom einstrahlenden Licht bestimmt sind, und deren Lichtzuwendung sich innerhalb bestimmter Grenzen nicht mehr verbessern kann.

Mit der Beleuchtung sind im aquaristischen Sinn die Geräte gemeint, die über dem Meerwasseraquarium die notwendigen Lichtanteile unmittelbar erzeugen und über einen festzusetzenden Zeitraum einwirken lassen. Mit diesem Einwirken sorgen sie auch für eine mittelbare Wirkung, die (zum Teil auch) den Wärmehaushalt beeinflußt. In der Natur ist es oft nicht möglich, Licht- und Temperatureffekte klar zu trennen. Im Aquarium haben wir es da einfacher, denn man dürfte davon ausgehen, daß hier der Wärmehaushalt überwiegend von der eingebrachten Heizung bestimmt wird.

Der Aquarianer, der sich mit der Anschaffung und Einrichtung eines neuen Meerwasseraquariums befaßt, muß wissen, daß von der Qualität der Beleuchtung seines künftigen Beckens ein großer Teil des Gelingens überhaupt abhängt. Nur wo die ›Sonne‹ scheint, kann Leben gedeihen (wobei es in diesem Zusammenhang müßig ist, nach den Ausnahmen zu suchen), und wer glaubt, es genüge, Fische, Wirbellose und Pflanzen tagsüber ohne Licht zu lassen, hat keine Ahnung von den naturgegebenen Zusammenhängen. Er weiß nichts von Assimilation und anderen Wechselvorgängen zwischen Licht, Pflanzen und Wasserchemismus.

In den tropischen Lebensräumen unserer möglichen Pfleglinge geht die Sonne gegen 6 Uhr in der Frühe auf und etwa um 18 Uhr am frühen Abend unter. Trotzdem herrscht nicht unbedingt 12 Stunden am Tag volle Sonneneinstrahlung. Wir dürfen Dinge wie Ebbe und Flut und die häufigen Gewitter nicht unbeachtet lassen. So habe ich oft erlebt, daß die Sonne in den frühen Morgenstunden noch recht müde wirkte, die Wolken am Himmel erst vertreiben mußte, um dann erst zwischen 9 und 10 Uhr ihre Strahlung voll zu entfalten. Oder es zogen am Nachmittag Wolken auf, die sich zwischen 16 und 17 Uhr zu beinahe schwarzen Partien zusammenballten, um schließlich abzuregnen. Regen ist wichtig! Woher sollten sonst die vielen grünen Landschaften nahe dem Meer existieren? Was können wir für die

Aquaristik lernen oder übernehmen? Licht muß sein, aber das hochintensive Licht unserer modernen Lampen muß nicht 12 Stunden am Tag in voller Stärke ins Aquarium leuchten! Auf die (mehr oder weniger) genaue Beleuchtungszeit werde ich noch im Verlauf der folgenden Hinweise eingehen.

Die Ökonomie, die Lehre von der Wirtschaftlichkeit, ist heute in vielen Bereichen unseres Lebens besonders zu beachten, und so genügt es nicht, daß man sich ein sehr teures Auto kaufen kann – man muß vor allem auch die Kosten für seinen Unterhalt mit einplanen. Ähnlich geht es unseren Stadtvätern, wenn sie sich ein teures Opernhaus oder Ähnliches leisten. Die Beleuchtung über einem Meerwasseraquarium, das gut funktionieren soll, gehört ebenso zu den kostspieligeren Anschaffungen dieser Liebhaberei, und ebenso soll man dabei die Folgekosten (= Stromkosten) ins Kalkül ziehen. Die ersten Überlegungen solcher ökonomischen Denkweise beginnen bereits bei der Frage: „Abdeckscheibe oder nicht?" Diese Frage stellt sich deshalb in Zusammenhang mit der Beleuchtung, weil die Abdeckscheibe nicht immer glasklar ist und somit Licht zurückhält – Licht, das mit Hilfe von Strom produziert wurde und somit Geld kostet. Außerdem hält eine Abdeckscheibe die UV-Strahlen zurück, die, zugegebenermaßen, von modernen Aquarienleuchten oft in zu hohem Maße produziert werden. Ein anderes Argument liegt in der Wasserverdunstung und der möglichen zu schnellen Abkühlung des Aquarienwassers. Ich finde, hier wird oft an natürlichen Prozessen vorbei argumentiert, denn die Abkühlung des Aquarienwassers hängt weitgehend von der Zimmertemperatur ab und von Wasser verdunstet nur das Destillat, während die Salze im Becken bleiben. Mit einem Gerät wie dem Osmolator (vergleiche dieses Thema) ist es darüber hinaus möglich, den Wasserspiegel konstant auf der gewünschten Marke zu halten, also jeden Millimeter verdunsteten Wassers wieder aufzufüllen.

Um einem möglichen Herausspringen von Fischen vorzubeugen, kann man das Aquarium mit einem dekorativen Zargen versehen. Von der Haltung von Tintenfischen will ich in diesem Zusammenhang nicht reden, denn sie können sich ihrer Saugfüße bedienen und brauchen somit eine gut feststellbare Scheibe. Ausströmer, die das Beckenwasser nur unnötig aufwühlen und der Spritzwasserverschmutzung Vorschub leisten, sind bei den heutigen Pumpensystemen nicht mehr nötig. Führen wir die Überlegungen also fort und beschäftigen uns mit der Beleuchtung. Meerwasseraquarien kann man mit vier verschiedenen Lampenarten beleuchten: mit HQI-Strahlern, HQL-Lampen, den neuen Dulux-Lampen (Osram) und den altbekannten Leuchtstoffröhren.

HQI-Lampen sind Halogen-Metalldampflampen, die sich durch hohe Ausbeute besonders ›dichten‹ Lichtes auszeichnen, kombiniert mit guten, tageslichtähnlichen Farbwiedergabeeigenschaften. Nehmen wir als Beispiel die ›Power Stars‹ von Osram. Unter diesem Typnamen werden verschiedene Bauformen angeboten, von denen sich für aquaristische Zwecke in erster Linie die Strahler-Typen ›HQI-TS 250 W/D‹ und ›HQI-TS 400 W/D‹ (in der Farbe ›Daylight‹) durchgesetzt haben, während bei der Verwendung des ähnlichen Typs mit der Endbezeichnung ›NDL‹ einige Aquarianer über bisher ungeklärte Probleme mit den Wirbellosen klagten. Ebenso haben sich die ellipsoidförmigen ›Birnen‹ der Typenreihe ›HQI-E‹, die in vier Lichtfarben erhältlich sind, nicht durchsetzen können, weil ihr punktförmiges Licht, verbunden mit dem hohen UV-Anteil, zu Verbrennungen an festsitzenden Blumentieren führt. Und da wären wir auch beim UV-Licht:

> Bei den stabförmigen Strahlern wie ›HQI-TS 250 W/D‹, deren Leuchte ohnehin nur mit einer Abdeckscheibe aus Silikatglas betrieben werden darf, wird vom Hersteller zusätzlich „für lichtempfindliche Materialien" die Verwendung eines UV-Filters empfohlen. Diese Empfehlung ist für die Verwendung über einem Aquarium zwingend!! Andernfalls muß man mit Verlusten durch abtötende Verbrennungen rechnen.

Der Filter läßt in der Regel ohnehin noch wenige Prozent der UV-Strahlung durch, so daß diese Menge für die Abläufe im Becken vollends ausreicht. HQI-Strahler sollen wegen ihrer Wärmeabstrahlung im Abstand von nicht weniger als 40 Zentimeter über dem Wasserspiegel angebracht werden.

Aus Gründen der Sicherheit und der diesbezüglichen staatlichen Vorschriften ist man in den letzten Jahren dazu übergegangen, HQI-, HQL-, aber auch Leuchtstoffröhrenlampen frei von der Zimmerdecke hängend über dem Becken anzubringen. Dabei sind die Aufhängevorrichtungen meist mit einem Spiralzug versehen, so daß man den Lampenabstand zum Wasser im Bedarfsfall (etwa während der warmen Sommermonate) auch vergrößern kann.

Bei der Absicherung der Leuchten achte man darauf, daß träge Sicherungen verwendet werden. Der volle Lichtstrom wird bei diesen Strahlern erst rund drei Minuten nach dem Einschalten erreicht! Soll der Strahler nach dem Abschalten wieder gezündet werden, so benötigt er aus technischen Gründen eine Abkühlungszeit von mehreren Minuten. Beginnt ein solcher Strahler zu flackern, so hat er das Ende seines heißen Lebens erreicht. Er soll baldigst aus der Leuchte genommen bzw. ausgetauscht werden, um diese nicht zu schädigen.

HQL-Lampen sind schon seit einem längeren Zeitraum aquaristisch eingeführt. Diese Quecksilberdampf-Hochdrucklampen haben die bereits vorher erwähnte ellipsoide (Birnen-)Form, bis zu 125 Watt ein normales Gewinde E 27 (250- und 400-Watt-Lampen Sockel bzw. Gewinde E 40), doch benötigt man für ihren Einsatz über dem Aquarium eine Leuchte mit Vorschaltgerät, von denen die qualitativ besseren eine Umschaltung von 125 auf 80 Watt erlauben. Bei diesen Lampen, die es in zwei Lichtfarben (normal und deLuxe) gibt, ist der UV-Anteil des Lichts nicht so hoch, daß er ausgefiltert werden müßte. Die normale HQL-Lampe, deren Licht ein kühles, leicht blaustichiges Licht hat, ist bei gleichem Sockel bzw. Gewinde in Wattleistungen von 50, 80 und 125 Watt lieferbar. Darüber hinaus ebenfalls wieder (250, 400, 700 und 1 000 Watt) mit Sockel E 40. Es hat sich gezeigt, daß die hohen Werte ab 400 Watt für aquaristischen Gebrauch im Heimaquarium unökonomisch sind.

Neben der bereits erwähnten Umschaltmechanik sollten die für diese Lampen konstruierten Leuchten mit einem besonders ausgelegten Reflektor versehen sein, denn erst durch ihn wird das Licht der Lampe voll ausgenutzt ins darunterliegende Becken geleitet. Diese birnenförmigen Lampen, die trotz des Streueffekts der meisten Reflektoren ein punktförmiges Licht abgeben, sind für Aquarien mit überwiegendem Fischbesatz besser geeignet als für Becken, in denen Wirbellose überwiegen. Es liegen für diese Behauptung keine schlüssigen Beweise vor, aber die Meinung vieler Aquarianer sollte man nicht unberücksichtigt lassen.

Dulux-Lampen (Osram) sind als Lampentyp verhältnismäßig neu. Es handelt sich um eng gebogene, U-förmige, mit Vorschaltgerät zu betreibende Leuchtstoffröhren mit einer besonderen Steckfassung. Das Überraschende an diesen neuen Lampen: Ihre Lumen-/Watt-Leistung übertrifft – wenn auch nur knapp – die der HQI-Strahler, wenn man von den 41,5 cm langen und 36 Watt starken Lumilux-Typen ausgeht (= 2 900 Lumen). Es sind jedoch auch Vergleiche mit den normalen Lumilux L-Lampen angebracht, bei denen für die 120 cm lange 36-Watt-Röhre 3 450 Lumen angegeben werden, was zu einem noch höheren Lumen-Watt-Vergleichswert führt.

Leuchtstofflampen mit langgestreckten Röhren sind trotz vieler Neuheiten im Beleuchtungsangebot der Industrie noch nicht vom Markt verdrängt worden und somit nach wie vor aktuell. Das wird auch sicher in naher Zukunft so bleiben, denn die Vorteile, welche diese Lampen insgesamt bieten, sind noch von keinem anderen konkurrierenden Artikel kostenmäßig unterboten worden.

Gehäuse mit Leuchtstoffröhren haben sich nach dem zweiten Weltkrieg aquaristisch allein aus dem Grund immer mehr durchgesetzt, weil sich die Röhren ideal in flachen Abdeckleuchten unterbringen ließen. Die Verbesserung der Leuchtkraft hat diese Röhrenlampen so stark gemacht, daß sie Vergleiche kaum noch zu fürchten brauchen. Für die Lampen sprechen außerdem ihre vergleichsweise geringen Preise. Auch ein Nachteil soll erwähnt werden: Die geringe Dichte des von Röhrenlampen abgegebenen Lichts läßt sie nur für Becken geeignet erscheinen, deren Höhe nicht größer als 50 bis 60 cm ist.

Die abgegebene UV-Strahlung ist bei Leuchtstoff-Röhrenlampen so gering, daß man sie nicht berücksichtigen muß. Gegebenenfalls kann man hier den zusätzlichen Einsatz einer sogenannten L-Lampe (Röhrenlänge nur 59 und 120 cm) überlegen. Bei diesen ›Schwarzlicht-Lampen‹ (= Leuchtstoffröhren mit Schwarzglaskolben) wird die Strahlung nur im langwelligen UV-Bereich (zwischen 300 und 400 Nanometer) erzeugt. Sie ist für das Auge unsichtbar und unschädlich. Diese Röhrenlampen passen in die handelsüblichen Fassungen. Da dieses Licht aber nicht in zu hoher Dosierung verabreicht werden darf, soll man die jeweilige Lampe über einen eigenen Stromkreis schalten und täglich nicht mehr als höchstens zweimal zwei Stunden in Betrieb nehmen.

Ob seßhaften Blumentieren ihr neuer Standort im Aquarium zusagt, ist nicht leicht zu beantworten. Dazu müßte man wissen, wo er sich im Riff befunden hat. Geht man einmal davon aus, daß nicht alle Blumentiere in den obersten Wasserschichten (also bis höchstens 5 Metern Tiefe) angesiedelt sind, so muß man auch fesseln, daß in diesen tieferen Schichten (unterhalb der 5-Meter-Zone) die Lichtfarben bereits soweit ausgefiltert wurden, daß hauptsächlich diffuse grüne, blaue und blauviolette Töne übrigbleiben, die zum Teil in den Nanometerbereich von unter 400 abrutschen und damit aus dem sichtbaren Bereich herauslaufen. Werden solche Tiere an zu hellen Standorten im Aqarium gepflegt, können sie sich kaum wohlfühlen und werden letztlich an dieser Überdosierung des Lichts zugrunde gehen. Solche Hohltiere brauchen einen weniger hellen Standort; zudem kamm man für ihr Wohlbefinden farbige Leuchtstoff(röhren)lampen, wie etwa Osram L 63 und L 64 (oder Phillips TL 17 und TL 18) in grünen und blauen Tönen mit in die Anlage einbauen.

Kommen wir zum täglichen Betrieb der gesamten Beleuchtung, bei dem wir uns an den natürlichen Licht-verhältnissen im Riff orientieren wollen. Wie bereits erwähnt, scheint die Sonne in tropischen Meeresgebieten an Tage etwa von 6–18 Uhr, also 12 Stunden. Wenn man davon spricht, daß die Sonne scheint, so heißt das nicht, daß der Himmel wolkenlos ist und die Sonne mit ihrem vollen Licht bis zur Meeresoberfläche vordringt. Situationen wie die Lichtverhältnisse am Vor- und Nachmittag wurden bereits am Eingang dieses Abschnittes geschildert. Da ein Aquarianer bei den Gedanken an die Beleuchtungszeit auch immer ökonomisch denken muß, sei erwähnt, daß Versuche befreundeter Meerwasseraquarianer gezeigt haben, daß es nicht notwendig ist, das sehr intensive Licht starker HQI-Strahler über die volle Distanz von 12 Stunden eingeschaltet zu halten.

Da die Zeit der tropischen Dämmerung für unser menschliches Auge vielleicht weniger wahrnehmbar ist, das Leben der Unterwasserwelt jedoch zudem von den natürlichen Regelmäßigkeiten (wir sprechen hierbei oft von einer ›inneren Uhr‹ der Tiere) bestimmt wird, kann man während der ersten und der letzten drei Tagesstunden ein ›Vorlauf- bzw. Nachlauflicht‹ einschalten. Auf diese Weise reicht eine sechsstündige Leuchtdauer der starken HQI-Strahler aus!

Für das erwähnte Vorlauf- und Nachlauflicht können (möglichst gleichfarbige) Leuchtstoffröhren in Betrieb genommen werden, die man seitlich von den HQI-Strahlern anbringen kann. Leider ist bisher noch kein Lampenhersteller auf die Idee gekommen, beispielsweise Dulux-Lampen und HQI-Strahler in einer (Öko-) Leuchteinheit miteinander zu kombinieren.

Zum Vergleich ist in einer beigegebenen Tabelle das Verhältnis Lumen pro Watt aufgeführt. Auf diese Weise läßt sich die Lichtleistung der einzelnen Lampe oder des Strahlers im Vergleich zum Verbrauch in Watt (nach Osram) überprüfen.

Dulux	›DL 36/21‹ Lumilux Weiß:	80,5
Röhren	›L 36/11‹ Lumilux Tageslicht:	90,3
	›L 36/21‹ Lumilux Weiß:	95,8
	›L 36/31‹ Lumilux Warmton:	95,8
	›L 58/11‹ Lumilux Tageslicht:	89,7
	›L 58/21‹ Lumilux Weiß:	93,1
	›L 58/31‹ Lumilux Warmton:	93,1
HQI	›TS 250/D‹ Daylight:	76,0
HQI	›TS 400/D‹ Daylight:	69,4
HQL	›80‹ normal:	47,5
HQL	›125‹ normal:	50,4
HQL	›250‹ normal:	52,0
HQL	›400‹ normal:	55,0
HQL	›80 Delux‹ Warmton:	50,0
HQL	›125 DeLux‹ Warmton:	52,0
HQL	›250 DeLux‹ Warmton:	56,0
HQL	›400 DeLux‹ Warmton:	60,0

Abschließend noch ein Hinweis zur Vorsicht beim Kauf und Einsatz der handelsüblichen Aquarienleuchten: Verschiedene Überprüfungen haben leider ergeben, daß nicht alle Leuchten den gewünschten Anforderungen nach Sicherheit entsprochen haben. Leuchten, die „mit dem Aquarium eine unlösbare Einheit bilden" können unbeabsichtigt naß werden und müssen daher s p r i t z - w a s s e r g e s c h ü t z t sein. Dagegen müssen Leuchten, die auf die Aquarienoberseite nur lose aufgelegt werden, w a s s e r d i c h t sein. Ein für die Produktion sicherlich sehr großer Unterschied, der sich im Preis niederschlagen dürfte – besonders, wenn es um den Betrieb über Meerwasseraquarien geht. Für Hängeleuchten gilt (bisher) keine der beiden Regelungen! Elektrofachleute haben jetzt in der DIN 57710/VDE 0710, Teil 12 festgelegt, was wirklich als ›spritzwassergeschützt‹ und ›wasserdicht‹ gelten darf. Als sichtbares Zeichen sollen gelten: Symbol mit einem Wassertropfen = spritzwassergeschützt; zwei Wassertropfen = wasserdicht.

Unter den gegebenen Umständen, den neuen staatlichen Auflagen also, sehe ich es als nicht gerechtfertigt an, Vorschläge für Abdeckleuchten ›Marke Eigenbau‹, wie ich sie in der ersten Auflage dieses Buches vor mehr als einem Dutzend Jahren noch gemacht habe, heute zu wiederholen. Wir dürfen nicht nur ständig vom Schutz der Umwelt reden, sondern sollten mit solchem Schutz vor allem bei uns selbst und im Kreise unserer Familie beginnen: Es ist zweckdienlicher, Sicherheit und die damit verbundenen Garantien von Leuten zu kaufen, die diese Sicherheit zu ihrem Beruf gemacht haben. Bitte denken auch Sie daran!

Heizung und Temperaturregelung

Die Erwärmung des Meerwassers und die Steuerung einer gleichmäßigen Temperatur sind in einem Tropenaquarium unabdingbare Voraussetzung. Sie ist aber auch bei unseren heutigen technischen Möglichkeiten kein Problem mehr. Betrachten wir die Temperaturen der oberen Wasserschichten im Meer, so können wir feststellen, daß sie im Mittel zwischen 24 und 27 °C schwanken. Allein für die Haltung Niederer Tiere reichen Temperaturen, die sich bei 24 bis 25 °C einpendeln.

Heizstäbe aus Glas haben zwar auch alle eine meerwasserfeste Kappe, doch kommt man mehr und mehr von diesen (besonders im Meerwasser mit seiner hohen Leitfähigkeit) leicht zerbrechlichen Stromführern unter Wasser ab. Wem die eigene Sicherheit wie auch der seiner Beckenbesiedler am Herzen liegt, der schaut sich nach Ersatzlösungen um.

Freunde der Heizstäbe brauchen deshalb jedoch nicht unbedingt auf Stabheizer zu verzichten, denn der Handel (zum Beispiel Schego) bietet mehr und mehr solche

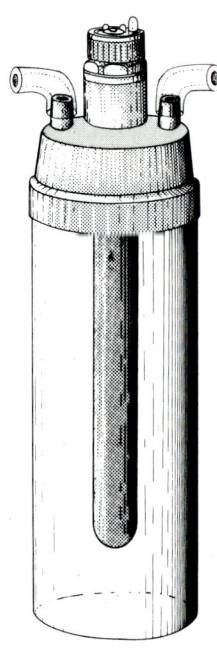

Eine Methode der Wassererwärmung außerhalb des Aquariums bietet Vitakraft bereits seit Jahren mit der ›Florida-Therme‹. Im Innenraum wird das gefilterte Wasser (Ein- und Auslauf oben) am Heizelement vorbeigeführt und kann dort bei jedem Durchlauf um 1–2 °C erwärmt werden   Bleichner

Stäbe an, deren äußere Hülle statt aus Glas aus Titan gefertigt und die mit einer Schutzerdung versehen sind. Verständlicherweise liegt der Preis für diese Sicherheitsheizstäbe etwas über demjenigen mit Glashülle, aber das muß jedem die Sicherheit wert sein. Sicherheit bietet auch ein anderes meerwasserfestes Heizsystem, bei dem mit Niedervoltspannung gearbeitet wird. Der Hersteller (Dupla) spricht hier von einer ›eleganten Lösung‹, was man nur bestätigen kann. In diesem Fall setzt sich das System aus einem Transformator (zwei Typen: 100 Watt und 250 Watt), den dazugehörenden Silikon-Kabelheizern und den jeweilig benötigten Kabelankern aus Kunststoff (für den Beckenboden) zusammen.

Bei einer Kabelheizung wie dieser liegt die Sicherheit darin, daß der normale Hausstrom von 220 Volt auf 42 Volt heruntertransformiert, also umgeformt wird, noch bevor man ihn in die Heizkabel – und damit ins Aquarienwasser – einleitet. Der Hersteller bietet dazu zwei verschiedene Heizkabelarten mit Silikonmantel an, von denen die eine als Bodenheizer mit Hilfe der Kabelanker vor dem Einbringen des Bodengrundes auf dem Beckenboden befestigt und dann mit Bodengrund überdeckt wird. Von diesem Typ gibt es sechs verschiedene Längen mit entsprechend unterschiedlicher Leistung. Die zweite Art (›S‹) hat nur extrem kurze Kabel und erfüllt damit die Funktionen, die man gemeinhin von einem Stabheizer erwartet: Man befestigt das Kabel nicht über dem Boden sondern an einer Seitenwand des Haupt- oder eines Nebenbeckens (zwei Leistungstypen).

Wenn hier gerade von Nebenbecken die Rede ist: Viele Aquarianer ziehen es vor, technische Geräte, die im Inneren des Hauptaquariums aus optischen wie aus Gründen besserer Handhabung stören würden, in einem Nebenbecken unterzubringen, von wo aus dann das (in unserem Fall erwärmte) Wasser dem Hauptbecken zugeführt wird. Bei dieser Gelegenheit sei auch auf die Verwendung von Kunststoff-Heizmatten hingewiesen, wie sie vor vielen Jahren von Hilena eingeführt und heute (in weiterentwickelter Form) von Tetra und Schwarzer (Thermotron) angeboten werden. Während das erste Fabrikat über einen Thermostat mit Fühler geschaltet wird, sind beim zweiten elektronischer Thermostat und Heizmatte eine Einheit, wobei das Schaltelement am Boden vor dem Aquarium sichtbar bleibt. Die Matten sind in verschiedenen Normgrößen erhältlich bzw. können durch Erweiterungselemente ausgebaut werden.

Heizkabel und Heizmatten unterscheiden sich in erster Linie dadurch, daß sich die Kabel im Becken befinden, wogegen man die Matten unter dem Beckenboden anbringt. Bei beiden befinden sich die Schaltelemente an zugänglichen Stellen, was für mögliche Korrekturen oder Reparaturen gut zu wissen ist. Man sagt Bodenheizern aller Arten nach, daß sie deshalb gut wirken, weil die von ihnen abgegebene Wärme von der untersten Beckenzone (einem physikalischen Gesetz folgend) aufsteigt und es somit keine kalten Zonen im Becken geben kann. Allerdings muß darauf hingewiesen werden, daß es trotzdem über dem Boden zu unterschiedlichen Wärmezonen kommt, weil sich die abgegebene Wärme in Zonen ohne Grund weniger staut als in solchen, an denen es einen kompakten Grundeintrag gibt. Auch hier gäbe es eine Möglichkeit, eine solche Heizung unter einem Nebenbecken ohne Bodengrund anzubringen – allerdings käme dann die erwähnte ›physikalische Automatik‹ im Hauptbecken nicht mehr zum Tragen.

Die Temperaturregelung erfolgt heutzutage in Meerwasseraquarien (fast) nur über elektronisch gesteuerte Thermostate – es sei denn, man verwendet die im Meerwasser besonders gefährlichen altmodischen Glasheizer. Die Verwendung von Heizelementen im Filter, wie sie zum Beispiel Eheim anbietet, hat sich in diesem Zweig der Aquaristik nicht durchgesetzt. Viele Hersteller von Heizelementen bieten Thermostat-Schaltgeräte an, die über einen Fühler die Ist-Temperatur feststellen, sie mit der gewünschten und am Gerät eingestellten Soll-Temperatur vergleichen und entsprechende Schaltungen vornehmen. Es empfiehlt sich, nach Möglichkeit aufeinander abgestimmte Einheiten desselben Herstellers zu verwenden, deren modernste Schaltgeräte mit gut ablesbarer Digitalanzeige ausgestattet sind.

Die Stärke einer Heizung hängt verständlicherweise von der Größe des Aquariums ab. Dazu muß man die Umwelttemperatur, also die Durchschnittstemperatur des Zimmers, in dem das Aquarium steht, berücksichtigen. Erwärmt wird das Wasser ja nur über die jeweilige Raumtemperatur hinaus, wobei meist für Kelleraquarien andere Maßstäbe gelten als für solche, die im besser geheizten Wohnzimmer aufgestellt sind.

Bei den in dieser Tabelle angegebenen Werten handelt es sich um Erfahrungswerte für Becken in üblicher Normgröße. Da das angesetzte Meerwasser spätestens nach wenigen Tagen die herrschende Zimmertemperatur angenommen hat, muß nur noch über diese hinaus geheizt werden. Das sind in der Regel 4–6 °C. Wem die angegebenen Wattleistungen für die Heizer (großes Rechteck) zu gering erscheinen, der kann sie nach eigenem Ermessen erhöhen. Vor dem Wasserwechsel muß die Heizung (Bruchgefahr bei Glasheizstäben!) abgeschaltet werden.

Inhalt des Beckens in Litern	Gewünschte Wassererwärmung in °C über Raumtemperatur											
	1	2	3	4	5	6	7	8	9	10	11	12
20	2	4	6	9	12	14	15	17	20	22	24	26
40	4	8	10	14	17	20	24	28	32	35	38	42
60	5	10	14	18	22	27	32	36	42	45	50	56
80	6	12	16	22	27	32	38	44	48	54	60	66
100	7	14	20	26	32	38	44	50	56	62	68	76
120	8	15	22	28	36	44	50	56	62	70	78	86
150	9	16	26	34	42	50	56	64	72	84	90	98
180	10	18	28	36	44	52	64	72	84	90	98	112
200	11	20	30	40	52	62	72	84	90	100	112	120
250	12	24	36	46	58	68	80	90	98	112	120	140
400	16	32	46	64	80	96	112	130	150	160	175	190
600	20	40	64	80	98	120	140	165	180	200	225	250
800	25	50	72	100	120	150	170	180	200	250	280	300
1000	30	60	88	112	150	170	205	220	260	280	320	350

Der pH-Wert

Wie den meisten Aquarianern bekannt sein sollte, liegt der Neutralpunkt des pH-Wertes (auch Wasserstoffionen-Konzentration genannt) bei 7,0. Werte, die darunter liegen tendieren in den Bereich ›sauer‹ und sind für Meeresbewohner tödlich. Im Meer wie in entsprechenden Aquarien müssen alkalische Werte vorherrschen. Sie liegen in den bekannten Riffgebieten unserer Erde zwischen 8,2 und 8,4 pH. Dieser Wert kann gelegentlich auch einmal ›abrutschen‹, sollte dann jedoch auch nicht unter 8,0 reichen. Bei frisch angesetztem Meerwasser dauert es einige Zeit, bis sich der richtige pH-Wert eingependelt hat. Erst muß die Kohlensäure entweichen, die sich meist mit dem Auflösen des Salzes einstellt. Zudem konnte sich die Bakterienfauna im dann meist ebenfalls neu eingerichteten Filter noch nicht soweit entwickeln, daß sie die anfallende Arbeit in dem benötigten Maße schafft. Leider lassen in den meisten Fällen die Aquarianer der Beckeneinrichtung mitsamt dem Wasser und eben den Bakterien im Filter nicht genügend Zeit zur Entwicklung, bevor die ersten Tiere (gleichgültig, ob Fische oder Niedere) eingesetzt werden und vertrauen allein auf die Kraft des Eiweißanschäumers.

Der pH-Wert ist von vielen Faktoren abhängig, deren wichtigster – zumindest um den oft gefürchteten pH-Wert-Abfall nicht aufkommen zu lassen – ein ausreichender Anteil von Karbonathärte im Wasser ist (vergleiche auch Kapitel ›Ein Aquarium ist kein Mini-Ozean‹).

Früher haben wir einmal geglaubt (... aber Glaube versetzt in diesem Fall keine Berge!), daß Korallensand oder Muschelgrus als Bodengrund allein ausreichte, für die nötige Karbonathärte zu sorgen und damit den pH-Wert zu puffern, also auf dem gewünschten Wert zu halten. Das ist leider nicht der Fall, und in vielen Fällen weiß der jeweilige Aquarianer noch nicht einmal, welche Karbonathärte sein Leitungswasser, mit dem er das künstlich geschaffene Meerwasser ansetzte, hat. Berücksichtigt man, daß durch die Zersetzung und den bakteriellen Abbau (wir erinnern uns: Nitrat ist das Salz der Salpetersäure – also auch einer Säure!), wie auch durch die Atmung der Lebewesen im Aquarium und im Filter (!) Säuren freigesetzt werden, die dann den pH-Wert unter den Soll-Wert drücken können, ist es kein Wunder, daß bei unzureichender Alkalireserve (also Mangel an Pufferkapazität, weil ausreichende Karbonathärte fehlt) dies alles nicht funktioniert.

Karbonathärte, Kohlendioxid und pH-Wert stehen in gegenseitiger Abhängigkeit voneinander. Wie also können wir die Karbonathärte erhöhen, um eine bessere Alkalireserve zu schaffen? Viele Ratschläge, die in den Anfängen der Meeresaquaristik gegeben wurden, hatten nicht die durchschlagende Wirkung, die sich der Aquarianer erhoffte, besonders dann nicht, wenn das Ausgangs(Leitungs-)wasser besonders weich war.

In dem Wissen, daß es (auch) an der Kohlensäure im Aquarienwasser liegt, wenn der pH-Wert abfällt, hat es früher geheißen: Die Kohlensäure muß raus! Wie man weiß, ist das nicht besonders schwer. Kohlensäure (H_2CO_3) ist in Wasser gelöstes Kohlendioxid, aquaristisch auch als CO_2 bekannt, denn:

$$CO_2 + H_2O \text{ (Wasser)} = H_2CO_3.$$

Was als Gas gelöst ist, kann man durch starke Wasserbewegung austreiben. Diese Methode hat sich insofern bewährt, als tatsächlich – meist aber zuviel – Kohlensäure entfernt wurde; sie fehlte dann jedoch, wenn auch in Grenzen, bei biologischen Aufbauprozessen (höhere Algen, Zooxanthellen u. a.). Korallensand und Muschelgrus haben auch keine puffernde Wirkung, weil sie ihre Karbonate nicht abgeben können: Sie tun das erst im sauren Wasser – und dazu muß der pH-Wert dann schon ein ganzes Stück unter der Neutralmarke von 7,0 liegen (was im Meerwasseraquarium aus den verschiedentlich angeführten Gründen nicht sein kann). Nun könnte man in dem Zusammenhang glauben, es wäre eine Kleinigkeit und sinnvoll, kalkhaltiges Gestein, Muschelgrus oder auch Korallensand in einem besonderen Behälter (einem sogenannten Kalkfilter) mit Kohlensäure (also gelöstem CO_2) zu beschicken und auf diese Weise die Karbonate zu lösen. Eine teure Lösung und eine umständliche zugleich. Wer will schon sein Auto mit der Bohrmaschine anlassen? Dazu stellt sich die Frage, ob die Menge der so gelösten Karbonate ausreicht, die verbrauchte Menge zu egalisieren und somit die Mindestkarbonathärte des Wassers (7 bis 9 °dH) aufrechtzuerhalten.

Am besten hat sich seit vielen Jahren der Einsatz von Kalkwasser bewährt. Was ist Kalkwasser? Es wird mit Hilfe von Kalziumhydroxid, $Ca(OH)_2$, hergestellt. Diese Chemikalie hat viele Namen: Löschkalk, gelöschter Kalk oder Staubkalk. Für unsere Zwecke eignet sich das weiße Pulver (Bestellnummer 2047 Merck, in 500-g-Dose, im Chemikalienhandel), das wir in Süßwasser lösen. Das Lösungsvermögen von Kalziumhydroxid im Leitungswasser ist meist nicht optimal, die Verwendung von entionisiertem (destilliertem) Wasser wäre vorteilhafter, aber so genau brauchen wir es auch nicht zu nehmen. Genau sollen wir es dagegen mit der Vorsicht nehmen, denn bei der Lösung handelt es sich um Kalklauge – und die ätzt! Eine genaue Dosierung kann hier nur im Zusammenhang mit der pH-Messung vorgenommen werden. Ich löse normalerweise einen gestrichenen Teelöffel Kalziumhydroxid in einem halben Liter Leitungswasser auf, rühre mehrere Male gut um und warte, bis sich das nicht gelöste Pulver abgesetzt hat. Von der milchigen Lösung gebe ich mehrere Tropfen ins Wasser – am besten an jene Stelle, an der eine größere Bewegung stattfindet, wie etwa beim Einlauf des Filterwassers. Mit der Dosierung ist Vorsicht geboten, denn – je nach Wasservolumen – kann mit einem zu großen Schub an Kalkwasser überdosiert werden, was den Tieren nicht bekommt, in besonders starken Dosen für sie sogar tödlich wirken kann.

CO_2-Einsatz im Meerwasser?

Im vorangegangenen Abschnitt wurde darüber informiert, was gegen abfallenden pH-Wert getan werden kann. Wenn der pH-Wert in den sauren Bereich abfällt, ist eine Übersäuerung des Wassers normalerweise die Ursache dafür. Wie man gelesen hat, könnte also auch ein Überschuß an Kohlensäure zur Übersäuerung des Aquarienwassers beitragen. Nun ist die aus CO_2 gebildete Kohlensäure normalerweise nicht die Ursache für derartige Übersäuerung, aber sie ist Mitglied des gesamten Säurepotentials im Wasser.

Soll man nun zusätzlich (und mit hohem technischen Aufwand) noch Kohlensäure ins Meerwasser geben, wo man doch Gefahr laufen kann, daß der pH-Wert, der ohnehin ›abfallgefährdet‹ erscheint, durch weitere Säuregaben belastet wird? Die Meinungen von Aquarianern und wissenschaftlich geschulten Autoren gehen auseinander. Eines steht jedoch fest: Wenn zusätzliche CO_2-Gaben, dann nur unter strenger und fortwährender pH-Wert-Kontrolle! Dabei muß das Dosiergerät über das Meßgerät gesteuert werden, was ja heute bereits in der Süßwasseraquaristik gang und gäbe ist.

Nun kann man die Sache unter dem Aspekt sehen, daß symbiotische Algen oder Zooxanthellen, die ja bekannterweise im Zusammenleben mit vielen niederen Riffbewohnern wie Stein-, Leder-, Röhren-, Hornkorallen, Riff- (*Stoichactis*, *Radianthus* und andere) und Krustenanemonen oder auch Riffmuscheln (*Tridacna*) vorkommen, nicht nur viel Licht, sondern auch zusätzliche (!) Gaben an Kohlensäure zum besseren Wachsen benötigen. Will man ihnen (abgesehen von der Einlaufzeit des Beckens, während der wir ohnehin mit einem hohen Kohlensäuregehalt rechnen müssen) zur durchschnittlichen vorhandenen Kohlensäure Extrarationen verabreichen, so kann man das nur als sinnvoll ansehen, wenn dabei der Wert von pH 7,9 bis 8,0 nicht unterschritten werden muß, denn dies ist der äußere Grad der unteren pH-Belastung, die man dem Leben im Meerwasseraquarium (gemessen rund 4 Stunden nach dem Wiedereinschalten des Lichts am Morgen!) zumuten sollte. Im Riff sollen diese Werte über Tag sehr selten sein – ich habe sie selbst nie feststellen können. Warum also solche

Orangefarbener Schwamm (*Hymeniacidon sanguinea*)　　　Mayland

Gaben, bei denen es immer (und darüber sollten wir uns im klaren sein!) zu gelegentlichen Pannen kommen kann? Ist der Einsatz das Risiko wert? Nur, wenn man diese Frage für sich und seine Riffbewohner bejahen kann, soll man sich entscheiden. Dabei muß auch berücksichtigt werden, daß die verabreichte Kohlensäure (natürlich) nicht nur symbiotischen Algen, sondern auch den meisten übrigen ihrer Verwandten zugute kommt, und beispielsweise auch die grünen Fadenalgen dann in den meisten Fällen ungehemmt wuchern.

Die CO_2-Diffusion geschieht in beiden Wassermedien (süß wie salzig) mit Hilfe eines sogenannten CO_2-Reaktors. Ihm vorgeschaltet ist eine CO_2-Depotflasche, an die ein Druckminderer mit Manometer und Magnetventil (für sichere [!] Ein- und Ausschaltfunktion) angeschlossen ist. Ein vollautomatischer Dauer-pH-Regler mißt und steuert schließlich die erwünschten CO_2-Gaben zwischen dem Soll und dem Ist.

Blauer Schwamm (*Cliona*) und eine sogenannte echte Rotalge (*Rhodymenia corallicola*)　　　Mayland

Die Unterhaltung des Aquariums

Ein Aquarium will nicht nur aufgestellt und eingerichtet sein, es muß auch dauernd überwacht und gepflegt werden. Diese Arbeit ist jedoch nicht so kompliziert, wie sie bei oberflächlicher Betrachtung den Anschein hat. Zudem gibt es gerade im Analysebereich heute Geräte mit sogenannter Dauerfunktion. Sie müssen, einmal montiert, nur abgelesen werden, um auch die meist unsichtbaren und negativ wirkenden Dinge zu erkennen, die sich ohne diese Kontrolle erst dann zu erkennen gäben, wenn sie bereits Schaden angerichtet hätten.

Man unterscheidet

      a) eine optische Kontrolle,
      b) eine analytische Kontrolle,
      c) eine tätige Kontrolle.

Optische Kontrolle

Bei der optischen Kontrolle, von Geübten wahrscheinlich immer noch am häufigsten angewandt, stellt man mehrmals täglich ›mit den Augen‹ fest, ob im Aquarium irgend etwas nicht in Ordnung ist. Ein erster Blick am Morgen nach dem Aufstehen gilt dem Becken. Schwimmen alle Fische munter umher und zeigen alle Niederen (soweit man sie erblicken kann) normales Verhalten, so scheint aus dieser Sicht schon einmal alles in Ordnung. Eine Veränderung, die sich über Nacht eingestellt hätte, würde man sicher gleich entdecken, etwa am Unterschied in der Klarheit des Wassers, am Schwimmverhalten bestimmter (oder aller) Fische, am Stand Niederer Tiere, an der Turbulenz des Wassers oder ähnlich. Sicherlich kommt es auch einmal vor, daß nach der abendlichen Fütterung und anschließendem langen Fernsehprogramm vergessen wurde, die während der Fütterung abgestellte Umwälzpumpe wieder in Betrieb zu nehmen. Am nächsen Morgen lassen die Fische dann aber durch heftiges Atmen deutlich erkennen, daß der Sauerstoffgehalt im Wasser merklich zurückgegangen ist. Soweit dürfte es heutzutage eigentlich nicht mehr kommen, denn beim Einsatz eines ›Powertimers‹ (Tunze) oder eines vergleichbaren Gerätes, das, wie bereits an vorangegangener Stelle erwähnt, biologisch wirksame Strömungsimpulse im Aquarienwasser schafft, kann eine Futterzeitautomatik bedient werden, welche die Pumpe für eine begrenzte Zeit abschaltet.

Analytische Kontrolle

Die analytische Kontrolle kann und sollte heute in der modernen Meeresaquaristik einen besonderen Raum einnehmen, dem man bereits bei den Planungen für das Aquarium Rechnung tragen muß. Es gibt kaum eine Technik, deren Funktion man nicht durch wirksame Kontrolle gut ablesbar überwachen kann, und es ist doch sicherlich beruhigend, sich mit einem Blick von dem gewünschten Funktionieren aller Positionen überzeugen zu können.

Konservative Aquarianer werden noch nach der Methode arbeiten, daß sie in bestimmten Zeitabschnitten oder wenn der Verdacht auf eine Unregelmäßigkeit aufkommt, eine Wasseranalyse durchführen. Zu einer kompakten Rundum-Überwachung gehört aber mehr, als ›hier ein wenig und dort ein wenig‹, da sollte man möglichst alles überblicken. Beginnen wir mit den Möglichkeiten:

▷ Den Salzgehalt messen wir nach wie vor mit Hilfe eines Aerometers, jenes im Wasser schwimmenden Glaskolbens, der durch seine Eintauchtiefe an der innen eingebauten Skala erkennen läßt, wie hoch der Salzgehalt im Wasser ist — bezogen meist auf eine Temperatur von 25 °C.

▷ Die Wasserwärme läßt sich heute elektronisch über Geräte mit Digitalanzeige steuern. Solch ein Steuergerät läßt sich entweder an der Wand befestigen oder man steuert über ein Kombigerät (Selzle), in dem die notwendigen Einheiten untergebracht sind.

▷ Die pH-Wert-Überwachung ist eine der wichtigsten Aufgaben, wie man bei der Information über dieses Thema bereits feststellen konnte. Deshalb lohnt sich die Anschaffung eines Dauer-pH-Wert-Meßgerätes nicht nur für denjenigen, der an der CO_2-Versorgung seines Meerwasseraquariums interessiert ist. Hier muß jedoch unterschieden werden zwischen einem bloßen pH-Meter und einem pH-Regler, wobei der Regler naturgemäß über die größere Einsatzbreite verfügt. Auch bei dieser Gelegenheit sei wieder auf die Existenz sogenannter Regler-Kombinationen hingewiesen, wie sie Selzle anbietet. Interessant sollte es auch sein, gelegentlich den pH-Wert des heimischen Leitungswassers zu überprüfen. Bei mir stieg er zum Beispiel in den letzten zehn Jahren von 7,2 auf 9,0 an, was mir auch vom Wasserwerk auf Anfrage bestätigt wurde. Die Gründe dafür sind vielschichtig. Erlaubt sind nach der staatlichen Trinkwasserverordnung Werte bis 9,5.

▷ Wasserhärte (gemessen in °dH) und elektrische Leitfähigkeit (gemessen in μ/cm^{-1} bei 25 °C) unseres heimischen Leitungswassers sind normalerweise für derartige Analysen nicht von Belang, wie man aus früheren

Informationen zu diesem Themenkreis feststellen konnte; wohl aber die folgende.

⚬ Die Karbonathärte ist als Puffer für den ˋpH-Wert von großer Bedeutung. Wie bereits erwähnt, liegt sie in normalem Meerwasser meist zwischen 7 und 9 °. So hoch sollte die Karbonathärte nach Möglichkeit auch im Aquarienwasser sein. Ein leichter Abfall auf 6 bis 5

ist (noch) unbedenklich, doch ist hier bereits Vorsicht geboten. Gemessen wird die Karbonathärte mittels Tropfanalyse, die im Handel (verschiedene Fabrikate) in kleinen Einheiten erhältlich ist.

⚬ Sauerstoffmessungen gelten bei den meisten Aquarianern als überflüssig. Wenn man aber – wie so oft – Vergleiche mit dem natürlichen Lebensraum der Aquarienbewohner im Riff anstellt, so wissen die meisten (wenn nicht aus eigener Anschauung, so aus dem Fernsehen oder von Vorträgen), daß hier die biologi-

Porträt des Königin-Engelfisches, *Holacanthus ciliaris*, der hier gerade von dem Vertreter einer seltenen Putzerfischart, *Labroides phthirophagus*, abgesucht wird   Mayland

schen Abläufe fast immer optimal sind: Sauerstoffeintrag in erster Linie durch starke Wasserbewegung, dazu kommt der Assimilationssauerstoff, wie er in den oberen, sonnendurchleuchteten Schichten erzeugt wird. Die Sauerstofflöslichkeit im Wasser ist von verschiedenen Faktoren abhängig, deren bekanntester in der Temperatur des Wassers zu finden ist: Je kühler das Wasser, um so besser löst sich der Sauerstoff darin. Dabei ist die Sauerstofflöslichkeit im Meerwasser niedriger als im Süßwasser. Oft spricht man von der Sauerstoffsättigung des Meerwassers, ohne genau zu wissen, um was es sich dabei handelt. Es ist nicht nur so, daß – besonders im Aquarienwasser – Sauerstoff an der Oberfläche aufgenommen und durch Assimilation ›gewonnen‹ wird, er wird auch aufgezehrt. Denken wir nur an die Arbeit der aeroben Bakterien, die dabei eine enorme Menge Sauerstoff aufzehren. Wer also kein Sauerstoffdefizit in Kauf nehmen will, soll sich – zumindest im Zweifelsfall – durch eine Messung orientieren können.

Man kann den Sauerstoffgehalt eines Wassers elektronisch wie auch mit Hilfe von Tropfreagenzien messen. Beide Meßarten sind aber nicht ganz so einfach, wie etwa im Vergleich eine Tropfanalyse zur Messung des pH-Wertes. Ähnlich sieht es bei einem Vergleich für den finanzielle Aufwand zur Beschaffung eines Reagenziensatzes mit dem dazugehörenden Titriergerät (Methode: Titrationsverfahren nach Winkler, zum Beispiel ›Aquamerck‹ oder ›Duplatest O$_2$‹) aus: Beim Einsatz elektronischer Meßgeräte sind die Kosten vergleichsweise höher. Es versteht sich, daß gerade bei schwierigeren Tests wie diesen die Analyse exakt nach Anweisung des Herstellers durchgeführt werden muß!

⇨ Nitrit und Nitrat sind Gifte und bilden die beiden Endstufen des Stickstoffkreislaufes. Ein frisch eingerichtetes Becken ist erst nach 2 bis 3 Monaten soweit ›eingefahren‹, daß man es mit Tieren besetzen kann, ohne mit mehr oder weniger großen Verlusten rechnen zu müssen. Zum Glück hat man die bundesdeutsche Trinkwasserverordnung (Gesetz vom 4.12.1985) so weit verbessert, daß im Leitungswasser die Grenzwerte für Nitrit jetzt bei 0,1 mg/l (früher nicht erfaßt) und für Nitrat bei 50,0 mg/l (früher 90,0 mg/l) liegen. Nitrit wird unter normalen Umständen von den Nitrifikationsbakterien zu Nitrat oxidiert. Kommt es jedoch zu einer Störung in dieser Oxydationskette, so kann es zu Nitritvergiftungen kommen. In Becken mit viel Naturgestein, wie man sie heute meist antrifft, kommt es jedoch kaum zu solchen Vergiftungserscheinungen. Nitritmessungen werden nach Art üblicher Tropfanalysen durchgeführt. Nitrat schadet Fischen im Aquarium bis zu einer bestimmten Anreicherung zwischen 200 und 250 mg/l nicht. Verschiedene Methoden, Nitrat aus dem Meerwasser zu entfernen, haben sich nicht so gut bewährt wie sie angepriesen werden (das gilt auch für Kunstharz vor den ersten 8 bis 10 Regenerierungen). Andererseits muß gesagt werden, daß der Nitratwert sich in gut geführten alteingerichteten Becken, in denen sich viele Blumentiere und ihre Verwandten befinden, kaum einmal in die Regionen von 200 und mehr mg/l erhebt. Trotzdem: Man soll nicht nur hoffen, man muß kontrollieren – am besten bei jedem Gebrauch von Leitungswasser auch dieses. Auch hier gibt es wieder die Möglichkeit einer Tropfanalyse.

⇨ Kupfer im Meerwasseraquarium? Wer erinnert sich nicht an die Gifte, die man früher zur Bekämpfung der Oodinium-Krankheit in das Beckenwasser gab? Heute, wo unser Bewußtsein gegen alle möglichen Umweltgifte besser geschärft ist und wir außerdem wissen, daß Kupfer schon in geringer Dosierung für Niedere Tiere ebenso tödlich ist wie die meisten Medikamente, halten wir Kupfer auf Distanz. Leider kann es aber vorkommen, daß unser Leitungswasser bereits einen Kupfergehalt bis zu 1 mg/l aufweist, der sich dann auf den Zustand bei Niederen Tieren im Aquarium negativ auswirkt. Auch hier soll man das verwendete Leitungswasser regelmäßig nach der Entnahme für aquaristische Zwecke auf seinen Kupfergehalt prüfen. Meist ist der Gehalt nur in der Wasserpartie nachzuweisen, die über einen längeren Zeitraum in der (Kupfer-) Leitung stand. Man muß vor der Entnahme das Wasser eine Minute (oder mehr) laufen lassen, bevor man es weiterverwendet. Auch für den Kupfernachweis gibt es eine Tropfanalyse.

⇨ Phosphate gelten heute vielerorts als unbeliebt und schädlich. Man redet von Phosphatüberschüssen, von Überdüngung vieler Felder und von sauren Böden. Phosphate sind die Salze der Phosphorsäuren. Aus chemischen Verbindungen mit ihnen werden beispielsweise Insektizide oder moderne Kampfstoffe hergestellt. Phosphatrückstände aus Waschmitteln, menschlichen und tierischen (durch Intensiv-Tierhaltung) Ausscheidungen usw. sind in unseren Abwässern relativ hoch. Das Grundwasser wird durch abgeschwemmte ungenutzte Düngemittel belastet. Das soll heißen: Vorsicht bei Anwesenheit von Phosphaten ist geboten! Sie sind mit vielen Elementen am Algenwachstum beteiligt. Ein zu hoher Anteil (mehr als 0,1 mg/l!) im Aquarienwasser führt meist zum Wachstum ›ungeliebter‹ Algen. Meist wird ein überhöhter Phosphatanteil durch zu hohen Tierbesatz (zu viele Ausscheidungen) und zu starke Fütterung (Futterüberschuß) erzielt, wozu sich dann nicht ausreichende Filterung bzw. Abschäumung gesellt. Phosphatmessungen gibt es als Schnelltests. Es ist darauf zu achten, daß genau nach Gebrauchsanweisung verfahren wird, und die relativ kurze Funktionsgarantie der Testsets zu beachten.

⋙ E i s e n gehört in den Komplex der metallischen Spurenelemente. Sie sind für viele Aquarienbewohner lebenswichtig, aber oft (leider) nicht in den benötigten Mengen vorhanden. Wenn man bedenkt, daß alle (!) diese nur in Spuren vorkommenden Elemente – gemessen an allen anderen, in der Salzmischung enthaltenen Mineralien – im Durchschnitt nur rund 0,1 Prozent der Mischung ausmachen, so ist das allein schon verschwindend wenig. Oft werden allerdings Spurenelemente von den Herstellern der Meersalzmischungen auch überdosiert und erst später – bei gutem Algenwuchs – allmählich abgebaut, wenn sie nicht schon früher durch übertriebene Kohlefilterung und/oder Abschäumung wieder aus dem Wasser herausbefördert werden. Ein ausgesprochener Mangel an Spurenelementen tritt jedoch (abgesehen von wenigen!) kaum ein, weil zum Beispiel mit den Futterstoffen wieder ›Nachschub‹ ins Beckenwasser gegeben wird.

Es ist auch das Eisen, dem eine besondere Bedeutung bei der Nährstoffversorgung höherer Algen wie auch ihrer symbiotisch lebenden Verwandten, der Zooxanthellen, beigemessen wird. Das Wasser in den Riffgebieten (und wahrscheinlich auch der übrigen Weltmeere) weist einen Eisengehalt bis etwa 0,1 mg/l auf. Nach unserer augenblicklichen Trinkwasserverordnung ist im Leitungswasser ein Wert bis zu 0,2 mg/l erlaubt. Es hat sich als günstig erwiesen, den Eisengehalt des Aquarienwassers in einem Bereich zwischen 0,05 und 0,1 mg/l zu halten. Das ist nur mit Wasseranalysen in regelmäßigen Abständen möglich, wobei es sich um eine hochempfindliche Meßmethode handeln muß, um die geringen Spuren noch zu erfassen. Dupla bietet beispielsweise mit seinem ›Test-Fe‹ eine solche Möglichkeit, bei dem die Analyse mit Hilfe von Reagenzpulver durchzuführen ist.

⋙ Das R e d o x p o t e n t i a l ist ein Begriff, der für die meisten Aquarianer nicht einfach zu begreifen ist. Es handelt sich um ein Maß für die oxydierende bzw. reduzierende Wirkung einer Lösung (= Redoxsystem), in der durch Elektronenübertragung ein Stoff reduziert und gleichzeitig ein anderer oxydiert wird. Entsprechend wird der Redoxwert elektronisch ermittelt. Viele pH-Meßgeräte können, mit Hilfe einer speziellen Redox-Einstabelektrode auch zur Redoxmessung verwandt werden. Allerdings darf man beim Kauf dann nicht das billigste Gerät erwerben, weil die Qualität der Elektroden für ein exaktes Meßergebnis von großer Wichtigkeit ist. Man beachte daher stets genau (!) die Gebrauchsanweisung, bevor (!) man das Gerät in Betrieb nimmt. Hast und Eile sind im übrigen bei derartigen Messungen nicht die geeigneten Zeitpartner.

Das Meßergebnis wird in Millivolt (= mV) angezeigt. Wie bereits beim Thema ›Ozon‹ erwähnt, steht ein Wert von 150–250 mV an der unteren Skala unserer Wunschliste. Werden die Werte höher, so ist das ein Zeichen für bessere Wasserqualität – allerdings sollten wir uns nicht verleiten lassen, zu hohe Werte anzustreben, denn bei Werten über 450 mV hinaus kann es zu erheblichen Störungen kommen.

⋙ K o h l e n s ä u r e (H_2CO_3), so konnte man erfahren, entsteht durch Auflösung von Kohlendioxid (CO_2) in Wasser. Wer sich mit dem Gedanken trägt, seine Aquarienbesiedler mit einer zusätzlichen Diffusion von CO_2 zu versorgen, der sollte zuerst einmal feststellen, ob überhaupt ein Mangel an gelöstem CO_2 herrscht. Hierfür wird im Handel ein Testreagenz zur Messung des im Wasser gelösten Kohlendioxids angeboten.

⋙ E l e k t r o n i s c h e M e ß g e r ä t e jeglicher Art bringen dann schlechte bzw. ungenaue Meßergebnisse, wenn sie außerhalb der Meßvorgänge an Stellen gelagert werden (etwa nahe dem oberen Aquarienrand), an denen hohe Luftfeuchtigkeit herrscht. Bei Billiggeräten, deren Inneres nicht gut gegen äußere (feuchte) Einflüsse isoliert ist (und die dann auch keine separate Batteriekammer aufweisen), kann man sich dadurch helfen, daß man das Gerät in eine luftundurchlässige Plastiktüte packt und diese mit einem Gummiring verschließt. Beim (meist gleichzeitigen) Erwerb einer Elektrode erkundige man sich nach deren voraussichtlicher Lebensdauer oder versuche, das aus den Angaben des Herstellers zu ermitteln. Elektroden sind Verschleißteile. Über ihre Wartung und Eichung gibt der Hersteller Auskunft. Ihre Lebensdauer übersteigt in vielen Fällen zwei Jahre nicht!

Tätige Kontrolle

Unter tätiger Kontrolle versteht man all die Vorgänge in der Aquaristik, die mit einer manuellen Arbeit verbunden sind. Oft stellt man einen Fehler fest, der weder mit der einen noch mit der anderen der beiden vorgenannten Methoden zu ergründen und zu beheben ist: Man muß konkreter nachsehen, muß ›etwas Handgreifliches‹ unternehmen.

Wird beispielsweise ein Fisch vermißt, kann er sich irgendwo in der Aquariendekoration versteckt halten, weil er sich nicht wohlfühlt. Er kann aber auch bereits tot sein und – weil zwischen Algen, hinter Steinen oder Muschelschalen unseren Blicken verborgen – das Aquarienwasser mit giftigen Zersetzungsprodukten anreichern. In einem solchen Fall bleibt dem Pfleger nichts anderes übrig, als intensiv nach dem Fisch zu suchen. Das gilt besonders auch für eine Reihe von Niederen Tieren wie Riffanemonen, Zylinderrosen, Muscheln und Schnecken. Ihre Zersetzungs-(Verwesungs-)produkte können in extremen Fällen das Aquarienwasser derart verpesten, daß empfindliche Nasen dies bereits außerhalb des Zimmers wahrnehmen können. Auch Tiere aus den erwähnten Gruppen versuchen, sich zu verbergen, bevor ihr Leben erlischt. Zylinderrosen ziehen sich in ihre Röhre zurück oder treiben, hilflos der Strömung ausgeliefert, im Becken umher. Alles, was im Aquarium haltlos umhertreibt, ist selten noch zu retten. Ausnahmen in diesem Verhalten machen einige Riffanemonen und die erwähnten Zylinderrosen, etwa, wenn sie sich einen neuen Standort suchen wollen und dabei in die Strömung der Pumpen geraten. Riffanemonen lösen sich normalerweise nie ganz von ihrem Substrat, und auch Zylinderrosen verlassen ihre Bodenhülle nur sehr selten. Wenn sich die Tiere aus der seitherigen Umgebung lösen, so haben sie dafür immer einen Grund. Die Ursache hierfür muß der Pfleger herausfinden. Das ist nicht immer leicht. Erst einmal muß man feststellen, an welcher Stelle des Aquariums das Tier bisher gelebt hat. Konnte dies ermittelt werden muß man dagegenhalten, welchen Platz es im Meer normalerweise bevorzugt, und ob man es nicht grundsätzlich falsch angesiedelt hat. Manche Riffanemonen lieben eine besonders kräftige Strömung, andere wiederum fühlen sich an ruhigeren Stellen wohler.

Eine Zylinderrose, die man direkt vor dem Pumpenauslauf ›einpflanzt‹, wird diesen stets unruhigen Platz möglichst bald zu verlassen suchen, selbst wenn sie dabei aus ihrer Bodenhülle schlüpfen muß. Man setzt sie wieder ein, häuft soviel Sand um ihren Fuß, daß sie nicht wieder durch den normalen Auftrieb emporgehoben wird, und sie wird bald an ihrem neuen Wohnort eine Röhre abscheiden. Dieser Anemonentyp ist normalerweise nachtaktiv und lebt in hellstem Licht zurückgezogen.

Bei Muscheln und Schnecken ist die Gefahr, daß ein abgestorbenes Tier das Wasser verpestet, noch größer, denn sie wirken – in ihr Gehäuse zurückgezogen und am Boden liegend – auf den ersten Blick ganz normal. Man merkt erst, daß etwas nicht stimmen kann, wenn sich das Tier eine Zeitlang nicht von der Stelle rührt. Anders ist es bei Seeigeln, wenn sie nicht in einem Versteck verenden: Diese Stachelhäuter verlieren, wenn sie erkrankt sind, nach und nach ihre Defensivwaffen, die Stacheln. Ein nackter Seeigel ist immer ein Todeskandidat; meist lebt er zu diesem Zeitpunkt schon nicht mehr.

Es kommt bei dem Zusammenstellen der Aquariengesellschaft viel auf das ›Händchen‹ des Pflegers an, denn bestimmte Arten harmonieren nicht miteinander. Das muß man wissen! Es ist bekannt, daß viele Fische dauernd die Welt der Niederen stören, sie als natürliche Nahrung ansehen. Von ihnen soll hier gar nicht einmal die Rede sein. Oft sind es auch die Wirbellosen untereinander: Beispielsweise kann man die erwähnten Zylinderrosen relativ eng beieinanderstehend pflegen; wegen ihrer starken Nesselfähigkeit können sie aber andere Blumentiere, mit denen sie engeren Kontakt haben, schädigen. So sind viele Schnecken und Kissensterne arge Räuber – meist nachtaktiv – die sich dann über vielerlei niedere Verwandte hermachen und dabei festsitzende wie wandernde Wirbellose überfallen und töten.

Bei der tätigen Kontrolle darf man nicht nur an die Arbeit i m Aquarium denken. Es gab Aquarianer, die früher regelrecht Hausputz in ihren Becken hielten und dabei mehr Schaden anrichteten, als sie Gutes taten, aber die Lebenselemente der Aquarientiere liegen nicht nur unterhalb des Wasserspiegels. Gerätepflege gehört dazu! Nicht nur bei einem PKW, der eine regelmäßige Pflege hat, muß man weniger mit einer Panne rechnen! Haben Sie schon einmal überlegt, was zu tun ist, wenn es bei Ihnen einmal zu einem längeren Stromausfall kommt? So etwas kommt höchst selten vor – zugegeben, … und wer verfügt schon über ein Notstromaggregat? Da hat man vielleicht daheim eine komplett eingerichtete Werkstatt und kann am Ende doch nicht helfen, hat Tausende in die Aquaristik investiert und an ›sowas‹ nicht gedacht.

Es hat sich, meist zum Vorteil aller an der Aquaristik Beteiligten, eingebürgert, immer mehr Geräte einzusetzen. Viele von ihnen müssen gewartet werden. Das soll man nicht vergessen. Wartung bzw. Kontrolle empfiehlt sich in besonderen Maße für die Aquarienlampen und -leuchten. Die Lampen (also ›Birnen‹, Strahler und Röhren) verlieren mit der Zeit ihre ursprüngliche Leuchtkraft, das abgegebene Licht wird nach und nach schwächer. Weil sich dieser Prozeß des Nachlassens nun langsam vollzieht, kann unser Auge den Lichtabfall nicht immer sofort wahrnehmen. Fischen und Niederen merkt man es oft an, dann nämlich, wenn sie auch am Tage zum Teil ihre Nachtfärbung oder Nachthaltung beibehalten – ihnen ist es nicht mehr hell genug! Vielleicht habe ich hier die Tatsachen zu sehr hochgespielt, aber – da wir vorhin vom Messen sprachen: Auch Licht kann man messen, und sei es nur mit der Belichtungsautomatik in der Kamera!

Ein Tip zum Abschluß für die Handhabung mit den Brennern in den Halogenleuchten: Die Hersteller fordern stets, daß man diese Glasstäbe beim Ein- oder Umsetzen niemals (!) mit bloßen Händen anfaßt, weil schon geringe Fettablagerungen auf den Glasmänteln zu einer so starken Wärmeerhöhung führen, daß der Mantel zerspringen kann. Man verwende ein sauberes Tuch und wische nach dem Einsetzen das Glas zudem noch vorsichtig ab.

Höheres und
Niederes Leben im Aquarium

Nachdem im vorangegangenen Teil in erster Linie technische Dinge besprochen wurden, ist es nun an der Zeit, sich den lebenden zuzuwenden. Kaum jemand wird in der Lage sein, die Frage, ob Aquarientiere ›glücklich‹ oder ›zufrieden‹ sind, umfassend zu beantworten, denn diese Begriffe sollte man für sie nicht anwenden (es sei denn, man ist aus der Werbebranche und sucht Dumme, die ›sowas‹ glauben). Jedenfalls, was die Fische im Aquarium anbetrifft, so haben sie nie einen so innigen Kontakt zum Menschen, wie ihn etwa Hunde und Katzen haben können. Mit ihnen ›schmust‹ niemand, und sie haben offenbar auch kein Bedürfnis dafür. Allerdings findet man bei Fischen im Meer, die sich an Menschen gewöhnt haben, eine Art Kontaktinitiative. Ob es ihnen jedoch darum geht, gestreichelt zu werden, kann wohl nur ein ethologisch geschulter Wissenschaftler, ein Verhaltensforscher, sagen.

Dieses relativ neutrale Verhalten der Fische gibt manchen ›Tierfreunden‹ vielleicht das Empfinden, es handele sich bei den Fischen um ›Tiere zweiter Klasse‹, die ruhig einmal japsen können; es „macht ja weiter nichts, denn schreien können sie ohnehin nicht". Zugegeben, es hat sich in unseren Industrieländern in den letzten Jahren – allen Unkenrufen zum Trotz – viel zum Positiven beim Verständnis für die Tiere geändert, ... aber auch für Fische und Wirbellose? Lassen nicht immer noch ›Sport‹angler ihre Beute ersticken? Werden nicht Hummer, Langusten und andere Krebse bei lebendigem Leib in kochendes Wasser gegeben, damit sie ›schön rot‹ werden? Schauen Sie einmal in das Kochbuch des ›Königs der Köche‹, bei Paul Bocuse nach. Kaum zu glauben, sollte man denken, doch sind das keine Ausnahmen! Wer nicht schreien kann, der leidet nicht?

Ist ein Fisch oder ein Niederes Tier schließlich nach oft sehr langer Reise unter mehr oder weniger guten Wasserbedingungen über viele Stationen angekommen und im Aquarium untergebracht, so war er/es doch allerlei Strapazen ausgesetzt, Strapazen, die viele Menschen, würden sie gleichen Bedingungen unterworfen, kaum überleben könnten. Gewisse Fangmethoden in den tropischen Ländern, in denen Fische und Wirbellose trotz der Exportgewinne oft immer nur mit den Augen des Verzehrs gesehen und entsprechend roh behandelt werden, sind wenig dazu angetan, die Tiere in bester Kondi-

tion aus deren Lebensraum zur Station zu bringen. Erst in den Hälterungsanlagen finden sie dann die ersten besseren Bedingungen vor – aber bis dahin kann es ein langer Weg sein. Das ist übrigens, ich konnte mich oft genug davon überzeugen, bei Süßwasserfischen kaum anders. Selbst durch die bekannte ›Höhere Gewalt‹ auf dem Transport gibt es oft mehr Tote, als man glaubt, wenn die Exporteure die korrupten Angestellten auf den Flughäfen nicht gut genug schmieren.

„Nein, hier liegt keine Reservierung für die Fracht vor! Wir sind ausgebucht! Warum haben Sie denn nicht vorher angerufen?"

Sind Fische und Wirbellose zu lange in ihren Plastikbeuteln eingesperrt, nehmen sie Schaden. Oft werden (immer noch!) Pack v e r s u c h e mit großen Riffanemonen unternommen. So erlebte ich kürzlich (im Jahre 1987!) die Ankunft einer Sendung aus Asien, unter anderem mit 80 bis 90 Riffanemonen, die im Meer einen Durchmesser von rund 60 cm gehabt haben dürften. Sie alle waren Stück für Stück in kleine Plastiksäckchen verpackt, die (zusammengelegt) 10×25 cm maßen, und in denen die zusammengeschrumpften Riffanemonen in 8 bis 10 cm Wasser lagen — wahrscheinlich hatten sie es selber aus dem eigenen Körper gepumpt. Es gab viel Gestank, und nur 5 (!) Tiere überlebten. Für wie lange, kann ich nicht sagen. Es ist klar, daß der Importeur mit solchen Leuten, die ihre ›Ware‹ trotz verschiedener Mahnungen immer nur in dieser Verpackung zum Versand bringen, nicht mehr zusammenarbeiten kann.

Wer Wert auf gesunde Fische legt, muß sich auskennen. Die Futterprobe im Händlerbecken sagt auch nur bedingt etwas über das Befinden der Fische aus, vor allem nicht darüber, ob sie während des Fangens im Meer Langzeitschäden beibehalten haben, die sich möglicherweise erst später äußern. „Dieser Fisch nimmt sogar Trockenfutter!" wird gesagt — und tatsächlich: er frißt. Damit ist in vielen Fällen die Aufnahmebereitschaft für künstliche Nahrung beendet.

So sind beispielsweise Vertreter von Arten der Doktorfische vornehmlich Algenfresser. Ihre Umstellung auf neue Lebensbedingungen im Aquarium gelingt bei einigen von ihnen recht gut, bei anderen schwer und bei dritten nur zufällig. Ein *Naso lituratus* fraß bei mir beispielsweise, nachdem er anfangs ausschließlich die feinen Blätter vom Kopfsalat vertilgt hatte, ›über Nacht‹

89

nur noch Muschelfleisch – nun aber rührte er kaum noch die Salatblätter an. Das erscheint erstaunlich, denn zu den Fleischfressern gehören diese Fische normalerweise nicht. Ein anderes Tier blieb dagegen seiner Vorliebe für Grünes treu, magerte aber im Laufe von drei Monaten beinahe ›bis auf die Gräten‹ ab, so daß ich damit rechnete, den Fisch bald zu verlieren. Seine Bewegungen wurden immer langsamer, und sein Ende schien nahe. Es schien aber auch, als hätte er viele Freunde im Becken gefunden, denn er wurde nie attackiert. Mein erster Gang am frühen Morgen war stets zu den Becken. Es war Sonntag und ich ein wenig spät ›dran‹. Wieder fütterte ich das Fleisch von Miesmuscheln, die ich mit der einen Schalenhälfte an den Futterplatz absinken ließ. Wie war ich erstaunt, als der Magere, den ich im Stillen ›Gandhi‹ getauft hatte, plötzlich aus seinem Versteck hervorschoß und sich – nun gar nicht mehr hinfällig wirkend – auf das Muschelfleisch stürzte. Not und Selbsterhaltungstrieb haben das wahrscheinlich bewirkt – vielleicht aber auch das Beispiel der Mitbewohner. Der ›Naso‹ erholte sich langsam wieder und wurde viele Jahre alt. Zweifellos war er ein Nahrungsverweigerer, nur – krank war er nicht! Man kann mit solchen Fischen Glück oder Pech haben, wie auch solche Schwierigkeiten nicht nur bei Doktorfischen vorkommen.

Es gibt also Fische, mit denen man besondere Mühe haben kann, bevor sie sich als Aquarienbewohner völlig angepaßt haben. Ebenso gibt es auch Fische, die man nur ins Wasser eines Aquariums fallenlassen muß, und die bereits nach wenigen Stunden den Eindruck erwecken, als hätten sie nie ein anderes Zuhause gekannt. Fische, die einen ›Messerrücken‹ zeigen, haben lange Zeit kein Futter aufgenommen. Ähnliches kann man auch an der Bauchpartie erkennen, wenn diese leicht nach innen gewölbt ist. Wenn solche Tiere zum Kauf angeboten werden, soll man vorsichtig sein und sie lieber nicht erwerben, denn auch ein zufälliger Trockenfuttertest sagt dann nichts aus. Ebenso ist es mit Fischen, die nicht auf normale Weise schwimmen oder die blutunterlaufene Stellen am Körper aufweisen. Man erkennt solche Rötungen besonders schnell an Kopf oder Körper gelber Fische, denn beide Farben heben sich gut gegeneinander ab. Oft findet man Fische in Händlerbecken, deren untere Körperhälfte knotige Stellen zeigt. Das läßt auf falsche Ernährung schließen; das Tier hat Verdauungsstörungen. Nicht jedem Organismus bekommt die Umstellung, beispielsweise von überwiegender Pflanzenkost auf durchweg fleischliche Ernährung.

Nicht jeder Korallenfischfreund sieht seinem Fisch in beide (!) Augen. Das sollte er aber tun, denn Augentrü-

Tentakelkrone einer Zylinderrose bei unbewegtem Wasser   Mayland

bungen oder ein Glotzauge können sich zur Quelle ständiger Probleme mit diesem Fisch entwickeln. Wie bereits erwähnt, sollte man nicht einwandfrei schwimmende Fische niemals kaufen. Unterkühlung während des Transportes gibt es besonders während der kühlen Witterung, also in den Winter- und Frühjahrsmonaten. Eine daraus resultierende Schwimmblasenentzündung läßt sich oft nur schwer heilen, weil sich im Verlauf dieser Schädigung weitere Schwächeerkrankungen einstellen können. Ebenso sollte man Fische, die in einem gut belüfteten Becken mit dem Kopf wie luftschnappend an der Wasseroberfläche hängen oder in dieser Stellung durchs Aquarium treiben, nicht kaufen.

Die Zusammenstellung der Lebensgemeinschaften im Aquarium kann für das einzelne Tier von großer, ja lebenswichtiger Bedeutung sein. Nicht alle Fische und vor allem Niedere Tiere eignen sich für eine Lebensgemeinschaft, denn die einen können oft die Todfeinde der anderen sein, wie man im Verlauf des Eingangstextes bereits erfahren konnte. Fische ernähren sich zum Teil von Niederen Tieren und zuweilen ist es sogar umgekehrt. Eine Zeitlang kann eine solche Gemeinschaft vielleicht einigermaßen gedeihen, doch erstens sind Wirbellose den Fischen meistens unterlegen und zweitens kann ein einzelner starker Fisch plötzlich soviel Selbstbewußtsein entwickeln und – seinem Trieb folgend – das gesamte Aquarium als s e i n Revier ansehen, um dann bestimmte Mitbewohner stark zu bedrängen und (da sie keine Chance haben, sich zu entfernen) gar zu töten. Das sind nicht etwa Theorien, sondern Erfahrungen.

Einige Beispiele, bei denen ich jetzt nicht daran denken will, welche Arten jeweils im Handel zu erwerben sind:

1. Ein großer Chaetodon, zwei Kaiserfische, ein Doktorfisch und noch einige Vertreter kleinerbleibender Arten lebten gemeinsam mit einem Drückerfisch *Balistes vetula* in einem 2000-Liter-Becken. Die Fische gediehen, wurden entsprechend groß und kamen, abgesehen von ein paar Raufereien, gut miteinander aus. Bis plötzlich der Drückerfisch, er war wohl auch der Stärkste, zuerst den Chaetodon angriff und binnen weniger Minuten getötet hatte. Noch am selben Abend kam der Doktorfisch, ein nicht gerade braver und wehrloser *Acanthurus leucosternon*, an die Reihe. Er starb am nächsten Morgen. Der Kampf mit den beiden Kaiserfischen wurde noch härter, doch Sieger blieb am Ende der Drücker. Was war geschehen? Vermutlich hatte der Vetula — war Geschlechtstrieb ohne artgleichen Partner im Spiel? — ein größeres Revier beansprucht. Die anderen Fische mußten also weichen. Trotz der Größe des Beckens war aber das Ausweichen nicht möglich, und so kam es zum Kampf — bis zum bitteren Ende.

2. Man richtet ein Niedere-Tiere-Becken ein. Nach einiger Zeit scheint biologisch alles bestens. Es werden Fische dazugesetzt, unüberlegterweise auch solche, deren Nahrung auch aus Wirbellosen besteht. Das aber kann nicht lange gut gehen, und bald ist das gesamte Becken ein einziger trostloser Wall sterbender oder toter (niederer) Tiere. Besonders problematisch kann es dann werden, wenn große Blumentiere angefressen wurden, sich vor dem Sterben von ihrem Substrat lösen und an irgendeiner versteckten Stelle in Verwesung übergehen.

Im Laufe der letzten Jahre ist man mehr und mehr dazu übergegangen, reine Niedere-Tiere-Becken einzurichten, in denen entweder nur noch Vertreter bestimmter Arten ›zugelassen‹ sind oder eine Vergesellschaftung mit Fischen grundsätzlich abgelehnt wird. Die letzte Möglichkeit erscheint mir aus den folgenden Gründen als die logische: Erkrankte Fische lassen sich aus einem solchen Becken kaum herausfangen, und eine medikamentöse Behandlung dieser Tiere schließt sich wegen der Unverträglichkeit der Niederen gegenüber den meisten Medikamenten von allein aus.

3. Große räuberische Fische soll man zusammen mit Exemplaren kleinerer Arten nicht in einem Becken halten. Es sind – gerade unter den Raubbarschen – einige Arten bekannt, deren Vertreter selbst vor gleichgroßen Tieren (und gehörten sie auch der eigenen Art an) nicht haltmachen. Besonders gefräßige Gesellen findet man unter den Goldstreifenbarschen *Grammistes sexlineatus*, ihren nahen Verwandten *Diploprion bifasciatum* wie auch unter den Panther- oder Paddelbarschen *Cromileptes altivelis*. Kleine Mitbewohner werden nicht nur von einigen Barschen verspeist, sondern auch von Beutemachern, die ihrem Opfer auflauern, darunter zum Beispiel Exemplare der Angler-, Stein- oder Rotfeuerfische. Man darf solche Räuber nur mit Fischen zusammen pflegen, die mindestens (!) so groß sind wie sie selbst.

Mitunter will es der Zufall, daß man einen etwas ›angeschlagenen‹ Fisch besonders günstig erwerben kann. Man übernimmt ihn selten mit einem guten Gefühl. Solch einen Fisch sollte man nie in ein gut harmonierendes Gesellschaftsbecken geben, sondern erst separat in einem Quarantänebecken unterbringen und beobachten. Wer kein solches Becken besitzt, sollte die Finger von zweifelhaften Sonderangeboten lassen. Fische mit einem Schaden brauchen eine Sonderbehandlung, sie werden auch meist von den Insassen eines bereits besetzten Aquariums nicht in die Gemeinschaft aufgenommen und deswegen bekämpft. Die Quarantäne ist überhaupt ein Gebiet, dem viele Aquarianer – aus Platzgründen? – nur wenig Beachtung schenken. Einesteils ist das unverständlich; andererseits wird nicht allein der uneinsichtige Aquarianer mit folgenden ›Unfällen‹ bestraft, sondern auch meist Tiere der Aquarienbesatzung, dann nämlich, wenn der Neue eine Krankheit einschleppt.

Um Niedere Tiere allein zu pflegen, muß man nicht mit einem Riesenbecken beginnen. Es ist natürlich vorteilhafter, ein größeres Wasservolumen zur Verfügung zu haben, weil sich in einem zu winzigen Wasserreservoir kleine Unfälle schneller zu großen ausweiten können. Ich begann beispielsweise mit einem Aquarium der Maße 80×40×60 cm, also mit einem Volumen von rund 190 Litern. Das hat den Vorteil, daß sich die Kosten, wie sie beispielsweise für Technik, Einrichtung und Wasseraufbereitung anfallen, im Rahmen halten. An den genannten Dingen zu sparen, halte ich nicht für richtig, denn es sollen optimale Lebensbedingungen geschaffen werden, die von einem guten Funktionieren der Technik und demgemäß zufriedenstellenden biologischen Verhältnissen abhängen. Längere Störungen, wie sie mit schwächeren, weil preiswerteren Geräten vorkommen können, verderben leicht den Genuß am neuen Medium Meerwasser.

Der Anfänger möchte sich heute kaum mehr mit den Wirbellosen begnügen, wie noch vor rund zwanzig Jahren. Stars solcher Aquarien waren herrliche Zylinderrosen, die man wegen ihrer starken Nesselfähigkeit in den heute typischen Blumentierebecken kaum mehr antrifft. Trotzdem: Sehr schön sind diese haltbaren Pfleglinge auch heute noch immer! Viele Aquarianer, die mir schreiben oder öfters auch einmal anrufen, zeigen ein

91

besonderes Interesse an Symbioseanemonen, jenen großen Riffanemonen, die mit Clown- oder Anemonenfischen der Gattung *Amphiprion* in symbiotischer Gemeinschaft vorkommen und dieses Leben auch in einem Aquarium fortsetzen. Hört man sich die Geschichten verschiedener Aquarianer an, die mit der Haltung dieser großen Blumentiere ›kein Glück‹ hatten, so muß man sagen, daß Glück wohl nicht der rechte Partner sein kann. Es gibt bestimmte Punkte, die man bei der Pflege dieser Riffanemonen grundsätzlich beachten muß. In ihrem natürlichen Lebensraum kommen diese Aktinien stets an den Punkten im Riff vor, die von der Sonne voll bestrahlt werden. Sie benötigen somit sehr viel Licht. Wie diese Anemonen einesteils mit den Fischen eine Symbiose eingehen, so leben sie andererseits mit den hier schon häufiger zitierten Zooxanthellen (symbiotischen Algen) in einer Lebensgemeinschaft. Diese Algen liefern den Anemonen lebenswichtige Substanzen, die bei deren Photosynthese anfallen. Der Kreislauf funktioniert aber nur unter kräftigem Lichteinfluß. Ist die Beleuchtung nicht ausreichend, so sterben die Zooxanthellen in der Anemone ab, wodurch diese ihren wichtigsten Lebenspartner verliert. Daran können dann die symbiotischen Fische auch nichts ändern.

Wie in der Natur, so verändern Riffanemonen auch im Aquarium von Zeit zu Zeit ihren Standort – sie wandern. Das ist nicht als Zeichen von Unwohlsein anzusehen, wenn ihnen der letzte ›Wohnort‹ zu behagen schien. Damit die Blumentiere auch stets einen genehmen neuen Platz antreffen, soll eine ausreichende Zahl an Platten, Spalten usw. ›in guter Lage‹ vorhanden sein, damit das Substrat bald gefunden wird. Solche Wanderungen haben allerdings einen Nachteil: Wenn nämlich Anemonen unterschiedlicher Arten aufeinandertreffen, kann es zu Vernesselungen kommen, wobei sich meist beide starke Schäden zuziehen. Es empfiehlt sich daher, möglichst artgleiche Anemonen in einem Becken unterzubringen.

Die Ernährung von Fischen und Niederen Tieren ist in den meisten Fällen nicht die ›große Kunst‹ bei der Haltung. Man muß allerdings auf besondere Phasen der Eingewöhnung, wie sie beispielsweise bei dem Doktorfisch (*Naso*) geschildert wurden, gefaßt sein. Wenn man über die Ernährung der Tiere nachdenkt, muß man zunächst einmal die natürliche Situation im Meer vor Augen haben. Hier bietet sich den Fischen ein überreiches Nahrungsangebot: Es gibt viel Auswahl! Die Tafel ist so reich gedeckt, daß sich die Vertreter mancher Arten im Laufe der Zeit zu reinen Nahrungsspezialisten entwickeln konnten. Mit Fischen wie ihnen werden es ihre Pfleger im Aquarium stets am schwersten haben.

Exemplare bestimmter Arten, die ohnehin bereits als heikel bekannt sind, sollte man daher gar nicht erwerben. Wenn das alle täten, würden sie − hoffentlich − auch nicht importiert (weil sie beim Importeur verhungern!). Um solch anspruchsvollen Fischen zum Überleben zu verhelfen, müßte man schon mit einem Tabu brechen und beispielsweise Exemplare von gewissen Arten der Schmetterlingsfische (zum Beispiel *Chaetodon bennetti, C. larvatus, C. meyeri, C. triangulum, C. trifasciatus* und andere) in Niedere-Tiere-Becken setzen und dabei auch die Verluste der (teuren) Hohltiere in Kauf nehmen. Doch sieht der normale Aquarianer in derlei Unsinn wenig Logik.

Viele Fische haben in ihrem Wachstumsstadium eine Phase, in der sie besonders aktive Fresser sind. Das ist vielen Aquarianern von der Aufzucht der Süßwasserfische her bekannt. Gelangen die Fische in diesem Alter und dieser Größe in ein Aquarium, um hier eingebürgert zu werden, so hat man mit ihnen die geringsten Schwierigkeiten. Größerwerdende Kaiserfische, wie *Pomacanthus*-Arten, die der Untergattung *Arusetta* und *Euxiphipops*, aber auch der Gattungen *Holacanthus, Genicanthus, Chaetodontoplus, Apolemichthys* und (mit Abstrichen) *Pygoplites* sind bei einer Länge um 5 Zentimeter am besten ans Futter zu bringen. Haben sie erst die doppelte Größe erreicht – das ist auch in größeren Aquarien bei guter Fütterung nur eine Frage von Wochen –, kann zumindest die Eingewöhnung frisch importierter Tiere schon schwieriger werden. Nicht in diese Größenberechnungen einbeziehen kann man Kaiserfische der Gattungen *Centropyge*; sie sind auch als Zwergkaiserfische bekannt. Bisweilen werden sie ohnehin nicht größer als 7 bis 8 Zentimeter. Ihre Nahrungsaufnahme kann recht unterschiedlich sein. Sie bevorzugen natürlich eingerichtete und mit viel Mikroleben versehene Becken, in denen sie ständig knabbernd unterwegs sein können.

Was alles an Nahrung kann man den Fischen und Niederen anbieten und was nicht? Ich erinnere mich an meine frühen Jahre der Meerwasseraquaristik, in denen man sich im Frühjahr seine (möglichst persönliche!) Tiefkühltruhe mit Miesmuscheln vollstopfte, die man sich sackweise von der Nordseeküste schicken ließ. Derartige Nahrungstiere haben heute nicht mehr den günstigen Preis wie früher, und dem Wasser, in dem sie leben müssen, wird auch nicht mehr die Qualität jener Zeit nachgesagt. Nun hat sich aber nicht nur die Futterfrage gewandelt, sondern die Meerwasseraquaristik allgemein. Bei den meisten Aquarianern hat Einsicht dem früheren Prestigedenken Platz gemacht: Die Aquarien werden natürlicher eingerichtet und vor allem in den meisten Fällen schwächer besetzt. Dies kommt allen

Bewohnern zugute. Wenn man einmal von der Haltung größerwerdender Fische absieht, kann man sagen, es ist möglich, daß sich kleine Fische in einem natürlich eingerichteten und ebenso besetzten Aquarium ›von alleine‹ ernähren können, das heißt: Eine regelmäßige Fütterung ist nicht mehr in dem Maße notwendig, wie wir sie früher kannten. Oft meint es der Pfleger zu gut mit der Regelmäßigkeit und vor allem der Menge – das Wasser wird stärker belastet, und die Filter und Abschäumer bekommen mehr Arbeit. Können sie ihr Pensum nicht schaffen, so kommt es zu erhöhten Nitrat- bzw. Phosphatwerten, durch welche das Wachstum ungeliebter Algen gefördert wird.

Gefriergetrocknete Futtersorten, vor allem aber auch tiefgekühlte Zierfischnahrung kann man im aquaristischen Handel kaufen. Natürlich ist es ebenso möglich, bestimmte Artikel, die dieser Handel aus verschiedenen Gründen nicht führt oder führen kann (Fischfleisch, frische große Garnelen, Muscheln usw.), im normalen Frischfischgeschäft zu erwerben. Nur wer große Fische pflegt, muß zu großen Futterbrocken greifen, alle übrigen Aquarienbewohner – allen voran die Wirbellosen – nehmen mit kleiner und kleinster Nahrung vorlieb.

F e t t e , E i w e i ß e und K o h l e h y d r a t e sind die von den Tieren aufgenommenen Grundnährstoffe. Die letztgenannten können bei den Fischen eine ähnliche Rolle spielen wie bei uns Menschen: Verspeisen sie zuviel davon, werden sie zu fett. Kohlehydrate entstammen immer pflanzlichen Produkten, doch werden diese Kohlehydrate im tierischen Körper (wie auch im menschlichen) in Fette umgewandelt und dort gespeichert. So kommt es denn auch, daß viele ›alte Burschen‹, die im Aquarium bereits lange ausgehalten haben und die reine Allesfresser geworden sind, stark verfetteten. Kohlehydrate werden von den Aquarieninsassen mit verschiedenen Pflanzen aufgenommen, können aber auch auf dem Umweg über pflanzenfressende Nährtiere (auch Niedere) in den Körper gelangen. Nur einen gewissen Prozentsatz davon können sie wirklich verarbeiten. Jedes aufgenommene Zuviel wird als umgewandeltes Fett in den Organen angelagert, was diesen meist nicht zuträglich ist. Man spricht dann von Organverfettung.

Die in Freiheit lebenden Fische haben im Körper nur einen sehr geringen Fettgehalt; ihre Kost ist ausgewogener, und sie haben viel Bewegung (ein Beispiel, das leicht eine menschliche Parallele finden ließe). Ins Aquaristische übertragen, läßt dies die zwei bekanntesten Forderungen erneut stellen: möglichst große Becken und abwechslungsreiches Futter!

Die hauptsächlichen Bestandteile des Futters sollen Eiweiße sein. Sie sind für alles Leben unentbehrlich und werden aus den Aminosäuren aufgebaut. Von ihnen sind über zwanzig verschiedene Arten bekannt. Aus den verschiedenen, mit der Nahrung aufgenommenen Eiweißen (oder Proteinen, wie sie heute in der Werbung häufig genannt werden) baut der Fisch sein eigenes Eiweiß auf. Nicht alle der in den Eiweißen dem Körper zugeführten Aminosäuren können in der Fischleber zu körpereigenem Eiweiß umgebaut werden. Die Tiere müssen bestimmte, die sogenannten essentiellen (= unentbehrlichen) Aminosäuren, immer wieder erneut zu sich nehmen, um den lebensnotwendigen Bedarf zu decken, zumal sie an bestimmte Lebensfunktionen gebunden sind. Fehlt eine dieser essentiellen Aminosäuren längere Zeit in der Nahrung, so treten schwere gesundheitliche Schädigungen auf.

V i t a m i n e und S p u r e n e l e m e n t e , wie sie oft in einprägsamen Lettern von den Futtermittelherstellern angepriesen werden, sind tatsächlich auch für Meerestiere von Bedeutung. Unter den vielen Vitaminen und Vitaminkomplexen gibt es einige, die für bestimmte Funktionen zuständig sind. Man kennt das auch aus Erzählungen von früheren Seefahrern, die bei Mangel an Vitamin C unter Skorbut litten.

„Was sind denn überhaupt Vitamine?" könnte manch einer fragen. Die Wortkombination aus ›Vita‹ (= Leben) und ›Amin‹ (= auf die chemische Verbindung hinweisend) läßt die Wichtigkeit dieser Substanzen organischen Ursprungs erkennen. Man unterscheidet zwischen den fettlöslichen Vitaminen (A, D, E, K, F, P) und den wasserlöslichen (B-Gruppe, Niazin und andere, C und H). Ernährungswissenschaftler der Nutzfischerei haben für Nutzfische Untersuchungen angestellt, deren Ergebnisse allgemein gesehen auch für Meeresfische Geltung haben dürften. In diesem Zusammenhang hat Prof. Dr. HANS MANN eine Tabelle aufgestellt (siehe Seite 94), die darüber Aufschluß gibt, welche Vitamine welche Aufgaben im Stoffwechsel von Fischen haben und welche Krankheitserscheinungen beim Fehlen dieser Vitamine festgestellt wurden.

Welche Vitamine verwenden? Da nimmt man am besten solche Präparate, die keine Beimischungen aufweisen. Viele muß man in destilliertem Wasser auflösen, andere gibt es bereits in flüssiger Form. Abgesehen von den Produkten, die vom aquaristischen Handel angeboten werden, kann man Vitaminpräparate auch in Apotheken kaufen. Sie dürfen deshalb nicht vom übrigen Handel angeboten werden, weil die meisten davon nach unserem deutschen Pharma-Recht zu den Medikamenten gerechnet werden und somit apothekenpflichtig sind. Multivitaminpräparate, wie sie der aquaristische Fachhandel anbietet, haben weitaus geringere Konzentrationen und fallen deshalb nicht unter diese Gesetze.

93

Vitamine und Ergänzungsstoffe	Aufgabe	Mangelerscheinungen
A	Befruchtung der Eier, Wachstum	Geringe Befruchtungsrate
D	Knochenbildung	Rachitische Knochenmißbildung
B_1	Kohlenhydratstoffwechsel	Krämpfe, beschleunigte Atmung, Gleichgewichtsstörungen
B_2	Stoffwechselregulierung, Wachstum	Abmagerung, Nervenstörung, Blutungen in inneren Organen
B_6	Um- und Aufbau von Eiweiß	Übererregbarkeit, Freßunlust, Nervenstörungen, Hautdefekte.
Niazin	Kohlenhydratstoffwechsel, Blutbildung	Freßunlust, hohe Sterblichkeit, Hautrötungen.
Pantothensäure	Wachstum	Verschleimung der Kiemen, Atemnot, Kiemendeckelschäden, fleckige Haut, schlechtes Wachstum.
B_{12}	Blutbildung	unbekannt.
Inosit	Kohlenhydrat- und Fettstoffwechsel	Leberverfettung, Freßunlust, Hautschäden.

Vitamingaben verabreicht man gewöhnlich als Futterbeimischung. Bei den meisten Aquarianern hat es sich eingebürgert, tiefgefrorenes Futter anzubieten, das auch gern genommen wird. Man kann und soll davon jedoch stets nur soviel auftauen, wie die Tiere in kurzer Zeit aufnehmen können. Da die Fische und Niederen somit stets hungrig sind und die angebotene Nahrung mit Appetit verzehren, lassen sich die Futtergaben vorher noch gut mit Vitaminen anreichern. Das hat jedoch nur einen Sinn, wenn gewährleistet ist, daß das angebotene Futter auch sofort aufgenommen wird, weil sich im anderen Fall die Vitaminstoffe schnell im Wasser lösen. Führt man diese Vitaminisierung des gereichten Futters etwa zweimal in der Woche durch, so kann man schon bald feststellen, wie verschiedene Probleme, wie wir sie auch bei Wirbellosen kennen (Häutungsschwierigkeiten, Verweigerung der Nahrungsaufnahme usw.) lösen lassen. Verfüttert man lebende Nährtiere (auch solche, wie rote Mückenlarven aus dem Süßwasser), so muß man vor dem Vitaminisieren darauf achten, daß von ölhaltigen oder zuckerigen Lösungen nur soviel über die Futtertiere geträufelt wird, daß sie an der Gabe nicht ersticken.

Aus dem aquaristischen Handel kennen wir zum Beispiel ›multi-VT-min‹. Dabei handelt es sich nach dem

Versprechen des Herstellers um „... einen Vitamin-Komplex aus gekapselten Vitaminen in mineralstabiler Form. Das bedeutet, Vitamine, die sich sonst nicht oder nur kurzfristig halten bzw. sich gegenseitig der Wirkung berauben, hier fast unbegrenzt haltbar gemacht sind." Von den in Apotheken erhältlichen Vitaminpräparaten seien hier ›Multibionta N‹ von Merck oder ›Protovita Roche‹ erwähnt. Keines der ›Vitamin-Medikamente‹ ist speziell für Fische und Niedere Tiere konzipiert: Sie alle sind für den menschlichen Organismus entwickelt, haben sich aber in vielerlei Richtung auch bereits in der Aquaristik bewährt, zum Beispiel bei der Diskushaltung.

Es erscheint wenig sinnvoll, Vitamingaben ohne genaue Kenntnis dessen zu geben, wozu sie nützen sollen. Zu diesem Thema schreibt, allerdings abgeleitet von seiner Arbeit mit Süßwasserfischen, der bereits vorher erwähnte Prof. Dr. HANS MANN: „Die richtige Ernährung gehört zu den wichtigsten Fragen der Aquaristik. Den natürlichen Verhältnissen am nächsten kommt ein Speisezettel mit Naturfutter, ... jedoch gibt es schon Schwierigkeiten, wenn das Naturfutter einseitig ist. Es ist bekannt, daß zum Beispiel eine einseitige Ernährung, die sich über längere Zeit erstreckt, zu Wachstumsschäden führen kann. Wir kennen durch zahlreiche Untersuchungen die Grundzusammensetzung der Fischnahrung, soweit es die üblichen Bestandteile wie Eiweiß, Fette und Kohlehydrate betrifft, doch schon über den nötigen Bedarf der Fische an Mineralsalzen ist wenig bekannt. Ganz am Anfang unserer Kenntnis stehen wir bei der Frage: Welche Vitamine sind für die Fische wichtig?"

V i t a m i n A (fettlöslich) gehört chemisch zu den Karotinoiden und kommt in Eigelb, Lebertran, Milch, Karotten, Butter und anderen vor. Das als Provitamin (als Vorstufe also) dienende Karotin findet sich in grünen Pflanzen und Früchten. Das Vitamin ist am Aufbau der Sehkraft, der Eibefruchtung und dem allgemeinen Wachstum beteiligt.

V i t a m i n B (wasserlöslich) zerfällt in verschiedene der sogenannten B-Gruppe:

B_1 oder Aneurin ist das bekannteste. Sein Mangel in der Nahrung führt beim Menschen zu der Krankheit, die man Beriberi nennt (›Antiberiberivitamin‹). Es kommt in Getreidekeimen, Reiskleie, Hefe, Kartoffeln und Gemüse vor und führt bei Mangel zu Nervenentzündungen, aus deren Folge die in der Tabelle genannten Krämpfe, Gleichgewichtsstörungen und beschleunigte Atmung resultieren. Behandelt man erkrankte Tiere mit einem B_1-haltigen Medikament, so erholen sie sich schnell.

B_2 gehört chemisch zu den Flavinen und kommt in Leber, Hefe, Herzmuskel, Nieren, Hülsenfrüchten und anderen vor. Es reguliert den Stoffwechsel wie das allgemeine Wachstum. Bei Mangel kommt es somit zu Wachstumsstörungen (verbunden mit Abmagerung), Hautschäden (Blutungen an inneren Organen) und Störungen im Nervensystem. Der tägliche Bedarf ist sehr gering. Er beträgt beim Menschen (!) nur 1 mg.

B_6 kommt in Leber, Nieren, Hefe, Getreide, Gemüse und Kartoffeln vor. Es gilt als eines der wichtigsten Kofermente im Stoffwechsel der Aminosäuren. Bei Mangel kommt es u.a. zur Freßunlust, Übererregbarkeit und zu Hautrötungen.

B_{12} hat eine komplizierte Struktur und enthält Kobalt. Die rote Verbindung kommt in Leber, Fischmehlextrakt und Milch vor. Dieses Vitamin wird in der Humanmedizin u.a. zur Behandlung bösartiger Blutarmut (perniziöse Anämie mit Mangel an roten Blutkörperchen) angewendet. Es erhöht den Grad der Eiweißverwertung im Organismus. Man verwendet es in der Nutztierhaltung auch als Zusatz im Kraftfutter.

N i a z i n (wasserlöslich) spielt bei der Blutbildung wie auch dem Kohlehydrat-Stoffwechsel eine wichtige Rolle. Es kommt in geringen Mengen in Fleisch, Leber, Hefe und Gemüse (wie auch im Fischfleisch) vor, kann aber normalerweise – zumindest bei Mensch und Säugetieren – aus Tryptophan selbst synthetisiert werden.

P a n t o t h e n s ä u r e (wasserlöslich) fördert das Wachstum und kommt vor allem in Leber und Hefe vor. Wie geschildert (Tabelle), sind die Mangelerscheinungen vielfältig. In Verbindung mit Zysteamin bildet P. das Panthethein, einen Wuchsstoff für viele Mikroorganismen.

V i t a m i n C (wasserlöslich) steht den Kohlehydraten nahe. Wir alle kennen den relativ hohen täglichen Vitamin-C-Bedarf des Menschen (etwa 50 mg). Das Vitamin kommt in Zitronen, Hagebutten, Tomaten, Kartoffeln, Sanddornbeeren und anderen vor und ist in den meisten Vitaminkomplexen vorhanden. Ob jedoch diesem Vitamin auch bei Fischen die Bedeutung zukommt wie beim Menschen, ist noch nicht nachgewiesen.

I n o s i t (wasserlöslich) dient dem Kohlehydrat- und Fettstoffwechsel. Es findet sich frei in Muskeln, Gehirn und Leber. Da Inosit für manche Tiergruppen Vitamincharakter zu haben scheint, stellt man es zuweilen zur Vitamin-B-Gruppe. Mangel läßt sich an Freßunlust und (unterm Mikroskop) an Leberverfettung erkennen.

Man kann aus diesen Ausführungen erkennen, daß es nicht gleich ist, welche Nahrung man seinen Fischen und Niederen verabreicht. Daß sie abwechslungsreich sein soll (wie immer gepredigt wird), hat in erster Linie damit zu tun, daß die Pfleglinge in den Genuß der verschiedenen Inhaltsstoffe kommen, zu denen auch

jene gehören, die nur in sehr geringen Mengen (in Spuren) vorkommen und benötigt werden. Man spricht demnach von Spurenelementen. Fehlen sie dagegen, so kann sich dieser Mangel im Energiehaushalt der Tiere negativ auswirken, weil Nervensysteme, Knochenbau, Muskel- und Drüsenentwicklung und anderes zum Teil vom Vorhandensein dieser Vitamine und Spurenelemente abhängig sind. Indirekt spielt hierbei auch das Licht eine Rolle, weil von ihm das Wachstum der symbiotischen und asymbiotischen Algen abhängt. So findet man beispielsweise Karotin und das daraus produzierte Vitamin A in den bereits früher erwähnten Kieselalgen, aber auch im Kopfsalat, im Spinat sowie in verschiedenen Krebstieren (die als Nährtiere gelten). Ähnliches gilt für das Vitamin B_1. Bekannt ist zumindest fortgeschrittenen Aquarianern, daß sich in der Hefe viele Vitamine befinden, weshalb man sie fast jedem Futterbrei zufügt.

F u t t e r b r e i ist eine feinst zerriebene oder im Mixer zermahlene Mischung aus allen möglichen Nährstoffen für Filtrierer und Planktonfresser wie für Fische und Wirbellose, die bevorzugt kleine Nahrung aufnehmen. Zu einem solchen Nahrungsbrei eignet sich am ehesten frische Nahrung, also solche, die noch nicht tiefgefroren war, weil sie vor oder während des Mahlprozesses auftaut und später meistens erneut eingefroren wird, und es ist in den meisten Fällen nicht geraten, Nahrung zweimal tiefzufrieren. Fisch-, Krebs- und Muschelfleisch, Herz, Mückenlarven, Rinderleber, Algenmehl, überbrühter Spinat, Dotter von hartgekochten Eiern, Hefe und Vitaminpräparate (soweit sie diesen Prozeß vertragen – andernfalls gibt man sie dem Brei erst vor dem Verfüttern zu). Da dieser Brei recht schnell verdirbt, soll man ihn bald nach dem Anrichten verfüttern oder in Plastiksäckchen füllen und diese (flach zusammengepreßt, praktisch ohne Luft) tiefkühlen. Später kann man dann von den flachen Scheiben passende Portionen abbrechen.

Es versteht sich, daß sich auch die einschlägige Industrie dieser Futterarten angenommen hat und entsprechende Präparate über den aquaristischen Fachhandel anbietet. Erwähnt seien hier ›Liquifry marin‹ oder ›aquabiofood‹-Produkte von ab-Aquarientechnik.

F i l t r i e r e r nennt man die Niederen, die praktisch unbeweglich sind, der Nahrung nicht nachstellen können und somit die Nahrung aus dem sie umgebenden Wasser herausfiltern müssen, die ihnen genehm ist. Man nennt sie auch ›Suspensionsfresser‹, weil sie schwebende Nahrung aufnehmen. Zu ihnen gehören Schwämme, Seescheiden, Muscheln und Moostierchen ebenso wie die bekannteren Röhrenwürmer, Haar- und Schlangensterne oder auch bestimmte Zehnfußkrebse, wie wir sie als Symbiose- oder Porzellankrabbe beispielsweise von der Gattung *Petrolisthes* kennen. Dabei ist anzumerken, daß diese Tiere ihre Nahrung oft aus stark bewegtem Wasser filtern, weil nur so bestimmte Nahrungsteile aufgewirbelt werden. Man kann sich im Aquarium damit behelfen, daß man eine Schnellfilterpumpe (wie die Turbelle) eine bestimmte Zeit ohne Filtervorsatz das Wasser umwirbeln läßt, wobei die übrigen Filter abgeschaltet sein müssen. Das für diese Tiere vorbereitete Futter muß sehr (!) fein sein.

P l a n k t o n f r e s s e r gibt es unter den Niederen eine Menge, aber auch viele kleine Fische (die großen stehen in diesem Zusammenhang nicht zur Diskussion!) ernähren sich von Plankton. Von den beiden Planktongruppen, dem Zoo- und dem Phytoplankton, wird von allen Hohltieren ausschließlich das erste, also das fleischliche, genommen. Dieses Futter muß nicht so fein sein, und man soll ihm (im Gegensatz zum vorgenannten) keine pflanzlichen Bestandteile beimengen. Aus Kostengründen kann man die Nahrung für Zooplanktonfresser auch mit Trockenfutter – besser noch mit gefriergetrocknetem, fein zerstampftem und vor der Zugabe gut geweichtem Futter – durchsetzen. Diese Nahrung, eine Art Ersatzplankton, wird von den meisten Blumentieren gern genommen. Lediglich die groß werdenden Zylinderrosen und Riffanemonen sollten zusätzlich (sie nehmen auch planktonartige Nahrung) mit größeren Stücken fleischlichen Futters verköstigt werden. Auch Mysis und Brine Shrimps können darunter sein. Während der Fütterung ist die Pumpe abzustellen, weil sonst ein Teil des wertvollen Futters nicht die Verdauungsorgane der Aquarienbewohner erreicht.

F i s c h e u n d f r e i b e w e g l i c h e W i r b e l l o s e sind nicht darauf angewiesen, daß ihnen das Futter ›vors Maul‹ (meist sind es die Fangarme oder ähnlich ausgebildete Organe) gespült wird. Sie gehen mehr oder weniger schnell daran, die Nahrung, welche von den festsitzenden Wirbellosen nicht aufgenommen werden konnte, zu suchen und zu fressen. Jetzt kann der Pfleger in eine Zwickmühle kommen: Soll er nach einer gewissen Wartezeit den Filter wieder in Betrieb nehmen? Die Partikel des Futterbreies beginnen relativ schnell im Aquarium zu verderben, andererseits kommt es auf die Zügigkeit der Nahrungsaufnahme der Bewohner an, wie lange die Pumpe abgeschaltet bleiben muß. Einige freibewegliche Wirbellose sind äußerst langsam, und es gibt im Grunde nur die Möglichkeit, nach spätestens einer Stunde die vorher erwähnte Pumpe ohne Filter zum Verwirbeln der Futterpartikel in Betrieb zu nehmen, um auch den Blumentieren noch einmal ein Angebot zu machen oder gleich die Pumpe, die das Aquarienwasser in den Filter saugt, einzuschalten.

Der aufmerksame Pfleger wird seine Fische und Wirbellosen bei der Nahrungsaufnahme beobachten, um festzustellen, ob auch alle Bewohner des Aquariums ans Futter gehen bzw. das Futter an sie herankommt und dann aufgenommen wird. Fische, die nicht fressen oder von ihren Mitbewohnern an der Nahrungsaufnahme gehindert werden (Ausnahme neue, noch nicht eingewöhnte Tiere), müssen sich in absehbarer Zeit zu Problemtieren entwickeln. Der Pfleger muß sich dann etwas einfallen lassen, was – zugegeben – meist nicht einfach ist. Eine Möglichkeit besteht darin, daß man das Futter an verschiedenen entgegengesetzten Plätzen im Aquarium ablegt, um so dem Revierverhalten und damit der Aggression einzelner dominanter Tiere entgegenzutreten.

Viele Fische verstehen sich offenbar untereinander sehr gut. Sie schwimmen oft nebeneinander her und fressen gemeinsam vom selben Futterstück. Man könnte sie als ›Freunde‹ bezeichnen, wollte man ein solches Verhältnis vermenschlichen. Dagegen gibt es aber auch Tiere, die sich untereinander nicht mögen, und bei denen das stärkere dem schwächeren gegenüber öfter seine Überlegenheit herauskehrt. Man kann das zuweilen bei größeren Kaiserfischen erleben, die einen Verwandten selbst dann anknurren, wenn er ›ohne feste Absicht‹ bestimmte, vom Stärkeren festgelegte Grenzen überschreitet. Beim Fressen will der ›Chef‹ ohne Störung seine Mahlzeit einnehmen. Sehr kleine Fische werden noch geduldet, annähernd gleich große jedoch sofort vertrieben, wobei es nicht ohne Drohgeräusche abgeht. Wer eine solche Besatzung im Aquarium hat, sollte ebenfalls das Futter in verschiedenen Beckenregionen verteilen, möglichst aber so, daß er es jederzeit optisch unter Kontrolle hat.

Weil wir gerade bei Kaiserfischen sind: Diese Fische zupfen Futterstücke durch seitliches Rucken mit dem Kopf ab. Das erscheint nicht gerade als Vorteil, wenn Miesmuscheln verfüttert werden. Die halbe Muschel, die auf dem Aquarienboden liegt, wird bei der Futterannahme von dem Fisch kurz hochgerissen und mit seitlichem Schlenker umgewendet; sie sinkt dann meist mit der Außerseite nach oben wieder auf den Aquariengrund. Da der Fisch jedoch nur selten in der Lage ist, die Hälfte wieder in ihre ursprüngliche Lage zurückzuversetzen, verdirbt der Rest des Muschelinhaltes so lange unbemerkt, bis er sich entweder zersetzt hat und als Gekrümel unter der Schale weggespült wird oder ein aufmerksamer (menschlicher) Beobachter die Muschelhälfte wendet. So etwas kann nicht nur bei Kaiserfischen vorkommen. Es erscheint daher geraten, von Tag zu Tag umgestülpte Muschelhälften zu kontrollieren und gegebenenfalls gleich zu entfernen.

Raubfische, wie die eingangs erwähnten Rotfeuerfische, Steinfische, Raubbarsche, könnte man auch im Heimaquarium mit lebenden Fischen füttern (in der Natur nehmen sie keine andere Nahrung!). Doch das hat verschiedene Nachteile. Erstens kann es Schwierigkeiten mit der Beschaffung dieses Lebendfutters geben, an das sich die Räuber schnell gewöhnen. Zweitens kann es zu Verstopfungsunfällen an der ›verkehrten Seite‹ kommen, wenn sie in ihrer Gier nach einem Futtertier schnappen, das für ihren Schlund zu groß ist. Da der Futterfisch instinktiv seine Rückenflossenstacheln hochstellt, wirken diese wie Widerhaken, und das Entfernen des zu großen Brockens ist nur mit einem Risiko für den Pfleger (Giftstacheln) möglich. Der dritte Nachteil dürfte darin zu suchen sein, daß lebende Fische zu verfüttern nicht gerade zu den populären Methoden der Fischernährung zu zählen ist, und man sich beim heutigen Denken im Freundeskreis als ›Tierquäler‹ keinen guten Namen macht.

Süßwasserfische als Futtertiere wären als Nahrung für Raubfische schon geeignet. Meist sind es ja Nachzuchttiere, die zur Verfütterung genommen werden. Hier liegt allerdings die Gefahr, daß man Krankheiten vom Süßwasser ins Meerwasser überträgt, was durchaus im Bereich des Möglichen liegt. Besonders *Ichthyosporidium hoferi* (siehe Thema ›Krankheiten‹) kann auf diesem Weg und trotz unterschiedlicher Wassertypen eingeschleppt werden.

Es ist nicht einfach, Raubfische an das Aufnehmen toten Futters zu gewöhnen. Meist rühren sie ein einmal zu Boden gesunkenes Futterstück nicht mehr an — vielleicht, weil es sich ›nicht mehr‹ bewegt. Man kann sich damit helfen, daß man das Futterstück (etwa einen Rinderherzwürfel von 10 bis 15 Millimeter Seitenlänge) auf ein dünnes Stöckchen spießt, und das Futterstück so gelenkt durch das Becken ›schwimmen‹ läßt. Sobald das Futter den Eindruck des Lebendigen erweckt, wird der Fisch aufmerksam. Man kann an der Reaktion die Freßlust des Räubers erkennen und bei wenig Interesse das Futterstück immer wieder aus dem Becken nehmen. Wird der Fisch jedoch aktiv und startet einen kurzen Angriff, so kann und wird er das Futter schnell und überraschend vom Holz reißen.

Bei großen Drückerfischen hat man einen Aufwand wie den geschilderten nicht nötig. Drücker nehmen auch Nahrung vom Boden auf. Zuweilen unterscheiden sie allerdings auch nicht zwischen dem Futter und der Hand des Pflegers und beißen ›knallhart‹ zu, wobei dann, bei dem starken Gebiß der Tiere, meist auch ein pflegereigenes ›Futterstück‹ verlorengeht.

Das Verfüttern von Kopfsalat bereitet fast immer große Begeisterung unter bestimmten Aquarienfischen in sol-chen Becken, in denen Grünkost normalerweise Mangelware ist. Salat ist in solchen Fällen ein wichtiges Beifutter, auf das man nicht verzichten sollte. Wie gern die Fische ihn fressen, zeigt sich bald daran, daß sie nicht eher Ruhe geben, bis alles, einschließlich der Stengel, verputzt ist. Sollte Salat einmal nicht genommen werden, so muß man ihn spätestens am darauffolgenden Tag wieder aus dem Becken entfernen. Weil die großen grünen Blätter an der Wasseroberfläche schwimmen würden (dort werden sie von den meisten Fischen nicht angerührt), wickelt man sie um ein längliches Korallen- oder Kalksteinstück und hält sie mit einem dünnen Gummiring fest. Auf diese Art sinkt die ganze Herrlichkeit auf den Aquariengrund und wird in den meisten Fällen sofort angeknabbert.

Es braucht hier wohl nicht extra erwähnt zu werden, daß man die Salatblätter ausgiebig unter klarem Wasser abspülen muß, um eventuell anhaftende Chemikalien (Sprühgifte) zu entfernen. Wer übrigens bei solcher Art der Fütterung immer wieder ins Aquarium greifen muß, sollte sich eine entsprechend lange scherenförmige Laborzange beschaffen. Sie besteht aus Kunststoff oder nichtrostendem Stahl und schützt vor Überraschungen. So sei bei dieser Gelegenheit darauf hingewiesen, daß gewisse Salben und Cremes, die beim Hantieren ins Aquarienwasser gebracht werden, für Fische und (noch mehr!) Niedere überaus giftig sein können. Man kann davor nicht streng genug warnen! Viele dieser medizinischen Salben sind derart stark mit Giftstoffen angereichert, daß die Tiere im Becken innerhalb weniger Sekunden reagieren. Blumentiere fallen in sich zusammen, Fische zeigen plötzlich auftretende Lähmungserscheinungen, hängen an der Wasseroberfläche oder schwimmen wie betrunken im Becken umher. Wer also im Meerwasseraquarium hantieren muß, sollte sich vorher Hände und Unterarme gründlich säubern, sonst könnten Gesundheit oder gar Leben der Pfleglinge aufs Spiel gesetzt werden.

Andere Futtertiere außer lebenden Süßwasserfischen, etwa Garnelen oder Mysis, sind, soweit man sie sich beschaffen kann, als Nahrung ganz besonders wertvoll. Sie enthalten natürliche, auch im Meer vorkommende Nahrungsstoffe und regen das manchmal recht verkümmerte Jagdfieber unserer freibeweglichen Pfleglinge an. Aber auch die festsitzenden haben dann zuweilen noch eine Chance, das eine oder andere dieser Futtertiere zu erbeuten. Wer allerdings nicht in Meeresnähe wohnt (und wer tut das schon?), den kostet dieses Futter viel Geld. Oft sind diese Sendungen, trotz Bahnexpreß, bei der Ankunft in zu schlechtem Zustand, als daß man die Futtertiere ohne Auslese Fischen und Wirbellosen verabreichen könnte. Wenn das Transportwasser bereits übel riecht (besser gesagt, stinkt), ist äußerste Vorsicht geboten. Man muß aufmerksam aussortieren, und vom Transportwasser sollte nichts in das Aquarium gelangen. Süßwasser-Nährtiere, wie Daphnien (Wasserflöhe), Cyclops und Mückenlarven (meist rot) kann man ebenfalls verfüttern. Von der Ernährung mit Tubifex muß in Anbetracht auf die Verschmutzung vieler unserer Gewässer und dem Speicherungsvermögen der Würmchen für diese Gifte abgeraten werden. Süßwassertiere bekommen einen osmotischen Schock und sterben schnell ab; man soll daher nur soviele Futtertiere ins Aquarium geben, wie die Insassen in den nächsten Minuten aufnehmen können. Auch hierbei empfiehlt es sich, die Filterung für kurze Zeit abzustellen, damit die Nährtiere nicht in irgendeine unübersichtliche Ecke gespült werden.

Artemia-Zucht: Werden viele Kleinfische (junge Riffbarsche bzw. Anemonenfische, kleine Torpedobarsche, Lippfische, Blenniiden, Grundeln und andere) oder Blumentiere in einem Becken gepflegt, kann man sich die Mühe machen, ein- bis zweimal in der Woche Artemia-Eier zum Schlupf zu bringen. Die ›Zucht‹ vom Ei bis zur Larve (man spricht dann auch von Nauplien) ist kein Kunststück mehr, nachdem im Handel passende kleine Geräte für ein paar Mark angeboten werden, denen man nur eine der üblichen Wasserflaschen zufügen muß, um erfolgreich zu sein. Die Larven kommen heute aus vielen Teilen der Welt, allen voran den westlichen USA, dann schließlich auch aus China. Die aus Salzseen stammenden Krebschen *Artemia salina* enthalten wichtige Aufbaustoffe für die Fische und Wirbellosen, sind von vornherein an Salzwasser gewöhnt und bieten bekanntlich auch für die Nachzuchten im Süßwasser ein ausgezeichnetes winziges Lebendfutter für Jung- oder andere Kleinfische. Leider wird nach dem Schlüpfen der Krebslarven oft vergessen, daß auch diese Tiere Hunger haben, Nahrung aufnehmen wollen und gefüttert werden müssen. Läßt man sie einen oder zwei Tage ohne Nahrung, so sind sie halbwegs oder bereits vollends verhungert, und ihr Nährwert schwindet von Stunde zu Stunde. Also: Entweder nur soviele Krebslarven zum Schlupf bringen, wie die Aquarienbewohner in kurzer Zeit verdrücken können, oder rechtzeitig für richtige (!) Nahrung der Artemia-Nauplien sorgen! Die Anleitung, um Larven und Eier der Artemien zum Schlupf zu bringen, sind jedem Gerät und oft auch den Eierpackungen (soweit es sich um deutsche Handelsmarken handelt) beigegeben. Man achte darauf, daß auch alle Einzelheiten genau eingehalten werden, sonst wird die Ausbeute an geschlüpften Nauplien nicht groß. Wichtig bei der Entnahme der Krebschen ist, die Schalen, die nach dem Abstellen der Luftzufuhr zur Wasser-

oberfläche streben, abzusondern und nicht ins Aquarium kommen zu lassen. Ich habe bei Züchtern schon alle möglichen Konstruktionen größeren Stils gesehen, mit deren Hilfe Artemia-Eier in größeren Mengen zum Schlüpfen gebracht werden. Nach meiner Erfahrung eignen sich sogenannte gläserne Scheideflaschen (Chemiehandel) gut. Sie sind bauchig, haben oben eine so weite Öffnung, daß ein Luftschlauch auch mit Sprudelstein bequem hindurchgeht und laufen unten zu einem Rohr zu, das mit einem Hahn verschlossen ist. Man muß nach dem Schlupf der Larven nur noch die Luft abstellen, ein paar Augenblicke warten, bis sich die leeren Eihülsen nach oben abgesetzt haben, um darauf unten den Hahn aufzudrehen und die Larven auszuspülen.

Beispiel einer Nahrungskette aus dem offenen Meer

Futter	Konsument	
Phytoplankton (Primärproduktion)	Zooplankton (Wirbellose und Fischlarven)	Primärkonsument
Zooplankton	Sardelle, Sardine, Hering usw.	Sekundärkonsument
Sardelle, Sardine, Hering usw.	Makrele, Dorsch, Vögel, Robben, Delphin, Mensch usw.	Raubfisch 3. Ordnung
Makrele, Dorsch, (Hering) usw.	Thunfisch, Marlin, Makrelenhai, Mensch usw.	Raubfisch 2. Ordnung
Thunfisch, Marlin usw.	Mensch	Raubfisch 1. Ordnung

Tabelle nach STUDER, verändert

Die Nahrungskette in quantitativen Relationen

Um	100 kg Raubfisch 2. Ordnung (Thunfisch) zu produzieren,
sind	700 kg Raubfisch 3. Ordnung (Makrele) nötig.
Diese haben bereits	5 000 kg Planktonfresser (Hering/Sardine) verzehrt,
die sich ihrerseits aus	34 000 kg Zooplankton aufgebaut haben,
das seinerseits bereits	240 000 kg Phytoplankton verwertet hat.

Tabelle nach STUDER, verändert.

Nun, bis hierher hat dieser Abschnitt nur vom Futter und vom Fressen gehandelt. Einige Gedanken sollten noch an das verschwendet werden, was für uns Menschen auch von Zeit zu Zeit geraten erscheint: an das Fasten. Im Gegensatz zum Leben im Meer erhalten die Fische (… und wenn Sie [groß geschrieben] sich auch noch soviel Mühe geben!) in einem Aquarium doch eine relativ einseitige Kost. Um Verstopfungen und anderen Verdauungsstörungen vorzubeugen, schadet es den

Pfleglingen gar nicht, wenn man ihnen einmal in der Woche einen Fastentag einlegt. Das gilt besonders für große und alte Tiere, die sich wegen ihrer körperlichen Überlegenheit stets die dicksten Brocken einverleiben. Kein Fisch geht an einem oder gar mehreren Fastentagen zugrunde, zumal viele Tiere bei der Gelegenheit auch die Nahrung probieren, die ihnen stets ›vor der Nase‹ wächst: Algen. Ist eine Aquarienbesatzung aber insgesamt überfettet (es läßt sich leicht an den ›Wampen‹ erkennen), soll man sich überlegen, ob die Tiere nicht doch in letzter Zeit zu gut gefüttert wurden und es sinnvoller wäre, die Rationen künftig auf ein geringeres Maß herabzusetzen. Auch im Aquarium hilft eine ›FdH-Kur‹, und die meist schwerfällig gewordenen Fische werden nach einiger Zeit wieder entschieden lebhafter. U r l a u b für einen Meerwasser-Aquarianer? Ist das möglich? Diese Frage bewegt sicherlich viele Freunde, bevor sie sich daranmachen, ihre Liebhaberei ›auszule-

Symphorichthys spilurus, adult Mayland

ben‹. Natürlich kann er, nur muß er sich rechtzeitig nach einem Ersatzpfleger umsehen. Der Besitzer eines Tiefkühlschrankes oder einer entsprechenden Truhe hat es nicht schwer. Man kann einen Futterplan erstellen, entsprechende Futtermengen präparieren (zum Beispiel in bestimmten Einheiten einfrieren) und einen technischen Schnellkurs (mit anschließender Prüfung!) für Notfälle durchführen. Dabei darf nicht vergessen werden, daß Mißverständnisse nicht aufkommen sollten – sie können teuer werden, und dem ›Ersatzmann‹ kann man meist trotzdem keine Vorwürfe machen! Für Sonderfälle sollte man die Telefonnummer eines weiteren bekannten Meerwasser-Aquarianers hinterlassen. Bitte glauben sie mir: Übertreiben kann man die Vorsicht kaum! Ich habe da einschlägige (auch negative) Erfahrungen!

Vorsicht Giftstachler! Wer Rotfeuerfische und ähnliche Verwandte pflegt, muß besonders sorgfältig bei der Instruktion seines Vertreters verfahren. Wenn er ein ›Bruder Leichtsinn‹ ist, könnte er sich schnell eine ernsthafte Verletzung einhandeln. In einem solchen Becken hat ein Ungeübter mit Händen und Armen nichts zu suchen!

Was muß man überhaupt tun, wenn man einmal von einem Angehörigen aus der Familie der Skorpionfische (Scorpaenidae) gestochen wird? Zunächst einmal muß man die am häufigsten benutzte Methode des Zustechens kennen: Der Fisch schwimmt unter die Hand, die in seinen Wohnbereich eindringt und ›drückt‹ sich plötzlich hoch, dabei sind die Rückenflossenstrahlen natürlich aufgerichtet. Viele kennen diese Art der Verteidigung von den Versuchen her, einen Skorpionfisch mit Hilfe eines Stöckchens zum Fortschwimmen zu bewegen.

Man unterscheidet nach Unterfamilie und Fischtyp drei unterschiedliche Giftmechanismen: Die von Pteroinae (Feuerfische), Scorpaeninae (eigentliche Skorpionfische) und Synancejinae (Steinfische). Es sind nicht allein, wie oft falsch vermutet wird, die Rückenflossenstacheln, die das Gift in die gestoßene Wunde bringen, auch Kiemendeckel und Kopfknochenplatten sind mit Giftstacheln versehen, wenngleich die erstgenannten die gefährlichsten, weil giftigsten sind. Das beim Stich in die Wunde gegebene Blut- und Nervengift (Neurohaematoxin) erinnert an das der Kobra. Das Gift der Feuerfische ist recht schmerzhaft, aber meist nicht lebensbedrohend. Der Vorteil für den Betroffenen ist die Wärmeunbeständigkeit des Giftes, weshalb man die verletzte Partie schnellstens möglichst heiß baden soll. Steinfische sind demgegenüber noch giftiger, und ein Stich aus deren vorderen Rückenflossenstacheln kann durchaus tödlich sein. Die Stacheln all dieser Skorpionfischarten stehen mit einer Giftdrüse in Verbindung, besitzen in ihrer gesamten Länge an ihrer Vorderseite einen Giftkanal, der mit einer dünnen Haut überzogen ist. Als äußerst giftig gelten Steinfische auch deshalb, weil ihre Stacheln mit einer besonders großen Giftdrüse verbunden sind. Darüber hinaus wird in den meisten Fällen bei diesen Bodenbewohnern die Giftmenge, die in das menschliche Gewebe eindringt, dann größer sein, wenn man (im Meer selbst) auf den Fisch tritt, so der Stachel entsprechend tief eindringt und dabei die Giftdrüse meist zusammengepreßt und ausgeleert wird. Der Steinfisch ist auch der einzige, gegen dessen Gift (in Australien) ein Antiserum entwickelt wurde.

Stiche von Feuerfischen sind kaum tödlich, das wurde bereits gesagt. In allen Fällen sind jedoch diejenigen Menschen schlechter dran, deren Kreislauf nicht in Ordnung ist. Ich konnte mich im Verlauf meiner vielen Reisen an alle möglichen tropischen und subtropischen Meeresstrände mit Leuten unterhalten, die behaupteten, wiederholt mit diesen Fischen unangenehme Bekanntschaft gemacht zu haben. Sie hatten diese negativen Erfahrungen gesammelt und jedenfalls überlebt.

Als bekanntestes Symptom nach dem Stich eines Feuerfisches werden sofort einsetzende starke Schmerzen beschrieben, die von der Stelle des Einstiches ausgehen. Die Haut der näheren Umgebung rötet sich und färbt sich später bläulich. Es ist jetzt – wie gesagt – wichtig, die wunde Stelle so heiß wie möglich (!) zu baden. Nach einigen schmerzhaften Stunden, möglicherweise verbunden mit Atembeschwerden und Herzschwäche, Krämpfen und Fieber, mit Nervenstörungen und Übelkeit bis zum Erbrechen klingt die Giftwirkung ab. Maßgebend ist immer die injizierte Menge des Giftes. Natürlich sollte sich der Verletzte in ärztliche Behandlung begeben, da er seinen Zustand selbst wohl kaum genau wird beurteilen können. Das muß nicht unbedingt mit Blaulicht geschehen, doch sollte man sich unverzüglich nach einem Stich telefonisch beraten lassen; andererseits muß man damit rechnen, daß sich nur sehr wenige Ärzte auf Anhieb auf diesem Gebiet der Medizin auskennen.

Vorbeugen ist ein wichtiger Bestandteil der Medizin – darauf werden wir fast täglich in den Medien hingewiesen. Auch Pfleger von Skorpionfischen und ihren Verwandten sollten sich Vorbeugung zu eigen machen. Abgesehen von aller Vorsicht, die ohnehin geboten erscheint, kann auch als vorbeugend angesehen werden, wenn man gelegentlich mit seinem Hausarzt alle Möglichkeiten durchspricht, die in solchen Fällen angewendet werden können und – die Telefonnummer eines ärztlichen Bereitschaftsdienstes sollte deutlich sichtbar neben dem Aquarium aufgeschrieben sein! Zuviel der Vorsicht? Das werden Sie nicht mehr fragen, wenn sie (von Ihrem Fisch) einen Stich weg haben.

Krankheiten der Fische und der Niederen Tiere

Es mag an bestimmten Krankheiten der Fische (!) liegen, daß sich in der Meerwasseraquaristik sogenannte Niedere-Tiere-Becken mehr und mehr durchsetzen, manche mit geringem Fischbesatz, andere gänzlich ohne. Bricht bei einem Fisch im Aquarium eine Krankheit aus (die dann möglicherweise andere Fische ansteckt), so muß das hingenommen werden. Vielleicht trug der Fisch sie schon lange mit sich herum. Probleme beginnen sich einzustellen...

Was Niederen Tieren das Leben schwer macht, sind in erster Linie Verunreinigungen des Wassers. Hohltiere, die ›Blumen‹ der Riffe wie des Aquariums, bestehen zu 90 Prozent aus Wasser! Und dieser Lebenssaft Wasser muß eine ganz spezifische Zusammensetzung haben, sollen die Tiere sich darin wohlfühlen oder überhaupt existieren. Das ist auch der Hauptgrund dafür, daß eine medikamentöse Behandlung in einem Aquarium, in dem Niedere Tiere gepflegt werden, absolut zu unterbleiben hat. Jede chemische Verunreinigung wirkt sich verheerend auf den Bestand der Wirbellosen aus, die keine Möglichkeit haben, solche Gifte aus dem Wasser zu filtern, weil dann das ganze Wasser ein Giftbad ist.

Für die Fische hat einmal jemand die bekannte Redewendung „... gesund wie ein Fisch im Wasser..." geprägt. Sie ist im Grunde unsinnig, denn kranke Fische gibt es heute mehr auf der Welt als uns lieb sein kann – die Umweltverschmutzung! Eine gut funktionierende Rifflandschaft ist dabei allerdings nicht betroffen (sonst würde man sie so nicht bezeichnen können!). Kranke Fische mag es aber auch im Riff geben, nur haben sie dann nur noch wenige Überlebenschancen und sind bereits Todeskandidaten, wenn sie nur schon ein wenig geändertes, weil unübliches Verhalten zeigen. Auf alles, was sich im Riff nicht normal verhält, haben die Räuber ein besonders wachsames Auge. Es entgeht ihnen nicht, wenn der Mitbewohner ihres Lebensraumes mit ungewohnten Schwimmbewegungen, mit schwächerer Reaktion einen Nachteil zu erkennen gibt: Der Schwächere wird des Stärkeren Beute.

Im Heimaquarium ist vieles anders. Selbst wenn der Raubfisch fehlt, sind die Umweltbedingungen für die Insassen zuweilen weitaus schlechter als im Meer. Viele Fische treffen schon mit einem nicht erkennbaren Schaden hier ein, sei es, daß sie unterkühlt wurden, daß sie in schlechtem Transportwasser überleben mußten oder daß ihre Schleimhäute, durch die oft zu rauhen Fangmethoden, stark angegriffen und durch bakterielle Tätigkeit weiter geschädigt wurden. Auch das Baden in den

verschiedenen, dem Wasser auf der Import-Station zugesetzten Medikamenten muß dem Fisch nicht unbedingt zuträglich sein. Er verliert dadurch manchmal seine Schleimhaut, die bei der Bekämpfung möglicher Hautparasiten gleichfalls geschädigt wird. Nun ist der Fisch aber für einige Zeit weniger geschützt und anderen, im Aquarium bereits vorhandenen Parasiten besser zugänglich – ein Teufelskreis. Nicht alle Parasiten leben auf der Haut, einige auch darunter und wieder andere dringen bis in die inneren Organe der Tiere vor. Dort beginnen sie dann ihr Werk, das fast immer mit dem Tod des Wirtstieres enden muß.

Antibiotika: Die Frage, ob wir heute nicht viel zu leichtfertig mit Medikamenten umgehen und ob wir nicht (prophylaktisch – wie es so schön heißt) viel zu großzügig unter teilweiser Umgehung staatlicher Gebote und Verbote Antibiotika ›im Gießkannensystem‹ einsetzen, wird wohl nie schlüssig bewiesen werden können – soweit man von Korallenfischen redet. Man muß sich nur über eines klar sein: Diese vorbeugenden (prophylaktischen) Maßnahmen beginnen bereits im Exportland – nie unter besonderer Aufsicht, einfach so! Oft sogar unter dem Sinnspruch „Mehr hilft mehr". Eines der bewährtesten Mittel ist Chloramphenicol, dessen Verwendung ich in Südamerika ebenso feststellte wie in Afrika und Asien. Wenn man nun liest, daß man im Flüssigei (wie man es beispielsweise für die Nudelherstellung verwendet) von diesem Antibiotikum 15 Mikrogramm anstelle des erlaubten einen (!) Mikrogramms findet und dabei weiter informiert wird, daß Chloramphenicol schon in sehr geringen Dosen zu Knochenmarkschäden führen kann (Dr. LÜSCHER von der FU Berlin in JA 23/87), muß man sich fragen, wie die Fische eine solche (zeitweise) Dauerdosierung überstehen. Antibiotika wie dieses und andere sind nicht nur wirksam gegen ungeliebte Bakterien sondern (natürlich) auch gegen jene, die wir als die nützlichen ansehen, und es wäre eigentlich überflüssig, hier zu wiederholen, daß Antibiotika im gesamten Wasser, in das sie gegeben wurden, wirken, somit also auch die Bakterienfauna in jenen Filtern zerstören, die man Bio- oder ›Bakterienfilter‹ nennt.

Erreger: Es ist nicht immer leicht, eine Krankheit zu erkennen oder sie richtig zu beurteilen – zu diagnostizieren. Man teilt die Krankheiten je nach Art der Erreger ein. Es gibt deren viele und mehr, als den Aquarianern lieb sein kann. Alle sind winzig klein und mit bloßem Auge nur selten erkennbar, ob es sich dabei um

Bakterien, Ciliaten, Flagellaten, um Krebsartige, Sporozoen, Schimmelpilze, Viren oder Würmer handelt. Einige dieser Krankheitserreger schädigen, weil Vitaminmangel herrscht und die Abwehrkraft der Fische deshalb gemindert ist. Auch sollte man nicht jede Krankheit als Oodinium abtun, weil einem gerade nichts Besseres einfällt.

Q u a r a n t ä n e : Es wird in vielen Büchern und Hinweisen anderer Art von Quarantäne gesprochen, in die man einen neu angeschafften Fisch geben soll. Hand aufs Herz! Wer hat ein Quarantänebecken zur Verfügung oder, wenn eines ursprünglich zur Verfügung stand, ist es nicht längst zweckentfremdet worden? Kranke Fische werden, wenn man sie überhaupt aus einem Korallen-Aquarium herausfangen kann, in vielen Fällen in einem alten Eimer (!), dem möglicherweise noch Rückstände vom letzten Putztag anhaften, zur ›Kur‹ gegeben. In einer solch unübersichtlichen Situation, meist noch gepaart mit panikartiger Hektik des Pflegers, der für seinen Fisch ja nur das Beste will („. . . aber wer ahnt denn auch sowas!?"), hat es der Pflegling schwer, das ›heimatliche Aquarium‹ wiederzusehen. Auf das Menschliche übertragen (was hier gar nicht erst versucht werden soll) würde einem das schon bei kurzem Nachdenken zu einer Gänsehaut verhelfen!

Hier beginnt aber ein anderes Problem: Weil der Fisch sich nicht zu einer gesonderten Behandlung aus dem Becken nehmen läßt (man müßte es total ausräumen, um das Tier fangen zu können), werden alle anderen Mitinsassen prophylaktisch (vorbeugend) mitbehandelt. Das ist sicher nicht für alle gut – besonders nicht für die Gesunden. Von der Kupferung, in den Anfängen der modernen Meerwasseraquaristik häufiger angewandt, ist man insofern inzwischen weitgehend abgekommen, als es in solchen Fällen bei gleichzeitigem Halten Niederer Tiere im selben Aquarium zur Rechenaufgabe wurde, was zu retten war. Durch Kupferung und Medikamentierung stirbt bekanntlich alles ab, was man im weiteren Sinne unter ›Niederem Leben‹ versteht, und dazu kann man dann noch die meisten Algen zählen. Man rettet möglicherweise den einen oder anderen Fisch und zerstört anderes Leben, das viel zur Gesunderhaltung des Wassers beigetragen hat. Die Industrie hat inzwischen eine Reihe von Medikamenten entwickelt, die gegen die einzelnen Krankheiten (falls sie richtig erkannt werden!) helfen sollen. Ich habe davon kaum welche ausprobiert, da ich nach der (nach meiner Meinung) besseren Methode ›große Aquarien und kleiner Fischbesatz‹ nie größere Last mit Krankheiten hatte. Damit soll nichts gegen Medikamente allgemein gesagt sein, aber erstens wird mit ihnen seitens der Verbraucher viel Unfug getrieben (z.B. falsche Diagnose – The-

rapie schädigt mehr als sie nützt) und zweitens: Wenn ich lese „Keine exakte Diagnose mehr notwendig, Fehlbehandlung ausgeschlossen . . ." oder „Dieses Heilmittel hilft gegen dreizehn verschiedene Krankheiten. . ." muß sich jedem Aquarianer der Magen umdrehen! Oder sind Sie anderer Meinung?

Mit welchen Krankheiten hat sich der Halter von Meerwasserfischen hauptsächlich auseinanderzusetzen? Diese Frage ist gar nicht so einfach zu beantworten, da zuerst einmal die Lebensumstände im Aquarium zu untersuchen wären. Viele Ursachen von Fischkrankheiten sind nämlich darin zu suchen, daß die ›Umwelt‹ des jeweils erkrankten Fisches, in unserem Fall das Aquarium, nicht die besten Lebensbedingungen hergibt, wie man sie in einem solchen Becken erzielen könnte. Das kann viele Gründe haben und muß nicht unbedingt (. . . aber kann!) an der Wasserqualität liegen, obwohl das oft aus Erfahrung zuerst angenommen wird. Unzureichende Fütterung oder falsches Zugesellen der Aquarienbewohner können Schadensursachen, wenn auch nur indirekt, sein. Auch Vergiftungen, wie sie gelegentlich durch falsches Dosieren von Chemikalien (Medikamente, Pflanzen- oder Algendünger), durch Händen oder Armen anhaftende Cremes oder ungenügend gereinigte Dekorationsgegenstände vorkommen können, geben dem Fischpfleger bisweilen Rätsel auf, die sich meist nie ganz klären lassen.

Süßwasser-Aquarianer kennen ›ihre‹ Krankheit, den Ichthyo. Nun, auch der Pfleger der sogenannten Korallenfische kennt eine Art von ›Meerwasser-Ichthyo‹, doch ist ihr Verlauf – im Gegensatz zu der des Süßwassers (hier etwa drei Wochen) – langsamer und kann bis zu drei Monaten andauern. Auch diese Krankheit, genauer gesagt *Cryptocaryon irritans*, hat bei oberflächlichem Hinsehen eine gewisse Ähnlichkeit mit Oodinium, der wohl bekanntesten Korallenfisch-Krankheit, nämlich weiße, grieskornartige Knötchen in der Haut. Die Bekämpfungsmethoden gegen Oodinium, nämlich der Einsatz von kupferhaltigen Präparaten, zeigen bei dieser Krankheit jedoch nicht die gleiche Wirkung. Bei der *Cryptocaryon*-Krankheit verläuft die Entwicklungsphase ähnlich wie beim Ichthyo: Der Parasit sitzt zwischen Ober- und Unterhaut des Fisches und verläßt diesen Platz nur, um sich zu vermehren. Er erreicht nicht die Größe des Ichthyo-Parasiten, doch sind seine Schwärmer ebenso groß. Da die Zahl der nachwachsenden Parasiten demzufolge niedriger als beim *Ichthyophthirius* sein muß, verläuft diese Krankheit zwar langsamer, ihr Ende ist aber ebenso tragisch. Die Bekämpfung von *Cryptocaryon irritans* ist nicht schwer. Weil sich aber die Parasiten nicht alle gleichzeitig vom Fisch lösen und nur während dieser Phase erfolgreich bekämpft werden können, muß man genau beobachten und das Mittel solange nachdosieren, bis auch der letzte Parasit den Fisch verlassen hat.

Oodinium ocellatum gilt als die gefürchtetste Krankheit bei Meerwasser-Aquarienfischen. Sie kann sich innerhalb weniger Tage seuchenartig ausbreiten und einen Aquarien-Fischbestand vollständig ausrotten. Man nennt sie auch die ›Pünktchen- oder Korallenfisch-Krankheit‹. Das ist aber eine recht unsichere Aussage für eine Diagnose, denn viele Krankheiten lassen sich an weißen Pünktchen unterschiedlicher Größe erkennen. Daher galt in früheren Jahren die zur Bekämpfung von *Oodinium* angewandte Kupferung als ›das‹ Allheilmittel – leider war sie das keinesfalls! Man glaubte an einen Erfolg, wenn am folgenden Tag die Punkte verschwunden waren. Punkt ist nicht gleich Punkt, und was größer ist als 20−70 μ (= 20- bis 70tausendstel Millimeter) ist, kann kein *Oodinium* sein! Diese Krankheit weist sich auch nicht durch grobere Punkte, sondern durch einen feinen, wie gepudert erscheinenden Belag aus. Etwaige damit parallel verlaufende Hauttrübungen weisen auf Beschädigungen der Haut hin und auf in ihr angesiedelte Bakterien. Die Parasiten befallen nicht nur die Haut, sondern vielmehr und überwiegend den Bereich der Kiemen. Hier wachsen die Schmarotzer heran. Haben sie ein entsprechendes Stadium erreicht, lösen sie sich wieder und fallen zu Boden. Jetzt spricht man von Zysten. Sie beginnen nach einer Ruhezeit die fortgesetzte Vermehrung durch Zellteilung. Allein von einer Zyste werden über 200 Jungparasiten, begeißelte Dinosporen oder Dinoflagellaten, erzeugt. Diese suchen sich mit Hilfe eines geißelförmigen Anhängsels (deshalb der Begriff ›Flagellaten‹) freischwimmend ein Wirtstier, einen Fisch. Dieser Geißelapparat ist für die Flagellaten kennzeichnend. Die Längsgeißel ragt als Schleppgeißel nach hinten; die Quergeißel verläuft gürtelähnlich um den Körper. Dinoflagellaten sind vorwiegend (nicht ausschließlich!) Meeresformen.

In diesem Zusammenhang sei noch auf das Abhängigkeitsverhältnis der Vermehrungsgeschwindigkeit zur Wassertemperatur hingewiesen. Da die Teilung praktisch sofort nach dem Loslösen des Parasiten vom Wirtsfisch beginnt, entstehen durch fortgesetzte Weiterteilung bei einer Wassertemperatur von 25 °C je Parasit etwa 250 Dinoflagellaten. Je geringer die Temperatur, um so langsamer geht die Entwicklung voran; bei einer Wasserwärme um 10 °C hört sie schließlich ganz auf. Weiter wird die Entwicklung der Schädlinge begünstigt durch die leicht alkalische Reaktion des Wassers (pH-Wert leicht über 8,0), durch höheren Nitratgehalt und durch ein spezifisches Gewicht des Meerwassers von 1,012 bis 1,021 (SCHÄPERCLAUS).

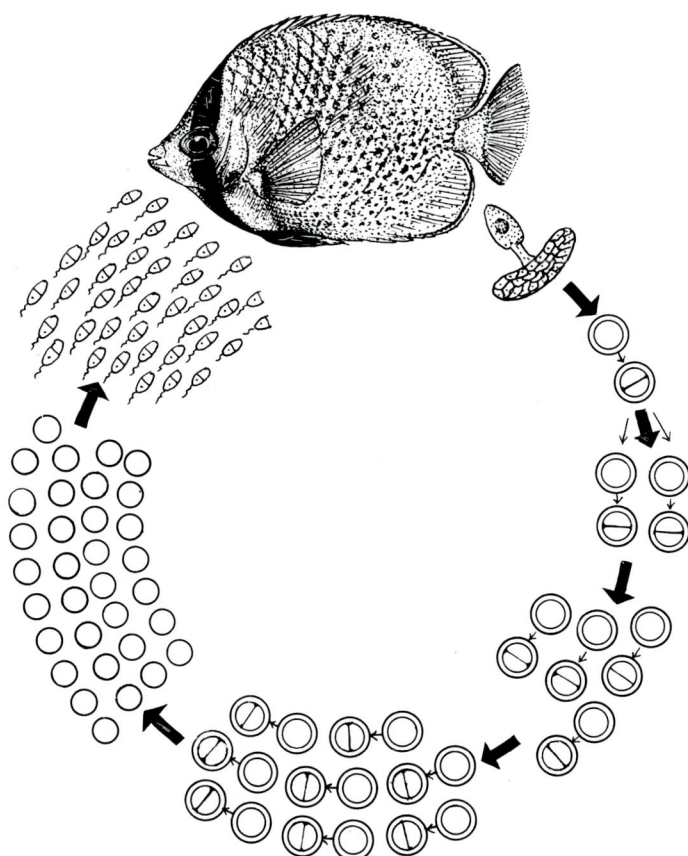

Oodinium ocellatum: Die zu Boden gefallene Zyste vermehrt sich durch fortgesetzte Teilung. Die daraus entstehenden Flagellaten suchen sich ein neues Wirtstier. In den oft überbesetzten Aquarien fällt ihnen das nicht schwer   Bleichner

Man glaubt zu wissen, daß die Sporen zuerst die Kiemenregionen, und erst, wenn sie dort nicht mehr genügend Platz haben, die Haut befallen. Das heißt für den Pfleger doppelt schnell zu reagieren, denn die uneingeschränkte Funktion der Kiemen ist für den Fisch lebenswichtig, und wenn dort bereits Befall vorhanden ist, bevor man auf der Haut etwas feststellen kann, ist der Fisch schon entsprechend geschädigt, ehe die Krankheit überhaupt entdeckt wurde. Es ist somit nicht auf weißen Hautbelag allein zu achten. Rasches Atmen, Scheuern der Kiemenregion an den Aquariumaufbauten und vor allem das Suchen nach zusätzlicher Atemluft (Stehen im Perlstrom von der Pumpe eingeblasenen oder vom Abschäumer ausströmenden Wassers) sind häufig Anzeichen dafür, daß etwas nicht in Ordnung ist.

Es wurden in der vergangenen Zeit viele Versuche angestellt, Mittel mit gezielterer Wirkung, als das Kupfer sie hat, gegen diese Krankheit zu entwickeln, da bei Kupferung, wie bereits ausgeführt, alles Niedere Leben wie auch die meisten Algen abgetötet werden. Mir ist bis heute kein Mittel bekannt, das die Forderung: „Oodinium abtöten, ohne Wirbellose zu schädigen" erfüllen könnte, und ich kann mir auch nicht vorstellen, daß es das in absehbarer Zeit geben wird.

Bis sich in einem einmal gekupferten Becken wieder Leben zeigt, können Monate vergehen. Ein engagierter Aquarianer zieht sicherlich die richtigen Schlüsse. Erwähnt werden soll diese Bekämpfungsmethode mit Kupfer aber trotzdem. Robert P. DEMPSTER hat sie 1955 erstmals veröffentlicht (Zoologica, Vol. 40, pt. 3, pp. 133−139). Die Formel: ›163 mg $CuSO_4$-$5H_2O$/100 Liter Wasser‹ bedeutet ein Dauerbad mit 163 Milligramm Kupfersulfat auf hundert Liter Wasser, und das über mehrere Tage nachdosiert.

Wer glaubt, auf die Anwendung von Kupfer nicht verzichten zu können, der sollte eine Grundlösung bereithalten. Gegen diese Art der Behandlung ist in einem Quarantänebecken nicht viel einzuwenden, also in einem Aquarium ohne weiteres Leben, um dessen Existenz man bangen muß.

Zur Herstellung dieser Grundlösung nimmt man 20 Gramm Kupfersulfat (ein hellblaues Pulver [Apotheke], früher auch als ›Kupfervitriol‹ bekannt) und löst es in 5 Liter destilliertem Wasser. Diese Flüssigkeit bewahrt man am besten in einer Kunststoff-Flasche gut verschlossen auf. Will man das Mittel anwenden, so gibt man von dieser Lösung 25 ccm (Meßzylinder verwenden) auf 100 Liter Aquarienwasser.

In den folgenden Tagen muß, wie erwähnt, nachdosiert werden, weil das Kupfer im Meerwasser bald zerfällt. Nach Erfahrungen, die von den meisten Aquarianern gemacht worden sind, reichen 50 Prozent der Anfangsdosis für diesen Zweck aus.

Bei der Behandlung mit Kupfer oder damit zusammengesetzten Medikamenten (es dürften die meisten sein) stößt der behandelte Fisch die Schleimhaut ab. Im Gegensatz zu den Süßwasserfischen können Meerwasserfische ihre Schleimhaut nicht so schnell nachbilden, weil ihre Schleimdrüsen in größeren Abständen zueinander angeordnet sind. Aus diesem Grund soll man sogenanntes vorbeugendes Kupfern nach Möglichkeit unterlassen. Die Schleimhaut schützt den Fisch und man sollte ihm, wenn bereits gekupfert werden mußte, Zeit lassen, diesen Schutz nachzubilden und möglichst auch zu behalten.

Wird bei üblichem Aquariumbetrieb der Abschäumer benutzt, so muß das während der Kupferung auf jeden Fall unterbleiben. Viel Wirkstoff würde sonst aus dem Kreislauf gebracht. Das gleiche gilt für Filter, die mit Aktivkohle betrieben werden.

Lymphocystis äußert sich ebenfalls mit Befall von weißen Knötchen, doch haben diese eine mehr blumenkohlartige Beschaffenheit. Die Krankheit ist auch weniger ansteckend. Meist sitzt der Belag an den Kanten der

Flossen. Die ›Knötchenkrankheit‹ wird diesmal nicht von Sporen verursacht, sondern von Viren. Ein solches Knötchen ist nichts anderes als eine Zelle des Fischgewebes, die durch die Viren von innen zu solchem abnormen Wachstum gebracht wird. Meist ist dieser Befall eine Art Eingewöhnungskrankheit, die nach meiner Erfahrung besonders Fische aus dem karibischen Raum trifft. Oft genug rührt diese Krankheit von schlechten Haltungsbedingungen her, kann aber auch auf einer Störung beruhen, die als Folge der Belastung des Fisches vom Fang bis zur endgültigen Einquartierung im Aquarium auftreten kann. Solange nur die Flossenkanten befallen sind, und der Fisch noch relativ leicht zu fangen ist, kann man nach vielbeschriebener Art den befallenen Flossensaum mit einer scharfen Schere oder einer Rasierklinge abschneiden. Es versteht sich dabei von selbst, daß die Flossenwurzeln verschont bleiben müssen. Das Gewebe würde im anderen Fall nicht mehr nachwachsen.

Es gibt verschiedene Medikamente zur Heilung der beiden zuerst genannten Krankheiten (*Cryptocaryon irritans* und *Oodinium ocellatum*), jeweils von verschiedenen Herstellern zoopharmazeutischer Artikel. Es ist bei größeren Fischbeständen immer ratsam und am Ende preiswerter, eine ›Apotheke für alle Fälle‹ einzurichten, damit man im Notfall sofort mit einem Gegenmittel eingreifen kann. Wenn man es (manchmal) erst umständlich beschaffen muß, kann die günstige Phase einer Heilmöglichkeit bereits überschritten sein. Man darf in einem solchen Fall jedoch nicht vergessen, das Datum der Anschaffung auf jede Packung zu schreiben, denn was für die Humanmedizin gilt, muß auch bei der Fischmedizin beachtet werden: Überalterte Medikamente können eher schaden als nützen.

Es war vorher vom Vorbeugen die Rede, und so tut jeder Fischfreund gut daran, Krankheiten gar nicht erst aufkommen zu lassen. Das heißt vor allem: größere Becken mit geringem Fischbesatz einrichten; stetiges Kontrollieren der Wasserwerte – am besten mit Dauer-

Lymphocystis äußert sich durch Befall von weißen Knötchen mit beinahe blumenkohlartigem Charakter   Bleichner

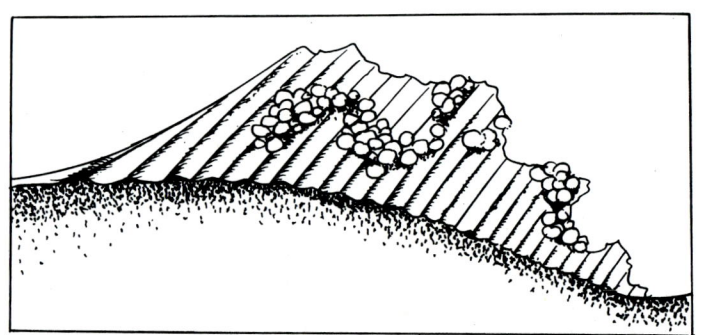

1 – Kaum sichtbare weiße Punkte in großer Anzahl kennzeichnen die Samtkrankheit oder *Oodinium*-Infektion, die nur selten die Augen befällt

2 – Leberverfettung, häufig Todesursache bei den gefräßigen Drückerfischen

3 – Die *Lymphocystis*-Erkrankung ist eine Virus-Infektion. Sie tritt nur bei geschwächten Fischen auf

4 – Hautablösungen am Kopf und über der Seitenlinie deuten auf Vitaminmangel (?) hin

5 – Gut erkennbare weiße Punkte, die auch auf der Hornhaut der Augen sitzen, kennzeichnen den Seewasser-Ichthyo

6 – wie vorige Abb.

4 Mayland, alle übrigen Dr. Herkner

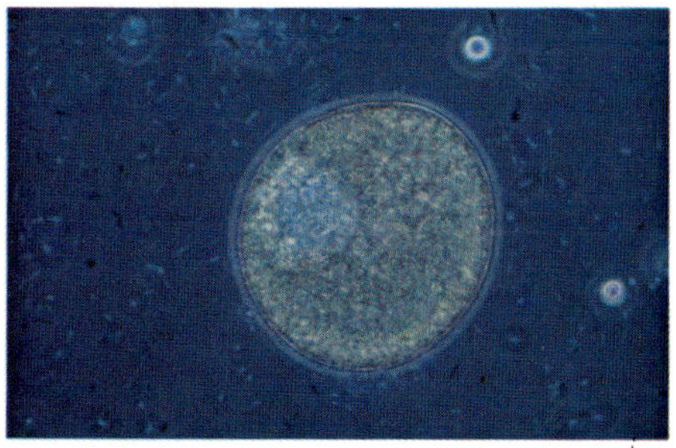

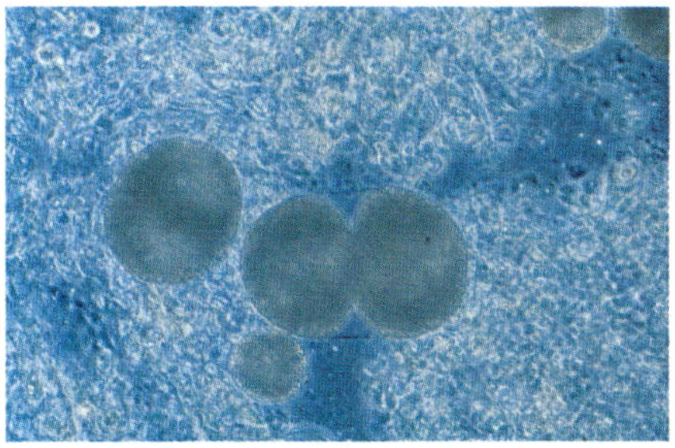

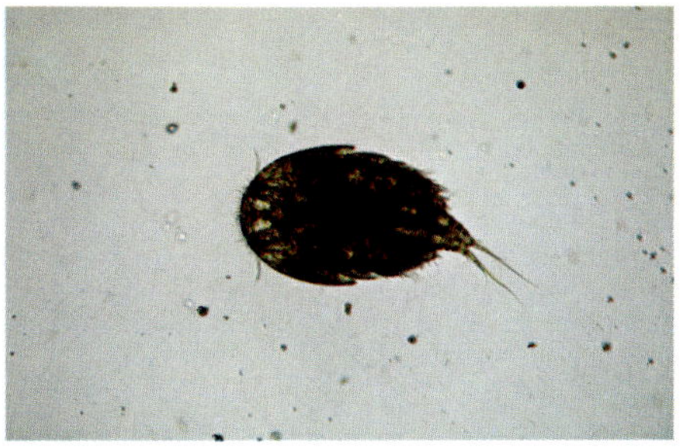

1 – Der Erreger des Seewasser-Ichthyo

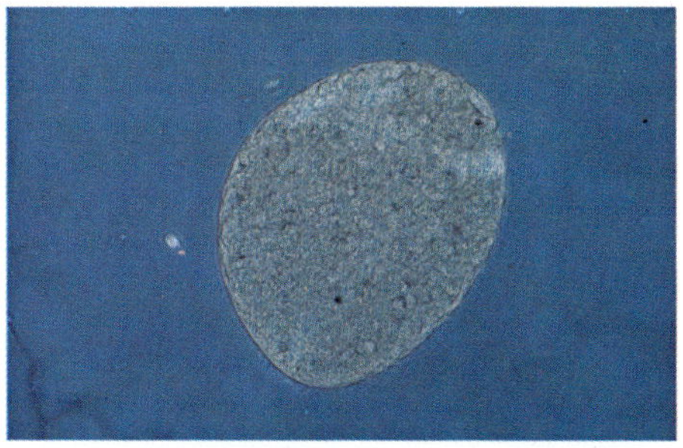

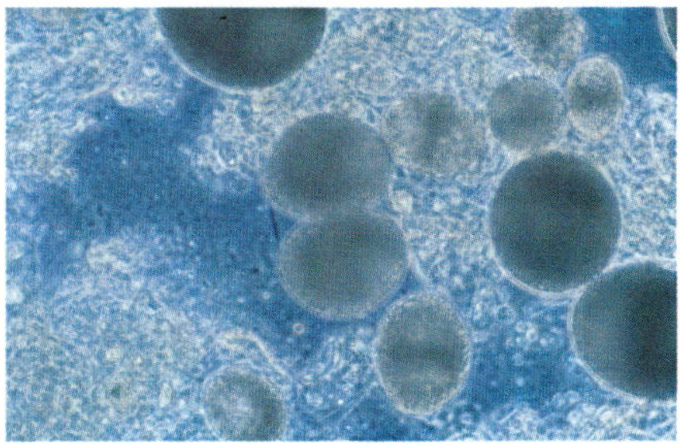

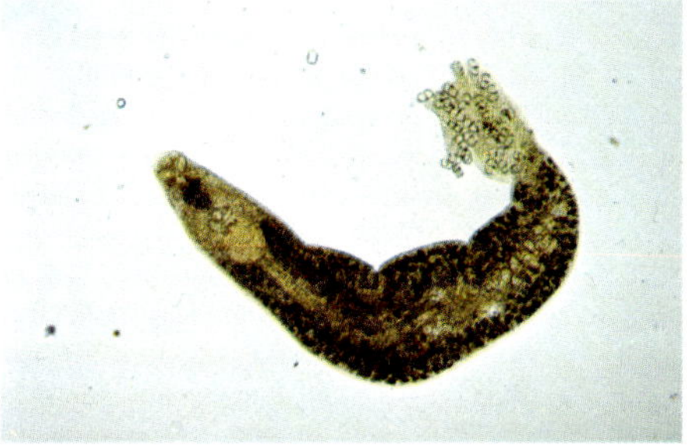

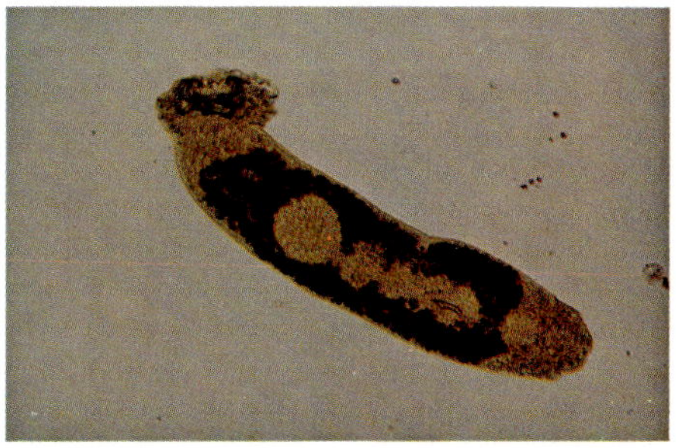

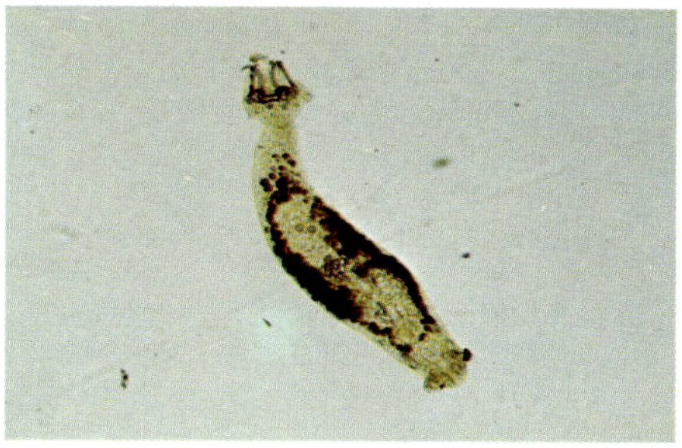

2 – Einzelner *Oodinium*-Parasit

3+4 – *Oodinium*-Kolonie in unterschiedlichen Vermehrungsstadien aus den Kiemen eines Korallenfisches

5+6+7 – Einige Vertreter aus der Gruppe der Kiemensaugwürmer

8 – Ein Kiemenkrebschen

alle Dr. Herkner

meßeinrichtungen, die bloß abgelesen zu werden brauchen sowie eine optische Überwachung der Fische und auch der Niederen Tiere. Abgestorbene Blumentiere verpesten und belasten damit das Wasser schneller als ein toter Fisch und müssen daher eher erkannt und dann schleunigst entfernt werden.

Es gibt außer den hier erwähnten hauptsächlichen Krankheiten noch viele kleinere Schäden, die sich bei ungenügender Beachtung ebenfalls stark ausbreiten können. Nicht selten rühren sie von äußeren Einflüssen her (Beschädigung der Haut mit anschließender bakterieller Infektion), Vitaminmangel (Schädigung der Haut im Bereich des Kopfes und der Seitenlinie mit folgendem bakteriellen Befall), Darmerkrankungen durch unsachgemäße, meist zu einseitige Fütterung (dicker Hinterleib, fädiger Kot, gerötete Afterregion), auch Wasservergiftungen verschiedenster Art können Verursacher sein.

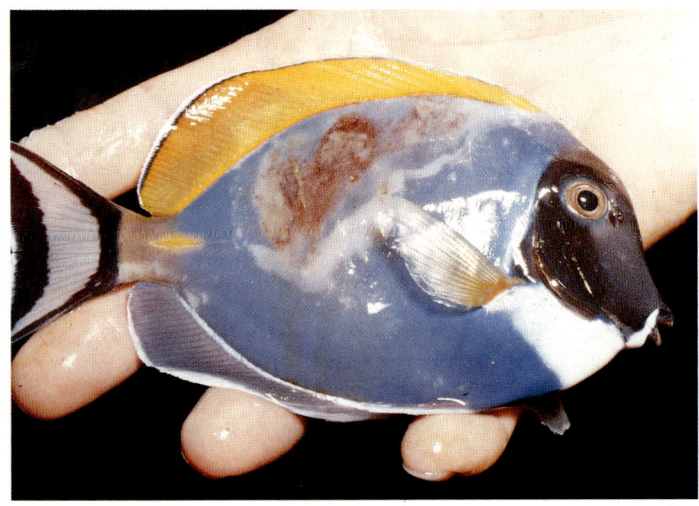

Soeben verendeter Weißkehl-Doktorfisch (*Acanthurus leucosternon*), der an Entzündungen als Folge von Prellwunden starb, die durch unsachgemäße Verpackung auf dem Transport verursacht wurden   Mayland

Diagnose-Tabelle für Meerwasserfische

Optische Wahrnehmung am Fisch	Diagnose	Erreger
Graue oder weiße Knötchen auf Flossen- und Körperhaut.	Cryptocaryon oder „Meerwasser-Ichthyo".	*Cryptocaryon irritans.*
Sehr kleine puderförmige beigefarbene bis weiße Punkte auf der Haut, besonders im Bereich der Kiemen.	„Korallenfischkrankheit".	*Oodinium ocellatum.*
Sich vergrößernde rote (blutunterlaufene) flächige Flecke auf der Haut, die man besonders bei hellgefärbten (gelben) Fischen schnell wahrnimmt.	Rote Fleckenkrankheit.	*Vibrio anguillarum.*
Weißliche Trübung der Haut, bei der es später zu kraterartigen Vertiefungen in der Schleimhaut kommen kann.	Hauttrübung durch Infektion.	*Trichodina*-Arten.
Grauer bis grauweißer Überzug der Haut, Fische stehen ruhig und fressen (fast) nicht.	Säurekrankheit, zu niedriger pH-Wert des Wassers.	
Flächiges Abgehen der Oberhaut, besonders im Bereich des Kopfes und der Seitenlinie (bes. bei Kaiser- und Doktorfischen).	Vitaminmangel mit nachfolgender bakterieller Infektion.	
Weiße Knötchen, die sich blumenkohlartig besonders an den Flossenrändern ansiedeln.	„Knötchenkrankheit".	Virus-Infektion *Lymphocystis.*
Glotzaugen (stark hervortretende Augen), ein- oder beidseitig.	Bakterielle Infektion oder Folge einer inneren Krankheit.	

Optische Wahrnehmung am Fisch	Diagnose	Erreger
Trübung der Augen (Hornhaut).	Oft als Begleiterscheinung anderer hier angeführter Krankheiten oder als bakterielle Infektion.	
Geschwollener Hinterleib und gerötete Afterregion.	Verstopfung und andere Darmstörungen durch zu einseitige Ernährung.	
Messerrücken, Abmagern des Fisches besonders der Rückenpartie bis zum Hervortreten des Skeletts.	Ungenügendes Fressen bei unausgewogener Ernährung während der Eingewöhnung.	
Fisch reibt Kopf und Körperteile an Steinen oder Korallen.	Hautparasiten, nur in seltenen Fällen Vergiftung.	
Anomale Schwimmweise, der Fisch „hängt" im Wasser oder sinkt zu Boden.	Entzündung der Schwimmblase, meist durch Unterkühlung während des Transportes in Wintermonaten. Gelegentlich auch bakterielle Infektion.	Erreger unbekannt.
Heftiges, unregelmäßiges Atmen, verbunden mit gelegentlichen schnellen und ruckartigen Schwimmstößen.	Ammoniakvergiftung.	

Therapie-Tabelle für Meerwasserfische

Diagnose	Therapie
Cryptocaryon irritans „Meerwasser-Ichthyo".	Entweder: Fisch im Quarantänebecken behandeln und mit Kupfersulfat in der bekannten Lösung die Krankheit bekämpfen. Eine Kombination mit anderen Präparaten kann Gefahr für das Leben des Fisches bringen (ungewollte Überdosierung). Weiter zu empfehlen sind Trypaflavin und Methylenblau. Oder: Behandlung mit Exrapid, einem Medikament, das wohl nicht speziell für diese Krankheit entwickelt wurde. Nachdosieren bis zum Verschwinden des letzten Knötchens alle drei Tage, evtl. über mehrere Wochen.
Oodinium ocellatum „Korallenfischkrankheit".	Fische, die sich bereits im Gesellschaftsbecken befinden, können die Mitbewohner schon angesteckt bzw. die Keime (Zysten) ins Becken gebracht haben. Eine Behandlung mit Kupfer sollte aus den besprochenen Gründen nur im Quarantänebecken erfolgen, doch müssen dann alle übrigen Fische, falls sie im Hauptaquarium belassen werden, genauestens mehrmals täglich beobachtet werden (Lupe verwenden!). Eine weitere Möglichkeit ist die Behandlung mit DINO-rapid nach Gebrauchsanweisung.
Vibro anguillarum „Rote Fleckenkrankheit".	Die Krankheit ist ansteckend; der Fisch muß herausgefangen werden. Läßt man ihn im Bekken, ist er meist ein Todeskandidat und kann außerdem noch andere Fische anstecken. Bad in Aureomyzin oder Streptomyzin: 13–15 mg pro Liter Wasser in kleinerem Quarantänebecken mit Durchlüfter. Kur bis zur vollkommenen Heilung alle zwei Tage nachdosieren, davor aber einige Stunden über Aktivkohle filtern, damit altes Präparat entfernt wird.
Hauttrübung durch Infektion *Trichodina*-Arten	Wie bei *Cryptocaryon irritans* angegeben.
Säurekrankheit.	Der pH-Wert des Wassers stimmt nicht. Er ist nicht hoch genug (8,0 bis 8,4). Das Wasser muß besser gepuffert werden. Ob die Fische die Krankheit überstehen, hängt von der Dauer der Schädigung ab und vom bisherigen pH-Wert. Sofort nachmessen und das Wasser mit Natriumbicarbonat auf einen Wert von 8,3 bringen, am besten 24 Stunden nach der letzten Fütterung, weil zu diesem Zeitpunkt ein niedriger Ammoniakgehalt zu erwarten ist.
Vitaminmangel.	Vitaminpräparate anbieten, vor allem aber auch mehr Grünfutter. Angebotener Kopfsalat wird sicher gierig gefressen.
Lymphocystis „Knötchenkrankheit".	Die Krankheit geht meist mit einer Umweltänderung einher. Bei guter Pflege breitet sie sich nicht aus und ist auch nicht ansteckend. Befallene Flossenränder können mit scharfer Schere oder Klinge abgeschnitten werden, ohne allerdings die Flossenwurzel zu beschädigen.
Trübung der Hornhaut und Glotzaugen.	Noch kein erprobtes Mittel zur Heilung vorhanden. Meist bewährt sich eine Wasserverbesserung (mehrmaliges Umsetzen). Kann der Fisch gefangen werden, sollten die Augen versuchsweise mit Augentropfen, die ein Antibioticum enthalten, bepinselt werden (nur feinste Haarpinsel verwenden).
Verstopfung und andere Darmstörungen.	Fische mehrere Tage auf „Schmalkost" setzen; besser gar kein Futter reichen. Dabei Wassertemperatur auf + 27–28 °C anheben. Viel krebsartiges Futter anbieten (Garnelen, Mysis, Wasserflöhe), das man in guten Zoo-Geschäften auch tiefgekühlt kaufen kann.
Ungenügendes Fressen während der Eingewöhnungszeit.	Hier muß je nach Fischtyp der Versuch gemacht werden, ein entsprechend dem in der Natur bevorzugtes Futter anzubieten. Doktorfische lassen sich beispielsweise über mehrere Monate nur mit Kopfsalat ernähren. „Korallenpickern", wie Chaetodontiden oder der Art *Oxymonocanthus*, kann man Muschelfleisch in ein Korallenstück reiben, damit sie – wie in der Natur – das Futter aus dem Substrat picken können.
Hautparasiten.	Je nach Beckengröße einen oder mehrere Putzerfische zusetzen. Läßt sich der Fisch herausfangen, kann man ihm eine Ektozon-Kur (nach Anweisung) machen. Der Fisch verliert seine Schleimhaut und damit meist auch alle Parasiten.
Entzündung der Schwimmblase.	Den Fisch in ein gesondertes Becken setzen und die Temperatur auf + 27–29 °C erhöhen. Im Gesellschaftsbecken kann eine Erhöhung auf über + 28 °C aber Folgen haben, da nicht alle Fische, Pflanzen und Wirbellosen diese Temperatur vertragen. Ein mit einem Antibioticum (Aureomyzin) vorbehandeltes Futter kann die Heilung von innen her unterstützen.
Ammoniakvergiftung.	Schnellstes Umsetzen oder mehrmaliger, teilweiser Wasserwechsel.

Sind die Krankheiten der Zierfische erst in den letzten zwei Jahrzehnten intensiver erforscht worden, so steht die Erforschung der Krankheiten bei Wirbellosen auch heute noch auf sehr schwachen Füßen. Die Ursache dafür mag im Kommerz zu suchen sein: Während Zierfische gelegentlich von der Krankheitsforschung an Nutzfischen profitieren konnten, gibt es solche ›Abfallprodukte‹ der Forschung an Niederen Tieren offenbar nicht. Überraschenderweise scheinen Krankheiten bei den Wirbellosen auch nicht die Rolle in der Aquaristik zu spielen.

Natürlich werden auch Niedere Tiere von Krankheiten befallen, denn welches Lebewesen ist schon gegen Krankheiten immun? Im Augenblick hat es jedoch den Anschein, daß von allen Wirbellosen, die im Aquarium zugrunde gehen, die wenigsten davon an echten Krankheiten ihr Leben aufgeben. Meist sind es Pflegefehler. Solche Fehler haben sich allerdings heute durch größere Aufklärung gegenüber denen früherer Jahre stark abgebaut. Nur sehr wenige Wirbellose zeigen ungenügende Behandlung dem Pfleger auch gleich deutlich an, so daß er entsprechend reagieren könnte. Daher immer wieder die Forderung nach Dauermeßgeräten, an denen man zumindest den Zustand des Wassers in seinen verschiedenen Positionen schnell und ohne große Umstände ablesen kann.

Die meisten Fehler bei der Haltung Niederer Tiere werden zweifellos (immer noch) durch falsches Zugesellen mit Fischen gemacht. Mancher Leser, der sich mit dem Problem schon länger befaßt hat, kann sicher für jene Vorschläge wenig Verständnis aufbringen, die gelegentlich von Leuten veröffentlicht werden, die immer noch glauben, daß sich diese oder jene Lebensgemeinschaft doch praktizieren ließe, weil ›bis jetzt noch nichts passiert‹ ist. Da werden Anemonen mit Pinzett- und Falterfischen (*Chaetodon*-Arten) zur gemeinsamen Pflege empfohlen oder Tiere des Orangepunkt-Feilenfisches *Oxymonocanthus longirostris* gleich ›in einem schönen Schwarm in Lebensgemeinschaft mit Blumentieren‹. Schöne Lebensgemeinschaft! Da kann man gleich Gans und Fuchs eine Symbiose anbieten.

Man kann jedoch durchaus Fische und Wirbellose gemeinsam im Aquarium halten – wenn es denn unbedingt sein soll. Nur muß man die richtigen Fische zu den Hohltieren aussuchen, nämlich solche, die nicht dauernd an den Blumentieren herumknabbern oder sie gar regelrecht auffressen. Neben herrlich gefärbten Grundeln, Spinnen-, Kiefer- und Schleimfischen, Fahnen-, Feen-, Kardinal- und Büschelbarschen sind in den letzten Jahren mehr und mehr relativ kleinbleibende Vertreter der Malacanthiden (Familie Malacanthidae) für die Aquaristik entdeckt und eingeführt worden. Es kommt also auf die Arten an, die man den Niederen zugesellt. Abgesehen davon, daß man die Bedingungen der freien Natur im Aquarium nie wird nachahmen können, kann man heute eine große Zahl Niederer Tiere, darunter vor allem auch empfindliche Blumentiere wie Steinkorallen, über Jahre hinweg am Leben erhalten und sogar ihr Wachsen feststellen. Bei ihrer Pflege kommt es auf viele Kleinigkeiten an, von denen sich die meisten auf die Ernährung der Tiere beziehen, wie das bereits beim Thema ›Filtrierer‹ und ›Planktonfresser‹ erwähnt wurde.

Mit vielen Schnecken (besonders Nacktschnecken), Muscheln und Röhrenwürmern hat man ähnliche Probleme. Krebse dagegen entpuppen sich oft als Räuber und versuchen nachts, wenn sich die Fische zur Ruhe begeben haben, Nahrung zu erbeuten, wobei sie Fische und Wirbellose attackieren und gar umbringen. So kann es vorkommen, daß die von Krebsen geschädigten Wirbellosen anschließend von Bakterien befallen werden oder nach Zersetzung von getöteten Nachbartieren sterben. Als Folge solcher Krebsaktionen kann das Wasser stärker als gewohnt verunreinigt werden, wobei es zu Kettenreaktionen kommen kann, weil sich der oder die Krebse in der Folgenacht erneut ans zerstörerische Werk machen. Übersieht der Pfleger die ursächlichen Zusammenhänge und gar noch deren Folgen, so kann das böse enden. Je größer dabei die Menge aufgelöster organischer Substanz ist, um so größer ist auch das Gift, das sich anfangs nur im nächsten Bereich des verendeten Tieres, später aber auch – bewirkt durch die Wasserzirkulation – über das gesamte Becken ausbreitet. Schnecken und Muscheln sind dabei besondere Gefahrenquellen, ihr Tod wird häufig erst zu spät bemerkt.

Ähnlich ist es bei Seeigeln; sie halten sich nicht nur vor Elementen der Aquarieneinrichtung auf, sondern kriechen auch in entlegene Winkel. Fast immer verlieren sie ihre Stacheln, bevor sie eingehen, doch kann der Tod schnell eintreten und das Tier dann in einer Ecke unbemerkt verwesen, so daß zum Schluß nur noch das Skelett als kleine hohle Kugel übrigbleibt.

Seesterne, die beim Hochnehmen ihre Arme schlapp herunterhängen lassen, sind meist auch schon Todeskandidaten. Handelt es sich dabei um Tiere kleinbleibender Arten, so ist für die Mitbewohner die Gefahr nicht so groß, weil Filter und Abschäumer das Wasser noch sauber halten können. Restevertilgende Kleinkrebse können als Gesundheitspolizei gute Dienste leisten. Ist die Wasserbewegung im Becken aber gering und der Abschäumer nicht in Betrieb, kann der Tod nur eines Tieres verheerende Folgen haben. Das gilt vor allem dann, wenn der Pfleger für längere Zeit abwesend ist und es der wenig kundige Vertreter mit der Aufmerksamkeit nicht genau nimmt.

Umweltschäden, wie sie uns die Medien in den letzten Jahren mehr und mehr ins Bewußtsein gebracht haben, gehören auch in einem Niedere-Tiere-Aquarium leider zuweilen zu den traurigen Feststellungen, weshalb auch an dieser Stelle noch einmal darauf hingewiesen werden muß, wie wichtig es ist, das ›hauseigene‹ Leitungswasser in regelmäßigen Abständen zu überprüfen, bevor es zur Herstellung von synthetischem Meerwasser weiterverwendet wird. Für den Anteil der Gifte von Schwermetallen im Trinkwasser, wie Arsen (0,04 mg/l), Blei (0,04 mg/l), Chrom (0,05 mg/l), Eisen (0,2 mg/l), Kadmium (0,005 mg/l), Nickel (0,05 mg/l), Quecksilber (0,001 mg/l), Zink (0,000 mg/l) und anderen wurden erst kürzlich von der Bundesregierung neue Höchstkonzentrationen (in Klammern) festgelegt, doch wer denkt dabei an die Haltung von Wirbellosen aus dem Korallenriff? Und welcher Aquarianer hat die Möglichkeiten, allein eine normale Standardanalyse zu erstellen? Das kann nur in einem entsprechend eingerichteten Labor geschehen und ist zudem nicht gerade billig. Auch wenn der Höchstnitratgehalt im Trinkwasser inzwischen auf 50,0

mg/l gesenkt wurde: für verschiedene Niedere mag dieser Wert noch zu hoch sein. Hinzu kommen andere Gifte wie Phenole (starke Protoplasmagifte, die bei Wirbeltieren und Menschen z. B. zu Nierenschädigungen, Atemlähmungen oder zum Herzstillstand führen können), Lösungsmittel oder andere Chemikalien, die sich ungewollt im aggressiven Meerwasser lösen.

Bei einer vermuteten Krankheit Wirbelloser ein Medikament ins Wasser zu geben, ist bestenfalls dem Könner vorbehalten. Bestimmte Wirbellose vertragen bestimmte Antibiotika. Es ist aber sinnlos und zudem überaus leichtsinnig, solche Medikamente, die aus guten Gründen verschreibungspflichtig sind und meist alle Bakterien (auch im Biofilter!) vernichten, aufs Geratewohl anzuwenden. Die sprichwörtliche Unverträglichkeit Wirbelloser gegenüber Chemikalien wird in den meisten Fällen bei pauschaler Anwendung größeren Schaden nach sich ziehen.

109

Niedere Tiere
oder Wirbellose aus dem Korallenmeer

Wie die Fische, so sind auch die Wirbellosen nach Stämmen, Klassen und Ordnungen bis hinunter zu Familien, Gattungen und Arten unterteilt. Nur so läßt sich das einzelne Tier seiner Zugehörigkeit entsprechend einordnen. Das mag pauschal gesehen für den Aquarianer nicht so interessant sein und einigen, die sich für derartige Zusammenhänge weniger interessieren, nach verstaubter musealer Betrachtung klingen, doch erfährt man erst durch das Wissen über Verwandtschaftsgrade, wie man Tiere nach ihrer Lebensweise, ihren Nahrungsansprüchen und vielleicht sogar ihrer Fähigkeit, in Gemeinschaft zu leben, einzuordnen hat. Was sind Niedere Tiere? Sie gehören zur riesigen Zahl der Lebewesen ohne Wirbelsäule. Das unterscheidet sie grundsätzlich von den höheren Lebewesen, den Wirbeltieren, deren Körper von der Wirbelsäule die notwendige Stabilität erhält. Zu den Wirbellosen (ein von LAMARCK eingeführter Begriff) gehören neun von zehn (!) all der Lebewesen, die wir im weiteren Sinn als Tiere bezeichnen, doch unterscheidet man bei den Niederen auch wieder Tiere niederer und höherer Entwicklung, vom primitiven Einzeller über den bereits intelligenten Tintenfisch bis hin zu den Manteltieren (u.a. die Seescheiden) und Schädellosen (u.a. die etwa 6 cm langen Lanzettfischchen, die trotz des irreführenden Namens keine Fische sind und den Weichgrund der Meere bewohnen). Diese beiden letzten Gruppierungen stellen überleitende Formen von Wirbellosen zu den Wirbeltieren dar.
Auch Tiere wie die Krebse, die ihre Scheren wie Werkzeuge benutzen, gehören nicht den Wirbellosen an, denn bei ihnen dient der Chitinpanzer als Stützkorsett. Wieder andere können sich erst mit dem Einpumpen von Wasser in die Körperhülle zur vollen Größe entfalten. Da die meisten der Wirbellosen ›schlecht zu Fuß‹ sind, haben sie defensive Maßnahmen entwickelt, mit denen sie sich vor allen möglichen Angreifern durch Giftsekrete, Stacheln, Nesselkapseln und Tintenwolken und ähnliche Abwehrstoffe schützen. Niedere Tiere, Wirbellose oder Invertebraten (ein Begriff aus der vergleichenden Anatomie, von ›Invertebrata‹), ihre Namen sind verschieden, doch sie bedeuten im Grunde dasselbe.
Der Versuch, hier eine komplette Systematik der Wirbellosen einzufügen, wäre insofern unsinnig, als darin unendlich viele Reiche, Stämme, Klassen, Ordnungen usw. angeführt werden müßten, die mit der Meeresaquaristik nichts oder kaum etwas zu tun haben. Denken wir daran, daß beispielsweise auch die bei den Krankheiten angesprochenen Geißel- und Sporentierchen, ebenso wie das Heer der Bakterien, Wirbellose sind. Hinzu kommen Quallen, Planarien, Saugwürmer, Bandwürmer, Spinnen, Landschnecken und dergleichen mehr. Ich habe mich daher bei der folgenden Aufstellung auf diejenigen Gruppierungen beschränkt, die dem Aquarianer bekannt sind oder sein könnten. Dabei wurden (soweit möglich) neueste Arbeiten berücksichtigt. Nur bei der Durchsicht einer Systematik kann man die Zusammenhänge und die verwandtschaftlichen Beziehungen der Wirbellosen erkennen.

Oberreich Animalia
  Mittelreich Parazoa
    Reich Porifera – Schwämme
        Stamm Calcara – Kalkschwämme
           Klasse Calzarea – Kalkschwämme
        Stamm Demospongea –
           Kiesel-, Horn- und Sockelschwämme
        Stamm Heactinellidae – Glasschwämme
  Mittelreich Eumetazoa
    Reich Radiata – Hohltiere
        Stamm Cnidaria – Nesseltiere
           Klasse Hydrozoa – Polypen
             Unterklasse Hydroidea
           Klasse Scyphozoa – Schirm- oder Scheibenquallen
             Ordnung Rhizostomeae –
                Wurzelmundquallen
           Klasse Anthozoa – Blumentiere
             Unterklasse Ceriantipatharia
                Ordnung Antipatharia – Dörnchenkorallen
                  oder Schwarze Korallen
                Ordnung Ceriantharia – Zylinderrosen
             Unterklasse Octocorallia –
                Achtstrahlige Blumentiere
             Überordnung Synalcyonaria
                Ordnung Stolonifera – Röhrenkorallen
                Ordnung Telestacea – Zwergröhrenkorallen
                Ordnung Alcyonacea –
                  Weichkorallen, Lederkorallen
                Ordnung Coenothecalia – Blaue Korallen
                Ordnung Gorgonacea – Hornkorallen
                Ordnung Pennatulacea – Seefedern
             Unterklasse Hexacorallia –
                Sechsstrahlige Blumentiere
                Ordnung Zoantharia – Krustenanemonen
                Ordnung Actinaria –
                  Seerosen, Seeanemonen
                Ordnung Corallimorpharia –
                  Scheibenanemonen
                Ordnung Madreporaria – Steinkorallen

S c h w ä m m e wirken auf viele Beschauer wie pflanzliche Gebilde. Wer könnte ohne Vorkenntnis beim bloßen Betrachten glauben, es hier mit Tieren zu tun zu haben? Ihre plumpe Gestalt, das Verharren auf immer demselben Platz, das zur Schau gestellte Geflecht von Röhren und Kanälen, dazu oft das Prunken in den grellsten Farben läßt sicher nicht gleich vermuten, daß diese Lebewesen − trotz ihrer simplen Bauweise − zu den Tieren gerechnet werden. Stammesgeschichtlich gehören die Schwämme zu den ältesten Animalia. Zum Merkmal für dieses Alter gehört u. a. auch ihre sehr hohe Regenerationsfähigkeit. Schwämme erzeugen ihre lebenswichtige Wasserströmung selbst. Bei ihnen handelt es sich um Filtrierer, das heißt, sie befördern einen dauernden Strom von Wasser durch ihre Zellen, und entnehmen der Flüssigkeit die für sie wichtigen Nahrungspartikel. Die verschiedenen, in einem Schwamm enthaltenen Zellentypen bilden nicht unbedingt ein festes, unlösbares Gewebe.

Kalkschwämme leben ausschließlich im kalkhaltigen Wasser der Meere. Ihr entscheidendes Merkmal sind die Kalknadeln. Sie bestehen hauptsächlich aus kristallinem Kalziumkarbonat ($CaCO_3$). Man unterscheidet verschiedene Typen (Bauformen). Zum zweiten Stamm (Demospongea) gehört die Mehrzahl (etwa 95 Prozent) der gegenwärtig lebenden Schwammarten. Sie bilden auch für die Meeresaquaristik die interessantere Gruppierung mit schönen und vor allem auch farbigen Exemplaren. Ihre Körperform kann sehr unterschiedlich sein, dazu eine Größe bis etwa 2 Meter erreichen. Einige davon (beispielsweise *Cliona*, Bohrschwämme) gehen zu einer sekundären bohrenden Lebensweise über. Die Fortpflanzung der Schwämme erfolgt ungeschlechtlich, durch Knospung oder Spaltung.

Schwämme lassen sich nur in sehr gut ›stehenden‹ Aquarien über einen bestimmten Zeitraum am Leben erhal-

Atemöffnung eines Schwammes (Filtrierer)   Drosch (UW)

ten. Von den mehr als fünftausend (!) beschriebenen Arten werden vielleicht ein oder zwei Dutzend eingeführt, deren Artbestimmung nicht einfach ist. Man kann sie nur schwer gesondert füttern und ist darauf angewiesen, daß sie dem angeströmten Aquarienwasser die notwendige Nahrung entnehmen. Ähnlich wie bei anderen Wirbellosen, läßt sich die eine Art besser pflegen als die andere, und es gibt Schwämme, die auch im Aquarium nachwachsen. Gelegentliche Importe einiger Liebhaber und die anschließenden Versuche, Schwämme aus dem Mittelmeer im Tropenaquarium anzusiedeln, enden früher oder später mit dem Tod der Schwämme. In der für sie zu warmen Umgebung werden sie zur Ursache einer unnötigen Wasserbelastung, wenn sie ihr Leben aufgeben. Schwämme sind empfindlich gegen Algenbewuchs, weshalb man sie nicht an den hellsten Stellen im Aquarium unterbringen soll. Von den vielen bunten Formen, die in den letzten Jahren von rührigen Händlern eingeführt wurden, sind nur wenige mit ihrem Artnamen bekannt (wie die meisten Händler mit den Namen der Wirbellosen nur wenig anzufangen wissen).

Hohltiere (Reich Radiata) werden deshalb so bezeichnet, weil das Innere ihres Körpers aus einem mit Flüssigkeit angefüllten Hohlraum, dem Gastralraum,

besteht. Er steht durch die Mundöffnung mit der Außenwelt in Verbindung und dient gleichzeitig als Verdauungsapparat. Über den Mund wird auch Verdautes wieder ausgeschieden. Die im Reich Radiata zusammengefaßten Hohltiere werden in mehrere Klassen unterteilt, von denen die Hydrozoen oder Polypen, die Scyphozoen oder Schirm- bzw. Scheibenquallen und die Anthozoen oder Blumentiere aquaristisch sehr interessant sind — besonders die letzten.

Der Stamm Cnidaria (= Nesseltiere) weist auf eine Besonderheit all dieser hier zusammengefaßten Tiere hin: Sie verfügen über Nesselzellen, die im gesamten Tierreich an Kompliziertheit der Struktur wie in der Mannigfaltigkeit der Leistung ihresgleichen suchen. Die Vertreter aus der großen Gruppierung der Nesseltiere sind mit Nesselkapseln (Cniden) ausgestattet. Das in den Kapseln produzierte Sekret wird zum Schutz (Abwehr) oder zur Beschaffung der Beute (Angriff) angewendet.

Hydroza oder Polypen nennt man die Klasse, in der rund 2 700 Arten zusammengefaßt sind, davon 700 Arten mit Medusenstadium. Medusen sind fast immer planktische Lebewesen, die uns nicht interessieren. Die in vielen Wuchsformen auftretenden Hydrozoen sind auch für den Meeresaquarianer nur am Rande interessant. Viele Aquarianer haben, besonders wenn sie auch Taucher sind, vielleicht aber schon einige unangenehme

Eine Seescheidenkolonie mit Hydrozoen   Drosch (UW)

Riffanemone (*Cryptodendrum*-Art)

Violette Anemone (*Radianthus malu*)   Mayland

Erfahrungen mit einer Vertreterin aus dieser Klasse gemacht: einer Feuerkoralle der Familie Milleporidae. Die auf dieser Koralle sitzenden Polypen unterscheiden sich, säuberlich getrennt, in Freß- und Wehrpolypen.

Anemonententakel sind dicht mit Nesselkapseln besetzt   Drosch (UW)

Da sie eben für die spezielle Aufgabe besonders gerüstet sind, wird diese auch besonders intensiv ausgeführt. Eine solche Koralle hat, wie ihr wissenschaftlicher Name ›Millepora‹ ausdrückt, Tausende von Poren, aus denen die Polypen herausschauen. In den größeren sitzen die Freß- und in den kleineren die Wehrpolypen. Das Nesselgift der Wehrpolypen kann für uns Menschen so stark sein, daß die Haut an der genesselten Stelle sofort eine hohe Brandblase bildet und später eine Narbe hinterläßt, die selten ganz verschwindet. Trotz allen Ärgers, den die Milleporen von Zeit zu Zeit anrichten können, sind ihre großen Skelette bei Importeuren häufiger zu sehen. Eine der bekanntesten ist die Elchgeweihkoralle *Millepora alcicornis* aus dem karibischen Raum.

Quallen sind kein Fall für das Aquarium. Gelegentlich schleppt man jedoch Vertreter der Wurzelmundquallen (Klasse Scyphozoa, Ordnung Rhizostomeae) ein, kleine langstielige Einzelpolypen, die ihre Fangarme meist ausgestreckt halten, bei guter Futteraufnahme größer werden und sich vermehren. Sie können dabei sogar zur Plage werden, wenn sie überhandnehmen und selbst die Frontscheibe des Aquariums besiedeln.

Blumentiere werden die Anthozoen auch genannt. Viele denken bei diesem Namen an all die Lebewesen in einem Wirbellosenbecken, die den Eindruck des Blühens entstehen lassen. Bei den rund 6 000 wissenschaftlich beschriebenen Arten, deren Vertreter ausschließ-

113

lich im Meer vorkommen, kennt man nur die Polypen-, nicht jedoch eine Medusenform. Vertreter der Blumentiere kommen bis in 10 000 Meter Tiefe vor. Die meisten Arten sind festsitzend; von großen Blumentieren wie Zylinderrosen und Anemonen wissen wir aber, daß diese sich durchaus von einem Platz zum anderen bewegen können, wenn ihnen ihr Standort nicht behagt. Im Aquarium dürfte ein solcher Zustand jedoch häufiger eintreten als im Meer. Aktinien zeichnen sich zudem durch Symbioseverhalten aus, dem Zusammenleben mit Fischen oder Krebstieren. Andere siedeln sich auf umherwandernden Tieren (Schnecken, Krebsen, Schneckenhäuser der Einsiedlerkrebse) an. Benutzt ein Tier, wie hier, ein anderes als Transportmittel, so spricht man von Nutznießung oder Probiose, im speziellen Fall wie diesem als Form der Probiose, als Phoresie. Dörnchenkorallen (Antipatharia) haben ein schwarzes, hornartiges Skelett, weshalb man sie auch ›Schwarze Korallen‹ nennt. Etwa 150 Arten sind wissenschaftlich beschrieben. Die Stöcke sind meist im Grund festgewachsen und haben oft die Form kleiner Bäumchen (*Dendobrachia*) oder sind nach Art einer Feder verzweigt (*Schizopathes*). Dörnchenkorallen sind derzeit in drei Familien (Antipathidae, Dendrobrachiidae, Schizopathidae) unterteilt. Vertreter der ersten Familie kommen im Roten Meer (*Antipathes*) und selbst im Mittelmeer (*Parantipathes*) vor und bewohnen in bestimmten Formen auch die Tiefsee. Exemplare der Gattung *Cirripathes* (Antipathidae) können bis zu 6 Meter lang werden.

Entsprechend ihrer Bauweise kann man Dörnchenkorallen mit den Hornkorallen (Ordnung Gorgonacea) vergleichen. Sie sind auch im Aquarium strömungsaktiv, allerdings kann man nur kleine Exemplare einsetzen. Gut gepflegte Stücke zeigen durch Wachstum an, daß sie sich wohlfühlen. Die kleinen Polypen brauchen sehr feines Futter.

Zylinderrosen sind in der Ordnung Ceriantharia zusammengefaßt. Die einzeln lebenden Tiere, deren fußscheibenloser, unten zugespitzter Stamm eine Länge bis zu 70 Zentimetern erreichen kann, leben über Sandgrund und bohren bei Positionsveränderungen den Fuß etwas schräg in dem weichen Boden ein. Hier bauen sie aus einem schleimigen Sekret eine Röhre, in die sie sich bei Gefahr zurückziehen können. Sie sind ohne Skelett; die Röhre muß daher guten Schutz bieten und ist sehr zäh. In dieser Röhre kann sich das Tier schnell auf- und abbewegen. Deshalb darf die Röhre beim Einsetzen in das Aquarium nicht abgeknickt oder zusammengedrückt werden. Die größeren Exemplare sind in der Natur nur schwer zu erbeuten, weshalb ihr Preis oft auch entsprechend hoch ist.

Zylinderrosen gehören für viele Aquarianer zu den schönsten Aquarientieren. Das mit gutem Recht, denn wohl keines unter den Niederen Tieren kann es – in entsprechend eingerichteten Becken – mit diesen prestigeträchtigen Exemplaren aufnehmen. Dabei gehören die meisten der etwa 50 wissenschaftlich beschriebenen Arten zu den härteren Pfleglingen. Die Tentakelkränze der Rosen sind in innere und äußere Fangarme eingeteilt. Um das Mundfeld sind die kürzeren angeordnet. Sie dienen offenbar dazu, die von den langen Tentakeln eingefangene Nahrung an den Mund weiterzuleiten. Man kann deutlich erkennen, wie ein solch langer Fangarm, sobald er die Beute erfaßt hat, nach innen geschwenkt wird. Dort wird das erbeutete Futter an einem kürzeren Mundtentakel abgestreift und dann weitergeleitet. Wie bereits erwähnt, verlassen Zylinderrosen ihre Hüllen nur in Ausnahmefällen. Falls es im Aquarium aber doch einmal geschieht, deutet dies immer auf eine Störung hin. Nicht selten ist die falsche Plazierung des Tieres die Ursache. Und da sind wir schon bei einem der wichtigsten Punkte, die bei der Haltung dieser Hohltiere beachtet werden müssen, angelangt. Zylinderrosen mögen keine direkte Strömung! Früher oder später werden sie sich aus einer solchen Zone zu entfernen versuchen.

Zylinderrosen – und das muß hier in aller Deutlichkeit gesagt werden! – sind keine lebenden ›Nur-Dekorationsgegenstände‹ für das Aquarium, mit denen man vielleicht eine sonst tote Ecke zubauen kann. Es sind Lebewesen, die besondere und ihrer Art entsprechende Lebensbedingungen vorfinden müssen, will man an ihrem Gedeihen auch Freude haben. Die Ecke, in der beispielsweise eine Tauchkreiselpumpe eingehängt ist, vor der aber ein höheres Teil der Einrichtung als Tarnung aufgebaut wurde, eignet sich gut zum Einsetzen der Rosen. Hier trifft sie das strömende Wasser erst auf dem Rückweg zur Pumpe und hat nicht mehr die Kraft wie an der entgegengesetzten Seite. Da die Tiere, wie erwähnt, ihre Röhren gern schräg in den Boden bauen, sollte man für einen entsprechenden Sandhügel sorgen. Man braucht deshalb nicht den ganzen Aquarienboden mit einer hohen Sandschicht zu versehen. Es genügt vielmehr, eine bestimmte Zone – etwa vor der vorher erwähnten Dekoration – mit einigen Steinen zusätzlich abzuteilen und die so gewonnene Mulde mit Sand aufzufüllen. Die Zylinderrose hat dann einen guten Standplatz.

Wie bei den Anemonen ist auch bei den Rosen darauf zu achten, daß weder Röhre noch Körper des Tieres verletzt sind oder werden. Hin und wieder kann es vorkommen, daß während des Transportes die Zylinderrose aus ihrer Röhre schlüpft, und es wird selten gelingen, sie

Der Anblick einer solch schönen Zylinderrose (*Cerianthus* spec.) läßt sicher manches Aquarianerherz höher schlagen   Mayland

dort wieder hineinzubekommen. Dann nimmt man ein Kunststoffrohr von etwa 10−12 Zentimetern Länge, dessen Oberkante weder scharfkantig sein noch einen Grat aufweisen darf! Hier hinein steckt man den Körper des Hohltieres und läßt das Rohr dann in den Sandboden ein. Jetzt kann die Rose ungestört ihre Hülle erneuern.

Zylinderrosen sind tagsüber zwar auch geöffnet, doch erkennt der Pfleger seine ›Riesen‹ meist nicht wieder, wenn er einmal nachts bei abgeschaltetem Licht in das Aquarium schaut. Die meisten Tiere stehen dann trompetenartig aufgereckt und in beinahe doppelter Größe im Becken, wobei ihre Tentakel eifrig nach Plankton tasten. Obgleich sie auch grobere Nahrungsstücke, wie Muschelfleisch, kleine Garnelenstücke und Ähnliches,

115

zu sich nehmen, sind sie doch aus ihrem natürlichen Biotop darauf spezialisiert, feinste Nahrung aus dem Meerwasser zu fischen. Besonders interessant wird es, wenn man ihnen lebendes Futter anbietet, das sich noch bewegt (kleine und mittlere Regenwürmer): Im Nu befördern sie das Beutetier (das in unserem Fall im falschen salzigen Medium ohnehin zu Tode kommt und sich entsprechend windet), zu den Mundtentakeln; dabei müssen alle Fangarme mithelfen. Gelegentlich gereichtes gefriergetrocknetes (und dann geweichtes!) oder zu Tabletten gepreßtes Futter (Shrimps, TetraTips) wird, je nach Größe des Tieres, in kompakter Form angenommen. Eine Nahrung, die ihnen nicht schmeckt oder an der sie sich übernommen haben, scheiden sie nach kurzer Zeit wieder aus – übrigens auf demselben Wege, wie sie sie aufgenommen haben. Es ist, trotz oft scheinbar unbegrenzten Appetits, nicht ratsam, die Tiere zu überfüttern. Erstens ist das nicht gut für den Verdauungstrakt der Hohltiere, und zweitens verpesten ausgeschiedene Futterstücke schnell das Aquarienwasser.

Zylinderrosen gibt es in vielen Farben, vom reinen Weiß bis zum leuchtenden Hellorange, vom zarten Lila bis zu einer Ton in Ton abgestuften Grau-Beige-Variante. Diese farblichen Abweichungen bedingen aber keinen Unterschied in den Lebensansprüchen. Wer gern ein buntes Bild in seinem Becken haben möchte, kann Zylinderrosen getrost dicht zusammensetzen. So leben sie auch teilweise in der Natur (wo sie auch im Mittelmeer vorkommen). Untereinander nesseln sich die Tiere nicht, doch soll man sie nicht mit stärker oder schwächer nesselnden Blumentieren nah zusammenbringen. Dann erleiden die in der Stärke des Giftes unterlegenen Tiere größeren Schaden.

Die für die meisten Aquarianer interessanteste Klasse der Anthozoen oder Blumentiere ist wiederum unterteilt in die Unterklassen Octocorallia und Hexacorallia, eine Klassifizierung, die sich am Schema der Septenanlage (acht- oder sechsstrahlig) orientiert, das heißt, daß der gesamte Gastralraum, der zugleich die Verteilung der Nährstoffe im Körper übernimmt, durch acht bzw. sechs strahlenförmig angeordnete Scheidewände (Gastralsepten) in acht oder sechs Gastraltaschen und den zentralen Gastralraum unterteilt ist. Jede dieser Taschen ist mit einem Tentakel verbunden, die bei der ersten Gruppierung, den Octocorallia, gefiedert sind. Hier treffen wir auf meist koloniebildende Anthozoen, zu denen die Vertreter so bekannter Ordnungen wie Röhren- und Zwergröhrenkorallen, Lederkorallen, Blaue Korallen sowie Hornkorallen und Seefedern gehören.

Röhrenkorallen der Ordnung Stolonifera müßten jedem Aquarianer bekannt sein – wenn nicht als lebende Tiere, so doch als gelegentlich verwendetes Einrichtungsmaterial. Neben den primitiveren Vertretern der Familien Clavulariidae (*Clavularia*) und Cornulariidae (*Cornularia*) stehen die der Familie Tubiporidae, der Orgelkorallen, mit der Gattung *Tubipora*. Bei ihnen treffen wir eine echte Stockbildung an, wobei die Polypen in parallel zueinander ausgerichteten senkrechten Röhren sitzen, die wiederum durch waagerecht verlaufende Halterungen (Solenien) verbunden sind. So entsteht der Eindruck einer Etagenbildung. Die Polypen sitzen jedoch nur im jeweils oberen Stockwerk ihrer rotgefärbten Skelette, die weiter unten, im basalen Bereich, zu einer leblosen Masse verschmelzen. In den früheren Jahren hatte man Probleme, diese Tiere im Aquarium über einen längeren Zeitraum zu pflegen. Dank verbesserter Wasser- und vor allem auch Lichtwerte (HQI-Lampen) haben sich die Chancen, die Orgelkorallen *Tubipora musica* mit ihren bis zu 20 Zentimeter langen Einzelpolypen über mehr als nur wenige Monate am Leben zu erhalten, wesentlich verbessert. Leider fehlen noch gute Importe. Orgelkorallen scheinen, wie Steinkorallen auch, empfindlich gegenüber einem Absinken des pH-Wertes. Bei den Polypen kann man keine direkte Nahrungsaufnahme, etwa von Zooplankton, feststellen, so daß der Schluß naheliegt, daß sie ihre Nährstoffe dem Wasser direkt (in Form gelöster Substanzen) entnehmen.

Zwergröhrenkorallen der Ordnung Telestacea unterscheiden sich von denen der vorgenannten Gruppierung dadurch, daß ihre Polypen nicht in parallel zueinander stehenden Röhren leben, sondern in solchen, die sich verzweigen. Bei ihnen wird das aus Stütznadeln, den sogenannten Skleriten, bestehende Innenskelett durch kalk- oder hornartige Substanzen miteinander verbunden, die dem Stock ein Aussehen verleihen, das zuweilen an Hornkorallen erinnert. In Aquarien werden sie wenig gepflegt. Familien sind Coelogorgiidae (*Coelogorgia*), Pseudocladochonidae (*Pseudocladochonus*) und Telestidae (*Telesto*), von denen die Vertreter der ersten durch besonders starke Verzweigung auffallen. Für die Haltung der Zweigröhrenkorallen gilt Ähnliches, wie es vorher für die Röhrenkorallen erwähnt wurde.

Leder- oder Weichkorallen sind in der Ordnung Alcyonacea zusammengefaßt. Im Gegensatz zu den kalkhaltigen harten oder hornhaltigen leicht elastischen Skeletten anderer bekannter Korallen sind die Polypen der Kolonien bei den Leder- oder Weichkorallen

(Name) durch eine lederartige Hülle, das Coenenchym, derart miteinander verbunden, daß nur die Individuen voneinander getrennt sitzen. Ein zusammenhängendes Skelett ist nicht vorhanden. Drei bekannte Familien: Alcyoniidae (*Alcyonium, Anthomastus, Carotalcyon, Cladiella, Lobophytum, Sarcophyton, Sinularia, Sphaerella*), Nephtheidae (*Dendronephthya, Lemnalia, Litophyton, Nephthea*) und Xeniidae (*Anthelia, Cespitularia, Xenia*).

Lederkorallen, wie sie in der Aquaristik meist genannt werden, haben sich als ausdauernd und dekorativ erwiesen, wenngleich viele Stöcke ›nur‹ eine einheitlich weißgelbliche bis beige Gesamtfärbung zeigen. Das gilt besonders für die vielen Arten der Gattung *Sarcophyton*, die zuweilen eine pilzförmige Struktur aufweisen (zum Beispiel *S. glaucum* und *S. lobulatum*). In ufernahen Flachwasserzonen des Riffs trifft man häufig große Kolonien von *S. trocheliophorum* an, grüngelbliche Lederkorallen, die beim ersten Hinschauen wie ein Steinkorallenstock ausschauen, würden sie nicht sanft im Wasser hin- und herschaukeln.

Von den rund 800 beschriebenen Arten dieser Ordnung kennen wir von Importen hauptsächlich (Ausnahmen

Buntes Stilleben mit farbiger Weichkoralle (*Dendronephthya* spec.) im Mittelpunkt   Tomey

Die pilzförmige Lederkoralle (*Sarcophyton* spec.) lebt in Symbiose mit Zooxanthellen und braucht daher viel Licht. Zudem liebt sie eine kräftige Strömung   Tomey

die Vertreter der beiden letztgenannten Familien) die kräftigen fleischigen Stücke ohne besondere Verästelungen: Die lederartige Haut ist massig ausgebildet. Sie gehören den Alcyoniiden an, zu denen übrigens auch die ›Tote Manneshand‹ *Alcyonium digitatum* und die ›Seemannshand‹ *A. palmatum* gehören, die beide auf Sand- und Schlammgrund wie an Steinen im Mittelmeer leben. Von den in den letzten Jahren häufiger und in unterschiedlichen Arten eingeführten Kolonien der beiden übrigen Familien werden immer wieder einige der sehr begehrten rot und weiß gemusterten Vertreterinnen der Gattung *Dendronephthya* (zum Beispiel *D. mirabilis* und namentlich noch nicht identifizierte Spezies) von Aquarianern gesucht, doch soll man sich darüber klar sein, daß ausgerechnet diese Arten zu den anspruchsvolleren Pfleglingen gehören, die nach Möglichkeit mehr als einmal am Tag gefüttert werden sollten.

Schön anzusehen sind auch die verschiedenen *Xenia*- und *Cespitularia*-Vertreterinnen, von denen man einige wegen ihrer feinen und farblich differenten Fiederung mit Pfauenfedern vergleichen kann. Sie sind andererseits langfädigen Algen gegenüber empfindlich, lassen

117

sich jedoch bei einem geübten Pfleger gut eingewöhnen und sogar vermehren.

Die Ordnung der B l a u e n K o r a l l e n (Coenothecalia) enthält heute nur eine einzige Art, *Heliopora coerulea*, wogegen aus erdgeschichtlicher Zeit (Oberkreide) noch eine Reihe fossiler Arten bekannt ist. Die Blauen Korallen haben äußerlich viel Ähnlichkeit mit den Steinkorallen und sind auch wie sie gute Riffbildner. Die Höhe der jeweiligen Kolonien beträgt 30−50 Zentimeter, wovon nur ein sehr geringerer oberer Teil des Kalkskeletts (2−3 Millimeter!) von einer dünnen, als lebend zu bezeichnenden Schicht bedeckt ist. Die achtarmigen, im Durchmesser nur 1 Millimeter starken Polypen enthalten Zooxanthellen, ragen nur wenig über der Oberfläche hinaus und sind zurückziehbar. Das Kalkgerippe ist in vertikale und horizontale Röhren unterteilt, die miteinander verbunden sind.

Da die Blauen Korallen vorwiegend an den meist von Wellen bewegten Oberseiten der Riffe (Riffplattform) vorkommen, haben sie in diesem ihrem natürlichen Lebensraum einiges auszuhalten und sind wohl deshalb auch im Aquarium recht ausdauernd. In der indopazifischen Korallenregion, der Heimat dieser Koralle, ist jede Kolonie meist extrem hellem Licht ausgesetzt und benötigt das auch im Aquarium. Sie ist gegenüber dem Licht, das von den heute oft gebräuchlichen HQI-Lampen abgegeben wird, durchaus empfänglich, ›steht‹ aber auch gut im Licht der sparsamen Dulux-Lampen (Osram), wenn mit diesen nicht gespart wird. Als Nahrung wird gern tierisches Plankton oder entsprechendes (!) Ersatzfutter angenommen. Die blaue Färbung der Stöcke entsteht auf die Weise, daß charakteristische Fasern aus Aragonit (Kalziumkarbonat) abgesondert werden, wodurch (unter Mithilfe von Eisensalzen) ein blaues bis blaugraues Lamellenskelett erstellt wird.

H o r n k o r a l l e n (Ordnung Gorgonacea) werden zuweilen auch als Rindenkorallen bezeichnet. Dabei handelt es sich um Gebilde mit pflanzlichem Aussehen, die strauch- oder blattförmige Kolonien aufweisen. Man unterscheidet die beiden Unterordnungen Scleraxonia und Holaxonia: Bei den Vertretern der ersten besteht die Stammachse aus starken Kalk-Einzelskleriten, die durch schwache Hornfasern (Gorgonin) miteinander verbunden sind. Ihre Elastizität hält sich in Grenzen. Bei den Holaxonia dagegen besteht auch die Stammachse aus Gorgonin, und der Kalk ist lediglich darin eingelagert. Diese Exemplare zeigen eine größere Elastizität und sind im Aufbau auch verzweigter.

Unter den Gorgonien, wie man diese Korallen auch nennt, verstehen viele Aquarianer nur den sogenannten Venusfächer *Gorgonia flabellum*, dessen flache und oft kreisrunde Stöcke eine Höhe von 1 Meter und mehr erreichen können. Skelette davon werden gelegentlich zu Dekorationszwecken angeboten. Sie für aquaristische Zwecke zu reinigen ist eine mühevolle und wenig sinnvolle Arbeit. Den Resten der abgestorbenen Polypenkolonien mit Lauge (Ätznatron) zuleibe gehen zu wollen (wie man das mit Steinkorallen macht), ist widersinnig, weil es sich um organisches Gewebe (nicht um Kalk) handelt, das im Laugenbad zersetzt wird.

Zur ersten der beiden Unterordnungen gehören die Familien Briareidae (Gattungen *Briareum*, *Paragorgia*, *Spongioderma*), Coralliidae (*Corallium*; dazu gehört auch die Rote oder Edelkoralle, *C. rubrum*) und Suberogorgiidae (*Suberogorgia*). Die Vertreter der Familien Gorgoniidae (*Eugorgia*, *Gorgonia*), Isididae (*Isis*), Plexauridae (*Anthoplexaura*, *Eunicella*, *Euplexaura*) und Primnoidae (*Primnoa*) sind zur zweiten Untergattung gestellt. Insgesamt wurden etwa 1200 Arten wissenschaftlich beschrieben. Die eingeführten Stücke könnten praktisch aus vielen dieser Familien stammen. Es hat sich jedoch gezeigt, daß es sich meistens um Vertreter der Gorgoniidae und Plexauridae handelt.

Die meistens aus Indonesien, den Philippinen und zuweilen auch von Sri Lanka (Ceylon) importierten Hornkorallen können wunderschöne Farben haben und somit als ausgesuchte Blickfänge in einem Niedere-Tiere-Becken dienen. Hornkorallen brauchen beste Wasserverhältnisse! Sie benötigen eine mäßige, aber gut fühlbare Strömung und nur mäßiges Licht bzw. einen nicht so hellen Standort. Nach entsprechender Eingewöhnung (!) kann man ihnen auch einen helleren Standort anbieten. Ihre relativ großen Polypen (bis etwa 5 Millimeter) nehmen die angebotene Nahrung nur, wenn sie sich voll entfaltet haben. Der Pfleger wird bei der Reinigung der Beckenscheibe oder mehr noch des Bodengrundes feststellen, daß die aufgewirbelten Ablagerungen die Polypen der Hornkorallen (und auch von anderen) anregen, sich zu öffnen. Dies kann dann auch als Signal zur Fütterung mit Plankton oder planktonähnlicher Ersatznahrung gewertet werden. Es hat sich als günstig erwiesen, das Futter gezielt mit Hilfe einer langen Glaspipette praktisch direkt über der Kolonie abzulassen, weil im anderen Fall (›Gießkannensystem‹) zuviele der Nahrungspartikel fortgetrieben werden und diese Empfänger nicht erreichen. Sollten die Futterpartikel einmal nicht so klein sein, so macht das nichts, denn die Polypen werden auch mit etwas gröberer Nahrung fertig.

Hornkorallen können im Aquarium über 4−6 Jahre ausdauern und hier sogar auch weiterwachsen. Es versteht sich, daß man diese zarten Gebilde nicht mit

Zweige von Hornkorallen (Ordnung Gorgonaria) mit verschiedenfarbigen Polypen, die zum überwiegenden Teil geöffnet sind   alle Mayland

polypenverzehrenden Fischen vergesellschaften darf. Ebenso sind Hornkorallen gegenüber Algenbewuchs sehr empfindlich. So kann es vorkommen, daß Fadenalgen sich an einem Stock festsetzen und ansiedeln – ein Unglück, das oft den Tod der ganzen Kolonie nach sich zieht.

Seefedern der Ordnung Pennatulacea bilden eine Gruppierung von rund 300 Arten. Man nennt sie halbsessil, was soviel bedeutet, daß sie nur ›halbwegs festsitzend‹, also nicht völlig festgewachsen sind, obgleich sie normalerweise leicht schräg oder aufrecht und gerade im weichen Meeresboden stecken. Es ist ihnen jedoch möglich, sich von ihrem Standort zu lösen und fortzubewegen. Diese Beweglichkeit ist für Tiere dieser Art im Aquarium unerwünscht, weshalb Seefedern trotz ihrer Schönheit relativ selten eingeführt werden. Dazu kommt (zumindest bei erwachsenen Tieren) ihre Größe, die in einzelnen Fällen bis zu 2 Meter reicht. Natürlich wird kein Importeur solche großen Exemplare einführen!

Der Stiel einer Seefeder wird auch als Stamm- oder Primärpolyp bezeichnet. Er ist mit einer ledrigen Haut (Coenenchym) umgeben, wie man sie ähnlich auch bei Lederkorallen findet. Bei den einzelnen seitlichen Auswüchsen handelt es sich um jeweils eine mehr oder weniger lange, sehr bewegliche Fieder (Kiel), an deren Ende ein Tochterpolyp (Autozooid) sitzt (Unterordnungen Sessiliflorae). Bei einer zweiten Gruppe (Unterordnung Subselliflorae) entspringen die Tochterpolypen direkt aus dem Primärpolypen – die Fieder (bzw. der Kiel) fehlt. Zur ersten Unterordnung, den ›wirklichen Seefedern‹ gehören die Familien Funiculinidae (Gattung *Funiculina*), Renilliidae (*Renilla*), Umbellulidae (*Umbellula*) und Veretillidae (*Lituaria, Veretillum,*). Zur zweiten Pennatulidae (*Pennatula*) und Virgulariidae (*Pavonaria, Virgularia*).

Das Vorkommen der Seefedern ist weder auf tropische Meere noch auf Flachwasserzonen beschränkt. Man hat die Tiere in Tiefen bis hinab auf 4 500 Meter angetroffen – allerdings hier mit reduzierter Polypenzahl und in ›Schopfanordnung‹ (Umbellulidae = Schopfseefedern). Sie ernähren sich hauptsächlich von Plankton. Falls man sie im Aquarium pflegt, gelten ähnliche Bedingungen, wie sie für die Gorgonien angeführt wurden.

Hexacorallia sind die Blumentiere, bei denen die Septen den Gastralraum meist in sechs Taschen unterteilen, jedoch hat die ›Sechs‹ keine derartige Konstanz, wie die ›Acht‹ bei den Octocorallia. Im Gegensatz zu den Tentakeln bei den Vertretern dieser Gruppierung sind die der Hexacorallia ungefiedert. Zu dieser Unterklasse sind die für die Aquaristik wichtigen Ordnungen Zoantharia (Krustenanemonen), Aktinaria (Seerosen, Seeanemonen), Corallimorpharia (Scheibenanemonen) und Madreporaria (Steinkorallen) gestellt.

Krustenanemonen bilden die so beliebten ›Blumensträuße‹ in vielen Niedere-Tiere-Becken. Sie gehören der Ordnung Zoantharia an, in der etwa 300 Arten zusammengefaßt sind und sich derzeit über sieben Gattungen in der Familie Zoanthidae verteilen. Ihr Hauptverbreitungsgebiet liegt im indopazifischen Raum, doch

119

kennen wir beispielsweise auch Vorkommen im Mittelmeer. Krustenanemonen besitzen kein eigenes Skelett; sie integrieren jedoch Fremdkörper wie Sandkörner, Kalknadeln von Schwämmen usw., die von der Außenhaut überwachsen werden und häufen so mit der Zeit feste Bestandteile an. Die ungeschlechtliche Fortpflanzung der Krustenanemonen erfolgt durch Knospung, die zur Koloniebildung führt. Mit Kolonien von vielen hundert Einzelpolypen hält sich ihre Größe aber noch in übersichtlichen Grenzen. Da bei verschiedenen Formen die Polypen jedoch eine beachtliche Länge (bis zu 19 Zentimetern) erreichen können, sind dann auch im Meer Kolonien mit einer Ausdehnung bis zu mehreren Quadratmetern keine Seltenheit. Die Köpfe der Polypen bleiben dagegen in jedem Fall relativ klein und haben kaum einmal einen Durchmesser von mehr als 2 Zentimetern.

Krustenanemonen, die wir nur in Zonen wärmeren Wassers antreffen, können sich nicht völlig zusammenziehen, wie wir das beispielsweise von Aktinien kennen. Lediglich Tentakel und Mundscheibe können nach innen gezogen werden. Die Nahrungsaufnahme erfolgt derart, daß mit Hilfe der Außenhaut (Ektoderm) ein Schleim ausgeschieden wird, über den Tentakel und Mundscheibe freischwebende Organismen wie Plankton festhalten und dann in Richtung Mund befördern. Krustenanemonen siedeln sich auf Riffen (auch auf abgestorbenen Korallengebilden) an und gehen auch Symbiosen mit Zooxanthellen ein. Wieder andere wählen als Siedlungssubstrat die Schalen festsitzender oder beweglicher Tiere (Muscheln, Schneckenhäuser usw.). So sind es die Vertreter unterschiedlicher Gattungen, die bestimmte Lebens- bzw. Siedlungsgewohnheiten aufweisen. Zu denen, die eine Symbiose mit Muscheln und Schnecken (oder den Einsiedlerkrebsen in deren Gehäuse) eingehen, gehören die Vertreter der Gattungen *Epizoanthus* und *Paleozoanthus*. Dagegen sind die solitär oder in Kolonien lebenden Vertreter von *Isaurus*, *Isozoanthus*, *Parazoanthus*, *Palythoa* und *Zoanthus*, soweit bis jetzt bekannt, alle festgewachsen.

Krustenanemonen verlangen im Aquarium möglichst optimale Verhältnisse, also ein nitratarmes Wasser mit fühlbarer Strömung, reichlich Licht (allein schon wegen der Symbiosealgen) und eine abwechslungsreiche Ernährung, die – wie erwähnt – planktonartig sein kann. Oft ist bei den eingeführten und während der Importzeit nicht gut gefütterten Kolonien eine Eingewöhnungszeit notwendig, während der man die Nahrungsaufnahme der Polypen beobachten muß, um festzustellen, ob das Futter gut aufgenommen wird. Zumindest am Anfang empfiehlt sich zudem eine gezielte Fütterung mit Glaspipette bei abgestellter Strömung.

Gelbe Krustenanemonen (*Parazoanthus axinellae*) aus dem Mittelmeer

Hansen

Krustenanemonen, die kein Futter aufnehmen, muß man beobachten, denn es gibt auch Arten, die eine direkte Nahrungsaufnahme ablehnen und sich stattdessen ausschließlich über ihre symbiotischen Algen, die Zooxanthellen, ernähren.

Obgleich sich Krustenanemonen gegenüber nesselnden Anemonen und Zylinderrosen empfindlich zeigen, sind sie selbst gegenüber anderen festsitzenden Blumentieren mit ihrem Nesselgift aggressiv, so daß es stets geraten erscheint, zu Krustenanemonenkolonien einen entsprechenden Abstand einzuhalten.

A k t i n i e n oder S e e r o s e n leben bis auf wenige Ausnahmen solitär, führen also ein Einzelleben. In der artenreichen Ordnung Actinaria sind über 1 000 wissenschaftlich beschriebene Spezies zusammengefaßt, die in allen Meeren – also auch den kalten – beheimatet sind. Sie leben bis in 10 000 Meter Tiefe nicht nur auf Sand- und Felsgrund, sondern auch auf Krebstieren und deren mitgeführten Gehäusen, auf Muscheln, Schwämmen, Korallen und selbst an Tangen. Von der Vielzahl dieser Blumentiere werden relativ wenige aus tropischen Gewässern eingeführt. Es wäre wenig sinnvoll, hier alle Familien und Gattungen anzuführen, weil der Leser nur verunsichert würde. Es erscheint besser, sich auf die Erwähnung der Gattungen und Arten zu beschränken, die aus tropischen Gewässern stammen und auch eingeführt werden.

Aktinien stellen eine für viele Meerwasseraquarianer beliebte Ordnung der Blumentiere dar, von denen einige wohl zu den härtesten Aquarientieren zu zählen sind. Doch ausgerechnet die Tiere, die der Pfleger gern im Zusammenleben (Symbiose) mit den genannten Anemonenfischen halten möchte, stehen bei einigen Aquarianern im Ruf, weniger gut haltbar zu sein. Es sind die Vertreter aus der Gattung *Stoichactis* — allen voran *S. giganteum*. Diese großen Riff- oder Riesenanemonen, die in der Natur einen Umfang von über einem Meter erreichen können, in vielen Aquarien und bei nicht gerechter Haltung aber selten mehr als 30 Zentimeter groß und dann nicht älter als 12–18 Monate werden, stellen gewisse Ansprüche, die ihnen in Fällen, in denen sie Unwohlsein zeigen, nicht geboten werden. Für Kleinaquarien sind diese Anemonen ohnehin nicht geeignet, das sollte sich jeder denken können! Die Tiere brauchen also ein möglichst großes Becken mit einem möglichst großen Wasservolumen (wozu man dann auch noch das Volumen im [Bio-]Filter zählt). Riesenanemonen gieren nach Licht! Da sie vorwiegend die Flachwasserzonen in den Riffgebieten bewohnen, sind sie an starke Sonneneinstrahlung gewöhnt. Zudem ist das kräftige Licht wichtig, da auch diese Anemone, wie die meisten (zumindest ihrer tropischen) Verwandten, zusammen mit symbiotischen Algen (Zooxanthellen) in ihren Geweben lebt, die das Licht für ihre Photosynthese benötigen. Hinzu kommt das Verlangen nach sauerstoffreichem Wasser (wobei nicht an den Betrieb eines kräftig blasenden Ausströmers gedacht ist!).

Bei der Beschichtung des Grundes mit Steinen und ähnlichem Material muß den Substratwünschen der Anemonen insofern Rechnung getragen werden, als die Stücke groß und von einer gewissen Stärke, dabei aber auch zerklüftet sein sollen. Meine Versuche, Anemonen in normalen Tonblumentöpfen unterzubringen, verliefen recht erfolgreich. Je nach Größe des Anemonenstammes verwendete ich dazu Töpfe mit einem oberen Durchmesser zwischen 6 und 10 Zentimetern: es muß immer noch ein geringer Raum zwischen Stamm und Topfrand bleiben. Haben die Anemonen ein solches Haus — so meine ich —, hören auch die gelegentlichen Wanderungen zum überwiegenden Teil auf. Will man dagegen den Anemonen ein mehr felsiges Substrat anbieten, so verfahre man, wie vorher angeführt, wobei es wichtig erscheint, daß auch schwerere Platten darunter sind, die den Anemonen und anderen Aufsitzern Halt und Sicherheit zugleich geben.

Anemonen gehören zu den Zooplanktonfressern, sie nehmen auch etwas (!) größere Brocken von Fisch-, Muschel- oder Garnelenfleisch, doch soll die Ernährung der großen Blumentiere nicht auf solches Futter beschränkt bleiben. Neben den verschiedenen Vertretern der Gattung *Stoichactis*, von denen *S. haddoni* und *S. kenti* sowie die aus der Karibik stammende ›Sonnenanemone‹ *S. helianthus* auch namentlich bekannt wurden, werden als Symbiosetiere Arten der Gattungen *Radianthus*, *Parasicyonis*, *Physobrachia* und *Cryptodendrum* eingeführt, von denen sich möglicherweise nicht alle gleich gut für Symbiose wie auch aquaristische Pflege eignen. Von Vertretern dieser Gattungen am häufigsten eingeführt und daher auch aquaristisch erprobt sein dürften *Radianthus malu* und *R. ritteri*; die erste mit ihren rotviolett gefärbten Tentakelspitzen habe ich oft als Symbiosetier gepflegt. Bei ihr wie auch bei *R. ritteri* kann die Tentakelscheibe einen Durchmesser von etwa 50 cm erreichen. Interessant bei *R. ritteri*: Stamm und Unterseite der Scheibe sind oft intensiv farbig: himmelblau oder rotviolett. Die Verbreitung dieser beiden Arten reicht vom Roten Meer bis zum westlichen Teil des Pazifiks. Aus diesen Gebieten (mit Ausnahme des Roten Meeres) stammen auch *R. kuekenthali* und *R. simplex*, während die Hauptverbreitungsgebiete von *R. gelam* und *R. paumotensis* im Zentralpazifik zu suchen sein dürften.

Mit Importen von der Insel Sri Lanka (Ceylon) kommt seit Jahren eine weitere ausdauernde Art zu uns, die mit dem Namen *R. koseirensis* belegt ist. Eine elegante Erscheinung, wenn man diesen Begriff für ein wirbelloses Tier wagen darf, und je nach Herkunft in pastelfarbenen braunen bis rötlichen Tönen gefärbt, zuweilen auch mit einem bläulichen Schimmer überzogen. Auch diese, bis etwa 20 Zentimeter groß werdende Anemone lebt symbiotisch mit verschiedenen Clownfischarten und/oder Krebstieren. Ich fand sie im Bereich der Malediven, zusammen mit *Amphiprion nigripes*, einer relativ kleinbleibenden Anemonenfischart.

Stimmt das Größenverhältnis zwischen Anemone (möglichst groß) und Symbiosefisch (möglichst nicht groß werdend), so kann sich daraus eine langandauernde Lebensgemeinschaft ergeben. Oft genug aber sieht man das umgekehrte und somit falsche Verhältnis zwischen Fischen und Blumentier, was die Lebensdauer der Anemone – trotz wohlgemeinter übriger Pflege – entscheidend verkürzt. Die Planktonfresserin möchte, besonders während der Nacht, ihre Tentakel weit herausstellen, doch tagsüber ebenso wie in der Nacht wird sie daran durch die dauernd ›wuselnden‹ Anemonenfische gehindert. Für die symbiotischen Algen in den Tentakeln ist, wie mehrfach erwähnt, kräftiges Licht lebensnotwendig. Auch hier gibt es das Handicap durch die Fische.

Die Nesselfähigkeit der großen Anemonen ist, gemessen an der Feuerkoralle, gering, doch kann man sich gelegentlich auch von einer dieser Anemonen eine leichte Verbrennung einhandeln – besonders im Bereich des inneren Unterarmes. Dort ist die Haut meist sehr hell und noch empfindlicher als auf der Oberseite, und die Hautreizungen können hier besonders quälen.

Beim Kauf der Tiere achte man darauf, daß die Fußscheibe nicht die geringste Beschädigung aufweist. Das gilt nicht nur für die Riesenanemonen, sondern ebenso für etwas kleinere Aktinien, etwa Arten und Verwandte tropischer Goldrosen der Gattung *Condylactis*, von denen *C. passiflora* übrigens in diesem Band, zusammen mit der schönen roten Putzergarnele *Lysmata amboinensis* auf einem ganzseitigen Foto abgebildet ist, und andere. Darunter kennen wir die heute weniger eingeführten ›Florida-Anemonen‹. Sie haben, wie zum Beispiel *Actinia bermudensis* und *Bartholomea annulata*, recht dicke Tentakel und sondern ein offenbar kräftigeres Gift ab als die Riesenanemonen. Das mag ein Grund dafür sein, daß sie von den Anemonenfischen weniger gern angenommen werden als die großen Aktinien. Das ist kein Wunder, denn Anemonenfische (*Amphiprion*) gibt es in der Karibik nicht! Ein Zusammenführen beider Gruppen im Aquarium (also karibischer und indopazifischer) hat sich ebenso ungünstig erwiesen, wie sich auch Zylinderrosen in unmittelbarer Nähe der karibischen Aktinien nicht wohlzufühlen scheinen.

Scheiben- oder Telleranemonen bilden eine relativ kleine Gruppierung mit der Ordnung Corallimorpharia. Man kann sie als Übergang von den solitär lebenden und skelettlosen Aktinien zu den koloniebildenden und kalkausscheidenden, skelettbildenden Steinkorallen ansehen. Die Kolonien der Scheibenkorallen ähneln denen der Steinkorallen und stehen ihnen auch verwandtschaftlich näher, doch fehlt ihnen das Skelett. Es sind nur zwei Familien bekannt: Corallinomorphidae (Tentakel an der Spitze halbkugelig angeschwollen) mit den Gattungen *Corallimorphus* und *Corynactis* sowie Discosomidae (Tentakel an der Spitze fiederförmig und nicht halbkugelig) mit *Actinodiscus*, *Discosoma*, *Actinotryx* und *Rhodactis*. Die Arten der beiden letztgenannten Gattungen gehören zu den Riesen und sind in der Aquaristik daher mit dem treffenden Namen ›Elefantenohren‹ belegt worden. Ihre Scheiben haben einen Durchmesser bis zu 1 Meter und erreichen eine Höhe bis etwa 25 Zentimeter. Diese Scheibenanemonen gehen zuweilen auch Symbiosen mit Fischen ein. Aquaristisch gepflegt werden nicht allein die (relativ) klein bleibenden Formen. Alle leben in Symbiose mit Zooxanthellen, weshalb auch bei ihnen wieder eine möglichst kräftige Beleuchtung (HQI) notwendig ist. Nur bei den wenigsten kann der Pfleger eine direkte Nahrungsaufnahme erkennen, da die symbiotischen Algen die Ernährung übernehmen. Es sind jedoch auch Spezies (die Artbestimmung ist ein schwieriges Unterfangen!) bekannt, die gelegentlich ein Nahrungsstück erbeuten, indem sie die Ränder hochnehmen, das Nahrungspartikel so einschließen und außerhalb des Körpers (extragastral) verdauen, weil ihr Gastralraum weitgehend zurückgebildet ist.

Scheibenanemonen leben teils solitär, also einzeln, teils in Kolonien. Auch im Aquarium kann man häufig die Vermehrung durch Querteilung beobachten. Erfolgt diese bei Polypen, die in Kolonien leben, so trennen sich nach der Teilung die Individuen nicht, sondern vergrößern ihre Lebensgemeinschaft. Die Querteilung verläuft in diesem Fall über die Mundöffnung. Es kann aber auch eine weitere Vermehrungsmethode, die durch Abschnürung, beobachtet werden, wobei mehrere Teile im basalen Bereich des Fußes abgetrennt werden. Nach einigen Wochen haben sich hieraus erstaunlich schnell selbständige Anemonen gebildet, die sich einen eigenen Standort suchen müssen und zu wandern beginnen – auch, um zugunsten der eingeschlossenen Zooxanthellen aus ihrem Schattendasein herauszutreten.

Um neu eingesetzte Scheibenanemonen vor nesselnden Nachbarn zu bewahren, soll man einen Sicherheitsabstand von einer Handbreit zu Kolonien von Krustenanemonen, Steinkorallen oder anderen Blumentieren einhalten. Wenn sich die eigenen Kolonien oder die der Nachbarn vermehren, wird der Raum ohnehin enger und damit die Vernesselungsgefahr wieder größer. Eine Reihe von Spezies fällt durch Zonen irisierender und fluoreszierender Grün- oder Rotfärbung auf. Es handelt

Scheibenanemone (*Actinodiscus* spec.) mit dem Spinnenfisch *Synchiropus ocellatus* (unten)

Mayland

122

sich dabei um abgestrahltes UV-Licht. Ob diese Färbung als Schutz bestimmter Körperpartien dient, ist noch nicht erwiesen.

S t e i n - o d e r R i f f k o r a l l e n gehören einer weiteren Ordnung der Hexacorallia an, Madreporaria. Sie bilden die Hauptgruppe der Blumentiere, der eigentlichen Baumeister der Riffe. Ihre Körperstruktur ist der der Anemonen recht ähnlich, doch haben sie eine besondere Eigenschaft, mit der sie sich von den Aktinien unterscheiden: Sie können mit ihrer Fußscheibe Kalziumkarbonat abscheiden, das dann mit der Zeit zu einem Korallenstock heranwächst und − zumindest im oberen Bereich − ihr Skelett darstellt. Weil nun Milliarden und Abermilliarden dieser Korallenpolypen gleichzeitig am Werk sind, entstehen mit der Zeit ganze Riffe.

Die Polypen werden nicht groß und sind auch zierlicher gebaut als die großen Aktinien. Doch auch in einem noch so großen Aquarium kann ihre Haltung nur dann von Erfolg beschieden sein, wenn die geforderten Haltungsbedingungen voll eingehalten werden, was dank der modernen marinen Aquarientechnik inzwischen möglich geworden ist. Auch riffbildende Steinkorallen leben mit symbiotischen Algen (Zooxanthellen) zusammen, und daher sind ihr Wachstum und ihre Existenz von hoher Lichtdichte abhängig. Im anderen Fall verlieren sie ihre braunbeige oder graugrüne Grundfärbung, woraus der Pfleger schließen kann, daß die Zooxanthellen abgestorben und die Tage der Polypen damit auch gezählt sind. Zu den weiteren Bedingungen, die das Weiterleben der Steinkorallen im Aquarium stellt, gehört ein Wasser, dessen Nitratgehalt keinesfalls höher als 50 mg/l liegen darf, ein Wert, wie ihn heute die neueste Trinkwasserverordnung von 1985/86 ebenfalls vorschreibt. Es zeigt sich jedoch als wenig sinnvoll, ein Leitungswasser zum Ansetzen des Meerwassers zu verwenden, das bereits mit 50 mg/l oder nur wenig darunter den höchstzugelassenen Wert aufweist! Symbiotischen Algen dienen zwar die Endprodukte des Stickstoffabbaues als Nährstoffe, doch zeigen auch sie sich höheren Konzentrationen gegenüber empfindlich.

Ein paar möglicherweise leicht übersehbare Dinge sind es, die Steinkorallen das Leben schwer machen. Sie kommen normalerweise im Aquarium nicht vor oder werden nur durch Unachtsamkeit bzw. Unwissenheit des Pflegers hervorgerufen. Wassertrübung, wie sie sich zeitweise bei Reinigungsarbeiten im Aquarium einstellt, soll vermieden werden. Es gibt zwar auch Trübungen im Riff, verursacht durch sehr starke Wasserbewegungen im Meer, doch auch hier zeigen die Riffkorallen deutlich Unwohlsein, wenn anorganische Stoffe hochgewirbelt sind, und halten ihre Polypen zurückgezogen, bis sich

die Verschmutzung wieder gelegt hat. Schlimmer noch für die im Aquarium gehaltenen Steinkorallen wirken sich Schäden aus, die sich im osmotischen Bereich bewegen: Sie sind beim Thema ›Osmolator‹ beschrieben, nämlich schnelle Veränderungen im Salzgehalt, wenn beispielsweise zuerst das verdunstete Wasser nicht nachgefüllt wird (wodurch sich die Salze im Restwasser konzentrieren), und darauf irgendwann ein großer Süßwasserschub (Auffüllwasser) erfolgt. Derartige Methoden sind zu unterlassen und ebenfalls solche, daß man bei einem Teilwasserwechsel komprimiertes Salzwasser und Süßwasser anstelle von fertig angerichtetem und in der Dichte genau eingestelltem Wasser ins Becken gibt.

Ernährungsprobleme, wie man sie noch vor einem Dutzend Jahren kannte, sollten sich heute nicht mehr einstellen, weil auch ein Tiefkühlschrank zur Standardeinrichtung eines Meerwasseraquarianers gehören dürfte. Steinkorallen gehören zu den Tieren, die Zooplankton aufnehmen. Ihre Nahrung muß entsprechend zubereitet werden, wie beim Thema ›Fütterung‹ beschrieben wurde.

Unter den riffbildenden Steinkorallen, die man deswegen auch ›hermatypisch‹ nennt, gibt es, wie der Naturfreund weiß, ungezählte Arten in zum Teil abstrakten Formen. In Aquarien werden nur kleinere Exemplare bzw. Teile davon gepflegt, aber − was man kaum glauben kann − auch die festsitzenden kleinen Blumentiere sind anderen Arten gegenüber wehrhaft und versuchen, wenn sie zu nahe beieinander stehen, fremdartige Stöcke am Näherrücken zu hindern. Sicherlich auch ein Selbsterhaltungstrieb, der uns aber für die Aquaristik anzeigt, daß Steinkorallen nicht zu eng zueinander eingesetzt werden sollten.

Es gibt kaum ein Lebewesen auf unserem Globus, das ohne Feinde auskommen kann. Den Steinkorallen und anderen Hohltierverwandten geht es ähnlich. In der Folge dieses Buches werde ich den einen oder anderen Feind noch eingehender präsentieren und unter die Lupe nehmen, doch soll an dieser Stelle erwähnt werden, daß es nicht nur die großen Freßfeinde wie Seesterne (Dornenkrone, Kissensterne usw.), Schnecken (darunter auch verschiedene Nacktkiemer als Nahrungsspezialisten) und Fische sind, die sich ausschließlich oder zum Teil vom den Korallenpolypen ernähren. Vielmehr sind es viele kleine Schneckenarten, deren Vertreter oft unerkannt ins Aquarium eingeschleppt werden und beim gelegentlichen Erkennen als interessante Bereicherung der Wirbellosenwelt angesehen werden. Ich will hier nicht auf die Namen dieser kleinen Freßfeinde unserer Korallen eingehen. Sie würden den meisten Aquarianern kaum von Nutzen sein. Was aber kann man tun, um größeren Schaden zu vermeiden? Ist in einem Blumentierbecken dem Pfleger am Wohl und Gedeihen seiner Hohltiere gelegen (wer wollte das bestreiten?), so haben deren Feinde logischerweise in diesem Aquarium nichts zu suchen. Neben den verschiedenen Fischen, die ständig an den Polypen knabbern, sind es vor allem Schnecken, die sich, scheinbar bewegungslos und deshalb oft unerkannt, am Korallenstock und seinen Polypen zu schaffen machen und dabei schweren Schaden anrichten können. Wer sich nicht genau mit den Schnecken und ihrer jeweiligen Ernährungsweise auskennt, sollte sie daher grundsätzlich aus einem Becken mit vielen Hohltieren fernhalten. Ähnliches gilt zumindest auch für Seesterne in Kissenform oder mit dicken Armen, für bestimmte Krebse und Krabben. Auf die polypenfressenden ›Korallenfische‹ komme ich später, im Rahmen der Art-Vorstellung, zu sprechen.

In Riffen der Weltmeere begegnen wir hauptsächlich den Verwandten folgender Familien. Wissenschaftler weisen in ihren Arbeiten darauf hin, daß das auf Unterschiede im Skelettbau abgestellte System umstritten ist, weil die Familienabgrenzungen oft noch sehr unklar sind. Daraus sollte man schließen, daß auch die folgende Aufstellung weder unveränderbar noch lückenlos sein kann.

Pocilloporidae – Finger- oder Zweigkorallen
(bekannte Gattungen sind:
Pocillopora, Seriatopora, Stylophora)

Acroporidae – Ast- oder Geweihkorallen
(*Acropora [= Madrepora], Astreopora, Montipora*)

Agariciidae – Riffelkorallen
(*Agaricia, Coeloseris, Leptoseris, Pavona, Pachyseris*)

Siderastraeidae – Halbkugelkorallen
(*Coscinaraea, Siderastraea*)

Poritidae – Porenkorallen
(*Alveopora, Goniopora, Porites*)

Meandrinidae – Mäanderkorallen
(*Dendrogyra, Dichocoenia, Meandrina*)

Fungiidae – Pilzkorallen
(*Cycloseris, Diaseris, Fungia, Halomitra, Herpolitha, Parahalomitra, Podabacia, Polyphyllia*)

Faviidae – Sternkorallen
(*Cyphastrea, Diploastrea, Diploria, Echinopora, Favia, Favites, Goniastrea, Hydnophora, Leptastrea, Leptoria, Manicina, Montastrea, Oulophyllia, Platygyra, Plesiastrea, Prionastrea, Trachyphyllia*)

Oculinidae – Augenkorallen
(*Acrhelia, Amphihelia, Galaxea, Neohelia, Simplastrea*)

Caryophylliidae – Becherkorallen
(*Caryophyllia, Euphyllia, Eusmillia, Heterocyathus, Lophelia, Plerogyra*)

Flabellidae – Wedelkorallen
(*Flabellum, Gardineria, Placotrochus*)

Merulinidae – Merulinkorallen
(*Clavarina, Merulina, Scapophyllia*)

Mussidae – Lamellenkorallen
(*Acanthophyllia, Homophyllia, Lobophyllia, Parascolymia, Symphyllia*)

Pectiniidae – Kammkorallen
(*Echiniphyllia, Mycedium, Oxypora, Pectinia*)

Caryophylliidae – Becherkorallen
(*Caryophyllia, Euphyllia, Eusmilia, Physogyra, Plerogyra*).

Dendrophylliidae – Baum-, Falten-, Knopf-, Krater- oder Vasenkorallen
(*Astroides, Balanophyllia, Dendrophyllia, Endopsammia, Heteropsammia, Rhizopsammia, Tubastraea, Turbinaria*)

Ist es unbedingt notwendig, die Artnamen der Niederen Tiere zu kennen? Ich glaube, daß man diese Frage in vielen Fällen verneinen kann — verneinen muß! Sicher werden sich mit der Zeit bestimmte Namen einbürgern, aber die Bestimmung vieler Niederer (und hier besonders der Blumentiere und ihrer Verwandten) ist nicht einfach, und oft werden gegebene Namen von kompetenten Leuten angezweifelt. Man soll daher – zumindest aquaristisch – in Nomenklaturfragen vorsichtig sein und lieber die Spezies als ›spec.‹ bezeichnen, als mit ungewissen Namen operieren. Sie würden viele Aquarianer nur verunsichern.

Merke: Es ist der noch kein Wissenschaftler (und sollte sich auch nicht dafür ansehen lassen), der ein paar Zungenbrecher wissenschaftlicher Namen gründlich auswendig gelernt hat und mühelos aufsagen kann!

Finger- oder Zweigkorallen der Familie Pocilloporidae werden alle den riffbildenden Formen zugerechnet. Arten dieser Familie gehören zu jenen, denen Taucher nur zu oft im Riff begegnen, seien es die Bastkoralle *Stylophora mordax*, die zuweilen ›wie ein Geweih im Bast‹ aussieht, die Fingerkoralle *S. pistillata* oder die Nadelkoralle *Seriatopora hystrix*. In unseren

Aquarien findet man sie eher als totes Dekomaterial denn als lebende Bewohner.

Ast- oder Geweihkorallen der Familie Acroporidae gehören zu den hauptsächlichen und wohl auch bekanntesten Riffererbauern. Sie bilden eine arten- und formenreiche Gruppe, deren auffälligste jene großwerdenden Gebilde sind, die im englischen Sprachraum unter dem Sammelbegriff ›Staghorn Coral‹ (= Hirschhorn-Koralle) zusammengefaßt sind. Sie bilden zusammenhängende Stöcke mit mehreren Kubikmetern Raumanspruch (Acropora). Ebenso dazu gehören die als ›Tisch- oder Tafelkorallen‹ bezeichneten Formen, die in ihrem natürlichen Biotop herrliche, oft übereinandergeschichtete flache, tellerartige Gebilde darstellen. Als lebende Stücke werden sie wegen des beanspruchten Raumes kaum eingeführt (Acropora). Es sind in dieser Familie etwa 130 wissenschaftlich beschriebene Arten bekannt.

Die Riffelkorallen gehören ebenfalls zu den Rifferbauern, doch haben diese Vertreter der Familie Agariciidae allgemein keine so weite Verbreitung wie die vorher genannten. Ihre Wuchsformen sind teils solitär, teils koloniebildend, und oft wirken sie sehr massig. Importe sind kaum bekanntgeworden. Durch Publikationen wurden folgende Arten bekannt: *Acropora corymbosa, A. cuneatum, A. hebes, A. hyacinthus, A. rosaria, A. squamosa, Astreopora myriophthalma, Montipora foliosa*).

Halbkugelkorallen der Familie Siderastraeidae sind aquaristisch kaum bekanntgeworden. Die Vertreter der in diese Gruppierung überstellten Gattungen verfügen über kurze gegabelte Polypententakel. Viele dieser Individuen verschmelzen zu einer halbkugelförmigen Kolonie.

Porenkorallen der Familie Poritidae gehören mit zu den wichtigen Rifferbauern. In ihren natürlichen Lebensräumen bilden sie grobe, kaum verästelte Kolonien. Untersuchungen an massiven Stöcken von rund 6 Metern Durchmesser und einer Höhe von 6–9 Metern ergaben ein vermutetes Alter von etwa 200 Jahren. Und dieses Werk schufen in dem doch relativ kurzen Zeitraum Kolonien von Polypen, deren eigener Durchmesser nur wenige Millimeter, deren Länge jedoch bis zu 10 Zentimeter betragen kann. Es wurden etwa 30 Arten beschrieben.

Porenkorallen werden ziemlich regelmäßig lebend eingeführt. Sie haben, bedingt durch die Anwesenheit der Zooxanthellen in ihrem Gewebe und abhängig vom Standort, eine Polypenfärbung, die vom hellen Beige über grüngelbe bis in rosarote und bordeauxrote Töne übergeht. Die Vertreter der Gattungen *Porites* und *Goniopora*, die zu den hauptsächlich eingeführten gehören, stammen aus dem indopazifischen Raum (Singapur, Philippinen) und dem Indischen Ozean. Ihre Pflege ist insofern nicht leicht, als sie sich nur bei optimalen Wasserbedingungen und direkter Einstrahlung dichten Lichtes (HQI) wohlzufühlen scheinen. Da sie tagaktiv sind, kann man beobachten, daß sie kaum oder gar keine Nahrung in fester Form aufnehmen, mit Ausnahme besonders feinen Futters. Von den eingeführten Arten wurden durch Publikationen *Porites andrewsi, P. lutea, P. porites* und *Goniopora lobata, G. mauritiensis, G. savigny* und *G. tenuidens* bekannt.

Mäanderkorallen der Familie Meandrinidae werden nur in beschränktem Maße eingeführt. Wie viele marine Lebewesen aus dem karibischen Raum, werden auch die zu dieser Familie gehörenden Korallenarten, wie *Dendrogyra cylindricus* oder *Meandrina meandrites* und andere, nur gelegentlich bei uns gehandelt.

Pilzkorallen gehören der gattungs- und artenreichen Familie Fungiidae an. Die Entwicklung dieser Korallen verläuft derart, daß sich zuerst aus der Larve ein festsitzender Polyp (Trophozooid) entwickelt, der ein pilzähnliches Aussehen bekommt. Später löst sich der obere, hutförmige Teil ab und führt ein solitäres Dasein, also ein Leben als Einzelpolyp, dessen meist flaches, scheibenförmiges Kalkskelett am Meeresboden oder auf einer Riffpartie ruht. Man spricht nun vom Fungia-Stadium. Die meisten der diskusförmigen Stücke erreichen eine Größe zwischen 20 und 30 Zentimetern, auf deren Oberfläche die Tentakel des Polypen zwischen den Lamellen hervorschauen. Das Lamellengebilde der Oberfläche weist in der Scheibenmitte eine Vertiefung auf, die man bei eingezogenen Tentakeln am besten wahrnehmen kann. Dabei handelt es sich um den Mund, der zu einem kleinen, eng umgrenzten Gastralraum führt. Die Vielfalt der Formen bei den Pilzkorallen ist beachtlich. Man findet kreisrunde und ovale, nierenförmige und langgestreckte Kalkskelette; dazu kommt eine unterschiedliche Form der Lamellen. Die bekannten Vertreter der erwähnten Lebensweise gehören der Gattung *Fungia* an. Eingeführte Arten sind *F. actiniformis, F. echinata, F. fungites* und *F. scutaria*.

Neben den solitär lebenden Korallen dieser Familie gibt es auch koloniebildende (Gattungen mit näher bekannten Vertretern: *Halomitra, Herpolitha* und *Polyphyllia*), von denen in Publikationen vor allem *H. limax* und *P. talpina* erwähnt wurden. Die Vertreter beiden Gruppen benötigen trotz ihres meist relativ bodennahen Lebens viel Licht (HQI), eine kräftige Strömung und eine Nahrung, die aus nicht zu kleinen Futterstücken besteht. Ihre großen Polypen mit den dicken Tentakeln werden auch mit zentimetergroßen Nahrungspartikeln fertig, die oft gierig genommen und im Gastralraum verdaut werden. Ist die Nahrung zu fein, so wird sie, zusammen mit zuweilen aufgewirbelten Schwemmstoffen, abgeschleimt.

S t e r n k o r a l l e n der Familie Faviidae lassen sich zum Teil auch im Aquarium pflegen. Diese stark am Bau der Riffe mitbeteiligten Korallen bilden die formen-, gattungs- und artenreichste Familie unter den Steinkorallen. Sie leben fast immer koloniebildend, doch sind es die Form des jeweiligen Stockes und vor allem die strukturelle Anordnung der Oberfläche, die oft bereits die Gattungszugehörigkeit erkennen lassen. So haben sich für bestimmte Oberflächenstrukturen in den Ländern ihrer Herkunft und darüber hinaus Begriffe eingeprägt wie ›Kelchkoralle‹ (*Favia*), ›(Honig-)Wabenkoralle‹ (*Cyphastrea*, *Favites*, *Goniastrea*, *Leptastrea*), ›Hirnkoralle‹ (*Leptoria*, *Platygyra*), ›Faltenkoralle‹ (*Manicina*) oder ›Trichterkoralle‹ (*Trachyphyllia* und Arten von *Echinopora*).

Spezies dieser Familie in einem Aquarium mit künstlichem Meerwasser zu pflegen bedarf etwas mehr Mühe, als sie für andere Korallen aufzuwenden ist. Diese Vertreter sind besonders lichthungrig (HQI) und sind daher nahe der Wasseroberfläche zu plazieren; sie brauchen eine kräftige (!) Strömung und sehr nitratarmes Wasser. Dazu zeigen sie sich (zumindest anfangs) nachtaktiv, so daß die Fütterung mit feinstem Plankton oder ähnlichem Ersatzfutter erst nach dem Abschalten des Lichtes, wenn sich die Tentakel weit geöffnet haben, vorgenommen werden kann. Auch wenn die Tentakel sich tagsüber zuweilen öffnen, besagt dies noch nicht, daß Nahrung aufgenommen wird, doch kann man versuchen, die Polypen auch an Futterannahme bei eingeschaltetem Licht zu gewöhnen. Durch Importe und anschließende Publikationen wurden bekannt: *Favia affinis*, *F. favum*, *F. pallida*, *F. speciosa*, *Echinopora lamellosa*, *Favites abdita*, *Goniastrea benhami*, *G. pectinata*, *Hydnophora exesa*, *H. microconos*, *Leptoria prygia*, *Platygyra lamellina*, *Plesiastrea urvillei* und *Trachyphyllia geofroyi* aus dem Indischen und Pazifischen Ozean sowie *Diploria strigosa* und *Manicina areolata* aus der Karibik.

A u g e n k o r a l l e n der Familie Oculinidae sind aquaristisch wenig bekannt. Oft bilden ihre Kolonien runde Kuppeln im Riff, oft sind sie baumartig verzweigt (*Galaxea*, *Oculina*) mit rosabraunen oder weißlichbeigen oder grauoliven Polypen. Die Kolonien wachsen selten über 20 Zentimeter hinaus. Der Gesamteindruck der in kleinen buschartigen Polypenstöcken wachsenden, oft weißlich anzuschauenden Vertreter der Gattungen *Acrhelia* und *Amphihelia* zeugt von eleganter Leichtigkeit in der Bauweise. Diese schlanken, beinahe baumförmigen Bauwerke erreichen eine Höhe von kaum mehr als 35—45 Zentimetern. Sie werden selten eingeführt; durch

Publikationen bekannte Artnamen sind: *Acrhelina horrescens*, *Galaxea fascicularis* und *G. musica*.

B e c h e r - oder Kreiselkorallen nennt man bei uns die Vertreter der Familie Caryophylliidae, von denen solitär und in Kolonien lebende Arten bekannt sind, wobei man nur sehr wenige – wenn überhaupt – zu den Rifferbauern rechnen kann. Ihre Verbreitung reicht von tropischen über subtropische und gemäßigte bis in kalte Meere. So bilden Arten der Gattung *Lophelia* (u.a. *L. prolifera*) mit ihren verästelten und bis etwa 50 Zentimeter hohen Kolonien beispielsweise Bänke vor der Küste Norwegens. Ebenfalls vor Skandinaviens Küste findet man kleinbleibende Skelette von *Caryophyllia smithi*, und aus dem Mittelmeer kommt *C. clavus*. Becherkorallen der Gattung *Heterocyathus* führen eine ausschließlich solitäre Lebensweise. Vor Australiens Ostküste (Heron Island) wurde ich auf eine *Euphyllia*-Art hingewiesen, von der solitäre Polypen mit dicken Tentakeln und rundum angeordneten Lamellen auf dem Skelett, wie man sie von kleinen *Fungia*-Vertretern kennt (∅ etwa 12 Zentimeter), dicht beieinander auf einem Korallenblock festgewachsen waren. Andere, für den aquaristischen Handel importierte, haben sich in gut geführten Becken bisher fast immer als recht haltbar erwiesen, allen voran solche der Gattungen *Euphyllia*, *Eusmillia* und andere (*Plerogyra* und *Physogyra*) die wir als Blasenkorallen kennen. Trotz ihrer oft starken Aggressivität zu nahe gerückten Nachbarn gegenüber, deren Gewebe nicht nur genesselt, sondern von ausgestülpten Filamenten des Verdauungsapparates aufgelöst werden kann, findet man Blasenkorallen in vielen Aquarien. Bei ihnen, die man bereits im Roten Meer in großen Kolonien antrifft, sind die sonst ungewohnten, etwa 1—2 Zentimeter großen weißlichen Blasen das auffälligste Merkmal. Dabei handelt es sich um einen Teil des jeweiligen Polypenkörpers, der jedoch hauptsächlich bei voller Lichteinstrahlung – also über Tag – voll aufgepumpt ist, wogegen bei schwacher oder ausgeschalteter Beleuchtung die langen, fädigen Fangarme der Polypen die Oberhand gewinnen.

Die Ernährung all dieser Korallen ist relativ einfach, weil die robusten Polypen auch mit größeren Nährtieren, darunter auch tiefgekühlte Mückenlarven, Mysis und sogar Krill, fertig werden. Das mag nicht für alle Arten gelten – man muß es versuchen. Einige Arten sind mit auffällig langen Polypententakeln ausgestattet. Es wird nur mäßige Wasserströmung erwünscht, Licht soll dagegen kräftig und von hoher Dichte (HQI) sein. Durch Publikationen bekanntgewordene Arten: *Euphyllia diversa*, *E. fimbriata*, *E. glabrescens*, *E. piceti*, *E. turgida*, *Eusmillia fastigiata*, *Plerogyra sinuosa*, *Physogyra lichtensteini*, *P. somaliensis*.

126

Wedelkorallen nennt man die Vertreter der in der Familie Flabellidae zusammengefaßten Gattungen. Sie sind kaum an der Riffbildung beteiligt und leben solitär. Meist trifft man sie mit ihrer kegelförmigen Gestalt frei auf dem Meeresboden liegend an, wobei die Stücke an Vertreter junger *Fungia*-Arten erinnern, bei denen der Hut noch nicht abgeworfen ist. Meines Wissens sind Tiere dieser Gruppierung im Aquarium noch nicht gepflegt worden.

Merulinkorallen gehören der Familie Merulinidae an. Ihr Vorkommen erstreckt sich, soweit wir bisher wissen, über Gebiete des Westpazifik, wo über sie hauptsächlich vom Great Barrier Reef berichtet wird, wo man sie in flachen Riffzonen und in Lagunen wie auch am Riffabhang antrifft. Sie gehören somit zu den großen Rifferbauern, sind jedoch nicht so stark verbreitet wie etwa die Acroporiden. Bei den mir bekannten Vertretern der drei Gattungen gibt es eine Formenvielfalt, die von gewellten oder gerippelten Tellerformen (*Merulina*), über Geweihformen (*Clavarina*) bis zu aufrechtstehenden Blockformen (*Scapophyllia*) mit Mäanderstrukturen reicht. Aus Publikationen bekannt ist lediglich die gerippelte *M. ampliata*.

Lamellenkorallen nennt man die Vertreter der Familie Mussidae, die auch wieder zu den Rifferbauern gerechnet werden. Als Aquarienpfleglinge konnten sie sich noch nicht so recht durchsetzen, wenngleich mit einiger Gleichmäßigkeit trichterförmige Kolonien der Gattung *Lobophyllia* in Maßen eingeführt werden. Die Stücke sind schwer, und ihr Preis ist daher vergleichsweise hoch. Bei vielen dieser Arten sitzen die einzelnen Polypen auf Stielen des Kalkskeletts, an deren Spitze sich ein nach innen gewölbter Lamellenkranz befindet. Von den solitär lebenden Formen (Gattungen *Acanthophyllia*, *Homophyllia*, *Parascolymia*) erinnern einige an Pilzkorallen, denn ihre nach außen gewölbte Scheibe trägt nur einen Polypen, dessen Mund in einer vertieften Zone in der Skelettmitte sitzt. Es gibt nur wenige Erfahrungen mit diesen Spezies. Durch Publikationen bekannte Arten: *Lobophyllia corymbosa*, *L. hemprichii* und *Symphyllia nobilis*.

Kammkorallen der Familie Pectinidae sind aquaristisch bisher unbekannt geblieben. Sie sind auch in ihren Verbreitungsgebieten nicht besonders häufig anzutreffen. Die meist braunen oder grünen, zuweilen auch blaßvioletten Polypen bauen ihren Stock in halbkugeligen wie auch in blattförmig übereinanderliegenden Formen. Das Hauptverbreitungsgebiet befindet sich, soweit ich festgestellt habe, im westlichen Pazifik mit Schwerpunkt Great Barrier Reef.

Baumkorallen kann man einige Vertreter der Familie Dendrophylliidae nennen. Mit diesem Namen ist aber die Formenvielfalt dieser Gruppierung nur schwach beschrieben, und er dürfte eigentlich nur für die Arten der Gattung *Dendrophyllia* angewandt werden, die auch im englischen Sprachraum ›Tree Coral‹ genannt werden. Arten anderer Gattungen lassen sich ›formgerecht‹ als Falten-, Knopf-, Krater- oder Vasenkorallen bezeichnen. Auch diese Familie kennt wieder solitär lebende Exemplare, wie die Vertreter der Warzenkorallen, Gattung *Balanophyllia*. So unterschiedlich die Formen, so unterschiedlich zuweilen auch die natürlichen Standorte und die dadurch zum Teil bedingten Lichtansprüche.

Die eingeführten Korallen dieser Familie stammen meistens aus dem indopazifischen Raum, sehr selten dagegen aus der Karibik. Von der erwähnten Gattung *Dendrophyllia* sind in den letzten Jahren häufig verschiedene Spezies importiert worden, die als *D. arbuscula*, *D. cyathohelioides*, *D. micrantha*, *D. nigrescens* und (aus dem Mittelmeer!) *D. ramea* im Handel waren bzw. unter diesen und anderen Namen verkauft wurden. Von den Arten, die ich im Westpazifik sah, fielen mir besonders die farblich kräftigen auf, die mit knallig orangen, zitronengelben oder grünen Polypen mehr Aufmerksamkeit auf sich ziehen als die braunen oder fast schwarzen. Dabei findet man diese Formen nicht besonders häufig und auch diesmal nicht im grellen Sonnenlicht stehend, sondern ihre unübersehbar baumförmig gegliederten Kolonien, die bis zu 50 Zentimeter hoch bzw. lang werden (aber auch nur 4–5 Zentimeter klein bleiben) können, siedeln sich bevorzugt am Riffabhang, unter Überhängen oder auch in Höhlen an. Für die meisten Aquarianer ist diese nicht so lichtbesessene Lebensweise ein Segen, denn in einem Riffaquarium sollen schließlich auch die dunkleren Stellen besetzt werden. Da die im Handel erhältlichen Aststücke sich nicht gut stellen lassen und nicht einfach irgendwogegen gelehnt werden können, kann man versuchen, sie zwischen den Steinaufschichtungen so zu verklemmen, daß sie eine naturgegebene Position einnehmen. Das ist oft nicht einfach, weil sie bei Anwesenheit von Igeln oder anderen Wirbellosen, die sich durchs Aquarium bewegen, aus dieser Position gelöst werden und herunterfallen könnten. Man kann sich dann damit behelfen, daß man entweder dem Ast einen Fuß verschafft (zum Beispiel Blumentopf mit Sand) oder ein Stück Nylonschnur (Dekogeschäft) zum Befestigen zur Hilfe nimmt.

Geschickte Aquarianer bauen zuweilen auch im Aquarium Überhänge, unter denen man dann solche Korallen plazieren könnte. Dabei ist aber zu beachten, daß sie oft hungrig ihre langtentakeligen Polypen ausstrecken und tatsächlich auch größere Futtermengen aufnehmen – wenn sie sie erhalten. Eine gezielte Fütterung unter einem Überhang ist jedoch nur mit einer entsprechend langen (Glas-)Pipette möglich. Die Größe der Partikel des Nahrungsangebotes muß bei diesen Arten nicht winzig sein, sondern darf auch aus tiefgefrorenen Mückenlarven, Mysis oder Garnelenfleisch bestehen. Man muß es anbieten und sehen, was die Polypen damit anfangen – und das drei- bis viermal in der Woche.

Auch die Polypen der bekannten *Tubastraea*-Arten, die man im Indopazifik ebenso wie in der Karibik antrifft, zeichnen sich durch kräftige Farben (Orange, Gelb, Grün) aus und ihre meist auf Kalkgestein aufsitzenden Kolonien sind recht gut haltbar. Ebenso auf Kalkgestein sitzend werden kleine Kolonien von Vertretern der Gattungen *Endopsammia* und *Rhizopsammia* eingeführt. Sie sind im Aussehen den vorher genannten *Tubastraea*-Arten ähnlich.

Über weite Gebiete des Indischen und Pazifischen Ozeans sind die Arten der Gattung *Heteropsammia* vertreten, die man im englischen Sprachraum Knopfkoralle (›Button Coral‹) nennt. Das Besondere an diesen solitären Spezies ist, daß sie erstens einige Gemeinsamkeiten mit den *Fungia*-Vertretern aufweisen (nur ein Polyp, Lamellenoberseite) und dazu Sandgrund am Riffboden mit Tiefen nicht oberhalb von 10 Metern bevorzugen. Knopfkorallen sind nicht sonderlich häufig. Interessant, was mir Freunde vom australischen Great Barrier Reef erzählten, daß nämlich im basalen Bereich des Skeletts ein Wurm lebt, dem es möglich ist, die kleine, im Durchmesser nur etwa 2 Zentimeter große Knopfkoralle langsam über den sandigen Grund zu bewegen. Die Farben dieser Korallen können gelblich, bräunlich oder grünlich sein.

Kommen wir zur letzten bekannten Gruppierung dieser Familie, den riffbildenden Vertretern der Gattung *Turbinaria*, die tagaktiv und im Riff schön anzuschauen sind. Sie können hier etwa 1 Meter groß werden. Demgegenüber trifft der aufmerksame Taucher aber auch kleine Exemplare von 5–10 Zentimetern an, die sich durchaus für aquaristische Haltung eignen. Man nennt sie auch Vasen-, Falten- oder Kraterkorallen – Namen, die auf ihre Form hinweisen, wobei die meisten wie eine geschickt drapierte Serviette im Riff stehen – allerdings auf einem dicken, für den Beschauer oft unsichtbaren Stiel. In ihrem natürlichen Lebensraum bewohnen sie bis auf wenige Ausnahmen tiefere Zonen im Riffabhang und von Lagunen. Ihre Polypen werden etwa 1 Zentimeter groß, und ihre Färbung reicht von hellem Grau über grüngraue Töne bis zu Schokoladenbraun.

Für die Haltung der *Turbinaria* soll man den haltbaren Pfleglingen ein nitratarmes Wasser mit nicht zu starker Strömung und eine kräftige Beleuchtung (HQI) anbieten. Wie ihre nichtriffbildenden Verwandten aus dieser Familie sind auch die Polypen dieser Korallen oft gierige Fresser, denen man auch etwas grobere Nahrung anbieten kann. Ist das Futterangebot zu fein, so wird es nicht akzeptiert und mit Hilfe einer aufwärts geschobenen Schleimschicht aus dem Krater geschafft. Weitere, durch Publikationen bekanntgewordene Artnamen sind: *Endopsammia philippinensis, Rhizopsammia minuta, R. pulchra, Tubastraea aurea* (Indopazifik), *T. tenuilamellosa* (Karibik), *Turbinaria irregularis, T. peltata* und *T. veluta* (Indopazifik).

K ä f e r s c h n e c k e n bilden die Klasse Polyplacophora, und man entdeckt sie meist erst dann im Aquarium, wenn man sich die erwähnten ›Lebenden Steine‹ beschafft hat oder Substrate, an denen andere bekannte Wirbellose anhaften. Bei den Schnecken handelt es sich also nicht einmal um eine Art Beipack, sondern sie kommen fast immer nur als blinde Passagiere in die Aquarien. Ihre Schale besteht aus acht Teilen, die einzeln mit dem Körper verbunden sind. Sie haben die ovale, leicht gewölbte Form eines Käfers und saugen sich gern innen an der Aquarienscheibe fest. Man braucht die harmlosen Mitbewohner nicht gesondert zu füttern. Sie leben von kleinen Algen und machen sich nicht, wie eine Reihe anderer Schnecken, über Korallenpolypen her. Ihren Appetit auf Algen kann man besonders gut bei abgestelltem Licht beobachten. Ihr gegliederter und somit beweglicher Panzer ermöglicht es den Käferschnecken, sich zusammenzurollen.

M o l l u s k e n oder W e i c h t i e r e ist der Sammelbegriff für die im Unterstamm Mollusca zusammengefaßten Vertreter der Muscheln, Schnecken und Kopffüßer. Sie werden von den Importeuren nur gelegentlich eingeführt. Daran hat auch der in den letzten Jahren andauernde Hang zu reinen Niedere-Tiere-Becken nichts geändert. Viele Aquarianer fürchten das unbemerkte Absterben der Muscheln oder Schnecken und damit eine Wasserverpestung, die allerdings nur bei großen Exemplaren gegeben wäre. Eine Reihe von Schnecken werden mit ›Lebenden Steinen‹ eingeschleppt. Leider sind zuweilen auch solche kleinen Schnecken darunter, deren Hauptnahrung aus Korallenpolypen besteht. Man hüte sich also vor einem Einsatz von Schnecken, deren Nahrungsansprüche man nicht genau kennt!

M u s c h e l n sind in der Klasse Bivalvia zusammengefaßt. Auch sie gehören zu den Weichtieren, doch kann man sie an ihrer zweigeteilten Schale erkennen, die an der Fußseite miteinander verbunden ist. Eine Muschel, die man kauft, sollte man vorher im Wasser beobachtet haben! Tiere, deren Schließmuskeln nicht mehr funktionieren, sind bereits tot oder werden es bald sein. Man-

Die Feilenmuschel *Lima scabra* aus der Karibik

wand beide Schalen plötzlich zusammenpreßt – das Tier ist vor Überfällen geschützt. Das andere, eine Art ruhender Verschluß, schließt die Muschel ab, wenn sie sich normal zur Ruhe begibt und diesen Zustand über einen längeren Zeitraum beibehalten will. Bei vielen Muscheln sind die Schalenränder so konstruiert, daß sie das Tier hermetisch von der Außenwelt abschließen. Ein Schlitz bleibt jedoch meist frei; er dient als Ein- und Ausströmöffnung für das Atemwasser. Die Sinnesorgane mancher Muscheln sind weit entwickelt und befinden sich hauptsächlich im mittleren Saum des Mantelrandes. Je nach Entwicklungsphase dieser Sinnesorgane haben sich Augen gebildet, die im Mantelrand oder in der Nähe der Ein- und Ausströmöffnung zu finden sind. Sie ermöglichen es den Tieren, ihre Gegner auch optisch wahrzunehmen und für entsprechende Abwehrmaßnahmen Sorge zu tragen.

Feilenmuscheln wären in vielen Aquarien gern gesehene Gäste, könnte man sie im Becken nur länger am Leben erhalten. Nun sind der Zeitraum, in dem ein wirbelloses Tier in einem Aquarium aushält, und was man unter ›lange‹ verstehen kann, aus der Sicht der meisten Aquarianer relativ. Inzwischen hat man sich bereits an wirklich längere Zeitabschnitte gewöhnt, wenn man in der Meerwasseraquaristik von ›lange‹ spricht. Eine Feilenmuschel weit über ein Jahr am Leben zu erhalten mag für manche lange sein, für andere nicht. Mit guter Pflege

che Arten, wie Vertreter der Riesenmuscheln *Tridacna*, sitzen mit ihrem Fuß auf einem Substrat. Wird dieses beim Sammeln abgelöst, so darf der Fuß mit Schale und Schließmuskeln nicht beschädigt sein!

In der erwähnten Klasse Bivalvia sind die aquaristisch interessanten Muscheln in der Ordnung Anisomyaria untergebracht. Die Übersetzung dieses Namens bedeutet soviel wie ›Ungleichmuskler‹, das heißt: daß von den beiden Schließmuskeln einer kleiner ist als der andere. Neben Überfamilien wie Mytilacea (Miesmuscheln) gehören auch die Pectenacea (Kammuscheln) u. a. mit der Familie Pectenidae, die Limacea (Feilenmuscheln) u. a. mit der Familie Limida und die Tridacnacea (Riesenmuscheln) mit der Familie Tridacnidae dieser Ordnung an.

Kammuscheln und Feilenmuscheln werden heute weniger als noch vor einem Jahrzehnt im aquaristischen Handel angeboten. Viele Kammuscheln können schwimmen, das heißt, sie pressen das Atemwasser aus dem Mantelraum durch zwei Schlitze an der Unterseite, wodurch sie plötzlich hochschnellen und sich aus der Nähe eine möglichen Angreifers (Seestern) katapultieren. Die Muscheln verfügen über zwei getrennt arbeitende Schließsysteme: Eines, das mit viel Energieauf-

Junge Mördermuschel (*Tridacna maxima*). Im Vordergrund die Tentakelkrone einer kleinen Seegurke. Beide sind auf mikroskopisch kleine Nahrungspartikel im Aquarienwasser angewiesen

– und das ist wörtlich zu nehmen! – kann man Feilenmuscheln länger als ein Jahr pflegen. Die Fütterung eines solchen Filtrierers muß jedoch intensiv betrieben werden, und sie ist weniger eine Frage nach gereichter Futtermenge, sondern nach Ausdauer bei der Fütterung. Feilenmuscheln, die zusammen mit den sogenannten Mördermuscheln der Familie Tridacnidae zu den meistgepflegten im Meeresaquarium zählen, besitzen auch Augen am Mantelrand. Darüber hinaus tragen sie noch Tentakel von erstaunlicher Länge und können sich deshalb meist nicht so fest zwischen ihre Schalen zurückziehen wie andere Vertreter der Kammuscheln. Doch gerade diese faszinierenden Lebewesen, die – voll geöffnet – zu ihrem roten bis orangefarbenen Mantel eine Doppelreihe roter, orangefarbener oder weißer Tentakel weit aus ihren Behausungen recken, sind Prunkstücke in den Augen der meisten Weichtierfreunde.

Die Fütterung der Muscheln kann wieder mit Hilfe einer langen Laborpipette und dem bereits beschriebenen Futterbrei (siehe Kapitel ›Fütterung‹) vorgenommen werden. Dabei sollte die Umwälzpumpe abgestellt sein, damit die Nahrung nicht so schnell vom Tier fortgetrieben wird. Bei der Fütterung muß man vorsichtig sein und darf der Muschel nicht zu nahe kommen. Das gilt auch für die Pipette! Mit ihren Augen kann sie das Nähern eines Fremdkörpers wahrnehmen; sie wird sich in den meisten Fällen sofort schließen und dann natürlich zu diesem Zeitpunkt keine Nahrung mehr aufnehmen. Feilenmuscheln gibt es bereits im Mittelmeer, doch stammen die leider nur selten eingeführten und besonders schönen Exemplare meist aus dem karibischen Raum, unter denen *Lima scabra* wohl auch eine der schönsten ist.

R i e s e n - oder M ö r d e r m u s c h e l n aus der Familie Tridacnidae werden immer wieder in ›passenden‹ Aquariengrößen (5–15 Zentimeter) importiert, und sie erreichen im Meer nach einem Wachstum von 30–50 Jahren und mehr eine Größe wie sonst keine andere; 140–160 Zentimeter können besonders große Exemplare erreichen. Insgesamt sind sechs Arten wissenschaftlich beschrieben, *Tridacna crocea*, *T. derasa*, *T. elongata*, *T. gigas*, *T. maxima* und *T. squamosa*, was jedoch die meisten Aquarianer kaum interessiert.

Ihren makabren Namen ›Mördermuschel‹ tragen die Riesen der Gattung *Tridacna* deshalb, weil es gelegentlich vorgekommen sein soll, daß Taucher, die mit einer Hand oder einem Bein zwischen die beiden Schalenhälften der Muschel gerieten, bei deren plötzlichem Zuschnappen wie in einer Falle (Tellereisen) festgehalten wurden und umkamen. Entgegen früheren Meldungen, die solche Geschichten ebenso wie solche über menschenhungrige Haie und Barrakudas als ›Taucherla-

tein‹ abtaten, weiß man heute (HANS HASS, 1986), daß diese Geschichten auf Tatsachen beruhen können. Hass' Experimente haben die Gefährlichkeit der Riesenmuscheln in dieser Hinsicht voll bestätigt: Ein zwischen die Muschelschalen gestoßenes Kunststoffbein, das man zur Verfestigung noch mit Gips gefüllt hatte, wurde von den Muschelschalen derart zusammengepreßt, „daß die Schalenränder über einen Zentimeter tief in den harten Gips eingeschnitten hatten".

Die Pflege junger Riesenmuscheln im Aquarium stellt uns heute nicht mehr vor das Problem, mit dem wir beispielsweise noch Anfang der siebziger Jahre nicht fertig wurden: Licht. *Tridacna*-Arten siedeln sich bevorzugt in seichten Zonen des Riffs an, wo die kräftigen Farben ihres Mantels dem aufmerksamen Beobachter schnell ins Auge fallen. Wie bei vielen Blumentieren so leben auch in den Geweben dieser Muscheln symbiotische Algen (Zooxanthellen), die wahrscheinlich mitverantwortlich für die prächtigen Farben um die Muschelränder sind. Ohne intensives dichtes Licht sterben die Zooxanthellen ab. Leuchtstoffröhren allein schaffen es nicht! Das Licht der HQI-Lampen muß her!

Muscheln sind Geschwebefiltrierer. Sie können nur Nahrungspartikel verwerten, die in ihrer Größe unter 12 µm (= ein zwölfmillionstel Meter oder ein zwölftausendstel Millimeter) liegen. Nun könnte man der Ansicht sein, daß es nur schwer möglich ist, ein solch feines Futter herzustellen, aber es geht schon! Zudem: Wir erinnern uns, daß wir bei Hohltieren Arten begegnen, die im Aquarium kaum oder gar kein Futter aufnehmen und dennoch existieren. Es sind die Zooxanthellen, die sich hier wieder nützlich machen und ihren Teil zur Symbiose beisteuern, indem sie die Muscheln mit Nährstoffen versorgen.

Es hat sich übrigens in den letzten Jahren mehr und mehr gezeigt, daß Riesenmuscheln nesselnden Hohltieren gegenüber nicht so empfindlich reagieren, wie das oft Vertreter der verschiedenen Arten untereinander tun. Wichtig ist vor allem, daß die Muschel voll im Licht steht und bei jedem Fütterungsvorgang auch an ihre ›feinen‹ Wünsche gedacht wird, denn fälschlich aufgenommenes gröberes Futter wird von Kiemen und Mundlappen sofort wieder abtransportiert und durch Schließen der Schalen nach außen befördert.

S c h n e c k e n ganz allgemein nennt man auch Bauchfüßer oder Gastropoden. Der letzte Name wurde von dem Begriff der Klasse Gastropoda abgeleitet, einer sehr formenreichen Gruppierung, die rund 85 000 Arten umfaßt – wovon natürlich nicht alle im Wasser und im Meer leben. Wir können uns hier aus Raumgründen nur mit den bekanntesten und gelegentlich eingeführten

Die Anhängsel auf dem Mantel der Porzellanschnecke dienen der Tarnung. Im diffusen Sonnenkringellicht des Riffs sind die Tiere nur schwer auszumachen
Birkholz

Arten beschäftigen, zu denen Porzellan-, Tonnen-, Stachel-, Falten-, Konus- und Nacktkiemerschnecken gehören. Schnecken soll man nicht mit Muscheln verwechseln! Gastropoden tragen ihr Gehäuse immer mit sich und sind meist auch beweglicher. Dieses Gehäuse besteht bei fast allen Tieren aus einem Stück, während eine Muschel ihren Weichkörper stets mit zwei Schalenteilen schützt, die zueinander passen.

Porzellanschnecken (Überfamilie Cypraeacea), auch Kauri- oder Caorischnecken genannt, gehören bei manchen Aquarianern zu den gern gepflegten Aquarientieren. Sie sind mit weiteren Überfamilien in der Ordnung Monotocardia zusammengefaßt. Ihre Gehäuse sind oft gesuchte Sammelobjekte. In früheren Zeiten waren sie im Bereich des Indischen Ozeans sogar Zahlungsmittel. Aquarianer, die nur das Gehäuse solcher Schnecken als Souvenir kennen, werden solcherart gefärbte Tiere in den Aquarien der Händler vergeblich suchen: Die Tiere können über ihr Gehäuse einen Hautmantel ziehen, der mit kleinen, fingerähnlich abstehenden Wärzchen bedeckt ist. Stört man die Schnecke und

Porzellan- oder Kaurischnecken tragen einen Mantel, der das Gehäuse überdecken, aber auch zurückgezogen werden kann

Bleichner

streicht vorsichtig mit der Hand oder einem Finger über den Mantel, so zieht sich dieser Überzug zurück und heraus kommt das eigentliche Gehäuse. Der Mantel wird dabei in einen schmalen Schlitz an der Schalenmündung befördert. Die Porzellanschnecken leben meist dort, wo es Korallen gibt und ernähren sich von Algen und Schwämmen, doch kann nicht ausgeschlossen werden, daß sich diese Schnecken auch an fleischliche Nahrung heranmachen, weshalb man sie grundsätzlich aus Aquarien, in denen Blumentiere wie Steinkorallen usw. gehalten werden, fernhalten soll.

Die bekannteste Vertreterin aus der Überfamilie der Porzellanschnecken ist zweifellos die Tigerschnecke, *Cypraea tigris*. Gelegentlich findet man aber auch Verwandte, wie *C. mauritiana* (Großer Schlangenkopf), *C. caputserpentis* (Kleiner Schlangenkopf), *C. aurantium* (Orangeporzellanschnecke) oder *Leporicypraea mappa* (Landkartenporzellanschnecke), um nur einige aufzuzählen. Porzellanschnecken halten sich im Aquarium gut. Man kann sie zuweilen bereits als Jungtiere in Größen von 2−3 Zentimetern kaufen oder bringt welche vom Urlaub an tropischen Meeresküsten mit. Die meisten Schnecken sind nachtaktiv – Porzellanschnecken auch. Während sie sich tagsüber einen Ruheplatz im Aquarium suchen, wandern sie nachts umher und nehmen Nahrung auf.

Tonnenschnecken aus der Überfamilie Tonnacea werden für Heimaquarien viel zu groß. Sie gehören, ebenso wie die Sturmhauben oder Helmschnecken (*Cassis*-Arten) oder das Tritonshorn (*Charonia tritonis* und verwandte Arten), das früher als Dekorationsstück in keinem besseren Haus fehlen durfte, weil man angeblich das Meer darin rauschen hörte, zu den Raubschnecken – den Fleischfressern also. Das trifft übrigens auch für die Vertreter der Überfamilie Muricacea, den Murex- oder Stachelschnecken, zu. Sie alle kann man nur in einem eigens dafür zusammengestellten Becken pflegen, weil sie sich über Muscheln, Hohltiere, Röhrenwürmer, Seesterne und Seeigel hermachen und sie mit Hilfe ihrer säurehaltigen Waffen erlegen und dann verzehren. All diese Raubschnecken haben in einem Meerwasseraquarium, wie wir es heute meist wünschen, nichts zu suchen!

Faltenschnecken (Überfamilie Volutidea) haben Gruppierungen (Familien) mit unterschiedlichen Namen und tragen schöne Gehäuse, die Sammler zu großer Aktivität anregen können. Das gilt für Mitraschnecken (Mitridae), Olivenschnecken (Olividae), Harfenschnecken (Harpidae) und andere. Wahrscheinlich sind ihre schönen Gehäuse die Ursache dafür, daß sie lebend nur selten eingeführt werden. Dabei sind sie weniger fleischgefräßig, auch wenn man sie deshalb keinesfalls als reine Vegetarier bezeichnen kann.

131

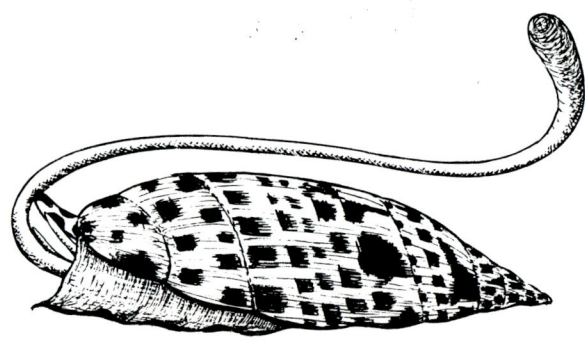

Eine Mitraschnecke (hier *Mitra mitra*) aus dem Indopazifik. Sie hat einen kleinen Fuß. Ihr kurzer Atemsipho ist ebenfalls schwach gemustert. Interessant der auf dem Rüssel sitzende Mund, mit dem die Schnecke Würmer und anderes Kleingetier im Sand erbeuten kann   Bleichner

Olivenschnecken leben überwiegend im sandigen Boden und treten erst nachts an die Oberfläche. Auch ihre leeren Häuser sind beliebte Sammelobjekte   Bleichner

Unten:
Die Zahl der marinen Formen von Nackt- und Gehäuseschnecken ist groß. Hier sind nur einige leere Gehäuse der bekanntesten Arten wiedergegeben. Die lebenden Tiere werden im Aquarium nur selten gepflegt. Eine große Sammelleidenschaft ließ nicht nur die Preise für manche Schneckenhäuser stark ansteigen, sondern dezimierte die Bestände der Tiere in manchen Regionen stark   alle Mayland

1 – Porzellanschnecken, von oben Mitte rechts herum:
Cypraea arabica, C. lynx, Ovulum ovum, C. moneta, C. erosa, C. carneola, C. vitellus, C. isabella, C. talpa. Mittleres Gehäuse = *C. caputserpentis*

2 – Konusschnecken, von oben Mitte rechts herum:
Conus litteratus, C. capitaneus, C. striatus, C. miles, C. tessulatus, C. lividus, C. textile, C. virgo, C. arenatus. Mittleres Gehäuse = *C. ebraeus*

3 – Olivenschnecken, von links nach rechts:
obere Reihe = *Oliva sericea, O. sericea, O. porphyrea*
untere Reihe = *O. gibbosa, O. ornata*

4 – Mitraschnecken, von links nach rechts:
Mitra ponteficalis, M. episcopalis, M. papalis

5 – Harfenschnecken:
links *Harpa nobilis,* rechts *H. ventricosa*

6 – Seeigelskelette, von links nach rechts:
Tripneustes, Astropyga, Echinometra

1   2    3

132   4    5    6

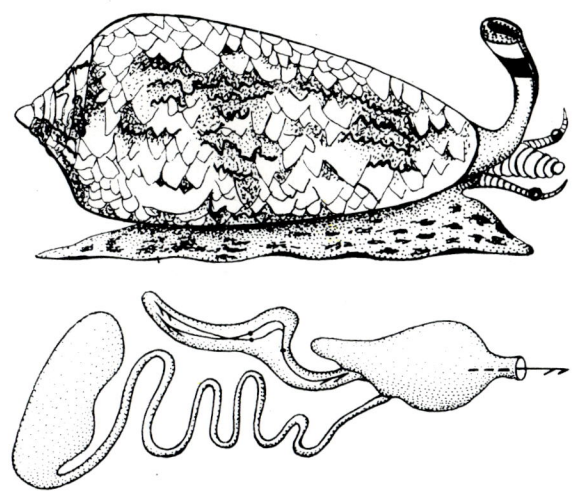

Konusschnecken sind als ›Giftzüngler‹ berüchtigt. Hier eine *Conus textile* mit Atemsipho (oben) und mit zwischen den Fühlern liegender Zungenraspel. In der unteren Zeichnung erkennt man links den Giftsack. Die Zungenraspel sitzt auf einem dehnbaren Rüssel, durch den Giftpfeile harpunenartig ausgestoßen werden können (rechts). Es wird immer nur ein ›Pfeil‹ verschossen. Weitere ruhen im Radula-Sack   Bleichner

Kegel- oder Konusschnecken nennt man auch ›Giftzüngler‹, eine Übersetzung des Namens für die Überfamilie Toxoglossa, der sie angehören. Ihr Gehäuse hat an seiner spitzen Seite eine Öffnung, durch welche die Schnecke einen Rüssel schiebt, der mit feinen Giftspitzen versehen ist. Die teils im Bodengrund lebenden Tiere können sich derart unter einen schlafenden Fisch schieben, daß dieser Rüssel an das Beutetier heranreicht, und die Giftpfeile dann in den Körper des Opfers ›geschossen‹ werden können. Unvorsichtige Sammler oder Pfleger dieser Schnecken können zuweilen auch einmal einen ›Schuß‹ abbekommen, der gar nicht so ungefährlich ist! Aus dem normalen Meerwasseraquarium soll man diese räuberischen Schnecken fernhalten – so schön ihr Gehäuse auch sein mag.

Viele Nacktschnecken sind Nahrungsspezialisten und halten daher nur begrenzte Zeit im Aquarium aus. *Hexabranchus sanguinea* (unten u. oben rechts) ist eine der beliebtesten Arten. Der ebenfalls rote Laich wird oft auf einem Algenblatt abgesetzt (rechts)   alle Birkholz

Nacktkiemer gehören der Ordnung Nudibranchia an. In ihr sind alle Nacktschnecken des Meeres vereint. Sie tragen weder Gehäuse noch Mantel – daher der Name. Wucherungen in der Haut sind zu Kiemen umgewandelt. Dadurch erhalten sie ihre teilweise so bizarre Gestalt. In ihrem natürlichen Lebensraum sind die Tiere spezialisierte Fresser und nehmen nur ganz bestimmte Nährtiere und -pflanzen auf, etwa Fischeier, Schwämme, Hydrozoen, Anthozoen (wobei sie auch vor Korallenpolypen nicht Halt machen!), Moostierchen usw. Sie sind auch im Aquarium nur schwer über einen längeren Abschnitt am Leben zu erhalten.

Von den eingeführten subtropischen und tropischen bunten, oft mit schreienden Farben ausgestatteten Nacktschnecken gehören viele der Überfamilie Doridacea an. Die eigentlichen Sternschnecken sind in der Familie Dorididae zusammengefaßt, in der Gattungen wie *Doris*, *Glossodoris*, *Gymnodoris* und *Peltodoris* und andere untergebracht sind. Von ihnen findet man einige attraktive auch in diesem Buch abgebildet. Leider müssen wir die zu diesen Gattungen gestellten Arten zu jenen zählen, die sich über die Korallenpolypen hermachen. Eng mit diesen Schnecken verwandt sind die in

Nacktschnecke der Gattung *Doris*   Drosch (UW)

der Überfamilie Eolidacea zusammengefaßten kleinen und größeren Fadenschnecken. Auch sie ernähren sich von Hohltieren. Durch Publikationen bekannt wurden einige Mitglieder aus der Familie der Aeolidiidae und der darin versammelten Gattungen *Aeolidia, Atropiella,*

Spurella (Länge 5 bis 7 Zentimeter) und *Facelina, Fenrisia, Fiona, Flabellina, Learchis* (Länge bis etwa 4 Zentimeter).

134

Die meisten Schnecken – auch wenn sie noch so attraktive, weil bunte Farbkleckse in unseren Becken darstellen, haben in einem Niedere-Tiere-Becken grundsätzlich nichts zu suchen. Es sei denn, man liebt die Schnecken mehr als die herrlichen (und nicht gerade billigen) Blumentiere. Wer sich da nicht belehren läßt, der kann seine Katze auch mit Kaviar füttern! Selbst in einem Spezialbecken ist die Lebensdauer der Nacktschnecken natürlich begrenzt, weil die so differenzierten Gewohnheiten in der Nahrungsaufnahme sich nicht vereinheitlichen lassen. Nur der gute und ausdauernde Beobachter kann erfahren, ob und vor allem von was sich die Tiere ernähren. Sitzen sie oft auf einem Schwamm (der dann immer kleiner wird) oder leuchten sie zwischen den Polypen einer Steinkoralle hervor (wo die Freßspuren dann bald sichtbar werden müßten), so kann man davon ausgehen, daß sie nicht sogleich verhungern. Meist jedoch ist es so, daß die Schnecken eine Reihe von Monaten (selten länger als ein Jahr) am Leben bleiben, dabei aber nach einiger Zeit immer kleiner werden, bis sie eines Tages in irgendeinem Versteck verenden.

Es kann auch vorkommen, daß Nacktschnecken in einem Aquarium ihren manchmal ebenfalls kräftig gefärbten Laich absetzen. Dieser hat dann aber auch meist wieder seine ›Liebhaber‹. Erreichen die Eier nach rund 8–10 Tagen die Schlupfreife, so haben die winzigen und mit dem Auge kaum erkennbaren schwimmenden Veligerlarven (= ›segeltragend‹) auch weiterhin kaum eine Überlebenschance, weil es sicherlich an Nahrung mangelt, dagegen nicht an Freßfeinden.

Kopffüßer oder Tintenfische nennt man die Vertreter der Klasse Cephalopoda. Der erste Name bezieht sich auf die Füße (oder Arme), welche um die Mundöffnung (den Kopf) herum angeordnet sind. Für viele, die ersten Kontakt mit Tieren dieser Tintenfische, Okto-

Eine bisher noch nicht bekannte Nacktschneckenart   Birkholz

Ein *Octopus* mit der beänstigend hohen Zahl seiner Saugnäpfe. Sein Biß kann schmerzhaft und giftig zugleich sein   Tomey

pusse, Nautilusse, Perlboote, Argonauten, Papierboote, Sepien, Kalmare oder Kraken bekommen, ist dieser Kontakt sicherlich erlebnisreich. Dafür sprechen die mit am höchsten entwickelten Sinnesorgane nicht nur unter den Niederen Tieren, sondern auch unter den Meeresbewohnern schlechthin. Sie erst ermöglichen es den Wirbellosen beispielsweise, räumlich, also dreidimensional zu sehen. Dazu kommt die über das Nervensystem gesteuerte Organisation aller Körperteile, verbunden mit einer hohen Reaktionsgeschwindigkeit.

Die Klasse Cephalopoda, über deren angeschlossene Arten es sehr unterschiedliche Zahlen (von 400 bis 750) gibt, ist in zwei Unterklassen unterteilt, deren erste die Vierkiemer (Tetrabranchiata) sind. Es gib nur eine Familie: Nautilidae mit der Gattung *Nautilus*, von der wir neben einer Reihe von fossilen (= ausgestorbenen) Vertretern insgesamt drei rezente (= gegenwärtig [noch] lebende) Arten im indopazifischen Raum kennen.

Nautilus oder Perlboot nennt man die bekannteste Art dieser ›lebenden Fossilien‹, abgeleitet vom wissenschaftlichen Namen *Nautilus pompilius*. Dieser Nautilus und seine nahen Verwandten sind urtümliche Tintenfi- 135 sche (zuweilen wegen ihres Gehäuses auch ›Tinten-schnecken‹ genannt) und voller Merkmale, die sie von denen der anderen Unterklasse trennen. Auffälligstes ist die gewundene Schale, die im Inneren mit Kammern unterteilt ist. Der Weichkörper des Tintenfisches lebt ausschließlich (!) im vorderen Gehäuseteil, der soge-nannten Wohnkammer, die er somit nie verläßt, und von der aus er über den Sipho mit den hinteren Kam-mern in Verbindung steht. Diese Kammern sind wichtig für die Aufwärts- und Abwärtsbewegungen des Tieres mit seinem Haus im Meer. Sie können mit Gas (Stick-stoff) vollgepumpt oder davon geleert werden, je nach-dem, ob das Tier seinen Körper nach vorn zieht oder ins Gehäuse zurückdrückt. In Notfällen kann der Nautilus, wie viele Schnecken auch, den Gehäuseeingang mit einem dreieckigen Deckel verschließen.

Bei meinen verschiedenen Besuchen auf der Hawaii-Hauptinsel Oahu und im dortigen Waikiki-Aquarium konnte ich lange Gespräche mit dem früheren Leiter, Dr. Taylor, über die Tiere führen, die man dort ›Tinten-schnecken‹ nennt. Als ich vor einigen Jahren die Insel Palau im mikronesischen Archipel besuchte, wurde ich beinahe zufällig Zeuge einer Nautilus-Fangaktion: Mein Freund und ich waren anwesend, als man die Reuse aus Moniereisen und Maschendraht aus den Tiefen zwischen 180 und 240 Meter (oft auch mehr) in einem Zeitraum von 2–3 Stunden (Dekomprimierzeit eingeschlossen) nach oben holte und knapp zwei Dutzend auffällig große Tiere erbeutet hatte.

Die aquaristische Haltung des Nautilus ist gut möglich. Gelegentlich werden auch Tiere von *N. pompilius* einge-führt. Ob es sich nun dabei um diese Art oder einen der beiden sehr (!) nahen Verwandten (*N. scrobiculatus* und *N. macromphalus*) handelt, bleibe dahingestellt. Fest steht nach den Erkenntnissen, die man bisher sam-meln konnte, daß die Tintenschnecken nur selten (und dann hauptsächlich nachts) an die Meeresoberfläche kommen, wo das Wasser dann eine etwas niedrigere Temperatur hat, als sie in einem üblichen tropischen Meerwasseraquarium herrscht. Die Gehäusetintenfische leben normalerweise bei Wärmegraden zwischen 18 und höchstens 22 °C – außerdem ist es in den erwähnten Tiefen auch noch recht düster.

Ein Nautilus schwimmt in seinem Haus immer so, daß die Gaskammern (einem physikalischen Gesetz folgend) den oberen Punkt bilden. Die einfach gebauten Augen bestehen als offene, mit Wasser gefüllte Blasen ohne Linse und ohne ›Glaskörper‹. Man spricht daher von ›Lochkamera-Augen‹. Wer es liest, wird es kaum glau-ben, aber ein Nautilus verfügt über sage und schreibe 90–105 Arme, denen allerdings die Saugnäpfe fehlen. Statt deren sind sie mit Saugrippen ausgestattet, die mit

einem Unterdrucksystem arbeiten, wodurch das Tier in der Lage ist, sich an einem Substrat festzusaugen oder Beutetiere festzuhalten. Zu seinen bevorzugten Nährtie-ren gehören verschiedene Krebsartige, denen selbst der harte Panzer dann keinen ausreichenden Schutz bietet. Im Aquarium nimmt ein Nautilus vielerlei fleischliche tote Kost, angefangen beim Fischfleisch bis zu dem der erwähnten Krebstiere (meist größere Garnelen und Krabben), wobei man möglicherweise auf individuelle Wünsche des Tieres (mit Panzer/ohne Panzer) eingehen muß. Zur Zerteilung und Zerkleinerung dient der schwarze Papageienschnabel mit den kräftigen Kiefern. Ein Nautilus kann eine Größe von rund 20 Zentimetern erreichen. Die Vermehrung der Tiere ist meines Wis-sens bisher noch nirgends gelungen, wenngleich Kopula-tionen (= Paarungsverhalten) beobachtet und Eier (im wärmeren Wasser) abgegeben wurden.

In der Unterklasse der Zweikiemer oder Neu-Tintenfi-sche treffen wir auf die Vertreter der Ordnungen Deca-poda und Octopoda. Zu den ersten gehören Tiere so bekannte Gattungen wie *Sepia*, *Loligo* (Kalmare) und *Architeuthis* (Riesenkalmare), von denen die Arten der letzten wegen ihrer auffälligen Gesamtlänge (Rumpf bis zu 7, Arme bis zu 14 Meter lang) einigen ›Ruhm‹ in Schreckensgeschichten erlangten.

Unter einem O c t o p o d e n (Ordnung Octopoda) ver-stehen die meisten Menschen nur den Gemeinen Tinten-fisch, dessen zu Ringen zerschnittene Füße in Fett gebraten so gut schmecken. Nautilus-Freunden sei gesagt, daß es auch in dieser Gruppierung, in der Über-familie Argonautacea, weltweit verbreitete ›Tinten-schnecken‹ gibt. Von den drei wissenschaftlich beschrie-benen Arten *Argonauta argo*, *A. hians* und *A. nodosa* gilt der Status der letzten beiden als nicht gesichert. Man nennt sie auch ›Papierboote‹, doch handelt es sich bei den Vertreterinnen dieser 20–30 Zentimeter groß wer-denden Art(en) allesamt um Weibchen mit einem papierdünnen und leichten Gehäuse (Name), wogegen die zwergenhaften Männchen gerade eine Größe von 1 (!) Zentimeter haben und ohne Haus sind. Bei diesen octupusähnlichen Exemplaren kann man von Wesen sprechen, deren einzige Aufgabe darin besteht, sich fortzupflanzen.

In der Familie Octopodidae sind nun endlich die Gemei-nen Tintenfische oder Kraken zusammengefaßt, von denen einige Aquarianer bereits Exemplare in gut abge-schlossenen und auch von innen (mit Hilfe der Saug-arme) nicht zu öffnenden Aquarien über einen längeren Zeitraum gepflegt haben. Die bekannten Merkmale sind die mit Saugnäpfen besetzten Kopffüße oder Arme. Die Natur hat sie mit vielen Angriffs- und Abwehreinrich-tungen ausgestattet. Die Evolution schuf für diese Lebewesen eine Anpassung, die im Hinblick auf die übrige Tierwelt vergleichsweise viele Absonderlichkeiten aufzuweisen hat. Der Kopf ist deutlich vom Rumpf abgesetzt. Die papageienschnabelartige Mundöffnung wird von Armen (oder sollen wir sie Füße nennen?) umstanden. Ein sogenannter Trichter — eine muskulöse Röhre — kann das Atemwasser bei Gefahr aus dem Körper ausstoßen; es entsteht ein Rückstoß, der dem Tier einen schnellen Standortwechsel ermöglicht. Meist geschieht das mit dem Hinterende voran. Ein Tintenbeutel mündet kurz vor dem Afterausgang. Die dunkle Flüssigkeit (›Tinte‹) kann dem Gegner entgegengespritzt werden; gleichzeitig ergreift das Tier mit Hilfe des Rückstoßes eine schnelle und vielleicht auch überraschende Flucht: Eine sehr gescheite Einrichtung und für die Sicherheit des *Octopus* unübertroffen.

Kleinere Kraken sind als Einzeltiere für das Aquarium geeignet. Sie sollten allerdings allein in einem Becken gehalten werden, das verschiedene Sicherheitsverschlüsse haben muß, sonst wären die intelligenten Tiere in der Lage, mit Hilfe ihrer Saugarme selbst schwere Abdeckscheiben oder andere Behälterdeckel zurückzuschieben. Einzelhaltung empfiehlt sich auch deshalb, weil die Räuber — sie sind immer hungrig — kaum etwas am Leben lassen. Sie können mit ihrem Papageienschnabel praktisch jede Kost zerteilen und zu sich nehmen, von Fischen über Muscheln bis zu Schnecken. Nur nesselnde Blumentiere werden meist nicht verspeist, aber ob sie überleben würden?

Octopoden lieben höhlenartige Verstecke, doch soll der Pfleger nicht glauben, daß ein Krake jede vorbereitete Höhle sogleich annimmt. Vor allem versucht er, der Dekoration seinen Stempel aufzudrücken und das Aquarium umzubauen. Ein *Octopus*-Becken muß daher also sehr (!) stabil eingerichtet sein. Am besten mit einer einzementierten Dekoration. Stehen mehrere Becken nahe genug beieinander und sind nicht alle unverrückbar dicht verschlossen, so wird der Pfleger seinen Kopffüßer alsbald im Nebenbecken wiederfinden. Es ist dann besonders bestürzend, wenn er sich gerade einen schönen und teuren Bewohner hat schmecken lassen. Also: Wer sich einen solchen Kraken anschaffen möchte, der sollte sich bereits v o r dessen Eintreffen entsprechend vorbereitet haben.

Wird ein Oktopode neu in einem Becken angesiedelt, so erkundet er, wie die meisten Fische auch, zuerst einmal seine neue Behausung und sucht nach möglichen Feinden. Ein ganz natürliches Verhalten. Dabei kommen ihm seine hochentwickelten Sinne zustatten. Als lebendes Paradestück für Verhaltensforscher wäre ein Krake sicher ausgezeichnet in unseren Aquarien geeignet —, wenn man ihm einige Unarten abgewöhnen könnte.

Nautilus pompilius ist ein Überlebender aus den Urzeiten unseres Planeten, ein lebendes Fossil: Ihn gab es schon, als sich noch keine Fische entwickelt hatten — vor fünfhundert Millionen Jahren! Dr. Terver

Aber wer von uns kann schon Fische oder Wirbellose dressieren? Zudem sind nicht alle Kraken für den Aquarianer harmlos. Die Vertreter einiger Arten können höllisch beißen und dazu Gift abgeben. Das brennt dann auf der Haut, und es können sogar Lähmungs- und Kreislaufbeschwerden auftreten. Eine Vorsichts-Faustregel: Je schöner die Färbung, um so vorsichtiger soll man mit den Tieren umgehen.

Mit dem Stamm A n n e l i d a kommen wir zu den Ringel- oder Gliederwürmern. Einige aus dieser großen Gruppierung der Wirbellosen werden häufig in Meeresaquarien gepflegt. Man hat einmal die Klasse der Vielborster (Polychaeta) in die Ordnungen Errantia und Sedentaria unterteilt. Dieser Status ist heute umstritten. Dazu schreibt Wolfgang HENNIG (1986) beispielsweise: „Die systematische Gliederung der Polychaeta ist sehr unbefriedigend. Die alte, heute jedoch weniger gebräuchliche Einteilung in Errantia und Sedentaria faßt sicher polyphyletische (= mehrstämmig in bezug 137 auf die Stammesgeschichte, im Gegensatz zu monophyletisch: einstämmig – von e i n e r Urform abstammend; der Autor) Gruppen zusammen. – Innerhalb der als »Errantia« zusammengefaßten Gruppen lassen sich aber zumindest einige monophyletische Gruppen charakterisieren." Nun, Aquarianern geht es kaum um derartige Feinheiten, die dem allgemeinen Verständnis in diesem Fall wenig Nutzen bringen, und deshalb will ich es vorerst bei der bekannteren (wenn auch älteren) Einteilung belassen.

Aus der Gruppe f r e i l e b e n d e B o r s t e n w ü r m e r kennt man einige Arten als Aquarientiere, die aber meist zufällig – zusammen mit ›Lebenden Steinen‹ – in unseren Becken landen. Sie haben eine recht heimliche Lebensweise und verbergen sich tagsüber unter oder in Steinen, andere unterwandern den Bodengrund. Als Futterresteverwerter und damit als Gesundheitspolizei haben sie eine ausgezeichnete Funktion. Borstenwürmer können beachtlich groß werden (20 Zentimeter). Einige Arten aus der Familie der Nereiden (Nereidae) tun sich dabei besonders hervor. Die nachtaktiven Tiere sind recht wehrhaft. Allerdings kann eine unangenehme Erfahrung weniger durch Beißen geschehen, als durch Stiche mit den spitzen stacheligen und zum Teil giftigen Borsten. Oft noch länger als die Nereiden können weitere nahe Verwandte werden, die als Feuerwürmer bekannt sind. Aus tropischen und subtropischen Meeren kennen wir *Hermodice carunculata* und die kleiner bleibende *Chloeia flava*, die beide in ansprechenden Farben auftreten: Graublau oder Grüngrau in der Grundfärbung die erstgenannte Art, mit weißlicher oder gelber Querbindenmusterung und mit 4 Zentimeter breitem und etwa 10–12 Zentimeter langem Körper, dessen Borstenbüschel (Cirren) lila bis zyklamrot gefärbt sind. Die Tiere verdanken ihren deutschen Namen wohl weniger ihrer Färbung als vielmehr ihren borstigen Abwehrwaffen, die mit Widerhaken versehen sind und abbrechen; außerdem ihrem giftigen Sekret, das ihnen anhaftet und wie Feuer brennt.

R ö h r e n w ü r m e r kann man zu den festsitzenden Borstenwürmern zählen. Von ihnen, die hauptsächlich in den Familien Terebellidae (Schopfwürmer), Sabellidae (Fächerwürmer) und Serpulidae (Kalkröhrenwürmer) zusammengefaßt sind, kennen die meisten Aquarianer kaum die Gattungs- und Artnamen. Röhrenwürmer bauen sich aus Sand und einem Schleimsekret eine Wohnröhre. Der Behälter wird so konstruiert, daß er den Wurm in seiner gesamten Länge gut aufnimmt. Die meist viele Zentimeter breite bewimperte Krone kann blitzschnell zusammengelegt und eingezogen werden. Beim erneuten Hervorstrecken und Öffnen meint man einen Film mit dem Öffnen einer Blüte im Zeitraffer-

Die gelegentlich eingeführten Kolonien des kleinen karibischen Röhrenwurmes sind nicht so gut haltbar und leicht zerbrechlich   Mayland

tempo zu erleben. Die Tentakelkrone filtert Schwebestoffe und Plankton aus dem Wasser, während die Wimpern diese Teilchen dann nur zur Mundrinne schlagen. Wie man sieht, braucht der Aquarianer auch hier wieder feinstes Futter, um seine Tiere richtig zu versorgen, wobei stets etwas im Meerwasser aufgelöste Hefe mitverwendet werden kann. Dabei ist darauf zu achten, daß die Nahrung nicht zu breiig wird, die feinen Wimpern können sonst verklebt werden und wären damit nicht mehr funktionsfähig. Bei Unwohlsein oder einer Störung werfen Röhrenwürmer die Tentakelkrone ab. Das ist kein Anzeichen dafür, daß der Wurm in seiner Hülle stirbt. Das Tier kann eine neue Krone bilden.

Die Vertreter vieler tropischer Arten stehen nicht so gern im Sand, wie wir das von einigen Bewohnern aus dem Mittelmeer kennen. Sie ziehen einen Standort zwischen Gestein vor. Beim Einsetzen muß darauf geachtet werden, daß die Röhren (und darin die Würmer) nicht eingeklemmt werden. Am einfachsten ist es, den Wurm samt Röhre in eine Öffnung von löcherigem Gestein zu stecken. Befestigen wird sich das Tier dann selbst mit Hilfe eines Sekrets. Röhrenwürmer lieben eine mittelstarke Strömung. Der Pumpenstrahl darf keinesfalls direkt in eine Kolonie gerichtet sein. Würmer, die ihre Röhre verlassen, sind fast immer Todeskandidaten. Darüber hinaus haben sie aber auch Feinde, wenn ihnen die Röhre noch Schutz bietet. Solche Freßfeinde (Schnecken, Krebse, Seesterne) sollte man nie zusammen mit den Röhrenwürmern zu pflegen versuchen, denn das kann nicht gutgehen. Diese mehr oder weniger beweglichen Gegner machen sich im Schutze der Dunkelheit über die Würmer her – für sie eine Köstlichkeit.

Die zart gefiederte Tentakelkrone des Röhrenwurmes *Sabellastarte* spec. dient dem Tier als Planktonfänger

Aus den vorher erwähnten Familien sind die Vertreter verschiedener Gattungen und Arten durch eine Reihe von in- und ausländischen Publikationen bekanntgeworden. So bei Terebellidae: *Amphitrite, Eupolymnia, Lanice, Terebella*; bei Sabellidae: *Branchiomma, Dexiospira, Eupomatus, Fabricia, Myxicola, Sabella, Sabellastarte, Spirobranchus, Spirographis*; bei Serpulidae: *Filograna, Potamoceros, Serpula, Spirorbis*. Bei allem möglichen Interesse einzelner darf nicht übersehen werden, daß aus der großen Gruppe der Borstenwürmer bei weitem nicht alle nur in tropischen marinen Gewässern existieren, sondern ebenfalls in subtropischen (Mittelmeer), gemäßigten und kalten Meeren; dazu auch zum Teil im Süßwasser. Mittelmeertiere halten sich aber bekannterweise nicht in Aquarien mit tropischen Wassertemperaturen: Es ist ihnen hier auf die Dauer zu warm.

K a l k r ö h r e n w ü r m e r der Familie Serpulidae sollen noch besondere Erwähnung finden. Sie bauen, im Gegensatz zu den meisten ihrer übrigen bekannten Verwandten, ihre Röhren aus Kalk, und in den meisten Fällen bleiben sie entsprechend klein. Diese Röhren unterscheiden sich in einigen wichtigen Punkten von denen der Sabelliden: Sie haben einen ›Deckel‹, einen Verschluß, den das Tier, hat es sich zurückgezogen, vor die Öffnung bewegt. Serpuliden kann man oft in ganzen Kolonien auf Kalksteinen sitzend erwerben. Ein Tier wirkt dann schöner und bunter gefärbt als das andere. Oft haben wir es mit der Art *Serpula vermicularis* zu tun.

Bunte Kalkröhrenwürmer (*Spirobranchus giganteus*) können in einem gut geführten Aquarium ohne Feinde (!) lange aushalten   Birkholz

In letzter Zeit wird sie recht häufig eingeführt, aber man kennt das: Es gibt auch in der Meeresaquaristik immer wieder Trends, die eine bestimmte Zeit andauern und dann wieder zugunsten eines anderen Schwerpunktes im Hintergrund verschwinden. Bei mir haben die Tierkolonien recht lange ausgehalten. Man bettet sie ja auch nicht einzeln, sondern erwirbt die ganze Kolonie mitsamt dem Substrat. Eine besondere Fütterung ist in einem Aquarium mit noch anderen Feinstfutterverwertern nicht nötig. Größere Kalkröhrenwürmer − von Zeit zu Zeit werden auch sie angeboten − erweisen sich in Pflege und Haltbarkeit als reine Zufallstreffer: Manche können längere Zeit überdauern, andere wieder (korrekt ausgedrückt sind es leider nicht wenige!) erscheinen so wählerisch in der Nahrungsaufnahme, daß man sie als nur sehr kurzlebig bezeichnen kann.

Bevor wir zum Stamm der Mandibulata, den Kieferträgern und somit zu den Krebsen kommen, sollte noch der Stamm der Amandibulata (Kieferlose) Erwähnung finden. Es gibt hier in der Klasse Merostomata und der Ordnung Xiphosura die Vertreter der Pfeilschwanzkrebse oder Schwertschwänze. Sie sind Überbleibsel aus erdgeschichtlicher Zeit („lebende Fossilien"). Ihr Vorderkörper (Prosoma) ist auf dem Rücken nicht gegliedert und besteht aus einem beinahe halbkugelig gebogenen Panzer, auf dem ein Facettenaugenpaar erkennbar ist. Davor sind noch zwei kleine, sogenannte Medianaugen angeordnet, wie man sie auch bei den meisten übrigen Krebsen findet. Zum Vorderkörper gehören unterseits die sechs Segmente, die mit Laufbeinen ausgestattet sind, von denen ein jedes am vorderen Glied eine kleine Schere trägt. Die beweglichen Abschnitte des Hinterleibes (Opisthosoma) enden in einem Stachel-, Pfeil- oder Schwertschwanz.

Die Tiere führen ein nachtaktives Leben und verstecken sich meist sofort, wenn man sie nach dem Erwerb tagsüber ins Aquarium setzt, im Sand des Bodens. Die Schwertschwänze sind gute Fresser, doch ist ihr Wahrnehmungsvermögen nicht besonders gut ausgebildet, so daß sie erst einige Zeit brauchen, bis sie die Nahrung entdecken. Legt man das Futterstück (Garnelen-, Muschel- oder Fischfleisch) jedoch in ihre unmittelbare Nähe, so kommen sie auch tagsüber schnell aus dem Sand hervor, schieben sich über die Beute und buddeln sich darauf schnell wieder ein. Der weiche (sandige) Bodengrund darf also nicht zu flach eingetragen sein. Gelegentlich kann man die Tiere auch beim Schwimmen beobachten, wobei sie dann rückenschwimmend den großen Panzer als ›Boot‹ benutzen und die Schwimmbeine (unter dem Hinterleib liegende Blattfüße) als Paddel. Von den nur 4−5 rezenten (= zur Zeit noch lebenden) Arten werden hauptsächlich die Jungtiere von *Limulus polyphemus* aus dem Westatlantik und *Carcinoscorpius rotundicauda* aus dem indopazifischen Raum eingeführt (wenn man den Namengebungen der Importeure jeweils ohne weiteren wissenschaftlichen Aufwand trauen kann). Für die meisten Aquarien werden die haltbaren Tiere mit der Zeit jedoch zu groß, denn die Pfeilschwanzkrebse der größten Art, *L. polyphemus*, können (mit Schwertschwanz) eine Gesamtlänge von immerhin 60 cm erreichen. Sie benötigen dazu aber meist eine ganze Reihe von Jahren.

Krebstiere (Stamm Mandibulata, Klasse Crustacea) gibt es in jeder Ecke unserer Erde, und sie werden nicht allein von fast allen Menschen — meist als Leckerbissen — sehr geschätzt. Wir kennen sie als Hummern, Langusten oder Krabben und wissen oft nicht, daß auch Wasserflöhe, Mysis oder Salinenkrebschen zur gleichen Klasse gehören. Fast alle Krebstiere sind Kiemenatmer des Süß- und zum überwiegenden Teil des Meerwassers. So unterschiedlich ihre Gestalt und ihre Lebensweise sind, so unterschiedlich sind auch ihre Nahrungsansprüche. Es versteht sich, daß sie den Pfleger solcher Krebstiere zu interessieren haben, will er sie nicht gesondert, sondern möglichst (!) gemeinsam mit anderen Lebewesen pflegen. Krebse können, auch wenn sie von nur kleiner Gestalt sind, im Aquarium arge Räuber sein. Sie können somit auch viele der mit Ausdauer und Sachverstand zusammengetragenen Wirbellosen töten und fressen. Andererseits können sie aber auch zu Schmuckstücken eines Aquariums werden und ihrem stolzen Besitzer viel Freude bereiten.
Bei der Entwicklung vom Ei zum fertigen Krebstier machen viele Arten im Larvenstadium ein planktisches Leben durch. Jeweils vom einen zum nächsten Stadium

Odontodactylus scyllaris, der Fangschreckenkrebs (beide Fotos) beide Chlupaty

der Entwicklung findet eine Häutung statt. Dabei entwickeln Jungkrebse neue Glieder und Organe. Dieser Vorgang findet in verschiedenen Abschnitten statt und beginnt meist damit, daß das Tier keine Nahrung mehr aufnimmt. Bei der Häutung befindet sich bereits ein neuer Panzer unter dem alten. Das kompliziert erheblich, denn der neue Panzer muß größer als der alte sein. Hier arbeitet die Natur mit einem Trick: Die neue Chitinhülle — noch nicht voll erhärtet — ist wie Wellpappe gefaltet; wenn sie nach der Häutung gestreckt wird, ist sie dann für die derzeitige Entwicklungsphase passend. Das klingt, als würde ein Computer im Inneren des Tieres dies alles vorausberechnen. Mancher Aquarianer, der diesen Prozeß nicht beobachten konnte, findet eines Tages erstaunt die abgestreifte alte Krebshülle und meint im ersten Augenblick, sein Pflegling sei tot. Erst bei genauerem Hinsehen stellt er fest, daß der Panzerträger ihn genarrt und sich längst in einer neuen, größeren Rüstung wieder auf den Weg gemacht hat. Ein derartiger Häutungsvorgang kann dem Krebs schwer zu schaffen machen: Er ist für die Zeit des Hautwechsels ziemlich schutzlos.
Fangschreckenkrebse (Ordnung Stomatopoda) gibt es in etwa 200 Arten. Sie bewohnen ausschließlich Riffe und überwiegend die tropischen Meere. Ihr Kopf ist mit den Brustsegmenten starr verbunden, doch zeigen uns die Krebse im Aquarium, besonders mit dem Körper ›unterhalb der Gürtellinie‹, eine erstaunliche Beweglichkeit. Sie können damit schlängelnde Bewegungen ausführen und sich beinahe um 180 Grad drehen. Ihre blau- bis blaurotfarbenen Facetten(Netz-)augen stehen auf langen, beweglichen Stielen, ähnlich einem schwenkbaren Scherenfernrohr. Sie ermöglichen

es dem Krebs, aus einer Tarnstellung heraus nach Beute zu spähen. Man unterscheidet Raub-, Putz- und Laufbeine. Das erste kürzere Beinpaar dient den Krebsen zur intensiven Körperreinigung. Die unter dem Kopfteil sitzenden und vorklappbaren Raubbeine fassen die Beute und halten sie fest. An den Beinenden sitzen große Scheren und zusätzlich lange Beinhaken; sie können in das Opfer eingeschlagen werden. Die Körperbeine, auch Schreitbeine genannt, sind für die Fortbewegung am Boden bestimmt. Der Krebs kann aber auch schwimmen – vorwärts und rückwärts, wie es die Situation erfordert. Dabei leistet ihm der Ruderschwanz gute Dienste. Fangschreckenkrebse (man findet fast ausschließlich die Art *Odontodactylus scyllarus* in den Händlerbecken) sind wunderschön bunte Tiere; in der Enge der meisten Aquarien leider arge Räuber. Die starken Tiere mit der erwähnten äußerst effektiven Bewaffnung setzen diese oft wie aus reinem Übermut ein – wenn sich dazu nur Gelegenheit bietet. Als Mitbewohner in einem der üblichen Gesellschaftsbecken soll man sie daher gar nicht erst in Betracht ziehen.

Große Räuber wie diese muß man gesondert pflegen, will man sich Sorgen ersparen. Dazu richtet man das Becken wie ein Riff ein, also mit vielen Höhlen und Spalten; Sandboden sollte nie fehlen. Der starke Krebs läßt sich anderen Tieren nur schwer zugesellen, das muß noch einmal ausdrücklich erwähnt werden! Was die Nahrung anbelangt, sind die Tiere nicht wählerisch und nehmen Miesmuschelfleisch ebenso wie das von Garnelen und Fischen. Trotz der arteigenen Rauhbeinigkeit sind diese Krebse als Pfleglinge sehr interessant.

Zehnfußkrebse gehören der artenreichen Ordnung Decapoda an. In ihr sind viele aquaristisch interessante Wirbellose zusammengefaßt, große und kleine, friedfertige und räuberisch lebende Garnelen, Langusten, Hummer, Einsiedlerkrebse, Meerspinnen, viele Krabben und wie sie alle heißen mögen – insgesamt wohl mehr als 8 000 Arten. So unterschiedlich die Formen der einzelnen aber auch sind, eines haben alle gemeinsam: 5 Laufbeinpaare (10 ›Füße‹, wie der Name der Ordnung sagt). Von den acht Segmenten, die auf die Brust (Thorax) entfallen, tragen die ersten drei Paare sogenannter Kieferfüße (Maxillipeden), denen die erwähnten fünf Laufbeinpaare (Thoracopoden) folgen. Fünf weitere gut entwickelte Beinpaare (Pleopoden), die nicht dem Schreiten, sondern dem Schwimmen dienen, sind mit den Segmenten des Hinterleibes verbunden. Dazu kommt eine Reihe weiterer Merkmale, auf die ich hier nicht näher eingehen kann. Die Ordnung ist in Unterordnungen und viele Familien unterteilt, deren Gattungen und Arten aquaristisch nicht alle gleich wichtig sind.

Garnelen (Unterordnung Natantia) gibt es wahrlich (beinahe) wie Sand im Meer, und wie die meisten von uns sicher wissen, nicht nur in tropischen, sondern in allen Meeren unseres Globus. Da dies ein Aquarienbuch ist, will ich mich auf die aquaristisch wichtigsten Familien beschränken: Penaeidae, Hippolytidae, Palaemonidae, Rhynchocinetidae, Alpheidae, Gnathophyllidae und Stenopodidae, aus denen zudem auch die meisten Vertreter der eingeführten Arten stammen.

Es hat sich gezeigt, daß gerade bei den Garnelen vielen Aquarianern der rechte Überblick fehlt, um die Unzahl der oft genannten Namen richtig zu gruppieren. Es gibt in der Welt viele Wissenschaftler, die sich mit den Decapoden (und hier im Speziellen mit den Garnelen) befassen, aber es gibt ebenso verschiedene ›wissenschaftliche Richtungen‹, unterschiedliche Auffassungen, welche Rangfolge im System die logischere, also die denkrichtigere wäre. Bei den hier gemachten Angaben habe ich mich zum größten Teil auf die Arbeit von Prof. HOLTHUIS aus dem Jahre 1955 gestützt, die heute noch für die meisten diesbezüglichen Arbeiten als Basis genutzt wird.

Garnelen im Aquarium zu pflegen heißt, sich bereits vor ihrem Einsetzen mit ihren Ansprüchen zu beschäftigen – und dazu vor allem mit ihren Gegnern. Garnelen sind nämlich für viele gebißkräftige Aquarienfische (Drücker-, Kugel-, verschiedene größere Lippfische und noch einige andere) Leckerbissen. Nicht alle der hier in der Folge angeführten Garnelen lassen andererseits feingliedrige Blumentiere (Krustenanemonen, Leder- und Steinkorallen usw.) im Aquarium ungeschoren und zwicken so lange an ihnen, bis diese auffällig oder gar schwer geschädigt sind. Man sollte sich in jedem Fall erkundigen, weil ich an dieser Stelle nicht über jede Einzelheit Auskunft geben kann.

Geißelgarnelen nennt man die in der Familie Penaeidae zusammengefaßten Arten, deren wissenschaftlich beschriebene Zahl sich mit 25–28 in Grenzen hält. Als gut erkennbares Merkmal gelten die ersten drei Laufbeine (hinter den Kieferfüßen), die bei diesen Garnelen am Ende mit Scheren ausgestattet sind. Den deutschen Namen verdanken sie ihren ersten Antennen (Antennulae). Sie sind auffällig lang und zeigen bei genauerem Hinsehen die Form eines halben Rohres, so daß sie – zusammengelegt – einen Hohlkörper bilden. Da sich diese Garnelen gern im Sand eingraben, dient ihnen das ›Rohr‹ zum Ansaugen des Atemwassers.

Von den verschiedenen Arten, die inzwischen aus dem Indopazifik und der Karibik eingeführt wurden, zeigen diese (urtümlichen) Garnelen im Aquarium oft ein wenig vorsichtiges, dafür andererseits auffällig schreck-

Porträt des räuberischen Fangschreckenkrebses *Odontodactylus scyllaris*

haftes Verhalten, was man möglicherweise als primitives Verhaltensmuster ansehen kann. Das hat zur Folge, daß man die Mitbewohner der Geißelgarnelen im Aquarium sorgfältig auswählen muß: Besonders räuberisch (im aquaristischen Sinne) darf ihre Nahrungsaufnahme nicht sein, weil die wenig argwöhnischen Garnelen andernfalls schnell zur Beute würden.

Durch verschiedene Importe und Publikationen wurden folgende Arten bekannt: *Solenocera membranacea* aus dem Mittelmeer, *Penaeus canaliculatus, P. latisulcatus, P. japonicus, P. monodon* aus dem Indischen und Pazifischen Ozean sowie *P. californiensis, P. duorarum, P. stylirostris* aus dem karibischen Raum. Weitere Gattungen: *Metapenaeus, Parapenaeus, Sicyonia, Xiphopenaeus.*

T a n z - bzw. R o s e n g a r n e l e n nennt man in vielen Gebieten unserer Erde bzw. in Deutschland die Vertreter der Familie Rhynchocinetidae. An Gattungen ist diese Familie arm, denn trotz einer Reihe von neueren Artbeschreibungen ist meines Wissens zu *Rhynchocinetes* H. M. EDWARDS, 1837, keine neue Gattung dazugekommen.

Leider werden Tanzgarnelen (Dancing Shrimps) nicht in der Zahl eingeführt, in der die Importeure die interes-

santen und farblich auch attraktiven Pfleglinge an den Aquarianer bringen könnten. Es sind besonders die farblich kräftig rot getönten, wie etwa *R. ringens* aus dem west- und ostatlantischen wie auch pazifischen Raum, *R. uritai* (fälschlich auch als *R. rugulosus* vorgestellt, die eine schwarzbraune, ähnlich mit weißen Linien gemusterte Farbe hat), *R. australis, R. durbanensis, R. hendersoni, R. hiatti, R. kuiteri* sowie eine Zahl von bisher noch wissenschaftlich unbeschriebenen Spezies aus dem Indischen (meist Sri Lanka) und Pazifischen (meist Philippinen) Ozean, über die es bereits Publikationen gegeben hat. Von einigen Artvertretern wird berichtet, daß die Tiere sich an kleineren Blumentierarten ›vergreifen‹ (*R. uritai*). Aus eigener Erfahrung kann ich diese Behauptung nicht bestätigen. Tanz- oder Rosengarnelen lassen sich gut mit artfremden Garnelen zusammen halten. Auch innerhalb der Artverwandten sind die haltbaren Tiere recht gesellig und gehen nicht aufeinander los, wie man das von den Vertretern anderer Familien kennt.

S t e i n - oder S ä g e g a r n e l e n gehören der Familie Palaemonidae an. Sie ist in vier Unterfamilien (Palaemoninae, Pontoniinae, Typhlocaridinae und Euryrhynchinae) unterteilt, was allerdings in der folgenden Aufstellung unberücksichtigt blieb. Als Beispiel, wie artenreich diese Familie sein muß, will ich hier zumindest

Wenig eingeführt wird die Geißelgarnele *Penaeus plebeius* (Penaeidae). Die Tiere buddeln sich tagsüber im Bodengrund ein   Mayland

einmal die mir derzeit bekannten Gattungen aufführen, wobei Aufstellungen neuer Gattungen aus den letzten Jahren noch nicht einmal berücksichtigt werden konnten:

Anchistus BORRADAILE, 1898;
Anchistioides PAULSEN, 1875;
Balssia KEMP, 1922;
Brachycarpus BATE, 1888;
Cavicheles HOLTHUIS, 1952;
Conchodytes PETERS, 1852;
Coralliocaris STIMPSON, 1860;
Coutierea NOBILI, 1901;
Creaseria HOLTHUIS, 1950;
Cryphiops DANA, 1852;
Dasella LEBOUR, 1945;
Dasycaris KEMP, 1922;
Desmocaris SOLLAUD, 1911;
Euryrhynchus MIERS, 1877;
Fennera HOLTHUIS, 1951;
Harpiliopsis BORRADAILE, 1917;
Hamodactylus HOLTHUIS, 1952;
Jocaste HOLTHUIS, 1952;
Leander E. DESMAREST, 1849;
Leandrites HOLTHUIS, 1950;
Leptocarpus HOLTHUIS, 1950;
Neopontonides HOLTHUIS, 1951;
Onycocaris NOBILI, 1904;
Palaemon WEBER, 1795;
Palaemonella DANA, 1852;
Palaemonetes HELLER, 1869;
Paranchistus HOLTHUIS, 1952;
Paratypton BALSS, 1914;
Periclimenaeus BORRADAILE, 1915;
Periclimenes COSTA, 1844;
Philarius HOLTHUIS, 1952;
Platycaris HOLTHUIS, 1952;
Pontonia LATREILLE, 1829;
Pontonides BORRADAILE, 1917;
Pontoniopsis BORRADAILE, 1915;
Pseudocoutiera HOLTHUIS, 1951;
Pseudopalaemon SOLLAUD, 1911;
Stegopontonia NOBILI, 1906;
Thaumastocaris KEMP, 1922;
Troglocubanus HOLTHUIS, 1949;
Typhlocaris CALMAN, 1909;
Typton COSTA, 1844;
Veleronia HOLTHUIS, 1951;
Vir HOLTHUIS, 1952;
Waldola HOLTHUIS, 1951

und schließlich
Macrobrachium BATE, 1868

eine Gattung, deren Vertreter im Brack-, wie im Süßwasser vorkommen, wo wir sie unter anderem auch als Nährtiere von Fischen Asiens oder auch Südamerikas (in Amazonien von wenigen Millimetern bis etwa 30 Zentimeter lang) kennen.
Aus der umfangreichen Familie werden folgerichtig auch viele Arten eingeführt, die – je nach Aussehen,

Laichtragende Garnele *Palaemon elegans*   beide Birkholz

Größe oder Lebensweise – mit den unterschiedlichsten deutschen Namen belegt wurden.
Palaemon-Arten gehören in den meisten Fällen zu den kleinbleibenden Garnelen, deren Körper dazu oft noch durchsichtig ist, wie die Fotos oben erkennen lassen (*P. elegans* aus dem Mittelmeer). Sie leben nicht nur in tropischen und subtropischen Meeren, einige Dutzend Arten konnten ihr Verbreitungsgebiet bis in die gemäßigten Zonen vorschieben. Auffällig bei den meisten Gattungsvertretern (wie auch nahen Verwandten) die langen Antennen, die sich nach allen Seiten frei bewegen lassen, so daß sich das Tier stets noch vor dem Zusammentreffen mit einem unbekannten Gegenüber durch Abtasten orientieren kann. Diese Garnelen führen ein geselliges Leben in Gruppen, wobei natürlich auch das Streben nach mehr Sicherheit eine Rolle spielt. Vertreter dieser Gattung und nahe Familienverwandte (*Palaemonetes, Leptocarpus, Troglocubanus und andere*) lassen sich an den gut ausgebildeten Scheren des zweiten Laufbeinpaares erkennen, die bei bestimmten Arten extrem stark sind (*Brachycarpus biunguiculatus, Conchodytes monodactylus, Cryphiops caementarius,*   145

Garnelen sind, besonders in einem Wirbellosen-Aquarium, gern gesehene Restevertilger. Hier eine Reihe sehr schöner Arten: 1 − *Rhynchocinetes uritai*, 2 − *Leandrites* spec., 3 − *Periclimenes* spec., 4 − *Lysmata wurdemanni*, 5 − *Stenopus tenuirostris*, 6 − *Heteromysis harpaxoides*

alle Birkholz

Typton tortugae und andere). Von den importierten *Palaemon*- und den (kleineren) *Palaemonella*-Arten der letzten Jahre wurden, nicht zuletzt durch Publikationen, namentlich bekannt: *Palaemon ritteri* aus dem karibischen Raum, *P. litoreus*, *P. pacificus* und *P. serenus* aus dem indopazifischen Gebiet; daneben wären noch die hübschen *P. serratus* (mit blauem und gelbem Punkt- und Linienmuster) aus dem Mittelmeer zu nennen. Hinzu kommen die selten eingeführten kleinen Arten der Gattung *Palaemonella*, von denen nur *P. tenuipes* bekannt ist.

A n e m o n e n g a r n e l e n nennt man die Vertreter einer weitaus bekannteren Gattung als die beiden vorher genannten. Es handelt sich um die Vertreter von *Periclimenes*, welche die meisten Aquarianer als Bewohner der Anemonen-Tentakelfelder kennen. Sie können eine sehr unterschiedliche Körperform haben − entweder recht schlank oder auf der Oberseite abgeflacht. Das Zusammenleben von Paaren dieser Garnelen meist mit nesselnden Anemonen bietet den kleinen, bunt gemusterten Krebstieren Schutz vor Freßfeinden, größeren Krebsen oder verschiedenen Fischen. *Periclimenes*-Vertreter kommen nicht nur im tropischen Riff, sondern auch im Mittelmeer vor. Trotz der erwähnten, oft bunten Färbung sind die Anemonengarnelen ihrem Lebensraum, dem Tentakelwald der Anemone insofern bestens angepaßt, als in ihrer Musterung transparente Zonen mit weißen Klecksen, farbigen Tüpfeln, Streifen oder Kringeln verteilt sind. Alle zusammen ergeben ein Muster, das sich in der Licht- und Schattenwelt unter Wasser bald auflöst und so als Tarnung anzusehen ist. Bei der Haltung dieser Garnelen im Aquarium kommt es in erster Linie darauf an, dem Wirtstier einen ihm genehmen Standplatz anzubieten. Es muß nicht unbedingt eine Anemone sein − Nesseln oder ein sicheres Versteck bieten sollte der Wirt dagegen schon, sonst wäre der rechte Schutz nicht gegeben. Bei mir hat sich eine Garnele zum Beispiel mit einer Blasenkoralle angefreundet und turnt tagsüber zuweilen über die Buckelpiste der Blasen, wobei die Tentakel dieser Koralle meist zurückgezogen sind. Ein für die Garnele risikoreiches Unterfangen, wie ich meine − wenn dies im Meer stattfände, wo die Schar der Freßfeinde zweifellos größer ist. Als weitere Wirtstiere sind Schwämme und sogar verschiedene Arten der 25−30 Zentimeter lang werdenden Nacktschnecken der Gattung *Hexabranchus* bekannt (*H. imperialis*, *H. marginalis*, *H. sanguineus* und Verwandte). Die letzte ist (SCHUHMACHER, 1973) im Zusammenleben mit einer Garnele dieser Gattung (*P. imperator*) angetroffen worden. Um dieses Zusammenleben in Ernährungsgemeinschaft (Kommensalismus) zu verstehen, muß man wissen, daß es sich bei diesen Schnecken um Exemplare handelt, die weit ins offene Wasser des Meeres hinausschwimmen. Schnecken wie Garnelen sind aus dem Roten Meer bzw. dem Indischen Ozean sowie dem Westpazifik bekannt. Beide finden im Aquarium jedoch nicht die gewünschte Nahrung und halten somit nicht lange aus.

Aus dem Mittelmeer wurden bisher aquaristisch folgende Arten bekannt: *P. amethysteus*, *P. sagittifer*, *P. scriptus*; aus der Karibik: *P. anthophilus*, *P. pedersoni*,

P. yucatanicus; aus dem Indischen und Pazifischen Ozean stammen die wohl bekannteste Art der Gattung: *P. brevicarpalis* (SCHENKEL, 1902), ferner *P. lutescens*, *P. spiniferus* und *P. infraspinis*. Kaum eine dieser Garnelen wird als echtes Importtier nominell eingeführt; alle kommen mehr oder weniger zufällig als blinde Passagiere zusammen mit Aktinien, ihren Wirtstieren, in den Handel.

Als Korallengarnele wurde mir kürzlich eine Vertreterin der Gattung *Coralliocaris* angeboten, die kaum größer als 10—15 Millimeter war und sich in einem Korallenstück versteckte, deren Polypen sich zurückgezogen hatten. Ob es sich um *C. superba* oder um *C. brevirostris* handelte, konnte ich leider mangels Vergleichsmöglichkeiten nicht feststellen.

Muschelgarnelen nennt man einige Arten der Gattung *Conchodytes*, die durch kräftig dimensionierte Scheren statt des zweiten Laufbeinpaares auffallen, wie auch der panzergeschützte Körper eine recht breite Form aufweist. Wie man bereits vom deutschen Namen ableiten kann, haben sich diese Garnelen mit verschiedenen Muscheln zu einer Partnerschaft zusammengetan, die beiden zugute kommen muß. Den beengten Lebensverhältnissen im Mantelraum der Muscheln entsprechend, mußten die Garnelen ihre Bauweise ändern. Sie wirken mit ihren breiteren Körpern und den großen Scheren sehr kompakt; die Fühler sind zu kurzen Stielen reduziert und den sonst langen Augenstielen ist es ebenso ergangen. In den sogenannten Echten Perlmuscheln (*Pinctada*) findet man meist *Conchodytes meleagrinea* und als Untermieter der Mördermuscheln *C. tridacnae*.

Wächtergarnelen nennt man eine oder mehrere Arten der Gattung *Pontonia* (*P. mexicana, P. pinnophylax*) und *Pontonides* (*P. unciger*) im Handel, deren Vertreter durch ungleich große und zum Teil kräftig beborstete Scheren (zweites Laufbeinpaar) auffallen. Auch sie leben in Gemeinschaft mit Muscheln (oder Schwämmen), beispielsweise in den großen Steckmuscheln (*Pinna*).

Von den Vertretern der Gattungen *Typton* (*T. spongicola*) und *Paratypton*, die in und an Schwämmen hausen, wissen wir nur, daß bei ihnen die Anpassung noch extremere Ausmaße angenommen zu haben scheint. *Paratypon siebenrocki* hat seine Form so verändert, daß man ihn kaum noch als Garnele ansprechen würde. Die im Indopazifik vorkommenden Tiere sind mit einem stark verbreiterten Panzer ausgestattet, doch fehlt ihnen der Ruderschwanz. Die Fühler sind auf ein Minimum reduziert und auch die bei einigen Arten übergroßen Scheren des zweiten Laufbeinpaares sind klein und zugunsten einer neuen Werkzeugform verändert. Die

Die kleine Garnele *Periclimenes brevicarpalis* lebt in Symbiose mit verschiedenen Anemonenarten; hier ist es *Radianthus malu*

oben Mayland, unten Birkholz

Arbeit der Scheren hat hier ausschließlich das erste Paar übernommen.

Harlekingarnelen haben die Aquarianer einige Vertreter aus der Familie Gnathophyllidae getauft. Es gibt nur wenige Gattungen: *Gnathophylloides* SCHMITT, 1933; *Gnathophyllum* LATREILLE, 1819; *Phyllognathia* BORRADAILE, 1915, und die wohl bekannteste, *Hymenocera* LATREILLE, 1819.

147

Harlekingarnelen der Art *Hymenocera elegans* aus dem Indischen Ozean haben eine bräunliche Fleckung. Sie leben paarweise und ernähren sich von Seesternabschnitten

Mayland

Alle in dieser Familie zusammengeschlossenen Garnelen haben eines gemeinsam: Sie ernähren sich – zumindest teilweise – von Haut- und Körperteilen der Stachelhäuter (Seesterne, Seeigel, Seegurken). In ihrem natürlichen Lebensraum ist es oft so, daß der angeknabberte Stachelhäuter entkommen kann, wenn auch geschädigt. Im Aquarium dagegen hat er meist keine Chance, es sei denn, der Pfleger greift ein. Zwei Garne-

Hymenocera picta lebt ähnlich wie ihre vorgenannte Verwandte   Mayland

lenarten der Gattung *Hymenocera* (*H. elegans* und *H. picta*) sind durch intensive Importe bekanntgeworden, wobei sich die erste durch großflächigere Zeichnung und größere Fühlerlappen auszeichnet und über lange Zeit fälschlich für den Gattungstyp (*H. picta* DANA, 1852) gehalten und so bezeichnet wurde. *H. picta* ist wenigen Aquarianern bekannt. Sie zeichnet sich durch kleinere, dafür aber intensiver gefärbte rotviolette Punkte aus.

Nicht jede Art des Zusammenlebens kann man als Symbiose bezeichnen, denn von gegenseitiger Abhängigkeit und gleichwertigem Nutzen beider ›Partner‹ kann man hier wohl nicht sprechen. Die Harlekingarnelen leben normalerweise paarweise auf oder nahe bei Seesternen, also meist nahe ihrer Nahrungsquelle. Die schönen kleinen Tiere lassen sich auch im Aquarium solange gut halten, wie man ihnen ein passendes Nahrungsangebot machen kann. In der Auswahl der Nahrungstiere werden Exemplare der einzelnen Seesternarten unterschiedlich gern angenommen. Dabei wird einem Stern mit runden Armen immer der Vorzug vor jenen mit breiten, abgeplatteten Armen gegeben. Offenbar sind die letzten wegen der größeren Kalkeinlagerungen weniger schmackhaft und nicht so zart wie viele der algenfressenden rundarmigen Sterne. Natürlich werden auch die härteren fleischfressenden Vertreter der Seesterne, etwa der Gattungen *Oreaster, Pentaceraster, Poraster, Protoreaster* angenommen, aber nur dann, wenn der Futtertisch keine andere Wahl läßt. Auch durch diese Garnelen werden gelegentlich die Füßchen von Seeigeln abgeschnitten und verspeist.

Wie es die Garnelen anstellen, um an das zarte ungeschützte Fleisch der Seesterne zu gelangen, kann in der Methode verschieden sein. Bisweilen kriechen die Garnelen einfach auf den Stern und schneiden mit ihren Scheren ein kleineres oder größeres Loch in einen Arm. Darauf beginnen sie mit dem Verzehr der Gewebeteile. Häufiger machen sie (paarweise) den Seestern bewegungs- und damit verteidigungsunfähig, indem sie ihn einfach auf den Rücken drehen. Das erscheint unmöglich, besonders im Hinblick auf die Größenunterschiede. Zwei kleine, etwa 4 Zentimeter lange Garnelen drehen einen Stern mit einer Spannweite um 20 Zentimeter innerhalb von etwa 3 Minuten auf den Rücken. Sie stemmen sich dabei unter einen Arm und stechen mit den Scheren in die offene Rinne, aus der die Füßchen des Sternes ragen. Der Stern zieht daraufhin schleunigst seine Laufwerkzeuge ein, damit er die Rinne schließen kann, und hebt dabei den Arm mehr und mehr hoch. Mit systematischem Nachstemmen bringen beide Garnelen den Goliath schließlich zum Kippen und machen sich sofort wieder an der Rinne zu schaffen, bis sie eine Stelle entdecken, an der sie eindringen können.

Vor Jahren wurden Stimmen laut, diese Garnelen gezielt gegen den räuberischen Seestern *Acanthaster planci* (Dornenkrone) einzusetzen. Die Massenvermehrung dieser Seesternart im Great Barrier Reef vor der Nordostküste Australiens verursachte einen erheblichen Rückgang der Korallenpolypen, die Hauptnahrung der Räuber, und läßt auf längere Sicht die Zerstörung des Riffs befürchten. Nach aquaristischen Beobachtungen und Erfahrungen kann man heute jedoch sagen, daß diese Garnelen die Dornenkrone nicht als Hauptnahrung ansehen. Sie würden somit zuerst einmal einen großen Teil der anderen Seesterne vertilgen, ehe sie in letzter Konsequenz dem Räuber ans Leben gehen. Ein unkalkulierbares Risiko also, und soweit ich unterrichtet bin, hat man diesen einstmaligen Plan inzwischen längst wieder fallengelassen.

P i s t o l e n g a r n e l e n oder K n a l l k r e b s e nennt man einige Mitglieder der Familie Alpheidae, der etwa 20 Gattungen angeschlossen sind. Viele dieser Garnelen, Mitglieder unterschiedlicher Gattungen, leben in Symbiose mit Grundeln (vorwiegend, soweit bekannt, der Grundelgattungen *Amblyeleotris*, *Lottilia*, *Typhlogobius* und *Cryptocentrus*). Viele dieser Knaller werden heute importiert und erfreuen sich wegen dieses typischen akustischen Merkmals bei vielen Meeresaquarianern großer Beliebtheit. Die Garnelen sind zum Teil mit achtunggebietenden Scheren ausgestattet − allerdings am ersten Laufbeinpaar. Viele Scherenpaare sind unregelmäßig groß. Oft genug werden sie beim Buddeln im sandigen oder leicht geröllhaltigen Grund als baggernde Schiebewerkzeuge eingesetzt. Das knallende Geräusch dient zur Abschreckung und Betäubung von Gegnern wie auch zur Reviermarkierung. Um den Knall zu erzeugen, wird der bewegliche der beiden Finger der größeren Schere so weit wie möglich zurückgenommen, unter Spannung gesetzt und ›abgeschossen‹ (wir Menschen können das übrigens auch ganz ähnlich mit zwei unserer Finger).

Bekannteste Gattung aus der artenreichen Familie ist zweifellos *Alpheus* FABRICIUS, 1798; daneben wurden aber auch bereits Exemplare von *Synalpheus* BATE, 1888, und *Betaeus* DANA, 1852, eingeführt. Aus Publikationen und Händlerlisten sind Namen wie *A. armatus*, *A. armillatus*, *A. californiensis*, *A. crassimanus*, *A. djiboutensis*, *A. formosus*, *A. macrochirus*, *A. obesomanus*, *S. brevicarpus*, *S. digueti*, *S. mascarenicus* und *S. minus* bekanntgeworden. Wie man dem einen oder anderen Namen bereits entnehmen kann, kommen Mitglieder dieser großen Familie in weiten Meeresteilen unserer Erde vor. Sie erreichen eine Länge zwischen 1 und 10 Zentimetern. Die Symbiose mit den erwähnten Grundeln kommt in erster Linie dadurch zustande,

der Krebs nicht die schärfsten Augen hat, dafür aber ein guter Buddler ist, der im Ausgleich der Grundel ein Versteck baut, in dem beide Platz haben. Erst an zweiter Stelle dürften Gemeinsamkeiten bei der Nahrungsbeschaffung für eine Symbiose verantwortlich sein.

P u t z e r g a r n e l e n nennt man Tiere einer bestimmten Gruppe aus der gattungs- und artenreichen Familie Hippolytidae, deren Vertreter über weite Gebiete unserer Meere verbreitet sind. Von den etwa 30 Gattungen, darunter so bekannte wie *Alope* WHITE, 1847; *Hippolyte* LEACH, 1814; *Latreutes* STIMPSON, 1860; *Lysmata* RISSO, 1816; *Saron* THALLWITZ, 1891; *Thor* KINGSLEY, 1878, und *Tozeuma* STIMPSON, 1860, hat sich ausgerechnet ein Gattungsname gehalten, der bereits vor mehr als einem Jahrzehnt eingezogen wurde: *Hippolysmata* STIMPSON, 1860. Ebenfalls hat sich herausgestellt, daß die schönen und aquaristisch weitverbreiteten Putzergarnelen, die als *H. grabhami* geführt und gehandelt wurden, nicht dieser Art zuzurechnen sind. Alle früher zu *Hippolysmata* gestellten Arten wurden nach *Lysmata* zurückgestuft. Die Art *Lysmata grabhami* gibt es noch, nur: die Tiere stammen aus dem Atlantik, haben einen rostbraunen Rücken mit weißem Band, und die weiße Musterung des Ruderschwanzes unterscheidet sich von der in den Aquarien gepflegten, die seit jeher mit dem Artnamen *amboinensis* belegt war und somit *Lysmata amboinensis* heißen muß.

Die rotrückige Weißband-Putzergarnele, also *Lysmata amboinensis*, wird aus dem indopazifischen Raum einge-

Porträt der *Lysmata amboinensis*   Mayland

führt. Man kann sie als d i e Putzergarnele bezeichnen, was nicht ausschließt, daß − wie erwähnt − auch andere Arten der Gattung diesem ›Gewerbe‹ nachgehen. Die Tiere gehen meist nachts auf Nahrungssuche und verbringen den Tag in einem Versteck unter einem Felsvorsprung. Vertraut gewordene Garnelen lassen sich mit Futterstückchen hervorlocken. Als bevorzugter Lebensraum im Aquarium gelten gut veraltete Steine, wie man sie aus alteingerichteten Becken kennt. Zwar sind die Tiere in der Futterannahme nicht wählerisch, doch werden sie auffällig munter, wenn lebende Nährtiere gereicht werden, wie sie etwa die Mysis darstellen. Bei *Lysmata amboinensis* ist die Zwittrigkeit genetisch bedingt. Im Verlauf der Wachstumsentwicklung findet eine Geschlechtswandlung statt, wobei die Jungtiere stets als Männchen ausgebildet sind. Im weiteren Verlauf des Wachstums wandeln sich die Tiere dann in Weibchen um und behalten dieses Geschlecht bis zu ihrem Tode bei. Solange hinreichend männliche Hormone erzeugt werden, bleibt das Tier männlich. Die männlichen Drüsen degenerieren allmählich und stellen ihre Hormonproduktion ein. Nun erhalten die weiblichen Hormone Dominanz und wandeln das Geschlecht. Man spricht hier von protandrischen (= erstgeschlechtlich männlichen) Zwittern. Die weiblichen Tiere können auf viele Monate hinaus vorbefruchtet sein, nachdem die Männchen ihre Spermien in der Samentasche eines Weibchens untergebracht haben. Erst bei der Eiablage vereinigen sich die Geschlechtszellen in einem Schleim, der gemeinsam mit den Eiern ausgeschieden wird. Die Aufzucht der Larven, die bis zu diesem Stadium auch im Aquarium glückt, ist bisher nur sehr selten gelungen. Hier spielt wahrscheinlich die ungeklärte Ernährungsfrage (nur lebendes tierisches Plankton) eine ähnliche Rolle wie bei *Stenopus hispidus*. In einem Wirbellosen-Becken kann man viele Hohltiere, Seeigel, Seesterne, Röhrenwürmer usw. mit Garnelen zusammenbringen − solange sie halbwegs friedfertig sind. Im Fischbecken soll man Garnelen nur pflegen, wenn entsprechende Milieubedingungen geboten werden können und die Fischgrößen (artbedingt) sich im Rahmen halten. Garnelenlarven unterschiedlicher Entwicklungsstadien haben natürlich auch Freßfeinde und sind ein Teil der Nahrungskette im Meer wie im Aquarium. Sie sind deshalb auch im Niedere-Tiere-Becken keinesfalls geschützt, denn, wie man lesen konnte, schätzen auch deren Polypen derartige Kost, wie sie junge Garnelen darstellen.

Im Meer lebt *Lysmata amboinensis* in größeren Gruppen, wo die Tiere regelrechte Putzstationen unterhalten: Sie suchen Fische nach Hautparasiten ab. Es gibt unter den Fischen Gruppierungen solcher, die sich lieber von Putzerfischen von Parasiten befreien lassen und solche, die sich vor den Stationen der Garnelen aufbauen, alle Flossen spreizen und sogar das Maul oft weit aufreißen. Von den meist putzenden *Lysmata*-Arten wurden durch Publikationen und Händlerlisten neben der vorher erwähnten Art folgende Artnamen bekannt: *L. californica*, *L. debelius* (Kardinalsgarnele), *L. trisetacea*, *L. vittata* aus dem Indischen und Pazifischen Ozean; *L. wurdemanni* aus der Karibik und *L. nilita*, *L. seticaudata* aus dem Mittelmeer.

Aus den übrigen Gattungen der Familie wurden verschiedene Arten in der aquaristischen Literatur erwähnt, darunter *Alope orientalis* und *A. palpalis*, die auf Tangen und grünen Algen lebenden *Hippolyte varians*, *H. ventricosus*, *Latreutes pygmaeus* und *Tozeuma armata*.

Bleiben von den bekannteren Vertreterinnen dieser Familie noch die M a r m o r g a r n e l e n der Gattung *Saron*, denen ihr deutscher Name offenbar nach dem Gattungstyp, *S. marmoratus* verliehen worden ist, denn als marmoriert kann man nicht alle der wenigen erst bekannten Arten bezeichnen. Bunt kann sie nicht sein, eine Marmorgarnele, bei der man die Geschlechter am längeren der ohnehin langen ersten Schreitbeinpaare der Männchen erkennt. Diese üblicherweise paarig angeordneten Lauf- oder Schreitbeine sind auffällig rosa, rotbraun oder helloliv geringelt. Bestimmte Körperzonen sind häufig mit Borstenbüscheln besetzt, das Marmormuster besteht aus unregelmäßig angeordneten ziegelroten Punkten und Tüpfeln. Bei *S. neglectus* ist die Grundfärbung olivgrün in verschieden dunklen Abstufungen, darüber liegt ein Muster aus weißlichen Punkten. Je ein Augenfleck ist auf der Mitte und am Ende des Hinterkörpers zu erkennen. Neben einigen namentlich bisher noch unbekannten Spezies wurde erst kürzlich *S. inermis* beschrieben, eine braungepunktete Art, deren Grundfärbung beige ist. Marmorgarnelen halten sich tagsüber versteckt, sind also nachtaktiv und werden meist mit Längen um 4−5 Zentimeter im Handel angeboten.

S c h m a l - oder K a m p f g a r n e l e n sollte man die Vertreter der Familie Stenopodidae nennen, denn der erste Name entspräche ihrem wissenschaftlichen Namen, der zweite ihrem Verhalten − zumindest im Aquarium. Von den sieben Gattungen der Familie und deren Arten, ob sie nun *Engystenopus*, *Odontozona* oder *Microprosthema* heißen, hat der Durchschnittsaquarianer bisher kaum etwas gehört. Der Gattungsname *Stenopus* dagegen ist seit Jahrzehnten ein Begriff, und Garnelen dieser Gruppierung gehören zu den bekanntesten.

Aquaristisch am besten eingeführt dürfte *Stenopus hispidus* sein, die man auch die Korallengarnele nennt. Sie

Lysmata amboinensis, die Weißband-Putzergarnele, wurde früher fälschlich unter dem Namen für ihre atlantische Verwandte geführt und dann, in Verbindung mit dem früheren Gattungsnamen, als *Hyppolysmata grabhami* gehandelt. Sie ist ein dankbarer und langlebiger Pflegling

Die Kampfgarnele *Stenopus hispidus* kann man durchaus paarweise pflegen – nur müssen dazu eben Tiere unterschiedlichen Geschlechts gefunden werden   Mayland

und einige Arten ihrer Gattung erreichen eine Länge von maximal 7–8 Zentimetern, doch gibt es auch Verwandte, deren Größe wesentlich unter diesem Maß bleibt. Durch ihre schöne rotweiße Bänderung und ihre zarte, zerbrechliche Erscheinung hat die Garnele viele Freunde gefunden. Indes, der Schein trügt, wenn man glaubt, daß *Stenopus hispidus* zart besaitet ist. Sie führt im Grunde ein recht räuberisches Dasein, und mit ihrer Putztätigkeit ist es auch nicht weit her. Dazu kommt, daß die Korallengarnele Artgenossen gegenüber nicht so gesellig ist wie etwa die zwittrigen Putzergarnelen *Lysmata amboinensis*, geschlechtsgleiche Artgenossen werden bis zum Tode bekämpft – zumindest in Aquarien normaler Größe, weil sich hier das unterlegene Tier nicht aus dem Revierbereich des überlegenen absetzen kann. Anders ist es mit Paaren: Mit etwas Glück kann man sie über Jahre pflegen. Bei ihnen legt sich auch eine gewisse Scheu, die man häufig bei Einzeltieren feststellt. Sie wandern paarweise auch am Tage durch das Becken, wobei sie stets darauf achten, daß der eine Partner Sichtkontakt zum anderen hat. Beobachtet man die Garnelen und ihr Verhalten untereinander genauer, so wird man feststellen, daß das kleinere und meist auch schlankere Männchen sehr tolerant sein muß, läßt es sich doch von seiner Partnerin viel gefallen, angefangen bei der Nahrungsaufnahme, wo das etwas breiter gebaute Weibchen sich eine Menge herausnimmt – vor allem die besten Futterstückchen.

In der Nahrungsaufnahme sind die Schmalgarnelen vielleicht etwas anspruchsvoll, weshalb man stets gezielt füttern sollte. In alteingerichteten Becken gibt es für sie eine Menge an Freßbarem, angefangen von verschiedenen Algenarten bis hin zu Meerflohkrebsen, die oft in den Böden vieler Aquarien unter Steinen leben. Sind die Garnelen noch nicht gut eingewöhnt, bleiben sie scheu, sitzen hinter oder unter Felsen und beobachten mißtrauisch die Umgebung. Erst am Abend oder bei Dunkelheit marschieren sie auf langen Stelzbeinen durch das Becken und suchen Nahrung. Dabei kontrollieren sie mit ihren langen Antennen ausgiebig alles Lohnende. Sie sind auf Vorsicht ›programmiert‹, denn leicht könnte ihnen ein Mitbewohner, wenn er stärker ist, gefährlich werden. Die langen Fühler helfen den Garnelen, deren Sehvermögen sich in Grenzen hält, sehr, und die langen Beine versetzen sie in die Lage, gewissermaßen erhaben davonzuschreiten, ohne ihre ›Rückstoßversicherung‹ in Betrieb nehmen zu müssen. Im Notfall können sie sich ganz schnell mit einem gehörigen Schub aus der Gefahrenzone bringen. Mit dem Putzverhalten dieser Garnelen ist es, wie bereits erwähnt, nicht weit her. Es halten bei ihnen zwar auch Fische an, wenn sie über Tag die weißen Antennen aus dem Versteck hervorragen sehen, aber die ruppige Erfahrung lehrt die Kunden meist, sich bald nach einem anderen Putzer umzusehen, der ihre Haut schonender von Ektoparasiten befreit. Meist sind es dann die blauweißen Putzerfische, die solche Arbeit übernehmen. Wie alle Krebstiere häuten sich auch diese Garnelen. Niemand soll sich daher wundern, wenn er eine zweite ›Garnele‹ im Becken entdeckt, die wie tot daliegt. Es ist nur der abgetragene Anzug – achtlos liegengelassen.

Aus der Gattung *Stenopus* sind nicht erst in den letzten Jahren verschiedene ähnlich erscheinende Spezies eingeführt worden, die sich – oft nach langwieriger Bestimmung – als bisher unbekannte neue Arten herausstellten. So kennen wir inzwischen *S. tenuirostris*, die zwar kleiner bleibt, dafür aber durch ihre noch intensivere Zeichnung (zu der sich auch gelbe Querbänder gesellen) und ihren häufig blauviolett gefärbten Vorderkörper deutlich von *S. hispidus* unterscheidet. Von den *Stenopus*-Garnelen aus dem indopazifischen Raum werden weiter eingeführt die relativ farblose *S. pyrsonotus*, bei der man meist nur ein langgezogenes rotes Dreieck auf dem Hinterleib entdeckt, sowie die kleine, besonders schlanke *S. gracilis*. Aus dem karibischen Raum kennen wir bisher nur *S. scutellatus*, eine Art mit goldgelbem Vorderkörper – sonst auch rot-weiß geringelt, und schließlich seit Jahren die aus dem Mittelmeer stammende orangebeige *S. spinosus*, die man nicht als besonders farbintensiv bezeichnen kann.

Kommen wir zu den Panzerkrebsen der Unterordnung Reptantia, jenen Krebstieren, die in ihrer Größe, Formenvielfalt und ihrer aquaristischen Eignung so große Unterschiede aufweisen. Ihre Zahl umfaßt mehr als 6000 verschiedene Arten, von denen die meisten allerdings auf die Krabben entfallen, die man oft auch als die gemeinen bezeichnet. In der Färbung können sich einige davon allerdings allemal mit den bekannten Aquarientieren messen. Ich denke dabei an die Art *Grapsus grapsus*, die man an vielen westlichen Küstenstreifen Südamerikas, vor allem aber den Galápagos-Inseln findet. Sie sind leuchtend rot, mit gelb abgesetzt; leider wären sie für ein entsprechend eingerichtetes Strandaquarium zu groß und zu räuberisch. Aquaristisch interessanter sind die Langusten, Hummern, Einsiedlerkrebse, Porzellan-, Boxer- und Spinnenkrabben, soweit man ihnen ein artgerechtes Becken einrichten kann.

L a n g u s t e n und Hummer nennt man im englischen Sprachraum ›Lobster‹, also Großkrebse ohne und mit Schere. Zu den Langusten gehören die Vertreter der Familie Palinuridae. Bei ihnen finden wir keine Zangen oder Scheren, weder vor dem Kopf noch an den fünf Schreitbeinpaaren; sie fallen vielmehr durch zwei lange Antennen auf, und die Kopf- und Brustpartie ist stark bestachelt. Junge Langusten werden aus dem Indischen und Pazifischen Ozean wie auch von der karibischen Küste (Westatlantik) eingeführt. Es sind hauptsächlich zwei Gattungen, mit deren Arten der Aquarianer zu tun

Die blauviolette Languste *Panulirus ornatus* ist eine der schönsten unter den ›Lobstern‹. Hier imponiert sie mit den großen, weißen Antennen

Mayland

hat. Unglücklicherweise werden sie so ähnlich geschrieben, daß man den Namen der einen für einen Schreibfehler der anderen halten könnte: *Panulirus* und *Palinurus*. Die Arten der ersten kommen im Indopazifik und Atlantik vor, die der zweiten nur im Atlantik.

Die zweifellos häufigeren Importe liefern Jungtiere der Gattung *Panulirus* mit den Arten *P. longimanus*, *P. longipes*, *P. ornatus* und *P. versicolor*. Herrlich die weiß und blauviolette Querbindenzeichnung, dazu die leuchtendweißen Antennen und der breite weiße Fächerschwanz. Im Vergleich mit den scherentragenden Hummern erscheinen die Langusten mit ihrem bestachelten Vorderkörper und Kopf gegenüber möglichen Angriffen nur schwach ausgerüstet. Das Stachelkleid muß man auch wohl eher als einen passiven Schutz ansehen. Langusten leben tagsüber sehr zurückgezogen in Höhlen und Felsspalten. Auch im Aquarium suchen sie schleunigst ein Versteck, das so angelegt sein muß, daß sie von dort aus alle Vorgänge in der Umgebung übersehen können. Erst bei einsetzender Dunkelheit stolzieren die Tiere vorsichtig durch das Becken. Langusten verspeisen fast alles, was man Aquarientieren anbieten kann oder was sie sonst an Nahrung im Becken finden. Hungrige Tiere können also durchaus auch Mitbewohner angreifen, sofern sie sie überwältigen können. Nach meiner (negativen) Erfahrung gehören dazu auch Polypenkolonien, Röhrenwürmer, Garnelen und Stachelhäuter (Igel und Sterne), gelegentlich auch Muscheln und Schnecken. Nesselnde Riffanemonen (auch mit Symbiosefischen) werden neben größeren Friedfischen nicht belästigt. Man ernährt Langusten mit Muschel- und Fischfleisch, kann aber auch Versuche mit Regenwürmern und feingeschnittenem magerem Herzfleisch unternehmen. Die meisten Exemplare werden mit der Zeit für ein Aquarium durchschnittlicher Ausmaße zu groß. Ihre Häutung erfolgt fast immer problemlos. Aus dem karibischen Raum werden gelegentlich einige Tiere eingeführt, darunter der bis 30 Zentimeter große *Panulirus argus* (gelbgrün), der kleiner bleibende *P. guttatus*, sowie einige mir namentlich nicht bekannte Spezies.

H u m m e r kennen die meisten von uns nur als Leckerbissen. Wir müssen jedoch zwischen den Echten Hummern (Familie Homaridae) und den Schlank- oder Riffhummern (Familie Nephropsidae) unterscheiden. Echte Hummern können bis zu 60 Zentimeter lang werden, Riffhummer überschreiten dagegen die 20-Zentimeter-Grenze kaum einmal. Dies ist auch der Grund dafür, daß sie kaum als Gaumenschmaus angesehen werden und man ihnen daher weniger nachstellt. *Enoplometopus occidentalis* wurde bereits im Jahre 1840 von RANDALL wissenschaftlich beschrieben, noch vor Jahren als Rarität gehandelt und ausschließlich von Hawaii

153

importiert. Zuweilen sah die vermeintliche Art auch etwas anders aus, war zierlicher, hatte schlankere Scheren und eine andere Körpermusterung auf feuerrotem Grund. Man sprach bei beiden von ›Hawaii-Hummern‹. Heute weiß man, daß es sich bei dem schlankeren um *E. holthuisi* GORDON, 1968, handelt. Der niederländische Professor L. B. HOLTHUIS (Leiden) beschrieb inzwischen (1983) auch zwei neue Arten, *E. daumi* und *E. debelius*, die mit ihrer roten und violetten Musterung auf weißlichem Grund zu Attraktionen in jedem Riffaquarium zählen könnten − wenn man sie bei halbwegs hellem Licht aus ihrem Versteck zu locken vermöchte. Man müßte den Tieren somit (wie es die Händler tun) ein Becken einrichten, in dem sie sich nicht verstecken können. Was aber würde die Tierliebe im Aquarianer sagen, wenn der Riffhummer derart gestreßt würde? Junge Tiere häuten sich in regelmäßigen Abständen, worauf die abgestreifte Haut dann meist vor das Versteck geschoben wird. Es erstaunt dabei (auch bei anderen Zehnfußkrebsen) immer wieder, daß verlorengegangene Gliedmaßen während dieses Prozesses regeneriert werden. Riffhummer sind im Aquarium relativ verträglich, was nicht ausschließt, daß sie sich schon einmal an einem kleineren Tier (auch Fisch) vergreifen. Man muß die Gesellschaft im Becken vor dem Einsetzen eines solch neuen Pfleglings überprüfen und nötigenfalls das eine oder andere Tier entfernen.

Einsiedlerkrebse gehören der Familie Paguridae an. Sie dürften den meisten Aquarianern wie auch Urlaubern an subtropischen oder tropischen Meeresküsten bekannt sein, wo sie in unendlicher Vielfalt vorkommen. Allerdings darf man die im Meer lebenden nicht mit den Landeinsiedlerkrebsen (Familie Coenobitidae) verwechseln! Es gibt große räuberische Arten, die zwar sehr schön und bunt anzuschauen sind, in einem Riffaquarium aber nichts zu suchen haben. Dagegen sind auch kleinerbleibende Spezies bekannt, die man als Restevertilger auch in einem Niedere-Tiere-Becken einsetzen kann.

Typisch für Einsiedlerkrebse ist, daß sie über den ungeschützten Hinterleib leere Schneckengehäuse stülpen. Dabei sind die Tiere im Hinblick auf die Form des Gehäuses wenig wählerisch, nur die Größe muß passen. Diese Gehäuse sind meist dem Uhrzeigersinn entgegen gewunden. Der Krebs muß also dieser Krümmung folgen können und ist entsprechend asymmetrisch gebaut. Oft tragen die Einsiedlerkrebse Bewuchs in Form kleiner Aktinien auf ihrem Haus mit umher. Das aber bringt einige Probleme, vor allem, wenn sich das Tier nach der Häutung ein neues Haus suchen muß. Seinen Symbiosepartner quartiert es dann mit um. Das ist nicht immer

Groß und räuberisch wird der Rote Einsiedlerkrebs. Er wird meist aus dem Indischen Ozean eingeführt, kommt jedoch auch im Pazifik vor Mayland

einfach. Der Krebs ist für einige Zeit den Feinden gegenüber schutzlos. In einem Becken, in dem Einsiedlerkrebse wohnen, sollten stets möglichst viele größere Ersatzhäuser herumliegen, damit die Tiere im Bedarfsfall ein neues Haus aussuchen können.

Einsiedlerkrebse sind nicht wählerisch, wenn es um die Ernährung geht. Im Meer sind die kleineren überwiegend Detritusfresser (Detritus = kleine Partikel abgestorbener Lebewesen), weshalb man sie im Aquarium als gute Restevertilger einsetzen kann. Pflanzliche Zusatznahrung, falls im Becken nicht in ausreichendem Maße vorhanden, brauchen sie dann auch. Gerade die kleinen Arten der Einsiedlerkrebse, wie die Vertreter der aus dem Indopazifik eingeführten Gattung *Clibanarius*, zeigen oft wunderschöne Farben. Sie werden selten über 5 Zentimeter groß, und so können sie, zumindest aus der Sicht des Größenvergleiches zu ihren *Dardanus*-Verwandten, keinen besonderen Schaden anrichten. Als am weitesten verbreitete und daher wohl auch am häufigsten importierte Art der Gattung kann man *C. virescens* ansehen. Die Tiere zeigen auf schwarzblauem oder olivgrünem Grund beige oder weiße Tüpfelmuster. Desweiteren namentlich durch Publikationen bekannt wurden *C. humilis* und *C. striolatus* aus dem Indischen Ozean, *C. vittatus* aus der Karibik und *C. digueti* und *C. panamensis* von der pazifischen Küste Mittelamerikas. Etwas größer werden Exemplare von Arten verschiedener anderer Gattungen wie *Calcinus* und *Eupagurus*.

Für die größer werdenden Arten der Gattung *Dardanus*, die immer wieder eingeführt werden, weil sie nicht nur farblich interessant und oft abstrakt im Habitus sind, braucht man ein Becken ohne die Tiere, die von ihnen geschädigt oder − kurzum − gefressen werden könnten. Als wohl der bekannteste und farblich attraktivste Einsiedlerkrebs gilt *D. megistos* aus der indopazifischen Region, wie ihn die beiden Fotos hinreichend zeigen. Es mag sein, daß man diese schönen Tiere in einer Größe von nur etwa 5 Zentimetern erwerben kann. Sie entpuppen sich aber, wie erwähnt, bald zu argen Räubern. Auf fast alles im Aquarium wird Jagd gemacht, und kaum ein Mitbewohner, wenn er nicht groß und recht stark ist, bleibt auf die Dauer ungeschoren. Die wunderschönen

Dardanus megistos in Abwehrstellung   Kahl

Weniger bekannt ist *Dardanus pedunculatus*   Mayland

Tiere mit dem weißgefleckten roten Körper und den langen weißen Antennen sind tag- und nachtaktiv. Mit den langen Stielaugen können sie das Aquarium meist gut überschauen, wenn sie auf Beutefang gehen. Nachts machen sie sich an ruhende Fische heran; einmal zielsicher gefaßt, entkommt keiner mehr. Und noch ein Nachteil der Krebse: Sie wachsen und wachsen und erreichen schließlich die stattliche Größe von 16 Zentimetern (und mehr). Zusammen mit ihrem Haus erscheinen sie dann noch größer. Ein Krebs, der, zumindest im ausgewachsenen Stadium, nur für eine Haltung in einem speziellen Aquarium geeignet erscheint. Bei dieser Meinung, die ich mir nach eigenen Erfahrungen bildete, bleibe ich − auch wenn ich in gelegentlichen Berichten lese, daß ›das alles‹ nicht so schlimm sei.

Mit *D. arrosor* ist von Zeit zu Zeit ein weiterer feuerroter Einsiedler im Handel, der, wie auch der ebenfalls rote *D. calidus*, aus dem Mittelmeer stammt. Ebenfalls gelegentlich eingeführt wird der rosabeige *D. pedunculatus*. Raritäten in unseren Aquarien sind dagegen *D. lagopodes* aus dem Indischen sowie *D. guttatus*, *Aniculus elegans* und *A. maximus* aus dem Pazifischen Ozean. Symbiose mit den räuberischen Einsiedlerkrebsen? Gibt es das? Ein kleiner Spaltfüßler (Familie Mysidaceae) aus der Gattung *Heteromysis* gelangte einst als blinder Passagier in die Händleraquarien. J. BIRKHOLZ (1972) beschrieb später einmal den Fund einiger dieser Krebschen. Sie lebten mit einem Einsiedlerkrebs der Art *Dardanus megistos* gemeinsam in dessen derzeitigem Gehäuse. Man spricht dabei von Kommensalismus, wobei meist auf ein Zusammenleben in Ernährungsgemeinschaft hingewiesen werden soll. Die Tiere (Foto 6, Seite 146) bleiben nur sehr klein und erreichen wohl

155

selten eine Länge, die über 10 Millimeter hinausreicht. Sie verlassen das Gehäuse ihres Beschützers nur selten und bleiben auch dann stets in seiner Nähe. In der Nahrungswahl stellen sie, soweit man das feststellen konnte, einige Ansprüche. In bestimmten Zeitabständen begeben sich die Krebse wieder in das Gehäuse des Einsiedlers, das offenbar auch ihr Zuhause ist.

Bemühungen, den wissenschaftlichen Namen dieser hier abgebildeten Krebschen festzustellen, blieben bisher deshalb erfolglos, weil diesbezügliche Bestimmungen nur nach Untersuchungen am präparierten Exemplar, nicht aber nach einem Foto vorgenommen werden können. Auf meine Anfrage konnte mir jedoch ein Spezialist dieser Gattung, Herr Doz. Dr. KARL WITTMANN (Wien) soviel verraten, daß die riesigen Scheren des Krebses ihn zur Untergattung *Gnathomysos* gehörig erscheinen lassen. Ähnlichkeiten mit *Heteromysis (Gnathomysis) harpaxoides* BACESCU & BRUCE, 1980 von den Korallenriffen Australiens sind nicht auszuschließen. Die in der genannten Untergattung zusammengefaßten Arten sind vom Roten Meer über den Indischen Ozean bis nach Australien verbreitet. „Es ist aber sehr gut möglich, daß es sich um eine andere Art handelt, die man bis jetzt mit *Dardanus megistos* noch nicht gefunden hat", sagt Dr. Wittmann.

Wie inzwischen erfolgte Erkundigungen in Australien ergaben, handelt es sich bei der hier gezeigten Art tatsächlich um *Heteromysis harpaxoides*.

P o r z e l l a n k r a b b e n sind beliebte kleine Pfleglinge im Riffaquarium. Sie gehören der Familie Porcellanidae an. Bekannt sind vor allem die feingepunktete *Neopetrolisthes maculatus*, deren Verbreitung sich über den Indischen Ozean bis etwa zur Inselwelt Indonesiens erstreckt, sowie die Porzellankrabben, die mit groberen Punktemustern überdeckt sind, *N. ohshimai*, deren natürlicher Lebensraum im Gebiet jenes Inselstaates beginnt und sich nach Osten in den Pazifik hineinzieht. Eine aus dem Südwesten des Indischen Ozeans bekanntgewordene Art, *N. alobatus*, wird hin und wieder von tauchenden Aquarianern aus Gebieten um die Inseln Mauritius und Madagaskar mitgebracht. Bei ihnen ist ein Muster aus größeren und kleineren schwarzen Tüpfeln gänzlich über den weißlichbeigen Körper, die Scheren und Beine verteilt.

Porzellankrabben werden im Aquarium meist als Symbiosetiere gehalten und kommen oft als blinde Passagiere mit großen Anemonen an. Die kleinen Riffbewohner haben eine typische Ernährungsweise. Ihre Kiefernfüße, die noch vor den großen Scheren sitzen, sind mit langen Borsten besetzt, die wie ein Fächer vorgeschoben und ausgebreitet werden können. Damit fangen sie nor-

malerweise Plankton – schwebende Nahrungspartikel im Meer. Wird der Fächer zusammengelegt, kann er von einem weiteren Kiefernfuß ausgebürstet und die Nahrung verzehrt werden. Auch im Aquarium sieht man die Tiere oft ›wie Tennisspieler vor dem Return‹ in Erwartung der Nahrungspartikel mit hochgereckten Fächern stehen (Foto). Bei all den Nahrungsfangversuchen muß auch die Anemone, das nesselnde Wirtstier, genug von dem Plankton abbekommen, denn bei einem ›Symbioseabkommen auf Gegenseitigkeit‹ sollen ja beide Partner einen Vorteil aus der Gemeinschaft haben. Den kleinen Krabben ist wahrscheinlich ein natürlicher Schutz zu eigen – jedenfalls konnte ich nie beobachten, daß sie irgendwelche Anbiederungsversuche machten oder Schutzmaßnahmen vorbereiteten. Vielmehr marschieren sie meist, wenn man sie ohne Anemone erwirbt, ohne viele Umwege auf die Anemone zu (und in diese hinein), die ihnen die geeignetste Partnerin zu sein scheint. Porzellankrabben sind angenehme und tadelsfreie Partner in jedem Becken, in dem Riffanemonen gepflegt werden. Sie überschreiten die Größe von 2 Zentimetern kaum einmal.

Krabben anderer Arten werden von den einschlägigen Händlern in bestimmten Zeitabständen mit eingeführt, doch fällt es oft genug schwer, sie aus der riesigen Artenzahl sicher zu bestimmen. Einige typische Vertreter sollen hier erwähnt werden, vor allem die jener Gruppen, deren Arten bekannt sind und deren Spezies sich nach ihren optischen Merkmalen daher schnell bestimmen lassen.

S c h a m k r a b b e n (Familie Calappidae) tragen einen Namen, der neugierig macht. Die Tiere haben große seitlich abgeflachte Scheren, die beim Einschlagen ganz eng dem Körper angelegt werden können. „Sie schlagen schamvoll die Hände vors Gesicht" könnte man meinen. Die Familie ist sehr artenreich. Viele Mitglieder graben sich gern in den Sand ein; hier lauern sie auf Beute. Die kleinen Kerle werden meist nicht größer als 5–6 Zentimeter und sind sandfarben, zuweilen mit einem marmorierten oder gepunkteten Muster darüber. Ihre Fütterung im Aquarium ist problemlos – wie meist bei Räubern. Für ein Gesellschaftsbecken kann man sie allerdings nicht empfehlen, da sie über starke Scheren verfügen, von denen sie natürlich zum Nahrungserwerb auch Gebrauch machen.

D r e i e c k s - oder S p i n n e n k r a b b e n sind in der Familie Majidae zusammengefaßt. Ihr Körper verjüngt sich nach vorn, wodurch die namengebende Dreiecksform entsteht. Ein optischer Vergleich mit den Spinnen erscheint leicht, wenn man die langen Beine sieht, die den Körper relativ klein erscheinen lassen. Schaut man das Tier direkt von vorn an, so fallen die knopfförmigen,

Porzellankrabbe *Neopetrolisthes maculatus* Birkholz

Spinnenkrabbe *Stenorhynchus seticornis*

Hansen

seitlich am Kopf auf kurzen Stielen stehenden Augen auf. Mit etwas Phantasie lassen sich bei Exemplaren der einen oder anderen Art sogar ›Nase‹ und Mund erkennen. Zudem haben sie einen Tick: Sie maskieren und behängen sich mit Algen oder Schwämmen und pflanzen sich manchmal sogar ein kleines Hohltier auf. An den Beinen und auf dem Panzer sind sie mit sogenannten gekrümmten Angelhaaren ausgestattet, die, ähnlich wie Kletten, eine Art Haftvorrichtung darstellen und das Anheften solchen Tarnmaterials so sehr erleichtern, daß Algen oder Stücke von Schwämmen sogar an- und weiterwachsen. Deutsche Namen wie Masken- oder Gespensterkrabben beziehen sich auf dieses Verhalten der Krebstiere, das immer nur für gewisse Arten zutrifft. Die Maskierung mag ihren Grund nicht zuletzt im geringen Verteidigungsvermögen der Tiere haben. Bei den kleinbleibenden Exemplaren dieser artenreichen Familie (mit fast 700 Arten), deren größte Exemplare riesig sind (Spannweite bis 180 Zentimeter!), liegt das mit Scheren ausgestattete Beinpaar wie ein Handwerksbesteck vorn.

Die Haltung der Spinnenkrabben braucht dem Pfleger keine Sorgen zu machen, da die Tiere bereitwillig verschiedene Futterarten nehmen. Man soll sie andererseits von allen zarten Blumentieren und anderen Niederen, vor allem aus der Nähe von Röhrenwürmern fernhalten, weil sie ihnen zuweilen nicht widerstehen können. Gelegentlich sieht man die Krabben in direktem Kontakt mit nesselnden großen Anemonen. Dazu müssen sie sich ihr ›Immunsystem‹ ebenso aneignen, wie es die Anemonenfische bei neuen Wirtstieren tun: Sie übertragen Schleimpartikel der Aktinie auf ihre Körperpartien und werden darauf nicht mehr als Fremde erkannt und genesselt. Von den importierten Arten wurde in erster Linie *Stenorhynchus seticornis* aus dem Westatlantik bekannt. Urlauber brachten von den wärmeren Küsten

des Ostatlantiks *S. lanceolatus* mit, und das Vorkommen von *S. debilis* und *S. tenuirostris* ist vom Pazifik, bei der letzten zusätzlich auch vom Indischen Ozean belegt.

B o x e r k r a b b e n gehören einer weiteren Krabbenfamilie, Xanthidae, an, die man mit mehr als 900 Arten die formenreichste nennt. Ihre Mitglieder kommen fast in allen Meereszonen vor, doch treffen wir die meisten in wärmeren Gewässern, darunter auch in Riffgebieten an. Erwähnenswert von allen erscheinen hier aber lediglich einige Vertreter der Gattung *Lybia*, bei deren Verhalten man Absonderliches feststellt. Gleichzeitig findet man wieder einen Beweis für die Tatsache, daß die Natur in Spezialisierungen schier unerschöpflich ist: Damit die kleine Krabbe besser vor Angriffen geschützt ist, nimmt sie mit den Scheren- und Kieferfüßen kleine Aktinien von ihrem normalen Substrat (eine Arbeit, die sicher nicht einfach ist und eine ganz bestimmte Routine voraussetzt), hält sie schließlich mit einer Schere fest, und die Anemone saugt sich gleichzeitig an diese Schere an. Auch die zweite Schere des Beinpaares ist am Ende der Prozedur auf diese Weise ausgerüstet. Meist werden die Anemonen solange als Waffe benutzt, bis die nächste Häutung der Boxerin einsetzt, wobei die Aktinien im Wege sind und abgeworfen werden. Nach dem Aufpflanzen der Aktinien und nun bewaffnet, geht die Krabbe damit dann bei fast jeder Begegnung mit anderen Lebewesen ihres Biotops in Boxerstellung: eine ›Hand‹ nach vorn, die andere etwas zurückgenommen – ihre Verteidigungsstellung. Dabei wirken die von den Aktinien gebildeten Verdickungen an den Vorderenden der Scherenbeine wie Boxhandschuhe. Es ist zum Schmunzeln, aber man könnte sogar von Links- und von Rechtsauslegern sprechen – wie bei den Boxern.

Niemand wird behaupten, daß es sich hier um eine Symbiose, eine Lebensgemeinschaft zum beiderseitigen Nutzen handelt, denn man hat schon beobachtet, daß

157

einer der ›Handschuhanemonen‹, die ein gutes Nahrungsstück aus dem Wasser gefischt und erbeutet hatte, dies von der Krabbe wieder abgenommen wurde. Da kann man weder von Lebens- noch von Ernährungsgemeinschaft sprechen! Andererseits fällt dann genügend Nahrung für die beiden Aktinien ab, wenn die Boxerkrabbe die eigene Nahrung zerkleinert, die vom zweiten Schreitbeinpaar gehalten und von den übrigen Werkzeugen zerkleinert wird. Krabbe und Aktinien sind im Aquarium nicht sonderlich wählerisch und nehmen vielerlei Nahrung zu sich. Da die kleine Boxerkrabbe offenbar gern etwas zu knacken hat, konnte ich eine Vorliebe für (tiefgefrorene) Bachflohkrebse entdecken. Von den bisher eingeführten oder durch Publikationen bekanntgewordenen Boxerkrabben kann man zwei Vertreter nennen: *Lybia tesselata*, die meist aus dem Indischen und Pazifischen Ozean eingeführt wird sowie aus dem pazifischen Raum die (in der Männchenform) optisch interessante *L. edmondsoni*.

Winkerkrabben gehören zu den Strandkrabben, von denen fast jeder Tourist die kleineren oder größeren Renn- oder Reiterkrabben (Gattung *Ocypode*) kennt, die im Sand tropischer und subtropischer Strände leben. Die als Winkerkrabben (Gattung *Uca*) bekannten Krebse sind, wie auch ihre rennenden Verwandten, nicht (!) ausschließliche Wasserbewohner. Wollte man sie in einem Nur-Wasser-Becken pflegen, würde man nicht lange Freude an ihnen haben – sie würden ertrinken. Winkerkrabben benötigen als Strandtiere einen Landteil mit feinem Sand und/oder Felsen; sie sind also Tiere für ein Meeresterrarium. Aus der großen Gruppe der Winkerkrabben kennt man an die 60 Arten. Die männlichen Tiere tragen zu ihrer kleinen Freßschere auf der einen Körperseite eine besonders große und starke Imponierschere auf der anderen; Weibchen haben nur zwei kleine Scheren. Das Winken der Männchen ist ein Bestandteil der Balz; sie wollen auf diese Weise die Weibchen auf sich aufmerksam machen. Geht bei einem Kampf mit einem gleichgeschlechtlichen Rivalen einmal die Prachtschere verloren, so wird sie mit dem Prozeß der nächsten Häutung ersetzt.

Winkerkrabben sind sehr scheu. An tropischen Stränden kann man stundenlang dem Treiben dieser kleinen Kerle zusehen. Man muß sich nur ganz ruhig verhalten, denn bei der geringsten Bewegung verschwinden sie entweder in ihre Höhle oder ins Wasser. Erst nach einiger Zeit strecken sie vorsichtig den bunten Panzer (nur bei ♂♂) wieder ins Freie, um festzustellen, ob ›die Luft rein‹ ist. Im Terrarium ist ihr Verhalten nicht anders. Von den gelegentlich eingeführten Arten wurden bekannt *Uca annulipes*, *U. marionis*, *U. pugilator*, *U. pugnax*. Zuweilen werden aber auch andere Arten von Aquarianern mitgebracht, die an tropischen Küsten Urlaub gemacht haben. Gemeinsames Halten von Winkerkrabben mit Schlammspringern im Meeresterrarium ist fragwürdig, weil die Krabben die natürliche Beute der Schlammspringer sind.

Schwimmkrabben führen im Aquarium eine ebenso räuberische Lebensweise wie die Uferkrabben. Die ersten gehören der Familie Portunidae an, die zweiten der Familie Grapsidae. Schwimmkrabben wie etwa *Portunus sebae*, bei der die ›Augenflecke‹ eine unterschiedliche Färbung (meist mehr ins Rote gehend) haben, sind ebensolche Räuber wie ihre übrigen Verwandten. Ähnliches gilt auch für die Uferkrabben, von denen bereits in einem vorangegangenen Abschnitt *Grapsus grapsus* von tropischen und subtropischen Regionen der westamerikanischen Küste Erwähnung fand. Um diese Krabben zu pflegen, müßte man sich eines räumlich recht ausgedehnten Uferaquariums bedienen, wie das normalerweise nur in Zoologischen Gärten und ähnlichen Anlagen geschehen kann.

Eine Winkerkrabbe (*Uca*-Art) ›winkt‹ mit ihrer großen Schere   Birkholz

Die Schwimmkrabbe *Portunus sebae* aus der Karibik   Mayland

Stachelhäuter sind im Stamm Echinodermata zusammengefaßt. Dazu gehören viele bunte Pfleglinge eines Wirbellosenaquariums, allerdings auch solche, die in einem gut gepflegten Aquarium mit zarten Blumentieren wie Krustenanemonen und Steinkorallen argen Schaden anrichten können. Zu jenen Stachelhäutern gehören vor allem die breitarmigen, oft mit Höckern bewachsenen oder kissenförmigen Seesterne (Gattungen *Asterodiscides, Choriaster, Culcita, Halityle, Nidorellia, Oreaster, Pentaceraster, Poraster, Protoreaster* und andere).

Die Seeigel und -sterne, Seelilien und -walzen sind in der Bauart immer fünfstrahlig. Man kann das bei den Seesternen und zur Not auch bei den Seelilien leicht feststellen. Bei den ›Gehäuseformen‹ der Seeigel und -walzen sind die fünf Strahlen im Rundkörper nach hinten gebogen. Das Tier liegt also mit seiner Mundseite abwärts oder seitwärts. Alle können sich verhältnismäßig schnell von der Stelle bewegen; teilweise mit Hilfe ihrer Saugfüßchen (Igel, Sterne) oder mit den Armen selbst (Schlangensterne, Haarsterne). Bei der Nahrungsaufnahme liegen die meisten flach auf einem Substrat auf oder halten sich − etwa wie die Haarsterne − mit den gegliederten und sehr beweglichen Cirren (= Rankenfüßchen) an Steinen und Korallenstücken fest und strecken die Arme in die Strömung. Vor dem Einsetzen bisher nicht bekannter Stachelhäuter, besonders in ein Niedere-Tiere-Becken, aber auch in Aquarien mit Fischen, soll man sich nach den Lebens- und Ernährungsgewohnheiten von Niederen und Fischen erkundigen, da bestimmte Stachelhäuter (wie erwähnt) Unheil in manchen Becken anrichten, andererseits aber auch selbst Opfer werden können (zum Beispiel Seeigel durch Drückerfische).

Haarsterne stellen, gemeinsam mit den Seelilien, in der Klasse Crinoidea die erste Gruppe der Stachelhäuter dar. Während die Haarsterne relativ selten in unsere Aquarien gelangen, werden Seelilien fast nie angeboten. Haarsterne sind Planktonfresser, sie stellen somit mehr als nur gehobene Ansprüche, zudem leiden viele später an den Folgen einer wenig gerechten Verpackung beim Versand vom Herkunftsland. Natürlich bieten sie ein wunderschönes Bild, wenn sie, an ein Substrat geklammert, in der ›Brandung‹ des Aquariums stehen. Zu starke Strömung indes bekommt ihnen nicht, zudem ist die Ansaugkraft mancher Pumpen, die nur der Strömung dienen und ohne Filtertopf betrieben werden, am Ansaugkorb so stark, daß sie damit den Haarsternen gefährlich werden könne. Zu starker Sog ist ebenso schlecht wie zu starke Strömung! Normalerweise möchten sich die Tiere aus dieser Zone entfernen; leider ist aber der Raum in einem Aquarium begrenzt.

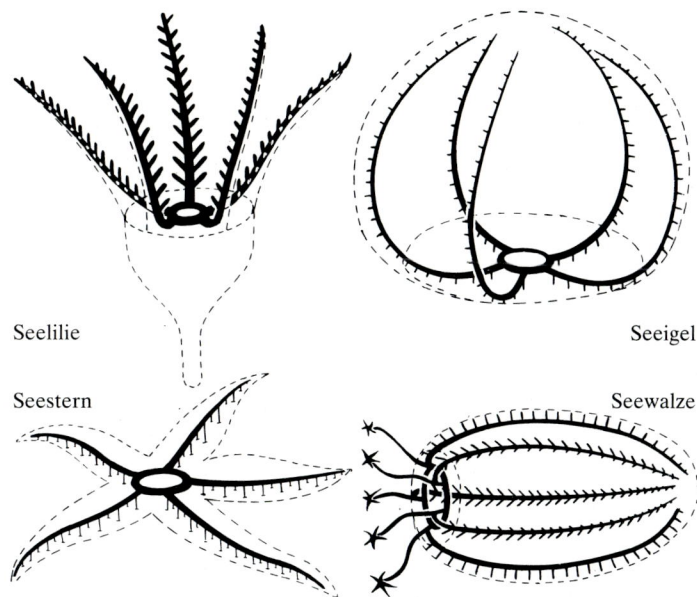

Seelilie   Seeigel

Seestern   Seewalze

Die Fünfstrahligkeit der Stachelhäuter tritt optisch am ehesten beim Seestern hervor; aber auch andere Vertreter dieses Stammes sind fünfstrahlig   Bleichner

Gefüttert werden Haarsterne, wie alle Planktonverzehrer, mit Salinenkrebs-Nauplien und dem bereits des öfteren erwähnten feinen Brei aus verschiedenem Meerestierfleisch (Muscheln, Fisch, Garnelen, aber von den letzten auch die kalkhaltigen Panzer mitzerkleinern!). Da die Sterne fast alle dämmerungs- oder nachtaktiv sind, sollte die Fütterung erst nach Abschalten der ersten Lampengruppe erfolgen. Strecken die Haarsterne dann ihre Arme aus, kann man ihnen die Nahrung auch auf direktem Wege mit Hilfe einer Futterpipette gezielter zukommen lassen, als sie erst mit der Pumpe durchs Aquarium zu spülen. Auf diese Weise kann ziemlich garantiert werden, daß die Sterne auch ausreichend mit Nahrung versorgt werden. Die unterschiedlich gefärbten Arten (weiß, rostrot, dunkelbraun und schwarz) kommen aus den verschiedensten Meeresregionen.

Haarsterne sind frei beweglich und können sich mit Hilfe ihrer Cirren, die wurzelgleich an der unteren Spitze des Rumpfes sitzen, ankrallen. In geöffnetem Zustand (links) filtrieren sie feinste Nahrungspartikel aus dem Wasser. Die rechte Zeichnung zeigt einen geschlossenen Haarstern Bleichner

159

Bekannte Gattungen sind *Cenolia, Coemanthus, Comatula, Comissia, Capillaster, Comatella, Comaster, Comantheria, Comanthina, Comanthus, Catoptometra, Heterometra, Lampometra, Oligometra, Reometra, Stephanometra, Tropiometra* und andere. Verletzte Haarsterne — etwa mit abgerissenen Armen — haben in der Regel keine große Überlebenschance, sie müßten verhungern. Nur wenn der Stern in wirklich guter Verfassung ist und gut gefüttert wird, hat er bei solch einer Verletzung eine Chance. Versuchen kann man es!

S e e s t e r n e sind in der Klasse Asteroidea zusammengefaßt. Bei ihnen trifft das zu, was bereits in der Einführung zum Kapitel der Stachelhäuter gesagt wurde: Aus der Sicht des Aquarianers, und hier besonders des Inhabers von Blumentierbecken, muß man die Seesterne in zwei Gruppen unterteilen — die guten und die bösen. Mit anderen Worten, man muß die Kleinpartikel- und Algenfresser von den Fleischfressern zu unterscheiden wissen, was in bestimmten Fällen leicht ist.

Bei den Seesternen haben wir es mit einem Riesenangebot an unterschiedlich geformten und vielfarbigen Arten zu tun. Im Gegensatz zu den Vertretern kälterer Meere sind die tropischen Seesterne meist sehr bunt: Neben vielen Rot-, Gelb- und Orangetönen gibt es blaue, violette, grüne und graue Sterne. In einer verschließbaren Aussparung unterseits der Arme sitzen kleine Saugfüßchen, jeweils in zwei oder vier Reihen. Mit ihnen können die Sterne sich kräftig ansaugen. Man darf sie nicht mit Gewalt vom Substrat abreißen, ihre Füßchen könnten mitabgerissen werden (das gilt übrigens auch für Seeigel). Beim Laufen saugen sich die Füßchen niemals an, wohl aber bei nahender Gefahr (Druckwelle), die, vom zentralen Nervensystem wahrgenommen, durch Reflexe das Ansaugen auslöst. Beim Klettern sieht die Sache anders aus. Hier wird jeweils eine Fußreihe nach vorn gesetzt, angesaugt und der übrige Körper nachgezogen.

Viele Seesterne sind über einen längeren Zeitraum problemlos zu halten. Es gibt unter ihnen nur wenige wirkli-

Schnitt durch den Arm eines Seesternes. Im oberen Armteil rechts und links die beiden Kiemensäckchen, dahinter (außen) der Keimstock. Die schlauchförmigen Füßchen enden meist in einem Saugnapf (unten). Darüber sitzen, im Armmineren, die Ampullen. Sie ermöglichen das Ansaugen. Neben den Füßchen erkennt man die Greifzangen (Pedicellarien)

Bleichner

che Nahrungsspezialisten, Tiere also, bei denen die Schwierigkeit in der Haltung allein bei der Ernährung zu suchen ist. Die Frage, ob man alle Sterne in einem Gesellschaftsbecken mit vielen anderen Niederen Tieren zusammen pflegen kann, wurde bereits zum Teil beantwortet: Man muß selektieren. Räuber wie die Höcker- und Kissensterne haben in einem solchen Aquarium nichts zu suchen — selbst wenn sie farblich noch so attraktiv sein sollten! Großplattenseesterne der Ordnung Phanerozonia, zu denen ›gute‹ und ›böse‹ gehören, sind in viele Familien unterteilt. So gehören die vorher erwähnten räuberischen Arten zur Familie der Kissensterne (Oreasteridae). Zu den Arten, die man immer wieder einmal bei Händlern und Importeuren findet, zählen die hier abgebildeten *Pentaceraster mammilatus, P. tuberculatus, Protoreaster lincki, Choriaster granulatus* und *Culcita schmideliana*. Dazu kommen

Wie sich ein Seestern (hier *Echinaster sepositus*) aus gefährlicher Rückenlage befreit: Zuerst wird ein Arm unter den Körper gedreht, darauf der übrige Körper langsam nachgestemmt. Im Hintergrund zwei bunte Seeigel (*Tripneustes gratilla*). Sie haben sich zur Tarnung mit abgerissenen Blättern der Alge *Caulerpa prolifera* umwickelt

Mayland

1 – *Culcita schmideliana*, ein Kissenstern
2 – *Pentaceraster tuberculatus* und *Holacanthus tricolor*, juv.
3 – *Protoreaster lincki* mit abgespreizten Füßchen
4 – Korallenpolypenfresser *Choriaster granulatus*   4 Flaskamp, alle übrigen Mayland

mehr oder weniger bekannte Arten wie der dornige *Culcita coriacea*, *C. novaeguineae*, *Pentaceraster alveolatus*, *P. horridus*, *P. regulus*, *Protoreaster nodosus*, *Pentaster obtusatus*, *Poraster superbus* oder *Oreaster occidentalis* und *O. reticulatus*.

Zur selben Ordnung gehören die Vertreter der Familien, in der wir überwiegend Kleinpartikel- und Algenfresser antreffen. Daraus sind aquaristisch hauptsächlich Arten der Familien Echinasteridae, Chatasteridae, und Ophidiasteridae (einschließlich Linkiinae) bekannt. Man kann sie leicht als zur harmlosen Gruppe gehörig identifizieren, denn sie haben runde Arme. Aus der ersten Familie finden wir eine Reihe von Sternen auch im Mittelmeer, und zwar hauptsächlich in seinem östlichen Teil, wo die Sonne einen kräftigeren Einfluß auf die Wassertemperatur hat und der kühle Atlantik fern ist. Hier kennt man als schönste Art *Echinaster sepositus*, ein roter Seestern, der es allerdings nach meiner Erfahrung im Tropenaquarium nicht leicht hat, längere Zeit zu überdauern. Aus derselben Gattung kommt aus dem Indischen Ozean mit *E. purpureus* ein recht ähnlich gefärbter, aber vor allem besser zu haltender Verwandter, der sich ausgezeichnet in einem Riffaquarium hält. Aus dem gleichen Gebiet, aber auch aus dem Westpazifik kommt der orange und gelb gefärbte Noppenstern *E. callosus*. Mit *E. sentus* und *E. spinulosus* liefert das karibische Meer bei den wenigen Importen, die uns heute noch von dort erreichen, zwei Vertreter der Gattung, deren Oberfläche mit Noppen besetzt ist, und die sich ebenfalls als haltbar erwiesen haben. Zuweilen werden aus dieser Familie aus dem Westpazifik noch zwei

Protoreaster-Gruppe im sonnendurchfluteten Flachwasser vor der Küste Ostafrikas

Mayland

Arten eingeführt: *E. luzonicus* (oft mit mehr als 5 Armen und immer feuerrot) und *E. varicolor* in unterschiedlichen Farben (Name) von Orangebraun bis zu einem gesprenkelten Rot/Rot.

Die Blaue Linckia *Linckia laevigata* kennt wahrscheinlich jeder gut orientierte Meeresaquarianer. Die Stellung der Unterfamilie (oder Familie) ist umstritten, meist wird sie heute von den spezialisierten Wissenschaftlern als Unterfamilie der Ophidiasteridae geführt – aber das wird hier nur wenige interessieren. Die meist von den Philippinen eingeführten Sterne lieben das helle Sonnenlicht und sind beispielsweise den zigtausenden Riffwanderern, die jährlich die seichten Zonen des Great Barrier Reefs in Australiens Osten und Nordosten besuchen, eine dauernde Erinnerung. Neben den Vertretern dieser seit langem eingeführten und sehr gut haltbaren Art wurden durch Publikationen noch *L. colombiae*, *L. guildingi* (beigebraun) und *L. multifora* (weißlichbeige mit vielen roten Tüpfeln) bekannt, von denen der erste im Ostpazifik, der zweite im Indopazifik und der letzte im Indischen Ozean lebt. Interessant an allen ist das Regenerationsvermögen der Arme – die mit der ungeschlechtlichen Vermehrung dieser Sterne zusammenhängt.

Neben diesen altbekannten Vertretern der Familie Ophidiasteridae dürften die verschiedenen Arten der Gattungen *Celerina*, *Fromia*, *Gomophia*, *Heteronardoa*, *Leiaster*, *Nardoa*, *Neoferdina*, *Ophidiaster* und *Tamaria*

zu den aquaristisch erwünschten Seesternen gehören – auch wenn sie nicht immer regelmäßig eingeführt werden und ihre Namen nicht jedem geläufig sein können. *Celerina heffernani* sieht einigen *Fromia*-Verwandten ähnlich, darunter *F. monilis* aus dem Westpazifik und *F. gardaquana* aus dem Roten Meer, auf den ich anschließend noch zu sprechen komme.

Zu den für ein Becken mit empfindlichen Blumentieren geeigneten Sternen gehören eben auch die der Gattung *Fromia*, von denen im letzten Jahrzehnt einige Arten immer bekannter und beliebter wurden, allen voran *F. gardaquana* aus dem Roten Meer (und von der afrikanischen Küste?). Andere, wie *F. elegans* und *F. milleporella* wurden namentlich erst spät bekannt und waren noch in den siebziger Jahren unter falschen Namen im Handel. Heute sind beide wegen ihrer schönen rotbraunen Färbung, ihrer guten Haltbarkeit und nicht zuletzt wegen ihrem nichträuberischen Leben im Aquarium begehrt. Der Indische wie der Pazifische Ozean bergen aber noch andere und vielleicht noch schönere Vertreter dieser Gattung – ich denke an den feuerroten *F. pacifica* mit den gelben Armspitzen oder den mit einem Wabenmuster überzogenen violettgrundigen *F. indica*, dessen Armspitzen rostrot sind.

Vertreter der Gattung *Gomophia* haben eine ähnlich genoppte Oberfläche, wie wir sie von den *Nardoa*-Arten kennen. Besonders attraktiv ist *G. egyptiaca*, ein etwa 5 Zentimeter großer rotbraun und weiß gemusterter Stern, der neben den Noppen auch einige nicht ganz so spitze Dornen trägt. Die Art ist im Indischen wie im Westen des Pazifischen Ozeans beheimatet. *G. watsoni* kommt hingegen – zumindest nach bisherigem Kenntnisstand – nur in einem Gebiet des Westpazifiks vor, der östlich des australischen Kontinents liegt. Dieser Stern, nur 6 Zentimeter groß, hat viel Ähnlichkeit mit *Nardoa gomophia* (22 Zentimeter), doch sind seine Arme schmaler und sein Lebensraum liegt im Gebiet der polynesischen Inseln. Beide tragen auf rotbraunem Grund Noppenmuster, die sich heller, weißlicher vom Untergrund abheben.

Heteronardoa carinata (Foto Seite 164) ist rotgrundig, ebenfalls leicht genoppt, und die weißen Muster bilden breite blasse Ringe um die Arme. Der Stern kommt im westlichen Indischen Ozean (Seychellen) ebenso vor wie im östlichen (Gold von Bengalen) oder dem Nordosten des australischen Kontinents (Great Barrier Reef). Er wird etwa 10 Zentimeter groß.

Sehr schön sind auch die bisher bekanntgewordenen Vertreter der Gattung *Leiaster*. Nicht alle haben eine fleckige Musterung, wie wir sie beispielsweise von *L. coriaceus* aus dem Indischen und westlichen Pazifischen Ozean kennen. Unter dem Namen *L. leachi* (GRAY,

1840) ist ein Vertreter im Handel, der unter falschem Namen reist. *L. leachi* hat eine kardinalrote Färbung und ist dazu sehr fein (!) graubeige gesprenkelt. Auch er kommt aus dem Indischen und westlichen Pazifischen Ozean. *L. speciosus*, ein einfarbig roter Stern, trägt Längslinien aus kleinen, etwas dunkleren Rechtecken auf den Armen. Er ist Bewohner des Westpazifiks – von Südjapan bis zu den Fidschi-Inseln.

Nardoa variolata, N. tuberculata und *N. novaecaledoniae* werden aus dieser Gattung öfter eingeführt, was besonders für den ersten, den Javastern, zutrifft. Das vermeintlich typische Erkennungsmerkmal aller bekannten *Nardoa*-Vertreter ist die mit rundlichen Erhebungen (Noppen) überdeckte Oberseite. Man soll aber nicht glauben, daß nur *Nardoa*-Arten Noppen hätten! Die Färbung der Tiere kann auch innerhalb der Arten variieren, da sie oft von weit auseinanderliegenden Gebieten eingeführt werden. Im Aquarium verzehren die Sterne hauptsächlich Detritus und ähnlich feine Nahrungspartikel. Aus Gründen der Vorsicht soll man einmal in der Woche darauf achten, daß auch sie etwas fleischliche Kost abbekommen und so der Versuchung widerstehen, etwa einen Röhrenwurm als Leckerbissen

163

1 – *Nardoa tuberculata* (mit *Synchiropus ocellatus*), 2 – *Linckia laevigata*,
3 – *Fromia elegans*, 4 – *Heteronardoa carinata*, 5 – *Fromia monilis*,
6 – *Euretaster insignis*   6 Chlupaty, alle übrigen Mayland

aus seiner Wohnstätte zu holen. *N. gomophia* wurde bereits erwähnt. Nicht unerwähnt bleiben sollte noch die kleine, nur etwa 5 Zentimeter groß werdende *Nardoa frianti* aus dem westlichen Pazifik (bis Hawaii). Bei diesem Stern steht ein Gemisch aus blassen und kräftiger roséfarbenen Noppen auf schwarzbraunem Grund, und die Sterne erscheinen so wie ein edles Porzellan. Ausgesprochene Prachtexemplare bescheren uns einige Vertreter der Gattung *Neoferdina*, wie *N. cumingi* und *ocellata*. Sie haben ein etwas breiteres Körperzentrum, von dem breitere Arme ausgehen. Die mir bekannten beiden Arten sind weiß- bzw. hellbeigegrundig. *N. cumingi* erinnert mit seinem gelben Zentrum, dem weißen, zuckergußartigen Grund und den pinkfarbenen, weißgesäumten Noppen an das Weihnachtsgebäck eines Hexenhäuschens. Bei *N. ocellatus* mit beigem Grund, braunem Zentrum, weißen, sehr feinen Noppen und den größeren feuerroten und weiß gesäumten Randnoppen ist das nicht anders.
Aus der Gattung, von der die ganze Familie ihren Namen bezog, werden heute ziemlich regelmäßig, aber deshalb nicht in Mengen eingeführt: *Ophidiaster dun-*

cani, *O. hemprichi* und *O. robillardi*. Diese Seesterne leben im Pazifischen Ozean und sind auch für einen Einsatz in die vorher genannten Aquarien gut zu verwenden. Besonders *O. hemprichi*, der bereits 1842 von MUELLER & TROSCHEL beschrieben wurde, fehlt in den Importen nicht, läuft jedoch oft unter falschem Namen, weil der Stern (wie eine Reihe anderer auch) einfarbig

Tosia queenslandensis ist relativ selten und kommt auch im Great Barrier Reef nicht häufig vor   Fischer (UW)

rot ist. Bleibt abschließend noch ein Vertreter der Gattung *Tamaria* zu erwähnen: *T. fusca*. Der Name ist irreführend (*fusca/fuscus* = dunkel, schwarz), denn die Sterne haben eine Färbung, die jener von *Heteronardoa carinata* (Foto siehe Seite 164) ähnelt, nur hat dieser Stern keine Noppen, sondern Längsreihen von kleinen kalkigen Dörnchen, die aber nicht so spitz sind, daß sie stechen.

Schlangensterne gehören der Klasse Ophiuroidea an, in der wir die Ordnungen Ophiurae (= Schlangensterne mit unverzweigten Armen) und Euryalae (= Gorgonen- und Medusenhäupter) unterscheiden müssen. Wie die deutschen Bezeichnungen bereits erkennen lassen, sind bei den Vertretern der ersten Ordnung die Arme unverzweigt und bei denen der zweiten verzweigt. Beide Gruppen zusammen bringen eine Vielfalt von knapp 2 000 Arten hervor, die auch dem routiniertesten Liebhaber dieser Wirbellosen kaum alle lebend begegnet sein können. Der Name ›Schlangenstern‹ für diese Stachelhäuter wurde von ihrer Fortbewegungsweise abgeleitet: Mit ihren sehr beweglichen Armen können sich die Sterne − nicht wie die übrigen Verwandten mit Hilfe der Füßchen − von einer Stelle zur anderen bewegen. Sie können mit den Armen insgesamt schlangengleiche windungsreiche Bewegungen ausführen und so zeitweise regelrecht durch das Aquarium stelzen. Diese Schlangenarme haben zwar auch noch kleine Füße, doch ohne Saugnäpfe, weil diese Füßchen weniger der Fortbewegung als vielmehr dem Nahrungserwerb dienen. Der Mund liegt, wie bei allen Seesternen, an der Unterseite des Körpers, genauer gesagt in der Mitte der recht

Schlangensterne (hier *Ophiocoma erinaceus* aus dem Indischen und westlichen Pazifischen Ozean) sind unterschiedlich schwer zu pflegen. Rechts dahinter eine *Lysmata amboinensis* vor einer *Favia* spec.　　Mayland

Ein Vertreter der Gattung *Leiaster*, der Ähnlichkeit mit *L. coriaceus* hat, aber fälschlich als *L. leachi* gehandelt wird　　Mayland

kleinen Körperscheibe, aus der die fünf Arme hervortreten.

Der Mund kann auch durchaus größere Nahrungsbrocken, etwa von der Größe einer Sandgarnele, aufnehmen; die Sterne sind somit nicht darauf angewiesen, sich im Riff wie im Aquarium allein von Mikroorganismen oder Detritus zu ernähren. Im Aquarium können Schlangensterne, deren Vertreter Größen zwischen 1 und 30 Zentimetern erreichen, als Restevertilger eingesetzt werden. Kleinere Nahrung wird mit Hilfe der Füßchen unter den Armen bis zum Mund weitergeleitet. Den Ruf als schlechte Aquarientiere haben die Schlangensterne eine Zeitlang wohl dadurch erhalten, daß sie nur verletzt in die Aquarien gelangten. Beschädigte Tiere bilden allerdings ihre Arme nicht unbedingt nach, doch sind sie keinesfalls so zerbrechlich, wie mancher vermutet. Die Tiere soll man weder mit der Hand noch mit dem Netz umquartieren, sondern dazu (ähnlich wie bei den Igeln) ein Wasser-, Marmeladen- oder Einmachglas verwenden. So können die vielen kleinen Anhängsel der Stachelhäuter nicht mehr beschädigt werden. Für andere Aquarienbewohner und vor allem für Wirbellose bringen Schlangensterne keine Probleme, stellen ihnen also auch nicht nach. Sie sind zwar fast alle nachtaktiv, kommen jedoch meist bald aus ihrem Versteck hervor, wenn man ihnen ein kleines, schmackhaftes Futterstück in die Nähe legt.

Von den vielen inzwischen eingeführten Schlangensternarten wurden durch verschiedene Publikationen einige recht bunte Vertreter der Familien Amphiuridae, Ophiodermatidae, Ophiomyxidae, Ophionereidae,　165

Ophiotrichidae, Ophiocomidae, und wie sie alle heißen, bekannt. Hier wären zu nennen die im karibischen Raum lebenden *Ophioderma apressum, O. guttatum, O. panamensis* und *O. squamosissimum* sowie die aus dem Indopazifik eingeführten *Ophiarachna incrassata* (gelblichbeige) und *O. delicata* (graubraun), *Ophiarachnella gorgonia* (graubeige, mit schwarzgesäumten rostroten Querbänden) und *O. snelliusi* (orangerot). Aus der Familie Ophiocomidae sind es in denselben Gebieten *Ophiocoma alexandrini, O. aethiops, O. brevipes, O. dentata* (schokoladenbraun mit feinen weißlichen Querbinden), *O. erinaceus* (schwarz wie auf Foto), *O. pica* und *O. scolopendrina*. Aus der Familie Ophiomyxidae sollte man noch *Ophiomyxa australis* erwähnen, einen meist kräftig rotorange gefärbten Stern mit gelblichbeigen Querbändern, sowie aus der Familie Ophiotrichidae *Ophiothrix vigelandi*, der auf gelbbeigem Grund rostbraune Querbänder trägt. Es dürfte nicht leicht sein, immer neue, unbekannte Arten, die eingeführt werden, namentlich zu identifizieren, denn noch viele Familien mit Gattungen und Arten warten darauf, in aquaristisches Licht gerückt zu werden.

Gorgonen- oder Medusenhäupter kommen im Meer in vielen Farbschattierungen vor. Bei den meisten Arten kann man die Verwandtschaft zu den Schlangensternen nur erahnen, so weit haben sie sich — zumindest optisch — von diesen Verwandten auseinanderentwickelt. Feinste Verästelungen der Arme beginnen bereits wenige Zentimeter über der oft nur fünfmarkstückgroßen Körperscheibe. Die Planktonfischer leben im Meer überwiegend in größeren Tiefen, und die Taucher in den Vorkommensgebieten sind oft nicht gut genug ausgerüstet, um diese Tiere gesund in ihr Boot und zur Exportstation zu bringen. Dazu die Empfindlichkeit der meisten Exemplare gegenüber kräftiger Berührung, wobei dann die Arme abgeworfen werden können. Als weiteres Handicap muß angesehen werden, daß die Wirbellosen nicht gerade klein bleiben. Dies alles mag als Grund dafür angesehen werden, daß sich die Importe in Grenzen halten, und die wenigen eingeführten Tiere dann als Raritäten für einen hohen Preis angeboten werden. Gorgonenhäupter müssen schon eine bestimmte Größe erreicht haben, bevor man sie als solche erkennen kann, denn in ihrer Jugend sehen sie den Schlangensternen noch ziemlich ähnlich. Erst später entwickeln sie ihre nach allen Seiten einrollbaren Arme, die an den Enden derart verzweigt sind, daß man glauben könnte, das Knäuel sei nicht mehr zu entwirren. Meine bisherigen Erfahrungen mit diesen, wie ich meine, Nahrungsspezialisten, sind (langfristig gesehen) nicht gut. Die Gorgonenhäupter ernähren sich von ausgefiltertem Plankton, benötigen aber auch stark kalkhaltige Partikel für das

Skelett ihrer verwirrenden Arme — alles zusammen in nicht zu geringen Mengen. Sie leben im natürlichen Biotop in größeren Beständen ständig auf Seefedern, von deren Rindensubstanz sie sich ernähren sollen. Leider fehlen hier noch ausreichende Nachweise.

Seegurken oder -walzen sind in der Klasse Holothuroidea zusammengefaßt und gehören, von wenigen Ausnahmen abgesehen, nicht zu den Attraktionen in einem Wirbellosenaquarium. Auch bei ihnen besteht die Grundkonstruktion aus fünf Strahlen, nur sind diese (wie auch bei den Seeigeln) nach hinten zurückgebogen. Die Mundpartie liegt somit bei den Seegurken seitlich. So wehrlos, wie dem tauchenden Aquarianer die Seegurken oder -walzen am Meeresboden zu sein scheinen, sind sie nicht, vor allem liegen auch nicht alle nur ›am Boden herum‹. Es gibt Arten, deren Vertreter ständig im Untergrund leben, also praktisch kaum zu sehen sind. Nehmen wir als Beispiel einer dritten Lebensweise einige Vertreter der Ordnung Dendrochirotida, aus der die Mitglieder der Familie Cucumariidae stammen. Aus diesem Verwandtschaftskreis werden hauptsächlich Exemplare der Art *Paracucumaria tricolor* importiert, die auch mit roten, blauen und gelben Farbkombinationen (besonders im Tentakelbereich) attraktiv aussehen. Diese Seegurken haben nicht nur die erwähnten Tentakel ausgebildet, mit denen sie planktonische Nahrungspartikel aus dem Wasser fangen, und die sie bei Gefahr völlig einziehen können. Arten dieser Ordnung, teils unterschiedlich gebaut, haben eine spezielle Kriechsohle oder sogar Saugfüßchen entwickelt. Besonders die letzten erlauben den Seegurken, an Steinen oder anderen Substraten emporzuklettern und dabei ihren Körper in eine aufrechte Stellung zu bringen, so daß die Mundpartie mit der Tentakelkrone aufrecht im Wasser gehalten werden kann. Erwähnt sei noch aus derselben Ordnung, Familie Phyllophoridae, *Neothyonidium magnum*, deren Vertreter im Endstadium zwar bis zu 30 Zentimeter lang werden können, aber gelegentlich auch als Jungtiere eingeführt werden. Sie graben sich in den Sandboden ein und schicken nur ihre tentakelbesetzte schwarzweiße Krone nach außen.

Von den verschiedenen Arten dieser und anderer Ordnungen kennen wir solche von 5 bis 60 Zentimetern Länge, von denen Exemplare der erwähnten *Paracucumaria tricolor* oder naher und meist ebenso bunt gefärbter Verwandter kaum länger als 12—16 Zentimeter werden. Im Aquarium sind sie sehr haltbar, wobei es nicht schadet, wenn man versucht, sie einmal pro Woche gezielt (Glaspipette) zu füttern. Sie vergreifen sich nicht an anderen Mitbewohnern und sollten natürlich nur auf solche treffen, die ihrerseits friedfertig sind.

›Blühende‹ Seegurke *Paracucumaria tricolor* Mayland

Seeigel gehören der Klasse Echinoidea an. Sie im Aquarium zu pflegen ist manchmal eine einfache Übung, kann aber auch Probleme aufkommen lassen. Es kommt dabei wesentlich auf das Aquarienmilieu an. Die meisten Igel sind überwiegend Algenverzehrer. In einem Becken ohne Algen werden sie daher kaum alt. Es mag angehen, daß man sich als Pfleger eine Zeitlang mit Ersatzfutter wie Kopfsalat oder Spinat behilft, doch ist dies sicher auf die Dauer keine Lösung – auch, weil in einem Aquarium, in dem keine grünen Algen wachsen, im Milieu etwas nicht stimmen kann.

Seeigel haben komplizierte Kauwerkzeuge. Man kann das dann leicht gut erkennen und beobachten, wenn der Igel an der Frontscheibe des Aquariums hochmarschiert. Der Freßapparat besteht aus 5 recht langen und nach innen gebogenen Zähnen (Foto). Sie können so zusammengebracht werden, wie man es vom Bohrfutter einer Bohrmaschine her kennt. Dieser Apparat mit Zähnen und Kiefer ist in den Vorderdarm eingelagert. Man nennt ihn auch die ›Laterne des Aristoteles‹. Klettern Igel zuweilen an veralgten Scheiben empor, kann man gut erkennen, wie sie mit Hilfe dieser Zähne die Algen von der Scheibe abweiden und dabei Freßspuren hinterlassen, die das zentralgerichtete Zusammengreifen der fünf Zähne gut erkennen lassen. Beim Nahrungserwerb im Fels- oder Korallenriff erbeuten die Igel auch viele Kleinstorganismen der den Algen anhaftenden Mikrowelt. Dadurch werden ihnen lebensnotwendige Substanzen zugeführt. Seeigel leben ausschließlich im Wasser und kommen in allen Schichten des Meeres vor. Ihr Lebensraum ist also nicht nur auf tropische Gewässer beschränkt. Manche Igel, besonders aber die langstacheligen Arten, leben oft mit bestimmten Fischarten in

167

Gemeinschaft. Sie bieten den Symbiosefischen zwischen ihren Stacheln Schutz. Die Igel sind aber auch begehrte Nahrungstiere für viele Meeresbewohner. Der schützende Stachelwall macht sie jedoch oft genug unangreifbar. Bekannteste Jäger und Vertilger von Seeigeln sind Drückerfische. Sie haben verschiedene Methoden der Jagd entwickelt (vergleiche auch Kapitel ›Ein Riff voll Leben‹)

Lederseeigel der Ordnung Lepidocentroidea sollte man kennen, auch wenn sie nur selten eingeführt werden. Die meisten von ihnen sind zwar schön (oft in rostbraunen Tönen) gefärbt, aber über ihre Ernährungsgewohnheiten wird nichts Gutes berichtet, denn sie machen sich besonders gern über tropische Blumentiere (auch größere Anemonen) her. Man darf solche Igel, die im übrigen recht haltbar sind und viele Jahre ausdauern können, nicht ohne genaue Kenntnis ihrer Nahrungswünsche in ein Blumentierbecken setzen. Am einfachsten scheint es, vor dem Unterbringen Freßproben zu machen. Unsere Farbtafel zeigt mit *Asthenosoma urens* einen Vertreter der Ordnung, dessen Stiche schmerzhaft brennen und anschließend kleine schwarze Flecke auf der Haut zurücklassen (CHLUPATY, 1971). Igel wie diese stammen aus dem Indischen Ozean. Ihr Artname (*urens* = die Brennende) weist auf die Wirkung der Stiche hin.

Lanzenseeigel (Ordnung Cidaroidea) tragen ihren Populärnamen nach den lanzenartigen, maximal blei-

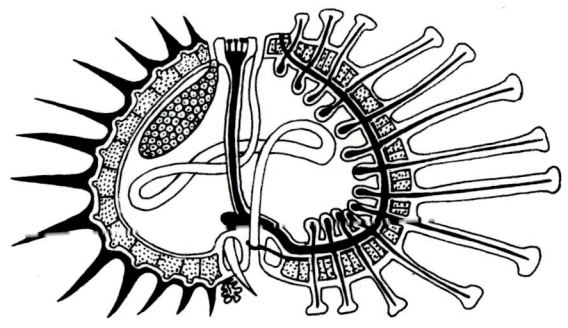

Ein Seeigel im Längsschnitt. Man erkennt den Afterausgang (oben Mitte) und links davon die sogenannte Madreporenplatte, in der das Wassergefäßsystem des Tieres endet. An der linken Oberseite liegt der Keimstock. Ein Nervenring, der um die Mundöffnung (unten Mitte) plaziert ist, verläuft parallel zum Radialkanal. Vor dem Mund liegen die Zähne des Kauapparates (hier nur einer wiedergegeben). Dahinter ein Kiemenbüschel. Die dehnbaren Füßchen (rechts) können vor die Stacheln (links) geschoben werden und erlauben so dem Igel, sich fortzubewegen   Bleichner

stiftstarken Primärstacheln, die ein Vielfaches des Körperumfanges ausmachen können. Diese Igel sind nicht ausschließlich Pflanzenfresser, sondern erbeuten gelegentlich auch einmal Schwämme, kleinere Anemonen, Teile von Lederkorallen und ähnliche Nahrungspartikel, falls der Pfleger ihnen nicht ein- bis zweimal wöchentlich gezielt fleischliche Nahrung anbietet. In diesem Fall bleibt das Fleischfressen meist auf das gereichte Futter beschränkt. Gelegentlich kann es auch vorkommen, daß ein solcher Igel gehörige Kraft entwickelt, um eine vom Aquarianer künstlich aufgebaute Dekoration einstürzen zu lassen; auf jeden Fall kann einige Unordnung gestiftet werden. Lanzenseeigel ähneln sich manchmal sehr, selbst wenn sie verschiedenen Arten angehören. Neben den bekannten Formen mit den langen Primärstacheln, wie hier ein Exemplar aus dem indopazifischen Raum, *Prionocideris baculosa*, mit 10 Zentimeter langen ›Lanzen‹ im Foto S. 170 vorgestellt wird, kommen auch welche mit kurzen keulenförmigen Stacheln vor (Gattung *Ctenocidaris*). Man nennt sie populär Keulenseeigel. Alle sind sehr ausdauernd. Mancher Pfleger vergißt seine Stachelhäuter förmlich, zumal, wenn sie sich eine Zeitlang in den hinteren Regionen des Beckens aufhalten und damit einer ständigen Beobachtung entzogen sind. Gerade der kleine 4–5 Zentimeter große Keulenseeigel ist davon besonders betroffen; er kann sich durch die engsten Spalten zwängen. Ähnlich gebaut sind und ebenfalls als durchaus interessante Pfleglinge, die leider zu wenig eingeführt werden, gelten aus dem Indischen und Pazifischen Ozean einige Vertreter der Gattungen *Chondrocidaris* (*C. brevispina*, *C. gigantea*) und *Eucidaris* (*E. metularia*). Besonders der erste ist attraktiv. Er hat einen gelblichen Körper, kurze orangerote Keulen und wird nur 5–6 Zentimeter groß.

Das Kiefergerüst des Griffelseeigels weist eine komplizierte Konstruktion auf. Dieser Kauapparat, auch ›Laterne des Aristoteles‹ genannt, ist winzig klein und besteht aus fünf pfeilartigen Kiefern, an deren Enden (unten) die Zahnspitzen sitzen. Das kugelige Gebilde (oben) ist die Zahnwurzel   Bleichner

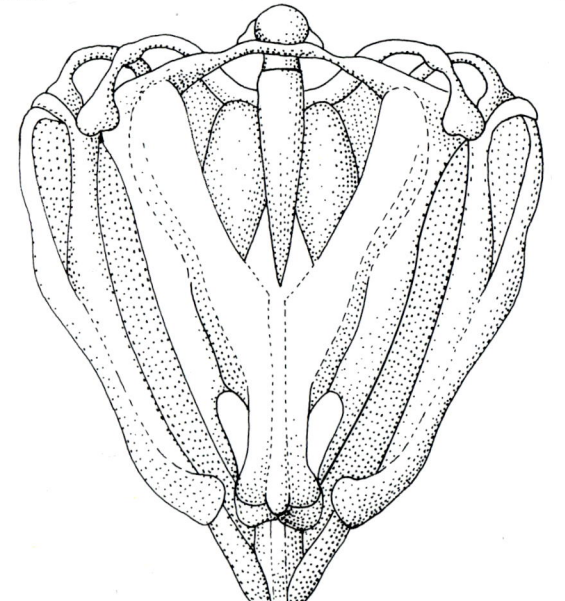

Diademseeigel gehören in die Ordnung Aulodonta. Im Riff leben sie überwiegend auf flachen Sandböden. Ihr Transport und damit ihre unbeeinträchtigte Ankunft beim Importeur hat sich inzwischen soweit verbessert, daß in einem normal arbeitenden Aquarium keine Probleme in der Haltung mehr auftreten. Allerdings verhalten sich die Tiere nicht immer wie erwartet und bleiben am Boden. Vielmehr klettern sie auch über die steinernen Aufbauten und suchen sich die schmackhafteste Nahrung. Schwämme gehören meist auch dazu, das sei einigen Aquarianern warnend gesagt. Da die Igel sich oft an Plätzen aufhalten, an denen man sie nicht vermutet, darf man in einem solchen Aquarium nicht unvorsichtig hantieren; andernfalls könnte es geschehen, daß man sich − etwa beim Scheibenreinigen − an den langen, nadelspitzen Waffen der Tiere sticht, wobei die Stacheln oft in der Wunde abbrechen. Das führt anfangs zu starkem Brennen, später aber auch zu Entzündungen. Beschwerlich ist auch der Transport, denn alle Plastikbeutel können leicht zerstochen werden, und das Wasser läuft dann aus.

Bei vielen Diademseeigeln glaubt man auf dem Körper ein ›rotierendes Auge‹ zu erkennen, dem möglichen Angreifer drohend entgegengereckt. Man könnte in der Tat das tropfenförmige Gebilde als Auge ansprechen, zumal der Igel fast alle Stacheln auf einen Punkt ausrichten kann, wobei der Eindruck entstehen mag, er wolle besonders dieses Gebilde schützen oder dieser orangefarbene Ring darauf sei ein Steuermechanismus für die Stacheln. Diese Vermutungen stimmen jedoch alle nicht! Die Lösung ist eher banal: Wir haben die Afteröffnung des Tieres vor uns.

Am häufigsten werden aus der Familie Diadematiidae Vertreter der Gattungen *Astropyga*, *Centrostephanus*, *Diadema* und *Echinothrix* eingeführt. Am bekanntesten davon dürften einige seit vielen Jahren gepflegte Arten sein, allen voran, der Igel mit den wohl längsten Stacheln: *Diadema setosum* aus dem indopazifischen Raum (Foto S. 170) und daneben der karibische Verwandte, *D. antillarum*. Bei dem rostbraunen *D. saxatilis* (Foto S. 170) und den mit kräftigeren Stacheln versehenen *Echinothrix calamaris* (rosabraun mit weißen Spitzen) und *E. diadema* (schwarzbraun mit braunbeigen Spitzen) sind die stacheligen Waffen dafür etwas kürzer, und bei den beiden letzten sind sie zudem weniger spitz. Man darf sich jedoch in der Vorsicht nicht täuschen lassen, denn bei solchen Arten trifft man feine zusätzliche, sogenannte Sekundärstacheln an, die zwischen den groben stehen und leicht übersehen werden. Ihre Stiche können fast noch unangenehmer als die der langstacheligen Verwandten sein. Aus den Gattungen *Astropyga* und *Centrostephanus* wurden nach Publikationen fol-

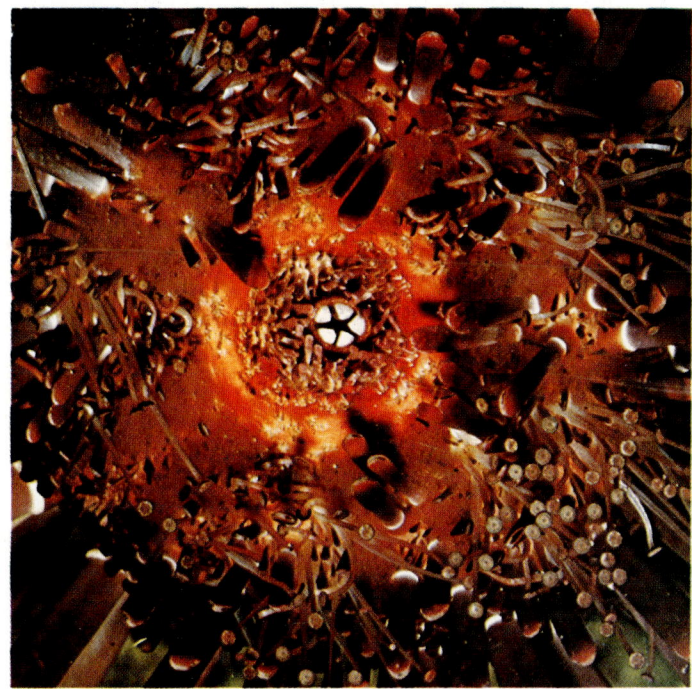

Ein Griffelseeigel *Heterocentrotus mammilatus* zeigt seine Füßchen und die schabenden fünf Kiefer   Mayland

gende Namen popularisiert: *A. pulvinata*, *A. radiata*, *A. venusta*, *C. coronatus* und *C. rodgersii*.

In der Ordnung Camarodonta sind neben den bereits erwähnten die meisten Bekannten unter den Seeigeln

Mit seinen langen beweglichen Griffeln kann sich *Heterocentrotus mammilatus* in einem Versteck des Riffgewirrs verkeilen   Mayland

1 − *Diadema setosum*
   (Gemeiner Diademseeigel)
2 − *Prionocidaris baculosa* (Lanzenseeigel)
3 − *Diadema saxatilis* (Roter Diademseeigel)
4 − *Calveriosoma hystrix*
   (Roter Lederseeigel)
5 − *Ctenocidaris* spec. (Keulenseeigel)
6 − *Echinometra methaei* hinter Seestern
   Nardoa tuberculata
7 − *Tripneustes gratilla* in zwei Farbvarianten
8 − *Asthenosoma urens*

Hansen (3), Chlupaty (8), Mayland (übrige)

Die stachelige Bewaffnung eines Seeigels kann nadelförmig spitz, keulenartig stumpf oder auch griffelartig dick und rund sein. Der ständige Evolutionsdruck im Meer zwang alle Formen, sich entsprechend anzupassen

zusammengefaßt. Feinstachelige Vertreter der Familien Echinothuriidae, Stomopneustidae, Temnopleuridae, und Toxopneustidae stellen einen großen Teil der Arten, die immer wieder einmal Abwechslung in unsere Aquarien bringen. Man muß allerdings auch bei ihnen darauf achten, daß ihr Nahrungserwerb im Hinblick auf die Einrichtung und Besetzung im Aquarium zu verantworten ist. Die meisten dieser Igel, wie etwa der weiße *Pseudoboletia indiana* aus dem Indopazifik (von Madagaskar bis Hawaii), *Stomopneustes variolaris*, *Toxopneustes pileolus*, *T. ventricosus*, *Tripneustes gratilla* (Foto oben), *Lytechinus pictus*, *L. variegatus* und *L.*

verruculatus sind Algenfresser, die jedoch in einem gut mit Caulerpa bewachsenem Becken unter Umständen schnell ›aufräumen‹ können, zumal sie diese Algen nicht nur verzehren, sondern sich damit auch zum Teil noch umwickeln und sich so tarnen. Das Maskierungsverhalten erstreckt sich nicht nur auf das Ansaugen von Algen. Oft werden auch Steinchen, Muschelschalen und alle möglichen flachen Gegenstände (selbst gelegentlich Kronkorken von Limonadenflaschen) zur Tarnung verwendet. Neben *T. gratilla* muß man hier *T. pileolus* nennen, dessen rosa und weiß gemusterte Füßchenenden sich verbreitern und so unter Umständen schon allein wie ein Blütenbusch aussehen. Diese Igel können einen Umfang von 12—14 Zentimetern und manchmal auch mehr erreichen.

Die Färbung der Igel kann mitunter sehr voneinander abweichen. Ich denke da an *Asthenosoma varium* (Familie Echinothuriidae), dessen Vertreter vom Roten Meer (Golf von Suez) über den Indischen Ozean bis zu den Küsten Südjapans im Westpazifik verbreitet sind. Diese recht groß werdenden Exemplare (20—24 Zentimeter) gibt es in einem leuchtenden Rostbraun, aber auch in weißbeigen Tönen, mit fünf rostbraunen Doppelbinden über den Strahlen.

Über lange Jahre pflegte ich verschiedene Igel aus der Familie Temnopleuridae, allen voran den nur etwa 5 Zentimeter groß werdenden *Mespilia globulus*, den LINNAEUS bereits 1758, wenn auch unter einem anderen Gattungsnamen, beschrieb. Die feinen Stacheln dieses Seeigels sind zwar ›nur‹ sehr schmal grau und braun gebändert, aber die Bestachelung zieht sich immer nur in 5 Bahnen über die Igel, läßt dazwischen einen breiten schwarzbraunen Streifen frei und erinnert an einen Irokesen-Haarschnitt. Die Bewohner des Westpazifiks sind ebenfalls Tarnkünstler, die sich mit allerlei Zeugs behängen, Blumentiere aber unbehelligt lassen. Ein anderer Vertreter aus der Familie Temnopleuridae, wegen seiner rosa und beigen Färbung immer wieder einmal eingeführt, tarnt sich ebenso und macht sich auch viel aus Algen aller möglichen Arten. Man soll aber trotzdem diesen Igeln hin und wieder fleischliche Kost anbieten, um ›Fehlgriffen‹ vorzubeugen. Es handelt sich um Vertreter der Gattung *Salmacis*, allen voran *S. bicolor* und *S. belli* aus den Gewässern um den indoaustralischen Archipel und dem Westpazifik. Auch bei den Namen dieser Igel muß man sich vorsehen, denn auch hier gilt der Spruch: „Ähnliches ist nicht dasselbe!" Mit anderen Worten: Es gibt eine Reihe von Igeln, die sich ziemlich ähneln und daher verwechselt werden können. Sie behalten (natürlich) die normalen Gewohnheiten ihrer Nahrungsaufnahme bei, auch wenn sie namentlich falsch eingestuft wurden.

Zu den beliebten Seeigeln, die sich zwar nicht durch besondere Farbigkeit, dafür aber durch ein Leben als Weidegänger im Flachwasser der Meere ausweisen und daher gute Pfleglinge auch im Wirbellosenbecken sind, gehören die Arten der Familien Echinometridae und Parasaleniidae. Von ihnen werden ziemlich regelmäßig vor allem *Echinometra mathaei* (rotviolett), *E. lucunter* (hellgrau) und *Parasalenia gratiosa* (schwarz und braun) eingeführt. Sie leben in fast allen tropischen und subtropischen Regionen. Blaßviolett ist dagegen *E. oblonga* aus dem Indischen Ozean, den wir in letzter Zeit auch gelegentlich in den Angeboten des einschlägigen Handels finden.

Zu einem Riesen unter den Seeigeln, aber auch der Familie Echinometridae zugehörig, kann sich der rostrote Griffelseeigel *Heterocentrosus mammilatus* entwickeln. Er ist im indopazifischen Raum sehr verbreitet, wird weniger importiert und meist von Aquarienfreunden aus tropischen Gebieten — etwa Ostafrika — mitgebracht. Mit seinen langen, griffelähnlichen Stacheln kann man tatsächlich auf Schiefertafeln schreiben. Diese Eigenschaft kann man aber meist erst dann ausprobieren, wenn sich das Leben des Igels seinem Ende entgegenneigt. Die Tiere sieht man in verschiedenen Rottönen. Sie gehören zu den sogenannten bohrenden Seeigeln: Schon als Jungtiere bohren sie sich eine Wohnhöhle in das weiche Kalkgestein. Mit dem Heranwachsen wird die Wohnung dann vergrößert und der Höhleneingang stets nur so groß gehalten, daß die Öffnung ausreicht, um Nährstoffe einzustrudeln. Eines Tages kann dann der Igel diese Öffnung nicht mehr als Ausgang benutzen und bleibt eingesperrt. Die Nahrung bringt ihm das Meer weiterhin vor die Haustür. Im Aquarium sind junge Exemplare über einige Zeit am Leben zu erhalten. Große Tiere werfen oft schon nach einigen Monaten die ›Griffel‹ ab. Sie müssen dann aus dem Becken entfernt werden, weil das Abwerfen ihren baldigen Tod ankündigt und der Aquarianer sich nicht davon und den Folgen überraschen lassen sollte. Igel wie diese benötigen ebenfalls einen ausgiebigen Algenrasen, den sie während der Nacht abweiden. Für die großen Tiere und ihren entsprechenden hohen Bedarf auch an kalkreicher Nahrung ist dieser Rasen in einem normal großen Becken aber meist nicht groß genug. Zusätzliche Nahrung entnehmen sie in ihrem natürlichen Biotop den am Boden lebenden Wurzelfüßern und hier speziell solchen aus der Klasse Foraminifera, die ein Kalkgehäuse besitzen. Es ist in den meisten Fällen nicht einfach, für diese großen Seeigel ein vollwertiges Ersatzfutter zu entwickeln. Zur selben Gattung gehört auch der nur etwa 10 Zentimeter groß werdende blaßbraune *H. trigonarius*.

Die Fische des Riff-Aquariums

Seitdem ich den Text für die erste Auflage dieses Buches vor rund 15 Jahren schrieb, hat sich in dieser Liebhaberei einiges verändert. Wir mußten eine Reihe von Fehlern erkennen, darunter auch falsche Namen für Fische und Wirbellose. Das kann passieren, denn leider gibt es kein zusammenhängendes wissenschaftliches Werk, an dem man sich orientieren könnte – und eigentlich sollen wissenschaftliche Arbeiten ja dazu da sein. Inzwischen hat sich vieles geändert, zum Guten oder Richtigen. Andererseits gibt es noch eine genügende Zahl von Fragen, die bisher unbeantwortet blieben oder bei deren Beantwortung wir im Dunkeln tappen. Sich hier aufs hohe Roß zu setzen wäre sicherlich töricht. Wissenschaft und aquaristische Praxis sind zweierlei Dinge, die sich in einigen Disziplinen berühren mögen. Wenn nun der Aquarianer diese Wissenschaft respektvoll betrachtet, so muß er auch akzeptieren, daß sie nicht stillstehen kann, Änderungen schafft, Erkenntnisse ständig verbessert. Wie schrieb schon WILHELM VON HUMBOLDT, der Gelehrte und Bruder des heute bekannteren Alexander, vor über 150 Jahren: „Alles wissenschaftliche Arbeiten ist nichts anderes, als immer neuen Stoff in allgemeine Gesetze zu bringen." Dazu gehört dann auch beispielsweise das hierarchische (= die Rangordnung betreffende) System, in dem alles Leben unserer Erde seiner Entwicklung und seiner verwandtschaftlichen Beziehung nach zusammengefaßt und jede so definierte Art namentlich erfaßt ist.

Taxonomie nennt man das Fachgebiet der Biologie, das sich mit der Einordnung in das vorher erwähnte hierarchische System befaßt. Hierzu bedient sich die Taxonomie einer Stufenfolge, deren für den Aquarianer wichtigste im unteren Bereich (Familie, Gattung, Art) liegen. In unregelmäßigen Abständen oder wenn neue Erkenntnisse dazu zwingen, werden neue Richtlinien erstellt. Für die Namensgebung gelten internationale Regeln der botanischen wie der zoologischen Nomenklatur. Bei den wissenschaftlichen Namen handelt es sich um ›Namen für taxonomische Einheiten oder Taxa (Singular: Taxon)‹. Das, was wir Aquarianer unter einem Artnamen verstehen, ist im wissenschaftlichen Sinn ein Begriff aus zwei oder drei Wörtern, ein Binomen oder ein Trinomen. Wie das Regelwerk ausführt, ist in jedem Fall das erste Wort der Gattungsname, das zweite der Artname und das dritte Wort, falls es gebraucht wird, der Name für die Unterart. Diesen Namen kann der Name des beschreibenden Autors

angehängt werden, aber: „Der Name des Autors ist kein Teil des Namens eines Taxon, seine Nennung ist fakultativ" (= dem Ermessen des Schreibers freigestellt), sagen die Regeln. „Wurde ein Taxon der Artgruppe in einer bestimmten Gattung beschrieben und später in eine andere versetzt, so muß der Name des Autors des Namens der Artgruppe in runde Klammern eingeschlossen werden, wenn er zitiert wird."

Die der folgenden Aufstellung zugrundegelegte Systematik ist nach den Vorgaben der zweiten Auflage von Joseph S. NELSONs Werk ›Fishes of the World‹ erarbeitet. Natürlich sind hier nur die Gruppierungen wiedergegeben, die nach Meinung des Autors für dieses Buch wichtig sind:

(Ausnahmen bilden die Knorpelfische, von denen die wichtigsten Familien hier in der Klasse Chondrichthyes aufgeführt sind. Für diese Gruppierungen mögen sich die Taucher unter den Aquarianern interessieren.)

Oberreich Animalia – Tierreich
   Stamm Chordata – Chordatiere
     Überklasse Gnathostomata – Kiefertiere
     Klasse Chondrichthyes – Knorpelfische
      Ordnung Heterodontiformes –
       Stierkopfhaiartige
       Familie Heterodontidae – Stierkopfhaie
      Ordnung Lamniformes – Makrelenhaiartige
       Unterordnung Lamnoidei –
        Makrelenhaiverwandte
       Familie Orectolobidae – Ammenhaie
       Familie Odontaspididae – Sandhaie
       Familie Lamnidae – Makrelenhaie
       Unterordnung Scyliorhinoidei –
        Katzenhaiverwandte
       Familie Scyliorhinidae – Katzenhaie
       Familie Carcharhinidae –
        Blau- und Grauhaie
        (eingeschlossen Triakinae –
        Marderhaie)
       Familie Sphyrnidae – Hammerkopfhaie
      Ordnung Squaliformes – Dornhaiartige
       Unterordnung Squaloidei –
        Dornhaiverwandte
       Familie Squalidae – Dornhaie
       Unterordnung Pristiophoroidei –
        Sägehaiverwandte
       Familie Pristiophoridae – Sägehaie
       Unterordnung Squatinoidei –
        Engelhaiverwandte
       Familie Squatinidae –
        Engelhaie, Meerengel
      Ordnung Rajiformes – Rochenartige
       Unterordnung Pristoidei –
        Sägefischverwandte

Familie Muränen (Muraenidae)

Manche Aquarianer halten Muränen für sehr interessante Tiere, anderen wiederum sind die dämmerungs- oder nachtaktiven Höhlenbewohner zu stur. Tagsüber sitzen sie in ihrem Versteck, und man sieht günstigenfalls den Kopf. Muränen sind, wenn man ihnen ein geräumiges Becken bieten kann, ausgezeichnete, vor

Gelbmaulmuräne *Gymnothorax xanthostomus*   Drosch (UW)

allen Dingen ausdauernde und harte Pfleglinge. Ihr scharfes Gebiß kennzeichnet sie als Räuber. Sie dürfen also nicht mit kleinen Fischen vergesellschaftet werden. Zuweilen ist es nicht einfach, Muränen einzugewöhnen, denn die Vertreter mancher Arten entscheiden sich erst relativ spät zur Annahme von Ersatznahrung. Nachts schwimmen die Aalähnlichen gern im Becken umher – sie gehen auf Jagd. Dabei wird alles bis in den letzten Winkel untersucht. Es kann vorkommen, daß sich die Tiere durch engste Öffnungen zwängen, wobei sie bei schlecht abgedichteten Becken herausfallen können, oder man findet sie morgens im Filtertopf wieder. Wer also Muränen pflegen will, der sollte das beachten, was bereits für die Haltung von Oktopoden (Tintenfischen) gesagt wurde: Das Aquarium ist sehr (!) gut abzudichten; dazu ist der Deckel zu beschweren. Das gilt besonders für die Eingewöhnungszeit.

Im Hinblick auf die Ernährung sind eingewöhnte Muränen nicht sonderlich anspruchsvoll. Sie lassen sich vor allem Muschel- und Fischfleisch gern schmecken. Es empfiehlt sich, die Fütterung mit einer Holzpinzette vorzunehmen. Ein Biß ist wegen der langen spitzen Zähne schmerzhaft und unangenehm, auch Entzündungen können folgen. In ihrem natürlichen Lebensraum ernähren sich Muränen hauptsächlich von erbeuteten Fischen und Krabben. Von den auf über 12 Gattungen verteilten Arten sind aquaristisch die folgenden mehr oder weniger gut bekanntgeworden.

Echidna nebulosa (AHL)
Schneeflocken- oder Sternmuräne

Diese Art wird etwa 75 Zentimeter lang. Man soll sie der folgend genannten Zebramuräne vorziehen. Weil sie nicht so aggressiv wie diese ist, kann man vor allem auch jüngere Tiere besser zusammen mit Fischen halten.

Echidna zebra (SHAW)
Zebramuräne

Auf braunem oder schwarzem Grund sind die Tiere weiß geringelt. Oft sind sie recht aggressiv. Ihre Maximallänge beträgt 120 Zentimeter.

Gymnothorax favagineus RICHARDSON
Leopardmuräne

Diese kräftig und relativ gedrungen gebaute Muräne ist angriffslustig und dazu gefräßig. Ein schwarzbraunes Fleckenmuster auf weißbeigem Grund läßt die Tiere genetzt erscheinen. Sie werden etwa 100 Zentimeter lang.

Als Pfleglinge sehr beliebt, jedoch nicht häufig eingeführt: die Geistermuränen *Rhinomuraena amboinensis*

Hansen

Gymnothorax xanthostomus SNYDER
Gelbmaulmuräne, siehe Farbbild vorne

Diese braungefärbte Muräne ohne besondere Zeichnung wird glücklicherweise nur selten importiert. Die recht groß werdenden Tiere sehen mit zunehmendem Alter beängstigend aus und können ebenfalls sehr angriffslustig sein. Im Meer dagegen kann man sie mit etwas Geduld aus der Hand füttern.

Rhinomuraena amboinensis BARBOUR
Geistermuräne

Die am meisten eingeführte Art mit phantastischer leuchtend blaugelber Längszeichnung. Sehr schlanke schlangenhafte Tiere mit schmalem Kopf. Sie lassen sich gut halten, wenn sie die Eingewöhnungszeit überstehen und Futter nehmen. Leider geht die kräftige hellblaue Färbung mit der Zeit zurück und weicht einem dunkleren Blau. Maximallänge etwa 120 Zentimeter. Seltener eingeführt wird die Schwarze Nasenmuräne *R. quaesita* GARMAN, die in der Länge etwas kleiner bleibt.

Familie Korallenwelse (Plotosidae)

Von den verschiedenen Welsarten, die es im Meer gibt und den 8 Gattungen der Plotosidae werden nur die Vertreter der folgenden Art importiert – und das nur in sehr geringen Mengen. Im allgemeinen werden nur Jungtiere gehalten. Sie erreichen in größeren Becken mit 15–20 Zentimetern die geschlechtliche Reife. Mit zunehmender Größe können sie, wie viele Welse, recht unförmig werden und verlieren auch ihre jugendlich markante Musterung. Sie benötigen viel Schwimmraum und sind schnellwüchsig.

Plotosus lineatus (THUNBERG)
Gestreifter Korallenwels

Lebt als Jungfisch im Schwarm und wird auch so importiert. Beim Fangen ist Vorsicht geboten: Die Tiere tragen an Rücken- und Brustflossen giftige Stacheln. Vom Fangnetz verletzte Tiere können bald eingehen, deshalb nur mit speziellem Welsnetz umquartieren. Als dauernd hungrige Restevertilger sehr geschätzt. Sie wer-

175

den mit zunehmendem Alter immer verstecksüchtiger. Sie lassen sich gut halten. Gelegentlich werden sie unter dem Synonym *P. arab* gehandelt. Mit *P. anguillaris* schwirrt zuweilen ein Name durch die Literatur und Händlerlisten, der dem Vertreter einer anderen, unscheinbar graubraun gefärbten Art zusteht, die praktisch nicht importiert wird.

Familie Anglerfische

Mit der Revision dieser Familie (PIETSCH, T. W. & GROBECKER, D. B., ›Frogfishes of the World‹, Stanf. Univ. Press, pp. 1–420, 1987) wird die bisher vorliegende Übersicht über die Familienmitglieder überarbeitet und ergänzt. Die Autoren kürzen die Zahl der Gattungen auf 12 und die der Arten auf 41. Hinzu kommen verschiedene (9), im Status unsichere Spezies (›*Incertae sedis*‹), die mit den Bezeichnungen ›*nomen dubium*‹ und ›*nomen nudum*‹ deklariert wurden.

Die Gattungen sind:
Antennarius DAUDIN, 1816
24 Arten

Nudiantennarius SCHULTZ, 1957
monotypisch

Antennatus SCHULTZ, 1957
2 Arten

Histrio FISCHER, 1813
monotypisch

Kuiterichthys, PIETSCH, 1984
monotypisch

Allenichthys PIETSCH, 1984
monotypisch

Lephiocharon WHITLEY, 1933
2 Arten

Echinophryne MCCULLOCH & WAITE, 1918
3 Arten

Phyllophryne PIETSCH, 1984
monotypisch

Rhycherus OGILBY, 1907
2 Arten

Histiophryne GILL, 1863
2 Arten

Tathicarpus OGILBY, 1907
monotypisch.

Die Vertreter der artenreichsten Gattung *Antennarius* wurden – entsprechend ihrem Verwandtschaftsgrad – in sechs Gruppen unterteilt, die Striatus-, Pictus-, Ocella-

Korallenwelse *Plotosus lineatus* führen ein verstecktes Leben   Mayland

tus-, Nummifer-, Biocellatus- und Pauciradiatus-Gruppe. Aus Raumgründen kann hier bei den wenig gepflegten Fischen nur auf die bekanntesten Arten eingegangen werden.

Anglerfische, Armflosser oder Fühlerfische: Schuppenlose Bewohner der Korallenriffe und Tangwälder, die auf ihren Armflossen sitzen oder liegen und im Tang oder auf Steinen gut getarnt auf Beute lauern. Zwischen Maul und Augen haben sie zu diesem Zweck eine ›Angel‹, ein fühlerartiges Gebilde aus Hautlappen (= erster Rückenflossenstrahl). Sie locken damit andere kleine Fische an. Nähert sich ein Opfer, um neugierig nach dem Köder (der vermeintlichen Beute) zu schnappen, so reißt der Anglerfisch sein großes Maul auf, und die Neugier fordert ihren Preis.

In ihrem natürlichen Lebensraum erreichen die Tarnkünstler Längen zwischen 2 (*Antennarius randalli* aus dem Pazifik) und 33 Zentimetern. Im Aquarium haben sie gute Langzeit-Überlebenschancen, wenn sie mit lebender Nahrung versorgt werden können. Probleme der Artbestimmung nach Färbung oder anderen optisch leicht erkennbaren Merkmalen sind für den Aquarianer und Händler insofern gegeben, als die Vertreter vieler Arten im Laufe ihres Lebens öfter einen Musterungs- und Farbwechsel durchmachen.

Über die Vermehrung der Anglerfische ist begreiflicherweise nicht viel bekannt. Die eingangs erwähnten Auto-

Bitte ganz genau hinsehen:
Der schwarze Anglerfisch *Antennarius pictus* ist gut getarnt

Mayland

ren berichten (in Copeia, pp. 551—553, 1980) von einem ihnen bekannten Fall, bei dem ein Männchen von *Lephiocharon trisignatus* (dort fälschlich als *Antennarius caudimaculatus* bezeichnet) ein Paket von etwa 650, auf Stielchen sitzenden Eiern von 3,2 bis 3,6 mm Durchmesser an der linken Körperseite unterhalb der Rückenflosse trug. Auch ALLEN berichtete in einer persönlichen Mitteilung vom Eitragen männlicher Tiere dieser Art, so daß es möglich ist, daß die Männchen, zumindest einiger Arten, eine spezielle Brutpflege betreiben, bei der die Eier eine Zeitlang (vielleicht bis zum Schlupf der Larven oder darüber hinaus) auf einer oder beiden Körperseiten getragen werden.

Antennarius commersoni (LATREILLE)
Commersons Anglerfisch

Wie die meisten Anglerfische hat auch diese Art eine Reihe von Synonymen. Die Tiere können knapp über 30 Zentimeter lang werden und dabei recht variable Farbkleider aufweisen, von einer hellbraunen und dunkelbraunen Musterung über eine goldgelbe, orangegelbe, orangerote bis schwarzgraue Grundfärbung. Man darf sich jedoch nicht täuschen lassen, denn gelbe, orangefarbene oder kardinalrote Exemplare gibt es auch von anderen Arten! *A. commersoni* hat eine weite Verbrei-

tung, vom Roten Meer über den Indischen und Pazifischen Ozean bis zum tropischen Ostpazifik. Der Lebensraum erstreckt sich hier (soweit bekannt) bis in Tiefen um 45 Meter, liegt meist jedoch bei etwa 20 Meter. Das abgebildete Exemplar stammt aus den Gewässern um die Hawaii-Inseln. Die Art gehört der Pictus-Gruppe an.

Antennarius maculatus (DESJARDINS)
Warziger Anglerfisch

Ein kleinbleibender Vertreter der Gattung und Angehöriger der Pictus-Gruppe, von dem nur Exemplare bis etwa 8,5 Zentimeter Länge bekannt wurden. Die weit über den Indopazifik verbreiteten Fische sind relativ gut an ihrem Muster aus zusammenhängenden Flecken (Artname) zu erkennen, wobei der Untergrund verschiedene Farben haben kann: Reinweiß, Zitronengelb, Orangerot, Schokoladen- oder Rostbraun. Meist von den Philippinen eingeführt.

Antennarius pictus (SHAW & NODDER)
Gemalter Anglerfisch

Die Vertreter dieser bereits 1794 als *Lophius p.* beschriebenen Art wurden wegen ihrer Variabilität in den vorausgegangenen Jahrhunderten mit mehr als einem Dutzend Namen (heute Synonyme) beschrieben, darunter auch *A. chironectes* und *A. chironemus*. Die Tiere erreichen eine Länge bis zu 16 Zentimetern. Ihre Heimat liegt im Indischen und Pazifischen Ozean, wo sie normalerweise in Wassertiefen um 15—20 Meter vorkommen. Man hat aber bereits auch Tiere in 75 Metern Tiefe angetroffen. Die Färbung dieser Armflosser reicht von gelbgrün (mit schwarzen Punkten), orange (mit roten Tüpfeln), tief rostrot über blauschwarz (mit zitronengelben Flecken) bis tiefschwarz mit verästelten kleinen weißen Flecken (Foto).

Histrio histrio (LINNAEUS)
Sargassum-Anglerfisch

Vertreter dieser Art können sich durch ihre Marmorierung farblich besonders gut der Umgebung anpassen. Selbst für diese relativ gut zu unterscheidende Art (Foto) wurden in den letzten drei Jahrhunderten mehrere Dutzend (!) Namen aufgestellt, die heute alle in die Synonymität gestellt sind. Das hat seinen Grund, denn die Vertreter dieser nur etwa 15 Zentimeter lang werdenden Art haben von allen Anglerfischen die weiteste Verbreitung, ob man sie nach Längen- oder Breitengraden feststellt. Durch die Vorliebe für ein Leben im

177

Ein Tarnkünstler:
Der im Tangdschungel lebende Sargassofisch *Histrio histrio*

van den Nieuwenhuizen

flutenden Sargassum-Tang findet man die Tiere im Westatlantik (auch Sargasso-See) ebenso, wie im östlichen Teil dieses Meeres (Azoren, Westafrika), auch wenn die Tiere hier seltener angetroffen werden. Im Atlantik reicht der Lebensraum im Süden bis zum Golf von La Plata (Uruguay/Argentinien). Im Indischen Ozean kennt man die Fische von Madagaskar bis zum Roten Meer und Sri Lanka und im Pazifik von Hokkaido (Japan) bis Neuseeland (Nordinsel) im Westen. Ob ein Vorkommen im zentralen sowie östlichen Pazifik gegeben ist, kann dagegen nicht als sicher angesehen werden, meinen PIETSCH & GROBECKER in ihrem Werk.

Familie Husaren- und Soldatenfische (Holocentridae)

Dämmerungsaktive, räuberisch lebende Fische mit relativ großen Augen, die in allen tropischen und subtropischen Meere vorkommen. Die in zwei Unterfamilien (Holocentrinae = Husarenfische und Myripristinae = Soldatenfische) aufgeteilten 8 Gattungen umfassen rund 60 Arten. In ihrem natürlichen Lebensraum stehen sie tagsüber versteckt in Höhlen oder anderen Unterständen, und mit Einsetzen der Dunkelheit gehen sie auf Nahrungssuche, wobei sie Wirbellose (Krabben, Garnelen) und kleinere Fische erbeuten.

Sargocentron diadema (LACEPÈDE)
Kronen- oder Diadem-Husar

Der dunkelrot gefärbte Körper wird von 9–11 silberweißen Längsbinden durchzogen. Die Flossenränder sind weiß. Wunderschöne Tiere, die im Aquarium mit 20 cm Länge kleiner als in ihrem natürlichen Lebensraum bleiben. Die Fische lassen sich mit Fingerspitzengefühl eingewöhnen und fressen dann gut. Sie, die normalerweise nur lebende Kost zu sich nehmen, lassen sich an die Aufnahme von Herz-, Leber-, Fisch-, Garnelen- oder Muschelfleischstücken gewöhnen.

Sargocentron rubrum (FORSKÅL)
Silberband-Husar

Den dunkelroten Körper entlang ziehen sich etwa 10 scharf abgegrenzte silberweiße Bänder. In den Flossen nimmt das Muster eher eine gelbliche Färbung an. Vom Auge bis zum Kiemendeckel tragen die Fische 2–3 silberfarbene vertikale oder diagonale Streifen, die den Kopf nicht überspannen. Bauchprofil abgeflacht. Haltung wie bei der vorigen Art.

Sargocentron spiniferum (FORSKÅL)
Großer Husar

Nur für sehr große Becken geeigneter Fisch, der trotzdem hier knapp 30 Zentimeter lang wird (im Meer bis 45 Zentimeter). Körper kräftig rot und jede Schuppe am Ende mit silberfarbenem Rand. Brust-, Rücken- und Afterflosse gelblich. Unterseite leicht silbrig. Heimat Indopazifik; wird seltener eingeführt.

Silberband-Soldatenfisch *Sargocentron rubrum* Kahl

Weißsaum-Soldatenfisch *Myripristis murdjan*   Drosch (UW)

Myripristis murdjan (FORSKÅL)
Weißsaum-Soldatenfisch

Die Vertreter der Soldatenfische (Myripristinae) haben kein so abgeflachtes Bauchprofil wie die der erstgenannten Unterfamilie, wodurch sie noch gedrungener wirken. Bei dieser Art ist der Körper intensiv rot und wird zum Bauch hin nicht heller. Jede Schuppe ist mit einem silbrigen Rand versehen. Die Enden der unpaaren wie auch der Bauchflossen tragen einen feinen weißen Saum, unter dem jeweils eine schmale schwarze Zone liegt. Wird im Aquarium bis etwa 20 Zentimeter lang, im Riff bis 30. Heimat sind der Indische und Pazifische Ozean.

Äußerer Körperbau eines Schnepfenmesserfisches. Die Knochenplatten am Rücken sind seitlich stark zusammengepreßt und wirken deshalb bei den kopfabschwimmenden Fischen wie ein Kiel. Alle wesentlichen Flossenpartien sind in die hintere Körperregion verlagert   Bleichner nach Munro

Familie Schnepfenmesserfische (Centriscidae)

Hier haben wir es wieder mit einer Familie zu tun, deren Vertreter ein sehr merkwürdiges Verhalten zeigen. Die messerdünnen Fischchen schwimmen kopfabwärts. Ihr Körper ist beinahe transparent. Wegen des kleinen Röhrenmaules sind sie auf feinste Nahrung angewiesen. Bei aquaristischer Haltung kann dieser Umstand dann zu Problemen führen, wenn dieses feinste Futter fehlt oder nicht in genügendem Maße angeboten wird (Salinenkrebse, Hüpferlinge und Wasserflöhe sowie etwas groberer Nährbrei). Besonders heikel sind die Tiere während der Eingewöhnungszeit. Niemals sollte man sie zusammen mit robusten Arten pflegen. Am ehesten gedeihen sie in einem extra dafür eingerichteten Becken. Da sie sich im Riff liebendgern zwischen den langen Stacheln von Diademseeigeln aufhalten, sollte man ihnen diese Stachelhäuter nach Möglichkeit auch im Aquarium zugesellen. Pflegeaufwendige Fische, die man nur im Schwarm halten soll. Es gibt in der Familie zwei Gattungen (*Aeoliscus* und *Centriscus*) mit insgesamt vier Arten.

Aeoliscus strigatus (GUENTHER)
Langer Schnepfenmesserfisch

Der Lange und der Kurze Schnepfenmesserfisch (*A. punctulatus* [BIANCONI]) sind die bekanntesten dieser maritimen Kopfsteher. Sie leben in seichten Gewässern des Indischen und Pazifischen Ozeans. *A. strigatus* kann im Meer die für diese Familie beachtliche Länge von 14 Zentimetern erreichen. Importtiere sind meist nur 8 Zentimeter lang. Als Kleinstfutter nehmen sie anfangs nur feine lebende Nahrung wie Artemia-Nauplien und Cyclops. Später auch kleine Wasserflöhe. Ist – was leider gelegentlich berichtet wird – eine ständig gleichmäßige Fütterung in täglich ausreichender Menge nicht möglich, verhungern die Fische allmählich – zuerst unmerklich, doch zunehmend mehr feststellbar.

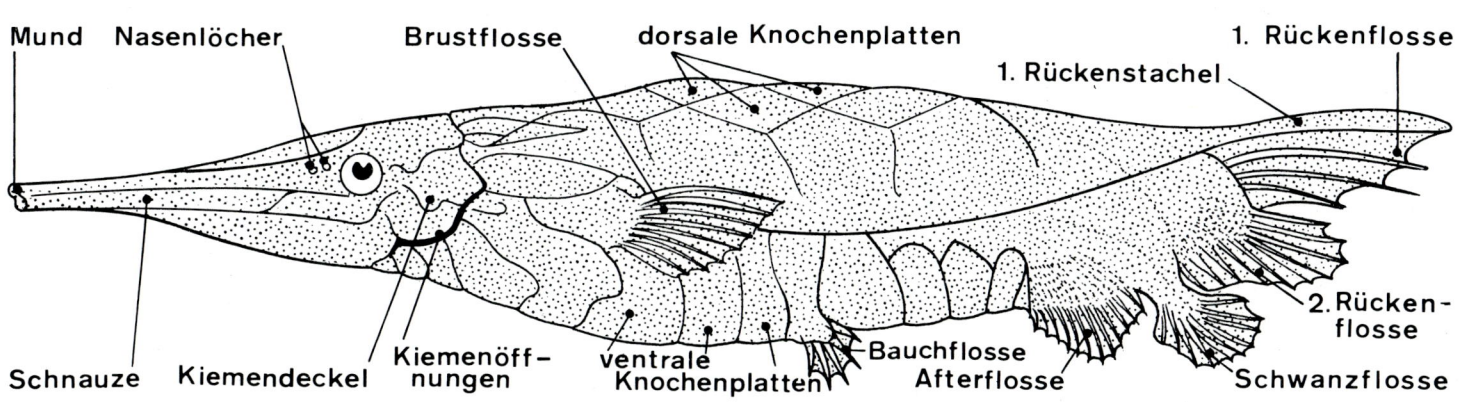

Mund   Nasenlöcher   Brustflosse   dorsale Knochenplatten   1. Rückenflosse
1. Rückenstachel
2. Rückenflosse
Schnauze   Kiemendeckel   Kiemenöffnungen   ventrale Knochenplatten   Bauchflosse   Afterflosse   Schwanzflosse

Der lange Schnepfenmesserfisch *Aeoliscus strigatus* nimmt zwischen vertikalen Einrichtungsgegenständen im Aquarium (Hintergrund) eine tarnende Kopfabstellung ein. In ihrem natürlichen Lebensraum stehen die Fische gern in Gruppen zwischen den langen Stacheln von Diademseeigeln   Kahl

Die Tiere der großen Art erkennt man an der schwarzen Längsbinde. Sie verläuft vom Maul durch das Auge bis zum ersten Rückenflossenstachel (der ganz am Ende des Fischerückens ansetzt). Bei den Exemplaren der kaum eingeführten kleineren Art fehlt die Längsbinde, doch ist statt deren der Körper mit einem schwarzen Punktmuster überdeckt. Diese Fische wirken außerdem breiter und haben einen weniger gestreckten Kopf.

Familie Seepferdchen und Seenadeln (Syngnathidae)

Beide Unterfamilien, Seepferdchen (Hippocampinae) und Seenadeln (Syngnathinae) verfügen zusammen über eine reiche Gattungs- und Artenzahl, von der die im Meer-, Brack- und Süßwasser vorkommenden Seenadeln mit 54 Gattungen und etwa 200 Arten die weitaus umfangreichere Gruppierung stellt, Seepferdchen dagegen nur eine Gattung mit rund 30 Arten.
Besonders die Seepferdchen üben eine eigenartige Faszination auf ihre Betrachter aus. Tatsächlich kann man

in den meisten Schauaquarien beobachten, daß der bunteste und schönste Fisch die Beschauer weniger beeindruckt, als eine kleine Gruppe der farblich meist recht eintönig wirkenden Seepferdchen. Woran mag das nur liegen? Sind es die charakteristische aufrechte Haltung, der lange Ringelschwanz, die herausgestreckte Brust oder der an den eines Pferdes erinnernde Kopf mit dem schmalen Röhrenmaul? Eines steht fest: Der Erfinder des sogenannten Steckenpferdes muß auch ein Seepferdchen als Vorlage gekannt haben!
Beim Leben im Riffbiotop haben es die Tiere nicht nötig, hinter den Beutetieren herzuschwimmen. Dazu wären sie nach ihrer Körperkonstruktion auch nicht in der Lage. Sie klammern sich mit dem Ringelschwanz an ein Substrat und warten, daß ihnen die Strömung feine planktonische Nahrung vors Maul befördert. Im Gegensatz zu den Seenadeln, die ein größeres Verbreitungsgebiet haben, findet man Seepferdchen überwiegend in Seegrasmulden und flutenden Tangwiesen des Flachwassers.
Eines der verblüffenden Kennzeichen dieser Tiere ist die Art ihrer Vermehrung. Die Weibchen geben die Eier in die dafür besonders vorgesehene Bauchtasche der Männchen. Die Nachkommen werden darin zum Schlüpfen gebracht und erblicken – wenn sie groß genug sind – scheinbar dem Bauch des Vaters entstammend das Licht der Unterwasserwelt. Im Zustand der Eireife haben die männlichen Tiere ebenso dicke und pralle Bäuche wie die meisten Säugetiere, nur, daß sich bei der aufrechten Haltung der Tiere noch weitere Vergleiche aufdrängen. Bei den Seenadeln spielt sich die Sache genauso ab, doch läßt die Betrachtung dort lediglich Vergleiche mit waagerecht schwimmenden Fischen zu. Seenadeln können, je nach Art und Lebensgewohnheit, beachtliche Längen (bis zu 45 Zentimeter) erreichen. Einige sind sehr bunt. Sie werden deshalb auch gelegentlich als Aquarientiere importiert.

Hippocampus kuda BLEEKER
Variables Seepferdchen

Vertreter dieser Art werden am häufigsten importiert. Ihren Artnamen verdanken die Tiere der malaiischen Bezeichnung für ›Pferd‹, den der Autor (Bleeker) hier verwendete. Man begegnet diesen Bewohnern des Indopazifiks (wie die beiden Fotos zeigen) in recht unterschiedlichen Färbungen, angefangen vom dunklen Braungrau bis zu ockergelben und noch helleren Tönen. Die Tiere können eine Länge bis zu 25 Zentimetern erreichen – Ringelschwanz eingeschlossen.
Die Haltung von Seepferdchen im Aquarium stellt den Aquarianer anfangs vor einige Probleme, doch wer sich

davor nicht scheut, hat sie relativ schnell im Griff. Man hält die Tiere, wenn man lange Freude an ihnen haben will, in einem besonders für sie eingerichteten Spezialaquarium. Die übrige Fischkonkurrenz würde sie nur unnötig belästigen, vom Wegschnappen des Futters nicht zu reden. In dem Becken kann man besondere Haltevorrichtungen in Form von toten Ästen der Hornkorallen oder Ähnliches anbringen, um für die Seepferdchen Möglichkeiten zum Anklammern zu schaffen. Man kann solche Äste aufrecht oder schräg mit Zweikomponentenkleber, Tangit (für PVC) oder Kunstharz auf eine Bodenplatte (zum Beispiel aus Hart-PVC) kleben, die man dann später unter dem Sand des Bodengrundes verschwinden läßt. Können sich die Tiere nicht anklammern, torkeln sie hilflos umher oder liegen manchmal auch flach am Boden. In dieser Stellung dürften sie kaum Nahrung zu sich nehmen!

Die Seepferdchen mit Nahrung zu versorgen ist die zweite Übung. Nicht, daß sie keinen Appetit entwickelten! Es kommt jedoch auf die Größe des Aquariums an, ob die ungelenken Schwimmer das angebotene Futter erreichen. Am einfachsten ist ihre Ernährung mit an Meerwasser gewöhnten Guppys, die dazu den Vorteil haben, daß sie erstens gut nachzuzüchten und zweitens auch preiswert zu erwerben sind (sie müssen nicht aus preisgekrönten Zuchten stammen!). Natürlich nehmen sie auch anderes Futter wie größere Salinenkrebse

Nur, wenn die Tiere sich mit dem Klammerschwanz festhalten und eine einigermaßen senkrechte Stellung einnehmen können, fühlen sie sich wohl. Das Aquarium muß entsprechend eingerichtet sein   Kahl

Seepferdchen, wie dieser *Hippocampus kuda*, sind meist grau oder lehmgelb   Kahl

(keine Nauplien!) oder Mysis, nur muß dieses auch genügend Nährwert haben, das wird oft übersehen. Da man das Haltungsbecken nicht stets überfüllt mit Futtertieren halten kann, hat sich ein alter Trick bewährt, den man einmal in der Woche als Zusatz anwenden kann: Man fängt die Seepferdchen mit der Hand aus dem Becken und überführt sie in ein vorbereitetes und mit demselben Meerwasser gefülltes 1–2-Liter-Einmachglas, in dem bereits die Futtertiere auf stark beengtem Raum schwimmen. Nun haben die Pferdchen die Möglichkeit, sich schnell den Bauch voll Futter zu schlagen – wobei man zusehen kann. Ausgewachsene hungrige Seepferdchen ›schaffen‹ dabei Mengen zwischen einem halben und einem ganzen Dutzend Guppys. Jeder, der sich für die Haltung von Seepferdchen interessiert, sollte noch vor (!) deren Anschaffung überlegen, ob er neben den üblichen hohen Anforderungen, die man an einen Meerwasseraquarianer stellen muß, zusätzlich auch die speziellen Bedingungen erfüllen kann.

Aus demselben Lebensraum stammen das Tüpfelseepferdchen, *H. abdominalis* LESSON, das etwa gleich groß wird, sowie das nur 15 Zentimeter große Stachel-   181 seepferdchen, *H. histrix* KAUP. Aus dem Roten Meer kommt gelegentlich *H. fuscus* RUEPPELL zu uns, dagegen sind Importe des nur etwa 6 Zentimeter großen Karibischen Zwergseepferdchens, *H. zosterae* JORDAN & GILBERT in den letzten Jahren sehr selten geworden.

Doryrhamphus melanopleura (BLEEKER)
Blaustreifen-Seenadel

Sie zählt zu den farbenprächtigsten Seenadel-Arten. Von der Maulspitze bis zum Ansatz der kreisrunden Schwanzflosse überzieht eine breite blaue Längsbinde die obere Körperhälfte, die Flankenmitte. Die Schwanzflosse trägt ein blau-beiges Muster. Diese Seenadeln sind mittelmäßige Schwimmer, und man kann sich nicht darauf verlassen, daß sie sich ohne auf sie zu gerichtete Fütterung im Aquarium die ihnen genehme Nahrung finden. Ihnen sollte deshalb laufend kleines Lebendfutter angeboten werden. Sehr gern werden Artemia-Nauplien, kleine Wasserflöhe und Cyclops genommen. Die Maximallänge der Tiere liegt bei etwa 6 Zentimetern, und sie werden bereits bei halber Größe geschlechtsreif.

Dunckerocampus dactyliophorus (BLEEKER)
Zebra-Seenadel

Bei dieser schwarz und weiß geringelten Nadel liegt ein roter Schimmer über den dunklen Querringen, der sich in der Maulpartie verstärkt. Die runde weiße Schwanzflosse ist innen rot gefleckt. Zebra-Seenadeln leben in der Riffzone des Indischen und Pazifischen Ozeans. Ihre

Die Zebra-Seenadel *Dunckerocampus dactyliophorus* zählt mit ihrem röhrenförmigen Mäulchen zu den heiklen Fressern und sollte daher nur von fortgeschrittenen Aquarianern gepflegt werden   Mayland

Maximallänge liegt bei 14 Zentimetern. Die Haltung entspricht den Angaben der vorgenannten Art.

Die gelegentlich in Zeitschriften erwähnten F e t z e n - oder G e i s t e r p f e i f e n f i s c h e gehören der verwandten Familie Solenostomidae an, deren Vertreter (nur eine Gattung: *Solenostomus*) weite Gebiete des tropischen Indopazifiks bewohnen. Sie werden maximal 16–18 Zentimeter lang und gelten als außerordentlich gute Tarnkünstler, wobei ihnen ihre algenähnliche Körperform und/oder fetzenartige Anhänge behilflich sind. Nach NELSON sind derzeit nur wenige (5) Arten gültig beschrieben, doch gibt es Vertreter davon in vielen geographischen Varianten.

Familie Skorpionfische (Scorpaenidae)

Zu der gattungs- und artenreichen Familie gehören 8 Unterfamilien, etwa 60 Gattungen und rund 310 Arten. Früher gehörten die ›Blumen der Meere‹ in jedes Aquarium; heute hat sich der Geschmack zugunsten kleinererbleibender und weniger stacheliger Arten geändert. Alle Skorpionfische sind im aquaristischen Sinne Räuber – Fleischfresser also. Beim Beutemachen kommt ihnen ihre gute und oft fetzige Tarnung zugute. Sie lauern und warten, denn sie sind keine guten Schwimmer. Oft sitzen oder stehen sie lange Zeit regungslos an einer Stelle, meist zwischen Algen oder dem Gewirr Niederer Tiere verborgen. Diese ruhige Haltung und das damit verbundene schwere Erkennen für die Opfer gibt ihnen Gelegenheit, Beutefische zu überraschen. Nachschwimmen können sie ihnen nicht; in der Überraschung liegt ihre Stärke. Der große Kopf mit dem riesigen Maul befähigt sie, in einigen Fällen selbst Fische zu verschlingen, die beinahe so groß sind wie sie selbst. Das plötzliche Aufreißen des Maules läßt einen Sog entstehen, der von ruckartigem Vorschnellen des Fisches begleitet wird. Auf diese Weise kommt der Skorpion- oder Feuerfisch fast immer zu seiner Beute.

Anders ist es im Aquarium. Dort besteht das nur gelegentlich gereichte Lebendfutter fast ausschließlich aus Süßwasserfischen, für die das salzige Wasser ein lebensfeindliches Element ist. Sie geraten schon bereits deswegen in entsprechende Panik, wenn sie nicht (wie man das mit Guppys oder Platys kann) vorher an ein Leben in diesem Wasser gewöhnt wurden. Kleine Cichliden, die man beispielsweise (artbedingt) zu Tausenden züchten kann, versuchen sofort, dem fremden Milieu durch schnellstes Abtauchen zu entgehen. Hauptsächlich die meist gehaltenen Rotfeuerfische, die natürlich auch im Aquarium wache Augen haben, wissen bald, wie die veränderten Umstände ihres Nahrungserwerbs ablaufen. So erwarten sie ihre Opfer meist schon, indem sie, wenn der Pfleger mit dem gewohnten Kescher kommt, zur bekannten Futterstelle schwimmen und die Wasseroberfläche im Auge halten. Dann folgen sie dem Futterfisch so schnell wie möglich und versuchen seine erste allgemeine Verwirrung für sich auszunutzen, was meistens gelingt. Bei den relativ geringen Dimensionen eines Aquariums für sie nicht besonders schwer.

Skorpion- und Feuerfische tragen gefährliche spitze, mit einer Giftdrüse verbundene Stacheln. In einem vorangegangenen Kapitel über Fischpflege wurde bereits darauf hingewiesen. Hier ist für den unaufmerksamen Pfleger die Ursache schmerzhafter und gefährlicher Verletzungen gegeben. Gerade die Rotfeuerfische – sie stehen ruhig im Wasser, wechseln aber doch gelegentlich ihre Position – können im falschen Augenblick die Pflegerhand mit ihren Stacheln böse verletzen. Diese Gefahr ist bei den eigentlichen Skorpionfischen weniger gegeben. Sie werden erstens äußerst selten gepflegt und bevorzugen zweitens bodennahe Wasserschichten, besser gesagt, sie liegen den ganzen Tag über regungslos auf dem Boden oder im Boden versteckt. Die Tiere greifen niemals ohne Grund an.

Zur Unterfamilie Pteroidichthynae gehören die zwar sehr selten eingeführten, jedoch dann zu hohen Preisen gehandelten Vertreter der Gattung *Rhinopias*, die im Indischen und Pazifischen Ozean beheimatet sind. Die weiteste Verbreitung dürfte *R. frondosa* (GUENTHER) haben, der um Madagaskar und Mauritius ebenso angetroffen wird wie bei den Philippinen und einigen südjapanischen Inseln.

Die Gattung *Rhinopias* wurde bereits 1905 von GILL aufgestellt und die bereits 1891 von GUENTHER als *Scorpaena frondosa* beschriebene Art zum Gattungstyp bestimmt. Ebenfalls im Jahre 1905 fand GILBERT bei den Hawaii-Inseln ein bis dahin unbekanntes Exemplar und beschrieb die neue Art *Peloropis xenops* (heute *Rhinopias x.*). Ein weiterer Fund, diesmal um Neukaledonien (östlich des australischen Kontinents), zuerst erwähnt von WHITLEY (1964), führte zur Beschreibung von *R. aphanes* ESCHMEYER im Jahre 1973. Die zuletzt beschriebene Art ist *R. eschmeyeri* CONDÉ, 1977, von den Gewässern um die Insel Mauritius.

Rhinopias eschmeyeri CONDÉ
Eschmeyers Drachenkopf

Die knapp 20 Zentimeter langen Exemplare dieser Art haben, wie auch ihre übrigen Gattungsverwandten, eine recht komprimierte Körperform. Im Vergleich mit anderen bekannten Skorpaeniden fällt der Kopf mit dem weit vorgezogenen Maul, dem eingefallenen

Rhinopias eschmeyeri   Mayland

Nasenrücken und den ebenfalls eingefallenen Wangen auf. Die großen Augen werden von je einem ›Schirm‹ überdeckt, der wie ein Lichtschutz wirkt. Neben der zweigeteilten, meist hochgestellt getragenen Rückenflosse fallen die riesigen, fächerartigen Brustflossen auf, die dem Fisch nicht nur als Stützorgane beim üblichen Ansitzen auf dem Boden dienen, sondern ihm auch helfen, bei der Jagd nach Beute mit einem einzigen schnellen Schub vorwärts sein Opfer zu überraschen. Graubeige ist die Grundtönung der Fische, über die sich bei Wohlbefinden ein rotvioletter Schimmer legt. Die Tiere benötigen ein geräumiges Aquarium mit weitem Sandboden und keine unruhigen oder gar aggressiven Mitbewohner.

Rhinopias frondosa, einer der wohl bizarrsten Vertreter aus der Gruppe dieser Tarnkünstler   Mayland

183

Rhinopias frondosa (GUENTHER)
Tentakel-Drachenkopf

Diese Art ist im Gegensatz zur vorgenannten noch abstrakter anzuschauen: Bei einer ähnlichen Grundkonstruktion des Fisches zeigt die Haut an Körper und Flossen auf goldbeigem Grund Muster kleiner Kringel oder gerundeter rötlichbrauner Linien, dazu gesellt sich eine kräftige Tentakulierung, die erst beim zweiten Hinsehen die einzelnen Kopf- und Körperpartien erkennen läßt. Bei *R. aphanes* ist die Ausbildung von Musterung und Hautanhängseln noch wesentlich kontrastreicher.

In der Unterfamilie Pteroinae sind alle die Gattungen zusammengefaßt, aus deren Arten sich die aquaristisch am häufigsten gepflegten Vertreter zusammensetzen.

Dendrochirus brachypterus (CUVIER)
Roter Zwergfeuerfisch

Trotz ihres Namens sind Rote Zwergfeuerfische keine Zwerge. Ihnen fehlt jedoch die Ausstrahlung der anderen, größeren – besonders im Aquarium. Die Bewohner des Roten Meeres wie des Indopazifiks können bis zu 18 Zentimeter lang werden. Sie haben keine Überaugententakel. Die quergebänderten fächerartigen Brustflossen sind durch Membranen verbunden und können weit aufgespannt werden. Sie dienen den Tieren dazu, frei im Wasser zu schweben, werden aber auch beim Beutemachen benutzt, ein Opfer in die Enge zu treiben. Ihre rote Grundfärbung ist mit dunklen undeutlichen Mustern – meist beige mit schwarzen Punkten und Strichen – überzogen. Ansprüche: nicht zu feines Lebendfutter.

Der Rote Zwergfeuerfisch *Dendrochirus brachypterus* Kahl

Zebra-Zwergfeuerfisch *Dendrochirus zebra* mit dem arttypischen Hammersymbol auf dem Schwanzflossenstiel Kahl

Dendrochirus zebra (CUVIER)
Zebra-Zwergfeuerfisch

Eine Art, die sich bei nur flüchtigem Hinsehen mit *P. antennata* verwechseln läßt – besonders die jungen Tiere. Der Kopf ist mit einigen Anhängseln ausgestattet, darunter zwei Überaugententakeln. Die langen, mit Membranen versehenen Brustflossen haben dornige Enden. Die Rückenflossenstacheln sind höher als der Körper, davon sind die letzten an der Basis durch schwächer ausgebildete Membranen verbunden. Rötlichorange ist die Grundfarbe; die transparenten Flossenteile schimmern grünlich. Körper mit unregelmäßigen weißlichen Querbändern. Brustflossenstrahlen rot/weiß geringelt. Arttypisch ist das ›Hammermotiv‹ auf dem Schwanzflossenstiel. Länge 15, maximal 18 Zentimeter. Heimat Indischer und Pazifischer Ozean.

Nemapterois biocellata FOWLER
Pfauenaugen-Feuerfisch

Ein kleiner interessanter Pflegling, der zwar regelmäßig, doch nur in geringen Zahlen aus dem Indischen und Pazifischen Ozean eingeführt wird. Mit 14–15 Zentimetern sind die Tiere ausgewachsen. Die Eingewöhnungsphase mit der Umgewöhnung an (auch) tote Nahrung ist schwierig. Später jedoch erweisen sich die Fische als recht haltbar. Vorgezogener Lebensraum: Höhlen und ähnliche Unterstände im Riff in Tiefen um 25 Meter. Im Aquarium bevorzugten die mir bekanntgewordenen

Nemapterois biocellata, der Pfauenaugen-Drachenkopf, bedarf etwas mehr pflegerischer Aufmerksamkeit als seine größeren Verwandten Mayland

wieder überrascht, mit welcher Wucht und Kraft der Fisch das Futterstück herunterreißt. Im Gegenteil zu dieser Methode hat es wenig Sinn, einen Fleischbrocken wahllos ins Becken sinken zu lassen. Liegt das Futter erst am Boden, erlischt das Interesse eines Feuerfisches sofort. Es ist allerdings auch bei diesen Räubern möglich, lebende Futterfische, wie eingangs geschildert, zu verabreichen.

Pterois radiata (CUVIER)
Strahlenfeuerfisch

Dieser Feuerfisch hat ebenfalls eine kompakte gedrungene Bauform, aber die harten Dorsalstrahlen und die Strahlen der beiden Brustflossen sind stark verlängert und von weißer Farbe. Sie und die charakteristische Musterung (Foto) geben dem Fisch sein unverwechselbares Aussehen. Er ist im Roten Meer ebenso beheimatet wie im Indischen und Pazifischen Ozean. Seine maximale Länge beträgt etwa 20 Zentimeter. Haltung wie bei vorgenannter Art angegeben.

Tiere meist etwas dämmerige Zone. Haltung wie bei *P. antennarius* angegeben; die Fische sind jedoch nicht schwimmfreudig, weshalb ihre Fütterung (Nahrung wird nicht vom Boden genommen!) oft ein Geduldsspiel ist.

Pterois russellii (BENNETT)
Strahlensaum-Feuerfisch

Pterois antennata (BLOCH)
Antennenfeuerfisch

Bei dieser Art, die bereits 1831 unter diesem Namen beschrieben wurde (Synonym: *P. lunulata* SCHLEGEL,

Pterois radiata, der Strahlenfeuerfisch Mayland

Die Vertreter dieser Art haben nicht die elegante schlanke Körperform des bekannteren *P. volitans* und können außerdem mit den beiden vorher genannten *Dendrochirus*-Arten verwechselt werden. Der Antennenfeuerfisch ist bullig, mit kurzem gedrungenen Körper und ist mit langen, antennenartigen Strahlen versehen. Die Auswüchse auf und über der Stirn (Überaugententakel vorhanden) sind stärker gegliedert und gefiedert. Seine Heimat sind das Rote Meer sowie der Indopazifik. Die Fische erreichen mit 20 Zentimetern ihre größte Länge. Das Eingewöhnen der Feuerfische ist nicht ganz einfach, sind sie doch von Natur aus Raubfische, die nur lebende Nahrung zu sich nehmen. Man schneidet Fleischstücke (Herz- oder Fischfleisch) mundgerecht, spießt sie einfach auf ein sehr dünnes Holzstäbchen, das man anfangs durchs Becken bewegt. Der Fisch kann jetzt das Fleisch herunterreißen. Wichtig, damit die Freßreflexe ausgelöst werden: Das Futter muß sich bewegen und auf diese Weise Leben vortäuschen. Man kann die Reaktion des Fisches beim Füttern gut beobachten und den Zeitpunkt des ›Angriffs‹ auf das Futterstück alsbald vorausberechnen. Trotzdem ist man immer

Junger Rotfeuerfisch (*Pterois volitans*) in einem gut bewachsenen Becken
Mayland

1842), haben wir es mit einem der größten und wohl sicher auch einem der schönsten Feuerfische zu tun (vergleiche Foto rechte Seite). Erst bei genauerem Studium stellt man die Unterschiede zum Rotfeuerfisch *P. volitans* fest. Farblich wirkt *P. russellii* blasser. Aber: Der Kopf ist bulliger und breiter, die Tiere haben einen höheren Rücken, dessen Wölbung unmittelbar hinter den Augen beginnt. Das Körpermuster ist in allen

Pterois volitans kann man als die bekannteste Art der Gattung wie auch der Familie ansehen
Mayland

Tönungen etwas zarter und, im Vergleich mit dem Rotfeuerfisch, scheinen die weißlichen Flächen zu überwiegen. Die Strahlen der Brustflossen tragen einen breiten Hautsaum. Die Auswüchse am Kopf halten sich in Grenzen. Heimat sind der Indische und Pazifische Ozean. Größe um 26 Zentimeter – in besonders großen Becken auch darüber. Haltung wie bei *P. antennata* angegeben.

Pterois volitans (LINNAEUS)
Rotfeuerfisch

Die wohl bekannteste Art unter den Feuerfischen. Ihre Vertreter sind im Roten Meer ebenso zu Hause wie im Indischen und Pazifischen Ozean. Die Tiere können eine Länge erreichen, die jene der vorgenannten Art noch um einige Zentimeter übertrifft. Man soll sich jedoch davor hüten, an Übertreibungen und ›Taucher- bzw. Aquarianerlatein‹ zu glauben, denn besonders großen Tieren gegnet man sehr selten. Die Streifung der Jungtiere ist heller, die roten Linien bleiben feiner. Wahrscheinlich tritt die intensivere Färbung erst mit der geschlechtlichen Reife ein. Die Strahlen sind mehr lang als breit. Rotfeuerfische sind, wie auch ihre übrigen Verwandten, leicht zu halten und dazu recht langlebig. Sie wachsen auch im Aquarium bei reichlicher Fütterung und guten Umweltbedingungen zu schönen ›Brokken‹ heran und kennen ihren Pfleger sehr genau. Die Aquarien sollen nicht zu klein sein. Eine Länge von 100 Zentimetern soll man als unterste Grenze (für nicht ausgewachsene Tiere!) ansehen. Haltung wie die anderen Feuerfische.

Vertreter aus der Unterfamilie Scorpaeninae werden im Heimaquarium seltener als in Schaubecken der Zoos gepflegt. Aus ihrer Gruppe sollen deshalb hier nur zwei Arten, stellvertretend für die vielen übrigen, vorgestellt werden.

In der Unterfamilie Tetraroginae sind die Arten einiger Gattungen zusammengefaßt, die man Stirnflosser oder Segelskorpionfische nennt. Der erste Name wurde ihnen deshalb verliehen, weil bei den Einzelgängern die segelartige Rückenflosse beinahe zwischen den Augen angesetzt ist. In großen Aquarien kann man sie aber auch zu mehreren Exemplaren pflegen.

Taenionotus triacanthus LACEPÈDE
Pergament-Stirnflosser

Lustig sind sie im Aquarium anzuschauen, wenn sie auf einem Algenblatt oder einem Korallenstück schaukeln,

Pterois russellii (Synonym *P. lunulata*) wurde bereits 1831 von BENNETT erstbeschrieben

als müssen sie jeden Augenblick herunterfallen. In ihrem natürlichen Lebensraum, dem Indischen und Pazifischen Ozean, leben sie in Tangfeldern oder über Sand in seichten Küstengebieten. Sie werden bis zu 10 Zentimetern groß, aber ihre Tönung ist oft völlig uneinheitlich; sie kann gelb, braun, violett, schwarzgrau oder auch aus diesen Farben gemustert sein. Es ist Ähnlichkeit mit der folgenden, etwa gleichgroß werdenden Art gegeben.

Tetraroge barbata (CUVIER)
Bartel-Stirnflosser

Die seitlich stark zusammengedrückten zeitungsdünnen Fische halten sich in ihrem natürlichen Biotop, ähnlich ihren Verwandten, zwischen Tang oder über Sandgrund in Gewässerabschnitten mit kräftiger Strömung auf. Die Schaukelbewegungen der gelben Fische gehören zu ihrem Tarnverhalten, sie passen sich damit dem wogenden gelben Tang ihrer Umgebung an und stellen dieses Verhalten auch nicht ab, wenn sie im Aquarium sind. Die riesige Rückenflosse sowie die fächerartigen, durch Membranen verbundenen starken Strahlen der Bauch- und Afterflossen ermöglichen es dem Fisch, nach Belieben eine Stellung einzunehmen und wie stehend oder sitzend zu wirken. Die paddelförmigen Brustflossen unterstützen dabei und dienen zur Stabilisierung. Neben den Augen sitzen große knollenartige, wie Fühler anmutende Auswüchse. In schneller Folge von etwa 14 Tagen sollen sich die Tiere häuten, wobei die Haut in einem Stück abgestreift wird: Die Fische fahren dann mit ruckartigen Bewegungen ›aus der Haut‹. Das Problem bei der aquaristischen Haltung liegt darin, daß die Tiere sich nicht an totes Futter gewöhnen lassen, was im Klartext heißen muß: Pflege in nicht zu großen Becken und Fütterung mit an Meerwasser gewöhnten Guppys oder Platys, die praktisch in diesem Aquarium ebenfalls leben und gefüttert werden müssen. Heimat Indischer und Pazifischer Ozean. Größe bis 10 Zentimeter.

Familie Steinfische (Synanceiidae)

Die Vertreter der Steinfische gelten als die giftigsten Fische überhaupt. Die Familie ist in zwei Unterfamilien aufgeteilt, die der echten Steinfische, Synanceiinae (6 Gattungen mit 10 Arten) sowie die der Teleskopsteinfische: Choridactylinae (Inimicinae) mit 2 Gattungen und insgesamt 10 Arten. Die Körperform der Tiere ist plump und wirkt allgemein ungelenk. Nur zum Beutefang schnellen sie mit einem kurzen, ruckartigen Stoß vor, um ihre Opfer zu schnappen und zu verschlingen. Dabei können sie unglaublich große Tiere schluk-

ken; ihre Gier ist erstaunlich! Offenbar verdauen die Fische gut und schnell, denn die oft noch aus dem Maul herausschauenden Körperenden der Beute verschwinden bald in Richtung der Verdauungsorgane der Räuber. Gehen wir nach unseren Schönheitsidealen, so muß man die echten Steinfische als häßlich bezeichnen. Bei den Teleskopsteinfischen findet man dagegen schon wieder etwas Faszinierendes, auch wenn sie von Schönheit weit entfernt sind. Tagsüber liegen die Tiere im oder auf dem Boden, und selbst wenn ein Steinfisch in einem Schauaquarium gehalten wird, ist seine Tarnung meist so perfekt, daß viele Besucher enttäuscht weitergehen, weil sie den Fisch, selbst wenn er direkt vor der Scheibe liegt, nicht erkannt haben: Sie haben ihn für einen Stein gehalten. Das große, über dem horizontalen Kopf liegende aufwärtsgerichtete Maul und der höckerige Körper mit den blassen Augen – alles wirkt wie ein Stein, der mit Algen bewachsen ist. In den Flossenstrahlen liegen die Kanäle der Giftdrüsen.

Synanceia horrida (LINNAEUS)
Grüner oder Teufelssteinfisch

Man sagt ihm nach, er sei ein Riese (MARSHALL, 1964) von einer Länge bis zu 24 Inches (mal 2,54 = 60,96 Zentimeter!). Das Gewöhnen an tote Kost ist bei diesem Räuber insofern schwierig, als die Fische nicht satt sein dürfen, wenn man den Versuch startet. Doch bevor man sich eine solche Frage stellt: Dies ist kein Pflegling für ein Heimaquarium, höchstens ein Ausstellungsstück für Zoo-Profis.

Synanceia verrucosa BLOCH & SCHNEIDER
Gewöhnlicher oder Riff-Steinfisch

Diese etwas kleinere Art stellt die vielleicht schöneren Vertreter, soweit man ›schön‹ in diesem Zusammenhang überhaupt gelten lassen kann. Der rotbraune Körper zeigt gelegentlich hellere Flecke, die Flossenränder sind weißlich gesäumt. Der Riff-Steinfisch erreicht eine Länge von 25–30 Zentimetern. Der Einzelgänger kommt im Roten Meer ebenso vor wie im Indischen und Pazifischen Ozean. In größeren Spezialaquarien sind die Fische gut haltbar, wenn man die Kosten aufwenden kann, stets lebende Fische zu füttern, die etwa halb so groß sein sollten wie die Steinfische selbst.

Inimicus filamentosus (CUVIER)
Teleskopaugen-Steinfisch

Etwa 18 Zentimeter wird dieser doch interessante Fisch lang, bei dem als Besonderheit die Augen an der höchsten Stelle des Kopfes auf Knochenwülsten sitzen, während die darunterliegende Wangenpartie deutlich eingefallen ist. Das breite Maul ist nach oben gerichtet und im seitlichen wie im unteren Bereich von Hautläppchen und Kinntentakeln umgeben. Wenn man an gewissen Affinitäten mit den Vertretern der Gattung *Rhinopias* nicht vorbeikommt, darf man auch die großen fächerartigen Brustflossen nicht unerwähnt lassen, die man zwar bei anderen Steinfischen auch antrifft, die bei den Tieren dieser Art jedoch durch ihre kräftige Goldfärbung, den rostbraunen Flecken und den tiefschwarzen Saum auffallen. Von diesen Brustflossen sind die beiden vorderen und unteren Stachelstrahlen ebenso abgesetzt wie die drei vorderen der Rückenflosse. Im ersten Fall werden sie als weit ausgebreitete Stütz- und Kriechvorrichtung verwendet, im zweiten als giftige Abwehrwaffe. Als weiteres arttypisches Merkmal ist eine gut erkennbare Verlängerung der beiden oberen Brustflossenstrahlen festzustellen, das man bei einer weiteren zuweilen importierten Art, dem braunen *I. didactylus* (PALLAS), nicht antrifft. *I. filamentosus* lebt im Roten Meer wie im westlichen Indischen Ozean, sein erwähnter gleichgroßer Verwandter kommt ab Sri Lanka östlich bis in den Pazifik vor. Haltung, wie bei der vorgenannten Art angegeben (siehe Foto Seite 30).

Familie Zackenbarsche (Serranidae)

Die Riff- oder Zackenbarsche bilden eine gattungs- (etwa 35) und artenreiche (etwa 370) Familie, deren Zahl man unter Berücksichtigung unsicherer Gattungen und Arten aber möglicherweise wird einschränken müssen. Zudem sind viele Gattungen monotypisch, das heißt, ihnen ist nur eine Art zugeordnet. Zackenbarsche sind im Meer stets Einzelgänger, die sich nur zur Paarung zusammenfinden. Für die Einheimischen aller tropischen Küsten sind Zackenbarsche beliebte Speisefische, wenngleich sie für diese Bewohner oft nicht leicht zu fangen sind. Die Vertreter bestimmter Arten können eine enorme Größe erreichen, und entsprechend kräftig sind sie dann auch. Fische und Krebstiere sind die natürliche Nahrung der Zackenbarsche. Mit blitzschnellem Vorstoß aus dem Versteck, dem Unterstand, gelangen die großen Fische in den Besitz der Beute. Wegen ihrer Größe sind erwachsene Zackenbarsche als Bewohner von Heimaquarien denkbar ungeeignet. Als Jungtiere werden sie jedoch immer wieder angeboten und auch einige Jahre gepflegt. Mit zunehmendem Alter aber werden sie größer, räuberischer und weniger schwimmfreudig, weshalb man sich rechtzeitig um ein entsprechendes Heim für die älteren Tiere bemühen

muß. Zoologische Gärten sind meist dankbare Abnehmer, denn die Vertreter vieler Arten behalten auch im Alter ihre wunderschöne Färbung bei und sind dann noch ausgezeichnete Schautiere.

Cephalopholis argus BLOCH & SCHNEIDER
Blauflecken-Zackenbarsch

Dieser im indopazifischen Raum beheimatete Barsch wird als Jungtier häufig importiert. Die Kleinen (5−8 Zentimeter lang) sind hell- bis dunkelbeige und tragen bereits kleine schwarze Punkte. In diesem Alter sind sie noch langgestreckt und wirken nicht so bullig. Anfangs schwimmen sie auch noch recht munter im Becken umher. Indes, mit zunehmendem Alter wird jedes Exemplar ruppiger. Kleiner bleibende Fische nicht zugesellen! Man soll größer werdenden Zackenbarschen einen ihrer Größe und Stärke angemessenen Versteckplatz bieten (Höhle mit Ausgang zur Frontscheibe), in dem sie bald Position beziehen. Die bis zu 45 Zentimeter groß werdenden Fische zählen nicht zu den ganz großen, erreichen im Aquarium aber meist auch diese Größe nicht (siehe Foto Seite 28).

Cephalopholis boenack (BLOCH)
Blaustreifen-Zackenbarsch

Ein gelegentlich importierter und herrlich mit azurblauen Wellenlinien auf schokoladenbraunem Grund gemusterter Fisch. Die Bewohner des Roten Meeres wie des Indopazifiks können eine Länge von rund 35 Zentimetern erreichen, wachsen jedoch im Aquarium nur selten weit über 20 Zentimeter hinaus.

Cephalopholis miniatus (FORSKÅL)
Kardinal-Zackenbarsch

Die wunderschön gefärbten Tiere stellen mit ihrer kardinalroten Gesamtfärbung, die mit hellblauen Tüpfeln (Foto) überlagert ist, eine Zierde für jedes Aquarium dar. Man trifft sie von Israels Rotmeerküste bis zur Riffwelt des Pazifischen Ozeans häufig an. Der Kardinal-Zackenbarsch behält auch im Aquarium nach einigen Jahren noch seine kräftige Färbung. Bei den Importen handelt es sich zwar stets um jüngere Tiere, die jedoch bereits 12−15 Zentimeter messen. Aus diesem Grund muß auch ihr Preis beträchtlich sein. Die Tiere können zwischen 30 und 40 Zentimeter lang werden. In größeren Aquarien wachsen die Fische etwa ab 25 Zentimeter Länge nicht mehr weiter. Sie sind über viele Jahre gut haltbar. Gegenüber bestimmten gleichgroßen Fischen können sie ruppig sein (siehe Foto Seite 190).

Cromileptes altivelis (Cuvier & Valenciennes)
Pantherbarsch, Paddelbarsch

Der schlanke Pantherbarsch ist bestimmt eine Schönheit; er wird auch dementsprechend importiert. Als Aquarienpflegling ist der (fast) durchgehend weiße Fisch mit den schwarzen kreisrunden Punkten vortrefflich geeignet und hält sich mit einer Endlänge zwischen 30 und 40 Zentimeter (im Aquarium bis 30 Zentimeter) im für diese Fische üblichen Rahmen. Sie wachsen dabei langsam – selbst in Schaubecken mit vielen Kubikmetern Wasser. Auch diese Barsche sind Räuber, wie der Besitzer sehr bald feststellen wird. Die höhlenartigen Verstecke müssen seiner jeweiligen Größe angemessen sein.

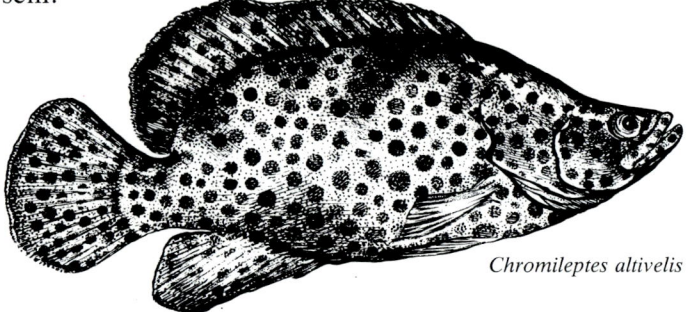

Chromileptes altivelis

Epinephelus flavocaeruleus (Lacepède)
Blau-gelber Felsenbarsch

Dieser sehr schöne, aber leider auch recht groß und wuchtig werdende Zackenbarsch bewohnt die Riffgebiete des indoaustralischen Archipels. Jungtiere, die man gelegentlich erwerben kann, sind bereits mindestens 10 Zentimeter groß und lassen erkennen, was aus dem heranwachsenden Tier farblich noch werden kann. Der Bulle mit dem großen Maul und dem riesigen Rachen gibt sich nicht mit Bröckchen zufrieden. Dies gilt bereits in angemessener Weise für die Jungtiere. Mit der Eingewöhnung lassen sich die Fische auch zur Aufnahme toter Nahrung verführen. Grundfärbung Tintenblau; Lippen, Schwanzstiel und alle Flossen dottergelb. Maximallänge 50–60 Zentimeter, die jedoch nur sehr langsam angegangen wird.

Promicrops lanceolatus (Bloch)
Schwarzgelber Riesenbarsch

„Die Beschreibung eines Riesenfisches gehört nicht in ein Aquarienbuch!" könnte man meinen. Trotzdem: Gelegentlich werden von dieser Art Jungfische importiert, die sehr schön anzuschauen sind, wie unser Foto zeigt. Daß die Fische 3 Meter und größer werden können, soll uns hier nicht kümmern, denn sie benöti-

Kardinal-Zackenbarsch *Cephalopholis miniatus* im natürlichen Biotop
Drosch (UW)

gen dazu viele Jahre, und die meisten Zoos schätzen sich glücklich, wenn ihnen einmal ein gut genährtes, halb erwachsenes Tier angeboten wird. Die schönere Zeichnung zeigen die Fische ohnehin während der Jugend. Später wird ihr Kleid düsterer. Heimat dieser Art sind wieder die Gewässer um den indoaustralischen Archipel. In seinem Lebensraum, den Riffgebieten, soll dieser große Zackenbarsch im Notfall sogar Menschen angreifen. Auch für Jungfische sollen die Becken bereits sehr solide gebaut sein.

Der schwarze Zackenbarsch *Promicrops lanceolatus* wird sehr groß und ist bestenfalls als Jungtier für ein geräumiges Heimaquarium geeignet   Kahl

190

Fahnenbarsche (Anthiinae) werden nach der verwendeten Systematik (NELSON, 1984) als Unterfamilie bei den Serranidae (Familie Zackenbarsche) geführt. Im Gegensatz zu ihren nahen Verwandten werden Fahnenbarsche höchstens 12 Zentimeter lang und sind zudem keine Einzelgänger, sondern Schwarmfische, die in riesigen Ansammlungen als Planktonfresser leben. Stets bleiben sie in unmittelbarer Nähe von Felsen – fast immer am Außenriff. Bei den meisten von ihnen bestehen deutlich erkennbare Geschlechtsunterschiede – sei es in der Färbung, der Art der Beflossung oder beidem. Die Artunterscheidung ist nicht einfach, wenn genaue Vergleichsmöglichkeiten fehlen, zudem haben alle bekannten Vertreter rote, rotblaue, orangefarbene oder gelbe Farbkleider. Bei allen Tieren ist die Schwanzflosse sichelförmig.

In früheren Jahren gab es meist Probleme in der aquaristischen Haltung. Fahnenbarsche brauchen ein möglichst geräumiges Aquarium (120–150 Zentimeter lang), ein kräftig bewegtes und somit auch sauerstoffreiches Wasser bester Qualität (sehr nitratarm!) und ein Leben in einer Gruppe von mindestens 8–12 Tieren. Die Aquarienpopulation soll einen größeren Weibchenüberschuß haben. Nahrungsansprüche der Fahnenbarsche beziehen sich möglichst auf lebendes Kleinfutter (Artemia, Mysis, Cyclops, Daphnien). Tote Nahrung wird nicht so sehr geschätzt. Aufbau mit hoher, stark gegliederter Rückwand. RANDALL & LUBBOCK (1980) revidierten die Arten von *Mirolabrichthys*, die jetzt nur noch als Unterordnung von *Anthias* geführt werden.

Anthias dispar (HERRE)
Kardinalfahnenbarsch

Die Bewohner des Indischen und Pazifischen Ozeans sind erst in den letzten Jahren durch gesteigerte Importe bekanntgeworden. Die Tiere beiderlei Geschlechts haben eine kardinalrote Grundfärbung, über der in der Körpermitte eine Zone mit gelblichem Schimmer liegt. Die Kehlpartie bleibt hell, oft silbrig. Eine kräftigrote diagonale Binde zieht sich von der Oberlippe durch das Auge zur Brustflossenbasis – bei den Männchen noch darüber hinaus. Männliche Tiere unterscheiden sich durch die zugespitzte Papille auf dem vorderen Oberkiefer, einer gleichmäßig hohen, leuchtendroten Rückenflosse, deren vorderer Strahl um Millimeter verlängert, und die mit einem feinen hellblauen Saum versehen ist. Ebenfalls so gesäumt sind die äußeren Ränder der Schwanzflosse. Die transparente Afterflosse zeigt eine zartblaue Tönung. Der vordere Strahl der ebenfalls bläulichen Bauchflossen ist fahnenartig verlängert. Stimmungsbedingt können die Tiere auch eine blassere

Körperfärbung annehmen. Ihre Pflege im Aquarium bereitet keine Probleme, vorausgesetzt es wird verfahren, wie angegeben.

Anthias evansi J.L.B. SMITH
Gelbrückenfahnenbarsch

Die Vertreter dieser schönen Art erreichen eine Länge von 10 Zentimetern und leben im Indischen Ozean. In ihrem natürlichen Biotop stehen sie, wie geschildert, meist vor den bewachsenen Felsen- oder Korallenwänden des Außenriffs. Die Männchen dieser Gattung zeichnen sich durch einen spitz zulaufenden Oberkiefervorsatz aus, der Ähnlichkeit mit einer ›Nase‹ hat. Der Körper der Fische zeigt eine zyklamrote Färbung. Von der Stirn aus zieht sich eine immer breiter werdende goldgelbe Binde über den Rückenfirst, die beim Erreichen der hinteren Körperzonen bis zum unteren Ende des Schwanzstieles reicht, wobei Rücken und Schwanzflosse in die Gelbfärbung mit einbezogen werden.

Anthias tuka (HERRE)
Purpurfahnenbarsch

Diese Art wird mit 12 Zentimetern Gesamtlänge etwas größer als die vorgenannte. Ihr Lebensraum liegt in der indoaustralischen und der pazifischen Region. Körper purpurfarben (violettblau). Weibchen mit dottergelber Rückenlängsbinde unterhalb der Dorsale und zwei ebenso gefärbten breiten Säumen am äußeren Rand der tief gegabelten Schwanzflosse. Bei Männchen Rückenbinde nur schwach erkennbar, dafür Kehlpartie goldgelb, zudem Vorderkopf mit der erwähnten ›Nase‹.

Anthias tuka ♂   Mayland

Anthias squamipinnis, ein bekannter Fahnenbarsch, liebt die Geselligkeit und sollte daher nur im Schwarm gepflegt werden   Tomey

Anthias squamipinnis (PETERS)
Juwel-Fahnenbarsch

Die Vertreter der Art leben im Roten Meer sowie im Indischen und Pazifischen Ozean. Auf dem hier gezeigten Foto erkennt man drei weibliche Tiere in typischer Orangefärbung. Männchen haben dagegen eine graue Grundfärbung, die sich bis in die Flossen hineinzieht und an deren Enden in kräftigen rotvioletten Tönen schimmert. Rücken- und Schwanzflosse tragen einen feinen hellblauen Saum. Bauchflossen sind stärker rot, und ein großer roter Fleck zeigt sich auf dem Zentrum der Brustflossen. Eine diagonale rote Binde zieht vom Auge zur Brustflossenbasis. Als besonderes Kennzeichen der Männchen gilt bei vielen (aber nicht allen!) Fahnenbarschen (Name) der stark verlängerte dritte Strahl der Rückenflosse. Es ist eine Vielzahl weiterer Arten der Gattung bekannt, deren Vertreter jedoch viel seltener eingeführt werden.

Durch verschiedene Publikationen wurde eine Reihe von Arten namentlich auch aquaristisch bekannt, darunter *A. engelhardi* ALLEN & STARCK, 1982; *A. fasciata* (KAMOHARA), 1954; *A. huchtii* BLEEKER, 1857; *A. kashiwae* (TANAKA), 1918; *A. lori* LUBBOCK & RANDALL, 1976; *A. pascalus* (JORDAN & TANAKA), 1927; *A. pictilis* RANDALL & ALLEN, 1978; *A. pleurotaenia* BLEEKER, 1857; *A. smithvanizi* RANDALL & LUBBOCK, 1981, und *A. ventralis* RANDALL, 1979, mit zwei Unterarten.

Familie Sechsstreifenbarsche (Grammistidae)

Zu diesen Riffbewohnern aus dem Indopazifik muß man ein paar warnende Worte sagen: Die gefährlichen Räuber mit ihren stacheligen Kiemendeckeln sind aquaristisch praktisch nur von ein oder zwei Arten bekannt, obgleich es 10 Gattungen mit etwa 24 Arten gibt (NELSON). Der Status als selbständige Familie ist nicht unumstritten (RANDALL, et al., 1971; KENDALL, 1976).
Wenn man die Fische mit bloßen Händen anfaßt, fühlt man den seifigen, bei Tieren anderer Familien ungewohnten Schleim. Es handelt sich dabei um ein toxisches Drüsensekret, das zur Abwehr von Freßfeinden ausgeschieden werden kann. Setzt man nun die Fische in ein nicht zu großes Aquarium mit einer schlecht funktionierenden Filterung, so kann es vorkommen, daß der durch den Umsetzprozeß (Streßsituation für den Fisch) stärker erzeugte Schleim das Wasser vergiftet und andere Mitbewohner im Becken schädigt oder gar tötet. Dem von den Vertretern dieser Familie in spezieller Zusammensetzung gebildeten Gift hat man den Namen Grammistin gegeben. Mit einem Kohlefilter kann man es aus dem Aquarium entfernen. Zusammenfassend läßt sich sagen, daß diese Grammistiden in zweifacher Hinsicht besondere Aufmerksamkeit erfordern: Sie können giftig und räuberisch zugleich sein. Haben sie allerdings genug zu fressen (sie lieben lebende Fische – selbst Artgenossen!), werden sie wohl kaum giften.

Diploprion bifasciatum CUVIER
Zweibindenbarsch

Eine hochrückige, seitlich zusammengedrückte Form zeichnet diesen Vertreter der Familie aus, dessen Habitus so gar nicht zum gewohnten und eher gestreckten Bild der übrigen Verwandten passen will. Die Körpergrundfarbe ist gelblich mit zwei breiten schwarzen, aber unscharf abgegrenzten Querbinden. Heimat der Fische sind der Indische Ozean und die Gewässer um den indoaustralischen Archipel. Die Vertreter dieser Art kann man weder als schön, noch als empfehlenswerte Aquarienfische bezeichnen. Trotzdem werden sie immer wieder – wenn auch in geringen Stückzahlen – eingeführt. Ein solcher Räuber frißt alles, was ihm an kleineren Fischen in den Weg kommt. Mit etwa 25 Zentimetern hat er seine maximale Länge erreicht.

Grammistes sexlineatus (THUNBERG)
Goldstreifenbarsch

Ein meist mittelschlanker Fisch, der sich aber auch einen kugelrunden Bauch anfressen kann, wenn er mal

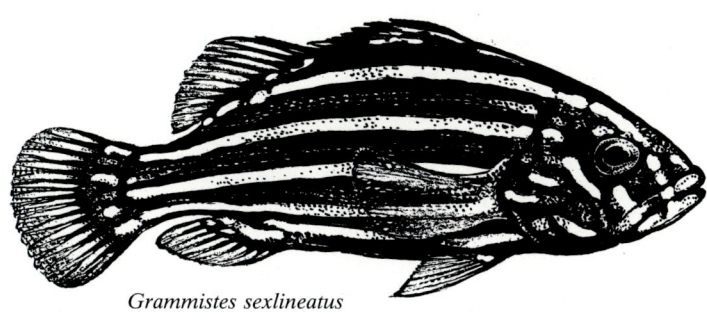
Grammistes sexlineatus

wieder seiner Unersättlichkeit freien Lauf lassen konnte, und Fischopfer – fast bis zur eigenen Größe – genügend vorhanden waren. Der mächtige Kopf mit dem dicklippigen, tiefeingeschnittenen Maul läßt den Nimmersatt unschwer erkennen. Jungfische haben feinere goldgelbe Streifen, die sich aus dünnen Strichen zusammensetzen. Mit zunehmendem Alter wachsen sich die schmalen Linien zu kräftigen, linear verlaufenden Bändern in weißgelber bis goldgelber Farbe aus. Haltung – mit gewisser Vorsicht! –, wie in den vorangegangenen Anmerkungen beschrieben. Im Aquarium mit Muschel-, Fisch- und Warmblüterfleisch (Herz) und Leber zu ernähren. Vorsicht: frißt, wenn hungrig, selbst Artgenossen! Nur mit größeren Fischen vergesellschaften.

Familie Zwergbarsche (Pseudochromidae)

Kannte man vor einem Dutzend Jahren aquaristisch nur sehr wenige Arten dieser Familie, so ist die Kenntnis heute durch verschiedene wissenschaftliche Arbeiten und die daraus resultierenden aquaristischen Publikationen um eine Zahl neuer Arten erweitert und bekanntgemacht worden. Derzeit verfügt die relativ kleine Familie über 8 Gattungen und 65–70 Arten, zu denen in naher Zukunft noch die eine oder andere Neubeschreibung kommen dürfte. Beherrschend in dieser Familie ist die Unterfamilie Pseudochrominae mit den bekannten Gattungen *Pseudochromis* und *Labracinus*. Besonders bei den Vertretern der ersten Gattung, die uns durch die verschiedenen Arbeiten des leider so früh (1981) und auf tragische Weise umgekommenen englischen Wissenschaftlers Roger LUBBOCK (1975 und 1976) nähergebracht wurden, wissen wir über diese ausgezeichneten, weil kleinen, Aquarienfische mehr.

Aus der zweiten Unterfamilie, Pseudoplesiopinae, kennen wir die beiden Gattungen *Chlidichthys* und *Pseudoplesiops*, doch sind Importe von Fischen dieser Arten selten. Ähnliches gilt auch für die Vertreter der dritten Unterfamilie, Anisochrominae, mit der einzigen Gattung *Anisochromis*.

Zwergbarsche haben eine gestreckte Körperform. Von den bekannten Arten der Gattung *Pseudochromis* wird kein Vertreter länger als 10 Zentimeter; von den wenigen *Labracinus*-Arten, die wir kennen wissen wir, daß sie kaum länger als 20 Zentimeter werden.

Anisochromis kenyae L. J. B. SMITH
Feuerflossen-Zwergbarsch

Ein nur schwer zu fangender kleiner Fisch, der kaum wesentlich größer als 3–4 Zentimeter wird. Der torpedoförmige Körper und die Schwanzflosse sind bei den Männchen durch und durch schwarz, und höchstens unter dem Rückenfirst erkennt man ein paar kleine weiße Flecke. Weibliche Tiere sind dagegen grau und ihre Flanken von 10–12 dunklen Querbinden überdeckt. Kehle sowie Rücken- und Afterflossen erstrahlen bei Wohlbefinden in leuchtendem Feuerrot (♂♂). Eine feine weiße diagonale Binde verläuft vom Augenhinterrand zum Ansatz der vorderen Rückenflossenstacheln.

Chlidichthys bibulus (L. J. B. SMITH)
Rotmaul-Zwergbarsch

Ebenfalls ein kleinbleibender Vertreter von 6–7 Zentimetern Länge, der bisher nur von Riffgebieten, die der ostafrikanischen Küste vorgelagert sind, bekannt wurde. Die Tiere (♂♂) haben eine graugrüne Grundfärbung, und ihr Körper ist von drei breiten grauschwarzen Längsbinden überzogen. Über den Basen der ebenfalls graugrünen Rücken- und Afterflosse liegt ein zusätzliches schwarzgraues Längsband. Die Dorsale trägt einen blaßrosafarbenen Saum. Schwanz-, Brust- und Bauchflossen zeigen rosa Töne. Die Zone um das Maul, die Augen sowie die Stirn sind feuerrot. Eine wenig eingeführte Art, über die noch keine Aussagen gemacht werden können.

Ebenfalls von der ostafrikanischen Küste beschrieb der Autor (SMITH) eine Tiefwasserform, *C. johnvoelkeri*, deren Bestimmungsexemplare aus einer Tiefe zwischen 55 und 75 Metern emporgeholt wurden. Auffällig die überdimensionierten, schwarzgerandeten Augen. Der Körper ist purpurrot. Rücken- und Afterflosse sind schwarz und kardinalrot gesäumt.

Labracinus cyclophthalmus
(MUELLER & TROSCHEL)
Feuerbarsch

Tiere dieser Art werden in Maßen, doch regelmäßig eingeführt und haben dann meist eine Länge zwischen 10 und 12 Zentimeter. Im Aquarium wachsen sie mit

193

zunehmendem Alter nur noch wenig. Bereits einige Tage nach dem Einsetzen in ihren neuen aquaristischen Lebensraum sind sie bereit, Futter zu nehmen. Es hat sich jedoch, wie meistens bei Bewohnern aus dem Riff, als vorteilhaft erwiesen, die Eingewöhnung mit lebendem Futter zu beginnen. Die gut haltbaren Tiere brauchen im Aquarium mehrere Verstecke. Rücken-, Schwanz- und Afterflosse sind transparent, aber mit einem kräftigen Hauch von Blau überzogen. Kopf und Körper haben eine leuchtendrote Grundfarbe; sie geht zu den Flossen hin ebenfalls in einen Blauschimmer über. Nur die Körpermitte leuchtet kräftig blaurot. Die Ansicht des bekannten amerikanischen Ichthyologen Dr. L. P. SCHULTZ, daß die Fische sich so wie einige Süßwasserbuntbarsche nach ihrem Geschlecht unterscheiden lassen, konnte inzwischen bestätigt werden: Die Männchen tragen einen oder mehrere dunkle Flecke (in Eiform) an der Basis der Rückenflosse, etwa zwischen dem fünften und zehnten Flossenstrahl. Die weiblichen Tiere haben kommaartige Markierungen an der Rückenflosse.

Nur selten wird der Feuerbarsch *Labracinus cyclophthalmus* eingeführt Kahl

Pseudochromis diadema LUBBOCK & RANDALL
Diadem-Zwergbarsch

Die wunderschönen Tiere, deren größtes Exemplar eine Länge von nur etwas über 5 Zentimetern hatte, wurden erst 1978 beschrieben. Ihr bekannter Lebensraum reicht von West Malaysia bis zu den Philippinen. Die Fischchen haben einen kanariengelben Körper, dessen Gelbtöne sich bis in die Schwanzflosse hineinziehen. Von der Oberlippe läuft eine sich verbreiternde rotviolette Binde zwischen den Augen über den Rückenfirst. Vom Nacken aus verjüngt sie sich wieder und endet über dem Schwanzstiel. Die Augen tragen einen blauen Ring.

Pseudochromis dutoiti J.L.B. SMITH
Indischer Zwergbarsch

Aus einer weiten Region im westlichen Indischen Ozean (von Pakistans Küsten bis zum Grenzbereich Mosambik/Natal im südöstlichen Afrika) ist diese schön gezeichnete Art bekannt, deren Vertreter eine Länge bis 9 Zentimeter erreichen. Die Grundfarbe der Fischchen ist durchgehend Orangebraun. Von der Oberlippe zieht sich eine breite azurblaue Längsbinde über den Rückenfirst bis zum Schwanzstiel. Dazu trägt die Rückenflosse einen ebenso gefärbten Saum. Die zwischen diesen blauen Zonen eingebettete Dorsale ist meist dunkler. Von den Maulwinkeln laufen zudem zwei ebenfalls intensivblaue kurze Binden über den rußigen Kopf bis zum Hinterrand der Kiemendeckel. Die Augen tragen

einen orangefarbenen Ring. Die Schwanzflosse ist gerundet und im hinteren Bereich stark rötlich. Ihr oberer und unterer Teil wird von jeweils zwei parallel laufenden diagonalen blauen Binden überzogen, deren Zwischenraum schwarz ist. Auch die Afterflosse trägt einen schmalen blauen Saum. Sehr schöne Tiere!

Pseudochromis flavivertex RUEPPELL
Goldbindenzwergbarsch

Er wurde bereits vor über 150 Jahren (1835) vom bekannten deutschen Ichthyologen aus dem Roten Meer beschrieben. Importe sind dagegen von diesem traumhaft schönen Fischchen immer noch recht selten. Die friedlichen Tiere haben eine blauviolette Körperfärbung. Zwischen den Augen beginnt eine äußerst kontrastreiche goldgelbe Binde, die sich über den Rückenfirst bis zum Ende des Schwanzstieles zieht und sich in der blaßgelben Schwanzflosse auflöst. Auch die Dorsale zeigt noch Spuren vom Gelb. Die übrigen Flossen sind grauviolett.

Pseudochromis fridmani KLAUSEWITZ
König-Salomo-Fischchen

Der rotviolette Bewohner des Roten Meeres erreicht eine Länge von nur 5 Zentimetern. Seine Färbung schließt auch alle Flossen ein. Von seinem nahen Verwandten, *P. porphyreus* LUBBOCK & GOLDMAN aus den Gewässern des westlichen Pazifiks, der die gleiche Färbung zeigt, unterscheidet sich *P. fridmani* unter anderem durch eine kurze dunkle Längsbinde, die sich über die Oberlippe bis beiderseits hinter die Augen zieht. Bei dem pazifischen Verwandten sind die Zonen über den Flossenbasen transparent, und bei dieser Art tragen die Augen einen blauen Ring.

Pseudochromis paccagnellae
BURGESS & H.R. AXELROD
Nymphenzwergbarsch

Der Nymphenbarsch *Pseudochromis paccagnellae* ist ein Schmuckstück in jedem Wirbellosenaquarium
Kahl

Die Art mit dem etwas schwer zu lesenden Namen wurde 1973 zu Ehren von W. Paccagnella (Acquario de Bologna) benannt. Die Fischchen erreichen eine Länge von 5–7 Zentimetern und kommen aus den Gewässern um den indoaustralischen Archipel und die sich daran im Südosten anschließenden von Neuguinea, den Salomonen, den Neuen Hebriden und Neukaledonien. Sie erinnern in ihrer Farbkombination und der Aufteilung

in eine rotviolette vordere und eine goldgelbe hintere Körperhälfte (siehe oben) an den Königsgramma, *Gramma loreto*, aus der Familie der Feenbarsche. Beim genaueren Betrachten läßt er sich aber doch leicht vom karibischen Gramma unterscheiden: Während beim Gramma alle Flossen mitgefärbt sind, fehlt die Farbe in den Flossen des Nymphenzwergbarsches. Außerdem hat der letzte nicht die schwarze schräge Augenbinde und den Augenfleck im harten Teil der Rückenflosse. Wie

195

alle Pseudochromiden ist auch der Nymphenzwergbarsch dann sehr scheu und verstecksüchtig, wenn ihm nicht genügend Höhlen und Unterstände zur Verfügung stehen oder große, ihm ›lästige‹ Fische seine Kreise im Becken stören. Man sollte das Aquarium deshalb entsprechend einrichten, zumal die Tiere auch Reviere bilden und – zumindest Artgenossen gegenüber – dabei ziemlich rauhbeinig werden können. Die Nahrungsansprüche liegen bei Kleinfutter verschiedener Art. Auch wenn die Fischchen sich gelegentlich einige kleine Wirbellose greifen, kann man sie durchaus mit Niederen Tieren in einem Becken gemeinsam pflegen. Nach meinen Feststellungen scheinen die Tiere etwas transportempfindlich zu sein und zeigen Empfindlichkeit auch gegenüber den bekannten Korallenfisch-Krankheiten. Erst eingewöhnt, halten sie aber im Aquarium über lange Zeit aus. Durch verschiedene Publikationen wurden auch Artnamen weiterer Vertreter der Gattung *Pseudochromis* bekannt, wie *P. olivaceus*, *P. pesi*, *P. sankey*, *P. springeri* und *Pseudoplesiops lubbocki* sowie *P. auratus* aus dem Roten Meer und *P. aureus*, *P. cyanotaenia*, *P. flamicauda*, *P. novaehollandiae*, *P. perspicillatus* und *P. ruber* aus dem Indopazifik.

Familie Feenbarsche (Grammistidae)

Die im englischen Sprachraum als ›Royal Gramma‹ bekannten Fische gehören einer sehr kleinen Familie an, die nur über 5 Gattungen mit insgesamt etwa 13 Arten verfügt. Ihr Verbreitungsraum erstreckt sich vom westlichen Atlantik (dazu gehört auch die Karibik) über die Hawaii-Inseln (*Grammatonotus*) bis nach Queensland/Ostaustralien (*Fraudella*) und Westaustralien (*Stigmatonotus*). Die größere Zahl der Artvertreter kommt allerdings in recht tiefem Wasser vor, wo der Fang der Fische generell kostenaufwendiger ist. Alle sollen eine bunte Färbung haben. Aquaristisch bekannt wurde bisher ausschließlich die folgende Art.

Gramma loreto POEY
Königsgramma

Der Fisch wurde in früheren Jahren auch als *G. hemichrysos* MOWBRAY gehandelt, ein Name, der heute als Synonym gilt. Der Königsgramma zählt zu einem der schönsten unter den kleinbleibenden Fischen aus dem westatlantischen bzw. karibischen Raum. Mit 6−8 Zentimetern haben die Tiere ihre äußerste Länge erreicht. In ihrem natürlichen Lebensraum kommen sie in größeren Ansammlungen und dazu in Tiefen bis über 60 Meter vor. Ähnlich wie beim vorher genannten *Pseudo-*

Der Königsgramma *Gramma loreto* aus dem karibischen Raum   Mayland

chromis paccagnellae ist auch bei Tieren dieser Art die vordere Körperhälfte violett und die hintere goldgelb gefärbt. Der kräftige Kopf mit den großen Augen und das tief eingeschnittene Mäulchen weisen auf räuberische Lebensweise auch in tieferen Wasserschichten hin. Dies ist jedoch bei der geringen Größe der Fische für die aquaristische Haltung von untergeordneter Bedeutung. Die Tiere leben im aquaristischen Biotop eher zurückgezogen und drücken sich meist zwischen den steinernen oder korallinen Aufbauten herum. Große Mitbewohner machen die Fische scheu. Man kann sie in sehr geräumigen Becken auch im Schwarm halten, wo sich die Zurückhaltung verliert und die Aggression, wie sie zuweilen zwischen Artgenossen in kleineren Becken festgestellt wird, gar nicht erst aufkommt. Gefressen wird hauptsächlich kleineres Lebendfutter, doch lassen sich die kleinen Barsche meist kurzfristig dazu bringen, auch Ersatzfutter zu akzeptieren. Als ›Schwarze Mütze‹ (›Black cap‹) wurde die Art *Gramma melacara* BOEHLKE & RANDALL, 1963 bekannt, deren Vertreter in Tiefen zwischen 30 und 60 Metern vorkommen und daher kaum importiert werden. Bei ihnen hat der gesamte Körper das Violett von *G. loreto*, doch zieht dazu eine tiefschwarze Zone von der Unterlippe bis zu den vorderen Dorsalstrahlen und überdeckt somit Vorderkopf, Stirn und Nacken.

Familie Mirakelbarsche, Rundköpfe (Plesiopidae)

In der Kenntnis um die Fische dieser Familie hat sich in den letzten Jahren einiges getan, wenngleich ihre Importe noch ebenso selten sind, wie die Preise für schöne Exemplare hoch. Von den 5 Gattungen (*Calloplesiops, Paraplesiops, Plesiops, Trachinops* und *Assessor*) konnten sich im aquaristischen Handel bisher nur einige Vertreter der drei ersten durchsetzen – und das, wie gesagt, in Grenzen. Alle derzeit (etwa 20) bekannten Arten kommen im Indopazifik vor. Die Vertreter der Gattung *Paraplesiops* fallen im Aquarium zuweilen durch gierige Verfressenheit auf. Auch wenn sie relativ klein sind, können sie sehr aggressiv werden. Vorsicht mit Mitbewohnern!

Calloplesiops altivelis (STEINDACHNER)
Pfauenaugen-Mirakelbarsch

Die Bewohner des Indischen und Pazifischen Ozeans haben zwar eine weite Verbreitung, doch trifft man sie überall nur selten an. „Sie machen sich rar!" sagte einmal jemand zu mir. Das kann man zuweilen von den Fischen auch im Aquarium behaupten, denn wenn es ihnen zu ›ungemütlich‹ wird, ziehen sie sich in ihr Versteck zurück. Für viele Taucher und Aquarianer waren die Fische anfangs ein Mirakel, ein Wunderding. Sie können sich nämlich so gut verstecken, daß man sie kaum noch findet oder glaubt, es mit einem anderen Fisch zu tun zu haben. Möglichkeiten zum Verstecken soll man ihnen auch im Aquarium auf jeden Fall schaffen – andernfalls werden die Tiere zu sehr gestreßt. Pfauenaugenbarsche, wie die Vertreter dieser und der folgenden Art genannt werden, haben als erwachsene Tiere sichtbar große Flossen. Das ist bei ihnen und weiteren großflossigen Arten aber erst ab einem bestimmten Altersstadium so. Bis zu diesem Zeitpunkt sehen die Fische Zwergcichliden, den kleinen Buntbarschen des Süßwassers im Körperumfang ziemlich ähn-

lich. Soweit wir bis heute feststellen konnten, werden sie kaum wesentlich größer als 15–16 Zentimeter. Unter Berücksichtigung des erwähnten scheuen Verhaltens sind die Barsche ausgezeichnete Pfleglinge. Neu im Becken angekommen, brauchen sie etwa zwei bis drei Tage, bis sie sich eingewöhnt haben und das erste Futter annehmen. Krebsartigen Tieren – lieber lebend, aber auch tiefgefroren – wird der Vorzug gegeben: Wasserflöhe, Mysis, Garnelen, ausgewachsene Salinenkrebse oder Meerflohkrebse. Mückenlarven oder Enchyträen sind nach meiner Erfahrung weniger beliebt. Sind kleine Fische im Becken: Vorsicht! Ein hungriger Barsch verschmäht auch sie nicht. Sie müssen dann aber schon maulgerecht klein sein.

Calloplesiops argus FOWLER & BEAN
Komet-Mirakelbarsch

Man sieht: Die Gattung *Calloplesiops* ist nicht monotypisch. Es gibt mehrere Arten mit dieser schönen und langgezogenen Beflossung (daneben gibt es beispielsweise noch den im Alter feingetüpfelten *Paraplesiops meleagris* [PETERS, 1870], dem allerdings der Augenfleck in der weichen Dorsalbasis fehlt), aber die Wissenschaftler waren unentschlossen, weil ihnen die Möglichkeiten für langzeitige Beobachtung offenbar fehlten. Die hatte der französische Professor Bruno CONDÉ in seinem wunderschönen Aquarium in Nancy (Lothringen). Er war es auch, der in einem ausführlichen Artikel von der Wiederentdeckung dieser ähnlichen, aber bei genauerem Hinsehen von deutlich zu unterscheidenden Spezies berichtete. *C. argus* hat das weitaus feinere Tüpfelmuster, das einem Sternenhimmel nahekommt. Die Fische werden regelmäßig eingeführt.

Calloplesiops altivelis ist leicht mit der folgenden Art zu verwechseln

Dr. Terver

Calloplesiops argus

Dr. Terver

Paraplesiops alisonae HOESE & KUITER
Azurbinden-Mirakelbarsch

Eine erst 1984 beschriebene Art, deren Vertreter eine graubraune Grundfärbung haben. Kopf relativ flach. Stirn und Wangen sind von größeren leuchtendblauen Punkten überlagert. Rücken- und Afterflossen zeigen einen breiten blauen Saum, unter dem ein langgestrecktes tiefschwarzes Band liegt, in dessen Mitte sich wiederum eine, diesmal feinere, blaue Längsbinde erstreckt. Die abgedunkelte fächerartige Schwanzflosse ist rundum mit einem feinen blauen Saum versehen. Schwarze und blaue Zonen auch in den Membranen der Bauchflossen.

Paraplesiops bleekeri (GUENTHER)
Bleekers Mirakelfisch

BLEEKER stellte 1875 Paraplesiops auf und ernannte diese bereits im Jahre 1861 beschriebene Art zum Gattungstyp. Soweit bekannt, wohl der derzeit schönste Vertreter der Gattung. Der Kopf ist gerundet wie bei Calloplesiops-Verwandten, von schwarzer Grundfärbung und mit einem Muster hellblauer Tüpfel übersät. Hinter den Kiemendeckeln beginnt eine weiße Zone, die auf dem Schwanzstiel endet und von vier breiten schwarzen Querbinden überlagert wird, von denen die letzte noch den vorderen Schwanzstiel überdeckt. Der hintere Bereich des Stieles ist, ebenso wie die Caudalbasis, gelb. Alle Flossen sind schwarz, dazu hellblau gemustert, nur die Brustflossen zeigen eine gelbe Tönung. Länge ausgewachsen: über 20 Zentimeter.

Paraplesiops poweri OGILBY
Düsterer Mirakelfisch

Ein wenig attraktiver Gast für unsere Aquarien, der gelegentlich anderen Importen beigegeben wird. Er hat eine graubraune Grundfärbung und zeigt nur sehr wenige schwarzblaue Tüpfel auf den Wangen. Flanken und Schwanzstiel werden von etwa acht dunklen Querbinden überdeckt.

Familie Kardinalfische (Apogonidae)

Hier haben wir es überwiegend mit nacht- oder dämmerungsaktiven Barschen zu tun, was man in den meisten Fällen bereits an den überdurchschnittlich großen Augen erkennen kann. Die Mehrzahl lebt in Riffgebieten, nur wenige im Brackwasser, aber ganz wenige sogar im Süßwasser (und sie vermehren sich auch da). Tags-

über führen sie ein verstecktes Leben, meist in unterschiedlich großen Trupps, wobei sich die Vertreter einiger Arten auch zwischen die Stacheln von Diademseeigeln (Foto Seite 22) stellen. Neben den bekannteren Arten, welche die oberen Wasserzonen bevorzugen, weiß man auch von einigen, die im Tiefwasser bis über 500 Meter vorkommen. Obgleich man auch Kardinalbarsche mit Größen um 20 Zentimeter aufzählen könnte, werden die meisten gerade halb so lang. Auf die 26 derzeit aufgestellten Gattungen sind etwa 192 Arten verteilt. Eine große Zahl der Kardinalfische hat eine rote Färbung, von welcher der Populärname abgeleitet ist. Das relativ große Maul hat noch eine andere Funktion, als nur vorübertreibendes Plankton aufzunehmen: Viele Arten sind Maulbrüter, bei denen die Männchen das Brutgeschäft übernehmen, was soweit führen kann, daß sie nicht mehr in der Lage sind, das Maul zu schließen.

Im Aquarium sind Kardinalbarsche hart und ausdauernd. Manche Arten können bei nicht optimaler Wasserqualität empfindlich sein. Andererseits sind sie gute Fresser und stellen aus dieser Sicht den Pfleger nicht vor große Probleme. Man sollte allerdings in den Abend- oder Morgenstunden füttern, wenn die Aquarienlampen schon (oder noch) mit halber Kraft leuchten. Flinke Schwimmer sind sie nicht. Deshalb bevorzugen Kardinalbarsche wahrscheinlich zur Nahrungsaufnahme jene Zeiten, zu denen sich die anderen Beckenbewohner im Ruhezustand befinden.

Apogon cyanosoma BLEEKER
Rotstreifen-Kardinal

Ein 6–8 Zentimeter langer, über weite Gebiete des Indischen und Pazifischen Ozeans verbreiteter und bei Tauchern wohlbekannter Vertreter der Familie. Bei den Tieren kann das auffallende Licht die Grundfärbung zwischen den blauen Binden unterschiedlich reflektieren, so daß sie einmal goldgrün, ein andermal kräftig rötlich erscheinen (vergleiche Foto Seite 22).

Apogon nematopterus BLEEKER
Pyjama-Apogon oder Wimpel-Kardinal

Diese Art stellt wohl die am häufigsten eingeführten Vertreter der so artreichen Familie. Die Körperzeichnung besteht aus einem Netzmusterstreifen; er hat oben die Breite der ersten Rückenflosse und zieht sich quer um den Körper. Die hintere Hälfte des sonst beigegrünlichfarbenen Körpers hat ein ockerbraunes Tupfenmuster. Deshalb erscheint der Fisch trotz seiner relativen Farbeintönigkeit bunt. Von dieser Art, wie überhaupt

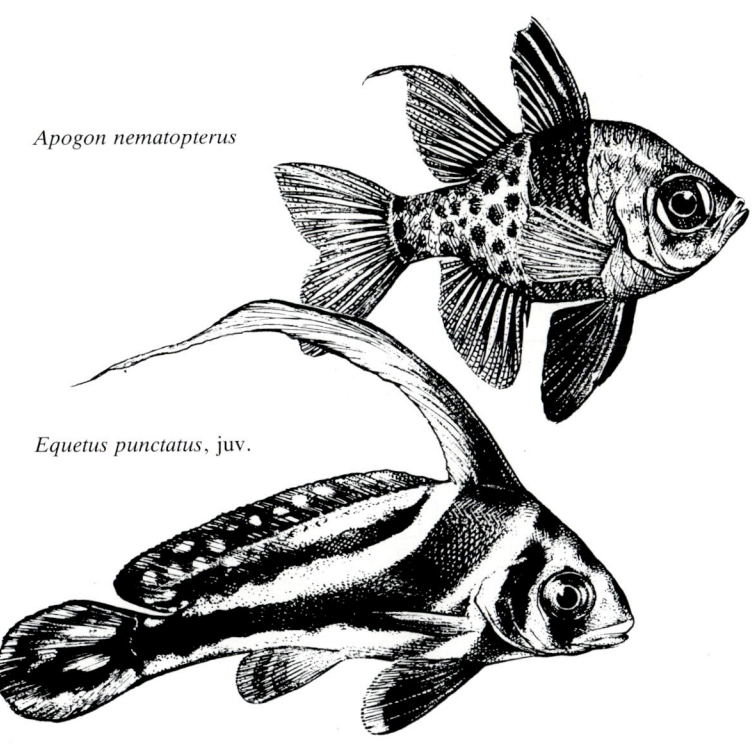

Apogon nematopterus

Equetus punctatus, juv.

von allen Kardinalfischen sollte man sich nach Möglichkeit einen größeren Trupp anschaffen (kein ›Pärchen‹, weil es dann leicht Streit geben kann), denn auch im natürlichen Lebensraum der Fische kommen sie in Schulen vor. Nicht mit rauhen und zu aggressiven Fischen gemeinsam halten. Gut für Niedere-Tiere-Becken geeignet. Die Fische nehmen gern schwebendes Futter – jedoch nichts vom Boden! Ähnlich in der Form, jedoch unterschiedlich in der Musterung ist der Gürtel-Kardinal, *A. orbicularis*. Bei ihm ist die erwähnte Körperbinde (Gürtel) nur so breit wie die ersten beiden Strahlen der vorderen Rückenflosse. Auch bei ihm hat die hintere Körperhälfte wieder ein Punktemuster, jedoch sind Gürtel und Punkte tiefbraun. Beide werden etwa 12 Zentimeter lang. Der erste kommt aus den Gewässern um den indoaustralischen Archipel und dem Westpazifik, der zweite kommt dazu im Indischen Ozean vor.

Paramia quinquelineata (CUVIER & VALENCIENNES)
Fünfstreifen-Apogon

Diese und die folgenden, weniger importierten Artvertreter werden genauso gepflegt und gehalten wie eingangs erwähnt. Diese Tiere stehen oft, zusammen mit *Apogon cyanosoma*, im Stachelgewirr der Diadem-Seeigel (vergleiche Foto S. 22). Ebenso vereinzelt angeboten werden Vertreter der Arten *A. novemfasciatus* (CUVIER), *A. semilineatus* (TEMMINCK & SCHLEGEL und *A. imberis* (LINNAEUS) aus dem Mittelmeer.

Familie Ziegelbarsche, Torpedobarsche (Malacanthidae)

Über viele Jahre hat man den kleinen Vertretern dieser nicht besonders artenreichen Familie nur wenig Beachtung geschenkt. Von den in der Unterfamilie Malacanthinae zusammengefaßten beiden Gattungen *Malacanthus* und *Hoplolatilus* werden die der ersten aquaristisch kaum beachtet: Sie werden (zumindest für Heimaquarien üblicher Länge) zu groß. Anders aber verhält es sich mit den Vertretern der Gattung *Hoplolatilus*.
„*Hoplolatilus*? – Nie gehört!" sagte kürzlich ein Aquarianer, der es hätte wissen müssen. Für viele ist der Name ein neuer Begriff, auch wenn er bereits 1887 von GUENTHER ins Leben gerufen wurde. Man stellte die Gattung jedoch früher zur Familie Branchiostegidae, die heute eingezogen ist. Es war wohl hauptsächlich die Arbeit von RANDALL & DOOLEY, die dann auch das aquaristische Interesse an den Fischen, die meistens von den Philippinen importiert werden, nach sich zog. Vorsicht bei der Haltung von Tieren der Gattung *Hoplolatilus*: Zumindest wenn sie neu in einem Becken sind, soll man dieses sehr gut abdecken! Die Fische sind anfangs ziemlich schreckhaft und neigen zum Herausspringen!

Malacanthus latovittatus (LACEPÈDE)
Blaukopf-Ziegelbarsch

Mir ist dieser Fisch zum ersten Mal vor Jahren auf Hawaii aufgefallen, wo man ihn ›Striped Blanquillo‹ (und eine weitere Art, *M. hoedtii* BLEEKER, ›Banded

Junge Goldmakrelen, *Gnathanodon speciosus*; im Vordergrund *Malacanthus latovittatus*
Kahl

199

Blanquillo‹) nennt. Wie das Foto auf Seite 199 zeigt, haben wir es mit einem langgestreckten spitzköpfigen Fisch zu tun, dessen Verbreitung im Indischen und Pazifischen Ozean von der Ostküste Afrikas bis nach Hawaii und Tahiti reicht. Nach neuen Informationen (CONDÉ) kann man für diese Art eine Maximallänge von rund 45 Zentimetern angeben – zuviel für die meisten Aquarien, es sei denn, man pflegt junge Tiere.

Im Aquarium gewöhnen sich jüngere Exemplare, die erwachsenen Putzerfischen ähnlich sehen, schnell ein. Die Fische sind recht schwimmfreudig und auch sonst ziemlich aktiv, wenn es darum geht, jeden Winkel tagtäglich neu zu untersuchen. Über sandigem Grund suchen sie ein Versteck nahe dem Boden und ›wuseln‹ nötigenfalls so lange mit Körper und Flossen, bis sie sich eine Nische an der gewünschten Stelle geschaffen haben. Sie bevorzugen fleischliche Kost, vorwiegend von Krebstieren. Für die Eingewöhnung hat es sich als vorteilhaft erwiesen, Lebendfutter zu reichen. Ein weiterer Vertreter der Gattung, *M. brevirostris*, ist ebenfalls schon wiederholt in großen Aquarien gepflegt worden. Er hat einen beinahe weißen Körper mit gelblicher Rückenzone und zwei schwarzen Binden in der Caudale. Jungtiere haben eine blauviolette Körperfärbung; alle Flossen sind transparent. Länge bis etwa 30 Zentimeter.

Hoplolatilus chlupatyi
KLAUSEWITZ, McCOSKER, RANDALL & ZETZSCHE
Chamäleon-Torpedobarsch

Die erst im Jahre 1978 beschriebenen Tiere kann man heute im aquaristischen Handel erwerben. Sie stammen von den Philippinen und sind nahe verwandt mit *H. fronticinctus*, den GUENTHER 1887 aus denselben Gewässern beschrieb. *H. chlupatyi* hat eine hellbeige Grundfärbung. Kopf, Rückenfirst und alle Flossen erscheinen wie golden überpudert. Kehle und untere Körperhälfte bleiben stets beinahe weiß. Die Fische sind in der Lage, innerhalb kürzester Zeit einen stimmungsbedingten Farbwechsel vorzunehmen, wobei die goldenen Töne verschwinden und die obere Körperhälfte einen lichtblauen, grünlichen oder lachsfarbenen Schimmer bekommt. Sie erreichen eine Länge von ungefähr 12 Zentimetern.

Hoplolatilus fourmanoiri J.L.B. SMITH
Goldflecken-Torpedobarsch

Die Tiere sind noch nicht häufig eingeführt worden. Möglicherweise erscheinen sie den Exporteuren in Manila nicht bunt genug!? Die Art wurde 1963 von der Küste Südvietnams beschrieben, wurde jedoch auch wiederholt von den Philippinen nachgewiesen. Die Fische haben eine graubraune Grundfärbung, und etwas oberhalb der dunklen, golden gerandeten Augen, nach hinten versetzt, erkennt man einen ebensoschwarzen (Augen-?)Fleck. Die obere Region der Schwanzflosse ist reinweiß, die darunterliegende schwarz. Der Vorderkopf, Schläfen und die seitliche Nackenpartie sind von goldgelben Flecken überdeckt. Länge der Fische 12–14 Zentimeter.

Hoplolatilus marcosi BURGESS
Rotbinden-Torpedobarsch

Im Jahre 1978 beschrieb der Autor, dessen ebenfalls als Wissenschaftlerin tätige Ehefrau Philippinin ist und früher an der Universität von Manila eine Professur hatte, die Art zu Ehren des damaligen Prädidenten Marcos. Im Aquarium werden die Torpedobarsche bis etwa 16 Zentimeter lang, haben eine reinweiße Grundfärbung. Eine kardinalrote Binde, die sich auf dem Hinterkörper etwas verjüngt, zieht von der Oberlippe durch die Augen bis zum zentralen hinteren Ende der gegabelten Schwanzflosse. In der Caudale nimmt das Band die V-Form der Flosse an, läßt jedoch die Ränder frei. In der Caudalmitte liegt ein schwarzer Fleck. Alle Flossen milchig. Dorsale mit schmalem rötlichen Saum.

Torpedobarsche sind gute und ausdauernde Pfleglinge, die zuweilen allerdings – besonders wenn die Nitratwerte im Aquarium ansteigen – Unwohlsein zeigen können. Man gewöhnt sie mit feinem Krebsfutter (möglichst in den ersten Tagen und Wochen lebend) ein, kann später jedoch alle möglichen anderen Futtersorten ausprobieren. Es werden reichlich Verstecke im Becken benötigt, welche die Fische zu ihrer Sicherheit bzw. ihrem (ungestreßten) Wohlbefinden brauchen. Gut geeignet für Niedere-Tiere-Becken. Nur mit ruhigen und nichtaggressiven Fischen halten.

Hoplolatilus marcosi   Mayland

Hoplolatilus purpureus   Zetzsche

Hoplolatilus purpureus BURGESS
Purpur-Torpedobarsch

Ein weiterer Bewohner des westlichen Pazifiks, der zusammen mit der vorgenannten Art von den Philippinen beschrieben wurde. In großen Becken und ohne nennenswerte Belästigung können die Tiere eine Länge von rund 12 Zentimetern erreichen. Sie haben eine rotviolette Grundfärbung. Von der Oberlippe bis zum Nacken läuft eine unregelmäßig begrenzte mattgoldene Binde. Die beiden Lappen der tief gegabelten Schwanzflosse tragen einen blutroten breiten Saum, der zur Innenseite jeweils von einer feinen schwarzen Submarginalbinde abgegrenzt wird. Haltung, wie bei voriger Art angegeben.

Hoplolatilus starcki RANDALL & DOOLEY
Veilchenkopf-Torpedobarsch

Ausgewachsene Tiere gehören zu den schönsten Vertretern ihrer Gattung (Foto). Den violetten ›Veilchenkopf‹ zeigen Tiere beiderlei Geschlechts; beide tragen auch die typische V-Zeichnung in den beiden Lappen der gegabelten Schwanzflosse – hier sind es zwei goldgelbe V-Binden. Die übrige Körperfärbung kann (zumindest im Aquarium) stimmungsbedingt wechseln. Bei den meist etwas größeren Männchen ist sie durchschnittlich goldgrau bis goldoliv; bei den Weibchen kann sie weißlich bis hellviolett sein. Die übrigen Flossen sind transparent, schimmern jedoch (etwas blasser) in der jeweils gezeigten Körperfarbe. Die Tiere werden 14–16 Zentimeter lang. Haltung, wie bei *H. marcosi* angegeben. Sie sind nur für eine Pflege in Becken ab 100 Zentimetern Länge geeignet. Außer den hier angeführten Arten sind noch namentlich bekannt *H. cuniculus* RANDALL & DOOLEY, *H. geo* FRICKE & KACHER, 1984, sowie *H. oreni* CLARK & BEN TUVIA, die im Jahre 1974 bzw. 1973 wissenschaftlich beschrieben wurden.

Hoplolatilus starcki, ♂ unten   Dr. Randall (UW)

Familie Stachelmakrelen (Carangidae)

Die Stachelmakrelen bilden eine große Familie mit derzeit 25 Gattungen und etwa 140 Arten. Es handelt sich um sehr schnelle Bewohner des freien Wassers. Alle haben eine mehr oder weniger stromlinienförmige Gestalt, die es ihnen ermöglicht, mit Hilfe der kräftigen Muskeln und den meist im hinteren Körperbereich befindlichen Antriebsflossen eine Höchstgeschwindigkeit um 50 km/h zu erreichen. Damit gehören sie in die vordere Gruppe der schnellsten Fische. Schneller sind nur noch die Vertreter der Scombriden (Echte Makrelen, Thunfische und Bonitos), der Xiphiiden (Schwertfische) und der Istiophoriden (Marlins, Speer- und Segelfische). Letzte können Geschwindigkeiten zwischen 80 und 95 km/h erreichen. So können Makrelen als Jäger oder (vom Menschen) Gejagte ihr Leben behaupten. Stachelmakrelen sind im allgemeinen nicht besonders farbig. Ihr Körper ist überwiegend silbrig. Weil sie zudem noch recht groß werden, hätten sie eigentlich in diesem Aquarienbuch nichts zu suchen, wenn nicht die Vertreter einiger weniger Arten doch gelegentlich bei Liebhabern außergewöhnlicher Fische anzutreffen wären. Einige Mitglieder dieser Familie kann man natürlich nur für eine sehr begrenzte Zeit in einem relativ kleinen Aquarium halten. Als Bewohner des Freiwassers wachsen die Fische rasch heran, wozu das Becken schon eine Länge von mindestens 150 Zentimetern haben sollte.

Alectis indica (RUEPPELL)
Fadenmakrele

Eine Art, die weitverbreitet ist: vom Roten Meer bis zum Indischen und Pazifischen Ozean. Obgleich es Vertreter von weit über einen Meter Länge gibt, wachsen im Aquarium gehaltene Exemplare kaum über 30 Zentimeter hinaus. Bei den jungen Makrelen bis 10 oder 12 Zentimeter Länge sind die weichen Strahlen von Rücken-, After- und die äußeren Strahlen der Bauchflossen fadenartig bis zur doppelten Körperlänge und mehr ausgezogen. Das silberfarbene Schuppenkleid schimmert wie Perlmutt und ist mit schwachen, etwas unregelmäßigen Querbinden überzogen. Die Tiere stürzen sich im Aquarium überfallartig aufs Futter – wie sie es in ihrem natürlichen Lebensraum wohl ebenfalls tun. Man kann sie daher nicht mit ruhig schwimmenden Fischen gemeinsam halten. Bevorzugt wird verständlicherweise lebende Nahrung, doch die Umstellung auf schwebendes Tiefkühlfutter geschieht mit etwas Einfühlungsvermögen problemlos.

Gnathanodon speciosus (FORSKÅL)
Goldmakrele

Die früher der Gattung *Caranx* zugerechnete Art wird gelegentlich als ›Beipack‹ importiert. Kräftig goldgelb schimmern die Jungtiere mit ihren schwarzen Querbändern, weshalb man sie in englischsprechenden Ländern auch ›Golden Kingfish‹ nennt. Leider behalten sie ihr prächtiges Kleid nicht allzulange. Alsbald werden die Binden schwächer, und die Körperfärbung nimmt insgesamt einen dunkleren, ins Grünliche gehenden Ton an. Die Bewohner des Roten Meeres wie des Indopazifiks können zwar im Freiwasser der Ozeane eine Länge von rund 110 Zentimetern erreichen, bleiben aber im Aquarium bei 40–45 Zentimeter im Wachstum stehen. Die jungen Schwarmfische soll man nie als Einzelexemplare pflegen, weil sie dann stets unruhig bleiben. Wenn gleichartige Partner fehlen, kann es vorkommen, daß sie sich anderen Fischen partnerschaftlich anschließen. Siehe Foto Seite 199.

Familie Schnapper (Lutjanidae)

Der Name ›Schnapper‹ läßt vermuten, was sie sind. Nun, es gibt viel zu schnappen – aber nicht nur im Riff, auch an anderen Felsküsten und an Stellen, an denen das Wasser des Meeres durch Brandung aufgewühlt wird. Als Nutzfische sind sie eine gerngesehene Beute einheimischer Fischer. Man findet sie weniger als Einzelgänger, vielmehr in kleinen Trupps, mittleren Gruppen oder sogar größeren Verbänden. Die Schnapper haben sich in allen warmen Meeren unserer Erde verbreitet. Für Fischaquarien sind sie dann gut geeignet, wenn die Mitbewohner nicht so klein sind, daß sie als Beute angesehen werden können. In Wirbellosenbecken sind sie fehl am Platz. Der Pfleger kann sie als relativ anspruchslos betrachten, denn sie gehen bald an Ersatzfutter. Bei der Haltung weniger artgleicher Tiere (die man nicht als ›Verband‹ ansprechen kann!) kommt es oft zu ruppigen Reibereien. In der Familie gibt es derzeit 17 Gattungen mit insgesamt mehr als 140 Arten.

Lutjanus kasmira (FORSKÅL)
Blaustreifenschnapper

Die Fische kommen meist als willkommener Beipack in die Becken der Händler und sind dort schnell vergriffen. Sie sind sehr farbkräftig (Foto Seite 27), unproblematisch zu halten und gehen leicht an die gebotene Ersatznahrung. Ähnlich gearteten Fischen gleicher Größe (etwa Soldatenfischen) kann man sie gut zugesellen. Die

Augen lassen von der Größe her auf besondere Dämmerungsaktivitäten schließen: Sie tauchen bis auf 60 Meter ab. Die Vertreter der Art sind nicht so hochrückig, wie der bekanntere und anschließend vorgestellte Kaiserschnapper. Der goldgelbe bis olive Körper trägt 4 bis 5 leuchtendblaue Längsbinden, die auf jeder Seite schwarzbraun gesäumt sind. Zwischen der zweiten und der dritten Binde am Beginn des letzten Körperdrittels befindet sich bei sehr jungen Tieren ein schwarzweißer Fleck. Die Fische findet man in größeren Ansammlungen meist nahe der Küste. Länge erwachsener Tiere bis 35 Zentimeter.

Lutjanus sebae
Kaiserschnapper

Aus diesem kleinen attraktiven Fisch (wie ihn die meisten Händler anbieten) kann ein stattlicher Brocken werden. Im Meer erreichen die Tiere immerhin das beachtliche Maß von etwa 80 Zentimeter und haben dann ein Gewicht um 27 Kilogramm. Auch sie, obgleich mit kleiner erscheinenden Augen ausgestattet, tauchen bis zu 100 Meter ab. Im Aquarium sind schon Jungtiere mit gutem Appetit ausgestattet, und wachsen entsprechend rasch bei ausreichender Fütterung heran. Die überaus interessanten Fische (Foto) verlieren mit zunehmendem Alter ihre scharf abgesetzte rot- bis schwarzweiße Jugendzeichnung. Sie verwischt sich und macht dann einem weniger schönen breitflächigen Streifenmuster schwacher Färbung Platz. Die Haltung ist nicht schwierig, weil es sich, wie erwähnt, um gute Fresser handelt. Noch einmal: Nicht mit kleineren Fischen zusammenbringen!

Junger Kaiserschnapper, *Lutjanus sebae* — Mayland

Familie Grunzer und Süßlippen
(Haemulidae [Pomadasyidae])

Eine Gruppierung von nahen Verwandten, bei denen nach Ansicht der verschiedenen Wissenschaftler die eine oder die andere den namengebenden Vortritt zum Taxon der Familiengruppe erhält. So kommt es, daß wir nicht nur das hier dominierende Taxon Haemulidae (nach NELSON), sondern in der Literatur anderer Autoren Pomadysidae, Plectorhynchidae oder Gaterinidae als bevorzugten Familiennamen finden. Wie dem auch sei: Die Namen der Gattungen (derzeit 17) und Arten (etwa 175) beeinflußt diese Handhabung nicht.
Es sind besonders die Vertreter der Süßlippen (*Plectorhynchus*), die aquaristisch einige Erfolge erzielen konnten, wenn auch hauptsächlich in Schauaquarien. Süßlippen sind besonders in der bunteren Jugendform und -färbung recht interessante Pfleglinge. Die Vertreter der meisten Arten färben sich mit zunehmendem Alter stark (und zu ihrem optischen Nachteil) um. Als bedächtige Fresser dürfen sie nicht mit zu schnellen Fischen zusammen gehalten werden, sie kämen bei der Futteraufnahme sonst zu kurz. Ihre Ernährung im natürlichen Lebensraum besteht vorwiegend aus Krebstieren.
Jungtiere, wie sie meist gepflegt werden, haben eine eigentümlich schaukelnde Schwimmweise. Sie soll offenbar dazu beitragen, das Farbmuster unter Wasser optisch zu verwischen (also eine `Art Tarnverhalten). Die Jungen sind, bedingt durch diese Art zu schwimmen, so langsam, daß man sie in den flachen Uferzonen, wo sie leben, mit zwei Keschern ohne besondere Mühe fangen kann.

Diagramma pictum (THUNBERG)
Gestreifte Süßlippe

Die Vertreter dieser Art sind im Jugendkleid in Färbung und Musterung der Gold- oder Königssüßlippe recht ähnlich, nur setzen sich die breiten Streifen der letzten (Foto Seite 204) bei *D. pictum* oft aus zwei schmaleren Parallelbinden zusammen. Aber auch sie ändern sich mit zunehmendem Alter und werden immer schmaler. Größe im Meer 60–100 Zentimeter!

Plectorhynchus albovittatus (RUEPPELL)
Gold- oder Königssüßlippe

Besser einzugewöhnen und haltbarer als die Tiere der folgenden Art. Die Fische aus dem Roten Meer und dem tropischen Indopazifik wachsen in ihrem natürlichen Lebensraum nicht über 35 Zentimeter hinaus und stellen bei aquaristischer Haltung meist bereits mit 20

Plectorhynchus albovittatus, die Gold- oder Königssüßlippe   Kahl

Plectorhynchus orientalis zeigt im Jugendkleid eine bunte, kreisförmige Zeichnung, während erwachsene Tiere ihre juvenile Färbung in ein Längsstreifenmuster umwandeln   Kahl

Zentimetern Länge das Weiterwachsen ein. Die schöne, goldschwarz längsgestreifte Jugendfärbung weicht später einem eintönigen Braun. Auch die Exemplare dieser Art lassen sich mit Krebsfutter leicht eingewöhnen.

Plectorhynchus chaetodonoides (LACEPÈDE) Harlekin-Süßlippe

Die Bewohner des Indischen wie des tropischen Pazifischen Ozeans können im Meer eine Länge bis 90 Zentimeter erreichen, wachsen im Aquarium aber nicht sonderlich schnell und werden hier kaum größer als 20 Zentimeter. Man kann die Fische wohl als die attraktivsten und daher am meisten gepflegten der Familie bezeichnen. Das Eingewöhnen bis zur ersten Futterannahme kann einige Schwierigkeiten machen, die sich vom Pfleger am ehesten mit lebendem Krebsfutter überwinden läßt. Tiere dieser Art sind im Körperbau etwas höher als die meisten ihrer Verwandten. Im Jugendstadium sind die in der Grundfarbe braunen Fische mit großen weißen Flecken gemustert, färben sich indes mit zunehmendem Alter um. Dabei werden die weißen Flächen größer, und von der braunen Farbe bleiben ungleich große schwarzbraune Flecke, die sich über den Körper ziehen.

Plectorhynchus orientalis (BLOCH) Orientalische Süßlippe

In der Jugend eine der farbigsten Süßlippen. Die bunten, weiß-gelb-orangefarbenen Flecke auf dunkelbrau-

nem bis schwarzem Grund weichen mit zunehmendem Alter einer braunschwarzen Parallelstreifenmusterung auf hellem Grund (Zeichnung). Die im Riff bis etwa 60 Zentimeter lang werdenden Fische erreichen bei aquaristischer Haltung kaum ein Drittel dieser Länge. Erwachsene Tiere gehen in eine Lebensweise als Einzelgänger über. Diese Süßlippen stammen aus dem Indischen und (tropischen) Pazifischen Ozean.

Harlekin-Süßlippe, *Plectorhynchus chaetodonoides*, im schönen Jugendkleid   Kahl

Familie Scheinschnapper (Nemipteridae)

Die bisher aquaristisch wenig in Erscheinung getretenen Mitglieder dieser Familie sollen hier mit einem interessanten Vertreter vorgestellt werden. Viel wird auch in der wissenschaftlichen Literatur über diese Fische noch nicht berichtet. Man vermißt gewisse Übereinstimmungen in den Arbeiten. Die hier vorgestellte Gattung ist monotypisch und ihr Vertreter der derzeit aquaristisch einzige Bekannte der Familie, in deren weitere Gattungen *Nemipterus*, *Pentapodus* und *Scolopsis* knapp 40 Arten zusammengefaßt sind. Scheinschnapper haben einen weiten Verwandtschaftskreis, was ihre systematische Einordnung erschwert. Die Vertreter vieler Arten zeigen bunte Farben, und bei einer Reihe dieser Exemplare tragen bestimmte Strahlen von unpaaren Flossen lange Filamente.

Symphorichthys spilurus (GUENTHER)
Blaugestreifter Scheinschnapper

Bereits im Jahre 1874 als *Symphorus s.* beschrieben, später aber in die von MUNRO im Jahre 1967 aufgestellte neue Gattung überführt, in welcher dieser Vertreter der derzeit einzige ist. Der im tropischen Westpazifik verbreitete Scheinschnapper kann sich in einem mit verschiedenen Überhängen und ähnlichen Verstecken eingerichteten Aquarium zu einem prächtigen Schautier von 25–30 Zentimetern Länge entwickeln. Die Eingewöhnung der meist jüngeren Importtiere verlangt etwas Fingerspitzengefühl, und oft muß der Pfleger die ganze Palette verfügbarer Futterarten anbieten, bis der Bann

gebrochen ist. Dabei dürfen auch lebende Tiere wie Mysis und kleine Fische gegebenenfalls nicht fehlen. Nach der erfolgreichen Eingewöhnung halten die herrlichen Tiere lange aus.

Die leuchtenden und kontrastreichen Farben lassen sich am besten durch das Farbfoto auf Seite 99 erklären. Bei Jungfischen treten die beiden vorderen Binden und der Fleck auf dem Schwanzstiel intensiver hervor. Dafür sind von den blauen Längsbinden erst zwei intensiv gefärbt. Bei sehr jungen Tieren liegt zwischen diesen beiden Binden ein breites schwarzes Längsband, das sich von den Augen bis (ausgedünnt) in die Schwanzflosse zieht. Die Filamente der Rückenflosse sind aber auch bei Tieren dieses jugendlichen Alters bereits vorhanden.

Familie Umberfische oder Trommler, ›Ritterfische‹ (Sciaenidae)

Umberfische können willkürlich Geräusche erzeugen, eine Fähigkeit, der sie ihren Namen verdanken. Die meisten Vertreter der in den derzeit 50 Gattungen und rund 210 Arten vereinten Familienangehörigen sind keine Aquarienfische. Sie leben über Sandgrund stets bodennah. Hier interessieren nur wenige Arten der Gattung *Equetus* (Synonym *Eques*) aus dem Westatlantik und dem Karibischen Meer. Man hat sie wegen der stark verlängerten ersten Rückenflosse (sie haben deren zwei), die mit einiger Phantasie an die Sturmhaube eines Ritters erinnert, ›Ritterfische‹ getauft. Es sind drei Arten, deren Vertreter gelegentlich eingeführt werden.

Equetus acuminatus   Chlupaty

Equetus acuminatus (BLOCH & SCHNEIDER)
Gestreifter Ritterfisch

Im Riff erreichen die Fische eine Länge bis etwa 25 Zentimeter. Sie bleiben jedoch im Aquarium rund 10 Zentimeter kleiner und kommen in noch geringerer Länge in den Handel. Wegen der geringen Importe und des attraktiven Aussehens gelten sie als hochpreisige Raritäten. Auch diese Fische ernähren sich in ihrem natürlichen (bodennahen) Lebensraum überwiegend von Krebstieren. Das Umstellen auf Ersatzfutter im Aquarium ist daher nicht einfach. Auch die Ritterfische füttert man am besten mit Garnelenfleisch. Die langsamen Fresser soll man nicht mit schnellen Fischen zusammenbringen. Auf weißem Grund zeigen die Tiere ein Muster etwa gleichschmaler Längsbinden, die sich von den Lippen bis in den Schwanzstiel und die Caudale ziehen.

Equetus lanceolatus (LINNAEUS)
Gebänderter Ritterfisch

Ein schöner, aber noch empfindlicherer Vertreter – zumindest während der Eingewöhnungszeit. Diese Fische werden etwa gleichlang wie die der vorgenannten Art. Sie brauchen ein größeres Becken, das ihrem natürlichen Lebensraum mit weiten Sandbodenflächen nahekommt. Wichtig beim Kauf der Tiere ist, darauf zu achten, daß sie vital und gut genährt sind. Sie kommen nicht aus dem Flachwasser, sondern leben in etwas tieferen Zonen. Der dank der hohen ersten Rückenflosse fast wie ein Dreieck erscheinende Fisch ist auf weißgrauem Grund von drei unterschiedlich breiten tiefschwarzen Schrägbinden überzogen, die jeweils reinweiß gesäumt sind. Die erste und schmalste Binde führt durchs Auge, die zweite beginnt vor dem ersten Dorsalstachel und zieht in Richtung Bauchflossenbasis, die dritte und breiteste läuft von der oberen Spitze der vorderen hohen Rückenflosse diagonal über die obere Körperhälfte zum Ende des Schwanzstieles.

Equetus punctatus (BLOCH & SCHNEIDER)
Tüpfel-Ritterfisch

Vielleicht der schönste der drei Vertreter. Die Zeichnung auf Seite 199 zeigt die Musterung bei einem Jungtier. Haltung wie vorgenannte Arten. Erwachsene Tiere sind wie auf dem Farbfoto gezeichnet.

Equetus punctatus, adultes Tier   Mayland

Familie Flossenblätter (Monodactylidae)

Die beiden bei uns eingeführten Arten, *Monodactylus argenteus* (LINNAEUS) und *M. sebae* (CUVIER & VALENCIENNES) sind nicht schwer zu halten. Exemplare der ersten sind fast ständig im Handel erhältlich, die der zweiten seltener. Bei den letzten handelt es sich um die hochflossigeren Tiere. Um sie richtig zu pflegen, muß man einige Voraussetzungen beachten: Es handelt sich um Küstenfische, die nur in sehr jugendlichem Alter in reinem Süßwasser leben und mit zunehmender Größe ihren Lebensraum immer weiter dem Meer zu verlegen. Besonders *M. sebae* braucht bereits recht früh Salzzusätze und größere Becken mit ausreichendem Schwimmraum. Wer glaubt, diese Fische ständig in reinem Süßwasser halten zu können (die sehr frühe Umstellung auf reines Meerwasser ist dagegen möglich), wird nicht lange Freude an den Silberflossenblättern haben. Nach der Eingewöhnung lassen sich die Tiere problemlos ernähren und können unter den erwähnten Voraussetzungen lange leben und dann natürlich auch wachsen – bis etwa 20 Zentimeter. Zur Familie gehören 3 Gattungen mit derzeit 5 Arten.

Familie Meerbarben (Mullidae)

Taucher kennen Meerbarben wahrscheinlich besser als Aquarianer. Die stromlinienförmigen Fische mit den hoch am Kopf liegenden Augen sind aufgrund der für sie typischen zwei Barteln unter dem Kinn nicht zu verwechseln. Gelegentlich werden sie auch einmal eingeführt, machen jedoch in der Haltung einige Schwierigkeiten. Ob sie den weiten Sandboden ihres natürlichen Lebensraumes, in dem sie ständig auf der Suche nach Nahrung sind, vermissen? Trotz bester Pflege in geräumigen Aquarien und guter Nahrungsaufnahme halten es die meisten nicht lange aus. Die Familie verfügt derzeit über 6 Gattungen mit etwa 55 Arten, von denen meines Wissens keine kleiner als 20 Zentimeter bleibt.

Familie Spatenfische (Ephippididae)

Familie mit 3 Unterfamilien und derzeit 5 Gattungen mit nicht mehr als 17 Arten, von denen hier nur die Fledermausfische oder Segelflosser der Unterfamilie Platacinae, Gattung *Platax*, mit ihren 3 Arten Interesse finden können. Alle werden regelmäßig eingeführt. Meist leben sie in Küstennähe und treiben dort im Jugendkleid wie welkes Laub durchs Wasser. Hier, im Bereich der Mangroven, sind sie einigermaßen geschützt. Rücken-

und Afterflosse sind überaus langgezogen (besonders bei *P. teira*). Mit zunehmendem Alter bilden sich die Langflossen aber zurück. Segelflosser benötigen hohe Becken. Sie sind gute Futterverwerter und fressen so ziemlich alles. Entsprechend groß sind aber auch ihre Verdauungsrückstände; das Wasser braucht also einen leistungsfähigen Filter. Die Fische wachsen schnell und können in Jahresfrist buchstäblich ›aus dem Aquarium heraus‹ wachsen.

Platax orbicularis (FORSKÅL)
Einfacher Segelflosser

Die Jungtiere haben nicht sehr lange, dafür aber breitere Segelflossen. Sie sind laubbraunfarben und tragen dunklere, unregelmäßig verteilte Flecke. Fledermausfische stammen aus dem Roten Meer, dem Indischen und dem tropischen Pazifischen Ozean. Letztlich können sie bis etwa 60 Zentimeter groß werden. Beschädigte Tiere soll man nicht erwerben. Manche neigen dann zu starkem Pilzbefall. Haltung gesunder Tiere problemlos. Gelegentlich mit dieser Art verwechselt werden die seltener eingeführten Tiere von *P. batavianus* CUVIER, die in der Jugendform Spuren gelblicher Vertikalbinden im Vorderkörper erkennen lassen.

Platax pinnatus (LINNAEUS)
Rotsaum-Segelflosser

Die Vertreter dieser Art sind wohl die mit Abstand schönsten. Meist sind die Tiere beinahe völlig schwarz (Foto) und tragen nur über den Körpermitte eine breite mausgraue Querbinde. Alle farbigen Flossen haben einen roten Saum. Imposante Gehänge bilden die beiden lang ausgezogenen breiten Bauchflossen. Die Farben verblassen im Alter, und das Grau breitet sich mehr aus. Die Tiere lassen sich nicht ganz so gut eingewöhnen wie die der vorgenannten Art. Nicht mit schnellen oder rauhen Fischen gemeinsam pflegen. Ausgewachsen bis zu 45 Zentimeter lang. Heimat sind die Gewässer um den indoaustralischen Archipel.

Platax teira (FORSKÅL)
Langflossen-Fledermausfisch

Ein Bewohner des Roten Meeres sowie des Indischen und des tropischen Pazifischen Ozeans. Unverkennbar durch die lang ausgezogenen Rücken- und Afterflossen der Jungtiere. Die Haltung ist nicht schwer, weil die Tiere gute Fresser sind – dadurch leider aber auch schnell wachsen. Pflege, wie bei der ersten Art angegeben. Ausgewachsen etwa 60 Zentimeter lang.

Platax pinnatus, der Rotsaum-Segelflosser   Mayland

Familie Schmetterlings- oder Falterfische (Chaetodontidae)

Eine Familie mit derzeit etwa 10 Gattungen und weit über 100 Arten, von denen hier aus räumlichen Gründen nur die bekanntesten vorgestellt werden können. Im Rahmen seiner später bei T.F.H. veröffentlichten Doktorarbeit hat BURGESS (1978) die Familie Chaetodontidae und hier im besonderen die Gattung *Chaetodon* revidiert und in insgesamt 13, zum Teil neu geschaffene Untergattungen unterteilt.

Früher waren die herrlichen Fische, die beim Tauchen in manchen Riffabschnitten optisch dominieren, das Kernstück aquaristischer Träume. Das hat sich geändert, seitdem in vielen – wenn nicht in den meisten Aquarien die Blumentiere die Oberhand gewonnen haben. Weidefische wie die Chaetodontiden aber, deren Nahrung durchweg aus vielerlei Kleingetier besteht, können es

207

nicht lassen, an den Polypen vieler Blumentiere herum-
zuzupfen und davon zu fressen. Nun gibt es in der
großen Gruppe der Schmetterlingsfische Arten, die man
über viele Jahre problemlos pflegen kann, und einige
wenige, deren Haltung über einen längeren Zeitraum
praktisch unmöglich ist, weil sie sich als Nahrungsspezialisten an die Aufnahme bestimmter Kost gewöhnt
haben, die wir ihnen im Aquarium als Dauergabe nicht
bieten können. Auf sie müssen wir verzichten – auch
wenn es sich manchmal um besonders schöne Tiere
handelt. Zum Glück aber ist ›Schönheit‹ ein relativer
Begriff, der nicht nur von der bunten Farbe allein
bestimmt wird, und die Schönheit eines Fisches besteht
in dem Grad des Verlangens, das sie bei dem Aquarianer auslöst. Das haben leider einige Weltverbesserer
nicht erkannt und – zumindest vorerst – das Kind mit
dem Bade ausgeschüttet und die Einfuhr a l l e r Schmetterlingsfische verboten, ja, sogar eine Meldepflicht eingeführt.

Chaetodon argentatus SMITH & RADCLIFFE
Schwarzweißer Rhomben-Schmetterlingsfisch

Von den Ryukyu-Inseln (Südjapan) bis zu den Philippinen beheimatet. Geringe Nachfrage wegen einfacher
Färbung. Rhombenmuster durch feinen Saum am hinteren Schuppenrand. Anspruchslose, aber haltbare Tiere.

Chaetodon auriga FORSKÅL
Fähnchen-Schmetterlingsfisch

Eine weit verbreitete Art aus dem tropischen Indopazifik (= *C. a. setifer* [BLOCH] mit Dorsalfleck) und dem
Roten Meer (= *C. a. auriga* ohne Fleck in der Rücken-

Chaetodon bennetti wird auch ›Blauwinkel-Schmetterling‹ genannt

flosse). Das ›Fähnchen‹ ist eine Verlängerung der weichen Dorsalstrahlen. Die bis zu knapp 20 Zentimeter
langen Tiere sind gut haltbar und nehmen gern Krebsfutter.

Chaetodon austriacus RUEPPELL
Schwanzsaum-Schmetterlingsfisch

Von einigen Wissenschaftlern wird die Spezies noch als
Unterart von → *C. trifasciatus* angesehen. Heimat:
Rotes Meer und Golf von Aden. Liebt spezielle Nah-
rung und ist deshalb kein ausdauernder Pflegling (Foto).
Ähnlich, jedoch mit mehr Schwarzanteilen im hinteren
Körperbereich: *C. melapterus* GUICHENOT mit Syn-
onym *C. arabicus* (STEINDACHNER) aus dem Persischen
Golf. Größe bei beiden um 20 Zentimeter.

Chaetodon austriacus, der Schwarzsaum-Schmetterling aus dem Roten
Meer sollte nicht mit *C. trifasciatus* verwechselt werden   Mayland

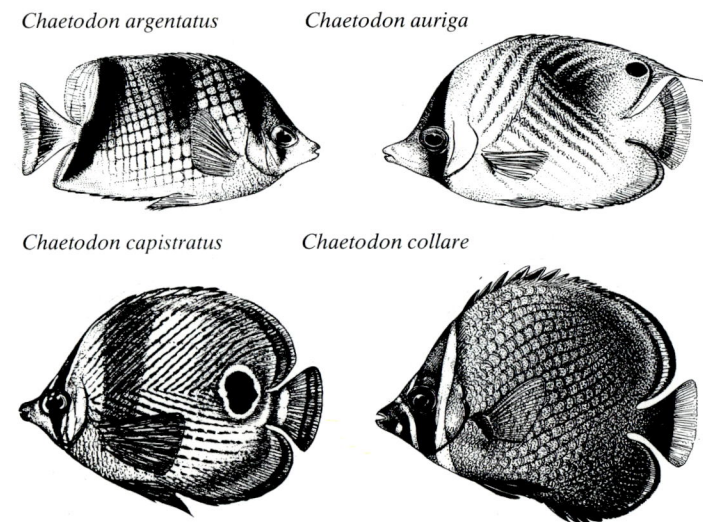

Chaetodon argentatus   *Chaetodon auriga*

Chaetodon capistratus   *Chaetodon collare*

Chaetodon bennetti CUVIER & VALENCIENNES
Blauwinkel-Schmetterlingsfisch

Knapp 20 Zentimeter wird der Bewohner des Indischen und Pazifischen Ozeans lang. Ein Nahrungsspezialist, der schwer einzugewöhnen und dennoch nicht lange haltbar und als Folge auch krankheitsanfällig ist (Foto).

Chaetodon capistratus LINNAEUS
Vieraugen-Schmetterlingsfisch

Dieser, aus dem karibischen Raum stammende Fisch kann nicht mit der Farbenpracht der vorgenannten Art konkurrieren. Die Tiere werden bis zu 15 Zentimeter lang und haben eine silbrigweiße Grundfärbung. Jungtiere haben bis zu einer Länge von etwa 3 Zentimetern auf jeder Körperseite 2 Augenflecke – daher der deutsche Name. Gut haltbarer und dankbarer Pflegling, der ausdauernd gepflegt werden kann.

Chaetodon citrinellus CUVIER
Zitronen-Schmetterlingsfisch

Er wird nicht größer als 10−12 Zentimeter, lebt im Osten des Indischen und im Pazifischen Ozean. Sein Körper hat eine blaßgelbe Färbung, die mit meist schräg verlaufenden Längsreihen aus blassen Punkten überzogen ist. Tiefschwarze Augenbinde. Ist weder ausdauernd noch anspruchslos.

Chaetodon collare BLOCH
Halsband-Schmetterlingsfisch

Vertreter dieser Art gelten als die Chaetodontiden, die sich am besten halten lassen. Die aus dem Indopazifik stammenden, hauptsächlich aber aus Sri Lanka eingeführten Tiere tragen ein braun-beiges Rautenmuster über dem gesamten Körper. Hintere Rücken- und Afterflosse sowie die Schwanzflosse schimmern rostrot. Der schwarze Kopf weist hinter den Augen eine weiße Querbinde auf; sie hebt sich wie ein Halsband vom sonst dunklen Körper ab. Ein sehr zu empfehlender Pflegling, und – wenn man das bei einem Schmetterlingsfisch

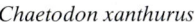

Chaetodon xanthurus   *Chaetodon ephippium*

Chaetodon falcula mit Putzerfisch   Mayland

überhaupt sagen kann: Dieser wäre auch für Anfänger geeignet. Größe bis 16 Zentimeter.

Chaetodon ephippium CUVIER
Sattelfleck-Schmetterlingsfisch

Wegen ihrer Schönheit werden erwachsene Tiere dieser Art meist zu höheren Preisen gehandelt. Obgleich diese Fische zu Unrecht als heikel bezeichnet werden, ist die Problematik nur während der Eingewöhnungsphase vorhanden. Das kleine Maul mit dem meist leicht vorgeschobenen Unterkiefer kennzeichnet die Tiere als Nahrungsspezialisten. Die Fische müssen entsprechend umsichtig an neues Futter herangeführt werden und lernen, entweder die Nahrung vom Boden zu zupfen oder schwebende Stücke aufzunehmen. Dieser Prozeß dauert bei den einzelnen Exemplaren unterschiedlich lange. Eingewöhnte Tiere können in gut eingerichteten und nicht zu engen Becken mit niederem Leben mehrere Jahre alt werden. Nur bereits geschlechtsreife Tiere zeigen zwischen dem großen schwarzen Sattelfleck und dem weißen, den Oberkörper hinten abschließenden Saum eine rostrote submarginale Vertikalbinde und tragen dazu das ›Fähnchen‹. Länge maximal 30 Zentimeter, im Aquarium kleiner bleibend.

Chaetodon falcula BLOCH
Keilfleck-Schmetterlingsfisch

Im Indischen und Pazifischen Ozean weit verbreitete Art, deren Exemplare sich nach der nicht ganz einfachen Eingewöhnungszeit als ausdauernde Pfleglinge erweisen (Foto).

Chaetodon flavirostris GUENTHER
Schatten-Schmetterlingsfisch

Eine hauptsächlich vom Great Barrier Reef (Ost- und Nordostaustralien) durch den tropischen Südpazifik verbreitete Art, die in unseren Breiten noch wenig bekannt ist. Pflege im Aquarium nicht einfach. Länge bis zu 20 Zentimetern.

Chaetodon fasciatus FORSKÅL
Masken-Schmetterlingsfisch

Ein harter Pflegling, der an die Gaukler des italienischen komischen Theaters erinnert: mit Maske und langer Nase. Der ›Gelbe‹ mit den schwarzen Diagonalstreifen (Foto) stammt aus dem Roten Meer und bewohnt auch die Riffgebiete im Indischen Ozean. Jungtiere, die eine gewisse Ähnlichkeit mit *C. lunula* haben, werden von diesen Maskenfischen seltener angeboten. Im Falle einer Verweigerung der Nahrungsaufnahme während der Eingewöhnungsphase versuche man folgende Methode: Muschelfleisch in ein kleines Korallenstück reiben. Jetzt kann der Fisch seine Nahrung wie gewohnt aus den Korallen picken und frißt meist bald. Nach Eingewöhnung gut zu halten; zuweilen zänkisch und bissig.

Chaetodon fremblii BENNETT
Blaustreifen-Schmetterlingsfisch

Die nur 12–14 Zentimeter lang werdenden Tiere sind nur von den Gewässern um die Hawaii-Inseln bekannt. Sie zählen zu den wenigen Arten, die keine Augenbinde

Chaetodon fasciatus, der Masken-Schmetterlingsfisch   Mayland

Chaetodon fremblii, der ungewöhnlich gemusterte Hawaiianer   Kahl

tragen (Foto). Dafür zeigen sie vor dem ersten Rückenflossenstachel einen schwarzen Fleck – einer Krone gleich, und als Augenfleck soll er wohl einen möglichen Gegner irritieren. Eine weitere schwarze Zone liegt vor der Schwanzflossenbasis. Gut zu halten, wenn keine Schäden durch Langzeitimport entstanden sind.

Chaetodon kleinii BLOCH
Kleins Schmetterlingsfisch

Obgleich er nicht zu den größten Schönheiten in einem Riffaquarium zählt, kann sich dieser Bewohner des Indischen und Pazifischen Ozeans bald zu einem Liebling seines Pflegers entwickeln. Die 12–14 Zentimeter lang werdenden Fische haben eine individuell lange Eingewöhnungszeit durchzumachen, sind dann aber sehr haltbar. Das oft schmutzige Gelb ihrer Körperfärbung läßt sie trotz verschiedener Farbphasen nicht als begehrenswert erscheinen. Temperament und Haltbarkeit sind die Stärken dieser Tiere.

Chaetodon larvatus EHRENBERG
Rotkopf-Schmetterlingsfisch

Hier haben wir einen Kontrast zur vorgenannten Art: Schön zu nennen, doch wenig haltbar. Der 10 Zentimeter lange Rotmeerbewohner (Foto) läßt sich nur als Einzelgänger in einem Niedere-Tiere-Becken über einen bestimmten Zeitraum halten. Man sollte nur kleinere Tiere übernehmen, weil sie sich besser an die geänderten Lebensumstände gewöhnen lassen. Wie die meisten Tiere aus dem Roten Meer sind auch sie recht wärmebedürftig (26–28 °C).

210

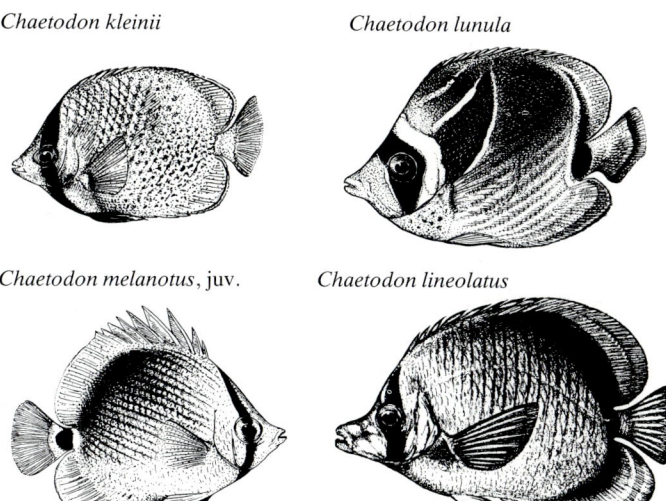

Chaetodon kleinii   *Chaetodon lunula*

Chaetodon melanotus, juv.   *Chaetodon lineolatus*

Chaetodon larvatus. Der Rotkopf-Schmetterlingsfisch aus dem Roten Meer ist ein Nahrungsspezialist und somit ein heikler Pflegling   Mayland

Chaetodon lineolatus CUVIER & VALENCIENNES
Schwarzsichel-Schmetterlingsfisch

Einer der größten seiner Gattung. Bis zu 30 Zentimeter im Meer, bleiben die Tiere im Aquarium kleiner. Von der Küste Ostafrikas (einschließlich dem Roten Meer) sind die Fische bis zu den Hawaii-Inseln verbreitet und zeigen ihre volle Pracht nur, wenn sie sich sehr wohlbefinden. Sehr haltbar; kann zu mehreren artgleichen Exemplaren gehalten werden. Lebt im Riff in Einehe.

Chaetodon lunula (LACEPÈDE)
Goldsichelbinden-Schmetterlingsfisch

Die schönen goldgelben Tiere können reichliche 20 Zentimeter lang werden. Sie kommen im Roten Meer ebenso wie im Indopazifik vor. Jungtiere bis zu einer bestimmten Größe ähneln dem ebenfalls goldgelben *C. fasciatus*. Hinter dem Kiemendeckelrand liegt die arttypische steil aufragende schwarze, gelbumrahmte Sichel. Im Aquarium problemlos und über viele Jahre haltbar. Kann auch in Trupps zu mehreren Tieren gehalten werden.

Chaetodon melanotus BLOCH & SCHNEIDER
Diagonalstreifen-Schmetterlingsfisch

Im Roten Meer und im Indopazifik weit verbreitet, erreichen die Tiere eine Länge von 16 bis 18 Zentimetern. Sie haben eine weiße Grundfarbe; Körper und Flossen erscheinen wie gelb gerahmt. Neben der schwar-

zen Augenbinde zeigen Jungtiere einen schwarzen Fleck auf dem Schwanzstiel (Zeichnung), der mit zunehmendem Alter verschwindet, wobei sich die dunkle Zone am hinteren Rücken verstärkt. Nach empfindlicher Eingewöhnungsphase in geräumigen Becken gut zu halten.

Chaetodon mertensii CUVIER
Orangeschwanz-Schmetterlingsfisch

Für diesen und weitere, sehr ähnlich gefärbte und gemusterte Spezies gibt es eine Reihe von Namen, deren Zugehörigkeit umstritten ist, und die in der Literatur möglicherweise nicht korrekt angewendet werden. Der Beschreibung von CUVIER, 1831, wurde gegenüber

Chaetodon mertensii erwartet, mit gesträubten Schuppen putzbereit, *Labroides dimidiatus*   Mayland

211

jener von DESJARDINS von 1833 (für *C. chrysurus*) Priorität eingeräumt.

Zum Verwechseln ähnlich, aber als ›gute‹ Art angesehen ist der Gitterfalterfisch, *C. xanthurus* (siehe Zeichnung Seite 209). Im Gegensatz zu dieser Art, deren Vertreter nur in den Gewässern des indoaustralischen Archipels vorkommen, ist *C. mertensii* vom Roten Meer bis zum Zentralpazifik verbreitet. Das auf dem Farbfoto aufgenommene Tier stammt aus dem Roten Meer. Der breite Schuppensaum trügt, weil das Tier vor dem Putzer Flossenstacheln und Schuppen sträubt. Die 12–14 Zentimeter lang werdenden schönen Schmetterlingsfische lassen sich gut im Aquarium eingewöhnen und sind dann über einen langen Zeitraum haltbar.

Chaetodon mesoleucus FORSKÅL
Weißbrauner Schmetterlingsfisch

Dieser ausschließlich im Roten Meer beheimatete Fisch ist fast ohne die sonst für Schmetterlingsfische üblichen Gelbtöne. Eine unverwechselbare Art, wie das Foto verdeutlicht. Auch dieser Rotmeervertreter mag höhere Wassertemperaturen (26–28 °C). Gut eingewöhnt, können die Tiere einige Jahre alt werden. Man soll sie jedoch nur ebenbürtigen Fischen zugesellen, da sie mit manchen Mitbewohnern in ständiger Fehde leben.

Chaetodon meyeri BLOCH & SCHNEIDER
Kolibri-Schmetterlingsfisch

Ein Fisch wie ein Traum, dessen weißliche Körpergrundfärbung sich mit zunehmendem Alter in bläuliche Töne verlagert. In ihrem natürlichen Lebensraum erreichen die Tiere eine Länge von etwa 16 Zentimetern. Für die Pflege im Aquarium kommen jedoch eher Jungtiere von 5–8 Zentimetern Länge in Frage, weil ihre Spezialisierung in der Nahrungsaufnahme dann noch nicht so weit fortgeschritten ist. Oft reicht aber jegliche Art der üblicherweise angebotenen Nahrung auf die Dauer nicht aus, ... und Korallenpolypen – wer kann es sich leisten, sie als Futter anzubieten? Wenn also die Fische nicht fressen, verlieren sie bald ihre Widerstandskraft. Ich muß deshalb von der Anschaffung dieser Nahrungsspezialisten abraten.

Chaetodon mitratus GUENTHER
Mitra-Schmetterlingsfisch

Mit dem Artnamen (*mitra* = Kopfbinde) hat der Autor seinerzeit (1860) wohl auf die ungewöhnliche Bindenzeichnung von Nacken und Rücken hinweisen wollen, die sich der halben Augenbinde anschließen. Eine Rari-

Chaetodon mesoleucus lebt ausschließlich im Roten Meer   Mayland

tät, der man nicht alle Tage begegnet, und deren Vertreter bisher meist nur in Tiefen unter 50 Meter angetroffen wurden. Die Art soll deshalb hier vorgestellt werden, um zu zeigen, daß auch noch Korallenfische aus solchen Tiefen interessant gefärbt und schön sein können. Länge bis etwa 14 Zentimeter.

Chaetodon multicinctus GARRETT
Vielgürtel-Schmetterlingsfisch

Eine farblich recht unscheinbare Art, deren Vertreter ausschließlich in den Gewässern um die Hawaii-Inseln vorkommen. Grundfarbe weißlichbeige mit blassen olivgrauen Körperbinden. Nur Kopf- und Schwanzbinden schwarzbraun. Nach Eingewöhnung gut zu halten.

Chaetodon meyeri (hier ein Jungtier) läßt sich nach meiner Kenntnis nur in sehr geräumigen Becken mit Hohltieren über einen längeren Zeitraum erfolgreich pflegen   Mayland

So schön *Chaetodon ornatissimus* (hier ein Jungtier) auch ist: Seine ausdauernde Pflege gibt oft Probleme auf   Mayland

Chaetodon mitratus, aufgenommen bei den Christmas-Inseln im Pazifik in 40 Metern Tiefe   Dr. Allen (UW)

Chaetodon octofasciatus BLOCH
Achtbinden-Schmetterlingsfisch

Die im Habitus vom üblichen *Chaetodon*-Schema abweichenden Tiere sind in Riffregionen vom östlichen Indischen bis zum westlichen Pazifischen Ozean verbreitet. Sie kommen zuweilen in kleinen Gruppen vor und lassen sich auch so im Aquarium pflegen. Länge bis zu 10 Zentimetern. Grundfärbung goldgelb (im Riff); im Aquarium, wo meist noch Jungtiere gepflegt werden, weißlichgelb. Vertikale Binden (Zeichnung) schwarz. Die Haltbarkeit liegt im mittleren Bereich.

Chaetodon ornatissimus CUVIER & VALENCIENNES
Orangestreifen-Schmetterlingsfisch

Mit Schönheiten hat man es nicht leicht! Diese stammt aus dem Pazifik, die Regionen um die Hawaii-Inseln eingeschlossen (Foto). Die Tiere werden 16–18 Zentimeter lang und gelten als ›Mimosen‹ – besonders, wenn es um die Nahrungsaufnahme im Aquarium geht. Ähnlich wie etwa *C. meyeri* sind auch diese Tiere Nahrungsspezialisten und stellen somit im Aquarium entsprechende Ansprüche, die hier in den meisten Fällen nicht zu erfüllen sind. Daher haben nur wenige Spezialisten länger Freude an den Fischen, von deren Anschaffung normalerweise abzuraten ist.

Chaetodon pictus FORSKÅL
Rauch-Schmetterlingsfisch

Eine Art, bei der man gelegentlich versucht ist, sie mit *C. vagabundus* ›in einen Topf‹ zu werfen. Die Fische

leben im Roten Meer sowie im Indischen Ozean und werden meist aus Sri Lanka (Ceylon) eingeführt. Körper reinweiß mit schwarzer Augenbinde und rauchigdunkler Hinterkörperzone. Gelbe Töne nur in den Abschnitten von Schwanz- und Afterflosse. Angenehmer Pflegling, der bei guter Eingewöhnung lange aushalten kann.

Chaetodon plebeius (GMELIN)
Azurfleck-Schmetterlingsfisch

Der bereits 1789 (in LINNAEUS) erwähnte Name gehört zu einem Fisch, dessen himmelblaue und arttypische Farbzone in der Mitte der oberen Flankenhälfte ihn unverkennbar macht (Zeichnung). Von den Gewässern um den indoaustralischen Archipel ist er bis in den westlichen Pazifik verbreitet. Nach positiver Eingewöh-

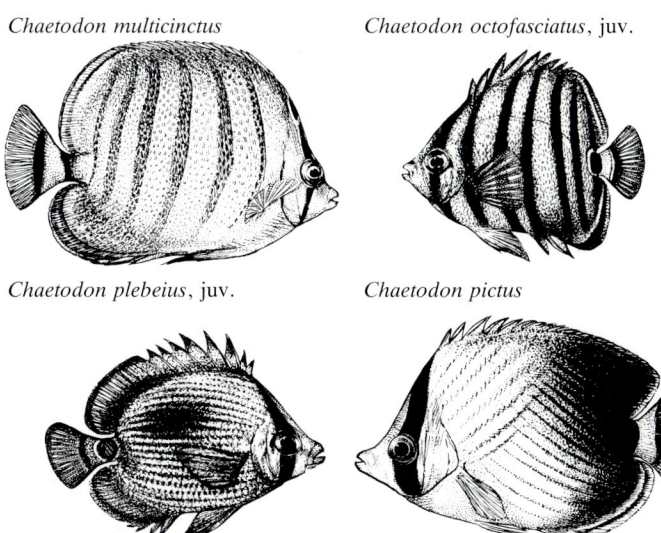

Chaetodon multicinctus

Chaetodon octofasciatus, juv.

Chaetodon plebeius, juv.

Chaetodon pictus

213

nungszeit kann sich der ansonsten dottergelbe Schmetterlingsfisch zu einem Dauergast im Aquarium entwickeln. Er erreicht eine Länge von 12–14 Zentimetern.

Chaetodon punctatofasciatus
CUVIER & VALENCIENNES
Punktbinden-Schmetterlingsfisch

Die Vertreter mit dem langen Artnamen (den man übrigens in einem Wort* schreibt) stellt keine besonders prächtigen Exemplare, doch sind die Tiere nach einer etwas schwierigen Eingewöhnung später recht ausdauernd. Im Aquarium halten sie sich stets in Deckung auf, wie sie es auch in den Riffrevieren ihrer westpazifischen Heimat tun. Sie gehören nicht zu den Riesen und sind mit 8–10 Zentimeter ausgewachsen. Wie ihr Artname zu erkennen gibt, ist die untere Körperhälfte auf gelblichweißem Grund von schwarzgrauen Punkten unterschiedlicher Größe überlagert. Vom Rücken ›hängen‹ dagegen dunkle Querbinden bis zur Flankenmitte herab. Die Tiere haben nur eine schwache Augenbinde – oft statt ihrer nur ein Fragment, eine dottergelbe vertikale Zone, die von einem schwarzen Rand gesäumt ist. In der Verlängerung nach oben sitzt ein tiefschwarzer Fleck über der Stirn. Schwanzstiel goldgelb mit anschließender weißlicher und tiefschwarzer Querbinde.

* gemäß Art. 32c der internationalen Regeln für die zoologische Nomenklatur

Chaetodon quadrimaculatus GRAY
Vierfleck-Schmetterlingsfisch

Der Gast aus dem westlichen und zentralen Pazifik zeigt einen gelben Rumpf, der in der oberen Hälfte schwarzrauchig überzogen ist. In dieser dunklen Zone liegen zwei reinweiße ovale Flecke (Zeichnung). Die Augenbinde ist orangegrundig und beiderseits hellblau gesäumt. Zwei ebenso gefärbte schmale Längsbinden ziehen durch die Mitte der Rücken- und Afterflosse. Die 14–16 Zentimeter langen Tiere sind nach der Eingewöhnungszeit gut zu halten, wenn auch gelegentlich streitsüchtig.

Chaetodon rafflesi BENNETT
Rauten-Schmetterlingsfisch

Die Gewässer um den indoaustralischen Archipel wie auch der Westpazifik sind die Heimatregionen dieser ausdauernden schönen Fische. Die goldgelben Flanken und Flossen werden von der schwarzen Kopfbinde und den ebenso schwarzen Binden in der hinteren Rücken- wie der Schwanzflosse gerahmt. Das gut erkennbare Rautenmuster entsteht durch den dunkleren Hintersaum der großen Schuppen. Länge bis 16 Zentimeter.

Chaetodon rainfordi MCCULLOCH
Rainfords Schmetterlingsfisch

Eine Art, deren Lebensbereich ausschließlich in den Gewässern des Great Barrier Reefs und der abseits gelegenen Lord-Howe-Insel festgestellt wurde. Arttypisch die vertikalen Flankenzonen mit gepunkteten Zwischenräumen. Die Palette der stimmungs- oder geographisch bedingten Farbintensität reicht von weißlichem Gelb über Dottergelb bis zu Orange; ebenso können die punktierten Räume sehr hell oder auch rußig dunkel gehalten sein. Weidet in seinen natürlichen Biotopen Algenrasen ab und verspeist dabei wahrscheinlich auch die darin vorkommenden Mikroorganismen und Krebstiere. In entsprechend eingerichteten und mit grünen Algen versehenen geräumigen Becken ein ausdauernder Pflegling.

Chaetodon reticulatus CUVIER
Goldnetz-Schmetterlingsfisch

Der Südseebewohner lebt in den Gewässern um den indoaustralischen Archipel und kommt im Great Barrier Reef ebenso vor wie in weiteren Bereichen des tropischen Pazifiks von Südjapan (Ryukyu-Inseln) und den Hawaii-Inseln bis zu den Gesellschaftsinseln. Nie jedoch ist er häufig. Beim oberflächlichen Hinsehen ist ihm eine Ähnlichkeit mit *C. collare* nicht abzusprechen. Eine feine gelbbeige Querbinde überzieht den dunklen Kopf knapp vor den Augen. Sie wiederholt sich (verdünnt) in

Chaetodon quadrimaculatus   *Chaetodon rafflesi*   *Chaetodon semeion*   *Chaetodon reticulatus*

 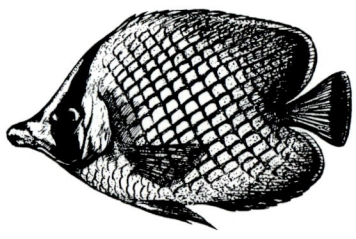  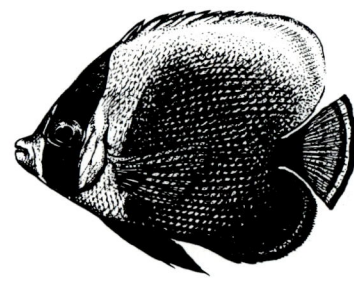

der Mitte der Afterflosse und (kräftig) vor dem Ende der Schwanzflosse. Das netzartige Muster über den Flanken scheint in der unteren Körperhälfte goldocker-farben unterlegt. Länge bis 15 Zentimeter. Im Aquarium haben die Nahrungsspezialisten meist nur eine begrenzte Lebenserwartung von mehreren Monaten.

Chaetodon semeion BLEEKER
Gelber Fähnchen-Schmetterlingsfisch

Der Verbreitungsschwerpunkt der Art liegt in den Gewässern um den indoaustralischen Archipel. Die Tiere haben mit *C. auriga* eine Eigenheit gemein: Alle

Der Gelbe Rotmeer-Schmetterling (*Chaetodon semilarvatus*) gehört zu den Pfleglingen, die von plakativer Schönheit sind und sich dazu gut über einen Zeitraum von mehreren Jahren pflegen lassen   Mayland

erwachsenen Tiere tragen einen fähnchenartigen Anhang in der Rückenflosse. Der Körper ist meist gold-gelb. Den Rahmen bilden die schwarze Augenbinde, die beiden ebenso tiefschwarzen Zonen über der hinteren Rücken- und Afterflossenbasis sowie die kurze Quer-binde am Ende des Schwanzstieles. Fühlen sich die Tiere nicht wohl, so können sie auch Partien der oberen Körperhälfte abdunkeln. Sie erreichen im Aquarium selten eine Länge, die über 14 Zentimeter hinausreicht. 215

In ihrem natürlichen Lebensraum im Riff hat man dagegen schon Exemplare angetroffen, die 10−12 Zentimeter länger waren. Ich habe den Fisch noch nicht gepflegt, seine Eingewöhnung kann einige Probleme aufwerfen. In großen Schauanlagen kann man jedoch auch Tiere finden, die dort schon über einen längeren Zeitraum gehalten worden sind.

Chaetodon semilarvatus EHRENBERG
Gelber Rotmeer-Schmetterlingsfisch

Dieser Gast aus dem Roten Meer gehört zu den auffälligsten Erscheinungen, wie sie sich ein Aquarianer für ein (großes!) Becken nur wünschen kann (vergleiche Foto Seite 215). Die etwa 20 Zentimeter groß werdenden Tiere haben eine vielleicht problematische Eingewöhnungsphase. Ist sie überwunden, können die Pfleglinge sehr ausdauernd sein, zudem, wenn man die Möglichkeit hat, sie in einer kleinen Gruppe zu halten. In den heutigen gut funktionierenden und strahlend beleuchteten Aquarien können sie mehrere Jahre (!) alt werden.

Chaetodon speculum CUVIER & VALENCIENNES
Malayischer Einfleckschmetterlingsfisch

Anfänger können den Fisch mit *C. unimaculatus* oder gar mit *C. plebeius* verwechseln, doch läßt sich ein Zweifel bei halbwegs erwachsenen Tieren bald klären. Der Malaye ist über und über gelb, und nur die letzten Millimeter der Schwanzflosse zeigen etwas Transparenz. Neben der schwarzen Augenbinde trägt er über der oberen Flankenmitte einen großen ovalen schwarzen und unscharf rußig begrenzten Fleck. Der Verbreitungsschwerpunkt liegt in den Gewässern um die indomalayische Inselwelt, doch reichen die Ausläufer der Nord/Süd-Ausdehnung vom Süden Japans bis an den Rand des Great Barrier Reefs. Die Tiere können 12−14 Zentimeter lang werden. Ihre aquaristische Haltung ist meist problemlos, besonders wenn es gelingt, für ein großräumiges Becken ein Paar zu bekommen.

Chaetodōn striatus LINNAEUS
Karibischer Schwarzbinden-Schmetterlingsfisch

Bei den Vertretern dieser Art handelt es sich um die wohl schönsten unter den karibischen Chaetodontiden. Ihre weißen Flanken sind mit diagonal aufeinander zulaufenden Tüpfellinien überzogen. Wenn man die übliche schwarze Augenbinde einmal unbeachtet läßt, sind es die beiden breiten schwarzen, leicht gebogenen Querbinden, die man als das auffällige Merkmal dieser

Art ansehen kann. Auch die übrige Musterung ist nur auf die Farben Schwarz und Weiß abgestimmt. Die Fische lassen sich meist unschwer eingewöhnen und nehmen dann Ersatzfutter verschiedener Art. Auch in der Folge sind sie ausdauernd. Länge bis 15 Zentimeter.

Chaetodon tinkeri L.P. SCHULTZ
Tinkers Schmetterlingsfisch

Der ›Tag-und-Nacht-Fisch‹ lebt ausschließlich in den Gewässern um die Hawaii-Inselgruppe. Weit im Süden davon, bei den Marquesas, einer Inselgruppe, welche den nordöstlichen Abschluß der Gesellschaftsinseln (mit Hauptinsel Tahiti) bildet, entdeckte John RANDALL einen nahen Verwandten, den er 1975 als *C. declivis* beschrieb. Der Unterschied zwischen beiden ist verblüffend: Was bei *C. tinkeri* tiefschwarz ist, erscheint bei *C. declivis* orangerot. Ich habe die Tiere vor Jahren in einer kleinen Gruppe in einem 150 Zentimeter langen Becken etwas über drei Jahre lang gepflegt und hatte mit ihnen kaum nennenswerte Schwierigkeiten. Sie sind während der Zeit von 8 auf etwa 12 Zentimeter gewachsen und sollen eine Länge von 14 Zentimetern erreichen.

Chaetodon trifasciatus, der Rotsaumschmetterling gehört zu den Nahrungsspezialisten und ist somit ein heikler Pflegling   Kahl

Es ist leicht verständlich, warum die Amerikaner *Chaetodon unimaculatus* auch ›Teardrop‹-Schmetterlingsfisch nennen
Mayland

Eine im Aquarium gut zu haltende Rarität aus dem Gebiet um die Hawaii-Inseln ist *Chaetodon tinkeri*
Mayland

Chaetodon triangulum CUVIER & VALENCIENNES
Triangel-Schmetterlingsfisch

Bei den wunderschönen Exemplaren dieser Art haben wir es mit einem der heikelsten Pfleglinge unter den Schmetterlingsfischen zu tun. Im Aquarium kann man dem Nahrungsspezialisten nicht das gewünschte Futter anbieten. Der hochgebaute und seitlich sehr komprimierte Fisch könnte wirklich jedes Aquarium zieren (Zeichnung), wenn er nicht bald als Folge der Futterverweigerung hinfällig und damit für die verschiedenen Krankheiten anfällig würde. Die Fische haben eine Länge von etwa 12 Zentimetern. Es wurden von den Autoren 1831 zwei Unterarten beschrieben und werden heute noch geführt: die Nominatform *C. t. triangulum*, verbreitet von den Malediven und Sri Lanka bis zu den Westküsten der indonesischen Inseln Sumatra und Java, sowie *C. t. baronessa*, die östlich der genannten Inseln im Westpazifik beheimatet ist.

Chaetodon trifascialis QUOY & GAIMARD
Pfeilwinkel-Schmetterlingsfisch

Fische dieser Familie, die mit einem Pfeilwinkelmuster ausgestattet sind, haben sich ausnahmslos als kaum dauerhaft zu pflegende Nahrungsspezialisten erwiesen. Auch diese muß man leider dazu rechnen. Ihre Vertreter wurden übrigens in früheren Jahren auch unter den Namen *C. strigangulus* GMELIN und *C. triangularis* RUEPPELL geführt, die heute als Synonyme gelten. Der silberweiße Körper ist mit einem Muster aus pfeilartig angeordneten Winkellinien überzogen. Weiß oder gelblich ist der Kopf, und die tiefschwarze Augenbinde hebt sich plastisch ab. Während sehr junge Fische noch ein

sehr breites schwarzes Querband in der hinteren Körperhälfte tragen, das sich von der Rückenflosse, die gelbe Schwanzflosse ausschließend, bis in die hintere Anale hineinzieht, zeigen erwachsene Tiere dieses Band nicht mehr. Es hat einer durch und durch leicht orangefarbenen hinteren Dorsale Platz gemacht. Die Afterflosse hat einen gelblichen Schimmer, und die nun schwarze Schwanzflosse trägt rundum einen schmalen orangefarbenen Saum. Die Fische zählen nicht zu den robusten Arten und sind recht wählerisch in der Futterannahme. Sie können bis 14 Zentimeter lang werden. Ihr natürlicher Lebensraum liegt ebenso im Roten Meer wie im Indischen und Pazifischen Ozean.

Chaetodon trifasciatus MUNGO PARK
Rotsaum-Schmetterlingsfisch

„Oft versucht und nie erreicht . . .“ könnte man von der erfolgreichen Pflege dieser Nahrungsspezialisten berichten. Betrachtet man das Foto, erübrigt sich jede farbliche Beschreibung dieser wunderschönen Fische. Sie sind im Indischen und Pazifischen Ozean weit verbreitet, aber was soll's: Die Fänger sollten sie in ihren Riffbiotopen lassen, denn ihre Haltung im Aquarium ist kaum über einen knapp begrenzten Zeitabschnitt hinaus möglich. Die Tiere verweigern die Nahrungsaufnahme.

Chaetodon unimaculatus BLOCH
Tränentropfen-Schmetterlingsfisch

Ein bekannter, weil im Indopazifik weit verbreiteter Pflegling, dessen englischer Populärname ›Teardrop Butterflyfish‹ inzwischen auch ins Deutsche übernommen worden ist, weil er eher das Aussehen des Fisches

217

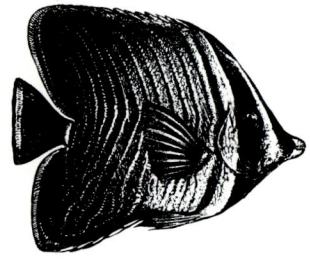

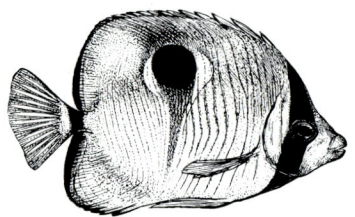

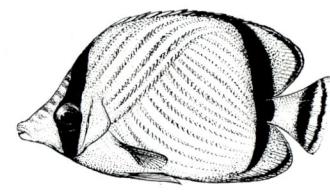

Chaetodon striatus   *Chaetodon triangulum*   *Chaetodon unimaculatus*   *Chaetodon vagabundus*

charakterisiert als die Übersetzung von ›*unimaculatus*‹ (= . . . mit einem Punkt). Es gibt jedoch bei der weiten Verbreitung auch Standortvarianten, bei denen die ›Wimperntusche‹ nicht ausgelaufen zu sein scheint, wie es Foto und Zeichnung suggerieren. Die Vertreter dieser Art sind recht haltbar und nehmen nach der Eingewöhnung eine ganze Reihe unterschiedlicher Ersatznahrung. Gut eingewöhnte Tiere können neu eingesetzten gegenüber ziemlich aggressiv werden. Die Tiere erreichen eine Länge von etwa 14 Zentimetern.

Chaetodon vagabundus LINNAEUS
Vagabund-Schmetterlingsfisch

In einer Reihe von Veröffentlichungen kann man den Namen *C. vagabundus-pictus* lesen. Das ist falsch und wohl eher auf eine Unsicherheit in der optischen Bestimmung zurückzuführen, weil sich beide Arten in der Musterung der vorderen Flanken und als Jungfische auch in der hinteren Körperhälfte ziemlich ähnlich sehen. Die Tiere sind, wie Art- und Populärname bereits andeuten, in der Natur wie im Aquarium den

Chaetodon xanthocephalus, eine Schönheit, die man nicht häufig antrifft

ganzen Tag über ›unterwegs‹ bzw. auf Nahrungssuche. Sie sind dabei nicht wählerisch und nehmen bald auch angebotenes Ersatzfutter. Die im Indopazifik beheimateten Vagabunden werden etwa 14 Zentimeter lang.

Chaetodon xanthocephalus BENNETT
Gelbkopf-Schmetterlingsfisch

Die Vertreter dieser Art zählen zu den Raritäten. Ihre Heimat ist der Indische Ozean – besonders in seinem westlichen Teil trifft man sie an, von Sri Lanka und den Malediven bis nach Mauritius und der ostafrikanischen Küste. Chaetodontiden mit vorgezogenem Unterkiefer muß man oft als besonders spezialisiert in der Nahrungsaufnahme ansehen. In Grenzen mag das auch stimmen, bei diesen Fischen ist es jedoch nicht der Fall. Zweifellos bereitet die Eingewöhnung so lange Schwierigkeiten, bis sich die Tiere daran gewöhnt haben, auch schwebendes Futter aufzunehmen. Eingewöhnte Tiere können lange ausdauern. Sie brauchen dazu aber geräumige Becken ab 150 Zentimeter Länge. Sie selber können bis zu 20 Zentimeter lang werden.

Chelmon rostratus (LINNAEUS)
Orange-Pinzettfisch

Ein sehr bekannter Gast aus dem Indischen und Pazifischen Ozean, der die beachtliche Länge von 18 Zentimetern erreichen kann. Dieser langschnauzige Fisch zupft im Riff seine Nahrung mit dem lang vorgezogenen Pinzettmaul aus den Korallenstöcken. Demnach bereitet die Ernährung mit schwebendem oder vom Boden aufzunehmendem Futter anfänglich einige Schwierigkeiten, die sich aber oft bereits im Händlerbecken durch die Intelligenz der Tiere von allein lösen: Pinzettfische lernen schnell, es anderen Fischen nachzutun. Sie sind ziemlich ausdauernd, wenn die Frage der Nahrungsaufnahme positiv geklärt ist. Zwei weitere *Chelmon*-Verwandte sind vom Great Barrier Reef bekannt, wurden aber bisher nicht eingeführt, der orangegelb gebänderte *C. marginalis* RICHARDSON, 1842, und der schwarz-

braun gebänderte *C. muelleri* (KLUNZINGER, 1879).
Ebenfalls sehr nahe verwandt und daher im Habitus
ähnlich sind die an Süd- und Westaustraliens Küsten
beheimateten *Chelmonops truncatus* KNER und *C. cu-
riosus* KUITER, beide mit vier schwarzen Querbinden
und (in der Jugend) einem Augenfleck in der hinteren
Dorsalbasis, wie auch *Coradion altivelis* McCULLOCH
aus dem westlichen und südlichen zentralen Pazifik, der,
neben der Augenbinde, über zwei schwarzbraune vertikale Binden und eine orangefarbene Zone im hinteren
Körperviertel verfügt.

Forcipiger flavissimus JORDAN & McGREGOR
Gelber oder Maskenpinzettfisch

Zwei (beinahe) wie eineiige Zwillinge aussehende Arten
sind dieser und der Röhrenmaul-Pinzettfisch, *F. longirostris* (BROUSSONET). Während der erste eine sehr weit
gestreute Verbreitung von der Küste Ostafrikas durch
den Indischen und Pazifischen Ozean bis zur mexikanischen Westküste hat, kommt die langschnauzige Art von
der australischen Nordostküste bis nach Hawaii vor. Es
wurden auch einzelne rein schwarze Exemplare gefunden. Die Färbung geht aus dem Foto hervor. Als besonders anspruchsvoll kann man die Tiere nicht bezeichnen,
den ersten habe ich früher selber über Jahre hinweg
gepflegt. Die der ersten Art können etwa 16 Zentimeter
lang werden, die der zweiten etwa 20 Zentimeter.

Chelmon rostratus, der bekannteste aus der Gruppe der Pinzettfische, ist
trotz seiner scheinbar spezialisierten Nahrungsaufnahme ein ausdauernder Pflegling im Aquarium   Mayland

Forcipiger flavissimus ist leicht mit seinem noch langschnauzigeren gleich-
gefärbten Verwandten (*F. longirostris*) zu verwechseln   Mayland

Hemitaurichthys polylepis (BLEEKER)
Pyramiden-Schmetterlingsfisch

Der nicht unbekannte Gast in unseren Aquarien
bewohnt die Riffgebiete in den Gewässern um den
indoaustralischen Archipel und kommt auch im zentralen Pazifik, etwa bis Hawaii, vor. Die bis zu 18 Zentimeter langen Tiere sind ein wenig problematisch während
der Eingewöhnungsphase, halten aber später lange Zeit
aus. Im Aquarium zeigen die Fische meist eine reine
gelbe und weiße Farbanordnung (Foto). Im Meer dagegen, wo sie in größeren Ansammlungen vorkommen
können, zeigen sie häufig einen völlig schwarzen Kopf.

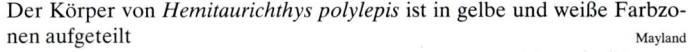

Der Körper von *Hemitaurichthys polylepis* ist in gelbe und weiße Farbzonen aufgeteilt   Mayland

Hemitaurichthys zoster (BENNETT)
Preußen-Schmetterlingsfisch

Auch der Körper dieser Art ist in Farbzonen aufgeteilt. Der Fisch ist weniger bunt und daher für die meisten Aquarianer wohl auch weniger attraktiv. Die Fische werden etwa 18 Zentimeter lang und stammen aus dem Indopazifik. Der Kopf ist grauschwarz, dann folgt eine reinweiße, bei erwachsenen Tieren mehrere Zentimeter breite Zone, die wiederum von einer grauschwarzen abgelöst wird, die bis zum Ende des Schwanzstieles reicht. Bis auf den hinteren dunklen Rand ist die Schwanzflosse weiß. Stellen die Tiere die Rückenflossenstacheln hoch, so erkennt man, daß diese gelb sind. Kaum eingeführt, aber nach Eingewöhnung meist ausdauernd.

Heniochus acuminatus (LINNAEUS)
Gewöhnlicher Wimpelfisch

Nicht jeder *Heniochus* ist ein *Acuminatus*! Auch nicht alle Verwandten der hier vorgestellten Art werden gleich schön und von den weiteren sieben bekannten Arten haben nur noch wenige einen solch langen Wimpel. In den meisten Aquarien kann der Wimpelfisch nur ein vorübergehender Gast sein, denn er kann auch in größeren Becken eine Länge von 20 Zentimeter erreichen. Seinen langen Wimpel hinzugerechnet, ist er dann noch etwas höher. Bis der Fisch diese Länge erreicht hat, vergeht allerdings einige Zeit. Im jugendlichen Alter leben die Tiere oft in größeren Ansammlungen im seichten Küstenwasser und dringen selbst in Brackwasserlagunen ein. Ins Aquarium gegeben, suchen sie manchmal ihre Mitbewohner – nach Art der Putzer – nach Parasiten ab. Die Eingewöhnung der meist jungen Tiere macht kaum Schwierigkeiten, zumal die Fische bald mit schneller und eleganter Schwimmweise ihren Mitbewohnern das Futter vor der Nase fortschnappen. Wimpelfische zeigen oft Anfälligkeit gegenüber Chemikalien. Sie bewohnen das Rote Meer ebenso wie weite Regionen des Indopaziks von den Küsten Ostafrikas bis zu den Hawaii-Inseln. Leicht zu verwechseln mit *H. diphreustes* JORDAN aus dem Roten Meer, falls dieses Taxon nicht als Synonym anzusehen ist.

Heniochus intermedius STEINDACHNER
Rotmeer-Wimpelfisch

Diese ebenfalls langwimpelige Art, deren Exemplare ausschließlich im Roten Meer vorkommen, kann man eigentlich nicht mit *H. acuminatus* verwechseln, denn ihre Grundfärbung ist nicht reinweiß, sondern eher hell-

Heniochus acuminatus kann man als den wohl bekanntesten Wimpelfisch ansprechen
Mayland

gelb, und die schwarzen Binden treten nicht so kontrastreich und klar abgegrenzt hervor. Länge bis etwa 18 Zentimeter. Erwachsene Exemplare gehen eine strenge Einehe ein; die männlichen Tiere tragen einen Knochenzapfen neben jedem Auge. Die Ansätze dafür kann man bereits bei jüngeren Tieren erkennen.

Heniochus singularis SMITH & RADCLIFFE
Malayen-Wimpelfisch

Vertreter dieser Art kommen, wie auch die von *H. chrysonotus* CUV. & VAL., in den Gewässern um den indoaustralischen Archipel und einigen daran anschließenden Gebieten vor. Der Malayen-Wimpelfisch gehört zu den größten und wird 22–24 Zentimeter lang. Die Tiere tragen eine voll ausgebildete und um den Kopf herumführende Augenbinde nach *Chaetodon*-Art. Das Feld zwischen der zweiten, der schwarzen Nackenbinde und der dritten, welche schräg vom Rücken herunterzieht und den Körper gegen das gelbe Ende der hinteren Dorsale und Caudale abschließt, kann (altersbedingt?) weiß, grau oder ebenfalls tiefschwarz sein. Der Wimpel ist mittellang. Kaum eingeführt.

Heniochus varius (CUVIER)
Schwarzbrauner Zweibinden-Wimpelfisch

Die Körpermitte dieses Fisches ist schwarzbraun. Zwischen Augen und Brustflossen verläuft eine schmale weiße Querbinde, die sich zur Kehle und zum Bauch hin verbreitert. Eine zweite weiße Binde liegt über dem hinteren oberen Körper und zwar unterhalb der gebogten weichen Teile der Rückenflosse. Die oberen Spitzen des sehr kurzen, oft kaum erkennbaren Wimpels sind weiß. Die braunen Vertreter der Wimpelfische scheinen in ihren natürlichen Biotopen ihre Nahrung in anderen Bereichen zu suchen als ihre gelb und weiß gefärbten Verwandten. Sie schwimmen wesentlich ruhiger und bevorzugen mehr die unteren Wasserschichten. Weil sie wählerischer in der Nahrungsaufnahme sind, können sie aggressiver sein, neigen in vielen Fällen aber auch zur Hinfälligkeit. Besonders junge Tiere tragen über den Augen hornförmige Fortsätze. Größe im Meer (die im Aquarium kaum erreicht wird) 18–20 Zentimeter. *H. pleurotaenia* AHL ähnelt dieser Art zwar, doch ist der sogenannte Phantom-Wimpelfisch aus dem östlichen Indischen Ozean mit seinen intensiv schwarzen Kurzbinden in der unteren Körperhälfte eigentlich unverwechselbar.

Parachaetodon ocellatus (CUVIER) Braungebänderter Schmetterlingsfisch

Die aus dem Indischen und Pazifischen Ozean stammenden, in der Färbung ansehnlichen Pfleglinge werden bis etwa 15 Zentimeter lang. Auf weißlichem Grund stehen hinter der orangebraunen und meist schwarz gesäumten Augenbinde vier weitere, ähnlich gefärbte Querbänder. Das vorletzte Querband ist breiter als die anderen und unterhalb der Dorsalbasis mit einem dunkelbraunen Augenfleck versehen. Rücken- und Afterflossen sind weit nach hinten gezogen und reichen bis zur Kante des Schwanzstieles. Bei Jungtieren erkennt man einen Augenfleck über dem Schwanzstiel (schwarzbraun und weiß gerandet), der im Alter zunehmend verblaßt. Die Tiere gehen bald ans Futter, leben sich schnell ein und wachsen auch im Aquarium weiter – eine abwechslungsreiche Ernährung vorausgesetzt.

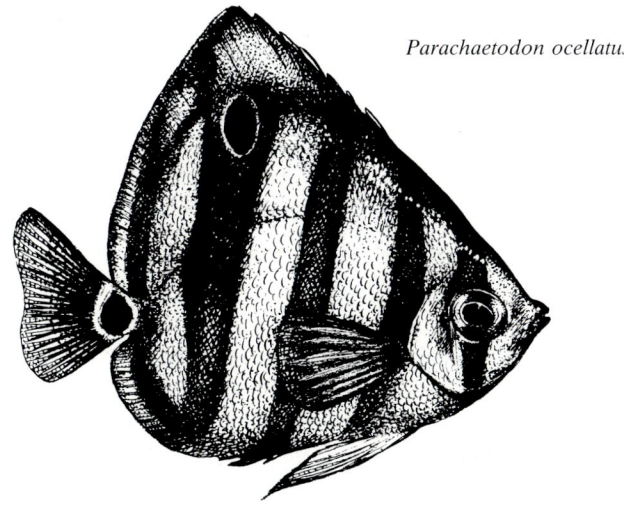

Parachaetodon ocellatus

Familie Kaiserfische (Pomacanthidae)

Die Mehrzahl der Kaiserfische hat eines gemein: Die Tiere sind wunderschön in Farbe und Zeichnung, und außerdem sind sie relativ harte Pfleglinge. Die meisten und besonders die großwerdenden Arten färben sich entscheidend um, so daß ein uneingeweihter Betrachter beim Vergleich der Jugend- mit der Altersfärbung nicht beide Tiere als zur gleichen Art gehörig wird ansehen können. Die zu den Kaiserfischen zählenden Arten können sehr unterschiedliche Maximalgrößen aufweisen – von 6–60 Zentimeter. Sie zeigen eine Reihe typischer optischer Merkmale: Die bullige Körperform, die oft schräge Schwimmweise und die Art, mit seitlich ruckendem Kopf Nahrung aufzunehmen oder abzureißen. Eines der schließlich entscheidenden Merkmale: der Dorn am unteren Rand der Kiemendeckel.

Kaiserfische sind in ihrem natürlichen Biotop fast stets Einzelgänger, die sich nur während der Paarungszeit zusammenfinden. Einen gewählten Lebensraum, den sie bewohnen, betrachten sie als ihr Revier und verteidigen ihn wütend gegen gleichartige Konkurrenten. Daher die Signalfarben der Erwachsenen. Andererseits muß man die zeitweilige ›Maskierung‹, das heißt die Andersfärbung der noch nicht so wehrhaften Jungfische als deren Schutz ansehen, um sie vor Angriffen von Alttieren der eigenen Art zu schützen, solange sie noch nicht geschlechtsreif und damit als Konkurrenten anzusehen sind. Erst mit der Geschlechtsreife bekommt der Kaiserfisch sein arttypisches Farbkleid. Alle Jungfische aus den Untergattungen von *Pomacanthus* tragen ein blau und weiß gestreiftes oder geringeltes Farbkleid, bei dem Kaiserfischfreunde im Laufe der Zeit gelernt haben, bereits aufgrund bestimmter kleiner Merkmale Artunterscheidungen vorzunehmen.

Für die aquaristische Pflege eignen sich vor allem Jungfische, wogegen vom Versuch, ausgewachsene Tiere zu integrieren, abgeraten werden muß. Junge Kaiserfische nehmen bald Ersatzfutter, passen sich dem Leben im Aquarium leichter an und geben schließlich dem Aquarianer, seiner Familie und Freunden Gelegenheit, die farbliche Umwandlung des Fisches in allen Phasen mitzuerleben. Pomacanthiden sind weder schnelle noch hastige Fresser. Das ist auch ein Grund dafür, weshalb sie sich in einem Gesellschaftsbecken häufig als ›Chef‹ aufführen. Erst wenn sie satt sind, lassen sie die anderen ans Futter – dieses Verhalten ist aber individuell unterschiedlich. Als Beikost sind Kaiserfische unbedingt auf Algen angewiesen oder, falls der Bewuchs im Aquarium nicht ausreicht, auf Salat oder überbrühte Spinatblätter. Einzelne Arten, wie etwa der *Pygoplites*-Vertreter, können bei der Eingewöhnung besondere Schwierigkeiten

Unterschiede in der Struktur der Präorbital-(Vorderaugenhöhlen-) und der Interoperculum-(Zwischenkiemendeckel-)Knochen innerhalb der Gattungen bzw. Untergattungen einiger Kaiserfische: 1 – *Chaetodontoplus*, *Pomacanthus* und *Euxiphipops*, 2 – *Genicanthus*, 3 – *Holacanthus*, 4 – *Pygoplites* und 5 – *Centropyge* Bleichner nach Munro

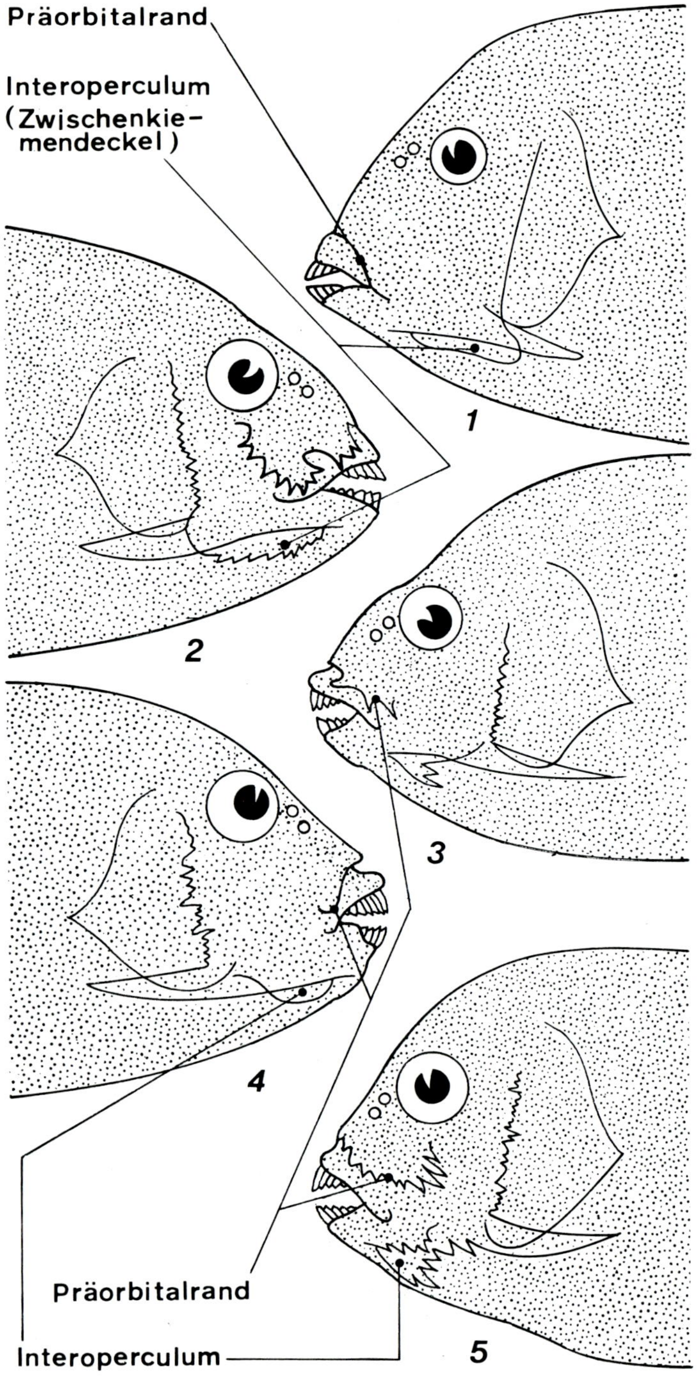

Präorbitalrand

Interoperculum (Zwischenkiemendeckel)

1

2

3

4

Präorbitalrand

Interoperculum

5

machen. Sie sind Nahrungsspezialisten, die in den Riffen vorzugsweise Schwämme verzehren und sich im Aquarium nicht an andere Kost gewöhnen wollen. Tiefgekühlte Nahrung aus diesem Grundstoff aber gibt es (noch) nicht.

Über die Gattungszuweisungen bei Kaiserfischen gibt es unter den Wissenschaftlern Uneinigkeiten. Wenngleich auch heute noch die Arbeit von FRAZER–BRUNNER aus dem Jahre 1933 die Basis aller systematischen Anpassungen darstellt, kann man sich heute der bereits von ALLEN (1979) dargelegten Auffassung anschließen, nachdem es noch derzeit 7 gültige Gattungen gibt, zu denen sich einige Untergattungen gesellen:

Gattung *Apolemichthys*
(Indo-Westpazifik)
Gattung *Centropyge*
    Untergattung *Centropyge*
    (Indo-Westpazifik)
    Untergattung *Xiphipops*
    (Atlantik und Indo-Westpazifik)
Gattung *Chaetodontoplus*
(äußerster Westpazifik)
Gattung *Genicanthus*
(Indo-Westpazifik)
Gattung *Holacanthus*
    Untergattung *Angelichthys*
    (Westatlantik)
    Untergattung *Holacanthus*
    (Westatlantik und Indo-Westpazifik)
    Untergattung *Plitops*
    (Ostpazifik)
Gattung *Pomacanthus*
    Untergattung *Arusetta*
    (Rotes Meer)
    Untergattung *Euxiphipops*
    (äußerer Westpazifik)
    Untergattung *Pomacanthodes*
    (Indopazifik)
    Untergattung *Pomacanthus*
    (Atlantik einschl. Karibik)
Gattung *Pygoplites*
(Indo-Westpazifik).

Zur besseren Übersichtlichkeit und um nomenklatorische Irrungen künftig nicht aufkommen zu lassen, sind bei den Kaiserfischen die Gattungsnamen zusammen mit denen für die Untergattungen (die letzten hinter dem Gattungsnamen in Klammern) angegeben.

Apolemichthys arcuatus (GRAY, 1831)
Flaggen-Kaiserfisch

Die Tiere stammen ausschließlich aus den Gewässern um die Hawaii-Inseln und erreichen eine Länge von knapp 20 Zentimetern. Der attraktive Fisch hat zwar ›nur‹ eine schwarzweiße Färbung, doch ist diese absolut

Apolemichthys arcuatus, Flaggen-Kaiserfisch   Friese

Apolemichthys kingi, Getigerter Kaiserfisch   King (UW)

unverwechselbar (Farbfoto). Er liebt Verstecke, in denen er oft lange Zeit verweilt. Die Eingewöhnung macht keine Probleme, da der Fisch bald Ersatznahrung nimmt. Kann zuweilen ruppig werden, wenn er Futterkonkurrenz wittert. Vorsicht: Die Fische entwickeln zuweilen ausdauernd Appetit auf bestimmte Niedere wie Seeigel, kleine Seesterne, Krustenanemonen oder Lederkorallen. Länger gepflegte Exemplare können recht zutraulich werden.

Apolemichthys kingi HEEMSTRA, 1984
Getigerter Kaiserfisch

Die Vertreter dieser erst vor wenigen Jahren beschriebenen Art (siehe in SMITH, M.M. & HEEMSTRA, 1986) sind meines Wissens bisher noch nicht eingeführt worden. Der Körper der Fische, deren Verbreitung bisher nur in den Riffgebieten vor der Küste von Natal (Südafrika) im südwestlichen Indischen Ozean belegt ist, teilt sich (Flossen eingeschlossen) in eine schwarzgrundige obere und eine weißgrundige untere Körperhälfte. Der Kopf ist weißgrundig, jedoch rußig abgedunkelt. Auf dem oberen äußeren Kiemendeckelrand sitzt ein dunkler schwarzer Fleck. Die schwarze obere Körperhälfte, einschließlich der Rückenflosse, ist von Mustern goldgelber fein gewellter Vertikalbinden überdeckt. Zudem tragen die Dorsale und die obere, tiefschwarze ungemusterte Schwanzflosse einen feinen weißen Saum. Bekannte Länge 20−22 Zentimeter.

Apolemichthys trimaculatus (LACEPÈDE, 1831)
Dreipunkt-Kaiserfisch

Wer nun glaubt, daß alle drei Punkte schwarz sind oder sein müssen, hat sich geirrt. Wie unser Foto zeigt, trägt das Tier einen schwarzen Fleck nur auf der Stirn, wäh-

rend die auf der jeweiligen Kopfseite (Schläfe) in diesem Fall ebenso goldgelb sind. Die Vertreter der Art kommen im Indischen und westlichem Pazifischen Ozean vor. Sie erreichen eine Länge von etwa 26 Zentimetern. Auch wenn man die Tiere immer wieder in den Importstationen sieht: Man soll sie nur als Junge erwerben, denn nur so lassen sie sich relativ leicht eingewöhnen. Der Pfleger braucht aber in den meisten Fällen ein ›Händchen‹ für die Fische, denn die Nahrungsspezialisten haben eine ähnliche Vorliebe für Schwämme, wie ihre Pygoplites-Verwandten, und wie diese bleiben sie im Aquarium Problemfische, auf deren Haltung der kluge Aquarianer besser verzichtet.

Apolemichthys xanthopunctatus BURGESS, 1973
Goldtüpfel-Kaiserfisch

Die Exemplare dieser noch nicht lange beschriebenen Art erinnern an eine Mischung aus A. xanthotis, der 1951 von (FRASER-BRUNNER) aus dem Roten Meer und dem Indischen Ozean beschrieben wurde (breite

Dreipunkt-Kaiserfisch, Apolemichthys trimaculatus   Friese

Apolemichthys xanthopunctatus, Goldtüpfel-Kaiserfisch   Mayland

Schwarzsäumung des Hinterkörpers), und dem vorher genannten *A. trimaculatus* mit der blauen Maulpartie. Das hier gezeigte Exemplar (Farbfoto) hat eine Länge von 16–18 Zentimeter, ist aber vielleicht noch nicht voll ausgewachsen. Die Tiere sind aus der Region um die Karolinen (Westpazifik) bekanntgeworden und gehören nach wie vor zu den Raritäten.

Apolemichthys xanthurus (BENNETT, 1832)
Rauch-Kaiserfisch

Der häufig angebotene, aber nicht allzu bunte Kaiserfisch (Foto) ist einer der ausdauerndsten Vertreter seiner Familie. Er hat Ähnlichkeit mit seinen beiden vorher genannten Gattungsverwandten, doch ist bei *A. xanthotis* der schwarze ›Rahmen‹ der hinteren Körperzone noch breiter und intensiver. Eine Ähnlichkeit in Färbung und Musterung ist auch mit *Chaetodontoplus mesoleucus* vorhanden. Die Tiere werden 14–16 Zentimeter lang. Sie sind gute Fresser und relativ friedfertig. Ihre Heimat liegt in den Gewässern um den indoaustralischen Archipel.

Centropyge (Xiphipops) acanthops
(NORMAN, 1922)
Orangerücken-Zwergkaiserfisch

Ein wunderschöner und mit 7–8 Zentimeter recht kleinbleibender Zwergkaiser, dessen Heimat im Südwesten des Indischen Ozeans (afrikanische Küste, Madagaskar, Mauritius) liegt. Er hat Ähnlichkeit mit *C. (X.) aurantonotus* BURGESS, 1974, der jedoch in den weit entfernten

Gewässern der karibischen Inseln (Curaçao, Barbados usw.) zu Hause ist und höchstens 6 Zentimeter lang wird. Beide Arten lassen sich im Aquarium gut eingewöhnen, benötigen aber trotz ihrer geringen Größe ein recht geräumiges Becken mit vielen Versteckmöglichkeiten. Die Tiere halten sich nach Möglichkeit immer nah an Stein- oder Riffwänden, ernähren sich von Algen und allerlei Mikroorganismen und lassen sich auch daran gewöhnen, schwebendes Futter aufzunehmen. Zwergkaiserfische wie sie bilden Reviere, die sie hartnäckig gegen Eindringlinge verteidigen.

Centropyge (Xiphipops) argi
WOODS & KANAZAWA, 1951
Goldkehl-Zwergkaiserfisch

Dieser Zwerg macht seinem Namen alle Ehre. Er ist unter den derzeit bekannten (neben dem vorher genannten *C. aurantonotus*) mit 6 Zentimetern Länge der kleinste aus der Familie der Kaiserfische. Seine Heimat sind das Karibische Meer und Teile des tropischen Westatlantiks. Mit zunehmendem Alter wird die Kehlpartie der Tiere goldgelber, und das Gelb auf dem oberen Kopf verschwindet. Auch diese kleinen Fische lieben ein ruhiges Leben dicht an einer Korallenwand bzw. den Aquarienaufbauten. Nach dem Einsetzen sind sie oft scheu und brauchen Tage, bis sie sich aus ihrem Versteck hervorwagen. Auch sie nehmen ständig vegetarische Nahrung mit auf und sind recht haltbar.

Apolemichthys xanthurus, der Rauch-Kaiserfisch, den man nicht mit *Chaetodontoplus mesoleucus* verwechseln sollte   Kahl

Centropyge acanthops, den Orangerücken-Zwergkaiserfisch darf man nicht mit den Gattungsverwandten ähnlich gefärbter Arten (*C. aurantonotus* und *C. resplendens*) verwechseln   van den Nieuwenhuizen

Centropyge (Centropyge) bicolor (BLOCH, 1787)
Blaugelber Zwergkaiserfisch

Dieser zweifarbige Gast aus dem indopazifischen Raum ist nicht von schwarzgelber, sondern von blaugelber Färbung, wie das Foto wohl klar erkennen läßt. Er erreicht eine Länge von 10—12 Zentimetern. Aquarianer klagen oft darüber, daß die Fische schlecht fressen. Lebende Nahrung wird bevorzugt angenommen. Nur im Wasser bester Qualität (möglichst nitratfrei) ›stehen‹ die Tiere optimal, fressen relativ gut und müssen sich nicht mit irgendwelchen Infektionen herumplagen. Sie brauchen, wie die meisten Zwergkaiserfische, recht geräumige Becken – das wird leider oft unterschätzt.

Centropyge bicolor, der Blaugelbe Zwergkaiserfisch   Mayland

Centropyge argi, ein Zwerg unter den Zwergkaiserfischen, lebt im karibischen Raum und im Westatlantik   van den Nieuwenhuizen

Centropyge (Xiphipops) bispinosus
(GUENTHER, 1860)
Blauroter oder Zweistachel-Zwergkaiserfisch

Dieser gute Bekannte ist im gesamten Indischen und Pazifischen Ozean verbreitet und erreicht eine Länge von kaum mehr als 10 Zentimetern. In den Anfängen seiner Importe wurde er auch unter dem Händlernamen ›*C. kennedy*‹ (nach einem philippinischen Exporteur) gehandelt; dieser ist nicht gültig!
Seinen wissenschaftlichen Artnamen verdankt der Fisch der Tatsache, daß er neben dem Dorn am unteren Kiemendeckel noch einen zweiten kleineren trägt. Als Neuankömmlinge im Aquarium haben sich die Fische bald eingewöhnt und nehmen schon bald das angebotene Futter, wobei sie nach meiner Erfahrung tiefgekühlte Mysis, große Artemia oder auch Muschelfleisch anderem Futter vorziehen. Von Zwergkaiserfischen pflegt man am besten nur ein Tier pro Art, weil es sonst immer wieder zu Reibereien kommt.

Centropyge (Centropyge) eibli KLAUSEWITZ, 1963
Eibl's Zwergkaiserfisch

Die Art wurde 1963 zu Ehren des bekannten Biologen und Verhaltensforschers Dr. I. EIBL-EIBESFELDT benannt, der die Xarifa-Expedition des bekannten Dr.

225

Hans HASS bis zu den Nikobaren (erster Fundort) begleitete; auch der Autor Dr. KLAUSEWITZ nahm teilweise an der Expedition teil.

Die Verbreitung der Art erstreckt sich, wie wir heute wissen, etwa von den Malediven nach Osten bis in die Gewässer des indoaustralischen Archipels. Die Eingewöhnung der Tiere macht kaum nennenswerte Schwierigkeiten, aber trotzdem sollten nur fortgeschrittene Pfleger sich um ihn bemühen. Mit 10–12 Zentimetern sind die Fische ausgewachsen.

Centropyge (Xiphipops) ferrugatus
RANDALL & BURGESS, 1972
Rostbrauner Zwergkaiserfisch

Nach erstem Augenschein kann man feststellen: Ein naher Verwandter von C. bispinosus. Dr. John RANDALL, einer der beiden Autoren, entdeckte die ersten Exemplare am 25. Mai 1968 in den Gewässern um die Insel Ischigaki (Ryukyu-Inselgruppe südlich von Okinawa/Südjapan) in 10–20 Metern Tiefe. Die bis zu 10 Zentimeter lang werdenden Fische sind noch weiter nach Süden verbreitet und immer wieder einmal im Handel. Ihre Haltbarkeit im Aquarium entspricht etwa der des genannten nahen Verwandten.

Centropyge (Xiphipops) fisheri (SNYDER, 1904)
Fishers Hawaii-Zwergkaiserfisch

Dieser orangebraune und 8–10 Zentimeter lange Fisch von den Gewässern um die Hawaii-Inseln ist farblich nicht attraktiv, zieht zwar im Aquarium eine Zeitlang seine Bahnen, aber er scheint ein Nahrungsspezialist zu sein, denn man sieht ihn kaum einmal fressen und muß dann auch – früher oder später – seinen Verlust beklagen. Daher nicht als Aquarienfisch zu empfehlen! Vorerst noch eine Hypothese, aber ein naher Verwandter, der im Verhalten einen ähnlich unzufriedenstellenden Eindruck macht, auch wenn er dunkelblau gefärbt ist (Schwanzflosse gelb), dürfte aus aquaristischer Sicht ebenfalls nicht empfehlenswert sein. Es ist der 1933 von FRASER-BRUNNER beschriebene C. (X.) flavicauda, der im Gebiet des Great Barrier Reefs und Neuguineas beheimatet ist und etwa 6 Zentimeter lang wird.

Centropyge (Centropyge) flavissimus
(CUVIER & VALENCIENNES, 1831)
Zitronen-Zwergkaiserfisch

Der 10–12 Zentimeter lange ›Lemonpeel‹, wie ihn die Amerikaner nennen, hat in der Tat Ähnlichkeit mit einem Stück Zitronenschale, nur fehlt der Schale der

blaue Ring um die Augen (Foto)! Und dieser blaue Ring, dazu der weißblaue Strich auf der Unterlippe und die ebenso gefärbten Markierungen am hinteren Rand der Kiemendeckel sind die optisch einfachen Unterscheidungsmerkmale zu seinem Double, dem bis zu 10 Zentimeter langen C. (C.) heraldi WOODS & SCHULTZ, 1953 (Foto). Beide sind in den Gewässern des indoaustralischen Archipels beheimatet. Beide sind in geräumigen Becken gut zu halten, vorausgesetzt, die Mitbewohner sind ›nett‹ zu ihnen und keine Futterkonkurrenten.

Centropyge (Xiphipops) loriculus
(GUENTHER, 1860)
Flammen-Zwergkaiserfisch

Die Art ist auch eine Zeitlang unter einem Synonym (C. flammeus WOODS & SCHULTZ, 1953) gehandelt worden, doch bedient man sich heute meist des gültigen Namens. Da die Farbe Rot immer für Leben im Aquarium sorgt und solche Fische stets geschätzt sind, hat der bevorzugt gesuchte Favorit vieler Aquarianer auch einen ›bevorzugten‹ Preis. Die Tiere haben einen weiten Verbreitungsraum, über den zentralen und den westlichen Pazifik. Sie sind gute Fresser, entsprechend ausdauernd und zuweilen etwas zänkisch. Mit 8–10 Zentimetern sind sie voll ausgewachsen.

Centropyge (Centropyge) multifasciatus
(SMITH & RADCLIFFE, 1911)
Zebra-Zwergkaiserfisch

Obgleich diese erst in den letzten Jahren durch Importe bekanntgewordene Art schon lange wissenschaftlich bekannt ist, hat das erste Erscheinen der Fische in Aquarianerkreisen wegen ihres für Zwergkaiserfische unorthodoxen Aussehens einige Verwirrung hervorgerufen. Sie stammen aus den Gewässern um den indoaustralischen Archipel und Philippinen. Mit einer Länge zwischen 8 und 10 Zentimetern sind sie ausgewachsen. Die braun und weißbeige gestreiften Fische, bei denen dazu Maul, Bauch- und Afterflossen kräftig gelbe Töne aufweisen, tragen beim Schwimmen ihre Rückenflossenstacheln fast immer aufgerichtet. Nach der Eingewöhnung, die etwas Fingerspitzengefühl erfordert, sind die Fische recht gut zu halten und ausdauernd.

Centropyge (Centropyge) nox (BLEEKER, 1853)
Mitternachts-Zwergkaiserfisch

Wie der deutsche Name vermitteln soll, ist der Fisch sehr dunkel – völlig schwarz nämlich. Er trägt weder

1 — *Centropyge heraldi*, Heralds Zwergkaiserfisch
2 — *Centropyge flavissimus*, Zitronen-Zwergkaiserfisch
3 — *Centropyge tibicen*, Schlüsselloch-Zwergkaiserfisch
4 — *Centropyge vrolikii*, Perlschuppen-Zwergkaiserfisch
5 — *Centropyge bispinosus*, Zweistachel-Zwergkaiserfisch
6 — *Centropyge potteri*, Rosetten-Zwergkaiserfisch

alle Friese

einen farbigen Flossensaum noch andere farbige Signale. Tag- und Nachtfärbung sind nicht zu unterscheiden. Die aus den Riffen des Indopazifiks stammenden Tiere erreichen eine Länge von 10 Zentimetern und sind gut haltbar. Sie sollten weder mit *C. tibicen* (siehe diese Art) noch mit *C. (X.) flavipectoralis* RANDALL & KLAUSEWITZ, 1977, oder *C. (X.) multispinis* PLAY-FAIR, 1866) verwechselt werden. Der erste der beiden letztgenannten wird gelegentlich aus dem Indischen Ozean (Sri Lanka) eingeführt, ist durchgehend tief blauschwarz und zeigt als besonderes Merkmal gelbe Brustflossen. Der letzte hat eine tiefbraune oder auch gelb-

227

Centropyge eibli, Eibl's Zwergkaiserfisch   van den Nieuwenhuizen

Centropyge loriculus, Flammen-Zwergkaiserfisch   van den Nieuwenhuizen

lichbraune Grundfärbung, dazu schwarzblaue Flossen und als besonderes Merkmal einen tiefschwarzen, bläulich gesäumten Fleck hinter dem oberen Kiemendeckelrand. Er wird ebenfalls von Sri Lanka (Ceylon) importiert. Beide werden etwa 10 Zentimeter lang, sind ausdauernd und gut haltbar.

Centropyge (Xiphipops) potteri (JORDAN & METZ, 1912) Rosetten-Zwergkaiserfisch

Ein gut einzugewöhnender Fisch, der sich ausgezeichnet in alteingerichteten Aquarien anpaßt. Die aus den Gewässern um die Hawaii-Inseln stammenden Tiere werden immer wieder einmal angeboten; sie gelten wegen ihrer willigen Futterannahme und der guten Haltbarkeit als ausgezeichnete Aquarienfische. Die kleinen Hawaiianer werden nicht größer als 10 Zentimeter.

Centropyge (Centropyge) tibicen (CUVIER & VALENCIENNES, 1831) Schlüsselloch-Zwergkaiserfisch

Ein dunkelblauer, oft schwarz erscheinender Fisch mit einem mehr oder weniger großen, weißen, langgezogenen Vertikalfleck auf der Körpermitte. Die Grundfärbung bezieht die Flossen mit ein. Lediglich der untere Saum der Afterflosse und die ersten Strahlen der Bauchflossen sind goldgelb. In ihrer indopazifischen Riffhei-

mat können die Fische tatsächlich bis zu 18 Zentimeter lang werden, doch wachsen sie auch in geräumigen Aquarien selten über 12 Zentimeter hinaus. Zuweilen wurden die Tiere fälschlich als ›C. melas‹ angeboten – ein ungültiger Name für diese ausdauernden Fische.

Centropyge (Centropyge) vrolikii (BLEEKER, 1853) Perlschuppen-Zwergkaiserfisch

Die Perlschuppen leuchten nur bei bestem Wohlbefinden. Der nicht oft gehaltene Gast aus dem Indopazifik macht seinem Pfleger aber die selbstgestellte Aufgabe leicht. Die Tiere stellen keine großen Ansprüche und gehen meist bereits nach wenigen Stunden bereitwillig ans Futter. Erwirbt man wohlgenährte Exemplare, so ist das der beste Beweis für eine gute Nahrungsaufnahme. Weil auch die Vertreter dieser Art, wie alle Kaiserfische, pflanzliche Kost benötigen, soll man sie möglichst in Becken mit reichem Algenwuchs unterbringen. Andernfalls muß ein- bis zweimal pro Woche zusätzlich vegetarische Kost gereicht werden.

Chaetodontoplus caeruleopunctatus YASUDA & TOMINGA, 1976 Kristall-Kaiserfisch

›Mit blauen Tüpfeln versehen‹ könnte man den Artnamen übersetzen. Der, wie die meisten *Chaetodontoplus*-Verwandten, attraktive Bewohner aus den Gewässern um den indoaustralischen Archipel wird 18–20 Zentimeter lang. Sein nachtblauer Körper ist von sehr feinen hellblauen Pünktchen übersät, die wie feine Sterne am dunklen Himmel aussehen. Rücken- und Afterflosse sind von einem feinen weißen Saum gerahmt, unter dem noch eine tiefschwarze submarginale Binde liegt. Die Schwanzflosse ist dottergelb. Wenn die Tiere in Längen zwischen 6 und 10 Zentimetern eingeführt werden, lassen sie sich mit etwas Fingerspitzengefühl und schmackhafter Kost (Garnelen- oder Muschelfleisch) eingewöhnen. Meist machen die Fische einen vitalen Eindruck, schwimmen stets ruhig umher und halten dann auch gut aus.

Chaetodontoplus chrysocephalus (BLEEKER, 1854)
Goldkopf-Samtkaiserfisch

Wenn ich in der ersten Ausgabe dieses Buches noch von einem nur mäßig schönen Fisch schrieb, so muß ich das heute korrigieren, nachdem das ›Modell‹ heran- und mit 20–22 Zentimeter wohl ausgewachsen ist. Die Tiere sind verhältnismäßig gut haltbar und gehen auch schnell an Ersatznahrung. Sie sind im Aquarium nicht scheu und wissen sich durchzusetzen. Es gab Stimmen, die Vertreter dieser Spezies als eine Varietät von *C. septentrionalis* anzusehen. Diese Auffassung kann man heute wohl verwerfen, denn morphologische Unterschiede kann nicht nur der Wissenschaftler zur Genüge feststellen, und die Färbung der Kopf- und Vorderkörperzonen weicht doch erheblich von der des *C. septentrionalis* ab. Der Goldkopf stammt – soweit wir bis heute wissen – aus dem nördlichen Teil des tropischen Westpazifiks.

Chaetodontoplus dubouleyi (GUENTHER, 1867)
Australischer Gelbbandkaiserfisch

Der ›Scribbled Angel-Fish‹ (gekritzelter Engelsfisch), wie ihn die Australier nennen, wird zwar in europäischen Becken immer selten bleiben, aber es gibt immer wieder Möglichkeiten, diese Tiere zu beschaffen. Die wunderschönen Fische benötigen geräumige Becken, in denen sie bei entsprechenden Bewegungsmöglichkeiten eine Länge von 26–28 Zentimetern erreichen können. In relativ kleineren Aquarien (150–180 Zentimeter) wird das wahrscheinlich nicht möglich sein. Die Fische brauchen eine Weile, bis sie, neu eingesetzt, ihren neuen Lebensraum ausgekundschaftet und die anfängliche Scheu abgelegt haben. Schmackhaftes Futter nehmen sie dagegen bald und sind dann recht ausdauernd. Die Vorkommensgebiete liegen in den Riffregionen vor den Küsten des nordwestlichen, nördlichen und nordöstlichen Australiens. Zu denen im Norden muß man auch

Chaetodontoplus duboulayi, Gelbband-Kaiserfisch
Powell

die Flachmeerzonen zwischen dem kleinsten Kontinent und einer der größten Inseln unserer Erde, Neuguinea, rechnen.

Chaetodontoplus melanosoma (BLEEKER, 1853)
Schwarzgrauer Kaiserfisch

Ganz so, wie es der Artname ausdrückt (= . . . mit schwarzem Körper), sind die Vertreter dieser Art nicht gefärbt. Mit den etwa 18 Zentimeter lang werdenden Bewohnern des östlichen Teils der Gewässer um den indoaustralischen Archipel (Taiwan bis Neuguinea) muß sich der Pfleger bei der Eingewöhnung viel Mühe geben. Sie sind ruhige, oft etwas versteckt lebende Fische, die sich, zumindest in der ersten Zeit, bemühen, den Schutz der Aquarienaufbauten zu nutzen. In Futterkonkurrenz mit schnellen Schwimmern haben die Tiere nur wenig Chancen. Sie zupfen auch lieber Algen von Steinen, werden aber doch etwas temperamentvoller, wenn fleischliche Kost (Shrimps, Mysis, Muschelfleisch) gereicht wird. Die schwarze und graue Körper- und

Chaetodontoplus conspicillatus, der seltene Prachtkaiserfisch
Mayland

229

Chaetodontoplus melanosoma, Gelbkopf-Kaiserfisch   Kahl

Chaetodontoplus mesoleucus, Mond-Kaiserfisch   Friese

Flossenzeichnung, die von einem zitronengelben Saum der hinteren Partien abgeschlossen wird, gibt dem Fisch ein düsteres Aussehen. Jungfische sind, wie meist bei Kaiserfischen, anders gefärbt. Ihre schwarzblaue Grundtönung wird nur von einer weißen, nach hinten abgebogenen Nackenbinde unterbrochen.

Auffälliger gefärbt, wenn auch in der Grundmusterung sehr ähnlich, ist *C. conspicillatus* (WAITE, 1900). Er wird mit einer Länge bis etwa 24 Zentimeter etwas größer. Seine ebenfalls schwarz und graue Grundfärbung ist aber von einem weitaus lebhafteren Farbmuster im Kopfbereich überdeckt. Zudem sind Rücken- und Afterflosse weiß gesäumt. Bei erwachsenen Exemplaren sind die weißen Lippen von einer tiefschwarzen schmalen Zone umgeben, hinter der wiederum die goldgelbe Kopfpartie beginnt, die bis zum hinteren Kiemendeckelrand reicht und dort tintenblau gesäumt ist. Auf dem Rand des Zwischenkiemendeckels liegt ebenfalls eine solche blaue Saumbinde. Das gelbe Auge ist von einer unregelmäßig geformten blauen Linie umgeben. Goldgelbe Querbinden auch in Brust- und Schwanzflossen. Ihren Artnamen (= ›auffällig‹) haben die Tiere schon verdient!

Chaetodontoplus mesoleucus (BLOCH, 1787)
Mond-Kaiserfisch

Der Mond-Kaiserfisch wird bis etwa 20 Zentimeter lang und trägt als einer der wenigen Vertreter seiner Familie eine tiefschwarze, weiß gesäumte Augenbinde. Die davorliegende Maulpartie ist ebenso gelb wie die Schwanzflosse. Die Färbung des Körpers wie auch der übrigen Flossen ist im vorderen unteren Bereich weiß (*mesoleucus* = zur Hälfte weiß) im oberen und hinteren dagegen rauchig- bis tiefschwarz. Die hinteren Ränder von Rücken- und Afterflosse sind weiß gesäumt. Die

Eingewöhnung ist nur eine Frage der ersten Aufnahme üblicher Aquarienkost. Die ruhigen Fische mögen keine zu lebhafte Konkurrenz. Später gut haltbar und ausdauernd. Verbreitung über den Indischen und Pazifischen Ozean. Eine gewisse Ähnlichkeit besteht zu *Apolemichthys xanthurus*.

Chaetodontoplus personifer (MCCULLOCH, 1914)
Himmelsmasken-Kaiserfisch

„Was für ein Name!?" könnte man meinen. Er ist sicherlich begründet, wenn man den wissenschaftlichen übersetzt (= eine Maske tragend) und von der Musterung der Maske ausgeht: Vor dem durchweg samtschwarzen Körper sitzt der gelbgrundige Kopf mit den anthrazitfarbenen Lippen. Wangen, Schläfen und die Partie um die Augen erscheinen wie mit einer blauen Maske überdeckt, auf der feine gelbliche Tüpfel den ›Himmelsef-

Chaetodontoplus septentrionalis kommt in den Riffgebieten von Südostasien bis Südjapan vor   Friese

fekt‹ darstellen. Der Oberrand der Brustflossen wie auch ihr strahliger Unterrand zeigen einen gelblichen Rahmen. Rücken- und Afterflosse mit feinem weißblauen Saum. Schwanzflosse zitronengelb mit feinem schwarzen Saum. Die bis etwa 24 Zentimeter langen Fische zeigen in der Jugendfärbung keine Maske, aber an deren Stelle eine breite weiße Nackenbinde. Das bisher bekannte Verbreitungsgebiet reicht etwa von Taiwan bis zu südlichen Abschnitten im Great Barrier Reef (New South Wales) einerseits und Westaustralien andererseits. Nach der Eingewöhnung lassen sich die bedächtigen Fische in geräumigen Aquarien gut halten.

Chaetodontoplus septentrionalis
(TEMMINCK & SCHLEGEL, 1844)
Blaustreifen-Kaiserfisch

Wunderschöne Vertreter einer Art, bei denen man an *Pomacanthus annularis* erinnert wird. Auch diese prächtigen Fische weichen in der Musterung ihrer Jugendfärbung insofern von der adulten Form ab, als sie mit einer (diesmal zitronengelben) Nackenbinde versehen sind. Die schönen Tiere werden leider viel zu selten angeboten. Wie ihr Artname (= nördlich vorkommend) angibt, liegt ihre Heimat im tropischen Norden des westlichen Pazifiks, also hauptsächlich im Chinesischen Meer von Südjapan (Ryukyu-Inseln) bis südwestlich von Taiwan. Im Aquarium bereiten die bis zu 20 Zentimeter großen Fische nach der Eingewöhnung keine Schwierigkeiten und können lange aushalten.

Genicanthus bellus RANDALL, 1975
Pracht-Lyrakaiserfisch

Was wußte ich damals schon, als ich den Text für die erste Ausgabe dieses Buches schrieb, über diese herrlichen Tiere? Ich hatte mein erstes Exemplar als ›*Genicanthus spec.*‹ erhalten, aus einer Gattung, deren Ver-

Chaetodontoplus septentrionalis, halberwachsenes Tier noch mit gelber Kopfbinde   Kahl

treter bis dahin aquaristisch noch ziemlich unbekannt waren. Inzwischen hat sich das geändert, auch weil ich weiß, daß es sich bei meinem damaligen Exemplar ›nur‹ um ein weibliches Tier handelte, das man sicher schön (= *bellus*) nennen kann, das hinter seinen männlichen Artpartnern in der Schönheit jedoch zurückbleibt. Die 1975 beschriebenen Fische mit dem so auffälligen ›Geschlechtsdichromatismus‹ (statt des bei einigen Autoren so beliebten zungenbrecherischen Fremdwortes kann man auch von ›unterschiedlicher Färbung der Geschlechter‹ sprechen!) sind im Meer nicht selten und zudem weit verbreitet (vom östlichen Indischen [Kokos-Keeling-Insel] bis zum zentralen Pazifischen Ozean [Tahiti]), wobei es leichte farbliche Unterschiede zwischen den weit voneinander getrennten Populationen derselben Art gibt. Allein die Tatsache, daß die Fische nicht in der oberen Wasserzone, sondern in 50−75 Metern Tiefe vorkommen, mag ein Grund dafür sein, daß sie erst so spät wissenschaftlich beschrieben wurden. Ihre Haltung im Aquarium ist nicht mehr schwer, wenn erst die heikle Phase der Eingewöhnung (Schwierigkeiten in der Nahrungsaufnahme) überwunden ist. Länge bis etwa 20 Zentimeter – Caudalfilamente eingeschlossen. Heute meist von den Philippinen eingeführt.

Genicanthus lamarck (LACEPÈDE, 1802)
Lamarcks Lyrakaiserfisch

Bei dieser Art gibt es nur schwarze Linien- und Punktemuster auf weißem Grund (Foto). Die Geschlechter sind auch bei diesen Fischen wieder leicht auseinanderzuhalten; so sind bei den Weibchen die beiden äußeren ausgezogenen Strahlen der tiefgegabelten Schwanzflosse schwarz, während sie bei den Männchen weiß sind. Der bogig umrahmte Zwischenraum ist mit schwarzen Tüpfeln auf weißem Grund versehen, die bei männlichen Tieren feiner ausfallen als bei ihren Partnerinnen. Jüngere Tiere zeigen fast immer solange die Weibchenfärbung, bis die Geschlechtsreife eintritt. Einmal eingewöhnt, sind die Fische ausgezeichnete Pfleglinge. Sie können, einschließlich ihrer langen Schwanzflossenfilamente, bis 24 Zentimeter lang werden. Ihr natürlicher Lebensraum liegt in den Gewässern des indoaustralischen Archipels und des Chinesischen Meeres. Da sie in Tiefen bis zu 10 Metern vorkommen, werden sie am häufigsten (von den Philippinen) eingeführt.

Genicanthus melanospilos (BLEEKER, 1857)
Zebra-Lyrakaiserfisch

Eine Reihe von Kaiserfischen hat eine eng und vertikal gestreifte Körpermusterung auf weißem Grund, aber

1 – *Genicanthus semifasciatus*, ad. ♀
2 – *Genicanthus semifasciatus*, ad. ♂

3 – *Genicanthus bellus*, ad. ♀
4 – *Genicanthus lamarck*, ad. ♀

5 – *Genicanthus semicinctus*, ad. ♂
6 – *Genicanthus semicinctus*, ad. ♀

Yasuda (1+2), Mayland (3), Chlupaty (4), Dr. Allen (5), Steene (6)

immer nur sind es die männlichen Tiere, die dieses Muster zu gelblichen Flossen zeigen. So ist es auch beim Afrikanischen-Lyrakaiser, *G. caudovittatus* (GUEN-THER, 1860), der den Vertretern von *G. melanospilos* ziemlich ähnlich sieht. Die weiblichen Tiere sind dagegen einfarbig weiß, mit einem gelben Rücken und zwei tiefschwarzen Längsbinden unter bzw. über dem oberen und unteren Rand der milchigweißen Schwanzflosse. Die Tiere beider Arten werden 15–20 Zentimeter lang. Sie sind als Aquarientiere gut zu halten. So ähnlich sich beide Arten sind, so weit liegen ihre Lebensräume voneinander entfernt: Der Zebra-Lyrakaiserfisch lebt in den Gewässern des tropisch nördlichen (Ryukyu-Inseln), westlichen (südchinesisches Meer, Indonesien, Mikronesien) und tropisch südlichen Pazifiks (Neue Hebriden, Neukaledonien, Fiji usw.) und kommt auch im Osten Neuguineas sowie im Great Barrier Reef vor. *G. caudovittatus*, dessen Männchen als besonderes Kennzeichen eine auffällig schwarze Basalbinde mit darüberliegendem Goldrand in der vorderen Rückenflosse tragen, ist nur von der Küste Ostafrikas bekannt: Rotes Meer bis zum Golf von Akaba, Malindi (Kenia), Pinda (Moçambique) und Mauritius.

Genicanthus semicinctus (WAITE, 1900)
Halbgebänderter Lyrakaiserfisch

Die bereits im Jahre 1900 von der Lord Howe-Insel beschriebene Art zeigt wieder starke Farb- und Musterungsunterschiede zwischen den Geschlechtern (wie unsere Fotos beinahe kaum glaubhaft beweisen): Männliche Tiere zeigen auf weißem Grund ein Muster vom Rücken ›herabhängender‹ Querbinden, die den Bauch freilassen. Stirn und Rückenflosse sind gelb, eine Färbung, die bei Wohlbefinden auch der bindenfreie Bauch annimmt. Die äußeren Strahlen der Schwanzflosse sind gelb und mit einem feinen hellblauen Saum versehen; der weißgrundige Zwischenraum ist mit schwarzen Tüpfeln überdeckt. Im Farbkleid der Weibchen bleibt dieser Zwischenraum ebenso reinweiß wie die Kehle und das untere Körperdrittel, während alle übrigen Partien tiefschwarz sind. Die Tiere leben in ihren natürlichen Biotopen (ausschließlich in dem erwähnten Gebiet) in einer Tiefe von rund 40 Metern. Sie werden etwa 20 Zentimeter lang.

Genicanthus semifasciatus (KAMOHARA, 1934)
Japan-Lyrakaiserfisch

Den Begriff ›Japan‹ müssen wir bei dieser Art etwas weiter nach Süden verlängern – etwa bis zu den Philippinen. Als der japanische Wissenschaftler im Jahre 1934 die Beschreibung vornahm, verwendete er als Holotyp ein Exemplar (♂), das in einer Tiefe zwischen 100 und 200 Meter im Süden Japans gefunden wurde. Eine spätere Beschreibung von YASUDA & TOMINAGA (1970) als *C. fuscosus* wurde mit der RANDALL-Revision (1975) in die Synonymität verwiesen, weil es sich bei ihrem Holotyp um eine Weibchenform handelte. Wie unsere beiden Fotos zeigen, besteht zwischen beiden Geschlechtern dieser Art in Färbung und Musterung ein großer Unterschied. Die bis zu 20 Zentimeter langen Tiere werden selten eingeführt, sind jedoch nach einigen Eingewöhnungsschwierigkeiten in geräumigen Becken ausdauernd.

Genicanthus watanabei YASUDA & TOMINAGA, 1970
Gelbstrich-Lyrakaiserfisch

Auch bei den Vertretern dieser fast nur in schwarzen und weißen Tönen gemusterten Art gibt es wieder große optische Unterschiede. Während Weibchen einen silbrigweißen Körper und dazu eine kurze, blaugeränderte Augenbinde mit einem gleichfarbenen Stirnfleck haben, zeigen männliche Tiere diese Merkmale nicht. Dafür sind sie aber mit einer schwarzen Längsbindenstreifung auf weißem Grund versehen. Tiere beiderlei Geschlechts tragen einen breiten schwarzen, blaugeränderten Saum in Rücken- und Afterflosse. Die äußeren Strahlen der tiefgegabelten Schwanzflosse sind ebenfalls schwarz gerandet. Das namengebende Merkmal (nur bei Männchen!) ist ein gelber kräftiger Längsstrich über die hintere Körpermitte vor dem Schwanzflossenstiel. Nur sehr selten (von Taiwan) eingeführt, aber haltbar wie die übrigen Gattungsverwandten auch.

Holacanthus (Angelichthys) bermudensis GOODE, 1876
Blauer oder Bermuda-Engelfisch

Ein Gast aus dem Karibischen Meer und dem tropischen Westatlantik, der als Naturhybride (= Mischling) auch

Holacanthus ciliaris, einer der schönsten Kaiserfische, stammt aus dem karibischen Raum (vgl. a. Foto Seite 85) Mayland

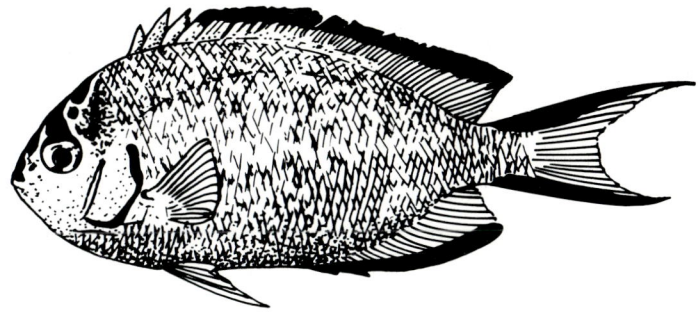

Genicanthus watanabei. Erwachsene Weibchen sind weniger gezeichnet

Genicanthus watanabei. Das ausgewachsene Männchen trägt schwarze Längsstreifen in der unteren Körperhälfte sowie einen gelben Längsstrich vor der Schwanzwurzel beide Bleichner

unter den heutigen Synonymen *H. (A.) isabelita* JORDAN & RUTTER, 1898 und *H. (A.) townsendi* NICHOLTS & MOWBRAY, 1914, beschrieben wurde. GOODE beschrieb die Spezies zuerst als Unterart *Holacanthus ciliaris bermudensis*, bevor die erwähnten Autoren erst zwanzig Jahre später *Angelichthys isabelita* beschrieben und FEDDERN (1972) in einer bemerkenswerten Arbeit die Fakten aufdeckte.

Für die meisten Aquarianer und Importeure sind die Tiere dieser Art jedoch nur zweite Wahl, weil sie (was sicherlich Geschmacksache ist!) den folgend beschriebenen Königin-Engelfisch an Schönheit nicht erreichen. Herkunft, Größe und Haltungsbedingungen entsprechen der folgenden Art.

Holacanthus (Angelichthys) ciliaris (LINNAEUS, 1758)
Königin-Engelfisch

Wenn ich ein Porträt dieser Fische (siehe dies) anschaue, werde ich an Richard Wagners Lohengrin erinnert, in dessen ›Gralserzählung‹ eine Zeile endet: „. . . trägt eine Krone . .". Von der Krone, dem Stirnfleck dieser Fische, rührt ihr deutscher Name, wogegen sich der wissenschaftliche auf die lang ausgezogenen Flossen bezieht. Die Vertreter dieser wunderschönen Art kommen im Karibischen Meer und im tropischen Westatlantik vor und erreichen im Riff eine Länge bis 233 etwa 50 Zentimeter; im Aquarium bleiben sie kleiner. Das hier abgebildete Exemplar war 35 Zentimeter lang und wuchs nicht mehr.

Jungfische, die meist importiert werden, sind völlig anders als erwachsene Tiere gefärbt, wie wir das von den meisten Kaiserfischen bereits kennen. Ähnlich wie die Chaetodontiden, tragen sie eine dunkle, blaugesäumte Augenbinde. Ausgewachsene Tiere dagegen verlieren die vertikale Streifenzeichnung vollkommen. Ihre Rücken- und Afterflossen ziehen sich lang aus und verleihen den Tieren, neben dem bereits erwähnten Stirnfleck, ihr wahrhaft majestätisches Aussehen.

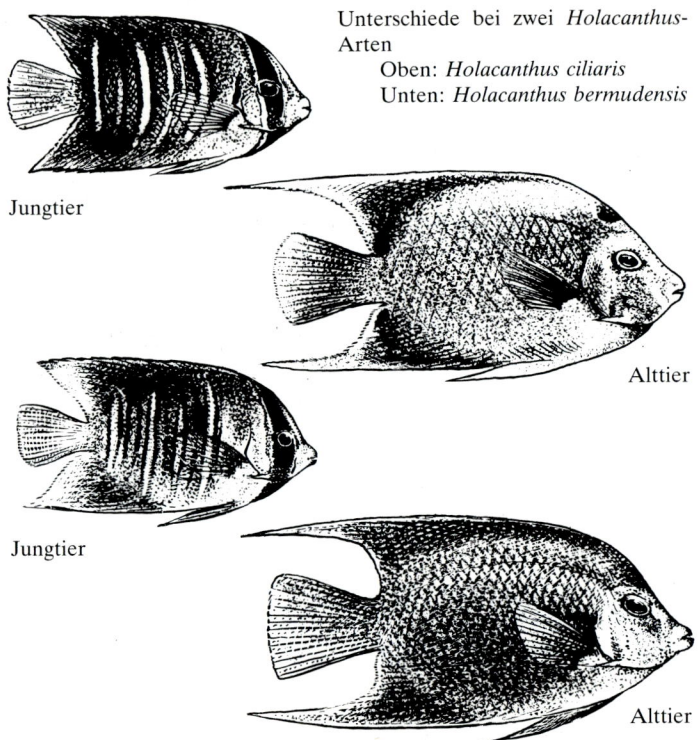

Unterschiede bei zwei *Holacanthus*-Arten
Oben: *Holacanthus ciliaris*
Unten: *Holacanthus bermudensis*

Jungtier

Alttier

Jungtier

Alttier

Optische Unterscheidung bei *H. bermudensis* und *H. ciliaris*:

Juveniles Stadium	H. ciliaris	H. bermudensis
helle Querbänder	pfeilartig gebogen	gerade
Rückenflosse	blau-(außen)gelb-gesäumt	blau
senkrechte Ränder der Rücken- und Afterflosse	schmal, blau	breit, gelb
Adultes Stadium	ohne Augenbinde und Querbänder!	
Stirnfleck	schwarz, blauge-säumt	bläulich
Brustflossen	Ansatz schwarz, sonst gelb	blau mit gelbem Rand
Innenränder der Rücken- und Afterflosse	blau	gelb
Schwanzflosse	gelb	hintere Hälfte stark gelb

Zumindest die frisch importierten Tiere sind nicht leicht zu halten und müssen zuerst an die für sie neue Nahrung gewöhnt werden. Wenn sie in den Importstationen mit anderen, bereits eingewöhnten kleinen Kaiserfischen zusammenleben, haben die Tiere, die sich in ihrem natürlichen Lebensraum vorwiegend von Schwämmen ernähren, bald ihren Appetit auf die neue Nahrung umgestellt. Erwachsene Tiere lassen sich dagegen nicht so relativ leicht umgewöhnen, denn (auch) der Fisch ist ein Gewohnheitstier. Es versteht sich, daß heranwachsende Exemplare geräumige Becken brauchen. Darin können sie, wenn die Nahrungskonkurrenz anderer starker Mitbewohner nicht gerade erdrückend ist, heranwachsen und lange aushalten – optimale Haltungsbedingungen (Nahrung, Wasser) vorausgesetzt.

Holacanthus (Plitops) clarionensis GILBERT, 1890
Orange-Engelfisch

Einer der schönsten und seltensten Engelfische, dessen Heimat jedoch nicht im tropischen Westatlantik bzw. im Karibischen Meer liegt, sondern jenseits des nordamerikanischen Landausläufers und der mittelamerikanischen Kontinentbrücke: im Ostpazifik. Sein Verbreitungsgebiet ist relativ eng begrenzt, wenn wir es zum Beispiel mit dem seines Verwandten, *H. passer*, vergleichen. Die Tiere werden schwerpunktmäßig im weiteren Gebiet um die unter mexikanischer Hoheit stehenden Islas Revilla Gigedo gefunden, die vor der Küste Westmexikos liegen. Eine davon heißt Clarion (oder Isla Santa Rosa), und von ihr ist der Artname abgeleitet. Die Fische werden inzwischen auch regelmäßig eingeführt – meist allerdings über die USA – und sind in geräumigen (!) Becken ausdauernd, mögen allerdings keine arteigenen Mitbewohner. Länge bis etwa 30 Zentimeter. Was die Haltungstemperaturen anbelangt, sollten auch die

Holacanthus clarionensis, Orange-Kaiserfisch   Powell (UW)

Holacanthus passer im Jugendkleid

Als prächtig ausgefärbtes Tier macht *Holacanthus passer* seinen Namen ›Kaiser von Mexiko‹ verständlich

Anmerkungen für die folgende Art aus ähnlichen Biotopen beachtet werden!

Holacanthus (Plitops) passer VALENCIENNES, 1846 ›Kaiser von Mexiko‹

Eine Art, deren Lebensraum ebenfalls im Ostpazifik liegt, von der Küste des nördlichen Mexikos (auch im Golf von Kalifornien) bis zu den Galápagos-Inseln. Inzwischen werden die Fische regelmäßig eingeführt. Bei diesem Engelfisch gibt es auch wieder eine besondere Jugendform mit mehreren Querbinden auf orangegelber Grundfärbung. Halberwachsene Exemplare zeigen zwar noch diese Grundfärbung, tragen dazu aber bereits die breite reinweiße Nackenbinde (Foto), bevor sie schließlich ihr blaugrundiges Erwachsenenkleid bekommen (Foto). Im Aquarium gehaltene Tiere sind zuweilen etwas ruppig, sind dafür aber in der Pflege in geräumigen Becken recht ausdauernd. Die Fische werden im Riff etwa 30 Zentimeter lang, wachsen im Aquarium aber selten über 20 Zentimeter hinaus. In den meisten Verbreitungsgebieten der Fische ist die Wassertemperatur entweder vom kalten Humboldtstrom (um die Galápagos-Inseln) oder vom kühlen Kaliforniastrom (vor der Küste Kaliforniens und Niederkaliforniens [Baja California/Mexico]) beeinflußt. Dauertemperaturen von 25 oder gar 27 °C, wie sie in manchen Aquarien vorkommen, tun den Fischen nicht gut! Sie können auch ein Grund dafür sein, daß die so gestreßten Fische die erwähnte Ruppigkeit zeigen.

Holacanthus (Holacanthus) tricolor (BLOCH, 1795) Dreifarben-Kaiserfisch (s. Foto Seite 161)

Der Gast aus den Gewässern um die Karibischen Inseln und aus dem tropischen Westatlantik wird leider nicht oft eingeführt. Die bis zu 30 Zentimeter großen Kaiserfische sieht man meist in der Jugendfärbung: Mit völlig dottergelbem Körper und Flossen und einem rauchig schwarzen, fast dreieckigen großen Fleck in der hinteren oberen Körperpartie. Nur über und unter den Augen liegt eine himmelblaue Halbbinde. Mit zunehmendem Alter weitet sich das Grauschwarz des Flecks aus, bis fast die hinteren Zweidrittel des Fisches diese Farbe tragen und nur die Flossenrandzonen und die Schwanzflosse in diesem Bereich gelbe Farbe zeigen. Kopf, Nacken und Bauch bleiben gelb, doch die Lippen werden rußig dunkel. Frisch eingeführte Tiere gehen meist bereits im Händlerbecken an die für sie ungewohnte neue Nahrung. Sie bleiben aber während der gesamten Zeit der Haltung Pfleglinge, die man stets aufmerksam beobachten muß. Bei Störungen, die durch Änderung der Wasserverhältnisse oder zu einseitige Fütterung ausgelöst werden können, zeigen sie bald negative Reaktion. Da die Tiere farblich nicht sonderlich attraktiv sind und im Aquarium Probleme aufgeben können, sollte man von ihrer Pflege Abstand nehmen.

Holacanthus venustus, Gelbhalsband-Kaiserfisch

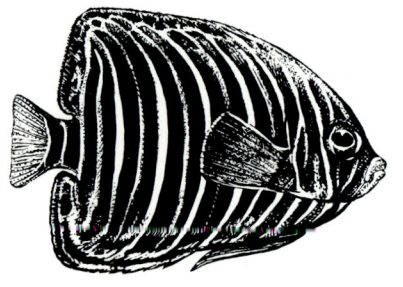  

Unterschiede in der Musterung bei Jungfischen der Arten *Pomacanthus annularis*, *P. imperator* und *P. semicirculatus* (von links)   alle Kahl

Holacanthus (Holacanthus) venustus
YASUDA & TOMINAGA, 1969
Gelbhalsband-Kaiserfisch

Eine erst 1969 beschriebene Art aus dem Ostchinesischen Meer im Bereich der Ryukyu-Inseln im tiefen tropischen Süden Japans. Inzwischen hat man die Tiere auch nahe von Taiwan entdeckt. Sie werden kaum länger als 10–12 Zentimeter und gehören damit zu den kleinsten ihrer Gattung. Importe sind erfolgt, aber noch recht selten. Die Färbung geht aus dem Foto Seite 135 hervor. Die Haltbarkeit entspricht etwa der, wie sie für die vorgenannte Art angegeben wurde.

Pomacanthus (Pomacanthodes) annularis
(BLOCH, 1787)
Ringkaiserfisch

Die schwerpunktmäßig im Indischen, aber auch im Westen des Pazifischen Ozeans vorkommenden Ringkaiserfische werden hauptsächlich von der Insel Sri Lanka (Ceylon) eingeführt. Sie können 35, in Sonderfällen auch 40 Zentimeter lang werden, doch finden meist Jungfische den Weg ins Aquarium. Das ist gut so, denn erstens lassen sich diese Exemplare besser eingewöhnen und zweitens sollte sich der Aquarianer die Freuden und naturwissenschaftlichen Lehrstunden nicht entgehen lassen, die ihm ein Fisch wie dieser mit seinem Farbwechsel beschert. Jungtiere sind auf schwarzblauem Grund hellblau und weiß gemustert (Zeichnung) und haben dabei eine transparente (!) Schwanzflosse. Sie unterscheiden sich in der Flossenfärbung beispielsweise von den ähnlich gemusterten Jungfischen von *P. chrysurus* und *P. asfur*, deren Schwanzflosse gelbgrundig ist. Diese Jungfische leben sich schnell im Aquarium ein, wachsen heran, und ab etwa 6–8 Zentimeter Körperlänge beginnt die Umfärbung, die eine Reihe von Monaten andauern kann. Trägt der Fisch schließlich sein Erwachsenenkleid, so ist auch die geschlechtliche Reife abgeschlossen und die Toleranz des Jungfisches hat ein Ende. Kaiserfische dieser Größe haben kaum einen Gegner im Aquarium zu fürchten und wissen sich durchzusetzen. In der Haltung sind sie nicht sonderlich heikel – ein geräumiges Becken, beste Wasserqualität und abwechslungsreiche Nahrung vorausgesetzt. Es sei bei dieser Gelegenheit daran erinnert, daß Kaiserfische aller Arten und Größen als zusätzliche Nahrung vegetarische Kost benötigen. Ist sie im Aquarium nicht in ausreichendem Maße vorhanden, so muß sie zusätzlich in Form von Salat- oder überbrühten Spinatblättern angeboten werden.

Die hauptsächlich im Handel offerierten Jungfischarten von *P. annularis*, *P. imperator* und *P. semicirculatus* können von ungeübten Aquarianern leicht verwechselt werden. Deshalb die folgenden Unterscheidungsmerkmale:

P. annularis	P. imperator	P. semicirculatus
Grundfarbe Schwarzblau	Grundfarbe Schwarzblau	Grundfarbe Schwarzblau
Blau-weiße Streifung fast vertikal	Blau-weiße Streifung stark nach hinten zurückgebogen, meist mit Ring vor dem Schwanzflossenstiel.	Blau-weiße Streifung nach hinten zurückgebogen.
Schwanzflosse: Schwarzblauer Stiel mit feinem hellblauem Band, sonst weißlich bis farblos	Schwanzflosse: Bis auf transparenten Saum am Ende mit blauen oder weißen rechteckigen Mustern überdeckt	Schwanzflosse: Färbung schwarzblau mit blauen oder weißen vertikalen Linien überzogen

Pomacanthus (Pomacanthus) arcuatus
(LINNAEUS, 1758)
Grauer Kariben-Kaiserfisch

Mit einer Länge von ausgewachsen 60 Zentimetern kann man die Vertreter dieser Art als die größten Kaiserfische bezeichnen. Zusammen mit *P. paru* gehören sie zu den beiden großen dunklen Kaiserfischarten des tropischen Westatlantiks und des angeschlossenen Karibischen Meeres; im ersten sind sie von den Küsten Brasi-

Pomacanthus annularis während der Umfärbung. Deutlich erkennt man noch die hellen Vertikalstreifen der Jugendfärbung Mayland

liens bis nach Florida und den Bahamas verbreitet. Von ihren genannten Verwandten sind sie im Jugendstadium kaum zu unterscheiden (siehe Tabelle). Wegen ihrer Größe und wohl auch ihres relativ eintönigen Aussehens werden die Fische nur selten für die aquaristische Haltung angeboten. Schwierigkeiten in der Pflege machen die Tiere dagegen nicht; sie gehen bald an Ersatznah-

Ausgefärbtes Tier des Ringkaiserfisches *Pomacanthus annularis* Kahl

237

rung, wachsen langsam aber stetig weiter und werden in zu kleinen Becken mit der Zeit gestreßt und deswegen ruppig. Die Tiere, die in ihrem natürlichen Biotop einen großen Teil ihrer Nahrung den dort reichlich vorkommenden Schwammpopulationen entnehmen, erweisen sich im Aquarium und im strengen Gegensatz zu einigen auf diese Nahrung spezialisierten Verwandten (wie zum Beispiel *Pygoplites diacanthus*) nicht als Futterverweigerer. Sie nehmen gern Mysis, Garnelen- und Muschelfleisch oder ausgewachsene Artemien. Größere Tiere vertilgen sogar kleinere Regenwürmer, wie die Fische überhaupt mit zunehmender Größe einen gesunden Appetit entwickeln. Wie alle Kaiserfische sind auch sie auf zusätzliche vegetarische Nahrung angewiesen. Das soll man beim Füttern nicht unbeachtet lassen! Ebenso kann es nicht schaden, dem Futter in regelmäßigen Zeitabschnitten Vitamine beizumengen.

Optische Unterscheidung der Jungtiere bei den Arten Pomacanthus arcuatus und Pomacanthus paru.

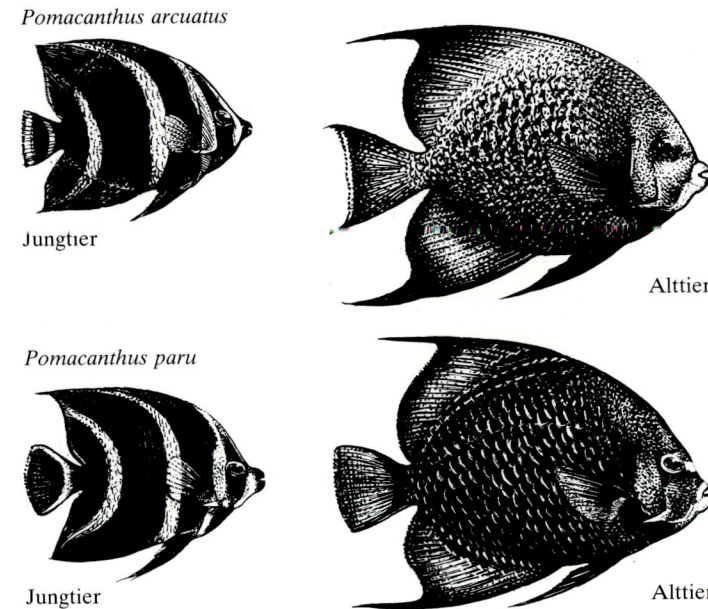

Pomacanthus arcuatus

Jungtier

Alttier

Pomacanthus paru

Jungtier

Alttier

Pomacanthus arcuatus	Pomacanthus paru
Die mittlere gelbe Querbinde läuft nur bis in die Mitte der Rückenflosse.	Die mittlere gelbe Querbinde endet erst am hinteren Ende der Rückenflosse.
Hinterrand der Schwanzflosse transparent, davor schwarze und gelbe Querbinde.	Schwanzflosse gelb mit schwarzem Fleck, dort wo die Schwanzflosse Trapezform zeigt.

Pomacanthus (Arusetta) asfur (FORSKÅL, 1775)
Blauer Halbmond-Kaiserfisch

Dieser aus dem Roten Meer stammende Kaiserfisch ist ein guter Bekannter der meisten Aquarianer. In seinem natürlichen Lebensraum im Riff kann er – samt der langen Filamente an Rücken- und Afterflossen – eine Länge bis etwa 40 Zentimeter erreichen. Im Aquarium dagegen reicht seine Länge selten über 22–24 Zentimeter hinaus. Man darf ihn nicht mit seinem ähnlichen ›Kollegen‹ *P. maculosus* verwechseln, der ebenfalls eine halbmondförmige gelbe Binde trägt und – zumindest in einer bestimmten Entwicklungsphase – Tieren dieser Art recht ähnlich sehen kann. Im allgemeinen ist der Blaue Halbmond-Kaiserfisch nicht schwer einzugewöhnen. Die Tiere bevorzugen nach meiner Feststellung als Ersatznahrung am ehesten Muschelfleisch; das heißt nicht, daß sie andere Kost verschmähen. Das mag auch individuell verschieden sein. Es empfiehlt sich auch hier wieder, keine zu großen Tiere zu erwerben, weil die sich mit zunehmendem Alter immer schwerer eingewöhnen lassen. Geräumige Becken schützen davor, daß sich beengt fühlende Tiere durch Aggression anderen gegenüber ›Luft‹ machen.

Pomacanthus (Pomacanthodes) chrysurus (CUVIER & VALENCIENNES, 1831)
Ostafrikanischer Gelbschwanz-Kaiserfisch

Der Lebensraum dieser Fische liegt im westlichen Indischen Ozean, im weiteren Sinne vor der ostafrikanischen Küste. Ich habe die Tiere deshalb mit dem Zusatz ›Ostafrikanisch‹ belegt, weil inzwischen vielen Aquarianern auch eine in den Gewässern vor der Küste von Westafrika (= tropischer Ostatlantik) lebende Kaiserfischart bekanntgeworden sein dürfte: *Holacanthus*

Im Roten Meer ist *Pomacanthus asfur* endemisch   Mayland

Pomacanthus chrysurus in der typischen Altersfärbung

Pomacanthus imperator in der juvenilen Färbung (oben). Im Hintergrund *Acanthurus sohal*. Unten ein völlig ausgefärbtes Tier

(*Angelichthys*) *africanus* CADENAT, 1950. Dieser ›West-afrikanische Gelbschwanz-Kaiserfisch‹ durchlebt zwar auch eine Umfärbephase, doch sind die erwachsenen Tiere graubraun und somit wenig attraktiv gefärbt. Sie können 40–50 Zentimeter lang werden. Zurück nach Ostafrika: Diese Fische machen einen zeitlich ziemlich ausgedehnten Farbwechsel durch. Ihr Jugendkleid erinnert an das von *P. annularis*, nur trägt unser Afrikaner auch bereits in der Jugend eine gelbgrundige Schwanzflosse. Es handelt sich um nicht schwer einzugewöhnende Pfleglinge, die später auch recht ausdauernd sein können. Sie erreichen im Aquarium eine Länge bis zu 30 Zentimetern und legen normalerweise im Riff noch zu. Mit *Pomacanthus (Pomacanthodes) striatus* (RUEPPELL, 1836), dem Trapez-Kaiserfisch, wurde übrigens ein weiterer Vertreter dieser Gattung vor Ostafrikas Küste beschrieben, der dort vom südlichen Teil des Roten Meeres bis nach Südafrika wie auch um weiter draußen im Meer gelegene Inseln vorkommt. Jungfische erinnern an die von *P. annularis* und haben auch deren transparente Schwanzflosse. Die meines Wissens noch nicht eingeführten (?) Tiere sollen bis knapp 50 Zentimeter lang werden. Synonym: *P. rhomboides* (GILCHRIST & THOMPSON, 1908).

Pomacanthus (Pomacanthodes) imperator (BLOCH, 1787)
›Der‹ Kaiserfisch, Imperatorfisch

Die Heimatbiotope dieses schönen und darüber hinaus gut haltbaren Kaiserfisches sind weit gestreut. Sie reichen vom Roten Meer bis zum tiefen tropischen Süden vor der afrikanischen Küste, ziehen sich über den gesamten Indischen Ozean bis hinein in den zentralen tropischen Nord- (Hawaii) und Südpazifik. Wer diese Fische als Jungtiere erwirbt, wird feststellen, daß bei dieser Art der größte farbliche Wandel stattfindet. Der Wechsel macht sich bei den kreisrund gemusterten Jungfischen (siehe auch Gegenüberstellung von Jungfischen verschiedener Arten bei *P. annularis*) zuerst im Bereich der Rückenflosse bereits bei 6–8 Zentimeter langen Tieren bemerkbar (Foto); sie wird heller, und die bisher blaue und weiße Färbung macht nach und nach einem phantastisch angelegten Muster Platz, wie es unser zweites Foto erkennen läßt. Obgleich man schon Tiere von beinahe 40 Zentimetern Länge im Riff angetroffen hat, brauchen die Fische im Aquarium einige Zeit, bis sie auch in geräumigen Becken ihr Endstadium von 20–22 Zentimetern erreicht haben. Sie sind ausdauernd. Peter CHLUPATY, der bekannte Korallenfischpfleger berichtete von einem Imperator, der in seinen Becken ein Alter von mehr als 16 Jahren erreichte!

Pomacanthus (Pomacanthodes) maculosus
(FORSKÅL, 1775)
Sichelkaiserfisch

Vertreter dieser Art sind nicht allein im Roten Meer beheimatet, sondern darüber hinaus in anschließenden Golfregionen des westlichen Indischen Ozeans. Sie können im Riff eine Länge bis zu 40 Zentimetern erreichen, bleiben jedoch üblicherweise, auch in geräumigen Aquarien, kleiner. Nicht alle eingeführten Exemplare lassen sich problemlos eingewöhnen. Bei Tieren, die einen leidigen Eindruck machen, beobachte man die Atemfrequenz. Möglicherweise sind sie von Kiemenwürmern behaftet, die man bei diesen Fischen häufiger antrifft. Die Tiere brauchen ein ziemlich geräumiges Becken, wo sie relativ schnell heranwachsen, sich zu guten Fressern entwickeln und ihre immer schöner wirkende Musterung (Foto) zeigen.

Pomacanthus maculosus lebt im Roten Meer und im Golf von Arabien Kahl

Pomacanthus (Euxiphipops) navarchus
(CUVIER & VALENCIENNES, 1831)
Blaustirn- oder Traumkaiserfisch

Wieder eine Schönheit, die ihren Namen ›Traumkaiserfisch‹ durchaus verdient. Bei den Tieren dieser Art findet die farbliche Umwandlung bereits sehr früh statt, so daß die eingeführten Jungfische oft bereits mit 6 Zentimetern Länge ihre adulten Farben zeigen. Ausgewachsen erreichen sie im Riff eine Länge von knapp 35−40 Zentimetern, bleiben aber im Aquarium meist mit 20−25 Zentimetern im Wachstum stehen. Ich habe früher mit einem Importeur zusammengearbeitet und dabei versucht, fast ausgewachsene Tiere von etwa 30 Zentimetern Länge an Ersatznahrung zu gewöhnen. Meist war die Mühe vergebens. Man soll daher die viel preisgünstigeren und aus Eingewöhnungsgründen haltbareren Jungtiere erwerben. Sie gewöhnen sich bald ein und sind dann lange haltbar, vorausgesetzt, Wasser und Ernährung sind stets optimal. Die Heimat der Tiere liegt in den Gewässern um den indoaustralischen Archipel und die Philippinen. Von den letzten werden sie meist eingeführt.

Pomacanthus (Pomacanthus) paru (BLOCH, 1787)
Franzosen-Kaiserfisch

Im Gegensatz zu der ihrer nahen Verwandten *P. arcuatus* wird die Färbung dieser tiefschwarzen Tiere mit der goldgelben Musterung allgemein als schöner empfunden, weshalb sie bei den Aquarianern auch mehr Anklang finden. *Pomacanthus paru* nennt man aus dem ersten Grunde auch den samtschwarzen Kaiserfisch. Die

Verbreitung im tropischen Westatlantik und dem dazugerechneten Karibischen Meer reicht von der Küste Brasiliens im Süden bis zu den Bahamas im Norden. Nach Angaben von ALLEN (1979) sollen die Tiere auch an der Küste Westafrikas (!) vorkommen. Sie werden etwa 50 Zentimeter lang, im Aquarium wachsen sie dagegen nur bis zu einer Länge von rund 35 Zentimetern. Die Haltung entspricht der, wie sie für *P. arcuatus* angegeben wurde. Dort ist auch die Tabelle mit den Unterscheidungsmerkmalen der Jungtiere einzusehen. Jungfische sieht man zuweilen auch als Putzer werken und ihre Dienste anbieten.

Pomacanthus (Pomacanthodes) semicirculatus
(CUVIER & VALENCIENNES, 1831)
Koran-Kaiserfisch

Gegenüber den beiden bekanntesten Arten der Untergattung (*P. annularis*, *P. imperator*) haben wir es beim

Jungtier des Blaustirn- oder Traumkaiserfisches *Pomacanthus navarchus*
Mayland

Koran-Kaiserfisch im Erwachsenenkleid nicht mit einem farblich so attraktiven Pflegling zu tun. Die Zeichnung in der Schwanzflosse, die bei heranwachsenden Jungfischen unterschiedliche Musterungen zeigt, läßt bei halberwachsenen Tieren Zeichen erkennen, die an arabische Schrift erinnern. Daher der deutsche Name. Trotz der geringen Farbigkeit erwachsener Tiere: Die Muster wirken hier nicht plakativ, sondern dienen eher zur Tar-

Pomacanthus (Euxiphipops) navarchus, der Blaustirn- oder Traumkaiserfisch

Mayland

nung, wie unser großes Unterwasser-Foto auf Seite 243 erkennen läßt. Haltung und Pflege, wie bei *P. annularis* beschrieben. Dort befinden sich auch Hinweise in Wort und Bild zur Unterscheidung der drei bekanntesten Jungfischarten.

241

Jungtier von *Pomacanthus paru*; Alttier rechts   Mayland

Der Franzosen-Kaiserfisch *Pomacanthus paru* im Alterskleid   Kahl

Pomacanthus (Euxiphipops) sexstriatus
(CUVIER & VALENCIENNES, 1831)
Sechsstreifen-Kaiserfisch

Eine Art, deren Jungfische in der Jugendzeichnung stark an die von *P. annularis* erinnern, die allerdings im Alterskleid nicht zu den farblichen Attraktionen in einem Aquarium gerechnet werden können. Bei diesen Jungfischen ist die Schwanzflosse schwarzblaugrundig, am Ende blau gemustert und mit zwei weißen feinen

Pomacanthus sexstriatus, der Sechsstreifen-Kaiserfisch   Friese

Querbinden überzogen. Die Fische färben sich meist schon sehr früh wenigstens soweit um, daß man das Farbkleid der Erwachsenen bereits ›herauslesen‹ kann. Wie üblich beginnt die farbliche Wandlung in der Rükkenflosse; von dort ausgehend färben sich die Tiere über die Körpermitte heller. Die Verbreitung der Vertreter dieser Art reicht von den Malediven über den östlichen Indischen Ozean bis zum zentralen Pazifik. Die Tiere erreichen eine Länge bis zu 50 Zentimeter, werden im Aquarium aber meist kaum größer als 20–30 Zentimeter. Haltung, wie bei *P. navarchus* angegeben.

Pomacanthus (Euxiphipops) xanthometopon
(BLEEKER, 1853)
Gelbmasken-Kaiserfisch

Neben *P. (E.) navarchus* ein weiterer sehr schöner Vertreter dieser Untergattung. Auch die im Jugendkleid an die Gleichaltrigen dieser Art erinnernden Fische färben sich bereits so früh um, daß man bereits bei den Importtieren um 6 Zentimeter Länge das kommende Farbkleid erkennen und somit die Artzugehörigkeit feststellen kann. So lassen sich auch bereits sehr früh die gelbe Maske und der schwarze Augenfleck über dem Schwanzstiel erkennen. In ihrer Schwimmhaltung erinnern diese Fische in jedem Altersstadium an Vertreter der Zwergkaiserfische, die sich stets eng an jede vorhandene Deckung gebunden fühlen und kein Hinausschwimmen in freieres Wasser bevorzugen, selbst wenn

242

Der Koran-Kaiserfisch *Pomacanthus semicirculatus* völlig ausgefärbt im natürlichen Biotop

Drosch (UW)

sie im Aquarium wegen ihrer Größe und Stärke keinen Gegner zu fürchten brauchen. Im Riff können die Tiere eine Länge bis zu 40 Zentimetern erreichen, bleiben aber im Aquarium meist um ein Drittel kleiner. Ihre Verbreitung reicht etwa von den Malediven über den östlichen Indischen Ozean bis in den Westpazifik. Importe meist von den Philippinen. Haltung wie bei *P. navarchus* angegeben (Foto S. 244).

Pomacanthus (Pomacanthodes) zonipectus
(GILL, 1862)
Cortez' Kaiserfisch

Der im Deutschen nach dem spanischen Eroberer und Zerstörer des Aztekenreiches benannte Fisch lebt in den Riffgebieten, die der Westküste Mittelamerikas im Ostpazifik vorgelagert sind und kommt hier ungefähr vom Golf von Kalifornien (den man auch ›Sea of Cortez‹ nennt!) bis nach Ostpanamá an der Grenze nach Kolum-

243

bien vor. Bei der Pflege dieser Tiere sollte man das beachten, was auch bereits für *Holacanthus passer* gesagt wurde: Die Wassertemperatur in diesen Lebensräumen hat nicht die durchgehend gleichmäßige Wärme tropischer Meere, weil sie vom kühlen Kaliforniastrom und im Süden von den Ausläufern des äquatorialen Gegenstromes beeinflußt wird. Zeigen die Fische Unbehagen, erscheinen sie gestreßt oder reagieren plötzlich ruppig, so kann man unter Umständen die üblicherweise höher eingestellte Temperatur dafür verantwortlich machen! Das gilt ebenso für die gelegentlich genannte Krankheitsempfindlichkeit.

Die Jungfische fallen mit ihrer zusätzlichen Gelbzeichnung vollends aus dem für Fische dieser Gattung üblichen Rahmen (Foto). Mit beginnendem Umfärbungsprozeß wird der gesamte Vorderkörper heller, und von hier aus beginnen auch die gelben Töne adulter Tiere mehr und mehr die Überhand zu gewinnen, bis am Ende auch die Schwanzflosse hellgelb erscheint (Foto). Cortez' Kaiserfisch kann bis knapp 50 Zentimeter lang werden. Interessant auch die unterschiedliche Ausbildung der hinteren Rücken- und Afterflossen. Die erste wird von einer ›Fahne‹ geziert. Eingewöhnte Jungfische können in geräumigen Becken hart sein und alt werden.

Nur wenig bekannt ist der Cortez-Kaiserfisch *Pomacanthus zonipectus*, dessen Lebensraum im Ostpazifik, vor der amerikanischen Westküste, liegt. Sein Jugendkleid (oben) erinnert an eine Mischung aus *P. paru* und *P. semicirculatus*. Alttiere (unten) können sich zu prächtigen Exemplaren entwickeln
Keasey (oben), Powell (UW)

Pomacanthus xanthometopon, der Gelbmasken-Kaiserfisch
Mayland

Pygoplites diacanthus (BODDAERT, 1772)
Pfauenkaiserfisch

Hier lernen wir den wohl problematischsten Kaiserfisch kennen, gegen dessen Einfuhrsperre kein Tierfreund einen Einwand haben dürfte! Es stimmt jedoch nicht, daß sich der Fisch nicht über einen längeren Zeitraum im Aquarium halten ließe! Er stellt nur ganz andere Ansprüche als die meisten seiner Verwandten, ist er doch in seinem natürlichen Lebensraum als Nahrungsspezialist anzusehen, für den Schwämme den Hauptbestandteil seiner Ernährung darstellen. Zudem sind Pfauenkaiserfische scheue Einzelgänger, die sich nur zur Paarung zusammenfinden. Nun gibt es Tierpfleger, die sich von Schwierigkeiten nicht den Mut nehmen, sondern motivieren lassen. Einen solchen kannte ich einmal; er pflegte in einem sehr gut eingerichteten 500-Liter-Aquarium mit besten Wasser- und Lichtverhältnissen über mehrere (!) Jahre ein solches Tier, dem er im Becken alle Freiheiten ließ, indem er ihm nur harmlose kleinere Fische zugesellte, ihm einmal je Woche Schwämme als Nahrung anbot, die normalerweise in einem anderen Becken untergebracht waren und auch später (soweit möglich) wieder dorthin zurücküberführt wurden. Während der übrigen Wochentage nahm der Fisch meist tiefgekühltes Miesmuschelfleisch, daß er direkt aus der Schale fraß. Es versteht sich, daß immer wieder Schwämme nachgekauft werden mußten, weil ja auch sie nicht zu den haltbarsten Wirbellosen gehören und sich vor allem nicht mit der Geschwindigkeit vermehren, wie sie gefressen werden.

Eines steht fest: Wer den Fisch erfolgreich pflegen will, sollte zuerst versuchen, von anderen (erfolgreichen!), vielleicht professionellen Pflegern realisierbare Vor-

Pygoplites diacanthus, der Pfauenkaiserfisch

Friese

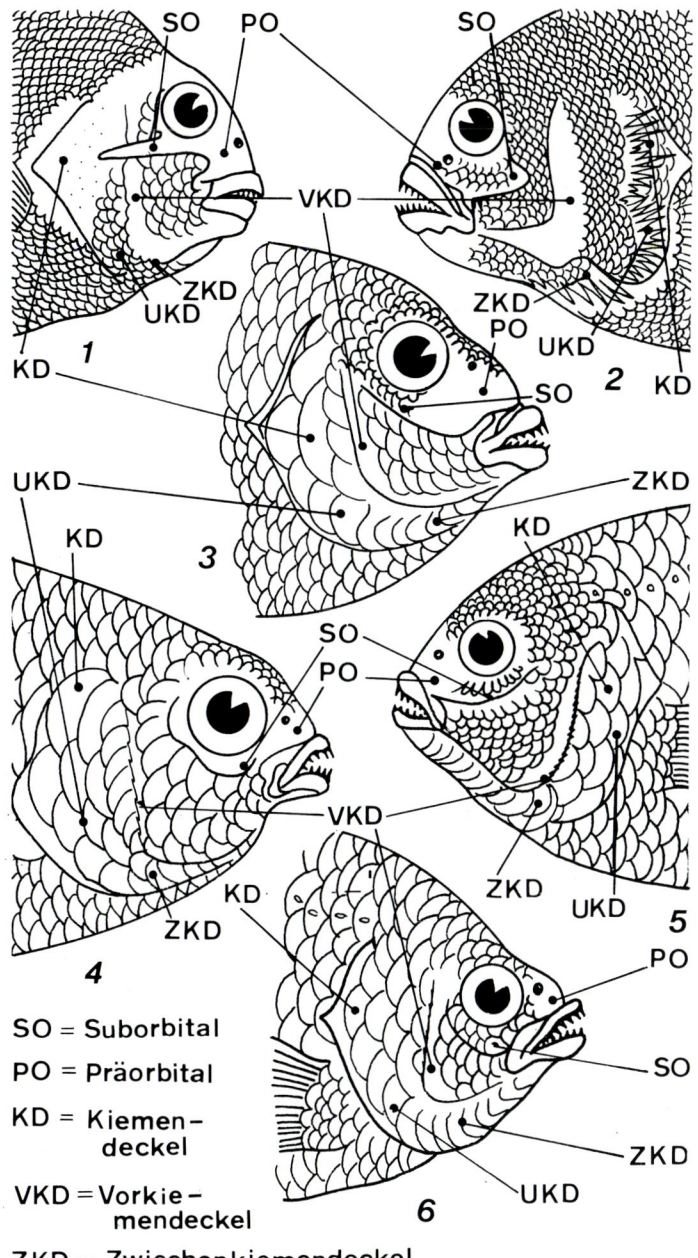

SO = Suborbital
PO = Präorbital
KD = Kiemendeckel
VKD = Vorkiemendeckel
ZKD = Zwischenkiemendeckel
UKD = Unterkiemendeckel

schläge umzusetzen. Es gibt genügend andere Kaiserfische, die sich wesentlich leichter pflegen lassen – wie man in diesem Buch unschwer feststellen kann. Wer *Pygoplites diacanthus* aber unbedingt pflegen möchte, dem sei gesagt: In einem der üblichen Gesellschaftsbekken hat der Pfauenkaiserfisch nichts zu suchen. Die vom Roten Meer bis zum Westpazifik verbreiteten Tiere werden etwa bis zu 25 Zentimeter lang und lassen bereits mit einer Größe von wenigen Zentimetern ihre Artzugehörigkeit erkennen.

Familie Riffbarsche und Anemonenfische (Pomacentridae)

Die Familie Pomacentridae ist derzeit in 4 Unterfamilien unterteilt:
> Chrominae
> Lepidozyginae
> Pomacentrinae und
> Amphiprioninae.

In der letzten sind die Anemonenfische zusammengefaßt, zu denen im Augenblick 2 Gattungen und 26 Arten gehören. Sie sind aquaristisch sehr interessant.
Die Unterfamilie Chrominae oder Schwalbenschwänzchen (denen auch die Mönchs- und Preußenfische angehören) schließt die Gattungen *Acanthochromis*, *Azurina*, *Chromis* und *Dascyllus* ein und dürfte auf derzeit mehr als 70 Arten kommen.
Lapidozyginae ist noch monotypisch, das heißt, es gibt nur die Gattung *Lepidozygus* mit dem einzigen Vertreter *L. tapeinosoma* (BLEEKER), dem Fahnenriffbarsch.

In der Unterfamilie Pomacentrinae ist mit derzeit 20 Gattungen (darunter so bekannten wie *Abudefduf*, *Microspathodon*, *Pomacentrus*) und über 150 Arten der größte Teil der angeschlossenen Spezies untergebracht, von denen jedoch nur relativ wenige Vertreter eingeführt werden. Mit der Revision der Gattung *Abudefduf* von ALLEN (1975) wurden die angeschlossenen Arten neu aufgeteilt und umgegliedert. Zum Teil wurden die dabei verwendeten Gattungsnamen (wie *Glyphidodon*-

245

tops) aber bereits wieder durch andere (wie *Chrysiptera*) abgelöst (NELSON, 1984).

Natürlich sind nach wissenschaftlichen Gesichtspunkten für die Gruppierungen weder allein die äußere Form noch die Färbung maßgebend. Vielmehr liegen die wesentlichen Merkmale im Bereich des Kopfes, was beim Betrachten der nebenstehenden Zeichnungen deutlich wird. Normalerweise sind Aquarianer weniger an den jeweiligen Einordnungen interessiert, so daß wir die Fische hier schlicht in Riffbarsche und Anemonenfische einteilen wollen. Riffbarsche leben nie als Einzeltiere und auch nicht paarweise. Sie findet man stets in größeren Ansammlungen. Ob man sie nun Demoisellen, Preußenfische oder Schwalbenschwänzchen nennt: Sie alle können sich in Aquarien zu reinen Tyrannen entwickeln, die vor allem Neuankömmlinge blitzartig von ihrem Versteck aus attackieren und sie so daran hindern, sich im Aquarium zu orientieren und sich einen Standplatz zu suchen. Auf diese Weise sind schon viele schöne Neuanschaffungen ungeübter Pfleger, darunter zum Beispiel auch kostspielige junge Kaiserfische, in wenigen Stunden im Fischhimmel gelandet. Man soll daher v o r der Anschaffung der Riffbarsche (zu denen ich in unserem Fall nicht die Anemonenfische zählen möchte!) gut überlegen, ob es keine ›mildere‹ Alternative gibt. Sind sie erst einmal im Becken, und ihre Unarten fallen dem Aquarianer erst dann auf, so sind sie nur mit großem persönlichen Einsatz (ausräumen, ausräumen!) wieder aus dem Aquarium zu entfernen.

Anders ist es, wenn man den kleinen Riffbarschen ein Becken für deren ganz speziellen Bedarf einrichtet. In solchen Fällen kann es dann sogar zu Nachzuchten kommen, bei denen sich dann herausstellt, wie gut das ›Händchen‹ des Pflegers ist, und ob er in der Lage ist, die Nachkommen hochzubringen. Viele der kleinen Pfleglinge haben bereits in Aquarien gezüchtet. Dabei reinigt das Weibchen ein Stückchen der Einbauten (hierbei können es sogar längerastige tote Korallenstöcke sein). Jetzt werden die bis dahin schon nicht zimperlichen Fische erst recht aggressiv, gilt es doch, sich auf das Bewachen des Geleges gewissermaßen einzustimmen. In den meisten Aquarien bleibt es allerdings bei der Eiablage. Falls die Larven die Schlupfreife erreichen, fehlt den sich daraus entwickelnden Jungfischchen oft genug die Nahrung für die ersten Lebenstage und -wochen. Zudem haben sie meist zu viele Freßfeinde.

Abudefduf saxatilis (LINNAEUS)
Fünfstreifen-Riffbarsch oder ›Hauptfeldwebel‹

Silbrig bis gelblichfarbener Fisch, der mit fünf dunklen Querbändern überzogen ist. Weltweit ein alter Bekann-

Abudefduf saxatilis

ter vieler Aquarianer und Taucher und ein rauher Bursche dazu, der keiner Rauferei aus dem Wege geht. Die Fische können die beachtliche Länge von 14—16 Zentimetern erreichen. Das allein schon spricht für ihre Stärke im Aquarium. Die wenig attraktiven Fische werden in letzter Zeit nicht mehr so stark eingeführt. Ihre Haltung macht keine Probleme, da sie praktisch Allesfresser sind, die keiner besonderen Beköstigung bedürfen.

Amblyglyphidodon aureus
(CUVIER & VALENCIENNES)
Gold-Demoiselle

Etwa 12—14 Zentimeter können die Riffbewohner lang werden, die in den Gewässern um den indoaustralischen Archipel und im Westpazifik verbreitet sind. Sie haben im Jugend- und Halberwachsenenstadium eine goldgelbe Gesamtfärbung. Ihr hochrückiger Körper, die kurze Kopfpartie und die großen Augen geben den Fischen ein kompaktes Aussehen. Tiere, welche die geschlechtliche Reife erreicht haben (oder gehören sie einer geographischen Variante an?), bekommen einen weißen Unterkörper, von dem sich die dottergelben Brust- und Afterflossen stark abheben. Gut haltbare und ausdauernde Pfleglinge, die weniger im Schwarm als in kleineren Gruppen leben. Früher zur Gattung *Abudefduf* gestellt.

Chromis caeruleus (CUVIER & VALENCIENNES)
Blaugrüner Schwalbenschwanz

Die Mitglieder der Gattung *Chromis* tragen eine tiefgegabelte, schwalbenschwanzartige Caudale. Die kleinen bissigen Kerle als ›Jüngferchen‹ zu betiteln halte ich, gelinde gesagt, für unpassend, zumal man sie unter diesem Namen bei keinem Händler kaufen kann. Die Vertreter der Art leben in riesigen Schwärmen im Riff. In ihrer Färbung zeigen sich die Tiere im direkten Vergleich recht uneinheitlich, doch sind die Tönungen, vom irisierenden Resedagrün bis zum leuchtenden Blaugrün wahrscheinlich alters- und nicht geschlechtsbedingt. In einem gut eingerichteten Aquarium, dessen

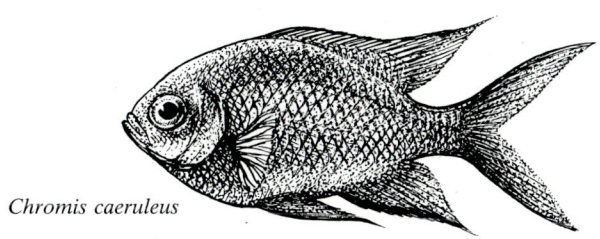
Chromis caeruleus

Einrichtung ähnliche Versteckmöglichkeiten wie in einem Riff bieten sollte, können die Tiere im Schwarm (!) untergebracht werden. Merke: Ein Schwarm besteht nicht nur aus 3 oder 4 Tieren! Im Meer erreichen sie eine Länge von etwa 12 Zentimetern. Keine besonderen Ansprüche an das Futter.

Chromis cyaneus (POEY)
Blauer Karibikschwalbenschwanz

Die mit westindischen oder Florida-Importen eingeführten Fische bleiben in ihrer Verbreitung auf den karibischen Raum und den anschließenden tropischen Atlantik beschränkt. Sie werden bis zu 12 Zentimetern lang und sind von leuchtend hellblauer Farbe. Ihr Rücken sowie die Spitzen der Dorsale werden dunkelblau bis schwarz. Schwarz ist auch der Saum der tiefgegabelten Schwanzflosse, die in ihrem inneren, weichstrahligen Teil weißlich wirkt. Ein attraktives Gegenstück zur grünen Art der anderen tropischen Meere. In der Haltung hart und problemlos.

Chromis dimidiatus (KLUNZINGER)
Braunweißer oder
Zweifarben-Schwalbenschwanz

Dieser Fisch mit den scharf abgegrenzten zwei Farbzonen hat einen schwarzbraunen Vorderkörper. Daran schließt sich, etwa in Höhe der weichen Rücken- und Afterflossen, ein weißer bis gelblichweißer Hinterkörper an. Die im Roten Meer und im Indopazifik beheimateten Schwarmfische werden 8−10 Zentimeter lang, sind aber als Import bei uns nur selten zu finden. Sie sind gut haltbar und, wie viele ihrer Verwandten, auch ausgezeichnete Trocken- bzw. Flockenfutterfresser. In ihrem natürlichen Lebensraum leben sie überwiegend von schwebender planktonischer Nahrung.

Chromis xanthurus (BLEEKER)
Blaugelber Schwalbenschwanz

Der Pflegling aus dem Indischen und Pazifischen Ozean erreicht im Meer die beachtliche Länge von 15 Zentimetern, bleibt aber im Aquarium kleiner. Die blauen Jung-

tiere – von Aquarianern bevorzugt – tragen eine gelbe Schwanzflosse. Das Blau der Färbung wird jedoch mit zunehmendem Alter düsterer; jedoch behält die gelbe Flosse ihre kräftige Farbe bei. Nicht ständig eingeführt. Harte und ausdauernde Pfleglinge, die im Schwarm gehalten werden wollen!

Chrysiptera biocellata (QUOY & GAIMARD)
Augenfleck-Demoiselle

Bei den Vertretern dieser Art wurde der Name nach einem Jungfisch gegeben, ohne zu wissen, wie die adulten Tiere aussehen würden. Diese Jungtiere tragen eine ockergelbe Körperfarbe. Über dem Rücken liegt eine rote Längsbinde und darunter auf jeder Körperseite eine breitere blaue, die im Bereich der weichen Rücken-

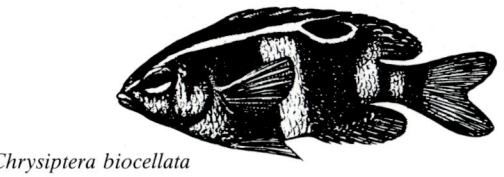
Chrysiptera biocellata

flossenstrahlen noch breiter wird, um einen eckigen bis ovalen schwarzen Augenfleck aufzunehmen. Mit zunehmendem Alter verschwindet das gesamte Farbmuster nach und nach und macht einem schwarzbraunen Ton Platz. Der Körper wird dann von einer oder mehreren weißlichen Querbinden überzogen. Die Tiere sind im gesamten Indopazifik verbreitet und werden im Aquarium etwa 8 Zentimeter lang.

Chrysiptera cyanea (QUOY & GAIMARD)
Blaue Demoiselle oder Saphir-Riffbarsch

Wer die Fische kennt, weiß, wie lächerlich im Grunde der Name ›Demoiselle‹ (= Jungfer) für Tiere ist, deren Leben Kampf bedeutet. Ich erwähnte das bereits an vorausgegangener Stelle. Da ist der (im Grunde kontroverse) Name aus dem englischen Sprachraum, ›Blue Devil‹ (= Blauer Teufel), schon besser gewählt. Es gibt eine Reihe von Demoisellen, bei denen das Blau als Gesamtfärbung überwiegt. In dieser Tönung sind sie zweifellos leuchtende Juwelen im Aquarium. Einzeltiere

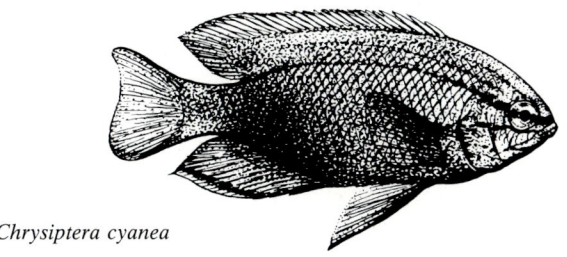
Chrysiptera cyanea

Chrysiptera cyanea, die Blaue Demoiselle   Mayland

halten sich nicht so gut wie ein Schwarm von mindestens einem Dutzend Exemplaren. Die irisierende Blaufärbung wirkt besonders gut, wenn die Tiere sich ständig vor einer abgedunkelten, weil voll bewachsenen Rückwand bzw. dem Aufbau davor aufhalten können. Sie werden 6–8 Zentimeter lang, leben in den Gewässern um den indoaustralischen Archipel und sind im Aquarium ausdauernde Allesfresser.

Chrysiptera hemicyanea (WEBER)
Azurgelbschwanz-Demoiselle

Wir kennen sie alle unter ihrem Synonym *Abudefduf parasema* (FOWLER). Sie wird 6–7 Zentimeter lang, ist von Südjapan (Ryukyu-Inseln) bis in die Gewässer um den indoaustralischen Archipel verbreitet und wird meist von den Philippinen eingeführt. Die Gelbschwanz-Demoiselle hat einen tintenblauen Vorderkörper, bei dem jede Schuppe über der Basis mit einem dunklen Querstrich versehen ist. Der hintere Teil irisiert kräftig.

Chrysiptera hemicyanea, auch als ›Fidschi-Demoiselle‹ im Handel   Mayland

Die hintere Afterflosse und die darüber beginnende rückwärtige Körperzone ist dottergelb, ebenso die hintere Hälfte der Bauchflossen. Sehr schöne und dabei ausdauernde Fische, die aber, einzeln oder in zu kleinen Becken gehalten, recht bissig werden.

Chrysiptera starcki (ALLEN)
Goldrücken-Demoiselle

Eine Bewohnerin aus den Gewässern um den indoaustralischen Archipel und dem Westpazifik, die zwischen 5 und 7 Zentimeter lang wird. Der zentrale Körper und die Afterflosse sind tintenblau. Die dunkelgesäumten Schuppen lassen ein netzartiges Körpermuster erscheinen. Über der weißen Kehle beginnt die kontrastreiche goldgelbe Zone, die sich vom Maul zwischen den Augen über den Nacken schiebt und außer der fein blau gesäumten Rückenflosse auch Partien des Rückens überdeckt. Die Schwanzflosse ist im körpernahen Bereich blaßgelb, außen transparent. Herrliche und ausdauernde Tiere, die leider zu selten eingeführt werden.

Dascyllus albisellus GILL
Zweifleck-Riffbarsch, Hawaii-Domino

Man kann den Vertretern dieser Art eine Ähnlichkeit mit dem folgend vorgestellten Dreipunkt-Riffbarsch nicht absprechen – zumindest im Jugendkleid. Bei den Hawaiianern ist der weiße Stirnfleck kaum wahrzunehmen, dafür ist der weiße tropfenfömige auf der oberen Flankenmitte wesentlich größer, und die hintere Zone der Rückenflosse ist auch noch milchigweiß. Es ist allerdings unverständlich, wieso der Autor den grundschwarzen Fisch *albisellus* (= schön weiß) getauft hat. Was den Aquarianer mehr interessiert: Es handelt sich um gut zu haltende Schwarmfische.

Dacyllus aruanus (LINNAEUS)
Gewöhnlicher oder Dreibinden-Preußenfisch

Die Fische, deren Verbreitung vom Roten Meer bis zum Zentralpazifik reicht, zeigen auf perlmuttweißer Grundfärbung drei breite schwarze Querbinden (Zeichnung). Ihre Schwanzflosse ist, im Gegensatz zu *D. melanurus*

Dascyllus aruanus

248

nicht gezeichnet. Der ›gewöhnliche‹ Preußenfisch erreicht eine Länge von etwa 8 Zentimetern und ist im Aquarium ein harter und ausdauernder Schwarmfisch, der nicht allein oder ›paarweise‹ gehalten werden möchte.

Optische Unterscheidungsmerkmale
bei Preußenfischen:

D. aruanus (Linnaeus)	D. melanurus Bleeker
3 schwarze Querbinden, von denen die erste über die Stirn läuft.	3 schwarze Querbinden, von denen die erste den Vorderkopf bis hinter die Augen einschließt.
Schwanzflosse nur mit angedeutetem grauem Querband, sonst weiß.	Weiße Schwanzflosse mit großem schwarzem Fleck im Flossenende.

Dascyllus marginatus (RUEPPELL)
Rotmeer-Riffbarsch

Diese bisher nur aus dem Roten Meer bekannten Fische können, wie angenommen wird, auch außerhalb in benachbarten Golfen des Indischen Ozeans vorkommen. Sie werden 8–10 Zentimeter lang und sind eigentlich unverwechselbar, zumal eine dunkle Binde (viele *Dascyllus*-Vertreter tragen sie in vertikaler Form) nur in Längsrichtung am oberen Rand der Rückenflosse gezeigt wird – meist intensiver als in unserer Zeichnung. Der Fisch hat einen bräunlichen Kopf, der zum Rücken hin ins Weißgelbliche übergeht, und die Rückenflosse hat unter der erwähnten Längsbinde eine helle Basis. Schwarzbraun bleibt die gesamte Körperunterseite; Bauchflossen wie die untere Spitze der Afterflosse sind fast schwarz. Eine ausdauernde Art, deren Vertreter viele artgleiche Verwandte um sich haben möchten.

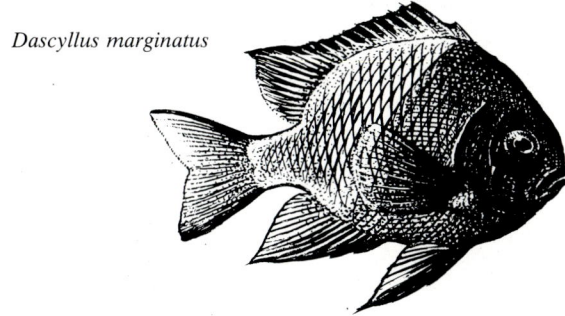

Dascyllus marginatus

Dascyllus melanurus BLEEKER
Schwanzfleck-Preußenfisch

Etwa 10 Zentimeter wird der Bewohner des Indopazifiks (von den Malediven ostwärts) lang. Seine schwarze Bindenzeichnung auf perlweißem Grund kann man aus

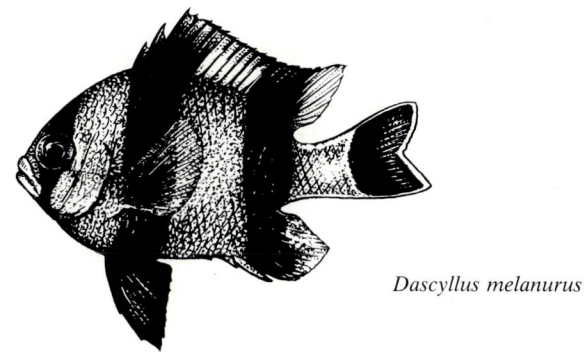

Dascyllus melanurus

der obenstehenden Skizze ersehen. In der Haltung macht der ausdauernde Schwarmfisch und Allesfresser keine Probleme.

Dascyllus reticulatus (RICHARDSON)
Genetzter Riffbarsch

In der Körperform hoch, wie alle Vertreter der *Dascyllus*-Gattung. Die Körpergrundfarbe ist gelblichbeige. Jede einzelne Schuppe trägt einen dunkelbraunen Hinterrand, wodurch eine netzartige Zeichnung entsteht. Erst oberhalb der Basis ist die Rückenflosse schwarz! Eine einzelne schwarze Querbinde zieht sich vom Ansatz der Rückenflosse schmaler werdend zum Bauch. Der hintere Fischkörper färbt sich dunkler, und die Zone vor dem Schwanzstiel wirkt bei Jungfischen wie eine weitere dunkle Querbinde. Die Schwanzflosse wird vom Stiel aus weißlich transparent. Länge bis etwa 8–10 Zentimeter; Verbreitung in Gebieten des Indischen und Pazifischen Ozeans; meist eingeführt über die Philippinen. Harte und ausdauernde Allesfresser.

Dascyllus trimaculatus (RUEPPELL)
Dreipunkt- oder Domino-Riffbarsch

Ein vollkommen schwarzer Fisch mit drei kleinen weißen Flecken, von denen einer genau auf der Stirn liegt und die anderen beiden jeweils in der oberen Flankenmitte. Er kommt bereits im Roten Meer vor und ist auch über den Indischen Ozean bis in den Pazifik verbreitet. Länge bis etwa 14 Zentimeter. Ausdauernd.

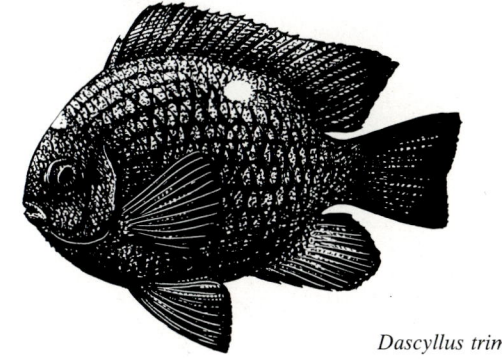

Junger Garibaldifisch, *Hypsypops rubicunda*   Mayland

Hypsypops rubicunda (GIRARD)
Garibaldifisch

Junge Garibaldifische gehören mit ihrer kardinalroten Grundfärbung und den himmelblauen Tüpfeln darauf zu den prächtigsten Aquarienfischen überhaupt. Sie haben allerdings zwei Nachteile: Erstens kommen sie aus den Riffen und Kelpregionen (der Kelp *Macrocystis pyrifera* ist eine Riesenmeerespflanze, die wahre Unterwasserdschungel bildet) vor der kalifornischen Küste im Ostpazifik. Hier ist die Wassertemperatur vom kühlen Kaliforniastrom beeinflußt und liegt im Jahresmittel bei 15–18 °C. Zweitens können Garibaldifische (zumindest in dem erwähnten Lebensraum und in sehr großen Schauaquarien) 25–30 Zentimeter lang werden und verlieren dazu noch ihre schöne Jugendfärbung, die dann in ein blasses Rotorange übergeht. Sie werden gelegentlich eingeführt und sind in entsprechend temperierten Becken, in denen die Wassertemperatur kurzfristig (!) auch einmal bis 25 °C hochgehen kann, gut haltbare Pfleglinge, die meist nur sehr langsam wachsen.

Microspathodon chrysurus, Jungtier des Juwelfisches   Mayland

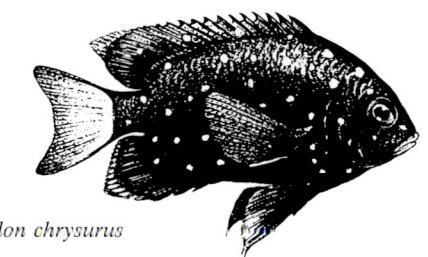

Microspathodon chrysurus

Microspathodon chrysurus
(CUVIER & VALENCIENNES)
Juwelfisch

Die Vertreter dieser Art können in ihrer Jugendform leicht mit *Plectroglyphidodon lacrymatus* verwechselt werden, doch haben sie in diesem Stadium zwar noch die gleiche hellblaue Fleckenzeichnung, aber einen weißen Schwanz. Mit zunehmender Größe färben sich die Tiere dunkel, und die leuchtenden Flecke verschwinden. Die Schwanzflosse wird gelblich. Länge bis etwa 15 Zentimeter. Die Tiere werden im Alter sehr unverträglich. Sie kommen nur im karibischen Raum und in den Gewässern des tropischen Atlantiks vor. Im Aquarium sind sie hart und ausdauernd. Leider werden sie zu oft nur einzeln gepflegt, was eine zusätzliche Ursache für ›schlechtes Benehmen‹ sein könnte.

Paraglyphidodon behnii (BLEEKER)
Zweibinden-Demoiselle

Eine Art, deren Vertreter leider nicht halten, was die jungen Fische versprechen: Die goldgelben Jungfische mit den beiden breiten schwarzen Längsbinden färben sich meist schon nach kurzer Zeit um und legen ihr weit weniger attraktives Erwachsenenkleid an: Einen grauschwarzen Vorderkörper, der zur After- und Rückenflosse hin in ein gedämpftes Orange-Violett übergeht. Der Lebensraum der Fische liegt in den Gewässern um den indoaustralischen Archipel und des Pazifiks. Sie erreichen eine Länge von 10–12 Zentimetern, haben sich schnell im Aquarium eingewöhnt und erweisen sich als langlebig. Früher zur Gattung *Abudefduf* gestellt.

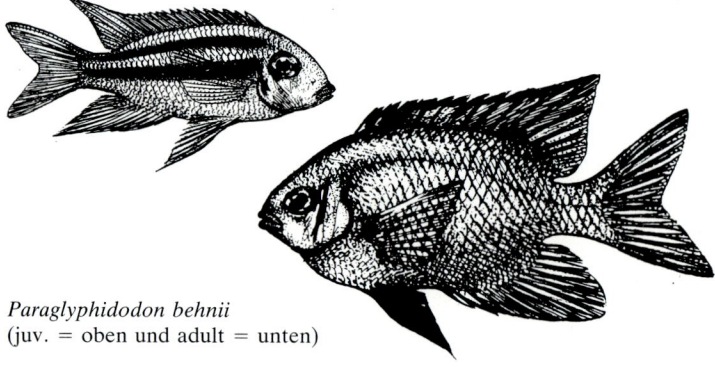

Paraglyphidodon behnii
(juv. = oben und adult = unten)

250

Paraglyphidodon melanopus (BLEEKER)
Gelbrücken-Demoiselle

Die Vertreter dieser sehr beliebten Art sind Gast vieler Aquarien. Man darf sich jedoch bei der einfachen Bestimmung nach optischen Merkmalen nicht täuschen lassen, denn es gibt einige recht ähnliche Arten, und nur die Tiere mit hellblauen und vorn schwarz gebänderten Bauchflossen kann man zu dieser Art rechnen! Die relativ hochrückigen Fische haben eine silbrigblau schimmernde Körperfarbe. Von der Oberlippe aus zieht sich eine breite goldgelbe Binde zwischen den Augen über den Nacken bis etwa in die Mitte der Rückenflosse. Die hintere Dorsale ist so transparent wie die Schwanzflosse, von der nur die äußeren Strahlen gelbe Töne zeigen. Gut haltbare Fische, deren Heimat im Indischen und Pazifischen Ozean liegt. Sie erreichen eine Länge von etwa 10 Zentimetern. Die Art war früher zur Gattung *Abudefduf* gestellt.

Paraglyphidodon oxyodon (BLEEKER)
Neon-Demoiselle

Eine Attraktion in jedem Aquarium. Leider haben nicht alle Aquarianer das rechte ›Händchen‹ bei der Haltung dieser Fische, die sich dann anfällig für verschiedene Krankheiten zeigen. Tiefschwarze jüngere Tiere tragen in der Körpermitte eine weiße Querbinde, die mit zunehmendem Alter kürzer wird. Ein leuchtendblauer Strich liegt über und unter den Augen; der obere rückt näher an die weiße Binde heran als der untere. Auch im Hinterkörper gibt es noch einige Andeutungen blauer Linien. Im Gegensatz zu den meisten ihrer Verwandten leben die Vertreter dieser Art eher einzeln, bilden Reviere und sind dann Artgenossen gegenüber aggressiv. Die Bewohner der Gewässer um den indoaustralischen Archipel werden bis etwa 15 Zentimeter lang und verlieren im Alter fast alle blauen Farben. Früher zur Gattung *Abudefduf* gestellt.

Plectroglyphidodon dickii (LIÉNARD)
Schwarzfleck-Demoiselle

Nur selten werden die Vertreter der Art eingeführt, die über weite Gebiete des Indopazifiks verbreitet ist. Der hochgebaute Fisch hat eine dunkle beigegelbe Färbung. Im hinteren Körperbereich erkennt man (Zeichnung) einen langgezogenen, bindenähnlichen Fleck, dessen Ausdehnung nach oben und unten mit zunehmendem Alter abnimmt. Die dahinterliegende Körper- und Flossenpartie ist reinweiß. Länge etwa 8−10 Zentimeter. Ausdauernd; früher zur Gattung *Abudefduf* gestellt.

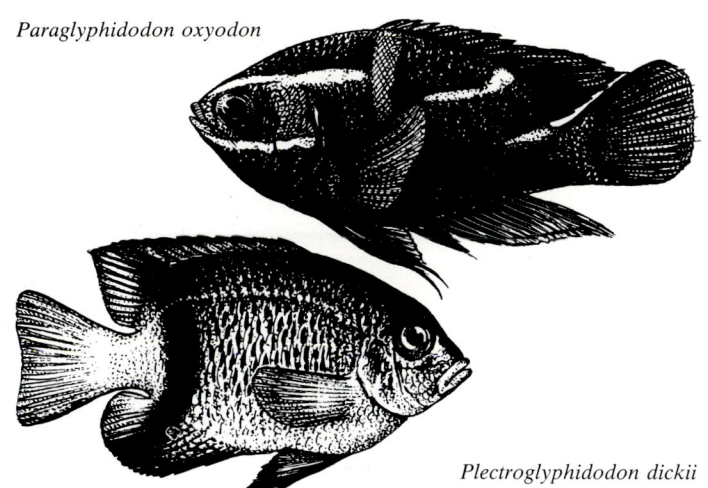

Paraglyphidodon oxyodon

Plectroglyphidodon dickii

Plectroglyphidodon lacrymatus
(QUOY & GAIMARD)
Blaufleck-Demoiselle

Die Fische dieser Art können von Ungeübten mit den farblich ähnlichen Jungtieren von *Microspatodon chrysurus*, dem Juwelfisch, verwechselt werden. Diese aber haben eine reinweiße Schwanzflosse. Bei der Blaufleck-Demoiselle stehen auf grauschwarzem Körpergrund viele kleine leuchtendblaue Tüpfel, die sich mit zunehmendem Alter in die oberen Körperzonen verlagern. Die Schwanzflosse einschließlich des Flossenstiels wie die hinteren Teile der weichen Rücken- und Afterflosse sind ebenso blaßgelb wie die Kehlpartie. Die Bewohner des Indopazifiks werden 8−10 Zentimeter lang.

Pomacentrus amboinensis BLEEKER
Fahlgelbe Demoiselle

Riffbarsche gibt es in vielen Farben. Hier werden wir mit einer blaßgelben (in der Jugend kräftiger gelben) Art konfrontiert. Auch die Flossen tragen diese Farbe. Auf den Kiemendeckeln leuchten einzelne weißlichblaue Punkte. Eine ebenso gefärbte Linie zieht sich vom Maulwinkel bis vor die Augen, eine zweite verläuft darunter. Rücken- und Afterflosse haben einen feinen transparenten Saum, an dessen Basis man feine bläuliche Linien erkennt. Eine ausdauernde Art aus den Gewässern um den indoaustralischen Archipel und des Pazifiks. Etwa 10 Zentimeter werden die Fische lang.

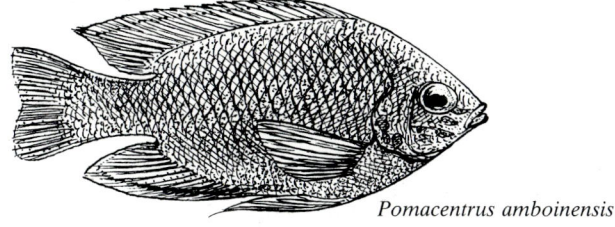

Pomacentrus amboinensis   251

Pomacentrus coelestis Jordan & Starks
Gelbschwanz-Neondemoiselle

Eine Art, deren Vertreter sich bei den Aquarianern großer Beliebtheit erfreuen. Man erkennt ihre Leuchtkraft auf dem vorausgegangenen Foto, dessen Hauptmotiv *Chaetodon tinkeri* ist. Bei den Tieren verbindet sich die oft gewünschte gelbe und blaue Farbkombination, verbunden mit dem irisierenden Leuchten der Rückenpartie. Die Fische stammen aus dem Westpazifik und werden von den Philippinen oder aus Indonesien eingeführt. Bei diesen, im Alter durch und durch blauen Tieren, ist im Jugendstadium (bis etwa 6 Zentimeter Länge) die untere hintere Körperhälfte einschließlich der dazugerechneten Flossen goldgelb gefärbt. Die Planktonfresser im Riff erweisen sich im Aquarium als nicht ganz so hart wie viele ihrer Verwandten. Trotzdem: Sehr empfehlenswerte Pfleglinge!

Pomacentrus melanochir (Bleeker)
Gewöhnliche Gelbschwanz-Demoiselle

Der viel importierte Gast aus dem indopazifischen Raum wird 8–10 Zentimeter lang. Alle Tiere haben eine lilablaue Körperfärbung und die dunkelgerandeten Schuppen zeigen bei Wohlbefinden einen metallischen Glanz. Die Schwanzflosse ist hinter dem Stiel goldgelb. Die Vertreter dieser Art haben sich verträglicher als viele andere erwiesen, doch geht ihr Verteidigungswille so weit, daß sie abwechselnd und temperamentvoll selbst den Arm des Pflegers attackieren, wenn er nahe ihrem Standplatz im Becken hantiert. Relativ genügsame und daher ausdauernde Pfleglinge.

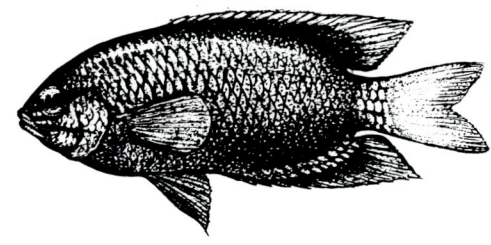

Die Gelbschwanz-Demoiselle (*Pomacentrus melanochir*) zählt zu den am häufigsten eingeführten Vertretern der Riffbarsche. Sie sollte nicht mit der Azur-Gelbschwanz-Demoiselle (*Chrysiptera hemicyanea*) verwechselt werden.

Die Unterfamilie der Anemonenfische (Amphiprioninae)

Innerhalb der Familie der Riffbarsche (Pomacentridae) gilt bereits seit Jahrzehnten das besondere Interesse von Wissenschaftlern, Tauchern und Aquarianern den Vertretern der Unterfamilie der Anemonenfische. Weil diese Fische vom Jugendstadium bis zum erwachsenen Tier eine Reihe unterschiedlicher Farbveränderungen durchmachen, kommt es bei der Bestimmung mancher Tiere zu Schwierigkeiten. Von den 59 Arten (schreibt Allen, 1978), die von 1758 bis 1970 wissenschaftlich beschrieben wurden, blieben nach genauen Untersuchungen der Exemplare in den Fischabteilungen führender Museen der ganzen Welt genau 26 übrig, die auf 2 Gattungen verteilt sind; eine davon ist *Premnas*, die nur einen Vertreter aufweist.

Anemonenfische tragen ihren Populärnamen zu Recht: Sie leben im Riff in Gemeinschaft mit großen Anemonen, die den Fischen Schutz geben – von ihrer Geburt an bis zum Tod. Als Gegenleistung verteidigen die Fische ›ihre‹ Anemonen gegen gefräßige Feinde verbissen. Damit eine Symbiose, also ein Zusammenleben, bei dem der eine vom anderen profitiert, überhaupt möglich wurde, mußten die Fische einen Weg finden, gegen das Nesselgift der Anemonententakel immun zu werden oder das Nesseln gar nicht erst auszulösen. Das geschieht dadurch, daß die Anemonenfische den Schleim der Nesselzellen der Anemone auf ihre Schleimhaut übertragen, von den empfindlichen Sensoren des Hohltieres nicht mehr als Feind oder Beute identifiziert und somit auch nicht genesselt werden. Würde man einen Anemonenfisch, der längere Zeit ohne Anemone in einem fremden Becken gelebt hat, in den Tentakelwald einer Anemone drücken: Sie würde ihn mit ihrem Gift töten! Um nicht Opfer der Nesseltiere zu werden, machen selbst rauhe Burschen wie große Drückerfische um die meisten Anemonenarten einen großen Bogen.

Im Aquarium versuchen die Anemonenfische, die Symbiose fortzusetzen. Dabei können sie sich aber kaum leisten, besonders wählerisch zu sein und kuscheln sich in fast jede Anemone, die sich anbietet – auch in solche, die sie aus ihrem natürlichen Lebensraum nicht kennen können (Karibikanemonen) und die sie normalerweise meiden müßten. Man konnte schon beobachten, wie Fische den Versuch machten, mit simplen und viel zu kleinen Pferderosen aus dem Mittelmeer Freundschaft zu schließen. Im Aquarium bekommt den Anemonen das Symbioseverhalten der Fische auf die Dauer dann schlecht, wenn das Becken zu klein, zu stark bevölkert oder nicht hell genug beleuchtet ist. Man merkt das daran, daß eine große Riffanemone, deren Durchmesser im Meer vielleicht zwischen 60 und 100 Zentimeter ausmachen würde, sich im Aquarium nur 20 bis 25 Zentimeter breit entfaltet. Oft kommt es bei falscher Haltung auch vor, daß derart riesige Blumentiere im Aquarium mit Fischen geradezu übervölkert werden.

1 – *Premnas biaculeatus*
2 – *Amphiprion akallopisos*
3 – *Amphiprion ocellaris*

4 – *Amphiprion frenatus*, juv.
5 – *Amphiprion polymnus*
6 – *Amphiprion sebae*, juv.

Das heißt: das jeweilige Verhältnis zwischen Fischgröße und -zahl muß stimmen! Meist sind die Anemonen zu klein und die Fische zu groß, und das dauernde Kuscheln der Fische über der Mundscheibe des Blumentieres hinterläßt Schäden, die man meist erst dann wahrnimmt, wenn es zu spät ist. Darüber hinaus entfaltet sich eine so gestreßte Anemone nie vollends.

Normalerweise wird eine der etwa 12 Riffanemonenarten, die wir kennen (zum Beispiel *Radianthus gelam*, *R. malu*, *R. ritteri*, *R. simplex*, *Stoichactis giganteum*, *S. kenti*) im Meer bis einen Meter groß und nur von einem Paar Anemonenfische und einer umgebenden Kinderschar bewohnt. Die Paarbindung ist stark; oft gibt es aber auch polygame Verhältnisse, wenn männliche Tiere sich mit zwei oder mehreren Weibchen paaren. Das Leben im begrenzten Raum zwingt zu besonderen Verhaltensformen, wobei natürlich auch die Umstände (Anemone als Zentrum des Lebensraumes)

253

Amphiprion clarkii. Trotz der heranschwimmenden Taucherin verläßt der Fisch die Nähe der schützenden Anemone nicht (Malediven) Mayland (UW)

verantwortlich sind. Würden die Fische versuchen, über nacktem Sandgrund ins freie Wasser zu schwimmen, wären sie bald Opfer der stets aufmerksamen Räuber, ob es sich nun um schnelle Schnapper, gefräßige Muränen oder die mit wachen Augen am Boden sitzenden Eidechsenfische handelt. Die Umgebung der Anemone ist das Revier, und es wird ein Revierverhalten gezeigt, wie wir es beispielsweise auch von den Cichliden des Süßwassers kennen: Dem eigentlichen Laichakt geht eine Putzorgie voraus, wobei das Substrat für das Gelege peinlichst genau gesäubert wird. 200–400 Eier können in 1–2 Stunden während des Laich- und Befruchtungsaktes abgegeben werden. Im Vergleich mit den Zahlen ihrer Riffbarschverwandten ist das nicht gerade viel. Anemonenfische betreiben eine sehr intensive Brutpflege, wie sie auch schon mancher Aquarianer hat erkennen können. Wichtig für die Entwicklung der Embryonen in den Eiern ist der Sauerstoffgehalt im Wasser und eine ständige Wasserbewegung. Ansonsten soll man auch im Aquarium die Betreuung des Geleges den Eltern überlassen.

Um die bald geschlüpfte Brut unter Kontrolle zu haben, empfiehlt es sich, sie in ein separates Becken zu überführen, daß man zweckmäßigerweise bereits vorbereitet hat. Man kann sich dabei einer künstlichen Lichtquelle bedienen, um die sich die Fischchen bald versammelt haben. Ein Fangnetz ist allerdings verpönt, weil die Kleinen empfindlich und schnell verletzbar sind. Man verwendet eine Fangglocke bzw. einen gläsernen Ersatz. Das neue Heim muß nicht groß sein, sollte jedoch dieselbe Wasserqualität wie das Hauptbecken aufwei-

sen. Die Probleme beginnen für die meisten Aquarianer dann, wenn die Dottersäcke der Larven aufgezehrt sind, die Mäulchen aber noch nicht in der Lage, Futter in der Größe von Artemia-Nauplien aufzunehmen. Meist können auch Süßwasserfischzüchter kaum mit einem Rat helfen, denn die Sache ist einfach die: Man muß eine feinere Nahrung als Artemia-Nauplien auf Meerwasserbasis finden. Es gibt auch im Meer Infusorien und Rädertierchen. Versuche laufen an vielen Stellen, Ergebnisse aber werden wie ein Schatz gehütet!

26 Anemonenfischarten sind bekannt, davon 25 in der Gattung *Amphiprion* und 1 in *Premnas*. Der Handel kann jedoch nur Vertreter derjenigen Arten anbieten, die im jeweiligen Fanggebiet vorkommen. Die Wissenschaft von Bildung und Umbildung der Gestalten (Morphologie) macht es schwer, den genauen Verwandtschaftsgrad einiger Arten zu ermitteln. Für die meisten Aquarianer ist das Wissen um diese Zusammenhänge auch nicht wichtig, so daß ich gleich dazu übergehen kann, die interessantesten Arten vorzustellen.

Amphiprion akallopisos BLEEKER, 1853
Weißrücken-Anemonenfisch

Färbung: orange mit weißer Rückenlinie. Verwandtschaftlich sind die Fische nahe mit *A. sandaracinos* ALLEN, 1972, verbunden, und optisch unterscheiden sie sich kaum! Die etwa 8–9 Zentimeter groß werdenden Tiere leben im Indischen und Pazifischen Ozean in relativ geringer Tiefe. Sie sind eng an eine Symbiose gebunden, und bei Versuchen, Anemonenfische nachzuzüchten, wurden bei dieser Art gute Erfolge erzielt. Die Tiere sind in der Pflege etwas heikler als andere. Sie nehmen überwiegend lebende Nahrung – ungern Trokkenfutter.

Amphiprion allardi KLAUSEWITZ, 1970
Allards Anemonenfisch

Eine schöne und interessante Art, deren Vertreter entlang der ostafrikanischen Küste und in den Gewässern um die Seychellen verbreitet sind. In einem Längenbereich zwischen 4 und 5 Zentimeter bekommen die bis dahin braungelben und ein wenig orangefarbenen Fische schwarzbraune bis schwarze Körperseiten. Die Schwanzflosse färbt sich weiß. Hals, Brust und der untere Körpersaum bleiben schmutziggelb. Gleichfarben ist auch die Rückenflosse; Brust-, Bauch- und Afterflossen gelb mit orangefarbenem Schimmer. Zwei weiße Querbinden überziehen den Körper: eine breite hinter den Augen und eine schmalere in der Körpermitte. Wichtige optische Merkmale zur Unterscheidung von *A. clarkii* sind die gelbliche Rückenflosse (bei *A. clarkii* schwarz) und die weiße Schwanzflosse (bei *A. clarkii* gelb). Die Haltung im Aquarium entspricht der von *A. clarkii*. Länge bis knapp 12–14 Zentimeter, die im Aquarium meist nicht erreicht werden.

Amphiprion bicinctus RUEPPELL, 1928
Spitzbinden-Anemonenfisch

Verbreitung im Roten Meer bekannt, in nahegelegenen Golfen des Indischen Ozeans noch nicht belegt. Länge etwa 10–12 Zentimeter. Männliche Tiere wahrscheinlich kleiner als Weibchen. Körper bei Jungfischen orangegelb. Zwei reinweiße Querbinden mit beiderseits

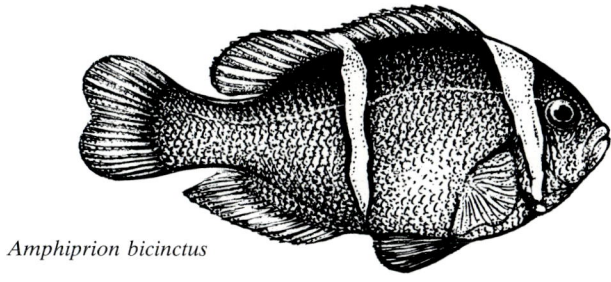

Amphiprion bicinctus

schwarzen Säumen überziehen Kopf und Körper. Die vordere liegt direkt hinter den Augen, die zweite an der Grenze zum letzten Körperdrittel. Alttiere mit schwarzer, rauchiger Zone über der Flankenmitte. Bindensäume treten zurück. Die Schwanzflosse ist orangegelb wie der Körper. Haltung, wie bei *A. clarkii* angegeben.

Amphiprion chrysopterus
CUVIER & VALENCIENNES, 1830
Orangeflossen-Anemonenfisch

Herrlich gefärbte Tiere von 11–13 Zentimetern Länge, deren Heimat im westlichen Pazifik liegt, deren Vorkommen um die Philippinen aber nicht belegt ist. Importe sind daher selten. Ausgewachsene Tiere haben

Amphiprion allardi. Allards Anemonenfisch, im Biotop vor der ostafrikanischen Küste   Korthaus (UW)

Amphiprion ephippium ist hinter den schützenden Tentakeln von *Radianthus malu* sicher   Mayland

eine orangegelbe Grundfärbung, die jedoch die Schwanzflosse (weiß) nicht einschließt! Der gesamte Körper (Rücken ausgenommen) ist von einem tiefen Schwarz überlagert. Zwei perlweiße, beiderseits schwarz gesäumte Querbinden liegen über Kopf und Körper. Die breitere erste direkt hinter den Augen, die schmalere zweite an der Grenze zum hinteren Körperdrittel. Alle Flossen, außer der Caudale, zeigen die orangegelbe Grundfärbung.

Amphiprion clarkii BENNETT, 1830
Schwarzer Dreibinden-Anemonenfisch

Die lange unter ihrem heutigen Synonym *A. xanthurus* CUV. & VAL., 1830, gehandelten Tiere sind über weite Gebiete im Indischen und Pazifischen Ozean verbreitet und erreichen eine Länge von 10–12 Zentimetern. Die Vertreter der Art sind nicht einheitlich gefärbt, und bei den Populationen aus dem weiten Verbreitungsgebiet „ . . . variiert die Grundfärbung vom hellen Orange bis zu Schwarz. In einigen Fällen wird die Färbung von der entsprechenden Gastgeber-Anemone beeinflußt. Exemplare, welche die Riesenanemone *Stoichactis giganteum*

255

Amphiprion clarkii

bewohnen, sind häufig sehr dunkel. Die Schwanzflosse ist gewöhnlich weiß, jedoch besitzen Tiere von den Malediven-Inseln sowie vom östlichen Melanesien einen gelben Schwanz" (ALLEN, 1978).

Im Aquarium halten die Fische bei aufmerksamer Pflege gut aus. Wenn man sie in einer großen Anemone halten möchte, empfiehlt es sich, möglichst schon mit sehr kleinen Jungtieren zu beginnen. Diese sind für die Anemone noch nicht so schädigend. Spätere Haltung nur in großen Becken (ab 120 Zentimeter). Eingewöhnte Tiere überdauern zwar auch ohne Anemone, doch brauchen sie ein Versteck, und die im Grunde widernatürliche Haltung läßt die Tiere in Dauerstreß leben – kein Fall für Tierfreunde! Aufgenommen wird verschiedenes Futter, von Mysis über Muschelfleisch, bis zu gefriergetrockneter und tiefgekühlter Nahrung. Gern und lebhaft schwimmen die Fische einem Futterstückchen nach, das sich durch die Strömung scheinbar bewegt.

Amphiprion ephippium (BLOCH, 1790)
Glühkohlen-Anemonenfisch

Mit den Vertretern dieser Art stellt sich eine Gruppierung der bekanntesten, beliebtesten und wohl auch härtesten Anemonenfische vor. Das leuchtende Dunkelrot und der schwarze Fleck in der hinteren oberen Körperhälfte lassen die Tiere tatsächlich wie glühende Kohlen leuchten. *A. ephippium* hat in kaum einer Farbphase (höchstens in sehr jungem Alter) eine oder mehrere weiße Binden. Ihr Körper zeigt dann noch keine schwarze Zone auf den Flankenseiten. Die im Indischen und Pazifischen Ozean beheimateten Fische werden bis

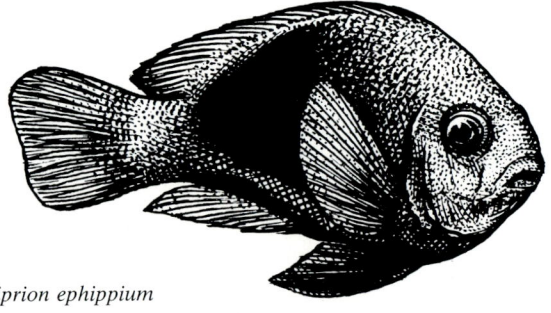

256 *Amphiprion ephippium*

etwa 10 Zentimeter lang. Ihre Haltung im Aquarium ist wenig problematisch, zumal die Fische bei einem guten Versteckplatz (was allerdings widernatürlich wäre!) auch ohne Anemone auskommen. Gefressen wird fast alles, was man ihnen an fleischlicher Nahrung anbietet. An vegetarischer Kost sind sie dagegen nicht interessiert.

Amphiprion frenatus BREVOORT, 1856
Weißbinden-Glühkohlen-Anemonenfisch

Die Vertreter dieser Art sehen ausgewachsen dem vorgenannten Glühkohlenfisch, *A. ephippium*, sehr ähnlich, doch trägt *A. frenatus* hinter den Augen stets eine breite weiße, beiderseits schwarz gesäumte Binde. Bei Jungfischen kann eine weitere über der Körpermitte dazukommen. Auch diese Fische sind in der Jugend auf

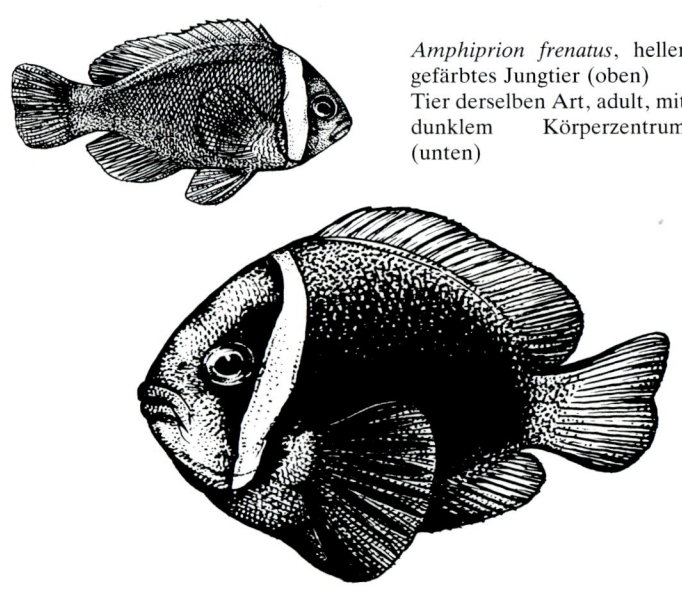

Amphiprion frenatus, heller gefärbtes Jungtier (oben) Tier derselben Art, adult, mit dunklem Körperzentrum (unten)

den Körperseiten nicht schwarz gefärbt; die Schwarzfärbung setzt erst mit zunehmendem Alter ein. Ausgewachsene Exemplare haben viel Ähnlichkeit mit solchen von *A. melanopus* BLEEKER, 1852, und *A. rubrocinctus* RICHARDSON, 1842. Alle werden zwischen 8 und 10 Zentimeter lang. Während die beiden ersten in den Gewässern um den indoaustralischen Archipel und den Westpazifik beheimatet sind, kommen die Vertreter der letzten Art nur vor den Küsten West- und Nordaustraliens vor.

Amphiprion nigripes REGAN, 1908
Malediven-Anemonenfisch

Eine Art, deren Exemplare ausschließlich von Sri Lanka (Ceylon) und den Malediven importiert werden, jedoch auch im ersten Fall fast immer von den Malediven

Amphiprion nigripes im natürlichen Biotop (Malediven)　　Dr. Busch (UW)

Amphiprion ocellaris CUVIER, 1830
Orangeringelfisch

stammen. Es war für mich erstaunlich, aber außer Vertretern dieser Art und solchen von *A. clarkii*, habe ich in den riffreichen Gewässern der Malediven keine andere Anemonenfischart gesehen. Der gestreckte Körper der Tiere hat eine orangerote Grundfärbung die hinter den Augen von einer relativ schmalen, schwarz gesäumten weißen Querbinde überzogen wird. Bei manchen Tieren (?) liegt noch ein weißer Sattelfleck über dem Oberrand des Schwanzstieles. Alle Flossen sind normalerweise gelblich. Mit zunehmendem Alter legt sich aber eine dünne Schwarzfärbung (wie leicht gepudert) über Kopf, Rücken und Bauch der Fische, die sich in der Bauchzone so verstärken kann, daß Bauch- und Afterflossen tiefschwarz erscheinen. Die 7–9 Zentimeter lang werdenden Anemonenfische gehören nicht zu den härtesten. Man trifft sie im Riff meist in Symbiose mit *Radianthus ritteri* an, die um die Malediven stark verbreitet ist.

In früheren Jahren hat man im Handel diese Art und *A. percula* vielfach fälschlich ›in einen Topf‹ geworfen und unter dem letzten Namen verkauft.

A. ocellatus ist auffällig stark an ein Zusammenleben mit einer Anemone gebunden. Dabei sind die Fische notfalls nicht wählerisch und akzeptieren selbst die auffällig stark nesselnden Florida-Anemonen (*Bartholomea*), deren Bekanntschaft sie in ihrem natürlichen Lebensraum nie gemacht haben können. Dieser wohl bekannteste aller Anemonenfische ist über weite Riffgebiete in

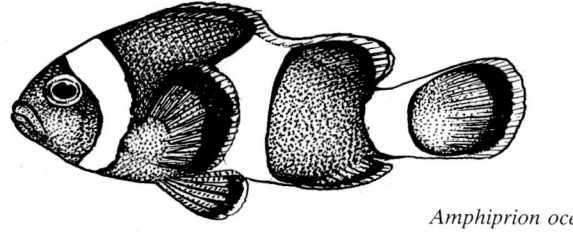

Amphiprion ocellaris in ›seiner‹ Anemone   Mayland

Gewässern um den indoaustralischen Archipel und darüber hinaus bis nach Südjapan (Ryukyu-Inseln) verbreitet. Die Länge der Tiere beträgt 6–8 Zentimeter, wobei die meisten Exemplare dem ersten Wert näher bleiben als dem zweiten. Schon häufig wurden sie in Aquarien zur Nachzucht gebracht. Trotz seines Bekanntheitsgrades ist dieser Anemonenfisch kein Pflegling für Anfänger!

Amphiprion percula (LACEPÈDE, 1802)
Schwarzgerandeter Orangeringelfisch

Das relativ eng begrenzte und von Exporteuren kaum befischte Verbreitungsgebiet hat die Importe dieser Fische in Grenzen gehalten. Ihre Heimat beginnt im Westpazifik um New Britain und New Ireland (östlich der Hauptinsel von Papua/Neuguinea gelegen), reicht im Westen bis ans nördliche Queensland (Australien) und zieht sich über die Salomonen bis zu den Neuen Hebriden. Die kaum mehr als 6 Zentimeter langen Tiere unterscheiden sich durch eine Reihe von Merkmalen von denen der vorgenannten Art, doch optisch läßt sich am ehesten die intensivere Schwarzfärbung um die wei-

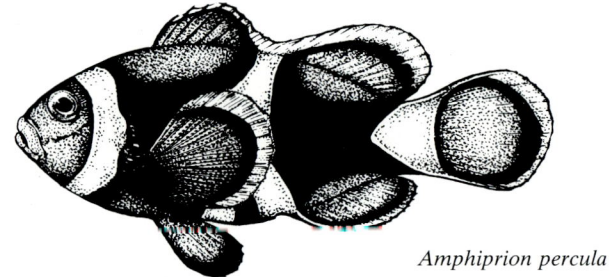

Amphiprion percula

ßen Binden anführen, die aber auch nicht von allen Exemplaren in auffällig extremer Weise gezeigt wird. Keine Fische für Anfänger! Brauchen unbedingt möglichst große Symbiosetiere (*Stoichactis*, *Radianthus*) und sind bei guter Pflege über einen längeren Zeitraum haltbar. Gefressen wird vielerlei fleischliche Kost.

Amphiprion perideraion BLEEKER, 1855
Weißstirn- oder Halsband-Anemonenfisch

Der am häufigsten verwendete Populärname ist nicht ganz zutreffend, denn die Fische haben keine völlig weiße Stirn (Zeichnung), sondern nur eine schmale weiße Rückenbinde, die in der mehr oder weniger ausgeprägten weißen Maulzone endet. Meist ist die Grundfarbe ein weißlichblasses Rostorange, das sich mit zunehmendem Alter oder während Balz und Brutpflege verstärkt. Die feine vertikale Kopfbinde trägt einen feinen, kaum wahrnehmbaren Saum. Männliche Tiere sind auffällig schlanker und auch kleiner als die rundlicheren Partnerinnen. Die Fische sollten paarweise in großen Anemonen (*Radianthus*) gepflegt werden. Das erfordert während der Eingewöhnung viel Aufmerksamkeit, weil die Fische empfänglich für Hautkrankheiten

Amphiprion percula mit der arttypischen breiteren Schwarzzeichnung

Mayland

Amphiprion ocellaris. Ein Paar bewacht sein Gelege am Fuße einer Anemone

Kahl

Binden (Zeichnung) bestimmt wird, dann solche mit gelber Maulzone und ebenso gerandeten Brustflossen und solche bei denen diese Farbe nicht gelb, sondern rostrot ist (Farbbild S. 253). Man soll die Fische, wie alle ihre Verwandten, nur mit großer Anemone pflegen. Es geht bedingt auch ohne, aber das wäre gegen das normale und somit natürliche Verhalten der Tiere!

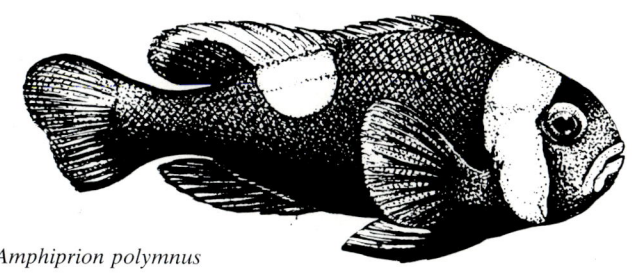

Amphiprion polymnus

Amphiprion sebae BLEEKER, 1853
Goldflößchen

Ein gerngesehener Gast in vielen Aquarien, dessen Vertreter über weite Gebiete im nördlichen Indischen Ozean verbreitet sind und meist von Sri Lanka (Ceylon) importiert werden. Weil man die Fischchen oft schon in sehr jungem Stadium erwerben kann, lassen sie sich besonders gut eingewöhnen und zeigen in ›ihrer‹ Anemone ihr interessantes und lehrreiches Verhalten. Ausgewachsen erreichen sie eine Länge von 10–12 Zenti-

sind. Keine Probleme gibt es dagegen bei der (fleischlichen) Nahrungsaufnahme. Die Verbreitung der Art erstreckt sich von den Gewässern um den indoaustralischen Archipel bis in den Westpazifik. Die Fische erreichen eine Länge bis zu 8 Zentimetern.

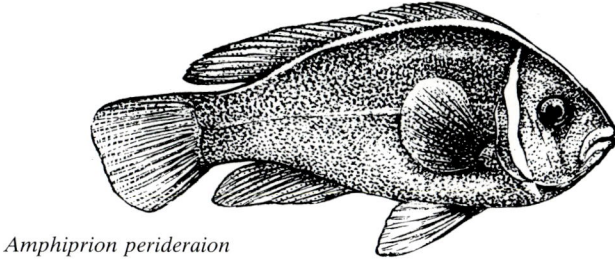

Amphiprion perideraion

Amphiprion polymnus (LINNAEUS, 1758)
Sattelfleck-Anemonenfisch

Für diese Art gibt es eine Reihe früher oft verwendeter Synonyme, von denen *A. laticlavius* CUV. & VAL., 1830, das bekannteste ist. Entsprechend der weiten Verbreitung über die Gewässer um den indoaustralischen Archipel und des Westpazifiks treffen wir bei ausgewachsenen, etwa 10 Zentimeter langen Tieren auf zwei oder drei farbliche Varianten: völlig schwarze Tiere, deren Musterung nur von den auffälligen beiden weißen

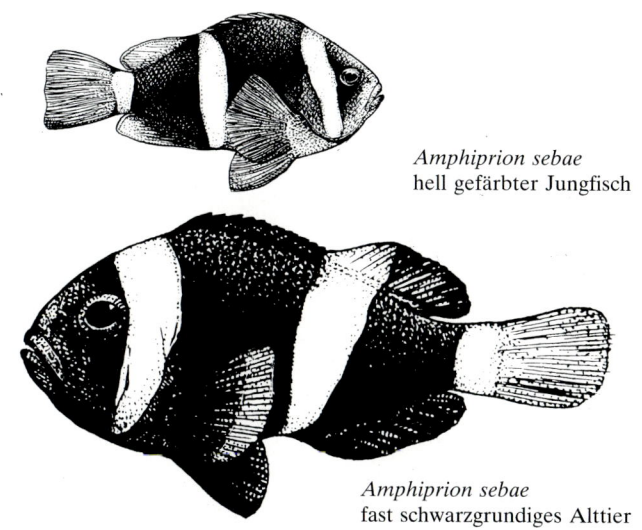

Amphiprion sebae
hell gefärbter Jungfisch

Amphiprion sebae
fast schwarzgrundiges Alttier

metern. *A. sebae* ist nahe verwandt mit der vorgenannten Art, was man auch daran erkennen kann, daß sich bei adulten Tieren die zweite Querbinde in die Rückenflosse hineinzieht. Jüngere Tiere zeigen noch einen goldenen Unterton unter der rußigschwarzen Grundfärbung (Foto S. 253) und haben dazu eine goldgelbe Kehle sowie ebensolche Brust-, Bauch- und Schwanzflossen. 259

Mit zunehmendem Alter erfolgt ein Umfärben in Richtung Schwarz, so daß am Ende Fisch und Flossen tiefschwarz getönt sind – nur die weißen Binden und das nach wie vor goldgelbe (Schwanz-)Goldflößchen leuchten. Gut zu haltende Art.

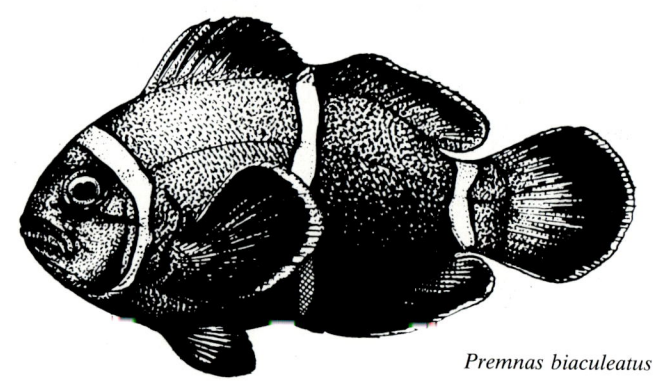

Premnas biaculeatus

Premnas biaculeatus (BLOCH, 1790)
Samtkorallenfisch

Dieser rostrote samtschimmernde Fisch, dessen Gattungsnamen ALLEN in seiner Arbeit von 1972 noch mit *Amphiprion*, Untergattung *Premnas*, angab, hat seinen Verbreitungsraum vom Indischen Ozean bis zum Westpazifik. Er kann 12–14 Zentimeter lang werden. Wie bei den meisten Anemonenfischen üblich, sind auch die Jungfische dieser Art heller als die Alttiere gefärbt; sie zeigen ein gedämpftes Kardinalrot und die drei Binden – später breit und reinweiß – sind im Jugendstadium noch schmal und oft genug nur schmutzigweiß. Diese Tiere sind keine Anfängerfische, auch wenn sie in manchen Becken sehr ausdauernd sein können. Bei frisch importierten Exemplaren sollte man alle Körper- und Flossenzonen aufmerksam im Auge halten, weil es auch nach kleineren Verletzungen zu Verpilzungen kommen kann, deren Behandlung den Pfleger dann vor einige Probleme stellt, weil im selben Becken befindliche Hohltiere auf Medikamente jeder Art sehr negativ reagieren.

Familie Korallenwächter oder Büschelbarsche (Cirrhitidae)

Im Meer wie im Aquarium hat das Verhalten der Fische den Anschein, sie wären als Wachtposten eingesetzt, denn sie ruhen meist an einem erhöhten Platz, um die nähere Umgebung ihres Verstecks besser überschauen zu können (1. Name). Um beim Aufsitzen einen festen Halt zu haben, sind von den 14 Strahlen der Brustflossen die unteren nicht verzweigt, verdickt und nicht durch Membranen verbunden. Sie können wie die Finger einer Hand gespreizt werden. Der Name ›Büschelbarsche‹ rührt von den kleinen Haaren (Cirri) oder Büscheln her, die sich an den Enden der vorderen Rückenflossenstacheln befinden. Sie sind für die Mitglieder dieser Familie typisch. Als Nahrung im Meer dienen Krustentiere und – gelegentlich – kleine Fische. Sie sind jedoch keine guten, vor allem keine ausdauernden Schwimmer, und die Jagd auf flüchtende Fische ist nicht ihre Stärke. Im Aquarium soll man den an lebende Nahrung gewöhnten Pfleglingen eine abwechslungsreiche fleischliche Kost anbieten. Meist sind sie ausdauernd, und ihre aufmerk-

same Art macht viel Freude. Die Familie schließt 9 Gattungen mit etwa 32 Arten ein.

Amblycirrhites pinos (MOWBRAY)
Karibischer Feuerfleck-Korallenwächter

Der helle, fast weiße Körper des Fisches ist mit mittelbraunen unregelmäßigen Querbinden überzogen, von denen die drei breiteren zum Unterkörper hin spitz zulaufen und seitlich von sehr schmalen gleichfarbigen Binden flankiert werden. Kopf, Rücken- und Brustflossen sind mit kleinen leuchtenden rotorangefarbenen Punkten übersät. Die Vertreter dieser Art stammen aus dem tropischen Atlantik (Bahamas, Florida) und kommen auch im angeschlossenen Karibischen Meer vor. Sie erreichen eine Länge von 8–10 Zentimetern. Bei diesen Amerikanern handelt es sich um Tiere, die auch einmal einen Ausflug ins Aquarium unternehmen und nicht nur ihrem Ruf als ›Wächter‹ treu sind. Sie lassen sich gut eingewöhnen und sind dann recht ausdauernd – allerdings anderen Vertretern der Familie gegenüber nicht besonders freundlich gesonnen.

Cirrhitichthys aprinus (CUVIER)
Gepunkteter Korallenwächter

Das Verbreitungsgebiet dieser 8–10 Zentimeter langen Fische reicht von den Gewässern um den indoaustralischen Archipel bis zu den Philippinen. Auf ihrem beigeweißen Körper stehen unregelmäßig große blasse rostbraune Flecke. Die feineren Punktemuster über dem Kopf und in der Rückenflosse sind dagegen farblich kräftiger. Die transparente Schwanzflosse bleibt ungemustert. Haltung, wie in der Familienbeschreibung angegeben.

Cirrhitichthys aureus (TEMMINCK & SCHLEGEL)
Goldener Korallenwächter

Die Verbreitung der bis zu 10 Zentimeter groß werdenden Vertreter reicht vom Roten Meer über den Indischen Ozean bis zum Westpazifik. Trotz des ›goldenen‹

Namens keine besonders attraktiven Fische mit einem
goldbraun getüpfelten Tarnmuster aus groberen und
kleineren Flecken. Die etwas kräftigeren Punkte liegen
über Kopf, Rücken- und Schwanzflosse. Pflege, wie in
Familienbeschreibung angegeben.

Cirrhitichthys falco RANDALL
Sichelfleck-Korallenwächter

Die erst 1963 beschriebene Art (Foto) stellt relativ
kleinbleibende Fische, die – soweit wir bis heute wissen
– nicht länger als 6 Zentimeter werden. Sie sind nahe mit
C. serratus RANDALL, 1963 verwandt, dessen Vertreter
jedoch weniger ansehnlich sind. Die Tiere haben sich als
gute Pfleglinge erwiesen.

Cirrhitichthys guichenoti (SAUVAGE)
Gefleckter Goldbüschelbarsch

Beschrieben wurde das erste Exemplar im Jahre 1880
aus den Gewässern um die Insel Réunion im südwestlichen tropischen Indischen Ozean. Mit einer Länge von
15–17 Zentimetern werden die Fische relativ groß und
sind die größten der Gattung. Sie haben eine kontrastreiche Färbung, die an jene von *C. oxycephalus* (BLEE-
KER) erinnert, aber eine längere Schnauze als dieser.
Auf weißlichbeigem Grund steht ein Muster aus
schwarzbraunen mittelgroßen Flecken über den Flanken

Deutlich erkennt man bei *Cirrhitichthys falco* die ›Büschel‹ an der Spitze
der Rückenflossenstacheln
Kahl

sowie in Rücken- und Schwanzflosse. Die Flecke sind
mit einem blassen rotbraunen und unscharf begrenzten
Saum versehen. Unter den Augen breiten sich fächerförmig drei rostbraune Binden aus, und der übrige Kopf
ist von ebensolchen Flecken überlagert. Gut wahrnehmbar sind auch bei dieser Art wieder die Büschel am Ende
der Rückenflossenstacheln.

Neocirrhites armatus CASTELNAU
Feuer-Korallenwächter

Der hier im Foto vorgestellte rote Vertreter wird gelegentlich mit Hawaii-Importen eingeführt. Dabei stam-

Neocirrhites armatus, der rote Korallenwächter aus dem Südpazifik   Mayland

261

men die Fische weniger aus diesem Gebiet, sondern der Schwerpunkt ihrer Verbreitung scheint sich von den Gesellschaftsinseln (Tahiti) aus über den Westpazifik (Kiribati, Gilbert-, Marshall-Inseln) bis Wake zu ziehen, wie Funde belegen. Das hier abgebildete Tier stammt aus den Gewässern um Tahiti. Die Vertreter der bereits 1873 beschriebenen Art werden kaum länger als 8 Zentimeter. Im Aquarium sind die Fische sehr gut haltbar, wobei optimale Bedingungen Voraussetzung sind.

Oxycirrhites typus (BLEEKER)
Langschnauziger Korallenwächter

Eine (nach RANDALLs Arbeit, 1975) monotypische Gattung, deren einzige Vertreter diese im Habitus unverwechselbaren Fische sind. Bleekers erstes Beschreibungsexemplar stammt von der Molukkeninsel Amboin (Indonesien). Spätere Funde belegten die Verbreitung über weite Gebiete im Pazifik, ja selbst im Ostpazifik, vor der mexikanischen Westküste (Baja California). Im aquaristischen Handel gelten die Fische als gut zu haltende und ausdauernde Raritäten. Die interessanten Pfleglinge werden kaum länger als 10 Zentimeter.

Paracirrhites arcatus (CUVIER)
Roter Korallenwächter

Die in dieser Gattung zusammengeschlossenen Fische sind rundköpfiger, hochrückiger und kurzschnauziger als vorhergenannte. Die kleinen Augen sitzen hoch am Kopf, und die Maulspalte ist relativ breit. Kräftig rotbraun ist die Grundfärbung, und der ganze Körper ist mit lichten Tüpfeln überdeckt, die in den Zentren der

Schuppen liegen. In der rückwärtigen Körperhälfte erkennt man unterhalb des Rückens eine auffällig helle Längsbinde, die von der Mitte der hartstrahligen Rückenflosse bis zur Basis der Schwanzflosse reicht. Ein interessantes Merkmal, das man auch noch bei einer Reihe anderer Vertreter dieser Gattung findet, ist ein durch eine feine helle Linie abgegrenztes dunkles Feld hinter den Augen. Die Tiere werden ungefähr 14 Zentimeter lang, und ihre Verbreitung reicht von den Küsten Ostafrikas bis in den Pazifik (auch Hawaii). Trotz ihres bulligen Aussehens sind die Tiere verträglich und zudem gut haltbar

Paracirrhites forsteri (BLOCH & SCHNEIDER)
Schlanker Korallenwächter

Der gestreckte Fisch mit dem bulligen Kopf wurde zuerst (1801) von den weit abgelegenen Marquesas in zentralen Pazifik beschrieben. BENNETT ließ 1834 eine Beschreibung (unter dem heutigen Synonym *Gerranus tankervillae*) von Ceylon (heute Sri Lanka) folgen. Heute können wir den Fischen eine Verbreitung vom Roten Meer über den gesamten Indopazifik bescheinigen. Die Tiere können 14−16 Zentimeter lang werden. Ihre weißliche Grundfärbung wird von einer reinweißen Längsbinde unterbrochen, die etwa ab Höhe des vorderen Rückenflossenstachels bis zum Ende des Schwanzstieles über die Flankenmitte läuft. Ebenso weiß ist der Rückenfirst unter der Dorsalbasis. Der gesamte Kopf ist von einem schwarzroten Punktmuster überdeckt. Die

Oxycirrhites typus, ein recht langschnauziger Büschelbarsch, der sich gut im Aquarium pflegen läßt und recht ausdauernd ist   Drosch (UW)

Paracirrhites forsteri auf seinem Stammplatz im Korallengeäst, einem Biotop, dem er gut angepaßt ist (Great Barrier Reef) Fischer (UW)

zwischen den beiden reinweißen Längsbinden liegende Körperpartie ist im vorderen Bereich von parallellaufenden dunklen Tüpfelreihen überdeckt. Sie kann weißlich oder auch rostrot sein. Der hintere Bereich dieser Partie ist tiefschwarz. Bei Wohlbefinden zeigen die Tiere einen rötlichen Schimmer über dem Körper. Offenbar ist dies ein Tarnmuster für den Lieblingsaufenthaltbereich der Fische, den Ästen von *Acropora*-Korallen. Im Aquarium bilden sie, wie die meisten ihrer Verwandten, Reviere und sind daher aggressiv gegenüber diesen Verwandten, darüber hinaus aber sehr gute und ausdauernde Pfleglinge.

Familie Lippfische (Labridae)

Eine Familie mit einer gewaltigen Gattungs- (74) und Artenzahl (etwa 580). Es versteht sich, daß ich hier nur die am häufigsten importierten und somit bekanntesten Lippfische vorstellen kann. Sie sind in allen tropischen Meeren verbreitet. Viele davon sind sehr bunt und als Aquarienfische begehrt. Die meisten von ihnen werden als Jungfische eingeführt, aber oft unterscheiden sich nicht nur Jungfische von erwachsenen, sondern auch noch die Geschlechter durch unterschiedliche Färbung. Dies ist einer der Gründe dafür, daß es gerade bei den Lippfischen eine Menge Synonyme gibt – entstanden durch unterschiedlich gefärbte Tiere derselben Art und daraus resultierende Doppelbeschreibungen früherer Jahrzehnte. Bei der Vielzahl der Arten gibt es entsprechende Spezialisierungen in der Nahrungsaufnahme. Oft sieht man in Niedere-Tiere-Becken herrlich gefärbte junge Lippfische schwimmen. Weiß der Aquarianer

auch, auf welche Art der Nahrung sich der Fisch mit dem Heranwachsen mehr und mehr spezialisieren wird? Es gibt nicht nur die beliebten Putzer, die ihre Mitbewohner von Parasiten befreien, es gibt auch solche, die Muscheln, Krebse und Seeigel mit Leichtigkeit knacken. Man soll deshalb beim Zusammenführen von Wirbellosen mit Lippfischen vorsichtig sein. Die letzten sind insofern gute Pfleglinge, als sie niemals besonders wählerisch im Futter sind, auch wenn man sie als spezialisiert bezeichnet. Lippfische haben meist einen gestreckten Körper; Vertreter einiger Arten können in größeren Becken aber zu Exemplaren von einer Größe und Kraft heranwachsen, die man von den ›süßen kleinen Fischchen‹, das man einmal erworben hat, nie erwartet hat. Denken wir nur an den Augenfleck-Lippfisch (*Coris aygula*, [Synonym *C. angulata*]), den man meist in einer Länge um 8−10 Zentimeter erwirbt, der jedoch mehr als zehnmal so lang werden kann!

Neu ins Aquarium eingesetzte Lippfische verschwinden meist sofort und blitzschnell in irgendeinem Versteck. Hat das Aquarium einen ausreichend hohen Sandboden (was für diese Fische günstig wäre), so buddeln sie sich ganz schnell ein. In manchen Händlerbecken, die leider meist ohne Bodengrund sind, finden die Fische kein Versteck und legen sich dann seitlich flach auf den Boden, aber sie sind keinesfalls tot! Man soll sich deshalb nicht täuschen lassen und im modernen und oft genug übertriebenen Naturbewußtsein zum Händler stürmen, um ihm diese scheinbare Tatsache lautstark mitzuteilen. Haben Sie schon einmal Lippfische beim Schwimmen genau beobachtet? Ihre Schwimmweise kommt daher, daß sie ausschließlich mit den Brustflossen schwimmen, sich also mit Hilfe dieser vorn sitzenden Antriebsorgane mehr oder weniger durchs Wasser ziehen und dabei oft genug den Hinterkörper leicht herabhängen lassen. Als Steuerorgan dient die Schwanzflosse.

Anampses chrysocephalus RANDALL
Rotschwanz-Perllippfisch

Mit dieser Art und *A. rubrocaudatus* beschrieb ›Jack‹ RANDALL im Jahre 1958 zwei Arten. Erst viele Jahre später stellte sich heraus, daß die schöne gepunktete Form, die so sehr an *A. meleagrides* (nur mit roter Schwanzflosse) erinnert, die des Weibchens ist und männliche Tiere, die bis zur einsetzenden Geschlechtsreife ebenfalls das Weibchenkleid tragen, sich erst später umfärben und eine typische, unverwechselbare Männchenfärbung annehmen. Die Verbreitung der Fische reicht im Pazifik von den Gewässern um die Philippinen bis zu jenen um die Hawaii-Inseln. Ich habe diese Tiere jahrelang gepflegt. Sie sollen im Meer bis

Rotschwanz-Lippfisch *Anampses chrysocephalus*, ♀ — Kahl

18 Zentimeter (oder mehr?) lang werden. Meine (♂♂ und ♀♀) wuchsen in den 150 Zentimeter langen Becken bei 12 Zentimeter nicht weiter. Weibchen machten keine Schwierigkeiten bei der Eingewöhnung, wohl aber Männchen, die bereits ihr Erwachsenenkleid trugen.

Gut ins Aquarium integrierte Rotschwanzlippfische fressen vielerlei der angebotenen Nahrung. Am liebsten jedoch suchen sie Steine ab, die veralgt sind und in oder auf denen sich Mikroleben ausgebreitet hat. Hier findet man die Fische, wie sie aufmerksam Ecke für Ecke absuchen und dabei auch einmal kopfab schwimmen. Wenn man die Tiere – wie ich – paarweise hält, können sie anderen Gattungsverwandten gegenüber zuweilen ziemlich aggressiv sein. In ein Niedere-Tiere-Becken würde ich sie nicht setzen.

Anampses meleagrides CUVIER & VALENCIENNES
Gelbschwanz-Perllippfisch

Die Vertreter dieser Art haben exakt das gleiche Körpermuster wie die Weibchen der vorgenannten, nur zeigen bei *A. meleagrides* Tiere beiderlei Geschlechts diese Farbe und tragen dazu eine g e l b e Schwanzflosse. Ihre Haltung entspricht in etwa der von *A. chrysocephalus*.

Bodianus anthioides (BENNETT)
Zweifarben-Herzoglippfisch

Die Tiere der auch gelegentlich unter ihrem Synonym *Lepidaplois a.* geführten Art entpuppen sich in jedem Aquarium als interessante Pfleglinge. Ihr Vorderkörper ist schokoladenbraun und (bei erwachsenen Tieren) durch eine noch dunklere braune Diagonalbinde vom weißen, und mit vielen braunen Flecken übersäten Hinterkörper abgesetzt. Bei Jungfischen sind diese Flecken sehr klein und auch nicht so zahlreich, dafür fallen bei ihnen die dunkelbraunen Binden in den äußeren Strahlen der tief gegabelten Schwanzflosse auf, die sich in den Hinterkörper hinein bis zu dessen Mitte verlängern. Die Bewohner weiter Gebiete im Indopazifik werden etwa 20 Zentimeter lang und kommen nicht in den obersten Wasserschichten vor. Ihre länger andauernde Haltung klappt nur bei bester Wasserqualität, weil sie bei höheren Nitratwerten gleich negativ reagieren und dann auch Parasiten und anderen Quälgeistern gegenüber mehr Anfälligkeit zeigen. In gut geführten Becken können sie dagegen lange aushalten. Sie nehmen vielerlei Futter und verstecken sich lieber in Höhlen oder hinter Steinen, anstatt sich einzubuddeln.

Bodianus mesothorax (BLOCH & SCHNEIDER)
Schrägbinden-Schweinslippfisch

Durch unterschiedliche Jugendfärbungen bei Vertretern dieser Lippfischgattung kann es im Handel gelegentlich zu Fehlbestimmungen kommen. Tiere dieser Art zeigen in der generellen Musterung Übereinstimmung mit denen des vorgenannten Herzoglippfisches: Ihr Körper ist durch eine schräge schwarze Binde, die von der vorderen Rückenflossenhälfte schmaler werdend zum Brustflossenansatz zieht und hier vor einem ebenso schwarzen runden Punkt endet, in zwei Farbzonen aufgeteilt. Der Vorderkörper ist rostbraun; die hintere Hälfte des Körpers einschließlich der angeschlossenen Flossen weißlichbeige, mit gelben Tönen in den Flossenrandzonen. Bei der Haltung der Fische gibt es keine Probleme. Sie stammen aus den Gewässern um den indoaustralischen Archipel, der Philippinen und aus dem Chinesischen Meer. Mit 20 Zentimetern Länge sind sie ausgewachsen.

Bodianus leucostictus (BENNETT)
Rötlicher Herzoglippfisch

Bei dieser Art haben wir es wieder mit ›Verwandlungskünstlern‹ zu tun, die ihr geflecktes Jugendkleid gegen eine ruhigere Musterung im Alter eintauschen. Das führte auch zu einer Doppelbeschreibung, die heute als Synonym gilt: *B. luteopunctatus* J.L.B. SMITH. Die etwa 15 Zentimeter lang werdenden Fische kennen wir bisher nur aus dem Indischen Ozean, etwa von der Küste Ostafrikas bis Sri Lanka. Ihre Adultfärbung ist hellbeige mit orangebraunen Zonen über Kopf, Nacken und Rük-

ken sowie vom Schwanzstiel bis zur Schwanzflosse. Ein orangebrauner Fleck sitzt auf dem unteren Teil der weichstrahligen Afterflosse. Gut zu halten.

Bodianus pulchellus (POEY)
Rotgelber Kubaschweinslippfisch

Der ›Star‹ unter den Schweinslippfischen. Sein Artname ›pulchellus‹ ist die Steigerung von ›pulcher‹, und das bedeutet ganz einfach ›schön‹! Da hat der Fisch also auch bereits dem Autor bei seiner Beschreibung im Jahre 1860 gefallen! Das Karibische Meer und der tropi-

Cirrhilabrus jordani, der selten eingeführte rote Lippfisch aus den Gewässern um die Hawaii-Inseln

sche Atlantik sind die Verbreitungsregionen dieser attraktiven Aquarienpfleglinge, die im jugendlichen Alter den Putzerfischen Konkurrenz machen, sich später jedoch zu Einzelgängern in mittleren Wasserschichten entwickeln und über dem Rücken ziemlich abdunkeln. Die Tiere sind im Aquarium ruhig und wenig aggressiv, dafür aber ausdauernde Schwimmer, die stets auf Nahrungssuche sind. Während der Schlafenszeit verschwinden sie im Sandgrund. Leider zu wenig eingeführt. Länge 20–22 Zentimeter.

Bodianus rufus (LINNAEUS)
Spanischer Schweinsfisch

Ein alter Bekannter für die langjährigen Meeresaquarianer, den man in früheren Jahrzehnten häufig aus der Karibik und dem tropischen Westatlantik importierte. Trotzdem kann man zur Haltung dieser Tiere nur Aquarianern raten, die über sehr geräumige Becken verfügen, denn im Meer können die Fische eine Länge bis zu 60 Zentimetern erreichen. Sie bleiben im Aquarium zwar kleiner, sind dann in verschiedenen Belangen immer noch sehr dominierend. In ihren natürlichen Lebensräumen von Florida und den Bahamas bis zu den Küstengebieten vor Rio de Janeiro ernähren sich die Einzelgänger in Tiefen bis etwa 30 Meter von vielerlei Wirbellosen. Im Jugendstadium betätigen sie sich auch als Putzer, doch klein und ›putzig‹ bleiben sie leider nicht. Die beiden vorderen oberen Körperdrittel sind violettblau, der restliche Körper ist goldgelb, wobei allerdings rechteckige dunkle Schuppenflecke den gesamten Körper mit einem schachbrettartigen Muster überdecken und die klaren Farben verwischen. Die hinteren Flossen werden von rotorangefarbenen Strahlen durchzogen. Die Fische benötigen reichlich fleischliche Kost und sollen natürlich (!) nicht mit Niederen Tieren zusammen gepflegt werden.

Cirrhilabrus jordani SNYDER
Roter Hawaii-Lippfisch

Die im Jahre 1904 nach dem bekannten amerikanischen Ichthyologen David Starr JORDAN (1851–1931) benannte Rarität lebt in tieferen Zonen hawaiianischer Küstengewässer und ist nur aus diesem Gebiet bekannt. Die Fische werden nicht länger als etwa 10 Zentimeter und sollen mit lebendem Krebsfutter wie Mysis eingewöhnt werden. Später nehmen sie auch andere fleischliche Kost. Ein guter Pflegling für alteingerichtete und reichlich veralgte Becken.

Augenfleck-Lippfisch *Coris aygula*   Kahl

Der ›Bijouteriefisch‹ *Coris formosa* in Jugendfärbung   Kahl

Coris aygula LACEPÈDE
Augenfleck-Lippfisch

Jungtiere, wie sie eingeführt werden, sind in Aquarien gern gepflegte attraktive Lippfische. Die Verwandlungskünste dieses Fisches lassen es erklären, daß es für die Art eine Reihe von Synonymen gibt, darunter auch ein so bekanntgewordenes wie *C. angulata*. Der französische Ichthyologe B. G. LACEPÈDE stellte die Gattung *Coris* im Jahre 1802 auf und ernannte *C. aygula* LACEPÈDE, 1802, zum Gattungstyp.

Jungtiere der Art sind weitaus schöner als größer werdende Exemplare, weil mit zunehmendem Wachstum die beiden rotunterlegten Augenflecke (auf dem Foto nicht sichtbar) in der Rückenflosse verschwinden, der Fisch dann nur noch überwiegend rostbraune Töne auf weißlichem Grund zeigt und die einzige Musterung in den Flossen liegt. Das Eingewöhnen ist nicht schwer, doch sollte man vor der Anschaffung bedenken, daß die Fische relativ schnell wachsen – immerhin können sie (im Meer) eine Länge bis zu etwa 120 Zentimetern erreichen! Im Aquarium bleiben sie zwar kleiner, aber trotzdem kann man sie nur begrenzte Zeit pflegen.

Coris formosa (BENNETT)
Clownjunker oder Echter Bijouteriefisch

Die Tiere von dieser und der folgenden Art sehen sich in der Jugendfärbung zum Verwechseln ähnlich. Da die Exemplare der folgenden Art in der Erwachsenenfärbung manchem besser gefallen, soll man sich vor (!) der Anschaffung eines Tieres zuerst gut informieren und dann wählen. Meist werden Jungfische dieser beiden Arten in einer Länge von 4–8 Zentimetern erworben. Sie haben dann beide eine leuchtendrote Grundfärbung. Weiße keilförmige Flecke, schwarz gesäumt, liegen über Flanken und Rücken. Nur wenn man die ›richtige‹ Anordnung der Flecke kennt, kann man die juvenilen Exemplare dieser und der folgenden Art auseinanderhalten (Tabelle). Die Fische, denen man ein alteingerichtetes Becken und möglichst optimale Verhältnisse anbieten sollte, färben sich meist bereits nach einigen Monaten um. Ihr Körper bekommt dann eine rauchgraue Grundfärbung und ist mit schwarzen kleinen Punkten übersät. Rücken-, After- und der vordere Teil der Schwanzflosse werden burgunderrot, und die ersten beiden sind blau gesäumt. Der gelbliche Kopf wird von einigen diagonalen blauen Linien überzogen. Länge bis zu 40 Zentimetern, im Aquarium kleiner. Um eine oft gehörte falsche Interpretation des Artnamens zu berichtigen: ›formosa‹ bedeutet soviel wie ›schön, wohlgestaltet‹ und gilt in diesem Sinne auch für die bekannte chinesische Insel im Westpazifik.

Angaben zur Unterscheidung beider Jungfischarten:

Coris formosa	Coris gaimard
Breiter weißer Sattelfleck mit schwarzem breitem Saum über der Schnauze und hinter den Augen.	Kleiner weißer Fleck mit schmalem schwarzem Rand über Schnauze und Auge.
Weiße, breitschwarzgesäumte Querbinde bis zum Bauch durchgehend.	Hinter der Brustflosse vom Rücken herunter nur langer Keilfleck.
Schwarzer Eifleck auf der Rückenflosse.	Ohne Fleck auf der Rückenflosse.

266

Coris gaimard (QUOY & GAIMARD)
Clownjunker oder Falscher Bijouteriefisch

Diese wie die Vertreter der vorgenannten Art stammen aus dem Indischen und Pazifischen Ozean. Die Jugendfärbungen beider Arten kann man aus der nebenstehenden Tabelle ersehen. Das Foto zeigt die herrliche Färbung eines ausgewachsenen Tieres. Länge bis etwa 30 Zentimeter, doch im Aquarium kleiner bleibend. Sicher haben auch Sie die Beleuchtung über Ihrem Aquarium mit hellen Lampen bestückt und lassen sie im natürlichen 12-Stunden-Rhythmus durch eine Uhr schalten. Lippfische wie diese haben das, was man eine ›innere Uhr‹ nennt, das heißt, nach ein paar Tagen wissen sie ungefähr, wann das Licht über den Becken verlischt. Sie nehmen dann rechtzeitig ihren Schlafplatz ein, und die meisten von ihnen verbuddeln sich dabei im weichen Sandboden. Am anderen Morgen jedoch sind sie meist schon lange vor dem Einschalten der Beleuchtung im Becken unterwegs, vorausgesetzt, es dringt Tageslicht durch die Scheiben herein. Das haben Sie doch auch sicher schon festgestellt?

Ausgefärbter Clownjunker *Coris gaimard*   Kahl

Gomphosus caeruleus LACEPÈDE
Schnabellippfisch

Als der französische Ichthyologe im Jahre 1802 in einer umfassenden Arbeit diese Gattung und dazu zwei Arten aufstellte, ernannte er *G. caeruleus* zum Gattungstyp. Es handelte sich ausschließlich um Männchen. Er kannte die Fische noch nicht und konnte so nicht wissen, daß es sich bei den Exemplaren der zweiten Art, die er *G. varius* nannte, um die dazugehörenden weiblichen

Porträt eines männlichen Schnabellippfisches, *Gomphosus caeruleus*   Kahl

Tiere handelte. Heute haben wir die Kenntnis, und *G. varius* ist ein Synonym.

Die Weibchen haben einen fast weißen Vorderkörper, über dem Längsreihen aus dunkelbraunen Punkten liegen. Durch die Augen zieht ein kurzer dunkelbrauner Längsstrich. Die hintere Körperhälfte und alle in diesem Bereich liegenden Flossen sind tief dunkelbraun gefärbt. Männliche Tiere haben dagegen eine olivblaue Grundfärbung (Foto). Rücken- und Afterflossen sind heller, doch ist der Körper unter dieser Flossenbasis ebenso dunkel, wie es die Schwanzflosse auch meist ist. Junge Männchen tragen bis zu einer Länge von etwa 12 Zentimetern ihre Jugendfärbung, die derjenigen der Weibchen entspricht, und färben sich erst mit einsetzender Geschlechtsreife um. Im Aquarium sind die Fische recht ausdauernd, allerdings kann bei größeren Exemplaren die Eingewöhnung einige Schwierigkeiten machen. Ihr lang ausgezogenes Maul (›Schnabel‹) läßt auf ihren Nahrungserwerb zwischen den Ästen der Korallen schließen, weshalb man die Fische nicht unbedingt in Wirbellosenbecken unterbringen soll. Bedingt friedlich.

Halichoeres marginatus RUEPPELL
Pracht-Regenbogenjunker

Zusammen mit der Art stellte RUEPPELL im Jahre 1835 auch die Gattung auf, in der eine Reihe wunderschön gefärbter und gemusterter Lippfische zusammengefaßt sind. Bei der hier vorgestellten Art handelt es sich um die schönste, die derzeit aquaristisch bekannt ist. Die vom Roten Meer über den Indischen bis zum Pazifischen Ozean verbreiteten Tiere erreichen eine Länge von 16–18 Zentimetern. Ihre Erwachsenenkleid besteht aus einem praktisch nicht zu beschreibenden Muster aus orangefarbenen Linien und olivgrünen Tüpfeln und Strichen. Die Bordüre auf ihrer Schwanzflosse würde jedem Trachtenkleid zur Ehre gereichen. Die Fische benötigen ein geräumiges Becken – sonst bleiben sie scheu. Darüber hinaus sind sie gut haltbar. Ihren gelegentlich verwendeten Namen ›Streifenjunker‹ verdanken sie der Längsmusterung ihrer verschiedener Jugendkleider.

Hemigymnus melapterus (BLOCH)
Weißbinden-Bannerfisch

Eine recht bekannte Art, deren Vertreter früher häufiger eingeführt wurden. Man könnte ihn auch ›Dreifarbenfisch‹ nennen, denn an die schmutzigweiße vordere Körperhälfte schließt sich eine reinweiße breite Querbinde an, die rund um den Körper läuft. Die hintere Körperhälfte ist bei Jungtieren bis zum Ende des Schwanzstiels schokoladenbraun und die sich anschließende Caudale ist schmutziggelb. Mit zunehmendem Alter jedoch nimmt die braune Färbung überhand, schließt am Ende auch Schwanzflosse, Nacken und den oberen Kopf ein, und grün irisierende kurze Vertikalstriche stehen auf jeder Schuppe. Die im Indischen und Pazifischen Ozean verbreiteten Tiere können im Meer eine Länge bis zu 35 Zentimetern erreichen. Sie sind gut zu halten, wachsen aber meist bei halber Größe im Aquarium nicht mehr weiter.

Hemipteronotus taeniurus (LACEPÈDE)
Bäumchenfisch

Der Populärname der Fische bezieht sich auf die Jugendform dieser Art, deren Lebensraum im Indischen und Pazifischen Ozean liegt. Auch sie können im Meer eine Länge von etwa 30 Zentimetern erreichen, werden aber im Aquarium meist nur 18–20 Zentimeter groß. Die olivgrüne Grundfärbung mit den schwarzen Binden und den weißen Flecken, dazu die verlängerten vorderen Rückenflossenstrahlen (Foto) geben den Jungfischen in veralgten Revieren und Seegrasfeldern eine ausgezeichnete Tarnung. Haben die Fische eine Länge von 10–12 Zentimetern erreicht, nehmen sie ihr Erwachsenenkleid an, bei dem der Kopf weiß bleibt und nur 3–4 diagonale Binden fächerförmig von den Augen nach unten bzw. hinten ziehen. Der Körper ist schwarzbraun, und jede Schuppe ist mit einem vertikalen grünlichen Strich gezeichnet. Die Fische schlafen im Sandboden. Nicht mit Wirbellosen zusammen pflegen.

Grüner Lippfisch *Halichoerus marginatus*   Chlupaty

Labroides bicolor FOWLER & BEAN
Gelbschwanzputzer

Neben der folgenden und wohl bekanntesten Art *L. dimidiatus* werden gelegentlich drei weitere Arten eingeführt. Viele Aquarianer können sie jedoch kaum auseinanderhalten. Es sind außer *L. bicolor* noch *L. phthirophagus* RANDALL und *L. rubrolabiatus* RANDALL. Die beiden letzten stammen aus dem Pazifischen Ozean und wurden beide erst 1958 beschrieben. Nach RANDALL, der die Gattung überarbeitet hat, tragen die Vertreter aller Arten die gleiche Grundfärbung. Sie besteht aus einer schwarzen Längsstreifung über Körperober- und

Hemipteronotus taeniurus wird wegen der Verästelungen seines Kopfschmuckes im Jugendkleid auch ›Bäumchenfisch‹ genannt   Kahl

Der Putzer *Labroides phthirophagus* wird meist mit Hawaii-Importen eingeführt

Mayland

-unterseite. Darüber hinaus zeigen sie eine breite Längsbinde über der Flankenmitte. Die eigentliche Grundfärbung, die bei *L. dimidiatus* weißlichgrau ist, endet bei *L. bicolor* in einem zitronengelben Schwanz, ist über den Vorderkörper von *L. phthirophagus* goldgelb und hinten purpurfarben (Foto); bei *L. rubrolabiatus* ist die Rahmung der Schwanzflosse tintenblau; die Lippen sind rostrot und ebenso eine Zone über der Flankenmitte. Die Haltung aller dieser Putzerfische gilt als nicht zu schwierig, falls die Fische gesund übernommen und in einem optimal funktionierenden und ›gut‹ besetzten Aquarium gepflegt werden.

Labroides dimidiatus (CUVIER & VALENCIENNES)
Blauweißer Putzer

Die im indopazifischen Raum beheimateten Fische werden bis zu 10 Zentimeter lang. Der Fachhandel bietet sie fast ständig an, und sie sollen zumindest in einem Aquarium, in dem größere Fische gepflegt werden, nicht fehlen. Putzerfische (Name) suchen Kopf und Körper ihrer größeren Mitbewohner nach Parasiten ab, nehmen natürlich aber auch andere Nahrung auf und können dabei ziemlich verfressen werden, so daß sie mit einem kleinen Kugelbauch durchs Becken schwimmen. Beim Kauf eines Putzerfisches muß man sich vergewissern, ob der angebotene Fisch auch wirklich der genannten Fami-

lie angehört. In der Natur hat er nämlich einen Nachahmer gefunden, *Aspidontus taeniatus* (siehe dort), aus der Familie der Schleimfische (Blenniidae). Obgleich sehr ähnlich in der Farbkombination, lassen sich beide gut unterscheiden, wenn man weiß, worauf es ankommt: Der echte Putzer hat ein kleines rundes, fast vorderständiges Maul; dagegen ist das Maul des Putzernachahmers unterständig und eingeschnitten. Der Nachahmer täuscht die Fische, indem er naturgetreu die gleichen wippenden Schwimmbewegungen wie *L. dimidiatus* ausführt. Putzwillige Fische stellen sich dann in Positur, spreizen alle Flossen und zeigen damit an, daß sie geputzt werden möchten. Nun läßt der Komödiant die Maske fallen, greift einen Fisch an und reißt ihm Stücke aus Haut und Flossen. Unnütz zu sagen, daß solch ein Fisch in einem Gesellschaftsbecken nichts zu suchen hat.

Larabicus quadrilineatus (RUEPPELL)
Rotmeer-Putzer

Der gut zu haltende Rotmeer-Putzer legt nicht den scheinbar aufopfernden Arbeitswillen von *L. dimidiatus* an den Tag. Geputzt wird nur gelegentlich. Die Pfleglinge aus dem Roten Meer haben eine schwarze Grundfärbung, über der ein blauer Schimmer liegt. Zwei tintenblaue Längsbinden ziehen vom Maul aus über jede Flankenseite bis in die Basis der Schwanzflosse. Die Fische werden bis etwa 10 Zentimeter lang, sind recht attraktiv, werden aber relativ selten eingeführt.

Larabicus quadrilineatus

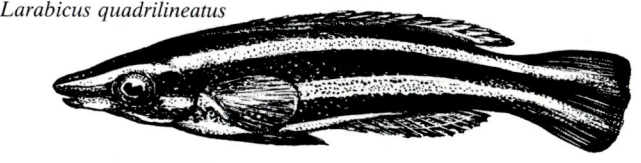

Lienardella fasciata (GUENTHER)
Harlekin-Lippfisch

Obgleich die etwa 24 Zentimeter lang werdenden und poppig bunt gemusterten Fische bereits 1867 wissenschaftlich beschrieben wurden, kamen sie erst spät zu aquaristischen Ehren. Ihre Heimat liegt im westlichen Pazifik, wo man sie bereits im Norden bei den Ryukyu-Inseln (Südjapan), aber auch in den Riffen vor Queensland (Great Barrier Reef / Australien) antrifft. Diese Lippfische gehören zu den eher hochrückigen, stärkeren Arten mit kräftigen Zähnen. Sie sind aber in geräumigen Becken trotzdem nicht aggressiv, lediglich bei Haltung mehrerer Männchen kann es zu dem üblichen Männlichkeitswahn kommen, den wir ja nicht nur bei

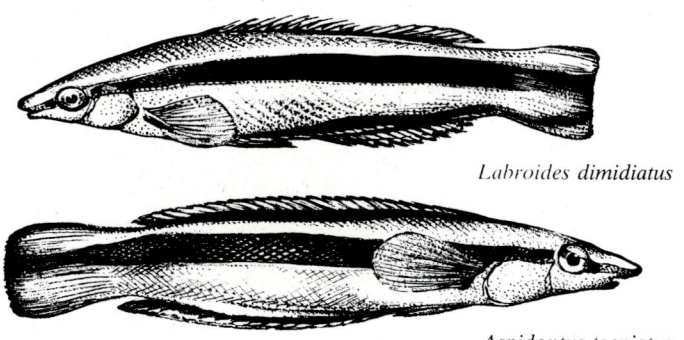

Labroides dimidiatus

Aspidontus taeniatus

269

Harlekin-Lippfisch *Lienardella fasciata*   Mayland

Fischen kennen. Die ausdauernden Schwimmer nehmen sofort fleischliches Futter und können im Aquarium alt werden.

Macropharyngodon meleagris
(CUVIER & VALENCIENNES)
Leopard-Lippfisch

Dieses Foto zeigt eine Farbphase des Fisches, nach der KNER im Jahre 1867 eine neue Art, *Leptojulis pardalis*, beschrieb, deren Vertreter später in diese Gattung überführt wurden. Es stellte sich jedoch heraus, daß es sich dabei um die Färbung von Weibchen und jüngeren Männchen (vor der Geschlechtsreife) von *M. meleagris* handelt, der im Indischen und Pazifischen Ozean beheimatet ist und 12–14 Zentimeter lang werden kann. Im englischsprachigen Raum nennt man sie auch ›Speckled Wrasse‹, was man mit ›Getüpfelter Lippfisch‹ übersetzen könnte. Erwachsene Männchen haben eine violette Grundfarbe, die über Kopf und Körper reicht. Nur Stirn und Nacken sind blaugrün, und die violette Farbe bildet schwarzgerandete Zonen, die dort hineinreichen. Körper und Flossen sind mit olivgrünen, schwarzgerandeten Fleckenlängsreihen überzogen, die in den Flossen kleiner und enger gesetzt sind. Eine ausdauernde Art, deren Vertreter sich selbst mit Wirbellosen zusammen halten lassen. Mit anderen Vertretern dieser Gattung, wie dem rotgefleckten *M. choati* oder den meergrün gepunkteten *M. bipartitus* und *M. kuiteri* kann man gelegentlich Bekanntschaft im Handel machen, wenn von ihnen einzelne Exemplare als Beipack importiert worden sind.

Pseudocheilinus hexataenia (BLEEKER)
Vielstreifen-Lippfisch

Ein mit 10 Zentimetern relativ klein bleibender Bewohner des Indischen und Pazifischen Ozeans, der eine wunderschöne Färbung aufzuweisen hat. Leider wird er nur in geringen Stückzahlen eingeführt. Die Fischchen haben eine blauviolette Körpergrundfarbe, die sich bis in die Caudalbasis hineinzieht. Kopf, Bauch sowie Rücken-, After- und Bauchflossen bleiben bordeauxrot. Sechs oder sieben kräftigrote Längsbinden ziehen über die Flanken und vereinigen sich am Ende des Schwanzstieles. Rücken- und Afterflosse tragen je eine blauviolette Längsbinde. Durch das rote Auge ziehen zwei goldene, parallellaufende Horizontallinien – sie begrenzen die Pupille oben und unten. Bei Einzelhaltung bleiben die Tiere oft scheu, brauchen aber auch im Pulk viele Verstecke. Eingewöhnung nicht einfach. Auch in Niedere-Tiere-Becken einzusetzen.

Stethojulis balteata (QUOY & GAIMARD)
Orangebinden-Gürtellippfisch

Eine Art, deren Farbphasen in der Wissenschaft zu einigen Fehlbestimmungen geführt haben, so daß man heute Namen wie *S. albovittata* (BONNATERRE) und *S. axillaris* (QUOY & GAIMARD) als Synonyme ansehen muß (TINKER, 1978), vielleicht auch *S. bandanensis* JORDAN & SEALE.
Die schön gefärbten Tiere, bei denen auf blaßviolettem Grund blaugrüne feine Längsbinden den Körper überziehen, zwischen denen in der Körpermitte eine ebenso orangefarbene Zone liegt, wie wir sie über dem Rücken

Der Leopard-Lippfisch *Macropharyngodon meleagris*   Tomey

finden, lassen sich in geräumigen Aquarien gut halten. Ihr natürlicher Lebensraum liegt in den Flachwasserzonen der Küstengebiete sowie in den oberen der Riffe. Ihre Verbreitung ist nur von den Gewässern um die Hawaii-Inseln sowie die etwa 1130 Kilometer WSW von Honolulu gelegene Johnston-Insel (ein Atoll von rund 25 Kilometer Umfang) bekannt.

Thalassoma bifasciatum (BLOCH)
Blaukopfjunker

Die Vertreter dieser Art sind im tropischen Westatlantik weit verbreitet: Von den Bermuda-Inseln im Norden über die Küsten und Riffe der Bahamas und vor Florida bis tief hinein in das Karibische Meer. Die Fische kommen dort in Scharen vor, und man kann sie in dem klaren Wasser schon vom Boot aus sehen. Blaukopfjunker werden etwa 15 Zentimeter lang und sehen in der Jugendfärbung ganz anders aus als die erwachsenen Tiere. Während die Weibchen und junge, noch nicht geschlechtsreife Männchen eine hellgelbe obere Körperhälfte und eine hellweiße Bauchpartie haben (die ersten mit roter Augenbinde), färben sich die Männchen mit zunehmendem Alter wunderschön um: Der Kopf wird blaugrün; hinter dem Brustflossenansatz liegen zwei schwarze Querbinden, die zwischen sich eine weiße, den Fisch umlaufende Zone einschließen. Der hintere Fischkörper ist gelbgrün; die gegabelte Schwanzflosse hat zwei dunkle äußere Säume. Bei Tieren dieser Art ist die Eingewöhnung zuweilen nicht einfach. Weil sie sehr schwimmfreudig sind, brauchen sie ein geräumiges Becken; darüber hinaus ein optimales Wasser.

Thalassoma lunare (LINNAEUS)
Mondsicheljunker

Von den hübsch anzuschauenden, meist in Längen um 6 Zentimeter eingeführten Jungtieren mit der violetten und grünen Zeichnung, deren Heimat im Roten Meer und im Indopazifik liegt, sollten sich interessierte Aquarianer nicht zum spontanen Kauf hinreißen lassen. Die Fische wachsen bei der üblichen guten Fütterung schnell und können dann 25−30 Zentimeter lang werden! Sie werden zwar im Aquarium ihre Maximallänge von etwas über 30 Zentimetern nicht erreichen, doch können auch annähernd so große Tiere in manchem Becken, das nicht für sie konzipiert ist, ungeahnten Schaden anrichten. Die tiefgegabelt erscheinende Schwanzflosse enthält in der Mitte einen halbmondförmigen gelbgefärbten weichen Flossenteil, welcher den Fischen dieser Art zu ihrem wissenschaftlichen Artnamen wie zu ihrem Populärnamen verhalf.

Jungtier von *Thalassoma lutescens*   Mayland

Thalassoma lutescens (LAY & BENNETT)
Zitronenlippfisch

Der Gelbe aus dem tropischen Pazifik wird meist in einer Länge von 6 Zentimetern eingeführt. Er behält aber weder sein gelbes Farbkleid (weshalb der Populärnamen nicht ganz korrekt ist), noch behält er diese Größe. Bei etwa 10 Zentimetern Länge ist der Fisch rötlichorange, und mit etwa 12−13 Zentimeter Länge bekommt er sein grüngrundiges Erwachsenenkleid. Leider habe ich Tiere dieser Größe noch nicht bewußt (!) gesehen, so daß ich keine genaue Beschreibung ihrer Färbung geben kann. Die Endgröße dieser Fische soll bei 20 oder 25 Zentimetern liegen. Sie gehören leider nicht zu den besonders haltbaren Arten, was die geringe Kenntnis erklären läßt.

Familie Papageifische (Scaridae)

Die Mitglieder dieser Familie zählen aus begreiflichen und folgend angegebenen Gründen nicht zu den begehrten Aquarienfischen. Lediglich Exemplare einer Art, die gelegentlich eingeführt werden, erfreuen sich einiger Beliebtheit. Auf sie möchte ich mich hier beschränken. Die Familie ist derzeit (nach den Revisionen von SCHULTZ [1969] und RANDALL & CHOAT [1980]) in die Unterfamilien Scarinae und Sparisomatinae aufgeteilt, von denen die erste 4 Gattungen mit etwa 53 Arten und die zweite 7 Gattungen mit rund 15 Arten umfaßt. Papageifische, die den Lippfischen verwandtschaftlich nahestehen und auch wie sie hauptsächlich mit den

Brustflossen schwimmen, haben – wie diese Verwandten – als Jungtiere und in beiden Geschlechtern verschiedene Farben. Da ist es leicht verständlich wenn man erfährt, daß die nach wissenschaftlichen Beschreibungen festgestellte Artenzahl (jetzt um die 70) vor der Schultz-Revision sich noch um 350 bewegte! Entsprechend schwer ist es auch heute noch, importierte Papageifische nach optischen Gesichtspunkten klar zu bestimmen. Scariden sind Nahrungsspezialisten, die sich auf Dauer auch in großen Schauaquarien nicht gut halten lassen. In ihrem natürlichen Lebensraum im Riff beißen sie oft Stücke aus den Korallen. Mit den (schnabelartig) zu Leisten zusammengewachsenen Zähnen ist das ohne weiteres möglich. Die Stücke werden dann mit den Schlundzähnen zermahlen. Dabei entsteht ein typisches Geräusch, das man unter Wasser gut wahrnehmen kann. Dem nun entstandenen Gemisch aus Korallensand, Algen und Korallenpolypen entnehmen die Fische die für sie verwertbare Nahrung; der Rest wird wieder über die Kiemen ausgestoßen. Es gibt auch Vertreter von Arten, die sich vorwiegend von Algen ernähren, oder solche, die Hartschalentiere knacken. Nahrungsspezialisten zu pflegen ist eine der schwierigsten Übungen in der Aquaristik überhaupt.

Cetoscarus bicolor (RUEPPELL)
Zweifarben-Papageifisch

Die vom Frankfurter Forscher Dr. Eduard RÜPPELL schon vor über 160 Jahren im Roten Meer entdeckte und im Jahre 1828 beschriebene Art gelangt gelegentlich in schöner Jugendfärbung in unsere Aquarien. Die Fische kommen darüber hinaus auch im Indischen und Pazifischen Ozean vor. Jungfische von 6–8 Zentimeter Länge haben eine noch beinahe reinweiße Körperfärbung, und die auffällige, breite und beiderseits schwarz gesäumte orangefarbene Kopfbinde ist schön anzu-

Cetoscarus bicolor, der im Aquarium gut haltbare Zweifarben-Papageifisch
Kahl

schauen. Im hinteren Bereich der vorderen Rückenflosse gibt es darüber hinaus noch einen schwarzen, orange gesäumten Fleck. Die aufmerksam erscheinenden Jungen mit den relativ großen Augen behalten diese Musterung jedoch nicht allzu lange bei. Wenn sie eine Länge von etwa 12 Zentimetern erreicht haben, kann man bereits ein Abdunkeln aller Orangefarben erkennen, und die Körperränder nehmen eine schwarze Tönung an. Nur die orangefarbenen Augen behalten ihre ursprüngliche Farbe. Mit einer Länge von 16–18 Zentimetern nimmt die dunkle Farbe ganz Besitz von den Tieren und die Binde geht dann in dieser Farbe unter. Wissenschaftlichen Angaben zufolge sollen die Fische eine Länge bis zu 60 Zentimetern erreichen.

Neu ins Aquarium gebracht, steht der junge Papageifisch erst einmal wie unschlüssig in einer Ecke: Ist es Vorsicht? Jedenfalls scheint er sich nicht recht zu trauen. Nach wenigen Tagen schon aber hat er sich eingelebt; dazu kommt sein großer Appetit. Nun muß ein Jungfisch sicher noch keine Korallenstücke abbeißen.

„Fische dieser Art können sicher auch kleinere, hartschalige Futtertiere knacken, an die sich kleinmäuligere Arten mit einem weniger gut ausgebildeten Gebiß nicht so schnell heranmachen", dachte ich und bot ihm tiefgekühlte Garnelen von 3–5 Zentimeter Länge und natürlich auch Muschelfleisch, Tiefkühl-Mysis, Rinderherz und einige Arten gefriergetrockneten Futters. Die ersten nahm er gierig – bei den letzten hielt er sich zurück. Ich überführte ein veraltges Stück astreicher Dekokoralle aus einem Nachbarbecken und legte es in sein 150 Zentimeter langes Becken, in dem ich ihn Chef sein ließ. Prompt machte er sich daran zu schaffen und biß tatsächlich laufend davon ab. Ich konnte sehen, wie ihm der Korallensand zwischen den Kiemen wieder herausrieselte. Im Verlauf der folgenden Wochen begann auf der gegenüberliegenden Beckenseite ein Sandhäufchen zu wachsen, von dem ich mir nicht erklären konnte, wie es dahingekommen sein könnte. Bis mich eines Tages meine Frau aufklärte und behauptete festgestellt zu haben, daß der Fisch hier seine Toilette hätte, und der Sand ihn an dieser Stelle aus seinem rückwärtigen Ausgang verlassen hätte. Kaum zu glauben! Aber: Meine Frau hatte richtig gesehen.

Familie Kieferfische/Brunnenbauer (Opistognathidae)

Aquarianer könnten meinen, diese Familie bestünde nur aus einer Art, denn andere Vertreter als der wohl hinreichend bekannte Brunnenbauer oder Goldstirnkie-

Brunnenbauer oder Goldstirnkieferfisch, *Opistognathus aurifrons* in Drohstellung

Kahl

ten. Brunnenbauer sind sehr abhängig von ihrer Höhle, und man soll ihnen deshalb noch vor ihrem Einsetzen in die für sie neue Aquarienlandschaft einige Plätze als Kies- oder Sandburgen von mindestens (!) 10 Zentimetern Schichthöhe herrichten, die sich ihnen dann am gewünschten Standort für ihre Grabearbeiten und Höhlen anbieten, in die sie sich dann später zurückziehen können. Das Einsetzen soll bei abgedunkeltem Aquarium geschehen. Verängstigte Kieferfische können panikartig durch das Aquarium schießen und sich dabei erheblichen Schaden zufügen. Weil die neu eingesetzten Tiere zuerst auf ihre Sicherheit bedacht sind und einen Platz suchen, an dem sie eine Höhle errichten können, ist eine sofortige Fütterung unsinnig. Erst wenn der Fisch dieses vorrangige Problem abgeklärt hat, den Kopf aus seinem Bau steckt und jeden vermeintlichen

ferfisch sind nie vom Handel angeboten worden. Die Familie umfaßt derzeit 3 Gattungen, *Opistognathus*, *Lonchopisthus* (= *Lonchistium*) und *Stalix*, mit insgesamt etwa 70 Arten (nach NELSON, 1984, und SMITH-VANIZ, 1974).

Bei Kieferfischen haben wir es mit relativ kleinbleibenden standortfesten Tieren zu tun, die mit einem großen Kopf und besonders kräftigen Oberkiefern ausgestattet sind. Ihr Maul läßt sich stark erweitern, so daß sie in der Lage sind, auch größere Beutetiere, wie bestimmte Fische, zu überwältigen. Meist jedoch ernähren sie sich von Krebstieren, wie sie im Plankton mitgetrieben werden. Brunnenbauer bauen sich in weichen Böden eine Wohnröhre, die sie mit Steinchen, Muschelschalen usw. verfestigen. Stehen sie vor ihrer Behausung im freien Wasser, so geschieht das in schräger oder vertikaler Stellung, wobei sie sich oft auf die abgewinkelte Schwanzflosse stützen. Wollen sie wieder das Höhleninnere aufsuchen, so schwimmen sie rückwärts hinein. Ihr Kopf ist also immer dem Höhleneingang zugewandt. Mit ihren relativ großen Augen beobachten sie aufmerksam die Umgebung. Von einigen Arten ist bekannt, daß sie ihre Nachkommen nach Maulbrüterart aufziehen.

Opistognathus aurifrons (JORDAN & THOMPSON)
Brunnenbauer oder Goldstirnkieferfisch

Die Bewohner des tropischen Westatlantiks und des angeschlossenen Karibischen Meeres können 10–14 Zentimeter lang werden. Beim Umgang mit diesen Fischen wird im Interesse der Tiere zur Vorsicht gera-

Kieferfische oder Brunnenbauer graben sich in ihrem natürlichen Lebensraum eine senkrecht verlaufende Höhle, die sich im unteren Teil verbreitert und gabelt. Um den oberen Eingangsteil abzusichern, wird der Sand mit Muschelschalen, Schneckenhäusern, kleinen Steinen, Korallenbruch und Ähnlichem verstärkt

Bleichner nach Eibl-Eibesfeldt

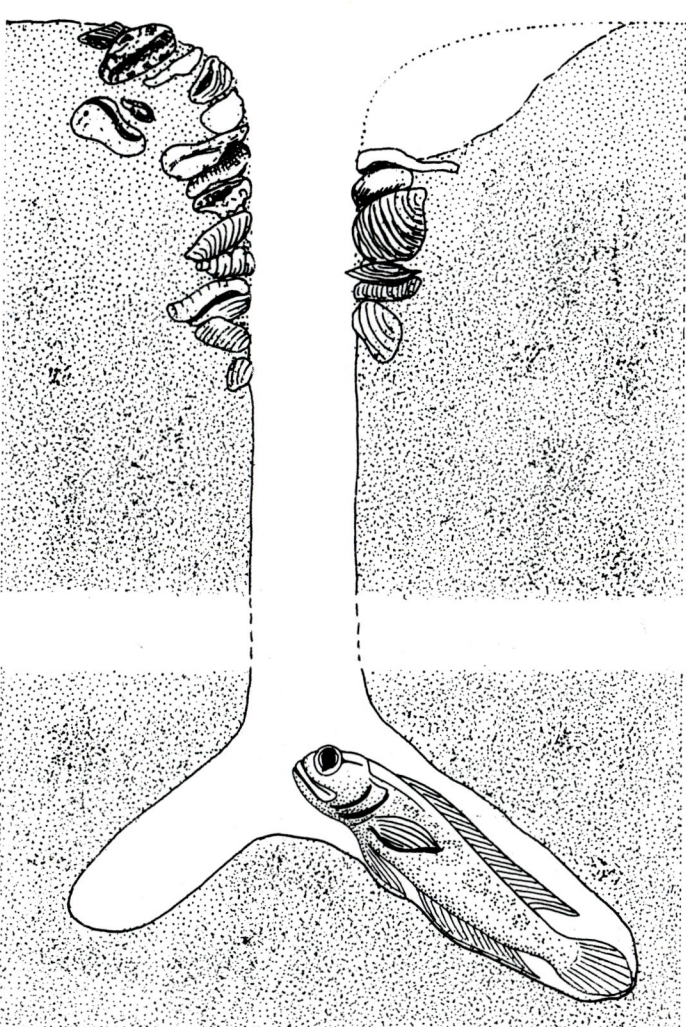

Gegner mit weitaufgerissenem Maul androht, kann man daran denken. Da sich die Tiere aber nie aus unmittelbarer Nähe ihrer ›Burg‹ fortbewegen, sollte gezielt gefüttert werden, wobei am ehesten lebende kleine Krebstiere akzeptiert werden. Später wird auch tote fleischliche Kost angenommen.

Bevor sich der Brunnenbauer abends zur Ruhe begibt, verschließt er den Eingang seiner Höhle mit einem Stein oder einem Korallenstückchen. Will man mehrere Tiere halten, so braucht man ein entsprechend geräumiges Becken, denn jedes Tier baut seine Behausung und braucht einen gehörigen Abstand von mindestens 20 Zentimetern zum Nachbarn, um dauernde Zankereien zu verhindern. Nur zum Zwecke der Fortpflanzung gibt es Besuche der Männchen in den Höhlen der Weibchen. Die Zucht konnte schon wiederholt beobachtet werden. Stimmen die Bedingungen für die Fische nicht, versuchen sie, das Revier zu wechseln und aus dem Becken (!) zu springen.

Familie Schleimfische (Blenniidae)

Eine äußerst gattungs- und artenreiche Familie, deren Unterteilung (NELSON, 1984) nicht in Unterfamilien, sondern Tribus vorgenommen ist. 53 Gattungen und etwas mehr als 300 Arten gehören ihr an. Der Körper von Schleimfischen ist nur schwach oder gar nicht beschuppt und wird von einer stärker ausgebildeten Schleimschicht (Name) geschützt. Meeresaquarianer können Schleimfische schon bei Urlauben am Mittelmeer kennenlernen, wo es auch eine Reihe attraktiv gefärbter Arten gibt, deren Vertreter jedoch leider in einem Aquarium mit tropischer Wasserwärme nicht lange aushalten. In der Systematik werden die Schleimfische in fünf Tribus aufgeteilt:

a) Salariini oder Lippenzähner
b) Blenniini oder Kammzähner
c) Omobranchini
d) Phenablenniini oder Falsche Kammzähner
e) Nemophini oder Säbelzähner.

Zu den Lippenzahn-Schleimfischen gehören so bekannte Gattungen wie *Cirripectes*, *Ecsenius* und *Exallias*. Ihre Zähnchen sitzen nicht in den Kiefern, sondern auf den Lippen, wie wir das auch von manchen aufwuchsfressenden Cichliden kennen. Auch sie sind Algenraspler und ernähren sich somit überwiegend vegetarisch.

Bei den Kammzahn-Schleimfischen sind die Zähnchen kammartig auf den Kiefern angeordnet. Dazu kommen

noch einige Hunds- oder Reißzähne. Ihre Nahrung ist gemischt. Von den dieser Gruppierung beigeordneten Gattungen ist *Blennius* die bekannteste.

Säbelzahn-Schleimfische haben ihren furchterregenden Namen von den säbelartigen, aus beiden Kiefern herausragenden Eckzähnen. Sie haben durchweg eine Schwimmblase und sind freischwimmend. Die bekanntesten Gattungen sind *Aspidontus* und *Meiacanthus*.

Blennius-Arten, wie wir sie aus dem Mittelmeer kennen, sind zu einem großen Teil Bodenfische ohne große Schwimmkünste, aber dennoch sehr schnell, wenn es darauf ankommt, fluchtartig im Versteck zu verschwinden. Bodenfische dieser Familie werden jedoch relativ selten eingeführt.

Wichtig im aquaristischen Sinne sind die Vertreter der Gattungen *Cirripectes* und *Ecsenius* sowie *Aspidontus* und *Meiacanthus*. Sie lassen sich im Aquarium durchweg gut halten, brauchen aber eine ausreichende Zahl von Verstecken. Ob Bodenbewohner oder nicht, auch ihre Waffen wissen sie zu gebrauchen. Sie können entweder

Einige Kopfstudien von gelegentlich eingeführten Vertretern einiger Schleimfischverwandter (Blenniidae). Oben: *Plagiotremus (Runula)*; Mitte: *Aspidontus*; unten: *Meiacanthus*. Deutlich erkennt die aktive oder passive Bewaffnung der Tiere   Bleichner nach Munro

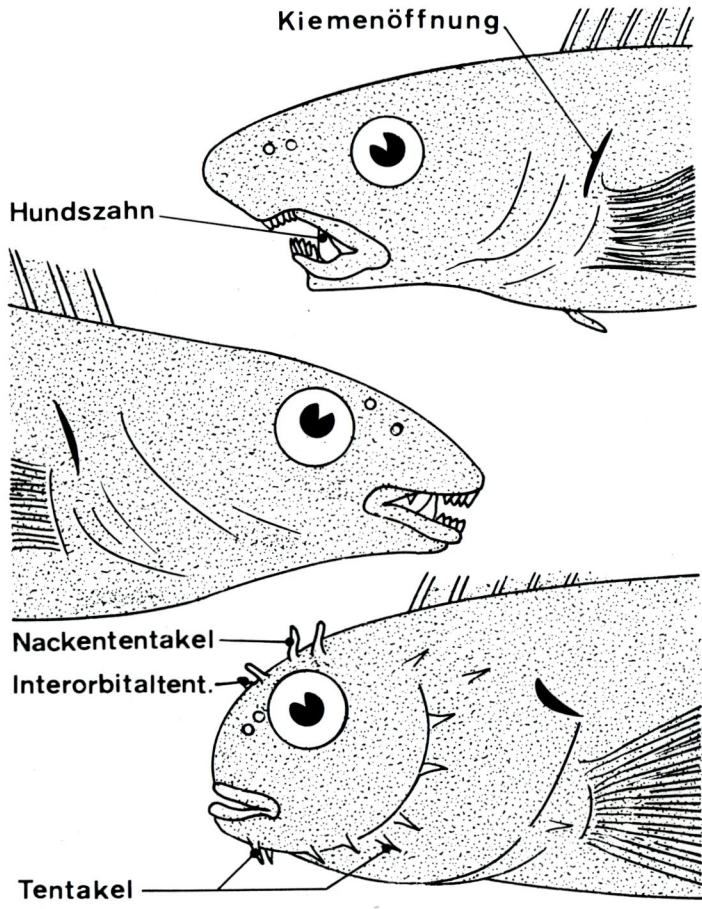

Kiemenöffnung

Hundszahn

Nackententakel
Interorbitaltent.

Tentakel

stechen oder beißen. So haben beispielsweise Vertreter der Gattung *Meiacanthus* Eckzähne, die mit Giftdrüsen in Verbindung stehen, mit denen sie sich selbst gegenüber großen Räubern zu wehren wissen und Menschen immerhin schmerzhafte Verletzungen beibringen können. Vertreter anderer Gattungen (*Aspidontus, Plagiotremus* und weitere) greifen – getarnt oder ungetarnt – fremde Fische an und beißen ihnen Stücke aus der Haut oder den Schuppen. Solche Schuppenfresser kennen wir übrigens auch aus dem Süßwasser.

Aspidontus taeniatus QUOY & GAIMARD
Putzer-Nachahmer

Er ist in der Mimikry vom *Labroides dimidiatus* im Roten Meer ebenso bekannt wie im Indischen und Pazifischen Ozean und kann 10–12 Zentimeter lang werden. Der bekannte und in der einschlägigen Literatur oft erwähnte Putzer-Nachahmer hat nicht nur die Färbung seines friedfertigen Vorbildes, er imitiert auch dessen wippende Schwimmweise! Weil aber der falsche Blauweiße mit regelrechten Reißzähnen ausgestattet ist und von ihnen auch Gebrauch zu machen versteht, sollte man ihn gar nicht erst erwerben. *A. taeniatus* unterscheidet sich vom echten Putzer durch sein leicht unterständiges und tiefer eingeschnittenes Maul (Zeichnungen siehe Seite 269).

Cirripectes lineopunctatus STRASBURG
Wangenfleck-Schleimfisch

Ein einfach gefärbter Pflegling, der eine dunkelbraune Grundfärbung hat und eine Reihe hellbrauner Flecke an den Kopfseiten. Auf den Flanken erkennt man Reihen sehr feiner weißer oder gelber, schwarz gesäumter Tüpfel. Die auffällig zweigeteilten hohen Rückenflossen haben im vorderen Bereich 12 Stacheln, von denen der erste verlängert ist. Die nicht länger als 8 Zentimeter werdenden Felsenbewohner findet der Schnorchler schon in sehr geringer Tiefe der Küstengewässer. Ihre Verbreitung ist auf die Gewässer um die Hawaii-Inseln und Johnston-Island beschränkt.

Cirripectes obscurus (BORODIN)
Hawaiianischer Tüpfelschleimfisch

Sicherlich ist der Name für diese schönen Tiere (*obscurus* = dunkel) nicht gut gewählt, und er entstand, weil der Alkohol dem präparierten Tier die Farbe nahm. Die Männchen der kleinen bulligen Hawaiianer mit dem beinahe unterständigen Maul und der zweigeteilten Rückenflosse haben zwar eine rußige Roséfärbung, aber

ihre Partnerinnen schimmern in herrlichen Goldorangetönen. Die Tiere beiderlei Geschlechts sind mit weißen Tüpfeln überdeckt. Ihre vordere Dorsale ist rußig schwarz. Die Fische kommen über felsigem Grund in 6–8 Metern Tiefe vor und erreichen eine Länge von etwa 12 Zentimetern.

Ecsenius bicolor (DAY)
Zweifarben-Schleimfisch

Der etwa 10 Zentimeter lange Bewohner des Indopazifiks hat einen rußigschwarzen Vorderkörper und eine orangegelbe hintere Körperhälfte. Empfehlenswerte Aquarienpfleglinge, die man am besten paarweise pflegt. Männliche Tiere sind größer. Braucht Verstecke. Vorsicht bei Vergesellschaftung, da starke innerartliche Aggression.

Ecsenius frontalis EHRENBERG
Rotschwanz-Schleimfisch

Im Gegensatz zu den Fischen der vorgenannten Art erscheint ihr gesamter Körper normalerweise tomatenrot, und der Vorderkörper wie schwarz überpudert (die rötlichen Töne schimmern durch). Die Bewohner des Roten Meeres werden 8–10 Zentimeter lang und sind, ähnlich wie vorher geschildert, gut im Aquarium zu halten.

Ecsenius pulcher (MURRAY)
Felsen-Schleimfisch

Der Vorderkörper der Fische ist mausgrau, ihr Hinterkörper meist goldgelb und von unregelmäßig breiten grauen Querbinden überlagert, wobei der Schwanzstiel bei den meisten Exemplaren ohne Binden bleibt. Die aus dem westlichen Teil des Indischen Ozeans bekannte Art hat anpassungsfähige Vertreter, die im Aquarium eine Länge von 8–10 Zentimetern erreichen können.

Exallias brevis (KNER)
Leopard-Schleimfisch

Die Vertreter der auch unter dem Synonym *Salarias (Cirripectes, Exallias) leopardus* DAY bekanntgewordenen Art aus dem Roten Meer, dem Indischen und Pazifischen Ozean könnte der Aquaristik herrliche Pfleglinge von rund 10 Zentimetern Länge zur Verfügung stellen. Leider aber hat es sich gezeigt, daß die weißgrundigen, über und über rostrot gepunkteten Einzelgänger Nahrungsspezialisten sind, deren langfristige Haltung einige Probleme bereitet. Die interessanten

275

Schleimfische mit der flachen Stirn und der Tentakel-krone brauchen ein weiträumiges, sehr hell beleuchtetes, durch Aufbauten stark gegliedertes Becken und ruhige Mitbewohner. Es wird vermutet, daß die Tiere spezialisierte Algenvertilger sind, die aber dank der darin lebenden Mikrowelt auch fleischliche Kost zu schätzen wissen. Woran es aber liegt, daß die Haltbarkeit der Tiere im Aquarium mehrere Monate nicht überschreitet, konnten meine Freunde und ich noch nicht herausfinden.

Meiacanthus atrodorsalis ovalauensis (GUENTHER, 1880) Kanarien-Blenni

Dieser dottergelbe Fisch ist eine Zierde in jedem Aquarium. Obgleich nicht länger als 10 Zentimeter, ist er doch wegen seiner intensiv gelben Färbung, der langgestreckten Form und dem Schwalbenschwanz eine kleine Attraktion, wie übrigens auch noch einige weitere seiner Verwandten. Beim Fang oder dem Griff nach den Fischchen im Netz ist jedoch Vorsicht geboten (muß ja auch nicht sein!), weil sie kräftig zubeißen können und das abgegebene Gift in der Wunde schmerzt. Die Haltung der Fische ist indes nicht schwer. Sie nehmen auch schwebendes Futter, denn sie sind, im Gegensatz zu Verwandten aus anderen Gattungen, ausgezeichnete Dauerschwimmer. Zur Schreibweise des Unterartnamens: Bei dem in der Literatur oft falsch geschriebenen Namen wurde hier die von SMITH-VANIZ (1976, S. 103) verbesserte Form angewendet.
Die Stammform dieser Art, *M. a. atrodorsalis*, ist vom selben Autor (1877) beschrieben worden. Bei diesen Fischen ist jedoch nur der Hinterkörper gelb, der Vorderkörper graublau gefärbt. Eine diagonale schwarze Binde zieht durch die Augen (dort weiß gesäumt) und weiter zur Basis des vordersten Dorsalstachels. Von hier liegt sie als weiß gesäumtes Längsband im Basisbereich der gesamten Rückenflosse. Beide Formen kommen in den Gewässern um den indoaustralischen Archipel und des Pazifiks vor und werden meist von den Philippinen eingeführt.

Meiacanthus grammistes (VALENCIENNES) Zebra-Blenni

Wie alle Vertreter der Gattung torpedoartig gestreckt. Auf reinweißem bis gelblichweißem Körpergrund liegen über Kopf und Körper drei schwarze Längsbinden, deren Breite variabel ist. Die oberste, über dem Rükkenfirst liegende Binde beginnt auf der Oberlippe, zieht durch die Dorsalbasis und endet vor dem Ansatz der

Meiacanthus atrodorsalis ovalauensis, der Kanarien-Blenni   Mayland

Schwanzflosse. Geschlechtsunterschiede sind in Bauch- und Schwanzflossen gut feststellbar und beispielsweise bei erwachsenen Männchen in Verlängerungen der äußeren Schwanzflossenlappen zu erkennen. Die Verbreitung der Tiere reicht von den Gewässern um den indoaustralischen Archipel über die Philippinen und das südchinesische Meer bis Südjapan (Ryukyu-Inseln) einerseits und zu den Salomonen andererseits. Im Aquarium gut zu halten.

Meiacanthus nigrolineatus SMITH-VANIZ Gelber Rauchkopfblenni

Eine Art, für die es in Form und Färbung zwei Doppelgänger gibt: *Ecsenius graveri* (PELLEGRIN) und *Plagiotremus townsendi* (REGAN), beide aus derselben Familie, wobei sich jedoch die Frage stellt, wer wen imitiert. Zudem ist auch eine Übereinstimmung in der Grundfärbung mit der vorher genannten Stammform (*M. a. atro-*

Meiacanthus grammistes, der Zebra-Blenni   Kahl

276

Meiacanthus mossambicus, der Gelbschwanz-Blenni   Mayland   *Meiacanthus smithi*, Smith's Säbelzahnblenni   Mayland

dorsalis) festzustellen. Die Grundfärbung aller Fische ist gleich: Kopf, Nacken, Schultern und Bauch sind rauchblau. Der hintere Körper zeigt eine blasse Gelbtönung. Bei *M. nigrolineatus* und *E. graveri* liegt in jeder Dorsalmembrane ein rechteckiger, aufrechtstehender Fleck, und von den Augen aus zieht eine feine schwarze, leicht gebogene Längsbinde etwa bis zum Ende der rauchblauen Zone. Außer den genannten Dorsalflecken sind alle Flossen transparent und haben gelbliche Strahlen. Die Heimat der Fische liegt ausschließlich im Roten Meer; ihre Länge beträgt maximal 8 Zentimeter. Im Aquarium gut haltbar.

Meiacanthus mossambicus J. L. B. SMITH
Gelbschwanz-Blenni

Ein gern gesehener Gast von der Ostküste Afrikas und den Küsten Madagaskars, der etwa 9 Zentimeter lang wird und im Aquarium ein guter und ausdauernder Pflegling ist. Sein Körper ist hell- bis mittelgrau, die langgezogene Rücken- und Afterflosse sind dunkler, und die tief gegabelte Schwanzflosse hebt sich gut dottergelb ab (Foto).

Meiacanthus smithi KLAUSEWITZ
Smith's Säbelzahnblenni

Zu Ehren des südafrikanischen Ichthyologen benannt, wurde die Art erst 1961 beschrieben. Die kleinen Fische erreichen eine Länge von nur 6 bis 7 Zentimetern und haben im östlichen Teil des Indischen Ozeans (von den Malediven über Thailand bis in die Java-See) eine weite Verbreitung. Für die aquaristische Haltung — auch in einem Wirbellosen-Aquarium — sind sie, besonders paarweise, sehr gut geeignet. Geschlechtsunterschiede lassen sich gut an den größer entwickelten Bauchflossen der männlichen Tiere feststellen.

Plagiotremus rhinorhynchos (BLEEKER)
Blauweißer Schuppenfresser

Runula JORDAN & BOLLMANN, 1890, ist ein Synonym von *Plagiotremus* GILL, 1865. Diese Art ist ihr aquaristisch namentlich wohl bekanntester Vertreter. Nicht, daß die Tiere häufig gepflegt würden! Sie finden wegen ihrer Untauglichkeit als Schuppenfresser stets in einschlägiger Literatur Erwähnung. Die Fische sind weit verbreitet vom Roten Meer über den Indischen und Pazifischen Ozean und werden bis etwa 10 Zentimeter lang. Wie ihre *Meiacanthus*-Verwandten haben auch sie eine durchgehende lange Rücken- und eine ebenfalls langgestreckte Afterflosse. Über den schwarzbraunen Körpergrund ziehen zwei blaue Längsbinden vom Vorderkopf zum Ende des Schwanzstiels. Flossen gelblich. Ist im Aquarium zwar gut zu halten, beißt jedoch nicht nur seine Mitbewohner, sondern auch in Hand oder Arm des Pflegers.

Familie Leier- oder Spinnenfische (Callionymidae)

Vertreter der Leier- oder Spinnenfische sind oft recht bunt, werden aber nur in beschränkter Artenzahl eingeführt. Die Wissenschaft kennt 10 Gattungen mit etwa 130 Arten, die im Indopazifik beheimatet sind. Bekannteste Gattung ist *Synchiropus*, aber selbst davon wurden erst drei Arten eingeführt und bekannt. Die letzte mir bekannte Revision stammt von FRICKE (1981).

Die meisten Leierfische sind äußerst bunt. Sie führen nicht nur im Aquarium, sondern auch in ihrem natürlichen Biotop ein verstecktes Leben. Ihr Körper ist gestreckt, und von allen mir bekannten Leierfischen haben die Vertreter der erwähnten Gattung noch die gedrungenste Körperform. Von den beiden Rückenflossen ist die erste hartstrahlig und recht kurz; bei männlichen Tieren ist sie deutlich ausgeprägter – meist ist der vorderste Stachel verlängert. Auch die Schwanzflosse ist bei Männchen größer. Beim Schwimmen werden die Bauchflossen wie Segel benutzt.

Synchiropus marmoratus (PETERS)
Marmorierter Leierfisch

Die 11–13 Zentimeter langen Fische haben einen grau marmorierten Körper und eine schwarzgraue 1. Rücken- und Afterflosse. Kräftig rosa sind Kehle, die großen Brust- und die Ränder der Bauchflossen. Die 2. Rückenflosse und die Schwanzflosse sind auf rosa Grund schwarzgrau getüpfelt. Heimat ist der Indische Ozean.

Synchiropus ocellatus (PALLAS)
Segel-Leierfisch

Die kleinen graubraunen und bei flüchtigem Hinsehen in der Farbe unscheinbar wirkenden Fischchen sind vor allem auf Tarnung bedacht und daher nicht gleich als Farbwunder zu erkennen. Sie wurden bereits im Jahre 1770 wissenschaftlich beschrieben. Befaßt man sich jedoch mit den kleinen Pfleglingen intensiver, so stellt

Synchiropus ocellatus, der Segel-Spinnenfisch (♂) mit der hochgestellten Rückenflosse in Imponierstellung   Mayland

Synchiropus picturatus, der Clown-Zwergleierfisch   van den Nieuwenhuizen

man bald fest, daß sie sehr interessante kleine Individualisten sind, und erst dann, wenn die Männchen ihr Imponiergehabe beginnen und ihre großen Rückenflossen hochrecken, erkennt man, wo ihre Pracht sitzt. Die Fische werden nur 6–7 Zentimeter lang und brauchen eine alteingerichtete Aquarienlandschaft mit vielen bewachsenen Steinen. Hier eingesetzt, fressen sie sich erst einmal den Bauch voll, und der Pfleger merkt gleich, was den Fischchen seit langem gefehlt hat. Natürlich sind nicht nur Algen die Nahrung der Fische. Vielmehr lieben sie alle Krebs- oder auch Wurmartigen und sind auch im Probieren neuer Kost nicht scheu.

Die männlichen Tiere kommen oft dann nahe an die Aquarienscheibe heran, wenn man ihnen einen kleinen Hügel errichtet, so daß sie sie hinaufschwimmen und ihr Spiegelbild in der Scheibe sehen können. Dann wird sofort die segelförmige Rückenflosse hochgestellt (Foto). Ähnliche Situationen ergeben sich auch, wenn sich zwei Männchen begegnen. Ernste Kämpfe konnte ich dabei allerdings nie feststellen: Es bleibt beim Drohen. Derart gereizte Tiere ändern beim Drohen oder Balzen die angepaßte Körperfärbung. Der Kopf wird dann ganz dunkel und ist mit leuchtenden Punkten und Strichen übersät. Die aus dem Indopazifik stammenden Leier- oder Spinnenfische sollen nur von Fortgeschrittenen gepflegt werden, sind aber allgemein gut haltbar.

Synchiropus picturatus (PETERS)
Clown-Leierfisch

Die nur 5–6 Zentimeter langen und mit runden und ovalen bunten Flecken überdeckten Fische (Foto) kommen aus den Gewässern um den indoaustralischen

Synchiropus splendidus. Das männliche Tier erkennt man am lang ausgezogenen ersten Strahl der Rückenflosse

Mayland

Archipel. Die nur selten eingeführten Tiere sind sicher auch in ihrem natürlichen Lebensraum nicht häufig anzutreffen. Haltung und geschlechtliche Unterscheidung, wie in der Familienbeschreibung angegeben.

Synchiropus splendidus (HERRE)
Mandarinfisch

Lange vor seinem Erscheinen auf dem aquaristischen Markt gehörten diese Tiere zu den ›Traumfischen‹ vieler interessierter Liebhaber. Inzwischen werden sie häufiger angeboten. Ihre Heimat sind die Gewässer um den

indoaustralischen Archipel und die Philippinen, von wo sie meist eingeführt werden. Der Kiemendeckel trägt einen Dorn. Geschlechtliche Unterscheidung ist einfach, man kann sie meist allein schon an der unterschiedlichen Größe der Tiere erkennen: Die Männchen sind größer und tragen den erwähnten verlängerten ersten Rückenflossenstrahl, wie bei ihnen die gesamte Beflossung ausgeprägter erscheint. Wegen ihres kleinen ›Kußmaules‹ können die Tiere nur entsprechend kleine

Mandarinfische (*S. splendidus*, ♂ rechts) kann man besonders gut paarweise pflegen
Mayland

Nahrung aufnehmen. Darüber hinaus brauchen sie eine ausgewogene, abwechslungsreiche Ernährung, in der vor allem Krebsartige nicht fehlen dürfen. Mandarinfische schwimmen äußerst ungern weiter als nötig ins freie Wasser des Aquariums hinaus. Ich konnte wiederholt beobachten, daß sich in einem Becken, in welchem dem dominierenden Männchen mehrere Weibchen zugesellt waren, ein Paar bildete. Nach Art der Leierfische wurden mit Einsetzen der Dämmerung (von der die Fische in diesem Fall Notiz zu nehmen schienen) Balztänze aufgeführt, wobei beide Tiere, sich gegenseitig umschwimmend, der Wasseroberfläche entgegendrehten. Hier verharrten sie eine Weile, umschwammen sich erneut und sanken darauf wieder zum Boden ab. Dieses Verhalten wiederholte sich mehrere Male. Eiablagen konnten nicht festgestellt werden und wurden möglicherweise auch nur sehr versteckt vorgenommen.

Synchiropus stellatus J. L. B. SMITH
Sternenleierfisch

Eine schön gefärbte Art, deren Verbreitung vom südwestlichen Indischen Ozean bis Sri Lanka (Ceylon) bekannt ist. Der Körper männlicher Tiere hat eine durchgehende Roséfärbung (Weibchen weißlich mit rotem, sternförmigem Muster auf Körper und Flossen) mit sternförmigen rostroten Flecken und eine auffällig hohe erste Rückenflosse, die auf beigem Grund ein

Muster aus braunen Binden mit einem Ocellus (Augenfleck) in der Mitte zeigt. Männchen werden 6–8 Zentimeter lang; Weibchen bleiben kleiner.

Familie Schläfergrundeln
(Elcotrididac [Eleotrididae])

Eine Familie, der 40 Gattungen mit derzeit 150–250 Arten (die Angaben differieren stark!) angeschlossen sind. Zu den bekannten Aquarienpfleglingen gehören Vertreter der Gattungen *Nemateleotris* (Schwertgrundeln), *Ptereleotris* (Torpedogrundeln) und *Valenciennea*. Schläfergrundeln sind mit den Meergrundeln (Gobiidae) eng verwandt, ihre Bauchflossen sind jedoch noch nicht zu einer Saugscheibe zusammengewachsen, wie das bei den Gobiiden der Fall ist. Die Auffassung über die Zugehörigkeit einiger Gattungen zu den Familien (zum Beispiel *Valenciennea*) ist uneinheitlich.
Wir kennen Arten, die ständig aufsitzen, und andere, die freischwimmend und meist an festen Standorten im Wasser ›stehen‹, um hier vorbeidriftendes Plankton zu erhaschen. Die Grundeln sind starke Fresser, und der Pfleger muß sehen, daß sie genügend Nahrung aufnehmen können, weil sie sonst regelrecht verhungern. Sie brauchen im Aquarium viele Schlupfwinkel – am besten in Bodennähe.

Nemateleotris decora RANDALL & ALLEN
Pracht-Schläfergrundel

Diese, in der Aquaristik relativ neue Grundel ist eine wesentliche optische Bereicherung auch für das Leben im Niedere-Tiere-Becken. Dabei benötigt sie nicht, wie verschiedene andere Vertreter dieser Familie, besonders geräumige Aquarien, wohl aber viele kleine enge Verstecke, in die sich die Tiere bei Gefahr zurückziehen

Nemateleotris decora   Mayland

280

Nemateleotris magnifica, die Feuer-Schläfergrundel   Kahl

können. Mit einer Länge von 6–8 Zentimetern sind sie ausgewachsen. Sie stammen aus dem zentralen Pazifik und sollten paarweise gepflegt werden.

Nemateleotris helfrichi RANDALL & ALLEN
Purpur-Schläfergrundel

Auch diese schönen Schläfergrundeln haben ihren Lebensraum im Zentralpazifik (von den Gesellschaftsinseln bis etwa zu den Karolinen) und werden etwa 6–8 Zentimeter lang. Bei ihnen ist der gesamte Körper purpurfarben (= rotviolett), wobei die kräftigeren Töne in der vorderen Körperhälfte liegen und zur Schwanzflosse in beige Töne übergehen. Durch das kräftige Goldgelb um die Augen und der zwischen den Augen liegenden tintenblauen Binde erscheint der Kopf wie in Glut getaucht. Sicherlich ähnlich gut zu halten wie die Tiere der folgenden Art; wurde bisher aber noch wenig eingeführt.

Nemateleotris magnifica FOWLER
Feuer-Schläfergrundel

Der Indische und der Pazifische Ozean sind die Verbreitungsgebiete dieser schönen und aquaristisch weit verbreiteten Schläfergrundel. Die Tiere werden 7–9 Zentimeter lang und stehen meist paarweise frei im Wasser. Bei Gefahr verschwinden sie blitzschnell, indem sie sich in den Sandboden eingraben. Dort bauen sie auch höhlenartige Gänge und verfestigen sie mit groberem Mate-

rial. Artgleiche und gleichgeschlechtliche Tiere bekämpfen sich, wenn das Becken nicht weiträumig genug ist (Revierverhalten). In großen Becken gibt es dagegen keine Probleme. Gut mit Blumentieren zu pflegen. Bevorzugte Kost: Krebsartige (Artemia, Cyclops, Daphnia, Mysis usw.). Unter den angegebenen Voraussetzungen gut zu halten.

Ptereleotris evides (JORDAN & HUBBS, 1925)
Scherenschwanz-Schläfergrundel

Wir haben sie jahrzehntelang unter dem Namen *P. tricolor* SMITH, 1956, gekannt, aber dieser Name ist jetzt ein Synonym, weil der ältere Priorität hat. Für die Haltung dieser schönen Fische (Foto) gilt Ähnliches, wie für die vorgenannte Art angeführt wurde. Man soll die Tiere möglichst paarweise erwerben und nicht in zu kleine Becken geben. Ihr Verbreitungsgebiet zieht sich über den gesamten Indopazifik, und die Tiere erreichen eine Länge von 12–14 Zentimetern.

Ptereleotris hanae (JORDAN & STARKS)
Grüne Neonschläfergrundel

Die Riffwelt um große und kleine Inseln von Sri Lanka (Ceylon) über die im indoaustralischen Archipel bis zu den Philippinen bilden den bisher bekannten Lebensraum dieser in den letzten Jahren häufiger eingeführten gestreckten Grundel. Ihr durchgehend hellolivgrünes Farbkleid wird in der unteren hinteren Körperhälfte von

Ptereleotris evides, die Torpedo- oder Scherenschwanzgrundel   Kahl

einer blaßgoldenen Längsbinde durchzogen. Über Kopf (Stirn, Nacken, Wangen) liegen bläulich und grünlich irisierende Farbzonen. Das besondere Merkmal, mit dem sich diese Art etwa von ebenfalls grünen *P. microlepis* unterscheidet, sind Filamente der äußeren Schwanzflossenstrahlen, die bei aufgespannter Flosse wie lange Krallen erscheinen. Länge 12–14 Zentimeter. Haltung, wie bei *P. evides* angegeben.

Ptereleotris heteroptera (BLEEKER)
Schwarzschwanz-Schläfergrundel

Dieser für Vertreter der Art weltweit verwendete Name ist irreführend, denn die rötlichblaue Schwanzflosse trägt nur im Zentrum einen kräftigschwarzen Fleck. Die Bewohner des Indopazifiks haben die sehr gestreckte Körperform ihrer Verwandten, eine silbrig/blauirisierende Körperfärbung, über der ein rötlicher Schimmer liegt. Die langgezogenen Flossen sind transparent – ebenfalls mit rötlichem Schimmer. Länge 12–14 Zentimeter. Haltung, wie vorher angegeben.

Ptereleotris microlepis (BLEEKER)
Blaugrüne Schläfergrundel

Körper und Flossen dieser Schläfergrundeln sind zart blaugrün gefärbt. Die Tiere sind weit über den Indopazifik verbreitet und erreichen eine Länge von 12–14 Zentimetern. Haltung, wie bei *N. magnifica* angegeben. Auch für den Einsatz in Niedere-Tiere-Becken zu empfehlen.

Ptereleotris zebra (FOWLER)
Zebra-Schläfergrundel

Diese außerordentlich schön gemusterten Fische werden etwa 12 Zentimeter lang. Sie sind im Indischen und im Pazifischen Ozean verbreitet und werden hauptsächlich von den Philippinen eingeführt. Bei paarweiser Haltung oder in einer noch größeren Gruppe fühlen sich die Tiere in einem geräumigen Becken am wohlsten. Fütterung mit Krebstieren. Sehr gut auch für die Haltung im Niedere-Tiere-Becken geeignet!

Valenciennea helsdingenii (BLEEKER)
Schwanzbinden-Schläfergrundel

Nur relativ selten werden diese schönen Tiere eingeführt. Auf weißlich rosa Körpergrund ziehen zwei schwarze, beiderseits rot gesäumte Längsbinden vom oberen Kopf (die obere durch die Augen) über die Flanken, durch die gelbliche Schwanzflosse und enden

in zwei Filamenten dieser Flosse. Die Rückenpartie der Tiere ist etwas abgedunkelt. Auf der vorderen gelblichen Rückenflosse liegt oben ein auffälliger schwarzer, zum Flossenrand hin weiß gesäumter Fleck; er ist in der zweiten Dorsale nur noch als schwarzer Saum erkennbar. Die ebenfalls gelbliche Afterflosse trägt einen rötlichen Saum. Die Fische bewohnen Riffgebiete in Tiefen zwischen 1–30 Metern und sind weit über den tropischen Indopazifik verbreitet. Größte bekannte Art mit Längen von 20–22 Zentimetern. Haltung, wie bei *P. zebra* angegeben.

Valenciennea strigata (BROUSSONET)
Goldkopf-Schläfergrundel

Mit einer Länge von 14–16 Zentimetern werden die Vertreter dieser Art etwas größer als die meisten ihrer genannten Verwandten. Die silbrigweißen Fische haben eine goldorangefarbene Kopfpartie, auf der besonders das große dicklippige Maul und die großen aufmerksamen Augen auffallen. Vom Maulwinkel zieht eine kurze hellblaue, schwarz gesäumte Binde zum Rand des Kiemendeckels, die den Fischen zu ihrem Namen verhalf. Die Schwanzflosse ist rötlich (Foto). Wie ihre Verwandten bauen auch diese Grundeln röhrenartige Verstecke in den Sandboden unter Steinen. Sie bleiben stets scheu und stehen bei paarweiser Haltung meist vor ihrem Versteck. Von den angebotenen Futterarten bevorzugen sie Krebstiere. Gut haltbar in geräumigen Becken. Oft empfindlich, aber vorteilhaft im Niedere-Tiere-Becken.

Die Zebra-Schläfergrundel *Ptereleotris zebra*　　Mayland

Die Goldkopf-Schläfergrundel *Valenciennea strigata*   Kahl

Familie Meergrundeln (Gobiidae)

Die Bezeichnung ›Meergrundeln‹ ist allgemein gebräuchlich, doch verwirrend, denn eine ganze Reihe von ihnen kommen nicht nur im Brack-, sondern auch in reinem Süßwasser vor. Im Gegensatz zu den Arten der vorgenannten Familie sind bei diesen die Bauchflossen normalerweise zu einer Saugscheibe zusammengewachsen. Es gibt aber Meinungsunterschiede über die Zuweisung bestimmter Gattungen (zum Beispiel *Namateleotris/Ptereleotris*) zu dieser oder der vorgenannten Familie. Ich habe mich hier an das vorgegebene System gehalten. Für diese Familie sind 200−220 Gattungen mit (mehr oder weniger) 2 000 Arten ausgewiesen – die Schlammspringer (Periophtaminae) eingeschlossen.

Grundeln sind oft, wie Schlammspringer, am Boden lebende Individuen, die küstennahe seichte Gewässer in allen tropischen und subtropischen Meeren bewohnen. Man darf allerdings diese, oft wie ein Vorurteil vertretene Meinung nicht verallgemeinern, denn eine ganze Reihe Vertreter aus der großen Artenzahl lebt nicht so stark bodengebunden, wie es den Anschein haben mag. Eine Gruppe von bunten Arten aus unterschiedlichen Gattungen (*Amblyeleotris*, *Cryptocentrus* und andere) lebt in Gemeinschaft mit Garnelen (*Alpheus*). Die Nahrungsansprüche aller Grundeln sind meist auf Krebsartige ausgerichtet. Wie bei den vorher genannten Schläfergrundeln leben auch bei den Meergrundeln viele paarweise, wobei meist die männlichen Tiere größere und ausgeprägtere Flossen vorweisen können und dar-

über hinaus kräftiger gefärbt sind als ihre Partnerinnen. Wegen der hohen Gattungs- und Artenzahl, welche die Familie zur umfangreichsten der Fischwelt macht, kann es in der Bestimmung und Eingliederung immer einmal zu bereits erwähnten Unstimmigkeiten in der Auffassung der Wissenschaftler kommen.

Gobiodon citrinus (RUEPPELL)
Zitronengrundel

Ein kleiner, aber durch seine auffällig zitronengelbe Färbung gern gesehener Gast aus dem Roten Meer und dem Indopazifik. Die Tiere werden nur 4 (♀♀) bis 6

Gobiodon citrinus, die Zitronengrundel   Kahl

(♂♂) Zentimeter lang. Man findet sie im Riff gelegentlich zwischen den Ästen von *Acropora*-Korallen. Die Zitronengrundel hat nicht die für die meisten Grundeln bekannte gestreckte Gestalt. Ihr Körper ist weitaus gedrungener. Auf Kopf, Körper und Flossen des durch und durch gelben Fisches mit der zweigeteilten Rückenflosse gibt es nur einen Punkt, der eine andere Färbung hat: die schwarze Iris. Bei einigen Tieren erkennt man dazu einige vertikale blaue Linien nahe den Augen oder im Bereich der Kiemendeckel. In gut eingerichteten geräumigen Becken (auch mit Blumentieren) lassen sich diese Grundeln, am besten paarweise, gut unterbringen und sind dann friedlich und ausdauernd. Gelegentlich kommt es zu Laichakten.

Gobiodon rivulatus (RUEPPELL)
Gerippelte Korallengrundel

Bei dieser, im Indischen Ozean und im Westpazifik verbreiteten Art werden die Männchen nur bis zu 5 Zentimeter lang und sind in der Körperform ähnlich bullig gebaut wie die Vertreter der vorgenannten Art. Die Tiere kommen in unterschiedlichen Grundfärbungen von olivgrün, mittelbraun bis dunkelbraun vor. Ihr ›Markenzeichen‹ ist jedoch stets ein darüberliegendes Muster aus roten oder rötlichen Strichen und gerundeten Liniengebilden auf Kopf und Körper, zu denen sich zuweilen auch leicht gewellte, vertikal angeordnete himmelblaue kurze schmale Binden auf den Wangen gesellen können. Die schönen Vertreter dieser Art werden leider noch wenig eingeführt, dürften aber ebenso gut zu halten sein wie die der vorgenannten.

Gobiosoma oceanops (JORDAN)
Neon- oder Putzergrundel

Die oft in noch besonders kleinen Größen von nur 2–3 Zentimetern eingeführten Tiere (erwachsen können sie 6–8 Zentimeter lang werden) stammen aus den Riffgebieten der Karibik und Abschnitten des tropischen Westatlantiks. Sie wurden früher zur Gattung *Elacatinus* gestellt, die heute als Synonym gilt. Mit ihrer blauschwarzen Längszeichnung erinnern die Tiere etwas an die größeren Putzerfische. Allerdings ist das Blau der Grundeln weitaus intensiver, und die über der Stirn liegenden beiden Gelbzonen in den Bändern haben mit ihrer irisierenden Leuchtkraft den Fischchen zu ihren (Neon-) Namen verholfen. Wie die meisten Grundeln soll man auch sie möglichst paarweise pflegen. Sie sind gut haltbar und laichen zuweilen auch im Aquarium ab. In Niedere-Tiere-Becken stören die kleinen Gnome, die gern auf einem Steinvorsprung hocken, keinesfalls. In

zu engen Becken können sie Artgenossen gegenüber recht aggressiv werden. Es gibt mehrere weitere Arten, deren Vertreter der Neongrundel ähneln, wie *G. evelinae*, von BOEHLKE & ROBINS im Jahre 1968 aus demselben Lebensraum beschrieben.

Lythrypnus dalli (GILBERT)
Rote Blauringelgrundel

Sie werden nur etwa 6 Zentimeter lang, die kleinen Schläfergrundeln, die dieser Tatsache und ihrem Gattungsnamen entsprechend eigentlich zur Familie Eleotrididae gestellt sein müßten (*hypnos* = Schlaf). Die Bewohner des Ostpazifiks (kalifornische Küste vor den südlichen USA und Mexiko) kommen nicht in den obersten Wasserschichten vor, wie die meisten ihrer Verwandten und haben eine leuchtendrote Körperfärbung. Ihre Flossen sind transparent und rötlich angehaucht. Über den beiden vorderen Körperdritteln liegen 4–6 himmelblaue, schwarz gesäumte Querbinden, die in Kopfnähe zuweilen auch nur in Fragmenten erkennbar sind. Durch die in ihrem Vorkommensgebiet vorbeiziehende kühlere Meeresströmung (Kaliforniastrom) hat das Wasser nicht die bekannten tropischen Temperaturen, so daß sich die Fische für einen Einsatz in Becken, in denen eine Wassertemperatur von 25 oder gar 27 °C herrscht, nicht eignen. Sie brauchen es, will man länger Freude an ihnen haben, um viele Grade kühler, nämlich 15–18 °C! Um sich wohlzufühlen, brauchen die Tiere außerdem einen kräftigen Sandeintrag am Boden.

Periophthalmus-Arten

Der Lebensraum der Schlammspringer ist die Schlickzone vor Küsten oder auch an Flußmündungen. Hier findet man Biotope, in denen sich nur besonders angepaßte Pflanzen und Tiere behaupten können. Das gilt für die Mangroven ebenso wie für bestimmte Säugetiere (etwa die so lustig aussehenden Nasenaffen an Mangrovenabschnitten in Südostasien), die Kolonien von Winkerkrabben und eben auch die Schlammspringer, die sich an Land auf kräftig entwickelten Brustflossen robbend über den Boden schieben. Bei Gefahr können sie sich mit Hilfe der Schwanzflosse vom Boden (meist in Richtung Wasser) abschnellen und so in Sicherheit bringen. Ihre Augen sind teleskopartig über (!) dem Kopf angebracht. Ein spezielles Atmungssystem in Form einer besonders gut durchbluteten Wandung der Kiemenhöhle erlaubt ihnen, atmosphärische Luft zur Atmung zu verwenden. Wie ihre Grundelverwandten sind Schlammspringer Fleischfresser, die sich überwiegend von Krebsartigen ernähren. Um sie aquaristisch zu pflegen, brauchte man ein ausgedehntes Meeresterrarium, in dessen Land- und Wasserteil die Tiere ausreichenden Raum und dazu die nötige Wärme mit hoher Luftfeuchtigkeit haben. Meist sind nur Schauaquarien in der Lage, einen solch ausgedehnten künstlichen Biotop einzurichten.

Familie Doktorfische oder Seebader (Acanthuridae)

Man erkennt sie nicht nur an ihrer charakteristischen Körperform. Im englischen Sprachraum nennt man sie ›Surgeon(= Chirurgen)fishes‹, ein Name, der dem Sinn nach nahe mit dem deutschen verwandt ist. Ähnlich einem Skalpell, wie es Chirurgen zum Schneiden verwenden, tragen die Chirurgen-, Doktorfische oder Seebader auf beiden Seiten des Schwanzstieles einen scharfen, im Kampf wie ein Messer wirkenden, vorklappbaren Stachel. Dieses ›Messer‹ ist die stärkste Waffe dieser ungewöhnlich gewandten Schwimmer. Die Mitglieder der Gattung *Naso* (in der verwendeten Systematik – NELSON, 1984 – nur als Tribus Nasini aufgefaßt) haben anstelle des vorklappbaren und somit beweglichen Fortsatzes nur mehrere starre Dornen auf dem Schwanzstiel (Zeichnung), die sie aber mit ähnlicher Wirkung zu gebrauchen verstehen.

Der Familie Acanthuridae ist die monotypische Unterfamilie Zanclinae angegliedert, Halfterfische, denen die erwähnte Bewaffnung auf dem Schwanzstiel fehlt. Insgesamt gesehen, verfügt die Familie über 10 Gattungen mit knapp 80 Arten. Viele Vertreter der Dokorfische sind aquaristisch zweitrangig geblieben, weil sie entweder nicht ansprechend genug gefärbt sind oder für normale Aquarien zu groß werden. Alle aber haben eines gemeinsam: Sie ernähren sich zum überwiegenden Teil vegetarisch – von Algen und den darin lebenden

Mikroorganismen, Seegräsern usw. Das hat zur Folge, daß sie viel Nahrungsumsatz brauchen, also dauernd fressen müssen. Beim Schwimmen haben sie einen ähnlichen Stil entwickelt, wie er bereits für Lippfische erwähnt wurde: Die Fische ›ziehen‹ sich hauptsächlich mit den Brustflossen durchs Wasser, die Schwanzflosse dient der Steuerung, und nur, wenn eine besonders schnelle Schwimmweise (Flucht) nottut, schwimmen sie unter Einsatz des gesamten Körpers. Doktorfische kann man einzeln antreffen, in Gruppen oder in riesigen Schwärmen von mehreren hundert Tieren (Foto Seite 32). Für die aquaristische Haltung der Doktorfische ist das Vorhandensein von reichem Algenwuchs im Aquarium Bedingung! Das ist meist nicht einfach, aber Algen wachsen bei entsprechendem Licht- (und vielleicht auch CO_2-) Einsatz schnell. In Notfällen kann man sich auch mit der Verfütterung von abgesenkten Kopfsalatblättern helfen. Das gilt besonders auch für die Eingewöhnungszeit einiger Tiere, wenn diese dann andere Nahrung verweigern. Zusätzlich nehmen Doktorfische auch fleischliche Nahrung, doch gerät ihr Verdauungsapparat in Unordnung, wenn die pflanzliche Nahrung fehlt. Zudem ist es bei diesen Fischen wie bei vielen anderen auch: Jungfische sind besser einzugewöhnen, weil ihre Toleranz gegenüber der bisher ungewohnten Nahrung noch größer ist.

Acanthurus achilles SHAW
Rotschwanz-Doktorfisch

Die Verbreitung dieser Art reicht über den gesamten Zentralpazifik, ist also nicht allein auf Gebiete um die Hawaii-Inseln beschränkt (wo sie den Namen Pakuĭ-kuĭ tragen). Die Tiere werden bis etwa 20 Zentimeter lang. Wer sie im Meer beobachten konnte, weiß, daß es sich bei ihnen nicht um Einzelgänger handelt, sondern man sie in Gruppen von 20−60 Tieren antrifft. Hierin mag ein Grund dafür zu suchen sein, daß einzeln gehaltene Tiere sich nicht wie gewünscht eingewöhnen lassen. Zudem vergessen einige Aquarianer leider immer wieder das, was eingangs in der Familienbeschreibung gesagt wurde: Die Fische brauchen unbedingt (!) vegetarische Kost. Neben dem rotorangefarbenen, leicht geschwungenen Querband in der Schwanzflosse ist der an seiner rückwärtigen Seite spitze und ebenso gefärbte Ovalfleck das wichtigste optische Identifizierungsmerkmal der Art. Die Spitze des Flecks schließt die Waffe der Doktorfische, den Stachel auf dem Schwanzstiel, ein. Jungtiere, meist in Längen um 6 Zentimeter eingeführt, tragen diesen Fleck noch nicht. Werden die Tiere dagegen älter, so läßt die tiefschwarze Färbung über dem Körper nach und macht vom Kopf her der weißlichen

Das ›Skalpell‹ der Doktorfische besteht aus einem aufrichtbaren Stachel (links), während die Vertreter der Gattung *Naso* (rechts) an gleicher Stelle mit unbeweglichen Dornen ausgestattet sind

Bleichner nach Munro

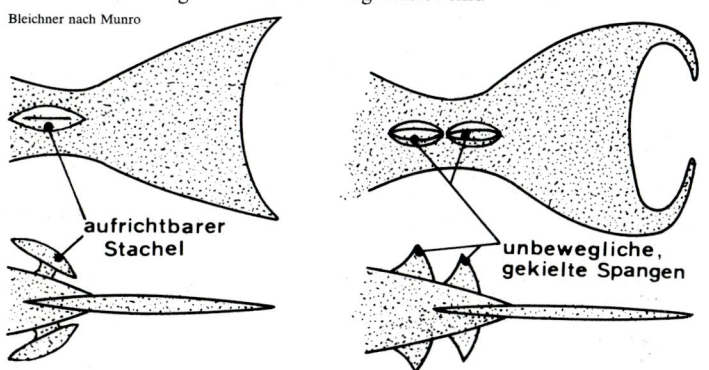

aufrichtbarer Stachel

unbewegliche, gekielte Spangen

Acanthurus achilles, der Doktorfisch, der hauptsächlich aus den Gewässern um die Hawaii-Inseln importiert wird

Mayland

(Kehle) und den gelblichen Tönen (Oberkopf und Nakken) Platz. Die äußeren Zipfel der Schwanzflosse werden lang ausgezogen. Sind die Tiere durch andere stärkere oder auch durch Alleinsein gestreßt, so sind sie anfälliger gegenüber verschiedenen Krankheiten.

Acanthurus coeruleus BLOCH & SCHNEIDER
Spätblauer Doktorfisch

Ein Bewohner des Karibischen Meeres sowie des vorgelagerten tropischen Westatlantiks. Er kann 30 Zentimeter oder gar noch länger werden. Das Interessante (und den deutschen Namen Mitbestimmende) ist die Tatsache, daß die Jungfische noch nicht die gestreckte Körperform der erwachsenen Tiere haben. Hinzu kommen eine rein goldgelbe Körperfärbung mit himmelblauem feinem Saum an Rücken- und Afterflosse sowie ein blauer Augenring. Die spätere Musterung aus gerippelten Längsstreifen ist jedoch bereits in Grautönen erkennbar. Die völlig blaue Färbung adulter Tiere ist dem Foto zu entnehmen. Im Aquarium sind erwachsene Tiere Artgenossen gegenüber oft recht zänkisch bis aggressiv; nach vorsichtiger Eingewöhnung werden sie jedoch ziemlich ausdauernd – aber sie wachsen unbeirrt.

Acanthurus dussumieri VALENCIENNES
Weißdorn-Doktorfisch

Sieht man einmal von einigen Riesen der Gattung *Naso* ab, gehören die Vertreter dieser Art mit Maximallängen zwischen 50 und 60 Zentimetern (neben *A. xanthopterus*) zu den größten Doktorfischen. Es sind aber nicht die Tiere in ausgewachsener Größe, sondern eher die Jungfische, die Aquarianer interessieren. Von den vielen unbekannten kleinen Doktorfischen, die man bis-

Acanthurus coeruleus adult, wird Spätblauer Doktorfisch genannt, weil seine gelbliche Jugendfärbung erst später in völliges Blau übergeht   Kahl

Acanthurus dussumieri, der Weißdorn-Doktorfisch   Chlupaty

weilen in den Händlerbecken findet, kann man meist eine Reihe nicht identifizieren – der Händler zuweilen auch nicht, und das ist ein Grund dafür, solche Tiere preiswert zu erwerben. Ich hatte früher einmal eine Leidenschaft, unbekannte Doktorfische heranzuziehen und gehörte zu dieser Zeit und danach auch zu gelegentlichen Spendern mittelgroßer Tiere an die Zoos. Jungtiere dieser Art sind, wie viele kleine Doktorfische, ockergelb. Erst in einer Größe ab etwa 10 Zentimeter kann man erahnen und darauf erkennen, was man sich eingehandelt hat. Langsam bekommen die Tiere nun ihre Altersfärbung, bei der auf mehr und mehr sich blaufärbendem Grund ein Muster aus feinen Wellenlinien über die Flanken zieht. Der Schwanzstiel wirkt in der Grundfarbe zuweilen etwas dunkler, um das ›Skalpell‹ befindet sich ein schwarzbrauner Hof, aus dem die bedornte Waffe weiß hervorleuchtet. Rücken- und Afterflosse haben goldgelbe Ockertöne, und die leicht gegabelte Schwanzflosse ist im hinteren Bereich, im Anschluß an eine gelbliche Halbmondbinde, rauchig und mit Tüpfeln durchsetzt. Der Kopf zeigt ein etwas intensiveres Wellenmuster und einen verstärkt gelben Augenring. Gelbe Töne auch über der Basis der blaßblauen Brustflossen. Keine Probleme in der Haltung. Verbreitung von der Ostküste Afrikas bis in den zentralen Pazifik (auch Hawaii).

Acanthurus glaucopareius CUVIER
Goldsichel-Doktorfisch

Durch die Ähnlichkeit mit dem nahe verwandten *A. japonicus* kommt es gelegentlich zu Verwechslungen von Tieren beider Arten. *A. glaucopareius* zeigt eine allgemein wesentlich dunklere Grundfärbung, die allerdings der des Verwandten nahekommt. Entscheidend aber sind das Fehlen der roten Halbsichel im Bereich der Rückenflosse sowie der unterschiedlich große weiße Gesichtsfleck. Er ist nur klein und hat die Form eines liegenden Halbmondes. Haltung, wie bei der verwandten Art angegeben. Verbreitung vom Osten des Indischen Ozeans über weite Teile des Pazifiks. Länge bis etwa 18 Zentimeter.

Acanthurus guttatus BLOCH & SCHNEIDER
Punktierter Doktorfisch

Mit der höheren Körperform erinnern die Tiere eher an eine *Zebrasoma*-Art. Sie haben einen schokoladenbraunen Körper (Kopf heller, Kehle weißlich), der durch vier unregelmäßig breite weißliche Querbinden unter-

Acanthurus guttatus, weit verbreitet – selten eingeführt   Mayland

teilt ist. Die erste verläuft hinter den Augen, die zweite über die höchste Körperstelle, und die vorletzte, schmälere, teilt das mittlere und hintere Körperdrittel. Eine letzte kurze Binde läuft über das Ende des Schwanzstiels und die Caudalbasis. Die rückwärtige Körperhälfte ist von einem Muster weißer Punkte überdeckt, die auch Rücken- und Afterflosse einbeziehen. Beide Bauchflossen sind dottergelb, die transparenten Brustflossen zeigen blaue Töne. Interessant gemusterte Doktorfische, die man selten sieht, obgleich ihre Verbreitung von Mauritius im Indischen Ozean bis nach Hawaii (Zentralpazifik) reicht. Die stets aktiven Fische erreichen im Meer eine Länge von 24–28 Zentimetern, sind aber überall rar. In geräumigen Aquarien nach vorsichtigem Eingewöhnen gut zu halten.

Acanthurus japonicus, der Schönflossen-Doktorfisch, unterscheidet sich von *A. glaucopareius* durch das gut erkennbare rote Band in der Rückenflosse und den größeren weißlichen ›Nasen‹fleck   Mayland

Acanthurus japonicus (SCHMIDT)
Philippinen- oder Schönflossen-Doktorfisch

Von Südjapan (Ryukyu-Inseln) bis zu den Philippinen verbreitet und meist von den letzten eingeführt, was sicherlich ihrem Namen förderlich war. Bei Wohlbefinden zeigt der Fischkörper eine blauviolette Grundfärbung. Zwei gelbe Halbsicheln liegen über der Basis von Rücken- und Afterflosse. Im Vergleich zu ihren Verwandten, *A. glaucopareius* wirken die Fische dieser Art viel farbfreudiger, wozu auch die kräftige rote Binde in der hinteren Rückenflosse (Foto) beiträgt. Beim Kauf soll man darauf achten, daß die Tiere keine Spätfolgen von Fang und Transport mehr zeigen und Futter nehmen. Nur dann bleiben sie auch künftig haltbare Pfleglinge. In ihrem natürlichen Lebensraum können sie eine Länge um 18 Zentimeter erreichen.

Acanthurus leucosternon BENNETT
Weißkehl-Doktorfisch

Zweifellos der farblich attraktivste Doktorfisch, den wir kennen (Foto). Er ist im Indischen Ozean weit verbreitet, und sein Erscheinen in großen Schwärmen läßt zuweilen die Taucher in Gebieten wie den Malediven zu herrlichen Aufnahmen kommen (vergleiche Foto Seite 32). Trotz ausreichender Importe erweisen sich die Tiere bei wenig geübten Aquarianern als heikle Pfleglinge, können andererseits aber im Aquarium lange

Acanthurus leucosternon, der Weißkehl-Doktorfisch   Kahl

ausdauern (CHLUPATY, 1980). Auch bei diesen Tieren kommt es darauf an, daß sie erstens Fang und Transport gut überstanden haben, zweitens in einem möglichst geräumigen Becken untergebracht sind, wo sie neben Algen auch Nahrung Krebsartiger im Angebot finden und sie drittens die richtige Gesellschaft haben: nur

Acanthurus olivaceus, der Orangefleck-Doktorfisch   Kahl

wenige Mitbewohner, die ähnlich gebaut oder gefärbt und ruhig sind. Manche Exemplare greifen gelegentlich die Mitbewohner an. Oft handelt es sich jedoch nur um Kraftmeierei, reines Imponiergehabe. Es ist indes schon vorgekommen, daß aus Plänkeleien ernste Kämpfe mit unbefriedigendem Ausgang entstanden. Die Fische können bis zu 30 Zentimeter lang werden.

Acanthurus lineatus (LINNAEUS)
Streifen-Doktorfisch

Ein Bewohner des Indischen wie des Pazifischen Ozeans, der im Durchschnitt nur 18–20 Zentimeter lang wird und äußerst bunt gefärbt ist (Foto). Vor Südafrikas Ostküste wurden auch Tiere bis zu 38 Zentimetern Länge angetroffen (SMITH, M. M. & HEEMSTRA, 1986). Die Fische werden ständig in geringen Zahlen eingeführt und brauchen besonders während der Eingewöhnungszeit einen Pfleger mit ›Händchen‹. Ernährung auf Algenbasis mit Zusatz von Krebsnahrung. Ein geräumiges Becken, genügend Verstecke und ruhige, aber wehrhafte Mitbewohner sollen vorhanden sein. Nichts wirkt sich nach meiner Erfahrung bei der Haltung von Doktorfischen so fatal aus wie eine zu hohe Besetzungsdichte in den Becken, in denen es zu Filterproblemen kommen kann sowie zu Streßsituationen für die Fische, bei denen dann Doktorfische zuweilen als erste ›durchdrehen‹ und aggressiv werden.

Acanthurus mata CUVIER, 1829
Schwanzbinden-Doktorfisch

Eine Art, die sich aquaristisch nie recht durchsetzen konnte, wenn auch ihre ausgedehnte Verbreitung vom Roten Meer über den Indischen und Pazifischen Ozean (bis zu den Hawaii-Inseln) Exporten aus Anliegerländern hätte förderlich sein müssen. Obgleich eine Reihe von Autoren *A. bleekeri* als Synonym dieser Art ansehen, hat man zuweilen den Eindruck, als würde bei ihnen nicht von denselben Fischen gesprochen. Zweifellos aber kann man den Vertretern von *A. mata* eine große Ähnlichkeit mit *A. xanthopterus* nicht absprechen – Affinitäten, die sich in erster Linie auf optische Merkmale wie die Augenbinde und die Schwanzbinde stützen. Im Riff werden die Fische 45–50 Zentimeter lang und leben in Schulen. Die Grundfärbung ist braunoliv, und Muster von feinen ockergelben Wellenlinien ziehen über die Flanken. Der obere Rand der Rückenflosse hat goldgelbe Töne; die Anale bleibt dagegen dunkel und trägt einen himmelblauen Saum. Der Dorn auf dem Schwanzstiel sitzt in einem abgedunkelten Feld. Über dem Ende des Schwanzstieles liegt eine goldgelbe

Acanthurus lineatus, der Streifen-Doktorfisch, in Imponierpose   Mayland

Binde, die den Fischen auch im englischen Sprachraum zu ihrem Namen (›Ring-Tailed Surgeon Fisch‹) verhalf. Um die Augen sitzt ein goldener Halbring, dessen Bänder sich oben und unten miteinander über der Stirn verbinden.

Acanthurus olivaceus (BLOCH & SCHNEIDER)
Orangefleck-Doktorfisch

Zuerst nur als Unterart von *A. nigricans* beschrieben, sind die Vertreter der Art heute von den Gewässern um den indoaustralischen Archipel bis in den zentralen Pazifik hinein verbreitet. Im Riff erreichen sie eine Länge bis knapp unter die 30-Zentimeter-Grenze, bleiben jedoch im Aquarium etwa um ein Drittel kleiner. Jungtiere sind gelbbeige und tragen noch keinen ›Ohrfleck‹. Er stellt sich erst mit zunehmendem Alter ein. Fische, die sich nicht wohlfühlen, nehmen eine sehr dunkle Färbung an. In diesem Zustand sollten sie nicht erworben werden. Die besten Eingewöhnungsmöglichkeiten bieten alteingerichtete Becken mit kräftiger (HQI-) Beleuchtung und einem entsprechenden Algenbestand. Insgesamt gesehen sind die Fische nicht heikel, wenn sie abwechslungsreich gefüttert werden. Wie die meisten Doktorfische zeigen auch sie, die man doch im Riff oft in Schulen antrifft, im relativ engen Aquarium eine starke innerartliche Aggression.

Acanthurus pyroferus KITTLITZ
Schokoladen-Doktorfisch

Die Vertreter dieser Art zeigen zwar keine grellbunten Farben, doch bieten die harmonischen Töne, zusammen mit der stark ausgebildeten Beflossung der Tiere, einen imposanten Anblick. Bereits am Habitus der gelblichen Jungtiere erkennt man, wie schön sie eines Tages werden. Sie sind auch in ihrer Jugend weniger schlank als kompakt gebaut. Ihre Eingewöhnung stellt manchen unerfahrenen Pfleger möglicherweise vor Probleme, und man muß bereits beim Kauf darauf achten, daß sie gut genährt und auch sonstwie nicht geschädigt sind. Sie können im Riff eine Länge bis zu 30 Zentimetern erreichen, bleiben im Aquarium aber meist kleiner. Ihre Verbreitung reicht vom Osten des Indischen Ozeans bis in den zentralen Pazifik.

Acanthurus sohal (FORSKÅL)
Rotmeer Blausaum-Doktorfisch

Die Art wird leider immer wieder einmal als *A. bleekeri* angeboten, wenngleich dieser Name dem Fisch nie zugestanden hat und auch kein Synonym ist. Die Verbreitung der Tiere dieser Art ist auf das Rote Meer beschränkt. Sie können im Riff bis fast 40 Zentimeter lang werden, erreichen diese Länge jedoch auch in großen Aquarien nur selten. Die Haltung der Fische ist nach dem Eingewöhnen nicht schwer, nur ihren Mitbewohnern fällt es oft nicht leicht, den streitsüchtigen Eigenbrötlern aus dem Weg zu gehen und ihre Waffen zu meiden. Das gilt insbesondere für Dorktorfische, die ebenfalls ein längsgestreiftes Muster zeigen. Zwischen solchen Tieren kann es zu gnadenlosen Kämpfen bis zum Tode des unterlegenen kommen. Diese Fische brauchen viel vegetarische Kost.

Acanthurus sohal, der Rotmeer Blausaum-Doktorfisch　　　　Kahl

Acanthurus pyroferus, der selten eingeführte Schokoladen-Doktorfisch Kahl

Acanthurus triostegus (LINNAEUS)
Schwarzbinden-Doktorfisch

Eine über den gesamten Indopazifik weitverbreitete Art, von der die zentralpazifischen Vertreter aus den Gewässern um die Hawaii-Inseln (nach RANDALL, 1961) die Unterart *A. t. sandvicensis* STREETS, 1877, bilden. Trifft man die Fische in ihrem natürlichen Lebensraum im Riff an, so erscheinen sie in schönen Pastellfarben. Im Aquarium haben sie dagegen nur eine weißbeige Grundfärbung mit 5–6 schwarzbraunen Querbinden. Sie nehmen im Aquarium nur Algen und Mysis, sind sehr wählerisch, empfindlich und folglich bald auch anfällig für Krankheiten. Aus diesen verschiedenen Gründen keine empfehlenswerten Pfleglinge! Länge im Riff bis 25 Zentimeter, die aber im Aquarium nie erreicht werden.

Acanthurus xanthopterus CUVIER & VALENCIENNES
Gelbflossen-Doktorfisch

Mit Längen knapp über 60 Zentimeter (im Riff) größte Art der Gattung. Die Tiere werden gelegentlich als Jungfische eingeführt, doch ist es dann kaum möglich, eine exakte Artbestimmung (Determinierung) vorzunehmen. Sie stimmen in diesem Punkt mit *A. mata* überein, was einer der Gründe dafür sein kann, daß sich diese Namen aquaristisch nicht durchsetzten. Die Verbreitung der Tiere reicht weit über den Indischen und Pazifischen Ozean.

Ich habe einmal eine Zeit auf Rangiroa (Tuamotu-Atollgruppe im Zentralpazifik) gelebt. Wir haben dort, zusammen mit Einheimischen, die morgendlichen Weißbrotabfälle (die bei den Leuten im Ort ohnehin getrocknet wären) gesammelt, in zwei oder drei mannshohe Drahtreusen gegeben und im Riff versenkt. Nach etwa drei Stunden konnten die Reusen eingeholt werden. In jeder befanden sich dann etwa zehn Tiere dieser Art, jedes 40—55 Zentimeter lang. Dazu kam gelegentlich ein *Naso brevirostris* von 30—40 Zentimetern Länge. Den Fischen wurden nur die Filets (Fleisch der Flanken) herausgeschnitten; diese wurden enthäutet, gewürzt, in Teig getaucht und in flüssigem Fett gebraten. Besonders saftig hat's nicht geschmeckt, aber die Menschen dort leben von diesen Fischen bereits seit Hunderten von Jahren.

Ctenochaetus strigosus (BENNETT)
Blaustreifen-Borstenzahndoktorfisch

Die Gattung *Ctenochaetus* innerhalb der Familie der Doktorfische erinnert bereits mit diesem Namen (. . . *chaetus* von *chaite* = Borste) an die Besonderheit der hierin zusammengefaßten Arten: Im Gegensatz zu den unbeweglichen Zähnen der übrigen Acanthuriden sind die Zähne dieser Vertreter borstig beweglich. Sie werden wie eine Bürste gebraucht, um damit Algen von den Felsen oder Kalkgerippen zu ›bürsten‹. Der hier zu beschreibende Vertreter ist während der Eingewöhnungszeit kaum als heikel zu bezeichnen. Das wundert nicht, denn die Tiere sind mehr denn alle übrigen in der Lage, mit Hilfe der elastischen Borstenzähnchen und der vorstülpbaren Lippen Algen von Steinen und Korallengeäst zu raspeln. Sie tun das nach Art afrikanischer Cichliden (›Aufwuchsfresser‹). Leider kann man diese Fische erst ab einer Größe um 10 Zentimeter genauer bestimmen. Jungfische tragen noch die übliche ockergelbe Färbung – gelegentlich durchsetzt mit einigen hellen kleinen Punkten. *Ctenochaetus*-Arten sind weniger gestreckt gebaut, aber ihre Körperform ist von Art zu Art etwas unterschiedlich. So sieht zum Beispiel der nur im Pazifik vorkommende *C. hawaiiensis* RANDALL, 1955, doch seinen *Acanthurus*-Verwandten ähnlich. *C. strigosus* zeigt auf weinrotem Grund ein gewelltes Muster blaßblauer Linien, welche die unpaaren Flossen einschließen, zum Kopf hin aber in ein Tüpfelmuster übergehen. Die Augen sind von einer dottergelben Binde umgeben. Mit einer Länge von etwa 18—22 Zentimetern bleiben sie im Aquarium im Wachstum stehen; im Riff können sie noch einige Zentimeter zulegen. Der Verbreitungsraum der Fische reicht von Afrikas Ostküste (auch im südlichen Afrika) durch den gesamten

tropischen Indopazifik, und sie sind somit auch um Hawaii bekannt.

Naso brevirostris (CUVIER & VALENCIENNES)
Langhornbader

Der wissenschaftliche Artname weist zwar auf auf die (relativ) kurze Schnauze hin, doch ist zweifellos bei ausgewachsenen Tieren das lange Horn das dominierende Merkmal, denn die Vertreter dieser Art tragen das mit Abstand längste Horn. Es wirkt jedoch nicht wie bei *N. unicornis* und dessen höhergebauter Stirn. Unser Fisch hat eine ›fliehende Stirn‹, und das Horn wächst weit über das Kopfprofil hinaus! In zu kleinen Becken (ein relativer Begriff!) bleiben die Tiere dann unbehornt, wenn ihnen die Geräumigkeit zum Wachsen fehlt. Als Jungfische von nur wenigen Zentimetern Länge haben sie noch eine ziemlich runde Körperform. Sie streckt sich erst beim Heranwachsen auf 6—8 Zentimeter, und das Horn beginnt sich langsam mit einer Stirnwölbung abzuzeichnen. Die graugefärbten Tiere sind durch ihre triste Erscheinung keine begehrten Aquarienfische. Nur in sehr großen Becken und entsprechendem Schwimmraum ist es möglich, sie über eine so lange Zeit zu pflegen, daß sie, die im Riff Längen zwischen 50 und 60 Zentimetern erreichen kön-

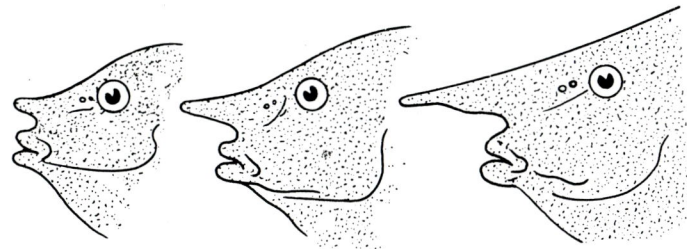

Änderungen im Kopfprofil während des Wachstums bei *Naso brevirostris*
Bleichner nach Munro

nen, über 25 Zentimeter lang werden und ihr Horn sich voll entfalten kann. Obgleich sie in der Literatur als artgesellig gelten, traf ich sie meist nur paarweise oder auch einzeln in der vollen Größe an. Verbreitung im Roten Meer und dem gesamten tropischen Indopazifik.

Naso lituratus (BLOCH & SCHNEIDER)
Ungehörnter Hornbader

Vertreter einer wunderschönen Art, über die in diesem Buch bereits an anderen Stellen berichtet wurde. Die aus dem Roten Meer, dem Indischen wie Pazifischen Ozean stammenden Tiere können eine Länge bis zu 50 Zentimeter erreichen, aber – keine Angst! – sie wachsen recht langsam. Ihre Eingewöhnung macht in den meisten Fällen Schwierigkeiten, weil es nicht leicht ist, die Tiere an Ersatznahrung zu bringen. Über viele Jahre konnten sich diese hornlosen *Naso*-Vertreter meiner ganz besonderen Zuwendung erfreuen, und ich habe demzufolge schon eine Reihe Tiere dieser Art gepflegt. Die Probleme waren aber stets die gleichen! So glaube ich heute nicht mehr, daß es bei Tieren um 10 oder 12 Zentimeter Länge, in denen sie meist im Handel angeboten werden, allein darauf ankommt, ihnen ein reichlich mit Algen bewachsenes geräumiges Becken anzubieten: Sie sind Individualisten.

Meist schaffte ich es nach langen Mühen mit frischem, zartem Kopfsalat (den ich natürlich vor der Verfütterung gewässert und gut gespült hatte!), aber selbst, wenn die Fische dann in einem bestimmten Augenblick ihre Zurückhaltung überwanden, unterschieden sie sich in der Bereitschaft, die Triebe der zarten Treibhaus- oder der härteren Freilandzuchten zu nehmen. Während die zarte Qualität sofort in größeren Einheiten verputzt wurde, benötigte der Fisch für die gleiche Menge Freilandsalat 2–3 Tage! Mir jedenfalls ist Kopfsalat stets ein unentbehrliches Hilfsmittel bei der Eingewöhnung gewesen. Oft erst nach 4–6 Wochen gingen die Tiere an Muschelfleisch; an tiefgefrorenes oder gefriergetrocknetes und eingeweichtes Schwebefutter (Shrimps) dagegen schon eher. Waren die Tiere erst gut eingewöhnt, hatten friedfertige Mitbewohner und ein geräumiges Becken, hielten sie lange aus und bekamen dann auch (was ich so sehr schätzte) die mit zwei langen Filamenten ausgezogene Schwanzflosse.

Naso tuberosus LACEPÈDE
Gefleckter Hornbader

Mit dieser Art stellt sich der wohl am wenigsten zu empfehlende Vertreter der Gattung vor. Der Fisch trägt kein Horn, hat eine graue Körperfärbung, und sein einziger Schmuck sind bläuliche Flecke, die den Körper vollkommen überziehen können. Alte Tiere bekommen einen Stirnbuckel, weshalb man ihnen im englischen Sprachraum den Namen ›Humpnose‹ (= Buckelnase) verpaßt hat. Ansonsten gilt für die Haltung Ähnliches wie für die vorgenannte Art. Länge bis 60 Zentimeter.

Änderungen im Kopfprofil während des Wachstums bei *Naso tuberosus*
Bleichner nach Munro

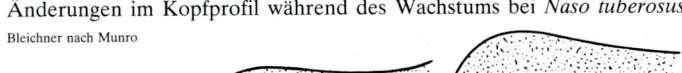
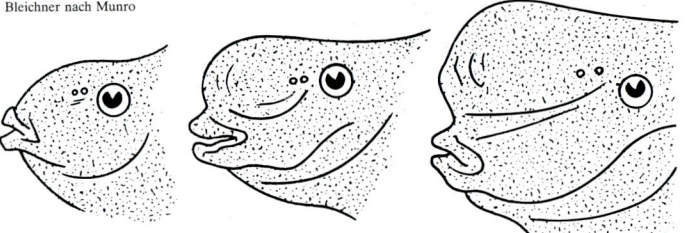

Naso lituratus, der ›ungehörnte Hornbader‹   Mayland

Naso unicornis (FORSKÅL)
Kurzhornbader

Die Vertreter dieser Art sind von den horntragenden Fischen der Gattung für eine Haltung im Aquarium vielleicht die interessantesten. Die Bewohner des Indopazifiks können zwar im Riff auch bis etwa 60 Zentimeter lang werden, bilden ihr Horn aber bereits relativ früh aus – etwa mit einer Länge von 14–16 Zentimetern. Die

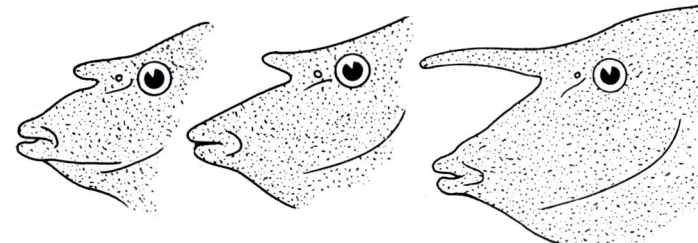

Änderungen im Kopfprofil während des Wachstums bei *Naso unicornis*
Bleichner nach Munro

Eingewöhnung bereitet die üblichen Schwierigkeiten, auf deren Möglichkeit zur Überwindung bei *N. lituratus* hingewiesen wurde. Wichtig auch für diese großwerdenden Fische ist die Geräumigkeit des Beckens, eine gewisse Zahl an Verstecken, sandiger Boden und (wenn möglich) ein andersgeschlechtlicher (!) gleichartiger Partner.

Naso vlamingii (CUVIER & VALENCIENNES)
Blaumasken-Hornbader

Farblich sicher (neben *N. lituratus*) einer der schönsten Hornbader – wenngleich wieder ohne Horn! Die ›Bignose‹ der Amerikaner tritt im Riff kaum als Indivi-

292

duum auf – stets in Schulen von mehreren Tieren. Der Blaumasken-Hornbader ist einer der größten Vertreter seiner Gattung und kann 70 Zentimeter Länge erreichen. Das sollte aber niemanden abhalten, die Tiere zu pflegen, denn nach der für die meisten Hornbader schwierigen Eingewöhnungsphase kann er gut aushalten. Ich habe ihn selbst nie gepflegt, traf aber ein recht zufrieden erscheinendes Exemplar in einem 180 Zentimeter langen Becken bei Peter CHLUPATYs Münchener Residenz in guter Gesellschaft mit anderen friedfertigen Fischen. Die Tiere kommen im Indischen (zum Beispiel Malediven) und Pazifischen Ozean vor.

Paracanthurus hepatus (LINNAEUS)
Paletten-Doktorfisch

Dieser Doktorfisch gehört zu den auffälligen Vertretern in jedem Aquarium. Er hat den Vorteil, daß er relativ häufig angeboten wird, verhältnismäßig preisgünstig und ausdauernd zu pflegen ist. Da die Tiere in ihrem natürlichen Habitat in Schulen von 80–100 Tieren leben, wäre es auch möglich, sie einmal in einem großen Becken im Schwarm unterzubringen – er muß keine so hohe Zahl wie die erwähnte haben. Paletten-Doktorfische sind recht aktiv und schwimmfreudig. Die relativ anspruchslosen Tiere können sogar einmal (nicht auf Dauer!) auf ihre vegetarische Kost verzichten. Gleich,

Zebrasoma desjardinii, bereits 1835 von BENNETT erstbeschrieben, unterscheidet sich zwar in der Musterung deutlich von *Z. veliferum*, wird jedoch von vielen Autoren nur als Unterart des letzten angesehen Mayland

Paracanthurus hepatus. Der Paletten-Doktorfisch ist besonders in der Jugend intensiv gefärbt. Mit zunehmendem Alter verblaßt die kräftige Färbung Mayland

was verfüttert wird: Sie sind stets die ersten, die am Futter sind. Es hat sich jedoch gezeigt, daß man die vermeintliche Härte nicht überstrapazieren darf. Ein Mangel an vegetarischer Kost und an bestimmten Vitaminen (?) soll die Ursache für Hautinfektionen und -ablösungen an Kopf und Seitenlinie sein.
Die Heimat der Paletten-Doktorfische sind der Indische und der Pazifische Ozean. Ihre tintenblaue Färbung strahlt um so kräftiger, je jünger sie sind. Bis zu einer Länge von 14–16 Zentimetern ist die blaue und gelbe Musterung noch markant. Später wird sie blasser und verwischt, das Farbkleid der Fische geht in die sogenannte gelbe Phase über.

Zebrasoma desjardinii (BENNETT)
Desjardins Seebader

Die Fische der Gattung *Zebrasoma* unterscheiden sich von denen der Gattung *Acanthurus* durch einen etwas höheren Körperbau. Vor allem aber sind es die segelartig ausgezogenen Rücken- und Afterflossen, die den Fischen optisch ihre runde Form verleihen. Das Maul ist weit vorgeschoben und nicht so dicklippig wie bei den meisten der *Acanthurus*- und *Ctenochaetus*-Verwandten. Die Bewaffnung der Tiere, das ›Skalpell‹, ist dagegen die gleiche wie bei den vorgenannten.

293

Fische, die gemeinhin von den Händlern als *Z. veliferum* geführt werden, muß man nach Auffassung einer Reihe von Wissenschaftlern in die beiden Arten *Z. desjardinii* und *Z. veliferum* unterteilen, wobei es sich bei den Vertretern der erstgenannten um die Rotmeer-Form handelt. Ihre Stellung als selbständige Art ist nicht gesichert. Der aufmerksame Beobachter wird bereits festgestellt haben, daß es zwei Farbformen gibt: Eine mehr gelbe und die grünblaue. Sind die Fische über ein bestimmtes Jugendstadium hinaus, kann man weitere Unterschiede erkennen. Für den Aquarianer ist es am einfachsten, sich folgendes zur optischen Erkennung zu merken: Bei der Art *Z. desjardinii* ist die gesamte Schwanzflosse von kleinen hellen Punktreihen überzogen. An ihrer geraden, wie abgeschnitten wirkenden Hinterkante ist die Flosse abgedunkelt und mit einem feinen weißlichen Saum versehen. Bei *Z. veliferum* dagegen ist die Schwanzflosse an der Hinterkante etwas mehr einwärts geschwungen (konkav). Sie trägt keine hellen Punkte, erscheint aber insgesamt heller. An ihrem Ende befindet sich ein dunkelbrauner Halbmond, der an der Hinterkante ebenfalls einen schmalen weißlichen Saum aufweist.

Die Haltung der Vertreter beider Arten ist im Grunde nicht schwierig, weil sich die Tiere bald zu guten Fressern entwickeln. Viele bekommen jedoch mit der Zeit typische Kopfflecke, die auf Vitaminmangel (?) hinweisen. Da die Tiere in der Natur viel grüne Nahrung abweiden, brauchen sie auch im Aquarium unbedingt häufige Zugaben von entsprechender Kost und dazu Vitamine. Die schnellen Schwimmer können hochgebauten Mitbewohnern gegenüber sehr ruppig werden. Ich stellte dieses Verhalten auch besonders gegenüber den *Zanclus*-Vertretern fest, die ja ohnehin meist zu den Problemfischen zählen und deshalb heute kaum mehr eingeführt und somit auch nicht zugesellt werden können.

Zebrasoma flavescens (BENNETT)
Gelber Seebader

Eine Art, deren Vertreter nur bestimmte Regionen im zentralen und westlichen tropischen Nordpazifik bewohnen (Hawaii/Johnston-Inseln, Wake, Marianen und nördliche Marshall-Inseln). Die Fische sind relativ leicht zu halten, wenn erst die etwas schwierigere Eingewöhnungsphase überwunden ist, was möglicherweise bereits in der Importstation geschieht. Man kann den Zustand eines jeden Tieres sehr gut von seinem Bauch ›ablesen‹: Ist er flach und eingefallen, so frißt der Fisch nicht richtig. Man muß ihn dann sehr sorgfältig beobachten. Zukost von Kopfsalat (gut gewaschen!) läßt erkennen, ob er mehr Grünnahrung braucht, als im Becken nach seinem Geschmeck vorhanden ist; das ist oft der Fall! Besonders Krebstiere werden vom fleischlichen Angebot des Pflegers gern akzeptiert. Gelbe Seebader sind sehr verträglich, lieben aber auch ihre Ruhe. Man soll sie in geräumigen, alteingerichteten und reichlich beleuchteten (HQI) Becken pflegen. Zu viele Mitbewohner stören. Im Riff trifft man die Fische in Tiefen bis etwa 30 Meter an. Sie erreichen hier Längen bis 20 Zentimeter. Im Aquarium wachsen sie nur langsam und erreichen diese Größe kaum einmal.

Zebrasoma gemmatum (CUVIER & VALENCIENNES)
Geperlter Seebader

Eine auch in der Natur nicht häufige Art, deren Vertreter derzeit ausschließlich von der Ostküste Südafrikas, Madagaskars und Mauritius bekannt sind und hier in Tiefen unterhalb (!) der 25-Meter-Grenze vorkommen (SMITH, M.M. & HEEMSTRA, 1986). Die größten

Zebrasoma flavescens ist ein ausdauernder Pflegling aus den Gewässern um die Hawaii-Inseln

Mayland

294

bekanntgewordenen Exemplare haben eine Länge von 22 Zentimetern. Der Geperlte Seebader hat eine schwarzbraune Grundfärbung, die sich über Kopf, Körper (+ Schwanzstiel), Rücken, After- und Bauchflossen erstreckt. Darüber liegt ein Muster reinweißer Tüpfel, die in der Körpermitte eine eher längliche Form annehmen. Auch die Basen von Schwanz- und Brustflossen zeigen noch ein Tüpfelmuster, doch sind die Flossen selbst zitronengelb. Im Aquarium sind die Tiere nach der Eingewöhnung gut haltbar, vertragen sich jedoch nicht mit allen Mitbewohnern gleich gut. Zuweilen zeigen sie eine Empfindlichkeit gegenüber Hautparasiten.

Zebrasoma rostratum (GUENTHER)
Samtschwarzer Seebader

Kopf, Körper und alle Flossen sind schwarz. Am hinteren Rand der unpaaren Flossen erkennt man einen schmalen bräunlichen Saum. Das Feld, auf dem das ›Skalpell‹ sitzt, ist reinweiß. Alle bisher gefundenen Exemplare stammen aus dem Gebiet um das Tuamotu-Atoll nordöstlich von Tahiti im zentralen Südpazifik sowie von Samoa, den Christmas- (Fanning) und Gilbert-Inseln (Kiribati). RANDALL (1955) gibt für die Fische eine Maximallänge von 19,5 Zentimetern (7,5 inches) an. Von allen bekannten Arten der Gattung haben diese das längste Rostrum (Name), das ist der Vorderkopf zwischen Augen und Oberlippen. Aquaristische Haltung bisher nur von wenigen Großaquarien bekannt (Steinhart/San Francisco; Aquarium Tropical/Nancy).

Zebrasoma scopas. Erwachsenes Tier mit einer etwas abartigen Fleckenmusterung. Gesehen und fotografiert im ›Aquarium tropical‹ in Nancy/Frankreich   Mayland

Zebrasoma gemmatum, der geperlte Seebader   Mayland

Zebrasoma scopas (CUVIER)
Grauer Seebader

Der Bewohner des Indischen und Pazifischen Ozeans wird 18−20 Zentimeter lang und hat gemeinhin eine bräunlichgraue Färbung. Jungtiere machen eine helle, weißlichgelbe Entwicklungsphase durch, und die Dunkelfärbung tritt erst später ein. Ich sah und fotografierte vor ein paar Jahren ein Tier von der ostafrikanischen Küste im Aquarium Tropical im französischen Nancy (Lothringen), das eine gefleckte Färbung hatte und sich deutlich von den üblich bekannten Tieren der Art abhob. Möglicherweise war es ein Naturhybride. *Z. scopas* wird als ›Grautier‹ nicht allzu oft eingeführt, doch sind die Fische recht haltbar.

Zebrasoma veliferum (BLOCH)
Segel-Seebader

Diese Fische können in ihrem natürlichen Lebensraum im Indopazifik eine Länge von 40 Zentimetern erreichen. Sie werden häufig eingeführt, erreichen diese Größe jedoch nur in sehr großen Aquarien. Man soll sie nicht mit *Z. desjardinii* (siehe dort) verwechseln. Zu pflegen sind sie ebenfalls wie diese. Auch die Tiere von *Z. veliferum* bekommen gelegentlich Hautablösungen am Kopf oder an der Seitenlinie, einem Übel, das auf Vitaminmangel zurückzuführen sein soll. Im Aquarium sind Segel-Seebader rauhe Burschen, wie man das von vielen Doktorfischen kennt. Deshalb haben es selbst größere, schlecht gelittene Mitbewohner, vor allem aber auch neu eingesetzte Tiere nicht leicht.

Zebrasoma xanthurum (BLYTH)
Blauer Gelbschwanz-Seebader

Eine sehr schöne Art, deren Vertreter jedoch kaum einmal als kleine Jungfische von nur wenigen Zentimetern Größe eingeführt werden und daher recht teuer sind. Die Bewohner des Roten Meeres und angrenzender Golfregionen (Aden, Oman) lassen sich zwar gut eingewöhnen und sind auch in der Haltung relativ hart, zeigen sich jedoch alteingesessenen, vor allem aber neuangekommenen Mitbewohnern gegenüber streitsüchtig und aggressiv. Man muß ihnen vor allem mehrere, räumlich ausreichende Verstecke schaffen, ihnen ein Domizil schaffen, um Streß gar nicht erst aufkommen zu lassen. Im Gegensatz zu anderen Vertretern dieser Familie läßt dieser Seebader nicht alle Wirbellosen ungeschoren! Die munteren Schwimmer können stimmungsbedingt ihre Färbung intensiver oder blasser erscheinen lassen. Weil die Schwanzflosse der Fische im Negativfall dann auch nur schmutzigdunkle Töne annimmt, kann man den Fischen Unwohlsein schnell ansehen. Positivfärbung, wie auf dem Foto angegeben. Länge bis etwa 20 Zentimeter.

Unterfamilie Halfterfische (Zanclinae)

Trotz ihrer nahen Verwandtschaft zu den Acanthuriden unterscheiden sich die Halfterfische allein schon vom Habitus erheblich von den übrigen Angehörigen der Familie. Dieser Grund und weitere Zusammenhänge mögen die Ursache dafür sein, daß sich die Wissenschaftler weltweit uneinig über den Familienstatus dieser im Grunde nur monotypischen Gattung sind. Sie wurde bereits im Jahre 1758 von Altmeister Karl LINNÉ, der sich (latinisiert) LINNAEUS nannte, ins Leben gerufen. Aus diesem seinem Werk (Systema Natura, Ed. X, Vol. I) stammen auch die beiden (!) ersten Artbeschreibungen des *Zanclus canescens* und des *Z. cornutus*, wobei sich allerdings erst später herausstellte, daß die erste für ein Jungtier, die andere für ein Alttier verfaßt worden war. Das hatte bereits Philibert COMMERSON 1803 festgestellt. Erst Georges CUVIER und Achille VALENCIENNES stellten 1831 in ihrer ›Histoire Naturelle des Poissons VII‹ alles klar und erklärten *Z. cornutus* zum Gattungstyp. Weitere Beschreibungen mit neuen Namen folgten, doch heute wissen wir, daß es nur die eine Art gibt. Vorausgegangene Angaben stimmen somit nicht.

Halfterfische, so genannt, weil sie bisweilen ›wie aufgezäumt‹ wirken, sind in der englischsprechenden Welt nur als ›Moorish Idols‹ bekannt. Sie gelten in Aquaria-

Zebrasoma xanthurum, der Gelbschwanz-Seebader mit Putzerfisch *Labroides dimidiatus*
Mayland

nerkreisen als sehr problematische Fische, deren Haltung nur unter wirklich optimalen Umständen (dazu gehören so große Becken, wie man sie zu Hause kaum erstellen kann!) Erfolg verspricht. Man trifft die eleganten Schwimmer, die ihre langstrahlige Rückenflosse meist steif wie ein Brett hochstellen, normalerweise in Gruppen von 4−6 Tieren über dem Riff, um hier die Nahrung abzuweiden. Von dem dort herrschenden schier unerschöpflichen Nahrungsangebot können sich die Tiere das individuell Passende heraussuchen, wobei

Unterschiedliches Profil kennzeichnet Jungtiere (rechts) und geschlechtsreife Zankliden (links). man glaubte daher in früheren Jahren, zwei verschiedene Arten vor sich zu haben
Bleichner nach Munro

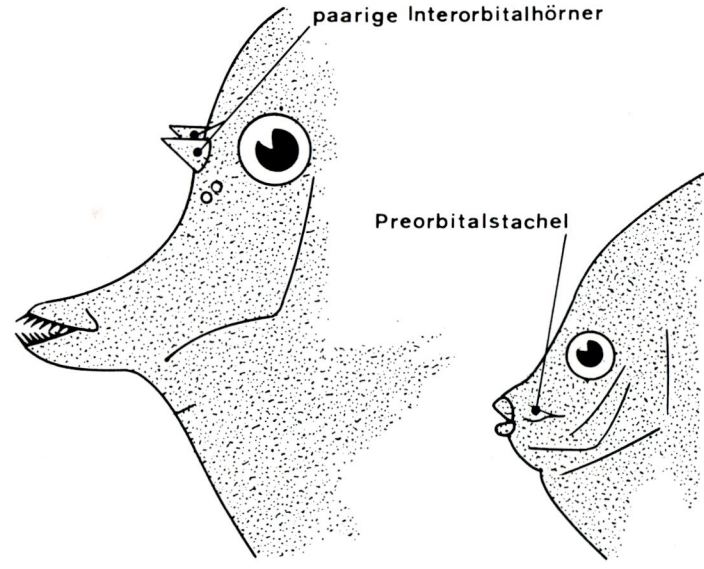

sich die meisten Tiere zu Ernährungsspezialisten entwickeln. Junge Zancliden tragen auf dem Vorderkörper eine helle Zeichnung und haben vor allem noch ein stumpfes Maul. Deswegen hielt man früher die Jugendform für eine eigene Art.

Zanclus cornutus (LINNAEUS)
Halfterfisch

Nur Ungeübte verwechseln den Halfterfisch mit dem Wimpelfisch *Heniochus acuminatus*. Dieser ist zwar ähnlich gefärbt, doch entsprechen seine stromlinienförmige Körperform und die Haltung des ›Wimpels‹ nicht der beim *Zanclus*. Halfterfische kommen im Indischen wie im Pazifischen Ozean vor und können hier eine Länge bis zu 22 Zentimetern erreichen. Ihre weitgestreute Ausdehnung von der Ostküste Afrikas bis zur Westküste der mittelamerikanischen Kontinentalbrücke ist wohl in erster Linie durch ein planktonisches Larvenstadium zu erklären, bei dem die Verbreitung mit Meeresströmungen erfolgt.

Im Aquarium sind Halfterfische ziemlich aggressiv gegenüber Artgenossen, so daß man sich (Riesenbecken mit vielen Exemplaren ausgenommen) meist mit einem Tier begnügen muß. Man soll nie frisch importierte Tiere direkt erwerben – immer erst abwarten, ob sie beim Händler Nahrung aufnehmen. Andererseits kann man ihren Ernährungszustand an der Wölbung oder Einbuchtung der Bauchpartie ablesen. Neben Krebsartigen nehmen auch Halfterfische, wie ihre Doktorfischverwandten, gern vegetarische Kost – das soll man nicht vergessen! Sehr geräumige Niedere-Tiere-Becken wären für die Aufnahme von Halfterfischen geeignet, doch

Zanclus cornutus, der Halfterfisch   Tomey

muß dann der Schwerpunkt aquaristischen Interesses auf den Fischen liegen, nicht auf den Wirbellosen, denn die Fische naschen immer wieder einmal von ihren blumigen Mitbewohnern. Wer Halfterfische erfolgreich pflegen möchte (nur wenige sollten sich das vornehmen!), muß sich voll auf ihre hohen Ansprüche einstellen, die da lauten: viel Wasser, Licht und natürliche Nahrung bei geringer und friedfertiger Konkurrenz. Aus langjähriger und nicht nur eigener Erfahrung kann ich sagen: eines der schwersten Unterfangen!

Familie Kaninchenfische (Siganidae)

Kaninchenfische bewohnen tropische und subtropische Teile des Indischen und Pazifischen Ozeans, des Roten Meeres und Teile des östlichen Mittelmeeres. Nicht alle leben in Riffgebieten. Es gibt derzeit nur 2 Gattungen (*Lo* und *Siganus*) mit knapp 30 Arten.
Die Mitglieder der Familie bleiben relativ klein (maximal 40 Zentimeter lang) und ernähren sich überwiegend vegetarisch. Man findet sie oft in großen Gruppen beisammen, wenn sie, leicht kopfabwärts schwimmend, ihre Weidegebiete durchstreifen. Ihren Populärnamen verdanken sie ihrem Gesichtsausdruck, der dem eines Kaninchens ähneln soll. Wesentlich wird wohl dazu auch

Kaninchenfische fallen durch ihre stacheligen Rücken- und Afterflossen auf. Ein kleiner, schräg nach vorn oben gerichteter Stachel vor der Rückenflosse gilt als besonderes Merkmal   Bleichner nach Munro

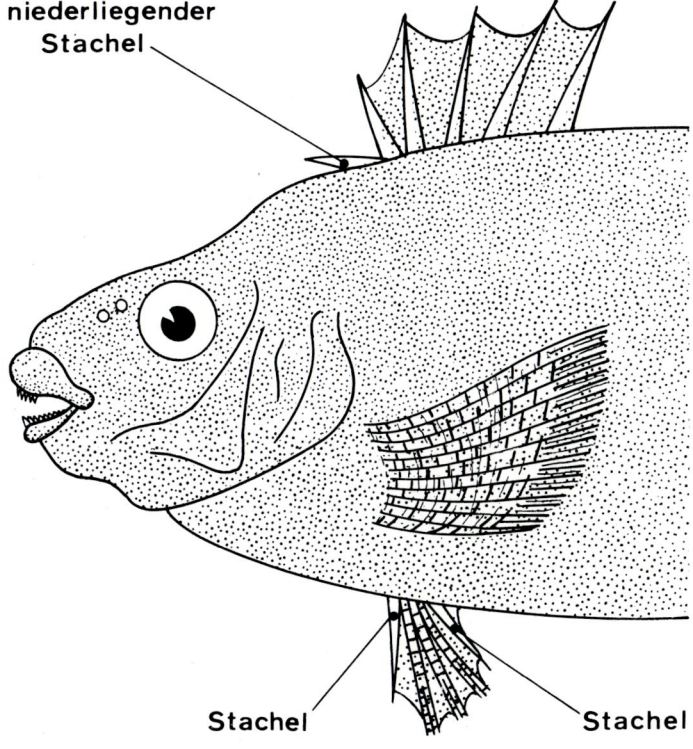

niederliegender Stachel

Stachel   Stachel   297

die ständig ›mümmelnde‹ Bewegung der Kiefer beigetragen haben. Das optisch besondere Merkmal dieser Fische ist ein kleiner, schräg nach vorn gerichteter und in einer Hautfalte ruhender Stachel. Er befindet sich noch vor dem ersten Rückenflossenstachel. Kaninchenfische haben zum Teil recht lange und harte Flossenstacheln, von denen einige im Bereich der Rücken- und Afterflossen giftig sind und zu (für den Menschen) schmerzhaften Stichverletzungen führen. Vorsicht beim Hantieren im Becken mit bloßen Händen.

Aquaristisch bekannt war seither ausschließlich der gelbstachelige (bezogen auf die vorderen Rückenflossenstacheln) Vertreter der Gattung *Lo*, das ›Fuchsgesicht‹. Die Gattung galt als monotypisch, weil man eine weitere Artbeschreibung von EVERMANN & SEALE aus dem Jahre 1907 mit *Lo unimaculatus* als Synonym des bis dahin nur bekannten *Lo vulpinus* ansehen mußte. Mit den beiden neueren Beschreibungen des Schwarzstachel-Fuchsgesichts *Lo uspi* GAWEL & WOODLAND, 1974, von Phuket/Thailand und der folgenden ist die Zahl der in dieser Gattung zusammengefaßten Arten auf 3 angewachsen.

Lo magnificus BURGESS
Rotstachel-Fuchsgesicht

Ob der Autor (BURGESS, 1977) da nicht zu tief in die Namenskiste gegriffen hat, als er für die Tiere dieser Art *magnificus* (= prächtig, großartig) wählte? Die Färbung dieser, aus der Adamanensee, an der Westseite der malaiischen Halbinsel, stammenden Tiere ist nur wenig kontrastreich, erscheint stets ein wenig ›verwaschen‹. Typisch der Habitus, das äußere Erscheinungsbild des Fisches, das ihn klar als der Gattung *Lo* zugehörig ausweist. Während die Färbung von *L. uspi* sehr markant ist (die vorderen beiden Körperdrittel – einschließlich aller Flossen – sind samtschwarz, das hintere ist dottergelb), konnte ich bei den verschiedenen Exemplaren, die ich bisher sah, keine absolute farbliche Übereinstimmung feststellen. Bei manchen Tieren sind alle Flossen zart rosa, bei anderen ist es nur die Rückenflosse. Bei einigen ist die zentrale obere Körperhälfte rußig schwarz, bei anderen ist sie schwarz getüpfelt. Geschlechtsunterschiede? Die Haltung dieser aquaristisch neuen Fische macht kaum Schwierigkeiten und entspricht damit den bei der folgenden angegebenen Bedingungen.

Lo magnificus, das Rotstachel-Fuchsgesicht Mayland

Lo vulpinus (SCHLEGEL & MUELLER)
Gelbstachel-Fuchsgesicht

Lo vulpinus. Ein Vertreter der Gattung, bei dem die ›Dachsfärbung‹ der Kopf- und Kehlpartie am deutlichsten hervortritt   Kahl

Eine oft und gern gepflegte Art, deren Vertreter keine besonderen Ansprüche stellen und darüber hinaus ziemlich hart sind. Von Zeit zu stehen stehen die Tiere im Aquarium still und spreizen alle Flossen, als wollten sie ihre stacheligen Schwimmanhängsel auch zeigen. Den Tieren dieser unverkennbaren Art mit der schwarz und weiß gemusterten Kopf- und Brustpartie, dem goldgelben Körper und den ebenso gefärbten unpaaren Flossen (Foto), merkt man im Aquarium ihre oft genannte Vorliebe auf vegetarische Kost weniger an als etwa den vorher genannten Doktorfischen. Dabei erinnert das röhrenförmig vorgeschobene Maul mit den dicken Lippen an Exemplare der Gattung *Zebrasoma*. Jüngere Tiere tragen einen unübersehbaren schwarzen runden Fleck unterhalb der weichen Rückenflossenbasis. Sie wachsen bei guter Fütterung (Krebsfutter wird besonders gern genommen) bis zu einer Länge von etwa 20 oder ein paar Zentimetern mehr heran. Nachts ist die Färbung von marmorierten Grautönen überlagert.

Siganus vermiculatus (CUVIER & VALENCIENNES)
Genetzter Kaninchenfisch

Exemplare dieser schönen Art werden leider viel zu selten eingeführt. Sie tragen auf grün-perlmutterfarbenem Grund eine Art ›Irrgarten-Muster‹ aus feinen rotbraunen Linien. Der kleine Kopf und die recht großen Augen sowie die dicken Lippen verschaffen den Tieren einen seltsam fragenden Gesichtsausdruck. Die Kaninchenfische aus dem Indopazifik können zwar in ihrem natürlichen Lebensraum knappe 40 Zentimeter lang werden, wachsen aber im Aquarium, in dem sie meist jahrelang ausdauern, kaum über 18–20 Zentimeter hinaus. Sie erweisen sich als hervorragende Pfleglinge und

Lo uspi in der etwas blasseren Schreckfärbung   Mayland

299

Der Zweibinden-Kaninchenfisch *Siganus virgatus*   Kahl

lassen sich selbst durch gelegentliche Störungen nicht schnell beeinträchtigen. Für die schnellen Schwimmer sollte die Mindestbeckenlänge 120 Zentimeter betragen. Mehr ist besser.

Siganus virgatus (CUVIER & VALENCIENNES) Zweibinden-Kaninchenfisch

Keine besonders attraktiven Fische, doch begegnet man ihnen gelegentlich bei Händlern, wenn sie als Beipack mitgeliefert wurden. Der weißlichbeige Fisch trägt zwei schwarzbraune diagonale Binden, von denen die vordere schräg durch die Augen führt, die zweite vom Brustflossenansatz zum vorderen Rücken (Foto). Eine ausdauernde und recht anspruchslose Art, deren Lebensraum in den Riffgebieten des Indischen und Pazifischen Ozeans liegt. Die Tiere erreichen im Aquarium die Länge der vorgenannten Art.

Familie Drücker- und Feilenfische (Balistidae)

Die Familie ist in die beiden Unterfamilien Balistinae (Drückerfische) und Monacanthinae (Feilenfische) unterteilt. Einige Autoren geben auch den Feilenfischen den Status einer selbständigen Familie. Die Vertreter der Drückerfische (11 Gattungen mit derzeit etwa 40 Arten) sind von beiden Unterfamilien aquaristisch dominierend, wogegen von den Feilenfischen (31 Gattungen mit derzeit etwa 95 Arten) nur sehr wenige im Handel auftauchen, darunter ein farblich sehr attraktiver Vertreter von *Oxymonacanthus*, der jedoch als Nahrungsspezialist den Pfleger vor Probleme stellt.
Drückerfische tragen ihren weitbekannten Populärnamen (engl. ›Triggerfishes‹), weil sie in der Lage sind,

den ersten, besonders kräftigen Rückenflossenstachel mit Hilfe eines Sperrgelenkes aufrechtstehend festzuhalten. Dieser Stachel wird sowohl als Waffe als auch zum Festklemmen zwischen Korallen oder Felsgestein eingesetzt. Ein weiterer großer Stachel befindet sich unter dem Bauchkiel anstelle der zurückgebildeten Bauchflossen. Stellt der Fisch diesen Stachel als Imponier- oder Drohgebärde vor, so zieht sich eine Hautpartie wie ein kleines Segel mit auf und läßt den Fisch größer erscheinen. Der hochgebaute Fisch besteht zu fast einem Drittel aus Kopf. Das überraschend kleine Maul trägt ein starkes Gebiß, bei dem der Oberkiefer durch Verwachsung von Ober- und Zwischenkieferbein eine besondere Kräftigung erfahren hat. Da das Knacken von Schalentieren ein wichtiger Faktor beim Nahrungserwerb ist, sind die Tiere auch bei Angriff und Verteidigung in der Lage, ihr Gebiß effektiv einzusetzen. Ihre Jagd auf Krebstiere, Muscheln und Seeigel hat sie auch andere Fähigkeiten und individuelle Techniken erwerben lassen. So sind sie beispielsweise in der Lage, einen feinen Wasserstrahl gegen den Sand zu blasen, um im Bodengrund versteckt lebende Beute freizulegen (vgl. a. Kap. ›Ein Riff voll Leben‹). Man kann sagen, daß Drückerfische Einzelgänger sind, die auch im Aquarium nach einer gewissen Eingewöhnungszeit ein großes Revier beanspruchen; dabei sind ihnen die meisten Mitbewohner im Wege. Es kommt nicht selten vor, daß sie die halbe oder gesamte Beckenbesatzung attackieren oder gar umbringen. Um Unheil zu vermeiden, soll man sie nur einzeln halten. Einige kleine Riffbarsche oder ein Putzerfisch können zugesellt werden. Die Haltung aller Drückerfische, zumindest aber ihre Fütterung, macht keine Schwierigkeiten, weil die Tiere fast jede aus Fleisch bestehende Nahrung aufnehmen. Man kann

Der lange erste Rückenflossenstachel der Drückerfische kann durch den dahinterliegenden (jetzt zurückgelegten) ›Sperrstachel‹ unverrückbar festge›drückt‹ werden   Tomey

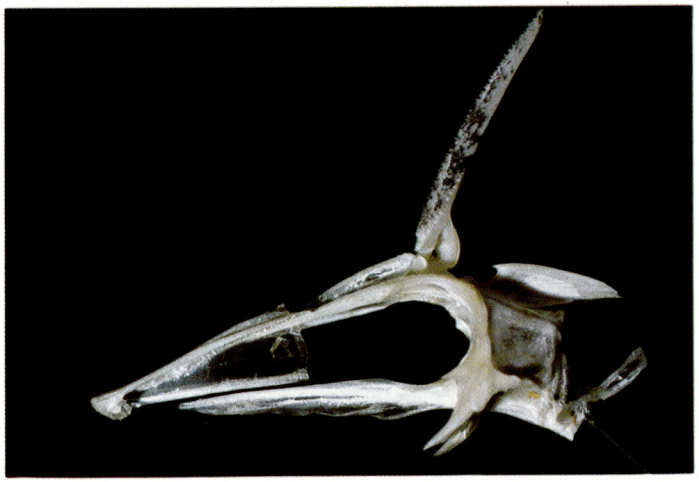

Balistapus undulatus, der Orangestreifen-Drückerfisch

Kahl

Balistapus undulatus (MUNGO PARK)
Orangestreifen-Drückerfisch

ihnen sogar Brocken vom etwas zähen Tintenfisch anbieten, die andere Fische verschmähen würden: Sie werden damit fertig. Tintenfischfleisch kann man übrigens tiefgekühlt in Fischgeschäften erwerben. Gelegentlich sollen auch Schalentiere verfüttert werden. Das ist für die Fische insofern von Wert, als sie, bevor sie an das Fleisch gelangen, ihr Gebiß benutzen müssen.

Seine Heimat sind das Rote Meer und der gesamte Indopazifik. Der bis zu 30 Zentimeter großwerdende Fisch wird im Aquarium sehr bald den Mitbewohnern gegenüber aggressiv. Falls man die Tiere unbedingt zusammen mit anderen halten muß, soll das nur in sehr großen Becken (ab 200 Zentimeter Länge) und mit großen wehrhaften Fischen geschehen. Die Tiere der bereits 1797 beschriebenen Art passen sich den übrigen aquaristischen Verhältnissen bald an, und es gibt auch hier viele Situationen, wo man den Fischen ein gehöriges Quantum an Intelligenz nicht absprechen kann. Die Tiere fressen ausgezeichnet und halten sich lange.

Balistes vetula LINNAEUS
Königin-Drückerfisch

Der schönste Drückerfisch aus dem karibischen Raum sowie dem westlichen und östlichen tropischen Atlantik. In ihrem natürlichen Lebensraum erreichen die Tiere eine Länge bis zu 50 Zentimetern. Sie wachsen in der ersten Zeit schnell heran, erreichen aber die erwähnte Länge nur in riesigen Becken von Schauanlagen. Im frühen (jugendlichen) Alter sind sie recht friedfertig, doch kann sich dies von einem Tag auf den anderen ändern: Sie werden dann bissig und attackieren ihre Mitbewohner. Sie nehmen bald alle Futterarten, entwikkeln aber einen großen Appetit, und man muß sie natürlich immer satt halten. Nicht mit kleinen Fischen gemeinsam pflegen!

Balistoides conspicillum
(BLOCH & SCHNEIDER), 1801
Leopard-Drückerfisch

Der von mir in der ersten Ausgabe gewählte Name *B. niger* ging auf eine frühere Beschreibung von BONNATERRE aus dem Jahre 1788 zurück, doch war der

Balistes vetula, der Königin-Drückerfisch, bewohnt weite Gebiete des Karibischen Meeres, des West- und Ostatlantiks (!) sowie (seltener) des westlichen Indischen Ozeans   Kahl

Artname damals bereits von BLOCH belegt (präokkupiert), so daß er heute nur ein Synonym ist und dem treffenderen *conspicillum* (= auffällig) Platz einräumen mußte.

Balistoides conspicillum, der Leopard-Drückerfisch, wird als schönster Vertreter der Familie angesehen. Der Name für eine frühere Beschreibung (*B. niger* BONNATERRE, 1788) war bei der Beschreibung jedoch bereits präokkupiert (= besetzt, da vergeben)   Mayland

Balistoides spec.. Eine neue Art oder nur eine Laune der Natur? Gesehen und fotografiert im ›Aquarium tropical‹ in Nancy/Frankreich   Mayland

Der wohl schönste aller Drückerfische lebt in der Riffwelt des Indischen und Pazifischen Ozeans, wo man den Tieren nirgends dicht beieinander, aber dennoch relativ oft begegnet. Sie können bis zu 50 Zentimeter lang werden, bleiben aber im Aquarium kleiner. Als Jungtiere sollten sie eingeführt und ins Aquarium überführt werden. Sie sind dann gut einzugewöhnen. Brauchen wenige großräumige Unterstellplätze. Haltung problemlos, im Alter bissig.

Balistoides viridescens (BLOCH & SCHNEIDER)
Grüner Drückerfisch

Mit einer Länge von 60–70 Zentimetern werden die Tiere nicht nur sehr groß, sondern auch bullig und sehr stark. Sie leben in den Riffen des Roten Meeres, des Indischen und des westlichen Pazifischen Ozeans. Für eine heimaquaristische Haltung sind m. E. nur Jungtiere geeignet, weil sie mit zunehmendem Alter von ihrer Kraft Gebrauch machen – und da haben die meisten übrigen Mitbewohner nicht viel Chancen. Solch ein Verhalten kann aber individuell verschieden sein. Ein paar größere Unterstände sollten im Aquarium vorhanden sein. Als gute Fresser nehmen die Tiere auch fettfreies Fleisch von Warmblütern, dazu Innereien wie Herz und Leber. Ebenso gern wird das Fleisch von Tintenfischen akzeptiert. Farblich, wie man sieht (Foto Seite 305), keine besondere Attraktion.

Chaetodermis spinosissimus, der Schmuckfeilenfisch   Mayland

Chaetodermis spinosissimus (QUOY & GAIMARD)
Schmuckfeilenfisch

Bereits 1824 als *Monacanthus s.* beschrieben und von SWAINSON zum Typ der von ihm 1839 aufgestellten Gattung *Chaetodermis* bestimmt. *Ch. pennicilligerus* (CUVIER, 1839) ist die spätere Beschreibung und somit ein Synonym.
Der Schmuckfeilenfisch, von PETER CHLUPATY treffend als ›Wurzelsepp‹ bezeichnet, ist im Indischen wie auch im Pazifischen Ozean weit verbreitet, wo die Tiere einzeln oder in kleinen Gruppen in treibenden Tangfeldern oder in Regionen mit kräftigem Seegraswuchs vorkommen. Sie werden 18–22 Zentimeter lang. Der Fischkörper ist mit tarnenden Hautfortsätzen bewachsen, die ihn, im Zusammenspiel mit dem tarnenden Linienmuster, in seinem Lebensraum beinahe unsichtbar erscheinen lassen. Im Aquarium können sich Tiere relativ schnell eingewöhnen und wissen eine abwechslungsreiche Ernährung zu schätzen. Nicht dagegen schätzen sie ›nervende‹ und zu lebhafte Mitbewohner sowie allzu enge Becken. Im Aquarium dann zutraulich, wenn kein Streß gegeben ist. Die Tiere sind zwar gemächliche Schwimmer, aber den ganzen Tag unterwegs. Sie wachsen über einige Jahre bis zur Endgröße heran. Dabei ausdauernd und bei guter Pflege mehrere Jahre haltbar. Das Foto zeigt einen Jungfisch von 8–10 Zentimetern Länge.

Melichthys indicus (RANDALL & KLAUSEWITZ)
Wangenstreif-Drückerfisch

Die auch unter dem Synonym *M. ringens* bekannten Fische (Foto) dürfen nicht mit dem nahen Verwandten *M. niger* (BLOCH) verwechselt werden. Sie sehen sich sehr ähnlich, doch ist die weiße Binde in den Basen von Rücken- und Afterflosse bei *M. indicus* wesentlich breiter, und die vertikal endende Schwanzflosse ist auf allen drei Seiten weiß gesäumt. Bei *M. niger* ist dagegen kein weißer Saum vorhanden, und das obere wie untere Caudalende ist zipfelartig verlängert. Das namengebende Merkmal des Wangenstreif-Drückers ist die wie ein ›Schmiss‹ wirkende diagonale und hell gesäumte Linie auf den unteren Kopfseiten (Wangen). Foto siehe Seite 305.
Die Verbreitung von *M. indicus* reicht vom südlichen Teil des Roten Meeres über den Indischen Ozean bis in die Gewässer um den indoaustralischen Archipel. Die Fische können bis zu 25 Zentimeter lang werden. Die Haltung entspricht der wie sie für *M. vidua* angegeben wurde.

303

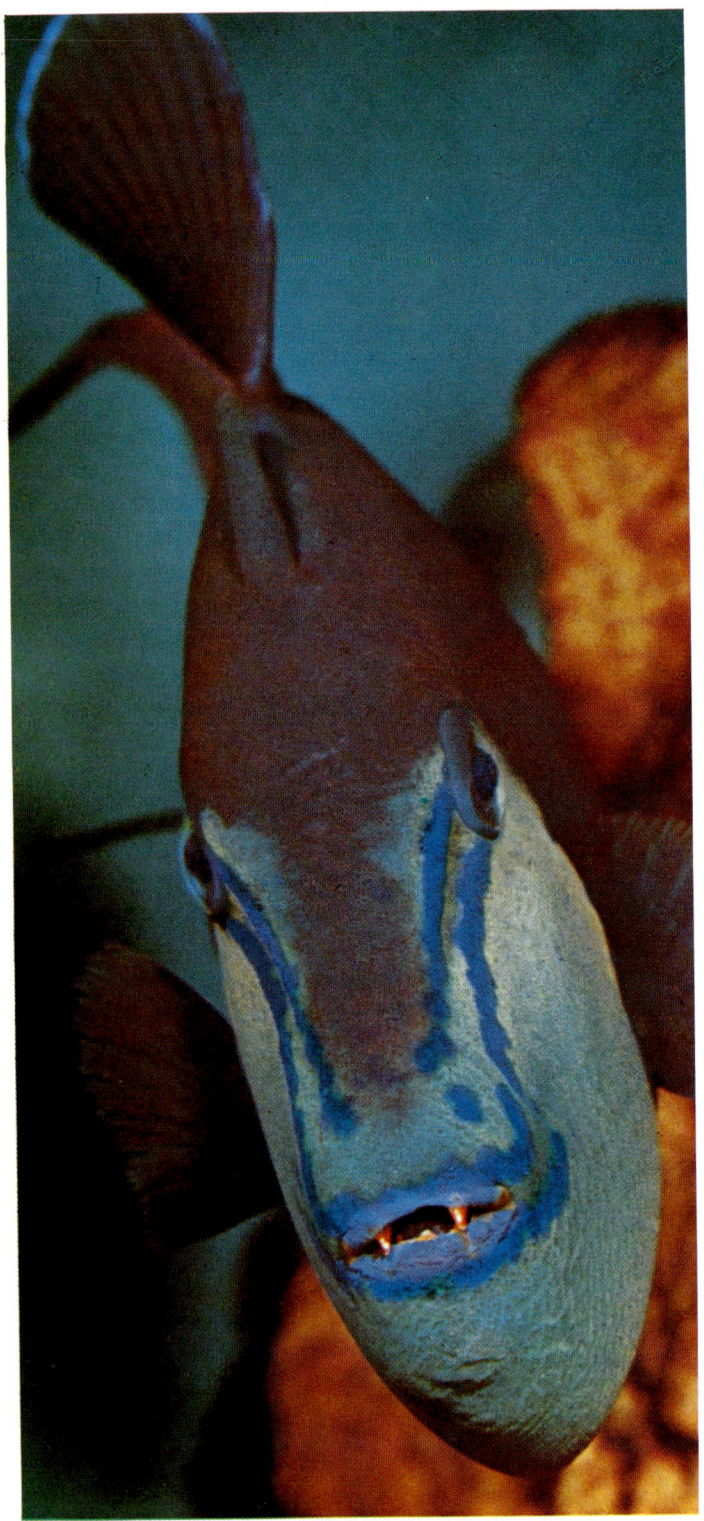

ner. In seinen Pflegeansprüchen gleicht er vielen anderen Drückerfischen: Er macht keine Probleme in der Nahrungsaufnahme, kann aber mit zunehmendem Alter bissig werden und braucht dann ein großes Becken mit ausreichendem Schwimmraum. Drückerfische dieses Kalibers brauchen eine sorgsam ausgewählte Gesellschaft, sonst ist Dauerstreit vorprogrammiert. Erwachsene Tiere können trotz ihres dunkelfarbigen Körpers im Aquarium sehr attraktiv wirken, weil alle Flossen kräftig und auffällig gefärbt sind: Gelb sind die Brustflossen, Rücken- und Afterflossen sind blau getönt, und die Schwanzflosse zeigt hinter der schneeweißen Querbinde ein kräftiges Zyklamrot. Foto Seite 305.

Odonus niger (RUEPPELL)
Rotzahn-Drückerfisch

Der Fisch (Foto) hat tatsächlich rote Zähne! Sein Körper ist blaugemustert. Die Vertreter dieser Art sind wesentlich geselliger als die meisten großen einzelgängerischen und daher ungeselligen Drückerfische. So haben auch die Mitbewohner kein solch gestreßtes Dasein. Des Rotzahns Verbreitung reicht vom Roten Meer über den Indischen Ozean bis zum zentralen tropischen Südpazifik. Im Riff erreicht er die stolze Länge von etwa 50 Zentimetern, wächst im Aquarium aber kaum auf die Hälfte heran. Die natürliche Ernährung der Fische besteht überwiegend aus Schwämmen, doch lassen sich die Spezialisten überraschend schnell auf Ersatzkost umstellen. Sie nehmen dann unter anderem gern tiefgekühlte Garnelen, wie man sie in Größen zwischen 3 und 5 Zentimetern von Lieferanten an der Nordseeküste

Oxymonacanthus longirostris, der Orangepunkt-Feilenfisch   Kahl

Der Rotzahn-Drückerfisch *Odonus niger*   Kahl

Melichthys vidua (SOLANDER)
Rotschwanz-Drückerfisch oder Braune Witwe

Der Bewohner des Indopazifiks (Foto) wird im Riff
35–38 Zentimeter lang, bleibt aber im Aquarium klei-

beziehen kann. Die Garnelen können im ganzen gereicht werden, und für die Fische bedeutet diese ›knackige‹ Art der Nahrungsaufnahme eine unterhaltsame Abwechslung. Sie halten gut aus.

Oxymonacanthus longirostris
(BLOCH & SCHNEIDER)
Orangepunkt-Feilenfisch

Sie werden kaum länger als 10 Zentimeter, und in ihrer kontrastreich bunten Musterung wirken sie in jedem

1 – *Rhinecanthus rectangulus*, der Keilfleck-Drückerfisch
2 – *Balistoides viridescens*, der Grüne Drückerfisch
3 – *Sufflamen chrysopterus*, der Blaubrust-Drückerfisch
4 – *Sufflamen bursa*, der Doppelsichel-Drückerfisch
5 – *Melichthys indicus*, der Olivfarbene Weißbindendrückerfisch
6 – *Melichthys vidua*, der Rotschwanz-Drückerfisch   alle Kahl

Aquarium zart und fremdartig. Sie haben auf den ersten Blick auch keine nennenswerte Ähnlichkeit mit ihren oft häßlich erscheinenden (Geschmacksache – ich weiß!) Verwandten. Sie sind in der Tat im Aquarium auch anders zu behandeln, als die Vettern aus der Bullenklasse. Die naheliegende Vermutung, daß langschnauzige Fische wegen der besonderen Bauweise ihres Kopfes dem Nahrungserwerb zwischen den Ästen von Steinkorallen und anderen besonders angepaßt sind, stimmt sicher auch hier. Das bringt für den Pfleger aber wieder das Problem, einen schwierigen Nahrungsspezialisten an Ersatzkost bringen zu müssen.

Man soll die Fische nur in Gruppen von 4—6 Tieren halten, denn nur im kleinen Verband fühlen sie sich wohl, und diese Verbundenheit ist es dann auch, die es zur Aufnahme von Ersatznahrung kommen läßt. Wenn man im Aquarium überhaupt von einer naturgerechten oder naturbezogenen Haltung sprechen kann, dann daß man Fischen wie diesen einen möglichst großen und optimal hergerichteten Lebensraum ohne störende Mitbesiedler anbietet, in dem der nächstwichtigen Voraussetzung, der Ernährung, ebensoviel Aufmerksamkeit geschenkt wird. Würde man wie üblich verfahren, so könnte es sein, daß die Tiere zwar Futter nehmen, trotzdem aber abmagerten und schließlich verhungert wären. Sowas dauert normalerweise ein paar Monate. In ihrem natürlichen Biotop ernähren sich die schönen Feilenfische in der Hauptsache von Korallenpolypen. Als Ersatznahrung kommen vielerlei Krebstiere in Frage, angefangen bei Cyclops und Daphnien bis zu Mysis und ausgewachsenen Artemien, dazu Garnelen- und Muschelfleisch. Es wird empfohlen, kleinbleibende Arten von Fischen, die ihre Nahrung auf ähnliche Weise erwerben, als Mitbewohner einzusetzen, etwa Seenadeln, Schnepfenmesserfische (*Aeoliscus*) und deren Verwandte. Ich habe das noch nicht ausprobiert, weil ich in der Paarung von Kompliziertem mit Kompliziertem nicht die Lösung eines Problems sehe. Feilenfische wie diese gehören zu den schwer zu haltenden Arten – keine Frage! Die Bewohner des Indischen und des westlichen Pazifischen Ozeans werden nur in geringen Stückzahlen eingeführt und sollten nur von wirklich erfahrenen Aquarianern gepflegt werden. Aus dem Roten Meer wurde mit *O. halli* MARSHALL eine weitere Art ähnlicher Körperform beschrieben, deren Vertreter jedoch nur halb so groß werden.

Pervagor spilosoma (LAY & BENNETT)
Hawaii-Feilenfisch

Ein relativ kleiner, aber beachtenswerter Feilenfisch mit einer Länge zwischen 11 und 13 Zentimetern. Er ist nur aus den Gewässern um die Hawaii-Inseln bekannt und lebt dort die meiste Zeit des Jahres im tieferen Wasser des Außenriffs. In zeitlich festliegenden Abschnitten, gewöhnlich während der ersten 3 Monate des Jahres, erscheinen die Tiere in großen Mengen auch in den

seichteren oberen Wasserschichten. Nur dann können sie normalerweise gefangen werden. Junge Tiere, etwa bis zu einer Länge von 5 oder 6 Zentimetern, haben noch eine nur silbrige Färbung. Erst mit zunehmendem Alter zeigen sich die Fische von ihrer schöneren Seite: Die Grundfärbung ist hellgelb, und die Flanken sind von Mustern uneinheitlich begrenzter kleiner Punkte überdeckt. Rücken und Bauchprofil sind rußig abgedunkelt, und auch zum Ende des Schwanzstieles hin nimmt die Abdunkelung zu. Beide Kopfseiten (Wangen) sind mit diagonalen schwarzen Binden überzogen. Die Schwanzflosse hat einen orangefarbenen Grund, ist ebenfalls mit kleinen Punkten überdeckt und strahlenförmig rußig abgedunkelt. Der gerundete Hinterrand der Flosse trägt einen weißen Saum, und unter diesem liegt eine tiefschwarze submarginale Binde. Rückenflosse dunkel; Afterflosse rußig und mit dunklem Saum. Wenig importiert, jedoch nach Eingewöhnung gut zu halten.

Pseudobalistes flavimarginatus (RUEPPELL)
Rostkopf-Drückerfisch

Ein relativ selten eingeführter, groß werdender Fisch, der in seinen natürlichen Biotopen eine Länge bis zu 60 Zentimetern erreichen kann, im Aquarium allerdings kaum halb so groß wird. Seine weite Verbreitung reicht vom Roten Meer über den Indischen Ozean bis zum zentralen Pazifik. Wie die meisten Drücker im Aquarium gut haltbar. Jungtiere sind gelbgrundig und zeigen grüne Flecke auf den Körperseiten. Erwachsene Exemplare mit rostbraunem Kopf und ebenso gesäumten Flossen. Braucht geräumige Becken mit verschiedenen Unterständen. Alttiere bissig.

Pseudobalistes fuscus (BLOCH & SCHNEIDER)
Blaustreifen-Drückerfisch

Ein Fisch mit einer brillanten Körperzeichnung, wie unser Foto S. 307 oben beweist. Die gut zu haltenden Pfleglinge werden idealerweise als kleine Jungtiere (Foto) aus dem Roten Meer oder dem Indischen Ozean eingeführt, doch ist deren Eingewöhnung nicht einfach. Die Vertreter der Art sind darüber hinaus bis in den zentralen Pazifik verbreitet. Mit dem Heranwachsen entwickeln die Fische ihr individuelles Verhalten und dulden dann nur noch Mitbewohner, die ihnen genehm sind – die übrigen werden verbissen. Es empfiehlt sich im Interesse dieser Tiere, sie rechtzeitig aus dem Becken zu entfernen. Die Fische stellen außer den erwähnten keine besonderen Ansprüche.

Pseudobalistes fuscus,
der Blaustreifen-Drückerfisch
(oben)   Kahl

Pseudobalistes fuscus, Jungtier
von der ostafrikanischen Küste
(links)   Mayland

Der Pikasso-Drückerfisch,
Rhinecanthus aculeatus (rechts)
                                        Kahl

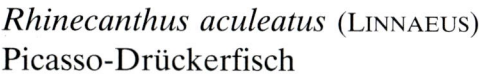

Rhinecanthus aculeatus (LINNAEUS)
Picasso-Drückerfisch

Wo immer man zwischen dem Roten Meer und den
Hawaii-Inseln in Riffgebieten den Kopf unter die Wasseroberfläche hält: Bald erblickt man den Picasso-Drük-
kerfisch (Foto). Halberwachsene Tiere trifft man meist
zu mehreren an, und größer als 25 Zentimeter werden
die Fische kaum. Im Gebiet um die Hawaii-Inseln hat
der Fisch im polynesischen Dialekt den längsten Namen,
den man für einen Fisch kennt: ›Humu-humu nuku-
nuku a pu-á-á‹. Er mußte sogar als Zeile für einen
bekannten Schlager herhalten.
Die Verbreitung der Fische hat dazu beigetragen, daß
sie auch in der Aquaristik weitgehend Einzug gehalten
haben. Ihr enger Verwandter aus dem Roten Meer,
R. assasi (FORSKÅL), wurde ebenfalls bereits vor mehr
als 200 Jahren beschrieben. Die Vertreter beider Arten
sind einfach zu halten. Junge und halberwachsene Tiere
sind noch verhältnismäßig friedfertig, doch macht sich
mit dem Heranwachsen der Fische in jedem Becken
seine relativ räumliche Enge für die Tiere bemerkbar,
und sie werden gegenüber bestimmten Mitbewohnern,
die sie vielleicht auch im Meer nicht um sich dulden,
immer unverträglicher. Die Drückerfische nehmen fast

jede Art von Futter, brauchen aber, um wachsen und
überhaupt satt werden zu können, fleischliche Kost.

Rhinecanthus rectangulus
(BLOCH & SCHNEIDER, 1801)
Harlekin-Drückerfisch

Der gelegentlich eingeführter Vertreter dieser Gattung
wurde von MATSUURA (1980) fälschlich mit dem Artnamen *echarpe* belegt, den LACEPÈDE im Jahre 1798
eingeführt hatte. Die Anwendung dieses Namens ent-
sprach jedoch nicht den Regeln, weshalb er für ungültig
erklärt wurde.
Der nahe Verwandte des Picasso-Drückerfisches erweist
sich im Aquarium als gleichguter und ebenso schöner
Pflegling. Mit seiner sehr breiten, geschwungenen dunklen Körper›schärpe‹ erscheint der Fisch noch wuchtiger
(Foto S. 305). In Ansprüchen und Verhalten erinnert er
an *R. aculeatus*. Länge bis etwa 20 Zentimeter.

Rhinecanthus verrucosus (LINNAEUS)
Keilfleck-Drückerfisch

Vertreter einer einfacher gemusterten Art, die in ihrer
Zeichnung an *R. assasi* aus dem Roten Meer erinnern. 307

Die Heimatgewässer dieser Fische liegen jedoch in den Regionen des indoaustralischen Archipels und angrenzender Meere (von Südjapan bis zum Great Barrier Reef). Der braune Fleck in der Analregion kann keilförmig oder auch kreisrund sein. Die Tiere zeigen, je nach Befinden, eine hellbeige oder dunkelgrünlichgraue Grundfärbung. Bauch und Kehle bleiben weiß. Über dem blauen Feld oberhalb der Oberlippe beginnt eine feine rostbraune, aber kontrastreiche Binde, die vor dem Brustflossenansatz endet. Auch bei Tieren dieser Art gibt es wieder eine Binde, die sich verbreiternd von der Brustflossenbasis durch das Auge zur anderen Körperseite zieht. Sie ist schokoladenbraun, beiderseits hellblau gesäumt und zwischen den Augen durch zwei blaue Linien verstärkt. Im Aquarium sind die Tiere dieser Art weniger aggressiv als ihre Verwandten. Länge 20–25 Zentimeter.

Sufflamen bursa (BLOCH & SCHNEIDER)
Doppelsichel-Drückerfisch

Zwei Arten, über deren Status insofern Uneinigkeit herrscht, als die Wissenschaftler sie entweder zur Gattung *Sufflamen* JORDAN, 1916, oder *Hemibalistes* FRASER-BRUNNER, 1935, stellen. Die meisten geben der älteren Priorität.
Die Fische dieser Gattung haben eine auffällig gestreckte Körperform und eine ziemlich eintönig hellbeige Färbung. Von den Maulwinkeln zieht ein weißes Band zum Anus; die Zone darunter ist reinweiß. Die namengebenden Sicheln sind auf dem Foto S. 305 deutlich zu erkennen. Die Vertreter dieser Art, bei der die Jungfische bis zu einer Länge von 4–5 Zentimetern einfarbig braun sind, werden selten eingeführt, obgleich man sie als durchaus elegante Erscheinungen bezeichnen kann. Ihre Lebensräume liegen in Indischen Ozean und im westlichen Teil des Pazifischen Ozeans (bis zu den Hawaii-Inseln). Sie erreichen eine Länge bis zu 25 Zentimetern und sind im Aquarium gut haltbar.

Sufflamen chrysopterus (BLOCH & SCHNEIDER)
Blaubrust-Drückerfisch

Die Bewohner des Indischen und Pazifischen Ozeans haben im jüngeren Erwachsenenstadium ein helleres Farbkleid als im älteren. Goldgelbe Flossen (*chrysopterus* = mit goldenen Flossen) konnte ich bei keiner Färbung entdecken. Unser Foto S. 305 zeigt das dunklere Farbstadium, wie es sich besonders im hinteren Oberkörper und der Schwanzflosse zeigt. Die letzte ist auf allen drei Seiten mit einem arttypischen breiten weißen Saum versehen. Die namengebende blaue Brust

beginnt bereits in einer blauen Zone entlang der Maulbinde und endet etwa beim Bauchstachel. Stimmungsbedingt kann die blaue Färbung noch intensiviert werden. Die Fische sind nur bedingt friedlich zu nennen, und nur in sehr großen Becken kann man sie mit anderen, gleichgroßen Fischen gemeinsam halten (bissig). In der Futterannahme geben sie keine Probleme auf und sind auch gut zu halten.

Xanthichthys mento JORDAN & GILBERT
Rauten-Drückerfisch

Ein Bewohner des öslichen, zentralen und südlichen Pazifiks, wo man die Tiere meist einzeln im tieferen Wasser an den äußeren Rändern der Riffe antrifft. Mit *X. ringens* (LINNAEUS) haben die Vertreter dieser Art einen sehr ähnlich aussehenden Verwandten in den Gewässern des westlichen Atlantiks und des angeschlossenen Karibischen Meeres.
Der Kopf hat eine braunolive Färbung. Auf den Wangen liegt ein Muster von 5–6 diagonalen blaßblauen Binden. Die Tönung der Flanken bis zum Ende des Schwanzstieles ist sandfarben, jedoch entsteht durch den schwarzen Hinterrand einer jeden Schuppe ein plastisches Rautenmuster, das sich im Bereich des Bauches in seiner optischen Anordnung verändert. Die vordere, nur sehr kurze Rückenflosse ist fast durchgehend dunkel, läßt aber bei hochgestelltem Stachel ein schokoladenbraunes Membranfeld erkennen. Über den Basen der sandfarbenen zweiten Rücken- und Afterflosse liegt eine breite, auffällig tiefschwarze Längsbinde. Die fast dreieckige Schwanzflosse ist hell schokoladenbraun und auf allen drei Seiten von einer weißlichen submarginalen Binde geziert. Weitere Vertreter der Gattung sind *X. auromarginatus* (BENNETT) und *X. lineopunctatus* (HOLLARD) aus dem Indischen und westlichen Pazifischen Ozean. Die Fische erreichen Längen zwischen 25 und 30 Zentimetern. Haltung, wie für die meisten übrigen Arten angegeben.

Familie Kofferfische
(Ostraciidae [Ostraciontidae])

Kofferfische sind in allen tropischen Meeren verbreitet. Sie sind wie eine allseits geschlossene Schachtel – ein Koffer – gebaut. Dieser ›Koffer‹ hat nur eine größere Öffnung, nämlich dort, wo der bewegliche Schwanzflossenstiel angesetzt ist. Die Panzerung des Körpers besteht aus Knochenplatten, die unter der Haut liegen. Aussparungen in diesem Panzer gibt es nur für die notwendigen Körperöffnungen. Die äußere Form der

Fische kann recht unterschiedlich und bisweilen sogar bizarr sein: Vertreter mancher Arten haben einen im Querschnitt dreieckigen, andere wiederum einen viereckigen Körper. Trotz dieser relativ plumpen Figuren erweisen sie sich als erstaunlich geschickte Schwimmer, die beim Beutemachen auf engstem Raum manövrieren – bei dieser Konstruktion natürlich in einer andersgearteten Schwimmweise. So dient ihnen die Schwanzflosse als Hecksteuer, während der Antrieb überwiegend von den beiden propellerartig schwirrenden Brustflossen besorgt wird, wobei die recht kurzen Rücken- und Afterflossen ebenfalls nur eine eher steuernde Funktion haben können. Kofferfische reagieren mitunter recht empfindlich, wenn sie gestreßt sind, weil sie sich dauernd bedroht fühlen (was bei falscher Gesellschaft im Aquarium leicht passieren kann!). Sind sie in direkter körperlicher Not oder haben sie bereits den Tod vor Augen, scheiden sie meist ein für die Mitglieder der Familie typisches Gift aus, das mit dem entsprechenden Namen Ostracitoxin belegt ist. Die Gefahr im engen Raum eines Aquariums besteht darin, daß fremde, wie auch die Kofferfische selbst, der Giftwolke nicht entfliehen können und oft genug an der Vergiftung eingehen. Auch beim Transport in einer großen (!) Plastiktüte sollen Kofferfische daher nur einzeln verpackt werden. Das Gebiß dieser Panzerträger ist ihrer Ernährungsweise angepaßt und muß in der Lage sein, einerseits Schalentiere, Garnelen und Ähnliche zu knacken, aber andererseits auch Schwämme und vegetarische Kost aufzunehmen. Ihre Maulöffnung ist zwar nur klein und wenig vorstülpbar, aber die Zähne sind auf jeder Kieferseite zu Leisten zusammengewachsen, was ihnen die Kraft einer starken Kneifzange verleiht.
Die Familie ist in zwei Unterfamilien (Aracaninae und Ostraciinae) aufgeteilt. Zu den insgesamt 13 Gattungen sind derzeit etwa 30 Arten gestellt. Im Aquarium lassen sich junge Tiere wesentlich besser und unkomplizierter eingewöhnen, als das bei Alttieren der Fall wäre. Trotzdem ist auch beim Integrieren junger Kofferfische große Aufmerksamkeit geboten.

Acanthostracion quadricorne (LINNAEUS)
Vierhorn-Pyramidenfisch

BLEEKER stellte im Jahre 1866 die Gattung auf und erklärte diese Art zum Gattungstyp. Der Bewohner der Korallenriffe des westlichen tropischen Atlantiks (bis zu den Bermudas) und des angrenzenden Karibischen Meeres wird relativ selten eingeführt. Die Fische können eine Länge bis zu 45 Zentimetern erreichen, bleiben aber meist selbst im Riff kleiner und ebenso verständlicherweise im Aquarium. Man könnte die Fische als

atlantische Ausgabe von *Lactoria cornuta* ansehen. Haltung auch wie diese. Die Grundfärbung dieser im Querschnitt dreieckigen Tiere hat einen Goldockerton, der von einem Muster himmelblauer und dunkel gerandeter Flecke und Binden überdeckt wird. Nur die abgeflachte Bauchunterseite bleibt weiß. Rücken- und Bauchprofil werden ebenso von blauen Längsbinden begleitet, wie der Kopf von solchen Binden (von Kiemendeckel zu Kiemendeckel) überzogen wird.
Eine weitere Art der Gattung ist *A. polygonius* POEY, deren Vertreter sich von denen der vorgenannten Art durch einen sechseckigen Fleck auf jeder Knochenplatte unterscheiden.

Lactophrys trigonus (LINNAEUS)
Büffel-Kofferfisch

In der 1839 von SWAINSON aufgestellten Gattung ist diese Art der Gattungstyp. Freunde nannten ihn einmal den ›Maschendrahtfisch‹, denn: Kopf und Körper zeigen bei erwachsenen Tieren ein sechseckiges Wabenmuster, bei dem im Zentrum einer jeden Wabe ein ebenfalls sechseckiger dunklerer Fleck sitzt. Die Flossen haben die beige Grundfärbung, und nur die dunkelbraunen Brustflossen sind dabei ausgenommen. Der tropische Westatlantik und das angeschlossene Karibische Meer sind die Lebensräume von Tieren dieser Art. Sie sollen in ihrem natürlichen Lebensraum bis zu 45 Zentimeter lang werden können, wachsen im Aquarium jedoch nicht über 25 Zentimeter hinaus. Ähnlich gemustert ist *L. triqueter* (LINNAEUS). Mit *L. bicaudalis* (LINNAEUS) ist außerdem ein gepunkteter Vertreter der Gattung aus diesen Biotopen bekannt.

Lactoria cornuta (LINNAEUS)
Kuhfisch oder Langhorn-Kofferfisch

Die vom Roten Meer über den Indischen bis zum Pazifischen Ozean (auch Hawaii) verbreiteten Fische zeichnen sich durch eine geographisch variierende Grundfärbung aus, die von Grün über Oliv bis zu Orange reicht. Die Vertreter dieser interessanten Art können in ihrem natürlichen Lebensraum bis knapp 50 Zentimeter lang werden, bleiben aber auch in geräumigen Aquarien wesentlich kleiner. Eigentlich müßte man sie ›Vierhorn-Kofferfische‹ nennen, denn neben den beiden am Oberkopf sitzenden und nach vorn gerichteten ›Hörnern‹ tragen die Fische noch zwei nach hinten gerichtete am unteren Ende ihres Hinterkörpers. Junge Tiere lassen sich meist willig an Ersatznahrung gewöhnen. Man soll sie aber auch in diesem Alter niemals beengt unterbringen (s. Familienbeschreibung), und der Grund des Bek-

Lactoria cornuta, der Kuhfisch oder Langhorn-Kofferfisch   Kahl

kens soll aus feinem Sand bestehen. Kleinere Kuhfische lassen sich anfangs mit allerlei Kleintieren, wie Krebsartigen, Schnecken und Muscheln, ernähren. Tiefgekühlte Garnelen eignen sich für die Ernährung heranwachsender Tiere am besten und sind auch am einfachsten zu beschaffen. Mit zunehmendem Alter bekommen die Pfleglinge eine längere Schwanzflosse, die schließlich etwa die halbe Körperlänge erreichen kann. Es sei noch darauf hingewiesen, daß die über den Knochenplatten liegende Haut empfindlich und leicht zu verletzen ist, dann aber nur schlecht wieder heilt. Es kann zu bakteriellen Entzündungen kommen, die den Fisch dann schon veranlassen können, von seiner Möglichkeit zu Giftabsonderungen Gebrauch zu machen. Vorsichtiges Hantieren im Becken sollte selbstverständlich sein. Die ausdauernden Schwimmer verlangen zwar optimale aquatische Bedingungen, sind aber unter diesen Voraussetzungen sehr gute und ausdauernde Pfleglinge.
Mit *L. diaphana* (BLOCH & SCHNEIDER), dem Stacheligen Kuhfisch, und *L. fornasini* (BIANCONI), dem Dornrücken-Kuhfisch, sind zwei weitere Arten aus dem Indischen und Westpazifischen Ozean bekannt, die jeweils eine Länge um die 24 Zentimeter erreichen.

Ostracion cubicum LINNAEUS
Schwarzpunkt-Kofferfisch

Der Autor beschrieb und belegte Exemplare derselben Art (Jung- und Alttiere) mit diesem Namen sowie mit *O. tuberculatum*. Da aber *O. cubicum* zum Typ der von LINNAEUS gleichzeitig aufgestellten Gattung bestimmt wurde, gilt der zweite Name als Synonym.
Die Vertreter dieser Art gehören zu den bekanntesten und beliebtesten Kofferfischen, obgleich man sie keinesfalls als besonders hart ansehen kann! Die Beliebtheit hat wahrscheinlich ihren Grund in der Putzigkeit der Jungfische, die oft bereits in Längen von 2 oder 3 Zentimetern eingeführt werden. Sie schwimmen, kleinen Spielwürfeln gleich, im Aquarium umher und ›begrüßen‹ mit schwirrenden Brustflossen und oftmals seitlich abgebogener Schwanzflosse anscheinend freudig ihren Pfleger. Vom Jungtier bis zum geschlechtsreifen Fisch machen sie einen leichten Farb- und Musterwechsel durch, denn während Jungfische noch weißlichbeige bis goldgelb gefärbt und ausschließlich mit kleinen kreisrunden Punkten überdeckt sind, sehen erwachsene Tiere aus wie das Exemplar auf unserem Foto. Mit 45 Zentimetern sind die Tiere im Riff ausgewachsen, erreichen diese Länge im Aquarium aber bei weitem nicht. Sie stammen aus dem Indischen und Pazifischen Ozean, und ihre Haltung entspricht der, wie sie für *L. cornuta* angegeben wurde.

Ostracion meleagre SHAW
Weißpunkt-Kofferfisch

Es gab in früheren Jahrzehnten einige Mehrfachbeschreibungen für diese Fische, die in Männchen- und Weibchenform ein unterschiedliches Kleid tragen. So

Ostracion cubicum (Synonym: *O. tuberculatum*) heißt der Schwarzpunkt-Kofferfisch. Er wurde lange Zeit fälschlich unter dem zweiten Namen gehandelt. Unter dem ersten ist die Art jedoch als Gattungstyp geführt

Mayland

gilt dann nach den Regeln der älteste Name, die Beschreibung von SHAW aus dem Jahre 1796. JENKINS beschrieb 1901 mit *O. m. camurum* eine Unterart, deren Vertreter im Meer um die Hawaii-Inseln vorkommen und in einigen Merkmalen abweichen.

Der Weißpunkt-Kofferfisch ist eine gut zu pflegende Art. Die Tiere sind im Indopazifik von der Ostküste Afrikas bis zur mexikanischen Westküste (Clipperton) verbreitet. Sie erreichen eine Länge von 20–24 Zentimetern, bleiben aber im Aquarium kleiner. Weibliche Tiere sind auf schwarzem Grund durchweg weiß gepunktet (Foto). Die schöneren Männchen haben nur einen weiß gepunkteten Rücken, während die Flanken tintenblau gefärbt und mit orangeroten, schwarzgesäumten Punkten überdeckt sind.

Ostracion whitleyi FOWLER, 1931
Whitleys Kofferfisch

Bei diesem Vertreter aus dem zentralen Pazifik (Hawaii-Inseln bis zu den Marquesas) haben wir es mit den schönsten Kofferfischen zu tun, denen man eine Verwandtschaft mit *O. meleagre* ansehen kann. Weibliche Tiere und junge Männchen sind über dem Rücken auf dunklem Grund weiß getüpfelt. Kopf und Körperseiten zeigen unterschiedlich breite, unregelmäßig begrenzte dunkle Längsbinden, die braun gerandet sind. Erwachsene Männchen haben einen dunkelblauen Körper. Der Rücken ist mit helleren Tüpfeln überdeckt. Ein Linienmuster aus ebensolchen Binden umsäumt Kopf und Flanken. Man trifft die Fische meist in ruhigen Gewässerabschnitten des Riffs in Tiefen bis etwa 20 Meter an. Sie erreichen eine Länge von 20 bis 24 Zentimetern.

Rhynchostracion rhinorhynchus (BLEEKER)
Nashorn-Kofferfisch

Eine Gattung, in der einige Arten zusammengefaßt sind, deren Vertreter, wie der Gattungsname vermuten läßt (*rhynchos* = Rüssel, Schnabel), ›etwas an der Nase‹ haben müssen. Bei dieser wie auch einer weiteren Art, *R. nasus* (BLOCH), handelt es sich um Verdickungen bzw. Auswüchse oberhalb der Oberlippe. Jungtiere ähneln denen des Schwarzpunkt-Kofferfisches, doch stehen bei ihnen die Punkte nur über dem Kopf so dicht. Erwachsene Tiere werden dunkler, ihre Farbe geht in Brauntöne über, und die Punkte werden sehr klein und nehmen zu. Das Nashorn entwickelt sich bei ihnen zu einem kegelartigen Vorsprung, der über das ohnehin vorspringende Maul hinausragt. Die Fische sind Bewohner des östlichen Indischen Ozeans und der angrenzenden Gewässer um den indoaustralischen Archipel. Sie

Ostracion meleagre, Geperlter oder Weißpunkt-Kofferfisch, (♀)   Kahl

werden 30–34 Zentimeter lang, bleiben jedoch im Aquarium wesentlich kleiner. Hier gehen sie bald an Ersatznahrung (Krebsartige bevorzugt) und sind unter den in der Familienbesprechung gegebenen Voraussetzungen ausdauernd.

Tetrosomus gibbosus (LINNAEUS)
Pyramiden-Kofferfisch

Die nicht sonderlich attraktiv gefärbten, im Körperquerschnitt dreieckig gebauten Fische sind Bewohner eines weiten Reviers, das sich vom Roten Meer über den Indischen Ozean bis zum Westpazifik erstreckt. Im Riff erreichen die Tiere eine Länge bis zu 30 Zentimetern, bleiben aber im Aquarium kleiner. Ihr Rücken ist nach oben hin stärker gewölbt, weshalb man sie gelegentlich auch als das Dromedar (= einhöckeriges Kamel) unter

Tetrosomus gibbosus, der im Meer weit verbreitete Pyramiden-Kofferfisch, wird nicht häufig eingeführt   Kahl

den Kofferfischen bezeichnet. Die Fische sind im Aquarium gut haltbar. Vorsicht bei Hautverletzungen (siehe auch *L. cornuta*). Die Färbung ist aus dem Foto zu erkennen.

Familie Kugelfische (Tetraodontidae)

Die Familie ist in die beiden Unterfamilien Tetraodontinae (Rundkopf-Kugelfische) und Canthigasterinae (Spitzkopf-Kugelfische) unterteilt. Die Vertreter der ersten finden wir nicht nur im Meer, sondern auch (und oft ausschließlich) im Süßwasser. Alles in allem umfaßt die Familie 16 Gattungen mit etwa 118 Arten. Der Anteil der Spitzkopf-Kugelfische hält sich mit nur einer Gattung (23 Arten) in Grenzen.

Den Körper der Fische kann man als keulenförmig bezeichnen. Ihre schuppenlose Haut ist zäh. Bei einer Reihe von Kugelfischen ist das Fleisch giftig. Das Gift Tetraodotoxin ist eine Eigenproduktion der Fische, das insbesondere in der Leber und den Gonaden gespeichert wird und während der saisonbedingten Laichzeit die stärkste Konzentration erreicht. In Japan sind bestimmte Kugelfisch-(= Fugu-)Gerichte so beliebt, daß es dafür besondere Restaurants gibt. Die Köche haben hier eine ganz spezielle Ausbildung, an deren Ende eine Prüfung steht, nach welcher der Prüfling sein Gericht selber verspeisen muß. Erst danach erhält er die notwendige staatliche Arbeitsgenehmigung. Vergiftungen gehen weit über die Hälfte tödlich aus, und da sollte, ja muß der Koch sein Handwerk verstehen.

Arothron diadematum, der Masken-Kugelfisch ist ein Endemit aus dem Roten Meer
Kahl

312

Kugelfische verfügen über einen besonderen Beißapparat: Ihre Zähne sind zu zwei Zahnplatten in jedem Kiefer zusammengewachsen; sie besitzen demnach eigentlich nur vier Zähne (Tetraodon kommt von *tetra* = vier und *odon* = Zahn). Die Fische sind mit einer großen Beißkraft ausgestattet und können selbst harte Muschelschalen und Schneckenhäuser aufbeißen, um an den Inhalt zu gelangen. Den Namen ›Kugelfisch‹ verdanken sie der Tatsache, daß sie sich bei Gefahr mit Wasser oder Luft vollpumpen, um darauf ein kugelrundes Aussehen anzunehmen und den Feind abzuschrecken. Für den Kugelfisch ist das Aufpumpen jedesmal ein kräfteraubender Vorgang, und man sollte die Fische im Aquarium nicht aus bloßer Spielerei dazu veranlassen. Die meisten Kugelfische sind unverträglich und daher nicht gesellschaftsfähig. Man kann sie auch in keinem Fall Niederen Tieren oder wehrlosen kleinen Fischen zugesellen.

Arothron diadematum (RUEPPELL)
Masken-Kugelfisch

Der auch unter dem Synonym *Amblyrhynchotus d.* bekanntgewordene Kugelfisch kommt ausschließlich im Roten Meer vor und kann in seinem natürlichen Lebensraum bis zu 30 Zentimeter lang werden. Im Aquarium, wo die Fische diese Größe nicht erreichen, stellen sie keine großen Ansprüche und sind verhältnismäßig leicht zu pflegen. Sie sind (beinahe) Allesfresser, denen man Muscheln, Schnecken, Garnelen und auch Stücke von Tintenfisch sowie anderes Fischfleisch anbieten kann. Es empfiehlt sich, den Angeboten der Tiefkühltruhen des Fischhandels erst einmal Proben zu entnehmen (nichts darf davon natürlich chemisch behandelt sein!). Dort findet man häufig Nahrung aus dem Meer, die man gewöhnlich an Korallenfische nicht verfüttern würde, die für diese guten Beißer aber eine Abwechslung bedeuten kann. Vorsicht beim Hantieren im Becken oder beim Füttern. Hungrige oder aggressive Tiere können die Pflegerhand schnell einmal empfindlich beißen. Von der gemeinsamen Haltung mit gleichartigen Tieren, Igelfischen, anderen kleinen oder weniger wehrhaften Fischen gleicher Größe oder Niederen Tieren sollte man Abstand nehmen.

Arothron citrinellum GUENTHER
Zitronen-Kugelfisch

Der im Indischen und im Pazifischen Ozean sowie im Roten Meer beheimatete Zitronen-Kugelfisch erreicht in geräumigen Aquarien eine Länge von annähernd 30 Zentimetern. Die Jungfische – sie werden meist

Arothron citrinellum, der Zitronen-Kugelfisch   Hansen
Der Blauflecken-Kugelfisch *Arothron hispidum* läßt vom Putzer die Partie
um die Augen genauestens nach Parasiten absuchen   Kahl

importiert – sind noch grauoliv gefärbt und bekommen ihre durchgehend gelbe Färbung erst mit zunehmendem Alter. Die von einigen Autoren angestellte Vermutung, daß es sich bei diesem Fisch um eine Variante von *A. nigropunctatus* handele, kann ich nach meinen Erfahrungen nicht bestätigen. Gemessen an der farblichen Attraktivität dieser Fische sind die im Handel verlangten Preise relativ günstig. Haltungsansprüche, wie bei vorgenannter Art angegeben.

Arothron hispidum LINNAEUS
Blauflecken-Kugelfisch

Die Verbreitung dieser oberseits graugrundigen Art mit weißen, bläulich schimmernden Punkten reicht vom Roten Meer und der ostafrikanischen Küste über den Indischen Ozean bis zum westlichen Pazifik. Die zweitgrößten Vertreter der Gattung erreichen eine Länge bis zu 50 Zentimetern, werden im Aquarium jedoch meist nur halb so groß. Jüngere Tiere sind noch weniger gefleckt als ältere. Voll ausgewachsene Exemplare fal-   313 len durch eine Vielzahl an Punkten auf, und die Beringung der Augen, die sich bei dem Tier auf unserem Foto erst andeutet, nimmt noch erheblich zu. Gut eingewöhnte Exemplare können recht zahm werden und dem Pfleger aus der Hand fressen. Trotzdem Vorsicht! Im ganzen aber lange nicht so aggressiv wie viele seiner Verwandten, daher bedingt gesellschaftsfähig.

Arothron immaculatum (BLOCH & SCHNEIDER) Schwarzsaum-Kugelfisch

Ein Kugelfisch ohne kennzeichnende Fleckung, mit hellem Bauch und rußig grauoliv abgedunkelter Rückenpartie. Besonders dunkel die Basis der Brustflossen. Die blaßgelbe Schwanzflosse trägt einen unregelmäßig breiten schwarzen Saum. Verbreitung im Indischen und westlichen Pazifischen Ozean. Länge bis 30 Zentimeter.

Arothron meleagre (BLOCH & SCHNEIDER) Schwarzer oder Weißtüpfel-Kugelfisch

Ein Kugelfisch, der sich im Aquarium zu behaupten weiß. Er ist hart, nimmt das meiste des angebotenen fleischlichen Futters und kann sich gegenüber stärkeren Fischen auch durchsetzen. Seine schwimmerischen Aktivitäten sind groß, weil er stets auf Nahrungssuche ist. Im Handel werden die Tiere nicht allzu oft angeboten, doch sieht man sie öfters in Schauanlagen. Ihr Lebensraum liegt im gesamten Indopazifik; sie können eine Länge von 30–35 Zentimetern erreichen. Der schwarzbraune Kopf, Körper und alle Flossen sind mit vielen kleinen weißen Tüpfeln eng überdeckt.

Arothron nigropunctatum (BLOCH & SCHNEIDER) Schwarzflecken-Kugelfisch

Eine häufig eingeführte Art, deren Vertreter aus dem Indischen und Pazifischen Ozean stammen. Die Fische haben eine mausgraue Grundfärbung über Kopf, Körper und Flossen, die unterseits etwas blasser erscheint. Einige unregelmäßig angeordnete schwarze, rundliche Flecke haben den Fischen zu ihrem Namen verholfen. Eine Reihe von Tieren färbt sich teilweise oder völlig in gelbe Töne um. Ich meine aber hypothetisch, daß es sich, im Vergleich mit *A. citrinellum*, um nahe Verwandte, nicht aber um dieselbe Art handelt (Foto). Im Aquarium gut zu halten. Mit einer Länge von kaum mehr als 25 Zentimetern relativ kleinbleibend.

Arothron nigropunctatum ist als Jungtier mausgrau   Mayland

314

Arothron reticulare (BLOCH & SCHNEIDER)
Ring-Kugelfisch

Genetzt, wie der Artname besagt, sind die Fische nicht! Je nach Lichteinfall aber erscheinen sie so. Ihr Tarnmuster auf weißlichem Grund ist perfekt, denn es besteht aus schwarzbraunen Ringen (Augen und Flanken), Punkten (Rücken) und Längslinien (Bauch), die im Zusammenspiel mit den Unterwasser-Sonnenkringeln die Umrisse des Fisches fast auflösen. Die fleischigen Lippen sind gelblich, und auch in der getüpfelten großen Schwanzflosse lassen sich gelbe Töne erkennen. Der Bewohner des Indischen und Pazifischen Ozeans erreicht im Riff eine Länge bis etwa 40 Zentimeter, wird aber im Aquarium nur etwa halb so groß. Die Fische sind nicht immer friedlich, dafür aber ausdauernd, und können viele Jahre gute Pfleglinge sein.

Arothron stellatum (BLOCH & SCHNEIDER)
Sternfleckiger Kugelfisch

Ein gepunkteter Kugelfisch, dessen Synonymliste wegen ihrer besonderen Länge auffällt. Die Grundfarbe des Fisches ist stets ein mehr oder weniger helles Graubeige. Über dem Oberkopf, dem Rücken, den oberen Flanken sowie in den unpaaren Flossen liegen Muster aus kleinen schwarzbraunen Punkten. Die Schwanzflosse trägt dazu einen grauen Hintersaum mit besonders intensiver Tüpfelung. Weil man dem Fisch nichts Besonderes abgewinnen kann, hält sich die aquaristische Nachfrage dafür in Grenzen. Zudem würde die Endgröße der Tiere (90 Zentimeter) sicher manchem Aquarianer Kopfzerbrechen machen. Die Fische kommen im Roten Meer, im Indischen wie im Pazifischen Ozean vor und sind als Jungfische im Aquarium gut zu halten.

Spitzkopfkugelfische (Canthigasterinae) bleiben mit Längen zwischen 6 und 20 Zentimetern auffällig kleiner als die vorgenanten Arten. Da diese Fische nicht nur kleiner, sondern oft auch viel bunter sind, haben sie als Aquarientiere größere Chancen. Für Ihr Gebiß gilt allerdings dasselbe, was für die großen Kugelfische gesagt wurde, und ihre Nahrung besteht aus allen möglichen Niederen. Sie sind somit für einen Einsatz in einem Wirbellosenbecken nicht geeignet! In ihrem natürlichen Biotop leben sie einzeln oder (saisonbedingt) paarweise. Auch sie können sich bei Gefahr zu einer Kugel aufpumpen. Da sie das nur ungern tun, ist es geraten, ihnen im Aquarium möglichst viele kleine Verstecke anzubieten. Im Gegensatz zu ihren größeren Verwandten stellen sie nicht die Raumansprüche, fühlen sich weniger beengt und sind auch weniger aggressiv (Artgenossen meist

Canthigaster coronata Kahl

ausgenommen). Da sie andererseits gute Fresser sind, soll man sie stets satt halten, weil sie sonst an den Flossen ihrer Mitbewohner knabbern. Die Gattung umfaßt derzeit 23 Arten (ALLEN & RANDALL, 1977).

Canthigaster coronata (VAILLANT & SAUVAGE)
Gekrönter Spitzkopfkugelfisch

Beim Synonym *C. cinctus* handelt es sich um eine spätere Beschreibung. Die sehr schönen Tiere werden auch als ›Falscher Sattelfleck-Spitzkopfkugelfisch‹ bezeichnet, weil sie viel Ähnlichkeit mit *C. valentini* haben, dabei aber schöner als dieser sind (Foto). Wir treffen die mit Leuchtpunkten und -linien ausgestatteten Tiere vom Roten Meer über die Seychellen bis zur Grenze zu Natal (Südafrika) auch im Süden des Indischen Ozeans und über den indoaustralischen Archipel, das Great Barrier Reef bis zu den Hawaii-Inseln an. Sie erreichen eine Länge von 12–14 Zentimetern – kaum mehr.

Canthigaster jactator (JENKINS)
Brauner Weißfleck-Spitzkopfkugelfisch

Die schönen, wenn auch nicht besonders buntgefärbten Fische werden in den letzten Jahren häufig von den

Canthigaster jactator Mayland

Hawaii-Inseln eingeführt. Die nur etwa 6 Zentimeter lang werdenden Fischchen gehören zu den kleinsten ihrer Gattung. Nur, daß sie ›von prahlerischer Gestalt‹ sind, wie der Artname sagt, halte ich für eine typisch aquaristische Übertreibung, der wohl damals bereits Prof. Dr. Oliver P. JENKINS erlegen ist, als er die Art beschrieb.

Die Grundfärbung der Tiere ist über Kopf und Körper schokoladenbraun (Foto). Darüber liegen Muster von reinweißen Flecken. Interessant ist der grüne Ring um die Augen, wie ihn ähnlich auch buntere Vertreter anderer Arten tragen, nur fällt er hier mehr auf. Wegen ihrer geringen Größe können diese Fische weniger Unruhe in einem Gesellschaftsbecken stiften; zudem sind sie auch kaum bissig und gut zu halten.

Nahe verwandt mit dieser Art, daher ähnlich aussehend und leicht verwechselbar ist *C. janthinopterus* (BLEEKER). Auch dieser Fisch zeigt weiße Punkte auf schokoladenbraunem Grund. Trotzdem fällt die Unterscheidung des 10 Zentimeter großen Pfleglings aus dem Indopazifik nicht schwer: Bei ihm weiten sich die Flecke um die obere Augenhälfte zu länglich ovalen Zonen, so daß ein einfaches Strahlenmuster entsteht.

Canthigaster margaritata (RUEPPELL)
Pfauenaugen-Spitzkopfkugelfisch

Diese Fische gehören zu den beliebtesten ihrer Gattung, aber es gibt auch in ihrem nahen Verwandtschaftskreis einige Arten, deren Vertreter ihnen farblich und in der Musterung sehr ähnlich sehen und daher zuweilen mit ihnen verwechselt werden. Ich denke an *C. amboinensis* (BLEEKER), an *C. papua* (BLEEKER) oder an *C. solandri* (RICHARDSON), von denen den beiden letzten von einigen Autoren nur der Status einer Unterart von *C. margaritata* eingeräumt wird. Anhand allein optischer Merkmale ist eine genaue Determinierung nicht einfach.

Die Tiere all dieser Arten haben über Kopf, Körper und Schwanzflosse eine schokoladenbraune Grundfärbung, die von vorn nach hinten dunkler wird. Die Augen sind von Mustern blauer, dunkel gesäumter Linien umgeben, die sich zum Teil über dem Rücken fortsetzen. Alle, außer *C. amboinensis*, tragen ein ›Pfauenauge‹ – einen schwarzen, hell gerandeten Fleck – unter der Basis der kurzen Rückenflosse. Körperunterseite und Schwanzflosse zeigen Muster hellblauer und weißlicher Tüpfel, und nur das kugelige Zentrum des Bauches bleibt weiß (bei *C. amboinensis* braun). Die Bewohner des Indopazifiks werden 10–15 Zentimeter lang. Haltung, wie in Unterfamilienbeschreibung angegeben.

Canthigaster rivulata (TEMMINCK & SCHLEGEL)
Zweiband-Spitzkopfkugelfisch

Eine unverkennbare Art, deren Vertreter eine beige Grundfärbung über Kopf, Körper und Schwanzflosse haben – zum Bauch hin etwas heller, über den Rücken etwas abgedunkelt. Muster feiner blauer Linien sind auf dem vorderen Kopf wie um die Augen zu erkennen. Vom Ansatz der Brustflosse zieht ein breites, auffällig helles Längsband zum Ende des Schwanzstieles. Es ist an seinem oberen Rand von einem schwarzbraunen, unregelmäßig begrenzten Band gesäumt, in dem man wiederum himmelblaue Tüpfel und Linien erkennt. Von der Analbasis zieht ein schmaleres schwarzbraunes Band zum Ende des Schwanzstieles. Beide bilden einen etwas rauchigen oberen und unteren Saum der Schwanzflosse. Der Bewohner des Indopazifiks erreicht mit fast 20 Zentimetern die größte Länge der bekannten Spitzkopfkugelfische. Im Aquarium sehr gut zu pflegen und durchweg friedlich.

Ähnlich in der bescheidenen Musterung ist der Karibische Spitzkopfkugelfisch, *C. rostrata* (BLOCH), bei dem jedoch die kräftige schwarzbraune Längsbinde über den Flanken fehlt, während auch seine Schwanzflosse beiderseits dunkel gerandet ist. Länge etwa 12 Zentimeter.

Canthigaster valentini (BLEEKER)
Sattelfleck-Spitzkopfkugelfisch

Nicht jeder Spitzkopfkugelfisch ist ein Valentini! Trotzdem darf man den Valentini als die aquaristisch bekannteste Art ansehen. Ich erinnere mich an die Zeit Ende der 60er Jahre, als ich mich als Helfer auf einer Fangstation in Ostafrika verdungen hatte: Keiner der meist jugendlichen Fänger kam ohne einen Beutel voller Valentinis. Wenn sie schon nichts von dem Gewünsch-

Canthigaster rivulata   Chlupaty

Der Sattelfleck-Spitzkopfkugelfisch *Canthigaster valentini* kann bei genauerem Hinsehen kaum mit seinem schöneren Verwandten (*C. coronata*) verwechselt werden, doch kommen die hier abgebildeten Tiere wesentlich häufiger in den Handel · Kahl

ten brachten: Valentinis gab es immer. Was sollte man machen? Zurückschicken konnte man die Jungs nicht – sie wären nie mehr wiedergekommen. Also zahlen und nach Deutschland schicken. „Wieso das alles?" könnte man fragen. Die Valentinis sind im Meer zuweilen so neugierig, daß sie praktisch von allein in einen Kescher schwimmen – man muß ihn nur hinhalten.

Valentinis sind normalerweise auch im Meer geselliger als die meisten ihrer Verwandten. Sie kommen im Indischen wie im Pazifischen Ozean vor und werden kaum länger als 12 Zentimeter. Im Aquarium erweisen sie sich als ausgezeichnete Pfleglinge, brauchen abwechslungsreiche (und nicht immer nur tote) Kost. Sind im Becken nicht genügend Algen vorhanden, soll man vegetarische Nahrung anbieten. Die Fische brauchen Verstecke und optimale aquatische Bedingungen. Ihren Mitbewohnern gegenüber verhalten sich die Valentinis in den meisten Fällen friedlich.

Familie Igelfische (Diodontidae)

Die Riffwelt und die daran angepaßten Konstruktionen der Fische haben eine Reihe von Absonderlichkeiten hervorgebracht. Zu fressen gibt es im Riff stets zur Genüge. Das aber wissen auch die Räuber, und so müssen bestimmte Fische vor allem Wert aufs Nichtgefressenwerden legen. Für viele bedeutet das: bereit sein zur schnellen Flucht. Für die Entwicklung der Fische mit besonderer Spezialisierung beim Nahrungserwerb, wie wir sie von den Igelfischen kennen, war eine besondere Ökologie notwendig. Wir reden heute viel von der Ökologie, der Lehre von den Beziehungen der Lebewesen zu ihrer Umwelt. Die Anpassung dieser Lebewesen im Riff wäre eines der Teilgebiete. Bei den Igelfischen geht es darum, auf engstem Raum wendig zu sein, über

ein starkes Gebiß zu verfügen, um die durch eine harte Schale geschützten Nährtiere knacken zu können, und dabei trotz der plumpen Körperform die Chance aufs Überleben zu wahren. Die Möglichkeit, sich nahender Gefahr durch rasche Flucht zu entziehen, mußte dabei aufgegeben werden. Wie nun hat der Igelfisch sein Problem gelöst? Er kann sein Körpervolumen durch Aufpumpen mit Wasser um ein Vielfaches vergrößern. Dazu hilft ihm ein dehnbarer Sack, der sich unterhalb des Magens befindet. Dahinein pumpt er das Wasser, und selbst die bei den Vertretern einiger Arten sonst eng am Körper anliegenden Stacheln richten sich dann auf und stehen bedrohlich für jeden Angreifer nach allen Seiten ab. Meist scheint diese Methode das Leben des Igelfisches zu schützen – aber auch nicht immer, wie Magenuntersuchungen bei Raubfischen gezeigt haben. Wird ein Igelfisch im Netz gefangen, versucht er natürlich auch, sich aufzublasen. Hebt man nun das Netz mitsamt dem Fisch aus dem Wasser, so pumpt der statt des Wassers Luft in seinen Bauchsack. Das ist nicht gut für den Fisch, denn es fällt ihm später, wenn er ins Wasser zurückgesetzt wird, schwer, diese Luft aus seinem Körper zu entfernen. Man soll deshalb Igelfische (wie auch Kugelfische) auch bei Umquartierungen nicht aus dem Wasser nehmen, sondern stets in einem wasserführenden Behälter belassen.

In ihrem natürlichen Lebensraum trifft man tagsüber Igelfische meist in ihren Verstecken unter ausgewaschenen kalkigen Überhängen an, wo sie die helle Tageszeit zusammen mit Soldatenfischen und anderen verbringen. Sie sind meist Einzelgänger und tun sich nur während der Laichperiode mit andersgeschlechtlichen Partnern zusammen. Über ihre Fortpflanzung ist noch nicht viel bekannt. Igelfische bevorzugen die Dämmerung, um auf Nahrungssuche zu gehen. Ihr starkes, aus nur je einer Zahnplatte in Ober- und Unterkiefer bestehendes Gebiß hat (beinahe) die Kraft einer Drahtzange und knackt Muscheln, Schnecken und Schalentiere nach Belieben. Dazu gehört, daß sie auf der Jagd nach bestimmten Tieren den weichen Boden mit Hilfe eines ausgestoßenen Wasserstrahles aufwirbeln, um diese Tiere freizulegen. Die großen Augen der Igelfische sind – unabhängig voneinander – sehr beweglich. Sie sind aber empfindlich gegenüber Entzündungen (Trübungen, Glotzaugen), wie sie sich nach Verletzungen beim Fangen mit Netzen schnell einstellen können. Igelfische brauchen auch im Aquarium Sandboden. Es kann allerdings vorkommen, daß die eingewöhnten Fische ihren Pfleger nach dem Öffnen der oberen Aquarienscheibe mit einem Wasserstrahl ›begrüßen‹. Sie blasen den Strahl dorthin, wo sie Freßbares erwarten, ... meist zum Schrecken der Hausfrau.

Über die Gültigkeit von Gattungen und Arten gibt es in der einschlägigen wissenschaftlichen Literatur unterschiedliche Angaben, die zwischen 2 (NELSON, 1984) und 6 (SMITH, M.M. & HEEMSTRA, 1986) Gattungen mit 15–19 Arten schwanken.

Chilomycterus atinga (LINNAEUS)
Atlantischer Tupfeligelfisch

In der im Jahre 1846 von Gabriel BIBRON aufgestellten Gattung gilt der weltweit in tropischen Gewässern verbreitete *C. reticulatus* (LINNAEUS) als Gattungstyp. Die in dieser Gattung zusammengefaßten Igelfischarten können, im Gegensatz zu ihren *Diodon*-Verwandten, ihre Stacheln nicht zurücklegen: Sie tragen sie stattdessen ständig aufgerichtet. Die hier angesprochene Art ist ein Bewohner des tropischen Atlantiks und hat in ihrer Musterung Ähnlichkeit mit *Diodon hystrix*, der aber seine Stacheln anlegen kann! Bei beiden sind Kopf und Körper auf grünlichgrauem Grund mit vielen kleinen und kleinsten schwarzen Punkten und Tüpfeln übersät. Länge im Meer bis zu 60 Zentimetern, im Aquarium kleiner bleibend. Haltung, wie bei *C. schoepfi* angegeben.

Chilomycterus schoepfi (WALBAUM)
Karibischer Streifenigelfisch

Die Vertreter dieser relativ klein bleibenden Art werden in ihrem natürlichen Lebensraum nicht länger als ungefähr 25 Zentimeter und bleiben in Aquariengröße meist noch unterhalb der 20-Zentimeter-Grenze. Ihr Vorkommen ist auf das Karibische Meer und den tropischen Atlantik (von der Ostküste der USA bis zur brasilianischen Ostküste) beschränkt. In der Jugend tragen die Fische (wie auch die einiger Gattungsverwandter) ein langes aber weiches Horn über jedem Auge, was ihnen auch den Namen ›Langhorn- oder Teufels-Igelfische‹ einbrachte. Beide Hörner legen sich bei schnellem Schwimmen etwas zurück, sind aber trotzdem dreiwurzelig und damit nicht anlegbar (nur zweiwurzelige Stacheln können angelegt werden). An ihrer Oberseite sind die Fische dieser Gattung abgeflachter als die Verwandten von *Cyclichthys* und *Diodon*, wodurch die Fische weniger plump wirken. Goldenbeigefarben sind Kopf und Körper (Foto) und von wellenförmigen schwarzen Linien überzogen. Mehrere schwarze Flecke liegen hinter und über der Brustflossenbasis und auf der Basis der weit zurückgesetzten kurzen Rückenflosse. Igelfische brauchen, wenn sie lange aushalten sollen, optimale Bedingungen, besonders was die Wasserqualität anbelangt, dazu eine gewisse Strömung und reinen Sand-

Chilomycterus schoepfi. Der Langhorn-Igelfisch aus der Karibik kann seine Stacheln nicht, wie die *Diodon*-Verwandten, an den Körper anlegen

Mayland

grund. Da sie über ein besonders starkes Gebiß verfügen, soll – ja muß man ihnen eine Nahrung anbieten, die auch den Einsatz dieser starken Zahnplatten verlangt. Dazu eignen sich sehr gut tiefgekühlte junge Nordsee-Schwimmkrabben, wie etwa *Portunus holsatus* oder ähnliche, die immer wieder einmal (besonders von an der Nordsee angesiedelten Stationen) angeboten werden. Es geht aber auch mit anderen Krebsartigen, doch sollen immer wieder starke Schalenträger darunter sein. Die Tiere sind insgesamt als friedfertig zu bezeichnen, doch darf man sie nicht mit kleineren Fischen zusammen pflegen.

Chilomycterus reticulatus ist, wie seine übrigen Verwandten, dämmerungsaktiv und ernährt sich vorwiegend von Muscheln und Schnecken   Kahl

Cyclichthys orbicularis (BLOCH)
Marmorierter Igelfisch

Es herrscht Uneinigkeit unter den Autoren, ob der Gattung *Cyclichthys* Selbständigkeit gebührt oder sie als Synonym von *Chilomycterus* anzusehen ist. Sie wurde im Jahre 1855 von KAUP aufgestellt, der dabei *C. orbicularis* zum Gattungstyp bestimmte. Die Tiere sind im Indischen und westlichen Pazifischen Ozean beheimatet und erreichen in ihren Lebensräumen eine Länge von 26–28 Zentimetern; im Aquarium werden sie knapp 20 Zentimeter lang. Als besonderes Erkennungsmerkmal kann man ein Muster von 5 oder 6 zusammenliegenden dunkelbraunen Flecken oben schräg hinter den Augen bezeichnen. Haltung, wie bei vorgenannter Art angegeben.

Chilomycterus atinga aus dem westlichen und östlichen Atlantik verfügt, wie seine Gattungsverwandten, über stets aufrecht stehende, nicht zurückklappbare Stacheln
Kahl

Diodon liturosus SHAW
Masken-Igelfisch

Die Vertreter dieser und der folgenden Art sind sehr nahe miteinander verwandt, sehen sich sehr ähnlich und werden demzufolge häufig verwechselt. Bei beiden liegt auf weißlichbeigem bis gelblichem Grund eine Zahl von schwarzbraunen großen Flecken in einer bestimmten Anordnung, die man am einfachsten in der Aufsicht von oben (Rückenmusterung) auseinanderhalten kann. Die Anordnung der vier rückwärtigen Flecke ist ziemlich identisch: Je einer sitzt oberhalb des Brustflossenansat-

319

zes, aus dem hinteren Fleck ›entspringt‹ die weit zurückgesetzte kurze Rückenflosse, und der vierte Fleck sitzt etwas davor. Dieser ist bei *D. liturosus* fast kreisrund, bei *D. holocanthus* hat er die Form eines nach hinten gerichteten Schmetterlingprofils. Vergleicht man nun die Kopfpartie der beiden miteinander, so stellt man unschwer fest, daß Tiere der ersten Art einen wesentlich breiteren Kopf haben, dessen Nacken nur von einer Querbinde geziert ist. Bei der folgenden Art sind es deren zwei, von denen die vordere auch an den Kopfseiten (und durch die Augen) herunterzieht, die Kehlpartie jedoch freiläßt! Ein optisches Merkmal des Kopfes und der Kehle: Eine breite dunkle Binde zieht sich (zusätzlich zu den erwähnten Rückenbinden) von einem Auge über die Kehle (!) zum anderen. Sie kann dabei ein dunkles Feld tangieren, das sich von der Unterlippe nach hinten zieht. Ein Bewohner des Indopazifiks; Länge bis zu 50 Zentimetern.

Diodon holocanthus LINNAEUS
Doppelbalken-Igelfisch

Bei der vorgenannten Art wurden bereits wesentliche Unterscheidungsmerkmale zu dieser genannt. Erwähnt werden sollte noch einmal, daß die vordere Nackenbinde die Augen zwar einschließt, dann jedoch auf jeder Seite endet, also nicht (!) unten um den Kopf läuft. Man findet die Fische in fast allen tropischen Meeren, allemal im Indopazifik. Ob es sich bei den farblich und in der Musterung ähnlichen Exemplaren des Westatlantiks um Vertreter dieser Art handelt – darüber streiten noch die Gelehrten. Länge nicht mehr als 25–30 Zentimeter; im Aquarium kleiner bleibend.

Mimikry-Igelfisch nennt man *Lophodiodon calori* auch, weil er als Nachahmer der *Diodon*-Arten lebt   Kahl

320

Diodon hystrix LINNAEUS
Gemeiner oder Gepunkteter Igelfisch

Die Vertreter dieser Art, ebenfalls in allen tropischen Meeren beheimatet, sind die größten und kräftigsten aller Igelfische. Einmal wollte ich mit einem normalen und ziemlich zur Größe des Fisches passenden Perlonkescher einen derartigen Igelfisch aus seinem Versteck herausfangen. Im Kescher pumpte sich das gefangene Tier noch unterhalb des Wasserspiegels vor Schreck so schnell und nachhaltig auf, daß das neue Netz in Sekundenschnelle zerriß und der Fisch unten wieder herausfiel und, so gut das in seinem prallen Zustand möglich war, das Weite suchte. Ich habe aber auch schon erlebt, daß Tiere, die sich im Aquarium nicht wohlfühlten, aufpumpten und dann recht hilflos an der Wasseroberfläche hingen. Sowas geschieht bei schlechter Wasserqualität und Sauerstoffmangel und sollte in heutigen modern geführten Becken gar nicht mehr vorkommen. Die Riesen mit den auffallend langen Stacheln, die in ihrem natürlichen Riffbiotop bis zu 90 Zentimeter lang werden sollen, werden in geräumigen Aquarien bis etwa 40 oder 50 Zentimeter groß und können hier bei guter Pflege so zahm werden, daß sie ihrem Pfleger aus der Hand fressen – besonders, wenn er ihnen einen Leckerbissen reicht. Es versteht sich, daß die großen Fische auch einen gehörigen Appetit entwickeln. Fütterung, wie bei *C. schoepfi* angegeben.

Lophodiodon calori (BIANCONI)
Mimikry-Igelfisch

Oft glaubt man, einen *Diodon holocanthus* vor sich zu haben, fällt aber auf den Nachahmer herein. Der Mimikry-Igelfisch kann nur seine Kopfstacheln anlegen, nicht dagegen die Körperstacheln – sie sind feststehend und kurz. Noch einfacher (siehe auch *D. liturosus* und *D. holocanthus*) läßt sich der Nachahmer an der Rückenmusterung erkennen: Auch er trägt auf gelblichbeiger Grundfärbung einen dunklen Fleck um die Basis der zurückgesetzten kurzen Rückenflosse, aber der davorliegende Fleck fehlt. Eine Fleckung nahe dem Brustflossenansatz ist vorhanden, sitzt aber weiter seitlich, und über der Rückenpartie darüber liegen kleine dunkle Tüpfel. Die Zone um das Maul ist schwarzbraun gefärbt, und um die Augen erkennt man entweder eine Binde oder nur Fragmente davon. Die Flossen sind, wie bei allen übrigen Igelfischen, ungemustert. Nur die Schwanzflosse zeigt einen etwas rußigen Hinterrand. Gelegentlich aus dem Indischen Ozean eingeführt und meist unter falschem Namen gehandelt. Länge bis 50 Zentimeter.

Was kann die aquaristische Zukunft auf dem marinen Sektor bringen?

In der ersten Auflage dieses Buches, die ich vor rund 15 Jahren verfaßte, wollte ich unter derselben Fragestellung einen Blick in die aquaristische Zukunft riskieren. Sicher war es nicht sonderlich schwer, aus der damaligen Sicht Prognosen zu erstellen, von denen man erwarten konnte, daß sie auch einträfen. Es stellte sich also heraus, daß der technische Fortschritt auch in der Aquaristik den erwünschten Lebensbedingungen Vorschub leistete. Denken wir nur alleine daran, um wievieles besser es heute möglich ist, etwa Steinkorallen und ähnlich empfindliche Verwandte zu halten und den hohen Lichtansprüchen der Zooxanthellen gerecht zu werden. Denken wir aber auch an die vielen Stationen in aller Welt, in denen (Kommerz hin – Kommerz her) eine Menge Geld investiert wird, um hinter die Zuchtgeheimnisse bestimmter Korallenfische zu kommen.

Das Thema ›Entdeckungen neuer Arten‹ mag für viele zu den interessantesten gehören. Es hat sich gezeigt, daß auch das Interesse am Tauchen weiter zugenommen hat und sich mit der Zeit eine Reihe junger Wissenschaftler heranbildete, die tauchend auch jene Riffregionen auf unserem Erdball erkundeten, in die normalerweise nur wenige Wissenschaftler oder Aquarienfreunde gelangen. Niemand war in der Zwischenzeit wohl aktiver als die Amerikaner Dr. JOHN E. RANDALL und Dr. GERALD R. ALLEN, deren viele Veröffentlichungen Zeugnis ihrer Arbeit ablegen, und diese Kontinuität ist es, die den Wert dieser Arbeiten ausmacht.

Es kann auch diesmal, wo viele bereits ›alles‹ zu kennen glauben, wieder so sein, daß die Aquarianer beim Durchblättern des Buches unter den neu hinzugenommenen Fotos Tiere entdecken, mit denen sie noch nie Kontakt hatten, ja von denen sie nie vorher eine Abbildung sahen. Doch es gibt sie noch, die Neuheiten, auf die so viele Aquarianer ›fliegen‹ und bei denen sie trotzdem seufzen, wenn sie dafür tief in die Tasche greifen müssen. Es ist eben auch für einen Fänger ein Unterschied, ob er nach ›Schema-F‹ Fische fängt oder Jagd auf ganz bestimmte Tiere macht, die deshalb als rar bezeichnet werden, weil sie ein sehr zurückgezogenes Leben führen oder in größeren Tiefen vorkommen.

Wo wir bei den Fängern sind: Es darf auch nicht verschwiegen werden, daß ungeeignete Fangmethoden in bestimmten Ländern dazu beigetragen haben, den Fang von Korallenfischen allgemein in Verruf zu bringen. So wurde beispielsweise die Verwendung von äußerst gifti-gem Natriumzyanid (NaCN) beim Fangen von Korallenfischen auf den Philippinen bekannt. Dieses Gift, das normalerweise in der Galvanotechnik, zu verschiedenen Synthesen in der organischen Chemie und zur Herstellung von Schädlingsbekämpfungsmitteln Verwendung findet (Blausäure), wird stark verdünnt ›nur‹ zum Betäuben der Fische verwendet. Abgesehen davon, daß empfindlichere Tiere wie gewisse Wirbellose bei dieser Gelegenheit stets getötet werden, ist es fraglich, ob die Verdünnungsmethoden so exakt eingehalten werden, wie sie beispielsweise für die Humanmedizin vorgeschrieben wären. Man kann das, so glaube ich, getrost verneinen. So kommt es dann vor, daß bestimmte Fische zwar scheinbar gesund das Importziel erreichen, ihre Lebenserwartungen dagegen nicht normal hoch sind oder sie ihr Dasein bereits im Becken des Importeurs beenden.

Dinge wie diese bringen die gesamte Aquaristik bei denen in Mißkredit, die vielleicht in vielerlei Dingen das Sagen haben, die sich aber kaum die Zeit nehmen, den richtigen Durchblick zu erlangen. So kommt es denn zu Importbeschränkungen, die unbegreiflich erscheinen. Schäden an der Fischwelt unserer Meere, Seen und auch Flüsse werden nicht durch aquaristische Aktivitäten verursacht! Es sind künstliche oder bereits welke Lorbeeren, mit denen sich hier einige Leute zu schmücken versuchen. Ich habe vor ein paar Jahren monatelang (!) die sogenannte Südsee bereist, habe bei und mit Privatleuten gewohnt und gelebt, und erst dabei ist mir bewußt geworden, wieviel Millionen Tonnen allein von denen, die wir Korallenfische nennen, täglich weltweit durch die Mägen der Küstenanwohner gehen. Und sie fragen nicht danach, ob der Fisch, den sie fangen, eine schöne rote Flosse hat oder gemeinhin als Rarität gilt: Die Schönheit der Nahrung in lebendem Zustand interessiert nicht, wohl aber ihr guter Geschmack, nachdem dieses Leben erloschen ist. Wenn wir die Sache ›Fisch‹ aus diesem Blickwinkel betrachten, stellt sich bald die Frage nach der Nahrungskette im Meer und das „Was ist nötig, um . . . . .?“. Die Antwort fand ich in einer interessanten Arbeit von STUDER, 1986, aus der auf Seite 98 zwei Tabellen wiedergegeben werden.

An der Kraft des Meeres kann es somit sicherlich nicht liegen, wenn die Bestände an Fischen irgendwo zurückgehen. Seine produktive Potenz ist solange ungebrochen, wie der Mensch diese Potenz erhält.

Literaturverzeichnis

ABEL, E. (1960): Fische zwischen Seeigel-Stacheln – Natur und Volk, 90, 2, S. 33–38

ALLEN, G.R. (1975): Damselfishes of the south seas – T. F. H. Publications, Inc., Neptune City, N.J., USA, pp. 1–240.

ALLEN, G. R. (1978): Die Anemonenfische – Mergus-Verlag, Melle, S. 1–104.

ALLEN, G. R. (1979): Falter- und Kaiserfische, Band 2 – Mergus-Verlag, Melle, S. 1–352.

ALLEN, G. R. (1984): A new genus and species of Anthiid fish from Papua New Guinea (*Rabaulichthys altipinnis*) – Revue fr. Aquariol. 11, 2, pp. 47–50.

ALLEN, G. R. (1986): *Chrysiptera sinlairi*, a new species of damselfish from the tropical western Pacific Ocean – Revue fr. Aquariol., 13, 4, pp. 107–110.

ALLEN, G. R. & MARISCAL, R. N. (1971): A redescription of *Amphiprion nigripes* Regan, a valid species of anemonefish (family Pomacentridae) from the Indian Ocean – Fieldiana, 58 (7), pp. 93–101.

ALLEN, G. R. & RANDALL, J. E. (1977): Review of the sharpnose pufferfishes (subfamily Canthigasterinae) of the Indo-Pacific – Rec. Aust. Mus. 30, pp. 475–517.

ALLEN, G. A. & STARCK, W. A. (1982): The Anthiid Fishes of the Great Barrier Reef, Australia, with the Description of a New Species – Rev. fr. Aquariol., 9, 2, pp. 47–56.

Australian Academy of Science, (1970): *Acanthaster planci* (Crown of Thorns) and the Great Barrier Reef – Reports, No. 11.

BARNES, J. H. (1966): The Crown of Thorns Starfish as a Destroyer of Corals – Aust. Nat. Hist. 15, pp. 257–261.

BENNETT, I. (1971): The Great Barrier Reef – Lansdone Press Pty. Ltd., Melbourne, Australien, pp. 1–183.

BIRKHOLZ, J. (1972): Ein Untermieter aus der Gattung *Heteromysis* – Das Aquarium, Wuppertal, S. 956–957.

BLÖSCH, M. (1961): Was ist die Grundlage der Korallenfischsymbiose: Schutzstoff oder Schutzverhalten? – Naturwissenschaften 48, S. 387.

BLÖSCH, M. (1965): Untersuchungen über das Zusammenleben von Korallenfischen (*Amphiprion*) mit Seeanemonen – Dissertation d. Math. nat. Fak. d. Univ. Tübingen.

BACESCU, M. & BRUCE, A. J. (1980): New contributions to the knowledge of the representatives of the genus *Heteromysis* s. l. from the Australian coral reefs – Trav. Mus. Hist. nat. Grigore Antipa 21, pp. 63–72.

BURGESS, W. (1978): Butterflyfishes of the world. A monograph of the family Chaetodontidae – T.F.H. Publications, Inc., Neptune City, N.J., USA, pp. 1–832.

BURGESS, W. & AXELROD, H. R. (1973 ff.): Pacific Marine Fishes (mehrere Bände) – T. F. H. Publications, Inc., Neptune City, N. J., USA.

CHESTER, R. H. (1969): Destruction of Pacific Corals by the Sea star, *Acanthaster planci* – Science, 165, pp. 280–282.

CHLUPATY, P. (1971): Der rote Unbekannte – Das Aquarium, Wuppertal, S. 549–550.

CHLUPATY, P. (1980): Meine Erfahrungen mit Korallenfischen im Aquarium – Landbuch-Verlag, Hannover, S. 1–272.

CLARK, A. M. (1976): Echinoderms of Coral Reefs (in: Biology and Geology of Coral Reefs, 3) – Academic Press, New York/London, pp. 95–123.

CLARK, A. M. (1976): Review of present status of knowledge of Pacific echinoderms – Micronesica, 12 (1), pp. 193–195.

CLARK, A. M. (1980): Some Ophiuroidea from the Seychelles Islands and Inhaca, Mozambique (Echinodermata) – Rev. Zool. Afr., 94 (3), pp. 533–558.

CLARK, A. M. (1984): Echinodermata of the Seychelles (in: Biogeography and Ecology of the Seychelles Islands) – Junk Publ. La Haye, pp. 83–102.

CONDÉ, B. (1976): Une remarquable Scorpène de l'Océan indien – Rev. fr. Aquariol., 2, pp. 55–58.

CONDÉ, B. (1977): Nouvelles observations sur les Scorpénidés du genre *Rhinopias* à Maurice – Rev. fr. Aquariol., 1, pp. 19–20.

CONDÉ, B. (1982): A propos des phases de couleur de *Rhinomuraena* Garman – Revue fr. Aquariol., 9, 1, pp. 21–22.

CONDÉ, B. (1983): Redécouverte de *Calloplesiops argus* Fowler et Bean, 1930 (Perciformes: Plesiopidae) – Revue fr. Aquariol., 10, 3, pp. 87–92.

CONDÉ, B. & JAUFFRET, L. P. (1977): Quelques poissons intéressants de l'île Maurice – Rev. fr. Aquariol., 4, pp. 107–114.

CONDÉ, B. & TERVER, D. (1975): Observations sur l'évolution du patron de coloration d'*Anampses chrysocephalus* Randall (Labrides) – Revue fr. Aquariol., 2, pp. 34–39.

COUSTEAU, J. I. & DIOLE, P. (1971): Korallen, bedrohte Welt der Wunder – Droemer-Knaur, München, S. 1–304.

EIBL-EIBESFELDT, I. (1959): Der Fisch *Aspidontus taeniatus* als Nachahmer des Putzers *Labroides dimidiatus* – Z. Tierpsychol. 16, S. 19–25.

EIBL-EIBESFELDT, I. (1960): Beobachtungen und Versuche an Anemonenfischen (*Amphiprion*) der Malediven und Nikobaren – Z. Tierpsychol. 17, S. 1–10.

EIBL-EIBESFELDT, I. (1962): Freiwasserbeobachtungen zur Deutung des Schwarmverhaltens verschiedener Fische – Z. Tierpsychol. 19, S. 165–182.

EIBL-EIBESFELDT, I. (1982): Die Malediven, Paradies im Indischen Ozean – R. Piper & Co. Verlag, München, S. 1–324.

ENDEAN, R. (1969): Report on Investigations made into aspects of the current *Acanthaster planci* (Crown of Thorns) Infestation of certain Reefs of the Great Barrier Reef – Fisheries Branch, Dept. of Primary Industries, Brisbane, Australien.

ESCHMEYER, W. N., HIROSAKI, Y. & ABE, T. (1973): Two new species of the scorpionfish genus *Rhinopias*, with comments on related genera and species – Proc. Calif. Acad. Sci., Ser. 4, 41, pp. 475–500.

FEDDERN, H. A. (1968): Hybridization between the western Atlantic angelfishes, *Holacanthus isabelita* and *H. ciliaris* – Bull. Mar. Sci., 18 (2), pp. 351–382.

FEDDERN, H. A. (1972): Field Guide to the Angelfishes (Pomacanthidae) in the Western Atlantics – NOAA Technical Report NMFS circ. 369, Seattle, pp. 1–10.

FISHER, W. K. (1906): The starfishes of the Hawaiian Islands – Bull. U.S.Fish. Comm, 1903, pp. 987–1130.

FRASER-BRUNNER, A. (1933): A revision of the chaetodont fishes of the subfamily Pomacanthinae – Proc. Zool. Soc. London, pp. 543–599.

FRICKE, H. W. (1966): Zum Verhalten des Putzerfisches Labroides dimidiatus – Z. Tierpsychol. 23 (1), S. 1–3.

FRICKE, H. W. (1966): Der Nahrungserwerb des Gorgonenhauptes Astroboa nuda – Natur und Museum, 96 (12), S. 501–510.

FRICKE, H. W. (1967): Garnelen als Kommensalen der tropischen Seeanemone Discosoma – Natur und Museum, 97 (2), S. 53–58.

FRICKE, H. W. (1971): Fische als Feinde tropischer Seeigel – Mar. Biol., 9 (4), S. 328–338.

FRICKE, R. (1981): Revision of the genus Synchiropus (Teleostei: Callionymidae) – Theses Zool. 1., J. Cramer, Braunschweig, pp. 1–194.

GERLACH, S. A. (1959): Über das tropische Korallenriff als Lebensraum – Verh. Dt. Zool. Ges., Münster/W., S. 356–363.

GIBBS, P. E.; CLARK, A. M. & CLARK, C .M. (1976): Echinoderms from the northern Region of the Great Barrier Reef, Australia – Bull. Br. Mus nat. Hist., (Zool.), 30 (4), pp. 103–144.

GORDON, I. (1968): Description of the holotype of Enoplometopus dentatus Miers, with notes on other species of the genus (Decapoda) – Crustaceana, 15, pp. 79–97.

GOSLINE, W. A. & BROOK, V. (1960): Handbook of Hawaiian Fishes – University of Hawaii Press, Honolulu.

GRAAF, F. DE, (1977): Tropische Zierfische im Meerwasseraquarium – Verlag J. Neumann-Neudamm, Melsungen, S. 1–468.

GRAEFE, G. (1963): Die Anemonen-Fisch-Symbiose und ihre Grundlage nach Freilanduntersuchungen bei Eilat/Rotes Meer – Naturwiss. 50, S. 410.

GUILLE, A. & JANGOUX, M. (1978): Astérides et Ophiurides littorales de la région d'Amboine (Indonésie) – Ann. Inst. océanogr., Paris, 54 (1), pp.47–74.

GUILLE, A., LABOUTE, P. & MENOU, J.-L. (1986): Guide des étoiles de mer, oursins et autres échinodermes du lagon de Nouvelle-Calédonie – Éditions de l'Orstom, Collection Faune Tropical no. XXV, pp. 1–238.

HACKINGER, A. (1967): Anemonenfische – im Aquarium gezüchtet. Die Aufzucht von Amphiprion bicinctus im Aquarium – Aquarien Magazin, Stuttgart, S. 137–141.

HALSTEAD, B. W. & COURVILLE, D. A. (1965): The Echinoidea or sea urchins (in: Poisonous and venemous marine animals of the world) – U.S. Government printing office, Wash. D.C., pp. 545–566.

HASS, H. (1986): Abenteuer unter Wasser – F. A. Herbig Verlagsbuchhandlung München/Berlin, S. 1–159.

HEEMSTRA, P. C. (1984): Apolemichthys kingi, a new species of angelfish (Pomacanthidae) from South Africa, with comments on the classification of angelfishes and a checklist of the pomacanthids of the western Indian Ocean – Spec. publ. Smith Inst. Ichthyol. (35), pp. 1–17.

HEEMSTRA, P. C. & SMITH, M. M. (1983): A new species of the triggerfish genus Xenobalistes Matsuura (Tetraodontiformes: Balistidae) from South Africa – Spec. publ. Smith Inst. Ichthyol. (26), pp. 1–5.

HENNIG, W. (1984): Wirbellose I – Verlag Harri Deutsch, Frankfurt, S. 1–392.

HENNIG, W. (1986): Wirbellose II – Verlag Harri Deutsch, Frankfurt, S. 1–334.

HERRE, A. W. (1955): Remarks on the fish genus Mirolabrichthys with description of a new species – Copeia, 3, pp. 223–225.

HOLL, A.; SCHULTE, E. & MEINEL, W. (1970): Funktionelle Morphologie des Geruchsorgans der Nasenmuräne Rhinomuraena amboinensis (Teleostei, Anguilliformes) – Helgoländer wiss. Meeresunters., 21, S. 103–123.

HOLTHUIS, L. B. (1955): The recent genera of the caridean and stenopodidean shrimps (Class Crustacea, Order Decapoda, Supersection Natantia) with keys for their determination – Zoologische Verhandelingen, No. 26, Brill, Leiden.

HOLTHUIS, L. B. (1983): Notes on the genus Enoplometopus, with descriptions of a new subgenus and two new species (Crustacea Decapoda, Axiidae) – Zool. Mededel., 56, 22, Leiden/Holland, pp. 281–298.

JEFFREY, S. W. & HAXO, F. T. (1968): Photosynthetic Pigments of Symbiotic Dinoflagellates (Zooxanthellae) from Corals and Clams – Biol. Bull., 135, pp. 149–165.

KENDALL, A. W. Jr. (1976): Predorsal and associated bones in serranid and grammistid fishes – Bull. Marine Sci., 26 (4), pp. 585–592.

KERSTITCH, A. (1977): Butterflies and angels of the Sea of Cortez – Marine Aquarist/USA, 7 (9), pp. 17–28.

KIPPER, H. E. (1986): Das Optimale Meerwasser Aquarium – AD aquadocumenta Verlag, Bielefeld, S. 1–179.

KLAUSEWITZ, W. (1967): Das Farbkleid der Korallenfische – Natur und Volk, 91 (6), S. 211–222.

KLAUSEWITZ, W. (1974): Litoralfische der Malediven, IV. Die Familie der Drückerfische, Balistidae (Pisces: Tetraodontiformes, Balistoidei) – Senckenberg biol. 55 (1/3), S. 39–67.

KLAUSEWITZ, W., McCOSKER, J. E., RANDALL, J. E. & ZETZSCHE, H. (1978): Hoplolatilus chlupatyi n. sp., un nouveau Poisson marin des Philippines (Pisces, Perciformes, Percoidei, Branchiostegidae) – Rev. fr. Aquariol., 2, pp. 41–48.

KÜHL, H. & MANN, H. (1951): Über die periodischen Änderungen im Chemismus von Seewasseraquarien – Verh. Deutsche Zoolog. Ges., Wilhelmsh., S. 378–385.

KÜHLMANN, D. (1984): Das lebende Riff – Landbuch-Verlag, Hannover, S. 1–186.

LADIGES, W. (1939): Das Rätsel der Symbiose zwischen der Riesenseerose der Gattung Stoichactis und den Fischen der Gattung Premnas und Amphiprion – Wochenschr. Aquar. u. Terrarienkunde, 46, S. 669–676.

LUBBOCK, R. (1975): Fishes of the family Pseudochromidae (Perciformes) in the northwest Indian Ocean and Red Sea – J. Zool. Lond., 176, pp. 115–157.

LUBBOCK, R. (1976): Two distinctive new Australian Pseudochromis (Teleostei: Perciformes) – J. Nat. Hist., 10, pp. 57–64.

LUBBOCK, R. (1976): Fishes of the family Pseudochromidae (Perciformes) in the central Indian Ocean – J. Nat. Hist., 10, pp. 167–177.

LUBBOCK, R. & RANDALL, J. E. (1978): Pseudochromis diadema, a new basslet (Teleostei: Pseudochromidae) from Malaysia and the Philippine Islands – Revue fr. Aquariol., 2, pp. 37–40.

LUTHER, W. (1958): Symbiose von Fischen (Gobiidae) mit einem Krebs (*Alpheus djiboutensis*) im Roten Meer – Z. Tierpsychol., 15, S. 175–177.

McKINNEY, J. F. & SPRINGER, V. G. (1976): Four new species of the fish genus *Ecsenius* with notes on other species of the genus (Blenniidae: Salariini) – Smithsonian Contrib. Zool., 236, 27 pp.

MAGNUS, D. B. E. (1962–64): Wasserströmung und Nahrungserwerb bei Stachelhäutern des Roten Meeres – Ber. Phy. Ned. Ges. Würzburg, 71, S. 128–141.

MAGNUS, D. B. E. (1967): Zur Ökologie sedimentbewohnender *Alpheus*-Garnelen des Roten Meeres – Helgoländer wiss. Meeresunters., 15, S. 506–522.

MANN, H. (1970): Können Fische Rachitis bekommen? Auch Fische brauchen Vitamine – A. Mag., 4, S. 32–34.

MARSH, L. M. (1974): Shallow-water Asterozoans from Southern Polynesia. I. Asteroidea – Micronesica, 10 (1), pp. 65–104.

MARSH, L. M. (1976): Western Australian Asteroidea since H. L. Clark – Thalassia Yugosl., 12 (1), pp. 213–225.

MARSH, L. M. (1977): Coral reef asteroids of Palau, Caroline Islands – Micronesica, 13, pp. 251–281.

MARSHALL, T. C. (1964): Fishes of the Great Barrier Reef and costal waters of Queensland – Angus and Robertson, Sydney, Australien, pp. 1–566.

MAYLAND, H. J. (1974): Kennen Sie sich bei Anemonenfischen aus? – Aquarien Magazin, Stuttgart, (12), S. 532–535.

MAYLAND, H. J. (1976): Some Red Sea fishes – Marine Aquarist (USA), 7 (5), pp. 29–34.

MAYLAND, H. J. (1989): Galápagos – Landbuch-Verlag, Hannover, S. 1–160.

MÖHN, E. (1984): System und Phylogenie der Lebewesen, Band 1, Physikalische, chemische und biologische Evolution – E. Schweizerbart'sche Verlagsbuchhandlung, Stuttgart, S. 1–884.

MUNRO, I. S. R. (1967): The fishes of New Guinea – Dept. of Agriculture Stock and Fisheries, Port Moresby, New Guinea, pp. 1–651.

NELSON, J. S. (1984): Fishes of the world; 2nd edition – John Wiley & Sons, Inc., New York/Toronto, pp. 1–523.

OKADA, Y. & IKEDA, H. (1937): Notes of the fishes of the Ryu-Kyu Islands – Bull. Biogeogr. Soc. Japan.

PATTON, W. K. (1976): Animal associated of living reef corals (in: Biology and Geology of Coral Reefs) – Academic Press New York, 3 (Biol. 2), pp. 1–36.

PEARSON, R. G. (1981): Recovery and recolonisation of coral reefs – Marin. Ecol. Prog., Ser. 4, pp. 105–122.

RANDALL, J. E. (1955): A Revision of the Surgeon Fish Genera *Zebrasoma* and *Paracanthurus* – Pacific Sci., 9 (4), pp. 396–412.

RANDALL, J. E. (1956): A Revision of the Surgeon Fish Genus *Acanthurus* – Pacific Sci., 10 (2), pp. 159–235.

RANDALL, J. E. (1958): A Review of the Labrid Genus *Labroides* with Description of two new species and notes on Ecology – Pacific Sci., 12 (4), pp. 327–347.

RANDALL, J. E. (1963): Review of the Hawkfishes (Family Cirrhitidae) – Proc. U.S. Nat. Mus., 114, pp. 389–451.

RANDALL, J. E. (1975): A Revision of the Indo-Pacific Angelfish genus *Genicanthus*, with a description of three New Species – Bull. Mar. Sci., 25 (3), pp. 393–421.

RANDALL, J. E. (1978): A revision of the Indo-Pacific labrid fish genus *Macropharyngodon*, with description of five New Species – Bull. Mar. Sci., 28 (4), pp. 742–770.

RANDALL, J. E. (1979): A review of the serranid fish genus *Anthias* of the Hawaiian Islands, with descriptions of two New Species – Contr. Sci. nat. Hist. Mus. Los Angeles County, 302, pp. 1–13.

RANDALL, J. E. & CHOAT, J. H. (1980): Two new parrotfishes of the genus *Scarus* from the Central and South Pacific, with further examples of sexual dichromatism – Zool. J. Linn. Soc., 70 (4), pp. 383–419.

RANDALL, J. E. & DOOLEY, J. L. (1974): Revision of the Indo-Pacific Branchiostegid fish genus *Hoplolatilus*, with description of two New Species – Copeia, 2, pp. 457–471.

RANDALL, J. E. & HARTMANN, W. D. 1968: Sponge-feeding fishes of the West Indies – Mar. Biol., 1, pp. 216–225.

RANDALL, J. E. et al. (1971): Grammistin, the skin toxin of soapfishes, and its significance in the classification of the Grammistidae – Publ. Seto Marine Biol. Lab., 19, pp. 157–190.

RANDALL, J. E. & KLAUSEWITZ, W. (1973): A review of the triggerfish genus *Melichthys*, with description of a new species from the Indian Ocean – Senckenberg. biol., 54, S. 57–69.

RANDALL J. E. & LUBBOCK, R. (1980): A revision of the serranid fishes of the subgenus *Mirolabrichthys* (Anthiinae: *Anthias*), with a description of five New Species – Contr. Sci. nat. Hist. Mus. Los Angeles County, 333, pp. 1–27.

RANDALL, J. E. & RANDALL, H. A. (1960): Examples of mimicry and protective resemblance in tropical marine fishes – Bull. Mar. Sci. Gulf Caribbean, 10, pp. 444–480.

RANDALL, J. E.; SCHRÖDER, R. E. & STARCK, W. A. II. (1964): Notes on biology of the echinoid *Diadema anthillarum* – Caribb. J. Sci., 4 (2+3), pp. 421–433.

ROBERTSON, R. (1970): Review of the predators and parasites of stony corals, with special reference to symbiotic prosobranch gastropods – Pac. Sci., 24 (1), pp. 43–54.

ROSEN, B. R. (1971): The distribution of reef coral genera in the Indian Ocean – Symp. Zool. Soc. London, 28, pp. 263–299.

ROUND, F. E. (1965/66): The Biology of Algae – Publ. Edward Arnold Ltd., London.

ROWE, F. W. E. (1977): A new Family of Asteroidea (Echinodermata), with the description of five new species and one new subspecies of *Asterodiscides* – Rec. Aust. Mus., 31, pp. 187–233.

ROWE, F. W. E. (1977): The status of *Nardoa (Andora)* A. M. Clark, 1967 (Asteroidea: Ophidiasteridae), with the description of two new subgenera and three new species – Rec. Aust. Mus., 31, pp. 235–245.

SCHEER, G. (1960): Viviparie bei Steinkorallen – Naturwiss., 47 (10), S. 238–239.

SCHLICHTER, D. (1970): Chemischer Nachweis der Übernahme anemoneneigener Schutzstoffe durch Anemonenfische – Naturwiss., 57 (6), S. 312–313.

SCHMIDT, P. (1930): Fishes of the Riu-Kiu Islands – Trans. Pacif. Comm. Acad. Sci., U.S.S.R., 1, pp. 19–156.

SCHNEIDER, H. (1964): Bioakustische Untersuchungen an Anemonenfischen der Gattung *Amphiprion* (Pisces) – Z. Morphol. Ökol. Tiere, 53, S. 454–474.

SCHUHMACHER, H. (1973): Das kommensalische Verhältnis zwischen *Periclimenes imperator* (Decapoda, Palaemonidae) und *Hexabranchus sanguineus* (Nudibranchia, Doridacea) – Marine Biology, 22.

SCHUHMACHER, H. (1976): Korallenriffe. Ihre Verbreitung, Tierwelt und Ökologie – BLV Verlagsgesellschaft, München, S. 1–275.

SCHULTZ, L. P. (1969): The taxonomic status of the controversial genera and species of parrotfishes with a descriptive list (family Scaridae) – Smithson. Contr. Zool., 17, pp. 1–49.

SEHM, G. G. (1983): Das Perlboot (Nautilus); Herausforderung an die Meeresaquarianer! – DATZ, 36 (5), S. 185–188.

SERÈNE, R. (1984): Crustacés Décapodes Brachyoures de l'Océan Indien Occidental et de la Mer Rouge – Éditions de l'Orstom, Collection Faune Tropical no. XXIV, Paris, pp. 1–349.

SLOAN, N. A.; CLARK, A. M. & TAYLOR, J. O. (1979): The echinodermes of Aldabra and their habitats – Bull. Br. Mus. nat. Hist., (Zool.), 37 (2), pp. 81–128.

SMITH, J. L. B. (1955): The fishes of the family Pomacanthidae in the western Indian Ocean – Ann. Mag. nat. Hist. 8 (12), pp. 337–384.

SMITH, J. L. B. (1957): The genus Luzonichthys Herre – Copeia, (4), p. 251.

SMITH, J. L. B. (1957): A remarkable new unicorn fish from East Africa – Ann. Mag. nat. Hist., 9 (12), pp. 686–688.

SMITH, J. L. B. (1961): Fishes of the family Anthiidae from the Red Sea and the Western Indian Ocean – Ichthyol. Bull. Rhodes Univ. (21), pp. 359–369.

SMITH, J. L. B. (1966): A rare acanthurid Fish from Mauritius in South Africa – Ann. Mag. nat. Hist. 9 (13), pp. 5–8.

SMITH, J. L. B. & SMITH, M. M. (1969): The fishes of Seychelles; 2nd edition – Dep. Ichthyol. Rhodes Univ., Grahamstown, pp. 1–223.

SMITH, M. M. & HEEMSTRA, P. C. (1986): Smiths' Sea Fishes – Springer-Verlag, Berlin/New York/London/Tokyo, pp. 1–1047.

SMITH-VANIZ, W. F. (1974): A review of the jawfish genus Stalix (Opistognathidae) – Copeia, (1), pp. 280–283.

SMITH-VANIT, W. F. (1976): The sabertoothed blennies, tribe Nemophini (Pisces: Blenniidae) – Acad. Nat. Sci. Philad. Monog., 19, pp. 1–196.

SMITH-VANIZ, W. F. & SPRINGER, V. G. (1971): Synopsis of the tribe Salariini, with descriptions of five new genera and three new species (Pisces: Blenniidae) – Smithson. Contr. Zool., 73, pp. 1–72.

SPRINGER, V. G. (1971): Revision of the fish genus Ecsenius (Blenniidae, Blenniinae, Salariini) – Smithson. Contr. Zool., 72, pp. 1–74.

SPRINGER, V. G. & SPREITZER, A. E. (1978): Five new species and a new genus of the Indian Ocean blenniid fishes, Tribe Salariini, with a key to genera of the Tribe – Smithson. Contr. Zool., 168, pp. 1–20.

STARCK, W. A. II. (1969): Ecsenius (Anthiiblennius) midas, a new subgenus and species of mimic blenny from the western Indian Ocean – Notulae Naturae 419, pp. 1–8.

STEENE, R. C. (1977): Falter- und Kaiserfische – Mergus-Verlag, Melle, S. 1–142.

STUDER, P. (1986): Nasse Welt – Reinhardt Verlag, Basel/Schweiz, S. 1–248.

TAKEDA, M. (1973): Studies on the Crustacea Brachyura of the Palau Islands, I. – Bull. Lib. Arts and Sci. Course, Nihon Univ. Sch. Med., 1, pp. 75–122.

TAKEDA, M. (1976): Studies on the Crustacea Brachyura of the Palau Islands, III. – Researches on Crustacea, Tokyo, 7, pp. 69–99.

TAKEDA, M. & MIYAKE, S. (1970): Lybia edmondsoni sp. nov., a New Anemone Crab from the Hawaiian Islands – Proc. Jap. Soc. syst. Zool., 6, pp. 11–15.

THOMASSIN, B. (1976): Feeding behaviour of the felt-sponge and coral-feeder sea stars, mainly Culcita schmideliana – Helgoländer wiss. Meeresunters., 28 (1), pp. 51–65.

TINKER, S. W. (1978): Fishes of Hawaii. A handbook of the marine fishes of Hawaii and the Central Pacific Ocean – Hawaiian Service, Inc., Honolulu, pp. 1–532.

WICKLER, W. & SEIBT, U. (1970): Das Verhalten von Hymenocera picta Dana, einer seesternfressenden Garnele (Decapoda, Natantia, Gnathophyllidae) – Z. Tierpsychol., 27, S. 352–368.

YAMAGUCHI, M. (1975): Coral-reef asteroids of Guam – Biotropica, 7, pp. 12–23.

YAMAGUCHI, M. (1977): Larval behavior and geographic distribution of Coral reef asteroids in the Indo-west Pacific – Micronesica, 13 (2), pp. 283–296.

YAMANOUCHI, T. (1956): The daily activity rythms of the holothurians in the coral reef of Palao Islands – Publs. Seto mar. biol. lab., 5, pp. 347–362.

ZUMPE, D. (1965): Laboratory Observations on the Aggressive Behaviour of some Butterfly Fishes – Z. Tierpsychol. 22 (2), pp. 226–236.

Register nach deutschen Bezeichnungen

Register nach wissenschaftlichen Namen